# 民法典
# 婚姻家庭编
## 条文精释与案例实务

肖　峰◎编著

法律出版社
LAW PRESS·CHINA

# 目录

## 上篇 条文精释与典型案例

## 下 篇 新旧对照与审判政策

上篇

# 条文精释与典型案例

# 第一章　一般规定

**第一千零四十条　本编调整因婚姻家庭产生的民事关系。**

## 条文主旨

本条是关于民法典婚姻家庭编调整范围的规定。

## 条文精释

### 一、立法背景

关于婚姻法的调整范围，1950 年《婚姻法》①并未明确规定该法的调整范围，只是在其第一条宣示了“废除包办强迫、男尊女卑、漠视子女利益的封建主义婚姻制度。”直至 1980 年《婚姻法》第一条才规定：“本法是婚姻家庭关系的基本准则。”该调整范围明确后，各方面均基本接受了该表述。故 2001 年修正的《婚姻法》（2001 年《婚姻法》）并未对该条内容进行修改，而是沿用了 1980 年《婚姻法》的规定。在《民法典婚姻家庭编（草案一次审议稿）》（本书简称《婚姻家庭编（一审稿）》）第八百一十八条中写道：“因婚姻家庭产生的民事关系，适用本编。”将“婚姻家庭关系”的论述改为“因婚姻家庭产生的民事关系”，并且删去了“基本准则”的描述。其理由在于，首先，将“婚姻家庭关系”的表述换成“因婚姻家庭产生的民事关系”，既可以更加清楚直接地表明本编调整对象限定为婚姻家庭关系中的民事关系，又能将其与刑事、行政等法律对婚姻家庭关系的调整进行明确区分；其次，将“基本准则”从该条中删去，使该法条更加简洁明了。民法典本身就是调

① 为行文及阅读方便，本书所涉我国的法律及法规名称中带有“中华人民共和国”字样的，均统一省去，简写为《×××法》《×××条例》，例如，《中华人民共和国婚姻法》简称为《婚姻法》。

整民事法律关系的基本准则。相应地,《民法典婚姻家庭编》(本书简称《婚姻家庭编》)自然就是调整婚姻家庭民事关系的基本准则,无须另外赘述。以上新的表述增强了法条的严谨性、针对性和可操作性,体现了我国立法技术的与时俱进,既有利于对婚姻家庭关系的进一步理解,也便于司法实务中的具体适用。为与其他各编表述一致,本条在此基础上进一步修改为"本编调整因婚姻家庭产生的民事关系"。

## 二、争议观点

不同国家、不同时代,关于婚姻的表述都有所不同。我国古代将"婚"称为"昏"。其含义有多种,如结婚仪式、夫妻关系或者延续宗法家族的纽带等。《礼记·昏义》中有这样的表述,"昏礼者,将合二姓之好,上以事宗庙,而下以继后世也"。《尔雅·释亲》中说,"婿之父为姻,妇之父为婚"。《白虎通义·嫁娶》中说,"妇人因夫而成,故曰姻"。英国学者波·姆·布罗姆认为,至少在英国,婚姻是一男一女订立的彼此具有权利义务的一定法律关系的协议。从古至今,关于婚姻是否必须限定为男女两性结合的争议持续不断。虽然多数国家仍不认可同性婚姻的合法性,但不可否认的是,婚姻必须是两性结合的传统理念不断受到挑战。1989 年,丹麦成为欧洲第一个通过"同性恋婚姻法"的国家。至今为止,世界上已有 20 多个国家和地区通过同性恋婚姻法案。在我国古代,曾经也有"断袖之情"之类的表述,这其实就是对当时的同性恋的描述。必须指出的是,我国同性婚姻合法化目前在理论和现实上都有很多困难。因此,我国现行法律仍未承认同性婚姻的合法地位,如何对待同性婚姻还需要人们认知观念的进一步发展。

## 三、条文解释

根据本条规定,适用本编调整的对象必须是因婚姻家庭产生的民事关系。关于本条,需着重理解以下几点:

(一)婚姻

"婚姻"一词在我国古代早已出现,并不是现代新词。在我国,"婚姻"一般有两个方面的含义,一是指缔结婚姻关系的行为;二是指婚姻关系本身。[1] 不同时代的婚姻观念也有较大区别,不同国家对婚姻的表述也有所不同。当代多数学者认

---

① 陈苇主编:《婚姻家庭继承法学》(第 3 版),群众出版社 2017 年版,第 1 页。

为，婚姻是男女结为夫妻的形式。① 我国现阶段将婚姻的概念表述为：男女双方以永久生活为目的，依照法律规定的条件和程序，自愿建立夫妻关系的结合。虽然《婚姻家庭编》并未对“婚姻”一词作明确定义，但通说认为，婚姻一般具有如下特征：

1. 婚姻通常是男女两性的结合。基于男女两性生理差异的前提，为繁衍后代、稳定家庭关系，绝大多数国家婚姻立法所确立的婚姻制度都是一夫一妻制，即一个人在同一时间只能有且仅有一位配偶，并且，该配偶应当为异性。但不可否认的是，目前一夫多妻制或者一妻多夫制也在少数国家存在。此外，随着现代文明的发展，婚姻也不再局限于男女两性，同性之间的婚姻也逐渐为不少国家或地区所认同。例如，我国台湾地区于2019年通过了同性婚姻法案。

2. 婚姻是双方自愿结合，并以终身共同生活为目的。结婚必须是当事人双方的真实意思表示。禁止强迫、包办他人婚姻，禁止买卖婚姻。婚姻的一个本质特征即为双方以终身共同生活为目的。这将婚姻与通奸、姘居以及其他两性结合方式区别开来。但以终身生活为目的并不代表婚姻不可解除，婚姻关系如果无法继续维持，男女双方都享有自由解除婚姻的权利。

3. 婚姻关系必须是具有公示性的。“公示性”是指周围群众知晓男女两性是以夫妻名义公开同居生活。② 比如公开举行结婚仪式、前往结婚登记处登记结婚或者以夫妻的名义登记户口等方式，使得周围群众相信且认可夫妻关系。

（二）家庭

1. 家庭是由一定范围的亲属所组成的社会生活的基本单位。家庭并不是随意组成，而是由有血缘或姻缘关系的人所组成的群体。在原始社会，家庭是唯一的社会组织形式，人们需要通过这样的组织才能共同生存下去。随着社会经济的发展，家庭组成成员只能限定在法定范围内，家庭结构也呈逐渐缩小之势。但人的自然属性和社会属性决定了在可预见的将来，家庭作为社会的基本细胞仍将长期存在。

2. 家庭是特定亲属间履行权利义务、实现共同生活的组织形式。③ “特定亲属”主要是指来源于婚姻、血缘和收养的亲属。主要包括本法第一千零四十五条规定的家庭成员：配偶、父母、子女以及共同生活的兄弟姐妹、祖父母、外祖父母、

① 卓冬青主编：《婚姻家庭继承法》，武汉大学出版社2012年版，第2页。

② 陈苇主编：《婚姻家庭继承法学》（第3版），群众出版社2017年版，第3页。

③ 巫昌祯主编：《婚姻与家庭继承法学》（第6版），中国政法大学出版社2017年版，第24页。

孙子女、外孙子女为近亲属。

(三)婚姻家庭关系

一般而言,婚姻关系是指双方因合法有效婚姻的成立而产生的权利和义务关系;家庭关系是指家庭成员之间的权利和义务关系。广义而言,家庭关系包括婚姻关系。正是因为两者存在密不可分的关系,理论和实务中都习惯将婚姻关系和家庭关系相提并论,不作严格区分,进而提炼出一个新的法律术语:婚姻家庭关系。在我国,婚姻家庭关系是一种特殊的人际关系,是以男女两性和亲属间的血缘联系为自然条件的社会关系。[①] 这也是本编调整的对象范围。

**关联案例**

**一、(2017)黔26民终1162号**

本院认为,综合各方当事人的主张,本案的争议焦点是:离婚协议中的财产分割条款,是否受《合同法》调整,上诉人有关原判适用法律错误的请求是否应受支持?结合上诉人所称与王某琴之间因夫妻感情确已破裂而离婚,离婚时所签的《离婚协议书》是因婚姻关系解除而签订的协议,不是《合同法》意义上的合同,不属于《合同法》的调整范围,《离婚协议书》的效力从属于《离婚协议》的效力,在民政部门确认离婚协议无效前,该《离婚协议书》属于不可撤销的协议的上诉理由,经审查《离婚协议书》发现,该协议中既有离婚和子女抚养的约定,也有财产分割的约定。2001年《婚姻法》第一条规定,“本法是婚姻家庭关系的基本准则”。同时,《合同法》第二条规定“……婚姻、收养、监护等有关身份关系的协议,适用其他法律的规定。”因此,本案中上诉人与王某琴有关离婚及子女抚养的约定因系双方身份关系的约定,应优先适用婚姻法及其相关法律规定。但是,其财产分割协议虽因身份关系而不同于一般的财产分割协议,但是按照《合同法》第二条第一款“本法所称合同是平等主体的自然人、法人、其他组织之间设立、变更、终止民事权利义务关系的协议”的规定,其财产分割协议亦是平等主体的自然人之间设立、变更民事权利义务关系的协议。因此,本案诉争的《离婚协议书》中有关财产分割部分具有民事合同性质。按照2001年《婚姻法》第四十九条规定,“其他法律对有关婚姻家庭的违法行为和法律责任另有规定的,依照其规定”。该离婚协议中的财

① 杨馨德主编:《婚姻家庭法学》,上海财经大学出版社2012年版,第7页。

产分割部分，亦应适用合同法的基本规定予以处理。至于上诉人上诉所称“《离婚协议书》的效力从属于《离婚协议》的效力，在民政部门确认离婚协议无效前，该《离婚协议书》属于不可撤销的协议”，综观全案，尽管上诉人与王某琴系在民政部门协议离婚，但最高人民法院《关于适用〈中华人民共和国婚姻法〉若干问题的解释（二）》（本书简称《婚姻法解释二》）第八条、第九条对离婚协议中有关财产分割的条款或者因离婚就财产达成的协议赋予司法审查权，因此，上诉人该上诉理由于法无据，不能成立。本案中，上诉人与王某琴原系夫妻，离婚时，上诉人对王某琴个人债务不承担责任，王某琴却在身负债务的情况下将自己依法享有的房屋等共同财产中应得部分转归上诉人，其行为客观上降低了王某琴对债权人的偿债能力，加大了债权人实现债权的风险，损害了债权人的利益，构成《合同法》第七十四条规定的债权人撤销事由。

综上所述，杨某俊的上诉请求不能成立，应予驳回；一审判决认定事实清楚，适用法律正确，应予维持。依照《民事诉讼法》第一百七十条第一款第一项规定，判决如下：驳回上诉，维持原判。

## 二、（2018）川 04 民终 705 号

本院认为，《合同法》第二条规定：“本法所称合同是平等主体的自然人、法人、其他组织之间设立、变更、终止民事权利义务关系的协议。婚姻、收养、监护等有关身份关系的协议，适用其他法律的规定。”2001 年《婚姻法》第一条规定：“本法是婚姻家庭关系的基本准则”。本案系当事人协议离婚时达成的《自愿离婚协议书》，涉及婚姻、子女抚养等有关婚姻家庭关系的协议，故本案不应适用《合同法》，应适用 2001 年《婚姻法》。一审法院在本案中适用《合同法》有误，本院依法予以纠正。李某与刘某一于 2008 年 11 月 7 日协议离婚，双方所签订的《自愿离婚协议书》，其内容包含了婚姻关系的解除，刘某二的抚养，夫妻共同财产及债权债务的处理。从该协议内容来看，李某与刘某一离婚之后，刘某二由李某抚养，刘某一不支付一切费用。从债权债务的约定来看，刘某一包有工程，款到后归刘某一所有。李某与刘某一对涉案房产的分割意见属于整个离婚协议的一部分，与整个离婚协议密不可分，涉及整个家庭成员的共同利益。该协议明确约定待刘某二成年后将涉案房产过户给刘某二，除附加了刘某二成年后这一过户条件，并未附加其他任何过户条件。李某与刘某一在《自愿离婚协议书》均明确该协议意思表示清楚，双方无异议。《婚姻法解释二》第八条第一款规定：“离婚协议中关于财产分割

的条款或者当事人因离婚就财产分割达成的协议,对男女双方具有法律约束力。”李某与刘某一签订的《自愿离婚协议书》是双方的真实意思表示,是合法有效的,依法对双方具有法律约束力。刘某二现已成年,过户条件已经成就。刘某一应当按《自愿离婚协议书》的约定履行义务。刘某一主张对涉案房产的赠与行使撤销权,缺乏事实和法律依据,本院依法不予支持。综上所述,上诉人刘某一的上诉请求不能成立,应予驳回;一审判决适用法律有误,但判决结果正确,应予维持。依照《婚姻法解释二》第八条第一款,《民事诉讼法》第一百七十条第一款第一项、最高人民法院《关于适用〈中华人民共和国民事诉讼法〉的解释》(本书简称《民诉法解释》)第三百三十四条规定,判决如下:驳回上诉,维持原判。

**第一千零四十一条　婚姻家庭受国家保护。**

**实行婚姻自由、一夫一妻、男女平等的婚姻制度。**

**保护妇女、未成年人、老年人、残疾人的合法权益。**

## 条文主旨

本条是关于婚姻制度与原则的规定。

## 条文精释

### 一、立法背景

关于婚姻制度与原则的相关立法,早在1950年《婚姻法》第一条就规定,“实行男女婚姻自由、一夫一妻、男女权利平等、保护妇女和子女合法权益的新民主主义婚姻制度”。该条一方面已将婚姻领域的共识纳入条文,例如“男女婚姻自由、一夫一妻、男女权利平等、保护妇女和子女合法权益”;另一方面又有其鲜明的时代局限,例如“新民主主义婚姻制度”。因此,1980年《婚姻法》第二条即规定了:“实行婚姻自由、一夫一妻、男女平等的婚姻制度。保护妇女、儿童和老人的合法权益。实行计划生育。”1980年《婚姻法》将1950年《婚姻法》的基本原则进行拓展,增加了“实行计划生育、保护老人合法权益”这两项原则。这两项原则在当时确有其时代背景:计划生育是当时的基本国策;保护老人合法权益尚未进行专门立法。虽然2001年《婚姻法》并未修改该条内容,但计划生育作为一项应时之策是否有必要上升到立法层面予以规定以及在《老年人权益保障法》（本书简称《老年人保障法》）已经施行的情形下，还有无必要在婚姻法中宣示其权益，一直存在争议。在本次编纂过程中，《民法典婚嫁家庭编（草案二次审议稿）》（本书简称《婚姻家庭编（二审稿）》）对于婚姻制度的基本原则沿用之前《婚姻法》的规定，仅仅删去了"实行计划生育"这一项。将"实行计划生育"这一项删去，符合我国目前的基本国情和国策。

## 二、争议观点

国外对于婚姻家庭立法的原则跟我国大致相同。主要包括个人本位原则、一夫一妻制原则、男女平等原则、私法自治原则以及契约自由原则。[①] 国外强调个人本位原则，与我国的婚姻自由原则相同，都是基于个人自愿对婚姻进行选择。其中就包括是否结婚或离婚、结婚对象、结婚时间等。但法治社会没有绝对的自由，任何自由都有其边界。例如，各国立法普遍对结婚资格、结婚对象性别、结婚年龄等有明确的限定。目前世界上还有少数国家和地区仍然不是一夫一妻制，比如印度、阿联酋、伊拉克、摩洛哥等国家仍然是一夫多妻制，尽管已经有部分国家立法准许同性婚姻，但男女结婚原则在大部分国家的婚姻法中仍被普遍贯彻实行。总体而言，私法自治原则体现了婚姻家庭的私生活范畴不受国家干预。而契约自由原则是将婚姻作为一种民事契约，也是婚姻自由的一种表现形式。世界各国的婚姻家庭法基本都以自由和平等作为基本原则而订立。

## 三、条文解释

根据本条，婚姻制度与基本原则包括以下几条：

### （一）婚姻自由原则

婚姻自由是指公民有权按照法律规定，完全自主自愿地决定自己的婚姻问题，不受任何的强制和干涉。根据《宪法》第四十九条第四款的规定，禁止破坏婚姻自由。婚姻自由原则是我国宪法赋予公民的一项基本权利。该原则体现了国家对公民合法婚姻权利的充分保护，也是我国对婚姻关系的基本要求。婚姻自由是法律赋予公民的一种基本人身权利，受法律的保护。婚姻自由包括结婚自由与离婚自由，婚姻当事人可以自由选择结婚与否或是离婚与否，不受另一方或者第

---

① 巫昌祯主编：《婚姻与家庭继承法学》（第6版），中国政法大学出版社2017年版，第61页。

三方的强迫、强制与干涉。然而自由并非绝对的概念,我们所强调的自由都是相对的。结婚自由也同样受到法律的约束,行使婚姻自由权,必须在法律许可的范围内。①《婚姻家庭编》对结婚条件也作了相应的限制性规定。

(二)一夫一妻

一夫一妻制,是指一男一女结为夫妻的婚姻制度,也称为个体婚制。一夫一妻制是我国《婚姻法》规定的基本原则,在《婚姻家庭编》中继续保留。可见,该原则是我国婚姻家庭制度的重要组成部分,对于婚姻家庭的稳定及社会安定团结有着重要的作用。一夫一妻制要求婚姻关系只能由一男一女组成,任何人都禁止有两个或者两个以上的配偶,禁止一夫多妻、一妻多夫或者多夫多妻的结合;所有公开的或者隐蔽的非一夫一妻的结合方式都是非法的。

(三)男女平等

男女平等原则在1980年《婚姻法》第九条中有明确规定,是指男女两性在婚姻家庭生活中的平等地位,即平等地享有权利,平等地履行义务。根据《宪法》第四十八条规定,"中华人民共和国妇女在政治的、经济的、文化的、社会的和家庭的生活等各方面享有同男子平等的权利。"我国2018年《妇女权益保障法(修正案)》(本书简称《妇女保障法》)第二条规定,"妇女在政治的、经济的、文化的、社会的和家庭的生活等各方面享有同男子平等的权利。实行男女平等是国家的基本国策。国家采取必要措施,逐步完善保障妇女权益的各项制度,消除对妇女一切形式的歧视。国家保护妇女依法享有的特殊权益。禁止歧视、虐待、遗弃、残害妇女。"《婚姻家庭编》继续保留该项原则,体现了我国法律对婚姻关系中男女平等的重视,也是对封建男权的摒弃和蔑视。男女平等的家庭关系能够促进家庭关系的和谐稳定和长久,也有利于社会的进步和发展。

(四)保护妇女、儿童和老人的合法权益

我国1950年《婚姻法》规定了保护妇女、儿童的合法权益原则。之后1980年《婚姻法》增加了保护老人的合法权益。2001年《婚姻法》并未变更该基本原则。本次《婚姻家庭编》对该基本原则继续沿用,体现了我国对妇女的关怀、对老人的尊敬和对儿童的爱护,有利于构建和谐稳定的社会。

1. 保护妇女合法权益

保护妇女的合法权益是男女平等的一种表现,也是对男女平等原则的一个补

① 陈苇主编:《婚姻家庭继承法学》(第3版),群众出版社2017年版,第40页。

充。由于我国古代长期居主导地位的父权、夫权思想,我国妇女长久以来一直处于被压迫的地位,往往是包办、买卖婚姻的受害者。尽管现代社会妇女地位得到很大的提升,但性别歧视依旧随处可见,家暴现象也屡见不鲜。因此,必须通过法律对妇女合法权益进行保护。

2. 保护儿童合法权益

本条中"儿童"是指未满18周岁的自然人,也称为未成年人。根据我国2012年修正《未成年人保护法》第二条规定,"本法所称未成年人是指未满十八周岁的公民"。本法所保护的儿童的合法权益,是指未成年人的合法权益。作为子女、孙子女的儿童作为家庭成员时未成年,既不能预测、规避特定行为风险,又不能独立从事重大民事活动,更不能通过出卖劳动力维持生计,故需要父母等家庭成员的悉心照料。反过来,由于这种照料的好处都被该未成年家庭成员取得,可能会引发家庭内部的不和:一方面,在儿童遭遇险情时,不出手相救;另一方面,日常生活中对儿童孤立、冷漠对待。这显然会危及该作为家庭成员的儿童的认同。

3. 保护老人合法权益

《老年人保障法》第二条规定,"本法所称老年人是指六十周岁以上的公民"。老年人即指年满60周岁的公民。我国《宪法》第四十五条第一款规定,"中华人民共和国公民在年老、疾病或者丧失劳动能力的情况下,有从国家和社会获得物质帮助的权利"。根据本编规定,在多数场合下,老人作为近亲属都是家庭成员之一。尊敬老人也一直也是我国的传统美德,法律对老年人权益的保护更加有利于弘扬这项传统美德。因此,保护老人作为《婚姻家庭编》的一个价值取向,意义积极。

## 关联案例

### 一、(2016)黔03民终4318号

本院认为,王某与翁某因家庭琐事发生争吵后未正确处理家庭事务,且家人的介入及不理智的行为,造成双方矛盾逐渐恶化,导致夫妻感情破裂。一审判决准予双方离婚,双方均无异议,本院依法予以确认。翁某上诉请求判决王某赔偿其损失,但其并未举证证明王某应当对其赔偿的情形,其上诉的理由不成立,本院不予采信。翁某上诉认为双方在《协议书》中约定:……导致夫妻无法继续的,女方无条件同意离婚,同时,应赔偿男方经济损失以及退还男方彩礼。现双方离婚,因此,女方应赔偿男方经济损失。

本院认为,根据《婚姻法》第二条"实行婚姻自由,一夫一妻、男女平等的婚姻制度"之规定,男女双方有结婚、离婚的自由,王某与翁某双方签订的《协议书》违反了以上法律规定,该约定应属无效。因此翁某上诉的理由不成立,本院不予采信。综上所述,原审认定事实清楚,适用法律正确。本院依法予以维持。

## 二、(2015)浙台民终字第526号

本院认为,双方争议的焦点:即双方在离婚协议达成时,是否设定干涉上诉人再婚应支付被上诉人金钱的违法条款。从上诉人与被上诉人于2009年9月4日签订的离婚协议书第三条约定"坐落于台州市椒江区白云街道高园小区61号楼东一的1间四层半立地房归杨某所有;如男方(上诉人)再婚,付洪某5万元人民币,房屋及财产归杨某所有"的内容分析,存在两层意思:一、双方确定将房屋归上诉人所有,由上诉人对等支付给被上诉人5万元人民币;二、双方约定在上诉人再婚时履行,由上诉人支付被上诉人5万元,房屋及财产归上诉人所有。上述两层意思不存在对上诉人再婚时设定了干涉其婚姻自由的非法条件,只能证实双方对财产进行了分割,何时履行的约定。故上诉人称离婚协议书中约定的条款系干涉其再婚自由的违法条款是缺乏事实依据的,本院不予采纳。原审法院在事实认定上只认定"并约定了如果被告杨某再婚,被告杨某付原告洪某5万元"属认定事实不完整,适用法律不当,本院予以纠正。鉴于原审判决实体处理并无不当,本院予以维持。依照《民事诉讼法》第一百七十条第一款第(一)项的规定,判决如下:驳回上诉,维持原判。

## 三、(2016)闽06民终91号

本院认为:首先,自1999年登记结婚,王某与林某已结婚十余载,婚后又共同生育一子,建立了一定的夫妻感情,特别是在2008年遭受丧子之痛后,双方又共同决定抱养女孩王某甲,并已实际抚养女儿多年,足见两人同甘共苦的真挚情感。虽然林某自2012年起就回娘家居住生活,但双方系因家庭琐事产生纠纷,并无重大矛盾冲突,若能珍惜夫妻情缘,以孩子和家庭为重,加强沟通理解,消融彼此怨恨,双方仍有可能重归于好。故而,本院认为,双方夫妻感情尚未完全破裂,仍有挽救可能。其次,尊老爱幼、父慈子孝是中华民族的传统美德。双方经丧子之痛,共同决定抱养并已实际抚养女儿王某甲,本应对其疼爱有加、共同呵护,早日为其办理收养登记及户口登记手续,给其一个名副其实的家,为其遮风避雨。但时至

今日，王某甲已8周岁多，作为父母的双方当事人因矛盾纠纷，仍未办理上述相关手续，这势必造成王某甲在生活、就学、医疗、保险等方面的基本权益失去保障，对王某甲健康成长造成严重影响。因此，在双方尚未为女儿王某甲的生存发展提供基本保障的情况下，若贸然判决准予双方离婚，有悖公序良俗原则，亦违反了《婚姻法》第二条第二款"保护妇女、儿童和老人的合法权益"及《未成年人保护法》第三条第一款"未成年人享有生存权、发展权、受保护权、参与权等权利，国家根据未成年人身心发展特点给予特殊、优先保护，保障未成年人的合法权益不受侵犯"之规定。

综上所述，王某上诉提出夫妻感情确已破裂、原审适用法律错误的上诉理由，不能成立，其上诉请求准予离婚，于法不符，不予支持。诚然，法律保护公民婚姻自由的权利，但法律也不允许公民在追求婚姻自由时可以罔顾甚至随意牺牲孩子将来的幸福。无论夫妻有何恩怨情仇，是和或离，均应处处以子女利益为重，尽量避免大人纠葛给无辜子女造成身心伤害，并为其健康成长保驾护航。本案判决后，希望双方能秉持"一切为了孩子"的情怀，以更大的包容心和责任感尝试去恢复感情，若确实无法和好，也应互相配合，及时妥善处理女儿王某甲的收养及户口问题，为王某甲的健康成长创造良好条件。据此，上诉人王某的上诉请求，于法不符，不予支持。原审判决认定事实清楚，适用法律正确，可予维持。据此，依照《民事诉讼法》第一百七十条第一款第（一）项的规定，判决如下：驳回上诉，维持原判。

**第一千零四十二条　禁止包办、买卖婚姻和其他干涉婚姻自由的行为。禁止借婚姻索取财物。**

**禁止重婚。禁止有配偶者与他人同居。**

**禁止家庭暴力。禁止家庭成员间的虐待和遗弃。**

## 条文主旨

本条是对婚姻法禁止的行为的规定。

## 条文精释

### 一、立法背景

婚姻中禁止行为的相关立法，我国法律中早已规定。1950年《婚姻法》第二条规定“禁止重婚、纳妾。禁止童养媳。禁止干涉寡妇婚姻自由。禁止任何人藉婚姻关系问题索取财物。”1980 年《婚姻法》第三条则将禁止行为修改规定为:“禁止包办、买卖婚姻和其他干涉婚姻自由的行为。禁止借婚姻索取财物。禁止重婚。禁止家庭成员间的虐待和遗弃。”2001 年《婚姻法》第三条进一步修改为“禁止包办、买卖婚姻和其他干涉婚姻自由的行为。禁止借婚姻索取财物。禁止重婚。禁止有配偶者与他人同居。禁止家庭暴力。禁止家庭成员间的虐待和遗弃”。其中关于家庭暴力的问题,我国在 2015 年 12 月 27 日还颁布了《反家庭暴力法》(本书简称《反家暴法》),并于 2016 年 3 月 1 日正式实施。

## 二、争议观点

有关重婚的规定,不同历史时期,各国有不同的规定。我国古代的封建法律只是不允许多妻,但允许纳妾。《唐律疏议·户婚》规定,“诸有妻更娶妻者,徒一年,女家减一等,若欺妄而娶者,徒一年半,女家不坐,各离之”。但是,纳妾是允许的。纳妾在古代不算作重婚,只有多妻才算作重婚。禁止重婚是近现代各国立法的通例。罗马尼亚《家庭法》第五条规定,“已婚男子或已婚女子不能再行结婚”。日本《民法典》第七百三十二条规定,“有配偶者不得重婚”。关于家庭暴力中的性暴力的性质认定,婚姻中违背女性意志施加暴力的性行为能否被认定为婚内强奸,大多数国家对婚内强奸持否定态度。我国刑法对此也未做明文规定,既没有规定丈夫可以作为强奸妻子的罪犯,也没有把他排除在强奸罪的主体之外。此外,还有家庭冷暴力。其表现形式多为通过冷淡、轻视、放任、疏远和漠不关心,致使家庭成员的精神上和心理上受到侵犯和伤害。但就家庭冷暴力而言,因取证困难,我国司法实务中采信甚少。

## 三、条文解释

根据本条规定,法律所禁止的行为有以下几条:

(一)包办、买卖婚姻和其他干涉婚姻自由的行为

1. 包办婚姻是指第三人(包括父母)违反婚姻自由的原则,违背婚姻当事人的自由意志,强迫其缔结婚姻的行为。包办婚姻大多表现为父母或其他长辈为子女或晚辈直接选择结婚对象,在当事人双方或一方不同意的情况下,采取各种手段强迫其结婚。

2. 买卖婚姻是指第三人(包括父母)以索取大量财物为目的,违背婚姻当事人

的自由意志，强迫其缔结婚姻的行为。买卖婚姻大多表现为父母或其他长辈出卖儿女或晚辈，以儿女或晚辈作为婚姻的交换物品，或者以索要彩礼的名义向对方或者其家属索取高额的聘金、聘礼的行为，等等。

3. 其他干涉婚姻自由的行为是指除了包办、买卖婚姻之外的违反婚姻自由的其他行为。例如，父母因反对子女结婚，而将其身份户籍等证件私藏，将子女软禁在家，不让外出等。除了常见的父母干涉子女婚姻自由情形，现实生活中，子女干涉父母婚姻自由的情形也不少见。对此，2001 年《婚姻法》第三十条增加了保障父母的再婚自由权的规定，"子女应当尊重父母的婚姻权利，不得干涉父母再婚以及婚后的生活。子女对父母的赡养义务，不因父母的婚姻关系变化而终止"。该条内容的增加主要针对子女对父母再婚的干涉，也是本条的具体体现。

### （二）借婚姻索取财物

借婚姻索取财物，是指在婚姻自愿的前提下，一方向另一方索取一定数量的财物作为结婚的先决条件的行为。这种将财产关系作为人身关系的前提的行为，同样不符合婚姻自由原则的要求。[①] 其表面上是双方出于自愿而结婚，实际却是以物质作为婚姻的对价。本条的借婚姻索取财物是除买卖婚姻之外的索取财物。在运用本条时要注意买卖婚姻与借婚姻索取财物的区别主要在于是否出于自愿而结婚。

### （三）重婚、有配偶者与他人同居

1. 重婚是指有配偶而又与他人结婚的，或者明知他人有配偶而与之结婚的。简单说，即前一段婚姻关系还未结束，便缔结了第二段婚姻关系。[②] 学理上，重婚包括法律上的重婚和事实上的重婚两种。法律上的重婚，是指夫妻婚姻关系存续期间采取欺骗手段进行结婚登记、领取结婚证而形成了婚姻关系。事实上的重婚是指，夫妻婚姻关系存续期间，一方或者双方又以夫妻名义与他人共同生活，形成被公众所知晓并认可的婚姻关系。无论是法律上的婚姻关系还是事实上的婚姻关系，都构成本条所规定的重婚。2001 年最高人民法院《关于适用〈中华人民共和国婚姻法〉若干问题的解释（一）》（本书简称《婚姻法解释一》）第五条规定，1994 年 2 月 1 日民政部《婚姻登记管理条例》公布实施以前，男女双方已经符合结婚实质条件的，按事实婚姻处理。在满足该条规定的事实婚姻前提下，如果在没

① 杨馨德主编：《婚姻家庭法学》，上海财经大学出版社 2012 年版，第 69 页。

② 巫昌祯主编：《婚姻与家庭继承法学》（第 6 版），中国政法大学出版社 2017 年版，第 45 页。

有解除该婚姻关系的情况下再去与他人办理结婚登记，取得结婚证。此种情形也构成重婚，即前者构成事实婚姻，后一段婚姻关系形成了法定的婚姻。

2. 有配偶者与他人同居。根据 2001 年《婚姻法解释一》第二条规定，"'有配偶者与他人同居'的情形，是指有配偶者与婚外异性，不以夫妻名义，持续、稳定地共同居住"。现实中，有配偶者与他人同居表现为以下几个特征：至少一方为有配偶者；同居期间不以夫妻名义生活；同居对象需为异性不包括同性（将来也许应当包含同性，若为形婚，同性恋的一方与同性同居也应当属于本条规定的有配偶者与他人同居的情形）；双方长久稳定的共同生活。满足以上四点才符合本条所指的有配偶者与他人同居。

（四）家庭暴力、家庭成员间的虐待和遗弃

1. 家庭暴力

我国 1950 年《婚姻法》、1980 年《婚姻法》并未有关于禁止家庭暴力的规定，但 2001 年《婚姻法》增加了该项禁止性规定。我国《反家暴法》第二条明确规定，"本法所称家庭暴力，是指家庭成员之间以殴打、捆绑、残害、限制人身自由以及经常性谩骂、恐吓等方式实施的身体、精神等侵害行为"。该条定义性规定，将家庭暴力区分为行为暴力和语言暴力，前者如殴打、捆绑、残害和限制人身自由的行为暴力，后者则表现为经常性谩骂、恐吓等方式的语言暴力。上述区分列举规定，有利于司法机关明确家庭暴力的范围并针对家庭暴力进行精准打击，惩罚家庭暴力的违法行为。在家庭暴力日趋严重的当下，增设该规定是具有必要性的。家庭暴力的主体是特定的，仅限于家庭成员之间，包括夫妻之间、父母子女之间、（外）祖父母与（外）孙子女之间以及兄弟姐妹之间的暴力行为。①

2. 家庭成员间的虐待和遗弃

虐待是指行为人以作为或者不作为的方式，通过打骂、冻饿、限制人身自由、强迫过度劳动以及有病不给治疗等方式折磨、摧残家庭成员的行为。持续性、经常性的家庭暴力构成虐待。遗弃是指负有抚养、赡养、扶养义务的家庭成员，对需要被抚养、赡养和扶养的另一方家庭成员，有能力却不履行其应尽义务的行为。1980 年《婚姻法》对于夫妻间的相互扶养义务、父母对子女的抚养义务、子女对父母的赡养扶助义务以及履行义务的方式都作了相关的规定。除此之外，还对继父母与继子女之间的权利义务关系作了规定。对于父母死亡或无能力抚养子女的

① 杨馨德主编：《婚姻家庭法学》，上海财经大学出版社 2012 年版，第 72 页。

情况，(外)祖父母对(外)孙子女以及兄姐对弟妹的抚养义务，以及(外)孙子女对(外)祖父母、弟妹与兄姐的赡养义务都作出详细的规定。根据 1980 年《婚姻法》的相关规定，家庭成员包括夫妻、父母子女之间、祖父母与孙子女之间、外祖父母与外孙子女之间、继父母与继子女之间以及兄姐与弟妹之间有抚养、扶养和赡养义务，任何一方的遗弃行为，均视为本条的禁止性行为。我国婚姻家庭制度的重要原则就是尊老爱幼，反对家庭暴力以及禁止家庭成员之间的虐待和遗弃。在《婚姻家庭编》中继续沿用此规定，体现了我国对婚姻制度原则的坚持和认同以及对建设健康美好婚姻制度的决心。

## 关联案例

### 一、(2019)内 04 民终 2369 号

本院认为，蒋某一在与王某一订婚、结婚时，共向王某一家索要彩礼款 136000 元。现蒋某一等三人上诉称该笔彩礼款中包含部分衣服款以及陪嫁款 10000 元，但对该主张未能提供证据予以证实，无法区分彩礼款中包含衣服款数额是多少，故应在返还数额中一并予以综合考量。虽然双方当事人结婚两年，但《婚姻法》第三条第一款规定，“禁止包办、买卖婚姻和其他干涉婚姻自由的行为。禁止借婚姻索取财物”。本案中原审法院既考虑了双方婚姻的状况、双方在经营婚姻过程中的过错程度，又考虑了双方婚姻存续期间的生活各项支出情况，酌定返还 95000 元，较为适当，本院予以支持。对于蒋某一等三人上诉称不予返还的上诉理由，本院不予支持。原判认定事实清楚，适用法律适当，依照《民事诉讼法》第一百七十条第一款(一)项规定，判决如下：驳回上诉，维持原判。

### 二、(2019)闽 01 民终 9154 号

一审法院认为，陈某香为美国居民，本案系涉外赠与合同纠纷，合同履行地在福建省福州市长乐区，依照《涉外民事关系法律适用法》第四十一条的规定，本案适用中国法律为准据法。《婚姻法》第三条规定，禁止借婚姻索取财物，禁止重婚，禁止有配偶者与他人同居，《民法总则》第一百五十三条规定：“违反法律、行政法规的强制性规定的民事法律行为无效，但是该强制性规定不导致该民事法律行为无效的除外。违背公序良俗的民事法律行为无效”。根据上述规定，陈某香与已有配偶的袁某芳婚外同居，其行为违反了婚姻法的禁止性规定，属于违法关系，不

受法律保护。基于上述关系，陈某香以支付购房款的形式将涉案房屋赠与袁某芳，袁某芳基于不正当的男女关系而获取受赠房屋，违反公序良俗原则，应属无效民事法律行为。因赠与行为无效，依照《民法总则》第一百五十七条规定，“民事法律行为无效、被撤销或者确定不发生效力后，行为人因该行为取得的财产，应当予以返还；不能返还或者没有必要返还的，应当折价补偿。有过错的一方应当赔偿对方由此所受到的损失；各方都有过错的，应当各自承担相应的责任。法律另有规定的，依照其规定。”据此，袁某芳应当返还涉案房屋。审理中，陈某香表示愿意基于袁某芳返还案涉房产的行为向袁某芳支付经济补偿 70000 元，此系陈某香对其民事权利的自行处分，一审法院予以照准。陈某香未举证证明坐落于福州市长乐区日韵东方地下 11 号车位的产权登记及已赠与袁某芳的情况，故其相关的主张，一审法院不予支持。

综上所述，依照《民法总则》第八条、第十条、第一百五十三条、第一百五十五条、第一百五十七条，《合同法》第一百八十五条，《婚姻法》第三条，《涉外民事关系法律适用法》第四十一条，《民诉法解释》第九十条规定，判决：一、确认陈某香将位于福州市长乐区日韵东方 1 幢 902 单元房产赠与给袁某芳的行为无效；二、袁某芳于一审判决生效之日起十日内将位于福州市长乐区日韵东方 1 幢 902 单元房产返还给陈某香；三、袁某芳于一审判决生效之日起十日内协助陈某香办理福州市长乐区日韵东方 1 幢 902 单元房产的过户登记手续；四、上述第二、三项判决所确定的义务，自袁某芳履行完毕之日起十日内，陈某香应向袁某芳支付经济补偿 70000 元；五、驳回陈某香的其他诉讼请求。当事人在一审诉讼中向法院提交的证据均已随一审案卷移送至本院。

本院二审期间，当事人没有提交新证据。经审理，本院确认一审法院查明的事实属实。本院认为，袁某芳在其婚姻关系存续期间，在陈某香家中做卫生仅两三天后即与陈某香同居，袁某芳基于与陈某香不正当男女关系而受赠涉案房屋行为，违反了《婚姻法》的禁止性规定，违反了公序良俗原则，属于无效民事法律行为。袁某芳因该违法行为取得的财产，应予以返还。一审法院确认陈某香赠与本案讼争房屋与袁某芳的行为无效，并判决袁某芳将涉案房屋返还给陈某香，于法有据。因陈某香未对福州市长乐区日韵东方地下 11 号车位的产权登记及赠与等情况进行举证，一审法院不予支持陈某香的该项主张，是正确的。一审法院对袁某芳的上诉期裁定补正为一审判决书送达之日起 15 日内，未剥夺袁某芳的上诉权利。综上所述，袁某芳的上诉请求不能成立，应予驳回；一审判决认定事实清楚，适用法律正确，应予维持。

依照《民事诉讼法》第一百七十条第一款第一项规定，判决如下：驳回上诉，维持原判。

**第一千零四十三条　家庭应当树立优良家风，弘扬家庭美德，重视家庭文明建设。**

**夫妻应当互相忠实，互相尊重，互相关爱；家庭成员应当敬老爱幼，互相帮助，维护平等、和睦、文明的婚姻家庭关系。**

## 条文主旨

本条是关于婚姻家庭中的道德规范的规定。我国现代文明婚姻家庭关系具有本条所规定的条件。本条属于倡导性规范、宣示性规范，并不要求所有婚姻家庭关系都必须满足本条规定的条件。

## 条文精释

### 一、立法背景

我国1950年《婚姻法》在"夫妻权利和义务"一章中的第八条即规定，"夫妻有互爱互敬、互相帮助、互相扶养、和睦团结、劳动生产、抚育子女，为家庭幸福和新社会建设而共同奋斗的义务。"在随后的1980年《婚姻法》中将上述内容予以删除。2001年《婚姻法》从法律的倡导性和宣言性的功能出发，增设第四条规定，"夫妻应当互相忠实，互相尊重；家庭成员间应当敬老爱幼，互相帮助，维护平等、和睦、文明的婚姻家庭关系。"其中，关于夫妻忠实的义务是首次在修正案中作出规定。这一规定遵循了法治与德治相结合的指导思想。《民法典婚姻家庭编（草案三次审议稿）》（本书简称《婚姻家庭编（三审稿）》）增加了"家庭应当树立优良家风，弘扬家庭美德，重视家庭文明建设"这一款，在第二款中增加夫妻之间应当互相关爱的规定，其余未作改变。本条的增改，是为了更好地树立优良家风，弘扬家庭美德，体现社会主义核心价值观。同时也体现了我国严格执行一夫一妻制的决心。

## 二、争议观点

关于夫妻之间忠实义务的问题是道德问题还是法律问题的争议，一直为学界所探讨。这也是我国一直未曾设立配偶权制度的原因所在。在国外，配偶权制度已经有很长久的历史。而在2001年《婚姻法》起草过程中，法学界主要存在以下两种争议。表示应该设立配偶权的学者认为，配偶权应做扩大解释，将配偶权理解为是夫妻忠实义务的依据。因为男女之间一旦结婚，就互为配偶。配偶之间有互相忠诚、互相扶持的权利，是一种身份权。我国实行的一夫一妻制也表明我国设立配偶权的合理性。而反对设立配偶权的学者则认为，夫妻之间的忠实义务属于道德问题，不应用法律的手段强制。配偶权设立的弊大于利，配偶权的设立不利于妇女权益的保护。忠实义务是道德问题，也是法律问题。本条虽然规定了夫妻间应当互相忠实、互相尊重，但本条是倡导性的规范，没有具体权利义务责任的规定。2001年《婚姻法解释一》第三条规定，对以《婚姻法》第四条为依据起诉离婚的，人民法院不予受理。因此，本条虽然是将道德规范引入法律，但其立法目的仅仅是引导构建我国文明的婚姻家庭关系。因此，在夫妻权利义务受到侵害时，本条可以作为加重加害一方的惩罚的依据，但不能作为单独判决的依据。

## 三、条文解释

根据本条规定，满足这些原则所构成的婚姻家庭关系，是我国所倡导和引导的现代婚姻家庭关系。

### （一）树立优良家风，弘扬家庭美德，重视家庭文明建设

家庭是家庭成员共同生活的地方，是家庭成员之间互相享有法定权利和互相负有法定义务的亲属团体。家庭是社会生活的基本单位，家庭成员最初是通过家庭与社会取得联系的，家庭关系的优良与文明程度一定程度上决定了社会的文明与发展。《婚姻家庭编（三审稿）》增加了本条款，也是贯彻落实了习近平总书记关于加强家庭文明建设的讲话精神。家庭美德属于家庭道德的范畴，指每个公民在家庭生活中应当遵循的基本行为准则。优良家风是指家庭成员之间互相关爱，尊老爱幼以及男女平等。家庭美德包括家庭的道德观念、道德规范与道德品质。弘扬家庭美德，即是弘扬社会主义道德。家庭文明建设需要家庭美德和优良家风的培养。重视家庭文明建设，注重家庭、注重家教、注重家风，紧密结合培育和弘扬社会主义核心价值观，发扬光大中华民族传统家庭美德，促进家庭和睦，促进家

庭成员相亲相爱，促进下一代健康成长，使家庭成为国家发展、民族进步、社会和谐的重要基点。

（二）夫妻应当互相忠实、互相尊重、互相关爱

夫妻双方在共同生活中互相忠实、互相尊重、互相关爱是婚姻家庭法的基本准则。夫妻互相忠实，是指夫妻双方在婚姻生活中必须坦诚、忠一，包括性的忠实，不得有隐瞒和背叛婚姻的行为，如不得有婚外恋、婚外性行为、不得恶意欺骗对方，等等。这是一夫一妻制的必然要求，婚姻家庭关系的稳定和谐很大程度上取决于夫妻之间的互相忠诚。将夫妻的忠实义务上升为原则加以规定，有利于对生活中的"插足""通奸"等不道德的行为起到威慑作用，在离婚时对有过错一方进行惩罚，对受害一方进行补偿和救济。① 夫妻之间相互尊重是指，夫妻之间应当以礼相待，不得歧视侮辱对方，尊重对方的人格独立，应该体现在婚姻家庭生活的每一处，包括情感上的融合、关怀与体贴，生活上的互相关心、照顾和扶助。夫妻相互尊重是男女平等原则在夫妻关系中的体现，尊重是平等的前提，是保证实现夫妻各项权利的基础。夫妻之间互相关爱是指，夫妻之间应当关心、爱护对方，不得冷漠和无视对方，在家庭生活和社会生活中都应当给予及时的关爱。互相忠实、互相尊重和互相关爱也是我们的道德要求，将道德规范纳入法律规范中，赋予其法律形式，有利于完善法律的漏缺，进一步维护社会秩序和正义。

（三）家庭成员间敬老爱幼、互相帮助

根据《婚姻家庭编》第一千零四十五条规定，法律意义上的家庭成员包括配偶、父母、子女和其他共同生活的近亲属。其他共同生活的近亲属包括兄弟姐妹、祖父母、外祖父母、孙子女、外孙子女等，具体也会因家庭情况的不同有所差别。家庭成员间应当敬老爱幼，互相帮助是处理家庭关系的道德准则，本条也是将道德准则法律化的体现。敬老爱幼，是指家庭成员中的晚辈应当尊敬长辈；家庭成员中的长辈应当对晚辈加以爱护。敬老爱幼与保护未成年人、老年人的合法权益的原则是相联系的，敬老爱幼是从不同的角度去保护老年人和成年人，给予尊敬与爱就是保护的一种方式。法律所要求的敬老爱幼不仅仅是要尊敬他们的独立人格和给予法律上的扶养义务，更应当包括相互间的关爱和在生活、思想和经济方面的帮助和支持。《婚姻家庭编（二审稿）》继续沿用《婚姻法》的此规定，是对本条所制定的倡导性规范的强调。这一规定的继续沿用表明了我国婚姻立法的

① 巫昌祯主编：《婚姻与家庭继承法学》（第6版），中国政法大学出版社2017年版，第61页。

理念和追求,对新型健康文明的婚姻家庭关系的倡导。这一规定有利于弘扬中华民族的优良传统,也是社会主义核心价值观的体现。认真遵循这一原则性的规定,不仅有利于维护广大民众的幸福生活和建立稳定的家庭关系,也有利于社会主义经济的和平稳定发展。维护平等、和睦、文明的婚姻家庭关系也是新时代婚姻家庭文明的基本要求。通过互相忠实、互相尊重和家庭成员间的尊老爱幼、互帮互助来实现对和平、和睦、文明的婚姻家庭关系的维护。同时倡导这样一种新型文明的婚姻家庭关系也是我国的传统文明的延续,我国自古以来就倡导尊老爱幼的文化,本条的倡导性规则也是传统文化在法律中的体现。

综上所述,本条这一规定通过道德规范的法律化来建立婚姻家庭关系,引导人们树立正确的婚姻家庭关系,弘扬文明的婚姻家庭观念和道德风尚,维护现代社会主义的婚姻家庭制度,也有利于促进法律的实施。

## 关联案例

### 一、(2015)安民一终字第01575号

本院认为,综合各方当事人的举证、质证及诉辩意见,本案的二审争议焦点是:1.原审判决查某赔偿江某甲精神损害抚慰金有无事实及法律依据;2.原审判决查某返还江某甲抚养费是否正确。围绕上诉人的上诉请求及理由,一、关于精神损害抚慰金。《婚姻法》第四条规定,夫妻应当互相忠实,互相尊重。最高人民法院《关于确定民事侵权精神损害赔偿责任若干问题的解释》第一条规定,"自然人因下列人格权利遭受非法侵害,向人民法院起诉请求赔偿精神损害的,人民法院应当依法予以受理:……(三)人格尊严权、人身自由权……"本案中,查某在夫妻关系存续期间,隐瞒其婚前与他人怀孕的事实,违背了夫妻互相忠实的义务,使江某甲在不知情的情况下抚养他人的孩子,侵害了江某甲的人格尊严,造成了江某甲严重的精神损害,故原审判决查某赔偿江某甲精神损害抚慰金有事实及法律依据。二、关于抚养费。因查某生育的孩子江某乙不是江某甲的孩子,江某甲对江某乙没有法律上的抚养义务,江某甲支付了一定的抚养费,查某相应获得了利益,故原审判决查某返还江某甲抚养费并无不当。查某上诉认为,其没有隐瞒真相,江某甲知道查某所生孩子与其没有血缘关系,江某甲是自愿抚养。但依据查某一审庭审中的陈述,查某并未告知江某甲其所生孩子与江某甲没有血缘关系,故查某上诉认为江某甲是自愿抚养的上诉理由不能成立。据此,依照《民事诉讼

法》第一百七十条第一款第一项、第一百七十五条之规定，判决如下：驳回上诉，维持原判。

**二、(2018)京03民终11972号**

本院认为，《婚姻法》第四条规定，夫妻应当互相忠实，互相尊重；家庭成员间应当敬老爱幼，互相帮助，维护平等、和睦、文明的婚姻家庭关系。该法第十七条第二款规定，夫妻对共同所有的财产，有平等的处理权。根据查明的事实，程某军与马某颖存在婚外恋爱关系，程某军违反了夫妻忠实义务。程某军在婚姻关系存续期间将夫妻共同财产无偿赠与马某颖，侵犯了贾某莲的共有财产权，亦有悖于公序良俗原则，程某军赠与马某颖钱款的行为应属于无效。《合同法》第五十八条规定，合同无效或者被撤销后，因该合同取得的财产，应当予以返还。马某颖受赠的钱款属于程某军与贾某莲的夫妻共同财产，现程某军与贾某莲已离婚，一审法院判决马某颖返还给程某军与贾某莲，并无不妥。

马某颖以程某军赠与的钱款并非夫妻共同财产为由上诉提出不同意返还钱款，与事实不符，本院不予采纳。综上所述，马某颖的上诉请求不能成立，应予驳回；一审判决认定事实清楚，适用法律正确，应予维持。依照《民事诉讼法》第一百七十条第一款第一项规定，判决如下：驳回上诉，维持原判。

**第一千零四十四条　收养应当遵循最有利于被收养人的原则，保障被收养人和收养人的合法权益。**

**禁止借收养名义买卖未成年人。**

## 条文主旨

本条是关于收养基本要求和收养的禁止性规定。

## 条文精释

**一、立法背景**

关于收养要求及禁止性的规定，立法中早有相关的规定。根据1998年《收养法(修正案)》(本书简称1998年《收养法》)第二条规定，“收养应当有利于被收养的未成年人的抚养、成长,保障被收养人和收养人的合法权益,遵循平等自愿的原则,并不得违背社会公德。"第二十条规定,"严禁买卖儿童或者借收养名义买卖儿童。"1998 年《收养法》除了上述的原则性的规定,也有对前述原则性的具体化规定,比如规定收养人和被收养人的条件、被收养人被收养之后的对待方式,等等。2001 年《婚姻法》中对于收养的规定在第二十六条,"国家保护合法的收养关系。养父母和养子女间的权利和义务,适用本法对父母子女关系的有关规定。养子女和生父母间的权利和义务,因收养关系的成立而消除。"在《婚姻家庭编(二审稿)》中规定,收养应当遵循最有利于被收养人的原则,保障被收养人和收养人的合法权益。禁止借收养名义买卖未成年人。这一规定将 1998 年《收养法》第二条和第二十条的规定相结合,将"收养应当有利于被收养的未成年人的扶养、成长"的表述更换为"收养应当遵循最有利于被收养人的原则";将"严禁买卖儿童"这一表述删去,保留了"禁止借收养名义买卖未成年人"。以上改变,顺应了社会的发展趋势,更体现了收养法的应有之义。本条在此基础上进一步完善,明确收养应遵循最有利于被收养人的原则,更有利于被收养人权益的保护。

## 二、争议观点

关于被收养人的身份,学界一直存在不同的观点。有学者认为,我国收养法的目的是保证被收养人的健康成长,对于老年人的保护不是本法的目的。因此,收养法不应当允许收养老年人。而也有学者认为,前者的观点太过片面。我国的收养法在保护未成年人的同时也考虑了收养人养老的问题的。同时收养人在中老年丧子的情况下,再行领养的行为其实也是有利于其养老的,而且收养法对于收养人的合法权益也进行了保护,因而应允许收养老年人。目前我国立法仍坚持未成年收养,对于老年人权益,我国已通过设立遗赠扶养协议制度与成年意定监护制度来加以保障。

## 三、条文解释

根据本条规定,收养人在实施收养行为时必须遵循本条的原则性规定以及禁止性规定。

(一)收养

收养是指公民按照法律规定的条件和程序,依法领养他人的子女为自己的子女或孙子女,从而使收养人和被收养人之间建立了法律拟制的亲子关系的民事法律行为。收养一旦成立,收养人和被收养人之间便形成了拟制血亲的关系。收养他人的人为收养人,被他人收养的人成为被收养人,将自己的子女或孙子女送养他人的人成为送养人。收养行为使收养人与被收养人之间形成了与亲生子女和父母之间相同的权利义务关系,同时被收养人与送养人之间的权利义务关系也基于收养关系的成立而消失。对此,2001 年《婚姻法》第二十六条第二款的规定,“养子女和生父母间的权利和义务,因收养关系的成立而消除。”《婚姻家庭编》第一千一百一十一条第二款也规定“养子女与生父母及其他近亲属间的权利义务关系,因收养关系的成立而消除”。

(二)有利于被收养人的健康成长

本条规定收养应当有利于被收养人的健康成长,是确定了收养制度的主要目的即为保障被收养人的健康成长和合法权益,使被收养人能够在德、智、体、美等方面得到全面的发展。[①] 根据联合国《儿童权利公约》的精神,凡承认收养制度的国家应确保以儿童的最大利益为考虑。我国作为公约的加入国,将保护被收养人的健康成长作为首要任务是毫无疑问的。只有以此为目标,才能保障被收养人的合法权益。为了保障被收养人的合法权益,从原则性的规定出发,本法对收养人的条件和被收养人的条件都作了限制性的规定。这样的规定不仅有利于保障被收养人的权益,也有利于保障收养人的权益。当然,本条更侧重于对被收养人的保护,这些规定都是被收养人健康成长原则在法条中的具体体现。

(三)禁止以收养名义买卖未成年人

本条是关于收养的禁止性规定。买卖人口在刑法中是犯罪行为,以收养的名义买卖未成年人的行为是更加恶劣的。为了保护未成年人的合法权益,避免有人利用收养行为贩卖人口,以合法的名义掩盖非法行为,促进建立健康的收养制度,本法设立此禁止性规定。实务中要注意区分收养行为和买卖行为,收养是通过正式的法律程序,在法律规定的条件之下进行的合法行为;而买卖则是通过金钱或者其他交易模式,在一方有能力抚养的情形下将未成年人当作交易的对象交付另一方的行为。

---

① 杨馨德主编:《婚姻家庭法学》,上海财经大学出版社 2012 年版,第 252 页。

## 关联案例

### 一、(2016)沪02民终3541号

本院认为,本案争议焦点是收养人金某良与被收养人任某乙之间收养关系的效力。《收养法》第二条规定,收养应当有利于被收养的未成年人的抚养、成长,保障被收养人和收养人的合法权益,遵循平等自愿的原则,并不得违背社会公德。本案上诉人任某甲、吴某某送养任某乙的申请原因是基于自身经济困难无力抚养子女,常理而言,其收养人应该能给予被收养人任某乙更好的经济保障,有利于任某乙的抚养和成长,但根据本案原审所查明的事实以及上诉人任某甲也自述金某良曾在其处打工等情形,收养人金某良显然不具备较上诉人任某甲、吴某某更好的综合条件,送养人及收养人的客观情形与《收养法》所规定的送养人、收养人应具备的条件不符,与《收养法》的立法目的相悖。故,上诉人任某甲、吴某某的送养行为、金某良的收养行为,均与《收养法》的效力性规定不符,收养人金某良与被收养人任某乙之间的收养关系应系无效。

综上所述,原审认定事实清楚,判决并无不当,本院予以维持。据此,依照《民事诉讼法》第一百七十条第一款第(一)项之规定,判决如下:驳回上诉,维持原判。

### 二、(2018)苏01民终7546号

本院认为,本案二审争议焦点是:(1)王某与潘某本、张某之间是否成立收养关系,王某是否有权分得被继承人潘某本的遗产;(2)龙山路200-34号房屋中的西边两间水泥墙房屋是否属于张某与被继承人潘某本的夫妻共同财产;(3)王某保管的被继承人潘某本名下的存款是否属于其遗产;(4)王某为办理被继承人潘某本丧事所支出的款项数额。关于争议焦点(1),《收养法》在1991年通过后,于1998年修正,修正前的《收养法》自1992年4月1日起施行,修正后自1999年4月1日起施行。原审判决引用的《收养法》第十五条的规定系该法修正后的内容,而潘某本、张某与王某系在1995年办理收养公证,故原审判决适用法律错误。但修正前后的《收养法》第二条均规定,收养应当有利于被收养的未成年人的抚养、成长,即被收养人应当为未成年人,而王某在办理收养公证时已年满18周岁,不符合被收养的主体条件,且根据原审法院查明,在办理收养公证后,王某并未在潘某本家中居住生活,故原审判决认定潘某本、张某与王某收养关系不成立,并无不

当，应予维持。虽然潘某本、张某与王某收养关系不成立，但双方就王某负责潘某本、张某生养死葬，并在二人去世后继承相应财产的意思表示明确，王某在潘某本生前对潘某本有所照顾，在潘某本去世后也操办了其丧事，故原审判决认定王某可适当分得潘某本遗产，亦无不妥。关于争议焦点(2)，在(2018)苏0117民初747号案件审理中，王某申请证人潘某一、潘某二(分别系王某的舅舅和姨妈)出庭作证，证人均陈述涉案房屋系在张某与潘某本婚后所建，一审法院向涉案房屋所在社区进行的调查及对涉案房屋进行的勘验均可证实涉案房屋系在张某与潘某本婚姻关系存续期间所建，故一审判决认定龙山路200－34号房屋中的西边两间水泥墙房屋系张某与潘某本的共同财产是正确的，本院予以维持。关于争议焦点(3)，被继承人潘某本虽将存款凭证交于王某，但该存款系张某与潘某本的夫妻共同财产，现并无证据证实潘某本将此款赠与给王某，该存款的一半应属张某所有，另一半为潘某本的遗产，一审判决认定正确。王某主张其曾交付张某20000余元，但未提交充分证据予以证实，一审法院不予支持，并无不当。关于争议焦点(4)，一审法院结合王某在一审法院(2018)苏0117民初747号不当得利纠纷一案中的陈述、证人证言、法院调查情况及当地风俗人情，酌定王某为操办被继承人潘某本的丧事支出55000元，并无不当，二审应予维持。综上所述，张某、王某的上诉请求均不能成立，应予驳回；一审判决应予维持。依照《民事诉讼法》第一百七十条第一款第一项规定，判决如下：驳回上诉，维持原判。

**三、(2018)浙0523民初4082号**

本院经审查认为，《收养法》第二十条规定“严禁买卖儿童或者借收养名义买卖儿童”，第三十一条规定“出卖亲生子女的，由公安部门没收非法所得，并处以罚款；构成犯罪的，依法追究刑事责任”。本案依起诉人徐某某诉称的事实与理由，杨某、焦某因生活困难将女儿“送养”而向起诉人索取高额“营养费”，收取“营养费”后转而出借给他人，并非用于生活消费开支，该送养行为存在买卖儿童、非法获利之嫌，不属于法律规定的人民法院应当受理的民事纠纷范围，应移送公安机关处理。现起诉人徐某某就本案提起的诉讼，不符合《民事诉讼法》第一百一十九条第(四)项规定的起诉条件。据此，依照《民事诉讼法》第一百二十三条规定，裁定如下：对起诉人徐某某的起诉，本院不予受理。

**第一千零四十五条　亲属包括配偶、血亲和姻亲。**

**配偶、父母、子女、兄弟姐妹、祖父母、外祖父母、孙子女、外孙子女为近亲属。**

**配偶、父母、子女和其他共同生活的近亲属为家庭成员。**

## 条文主旨

本条是关于亲属、近亲属以及家庭成员范围的法律界定。

## 条文精释

### 一、立法背景

在本条起草之前,我国并没有在《婚姻法》中对亲属作总则性的规定,而是将其分散地规定在其他条文之中。我国2001年《婚姻法》中有关亲属的规定有以下几条:首先,第七条规定,“有下列情形之一的,禁止结婚:(一)直系血亲和三代以内的旁系血亲……”在学理上,直系血亲是指和自己有直接血缘关系的亲属,向上包括亲生父母及祖父母以及更上的长辈等,向下包括亲生子女及孙子女以及更下的直接晚辈等。三代以内的旁系血亲是指具有间接血缘关系的亲属关系,三代是指从自己开始计算为一代向上或向下数的三代。2001年《婚姻法》第二十一条、第二十五条、第二十六条、第二十七条、第二十八条和第二十九条还规定了应相互扶养的亲属。包括夫妻之间、父母与子女之间、(外)祖父母与(外)孙子女之间、兄弟姐妹之间。最高人民法院《关于贯彻执行〈中华人民共和国民法通则〉若干问题的意见(试行)》(本书简称《民通意见》)第十二条规定:“民法通则中规定的近亲属,包括配偶、父母、子女、兄弟姐妹、祖父母、外祖父母、孙子女、外孙子女。”《民诉法解释》第八十五条规定:“根据民事诉讼法第五十八条第二款第二项规定,与当事人有夫妻、直系血亲、三代以内旁系血亲、近姻亲关系以及其他有抚养、赡养关系的亲属,可以当事人近亲属的名义作为诉讼代理人。”对于亲属和近亲属还有家庭成员的界定,在这之前都没有总则性的规定。《民法典婚姻家庭编(草案)》①(本书简称《婚姻家庭编(草案)》)第一千零四十五条中对亲属的范围进行了详细

① 指2020年5月22日公布的版本。

的界定，将近亲属、近亲属和家庭成员的范围划分清楚，使得法律概念更加明晰并且有利于实务中的运用，是立法不断完善的体现。

## 二、争议观点

对于亲属范围的界定，各国都有不一样的规定，主要分为限定和非限定两类。限定又分为两种：第一种是通过总则的方式直接规定亲属的范围，比如日本《民法》（亲属编）第七百二十五条规定，“下列人为亲属：六等以内的血亲、配偶；三等以内的姻亲”，将亲属范围进行限定。第二种是通过规定权利义务的方式进行具体性的规定，比如我国 1980 年《婚姻法》禁止直系血亲和三代以内旁系血亲结婚。第二类是非限定，比如德国《民法典》就未规定亲属范围。对亲属的分类，各国也有不同的分法。德国、瑞士和墨西哥等国家将亲属分为血亲和姻亲两种；而日本则将亲属分为血亲、姻亲和配偶三种。主要争议就是对于配偶是否属于亲属的争议。有一些国家的法律认为配偶关系的发生是其他亲属关系的基础，配偶之间没有亲系可寻。配偶之间既不是直系亲属也不是旁系亲属。因此，不认为配偶属于亲属，而将配偶与亲属对称。而相反观点则认为，正是由于配偶是产生血亲和姻亲关系的基础，当然的属于亲属范围，且配偶比其他亲属的关系更加亲密，因此属于亲属的范围。①

由于我国自古就将夫妻认定为亲属，夫妻相互为至亲。在我国现代法律中，配偶属于亲属是没有争议的。

## 三、条文解释

根据本条，亲属可以分为配偶、血亲和姻亲。该分类也是世界上通行的亲属分类法。

（一）亲属

亲属是指因婚姻、血缘和法律拟制而形成的社会关系，是特定的主体之间产生的权利义务关系。亲属在我国古籍中已有记载，《礼记 · 大传》中记载，“亲者属也”。汉代学者刘熙在《释名 · 亲属》中称，“亲，衬也，言想隐衬也”，“属，续也，思相连续也”。根据古籍记载，可以看出亲和属之间的紧密联系。唐代《永徽律 · 擅兴》中规定，“诸征人冒名相代者，徒二年；同居亲属代者，减二等”。唐代首次将亲

---

① 巫昌祯主编：《婚姻与家庭继承法学》（第 6 版），中国政法大学出版社 2017 年版，第 73 页。

属概念运用于律法之中。亲属有广义和狭义之分,广义的亲属是指血亲、配偶及姻亲;而狭义的亲属则仅仅指血亲和姻亲。在本条中,亲属包括配偶、血亲和姻亲。本条采用了广义的亲属的分类,进一步体现了法律不断完善的过程。

(二)配偶、血亲、姻亲

配偶是指因结婚成立婚姻关系的当事人双方互为配偶,并因此产生夫妻之间的人身关系与财产关系。

血亲是指具有血缘关系的亲属。血亲又分为自然血亲和拟制血亲。自然血亲是指出自同一祖先,直接的、真实的血脉相承的亲属。比如父母与子女、兄弟姐妹、祖父母与孙子女、外祖父母与外孙子女、伯、叔、姑与侄子女、舅、姨与甥、甥女。血亲不区分父系和母系、婚生和非婚生,都属于自然血亲。拟制血亲是指原本没有血缘关系或者没有该种血亲应当具有的血缘关系,由法律确认之后与自然血亲享有同等的权利义务的亲属。比如养父母与养子女之间以及养子女与养父母的其他近亲属之间;在事实上形成了抚养教育关系的继父母与继子女之间。[①] 继父母与继子女以及养父母与养子女之间权利义务的规定,体现了对拟制血亲的确定。姻亲是指因婚姻关系而形成的配偶双方各自与对方的亲属之间的关系,姻亲包括血亲的配偶、配偶的血亲、配偶的血亲的配偶、血亲的配偶的血亲。血亲的配偶是指自己血亲的配偶,比如儿媳、女婿、嫂、弟媳、姐妹夫、姑父、伯母、舅母等。配偶的血亲是指自己配偶的血亲,比如公婆、岳父母、夫的兄弟姐妹、妻的兄弟姐妹等。配偶的血亲的配偶指自己配偶的血亲的夫或妻,比如妯娌、连襟等。血亲的配偶的血亲,比如夫妻双方父母之间的关系、继兄弟姐妹之间的关系等。

(三)家庭成员

本条对家庭成员作了界定,主要强调共同生活这个概念,只有共同生活的近亲属才能界定为家庭成员。传统上,共同进行家庭生活的亲属即为家庭成员。由于现代社会家庭结构的缩小,组成家庭的亲属仅能限定在法定范围内。本条将配偶、父母、子女和其他共同生活的近亲属列为家庭成员。这样的规定有利于他们行使权利和履行义务,也是实现家庭生活的最佳组织形式。

---

① 卓冬青主编:《婚姻家庭继承法》,武汉大学出版社2012年版,第46页。

## 关联案例

### 一、(2018)粤19民终7720号

本院认为,根据《侵权责任法》第十八条的规定,被侵权人死亡的,其近亲属有权请求侵权人承担侵权责任。莫某维的叔叔莫某炳与莫某维之间没有办理收养关系,也没有证据证明莫某炳为莫某维的养父,根据《民通意见》第十二条的规定,民法通则中规定的近亲属,包括配偶、父母、子女、兄弟姐妹、祖父母、外祖父母、孙子女、外孙子女。莫某炳不包括在《侵权责任法》规定的因被侵权人死亡而有权请求侵权人承担侵权责任的近亲属范围内,莫某炳与本案没有直接利害关系,不属于《民事诉讼法》第一百一十九条规定的符合起诉条件案件范畴,一审法院据此驳回莫某炳的起诉并无不当,本院予以确认并维持。综上所述,莫某炳的上诉请求不能成立,一审裁定认定事实清楚,适用法律正确,依照《民事诉讼法》第一百七十条第一款第一项、第一百七十一条的规定,裁定如下:驳回上诉,维持原裁定。

### 二、(2018)云01民终7183号

本院认为,《民事诉讼法》第六十四条第一款规定:“当事人对自己提出的主张,有责任提供证据。”一审认定被上诉人搬运包谷及草时损坏了上诉人家麦子的事实主要依据的是一审证人证言,但证人杨某一并未提到该事实,证人杨某二也仅陈述“原告先拉包谷,拉了走成一条路以后被告家才拉了草”,该证言也不能得出被上诉人损坏上诉人家麦子的事实,故对于一审认定的该项事实本院不予确认。综上所述,本案中上诉人主张其长80米宽4米的麦地被碾压系被上诉人所为,但其一审、二审提交的证据均不足以证明该事实,应当承担举证不利的后果。但一审判决被上诉人赔偿上诉人麦地损失150元,被上诉人并未就此提出上诉请求,系其对自身权利的放弃。至于上诉人提出的李某彩作为被上诉人一审代理人不符合《民事诉讼法》第五十八条的规定,但《民诉法解释》第八十五条规定:“根据民事诉讼法第五十八条第二款第二项规定,与当事人有夫妻、直系血亲、三代以内旁系血亲、近姻亲关系以及其他有抚养、赡养关系的亲属,可以当事人近亲属的名义作为诉讼代理人。”李某彩系被上诉人的儿媳,与被上诉人属于近姻亲关系,其作为被上诉人的代理人并未违反法律规定,对上诉人的该项主张本院不予采纳。至于上诉人主张的一审判决书未对举证、质证情况进行详细记载,并非程序

违法范畴,且一审庭审笔录详细记载了双方举证、质证情况,一审卷宗已随案移送,一审判决书是否详细记载双方举证、质证情况并不影响二审对案件事实的认定。

综上所述,上诉人施某龙的上诉请求不能成立,本院予以驳回;一审判决认定事实部分有误,适用法律错误,但被上诉人吉某清并未提出上诉,本院予以维持。据此,依照《民事诉讼法》第六十四条第一款、第一百七十条第一款第(一)项,《诉讼费用交纳办法》第二十九条第一款规定,判决如下:驳回上诉,维持原判。

# 第二章 结　婚

**第一千零四十六条　结婚应当男女双方完全自愿，禁止任何一方对另一方加以强迫，禁止任何组织或者个人加以干涉。**

## 条文主旨

本条是关于结婚自愿、禁止干涉原则的规定。

## 条文精释

### 一、立法背景

关于结婚自由原则，我国法律中早有体现。1950年《婚姻法》第三条规定，“结婚须男女双方本人完全自愿，不许任何一方对他方加以强迫或任何第三者加以干涉”。1980年《婚姻法》第四条规定，“结婚必须男女双方完全自愿，不许任何一方对他方加以强迫或任何第三者加以干涉”。可见，除了个别文字调整，两者内容基本一致。2001年《婚姻法》第五条规定，“结婚必须男女双方完全自愿，不许任何一方对他方加以强迫或任何第三者加以干涉”。该条内容与1980年《婚姻法》的规定没有区别。与此同时，2001年《婚姻法》对第五条中“第三者加以干涉”在该法第三十条中有更具体的规定，“子女应当尊重父母的婚姻权利，不得干涉父母再婚以及婚后的生活。子女对父母的赡养义务，不因父母的婚姻关系变化而终止。”此外，对于“结婚自愿”，其他法律也有相关规定。例如，2005年《妇女保护法》第四十四条规定，“国家保护妇女的婚姻自主权，禁止干涉妇女的结婚、离婚自由”。2018年《老年人保障法》第二十一条规定，老年人的婚姻自由受法律保护。子女或者其他亲属不得干涉老年人的离婚、再婚及婚后的生活。赡养人的赡养义务不因老年人的婚姻关系变化而消除。《婚姻家庭编》第一千零四十六条中写道"结婚应当男女双方完全自愿,禁止任何一方对另一方加以强迫,禁止任何组织或者个人加以干涉。"将"必须"变成"应当",是对法律用语的规范,两者都表达了婚姻自愿的绝对性,"应当"的词义更加的严谨。将"不许任何一方对他方"换成"禁止任何一方对另一方",用语的变换不影响本身所表达的禁止性规定的意义,加强了法律用语的成熟性。将"任何第三者"变换成"任何组织或者个人"是对法律用语的完善,也增加了表达的严谨性。之前"第三者"的表述会让"组织"是否属于干涉结婚自由的主体产生可争议性,将"组织"这个主体罗列出来,体现了法条的完整与严谨。

## 二、争议观点

结婚应当由婚姻当事人双方完全自愿,是现代各国法律的共同要求。但每个国家也对结婚自愿有着各自的限制。有的国家将同意结婚作为结婚的实质要件,但同意不需要特定的形式,如俄罗斯联邦《家庭法》第十二条规定,"申请结婚的男女双方必须互相自愿同意"。有的国家则规定,必须在主管结婚机关或官员面前作同意的意思表示,如德国《民法典》第一百零五条规定,"婚约当事人双方必须由结婚人在户籍官员面前声明相互结婚之意愿"。还有国家和地区规定结婚除在结婚申报机关为意思表示,还必须有两个成年人在场证明,如澳门特别行政区《民法典》第一千四百九十一条和第一千四百九十二条规定结婚双方之结婚意思,仅有两名证人到场的公开仪式上作出时方有效。另外,还有一些国家表示结婚需要以书面申请书的形式为意思表示,比如美国《统一结婚离婚法》即采取此种形式。对于结婚是否需要具有结婚能力的人作出同意的意思表示,一些国家也作了限制性的规定,比如瑞士《民法典》规定,男女双方均具有判断能力,无判断能力的精神病人绝对无结婚能力。结婚时配偶一方患有精神病,或者由于某种持续存在的原因而无判断能力的婚姻无效。

## 三、条文解释

本条再次重申结婚自由不受干涉,既是对干涉婚姻自由的禁止性规定,也是对结婚条件的限定。

### (一)结婚应当男女双方完全自愿

首先强调结婚的主体必须是男女,这里排除了同性结婚的法律层面的可能性。在我国目前的法律规定中，只有异性才有结婚权利。笔者认为，随着社会的文明进步，同性恋未来争取到婚姻平权，并非一个不可能事件。这里有必要将婚姻自由的对象再次明确：婚姻自由并不仅仅局限于初次结婚的男女。事实上，结婚主体既包括初次结婚的男女，又包括离异或丧偶的男女。只要满足结婚的条件，任何人即可不受任何其他人或组织的干涉，享受结婚自由的权利。

这里的“完全自愿”表明结婚必须是双方当事人在意志自主情况下作出的真实意思表示。“完全”主要有三层含义：(1)应当是男女双方自愿而非一厢情愿；(2)应当是男女本人自愿而非父母或者其他人或组织的自愿；(3)应当是完全自愿而不存在勉强的情绪。本条的规定表明，结婚必须是男女双方完全自愿，是婚姻自由原则在具体结婚制度上的体现。其核心意旨就是男女双方是否结婚，与谁结婚，应当由他们本人决定。

(二)禁止任何一方对另一方加以强迫

从日常生活反馈的情况来看，男女双方结婚未能完全自愿的主要原因就是其中一方采取各种违法手段或方法胁迫、强制另一方违背自身意愿与其结婚。这里的违法手段或方法主要表现为利用掌握对方或其亲属的隐私，或者利用对方及其亲属处于贫穷、病痛等不利困境，侵害对方或其亲属人身或财产安全等。当然，这里是否存在“强迫”，应结合结婚过程中的各种因素综合判断，而不能轻信一方的口述。就实务角度而言，一旦认定构成强迫，则可以违反结婚自愿的禁止性规定为由，对婚姻的效力重新作出评价。

(三)禁止任何组织、个人的干涉

本条与2001年《婚姻法》第五条相比，将第三者具体化为组织和个人，强调了第三者不仅仅限于单纯的自然人个人，也包括以组织的名义干涉他人婚姻自由的行为。实务中必须区分其他人或者组织的善意帮助与非法干涉之间的界限。法律规定男女双方结婚的完全自愿并不代表父母、亲友以及其他组织不能提出合理的建议和意见，但意见或者建议的采纳与否应由婚姻当事人决定。

## 关联案例

### 一、(2017)黔05民终1071号

一审法院认定事实：原告与被告于2016年8月9日在金沙县民政局办理了离婚手续，双方在民政局签订了《离婚协议》。

《离婚协议》载明：因夫妻双方性格不合，经常吵架，导致夫妻感情破裂，经协商，达成如下协议：一、双方自愿离婚。二、共同财产：位于金沙县城××路自××栋（房产证号：金府房字第××号）归冯某所有，位于昆明市高新开发区黑林辅片区昌源路以西兴泰月半湾花园一期3幢2单元502号商住房归女儿陈某曦所有，车牌号为贵F×××××宝马525轿车一辆归冯某所有，贵州金沙县瑞恒工贸有限公司5%的股权归男方陈某所有。三、共同债权：借给毛某虎借款本金40万元及利息（已向人民法院提起上诉，在执行中），借给金沙县宏熠新型建材有限责任公司40万元的本金及利息，借给冯某刚5万元的本金及利息归陈某所有，借给王某明15万元本金及利息归冯某所有。四、共同债务：欠吴某艳10万元借款及利息，欠余某群5万元借款及利息，欠邓某卫9万元借款及利息，欠唐某先15万元借款及利息，欠金沙县富民村镇银行贷款140万元（两笔，120万元+20万元，共计140万元）由陈某清偿，欠农业银行金沙支行贷款25万元及利息，欠中国银行昆明市西山支行按揭住房贷款22万元及利息，欠沙土镇供销社股金服务部的贷款20万元及利息，欠女儿陈某曦40万元，欠陈某曦信用卡5万元，欠冯某信用卡5万元，以上欠款到期如陈某不能按时清偿，则贵州省金沙县瑞恒工贸有限公司5%的股权归冯某所有，凡陈某本人经手的一切借款由陈某本人清偿与冯某无关。五、本协议经上列男、女双方当事人签名捺印，且经婚姻登记机关办理离婚手续后即生效。该协议由陈某及冯某签字并捺印确认。

同日，双方签订《协议》，协议载明：双方在人生的非常时期立此协议以便双方凭良心道德互相遵守。（1）甲方（陈某）同乙方（冯某）意愿离婚。（2）矿上股份归甲方所有，债权债务甲方享有与承担，房产与车子乙方所有，但车子归甲方使用。（3）如今后甲方复婚，则乙方无条件答应，房产仍共同享有，乙方不得有异议。（4）乙方在甲方经营困难时必须协助甲方共度经济危机，必要时可用房产作抵押贷款。（5）双方签字即生效。双方在协议中签字并捺印确认。

现原告诉称双方离婚是为逃避债务而假离婚，陈某向一审法院起诉请求：（1）确认原告与被告签订的《离婚协议》中达成的相关财产分割的第二条、第三条、第四条无效；（2）本案诉讼费由被告承担。

一审法院认为，民事法律行为从成立时具有法律约束力。原、被告均为完全民事行为能力人，双方于2016年8月9日达成《离婚协议》及《协议》，对夫妻共有财产进行约定分割，根据《民法通则》第五十五条、《婚姻法解释二》第八条的规定，原、被告签订的《离婚协议》系双方的真实意思表示，不违反法律的强制性规定，合法、有效，双方应按达成的协议履行。原告与被告于同日签订的《协议》中关于财产分割部分也与《离婚协议》中的约定相符，但《协议》第 3 条涉及复婚的条款，因结婚必须是男女双方完全自愿，该条款显然违反了《婚姻法》第五条"结婚必须男女双方完全自愿，不许任何一方对他方加以强迫或任何第三者加以干涉"的规定，属于无效条款。又根据《婚姻法解释二》第九条"男女双方协议离婚后一年内就财产分割问题反悔，请求变更或者撤销财产分割协议的，人民法院应当受理。人民法院审理后，未发现订立财产分割协议时存在欺诈、胁迫等情形的，应当依法驳回当事人的诉讼请求"的规定，经审查，原告与被告在金沙县民政局签订的《离婚协议》并不存在欺诈、胁迫等情形，因此该协议应属有效协议。原告认为《离婚协议》违反了《合同法》第五十二条的规定，认为是为了逃避债务，也损害了债权人的利益而无效，一审法院认为，婚姻关系期间的共同债务，债权人有权向男女双方主张权利，双方在《离婚协议》中对夫妻财产作出处理并不影响债权人向双方主张权利，因此，对原告的这一主张不予支持。为此，依据《婚姻法》第五条，《民法通则》第五十五条、第五十七条、第五十八条，《婚姻法解释二》第八条、第九条之规定，判决：驳回原告陈某的诉讼请求。

陈某上诉请求：撤销原审判决，依法改判支持上诉人的一审诉讼请求；一审、二审诉讼费用由被上诉人承担。

本院认为，本案二审争议的焦点是：(1) 上诉人与被上诉人于 2016 年 8 月 9 日签订的《离婚协议》是否存在无效的情形；(2) 一审是否违反法定程序。

第一，关于 2016 年 8 月 9 日签订的《离婚协议》是否存在无效情形的问题。上诉人与被上诉人均对其在《离婚协议》上的其签名和捺印及在签署《离婚协议》后办理离婚登记的事实无异议。现上诉人主张双方签订的《离婚协议》存在欺诈、胁迫、乘人之危、恶意串通损害第三人利益、违反法律强制性规定等无效情形。根据《合同法》第五十二条第一项规定，一方以欺诈、胁迫的手段订立合同，只有在损害国家利益时，才无效。本案中，上诉人虽主张其与被上诉人签订《离婚协议》是基于被上诉人的诱骗，存在欺诈、胁迫、乘人之危的情形，不是其真实意思，但其并未提供相应的证据予以证明，上诉人更未举证证明双方所签订的《离婚协议》损害国家利益。根据《民诉法解释》第九十条"当事人对自己提出的诉讼请求所依据的事实或者反驳对方诉讼请求所依据的事实，应当提供证据加以证明，但法律另有规定的除外。在作出判决前，当事人未能提供证据或者证据不足以证明其事实主张的，由负有举证证明责任的当事人承担不利的后果"规定，上诉人应承担举证不能的不利后果。根据《合同法》第五十二条第二项规定,恶意串通,损害第三人利益的合同无效。但只有特定第三才是受害人,如果受害人不主张无效,就无法确定第三人受到了损害或必然受到损害。如果不能确定第三人已经或者将要受到损害,就不能满足《合同法》第五十二条第二项关于合同损害了第三人的条件,就无法宣告合同无效。为此,除该特定第三人以外的其他人,包括恶意串通的合同当事人自身均不能主张合同无效。为此,虽上诉人主张其与被上诉人签订的《离婚协议》损害了债权人利益,但因无受损害的人提起诉讼,上诉人作为《离婚协议》的订立者,其无权据此主张《离婚协议》无效。根据《合同法》第五十二条第三项、第五项规定,以合法形式掩盖非法目的、违反法律强制性规定而订立的合同无效。以合法形式掩盖非法目的,是指行为人为达到非法目的以迂回的方法避开了法律或者行政法规的强制性规定。上诉人主张双方签订的《离婚协议》因违反《婚姻法》第四十一条规定而无效。因《婚姻法》第四十一条是有关离婚时夫妻债务清偿责任的规定,并非效力性强制性规定,根据最高人民法院《关于适用〈中华人民共和国合同法〉若干问题的解释(二)》第十四条"合同法第五十二条第(五)项规定的'强制性规定',是指效力性强制性规定"之规定,《婚姻法》第四十一条不能作为认定《离婚协议》效力的依据。

为此,上诉人关于双方签订的《离婚协议》存在《合同法》规定的欺诈、胁迫、乘人之危、恶意串通损害第三人利益、违反法律强制性规定等无效情形的主张不能成立,本院不予支持。

第二,关于一审是否存在违反程序的问题。

1. 根据《民诉法解释》第一百零四条"人民法院应当组织当事人围绕证据的真实性、合法性以及与待证事实的关联性进行质证,并针对证据有无证明力和证明力大小进行说明和辩论。能够反映案件真实情况、与待证事实相关联、来源和形式符合法律规定的证据,应当作为认定案件事实的根据"之规定,当事人所举证据应当符合真实性、合法性、关联性的要求。上诉人在一审主张双方所签《离婚协议》第二条、第三条、第四条无效,其应当围绕协议的效力进行举证,一审对上诉人在一审所举的与协议效力无关的第4、5、8、9号证据不予认定正确,本院予以维持。

2. 根据《民事诉讼法》第五十六条"对当事人双方的诉讼标的,第三人认为有独立请求权的,有权提起诉讼。对当事人双方的诉讼标的,第三人虽然没有独立请求权,但案件处理结果同他有法律上的利害关系的,可以申请参加诉讼,或者有人民法院通知他参加诉讼。人民法院判决承担民事责任的第三人,有当事人的诉讼权利义务”之规定，第三人参加诉讼应当以其对诉讼标的有独立请求权或者虽然没有独立请求权，但案件处理结果与其有法律上的利害关系为前提。本案为夫妻财产约定纠纷，诉讼标的是上诉人与被上诉人之间的夫妻共同财产处分权，案外第三人不是夫妻离婚协议分割的当事人，其对本案的诉讼标的没有独立请求权。且婚姻关系期间的共同债务，债权人有权向男女双方主张权利，双方在《离婚协议》中对夫妻财产作出处理并不影响债权人向双方主张权利。至于上诉人所称一审拒绝其证人出庭作证、在开庭审理过程中交替审理其他民事案件等上诉理由，因上诉人未提供相应的证据证明，本院不予采纳。

综上所述，陈某的上诉请求不能成立，应予驳回；一审判决认定事实清楚，适用法律正确，应予维持。按照《民事诉讼法》第一百七十条第一款第一项规定，判决如下：驳回上诉，维持原判。

## 二、(2018)鄂06民终3817号

本院认为，《合同法》第五十二条规定：“有下列情形之一的，合同无效：(一)一方以欺诈、胁迫的手段订立合同，损害国家利益；(二)恶意串通，损害国家、集体或者第三人利益；(三)以合法形式掩盖非法目的；(四)损害社会公共利益；(五)违反法律、行政法规的强制性规定。”首先，胡某敏认为营口村委会以其不交押金不分宅基地胁迫其签订该协议，违反前述规定第一项，协议无效。

从协议内容看，交押金并非划分宅基地的条件，而是胡某敏对其不是虚假离婚承诺保证的一种方式，胡某敏关于营口村委会胁迫其签订合同的主张，缺乏证据证实；即使存在胁迫的情形，也只有在损害国家利益时，才会导致协议无效，故胡某敏该上诉理由不成立，本院不予支持。胡某敏认为营口村委会以协议的合法形式，掩盖取得其3万元资金使用的非法目的，违反前述规定第三项，协议无效。根据本案查明的事实，营口村委会收取3万元押金，是经村民代表会议讨论确定，以收取一定押金的方式，作为胡某敏离婚不属于虚假离婚的承诺，也是营口村委会向全体村民提示诚实守信的一种方式，并无不当。胡某敏上诉主张营口村委会存在的非法目的，与本案查明的事实不符，其该上诉理由不成立，本院不予支持。

胡某敏该案涉协议违反有关婚姻自由的法律强制性规定，为无效协议。胡某敏是否复婚，仅为协议约定对返还3万元所附条件，并没有禁止胡某敏复婚，胡某敏仍有选择复婚或不复婚的自由。胡某敏认为协议限制其婚姻自由的上诉理由不成立，本院不予支持。综上所述，胡某敏的上诉请求不能成立，应予驳回；一审

判决认定事实清楚,适用法律正确,应予维持。依照《民事诉讼法》第一百七十条第一款第一项规定,判决如下:驳回上诉,维持原判。

**第一千零四十七条　结婚年龄,男不得早于二十二周岁,女不得早于二十周岁。**

## 条文主旨

本条是关于法定婚龄的规定。

## 条文精释

### 一、立法背景

对于我国男女结婚年龄的规定,1950 年《婚姻法》第四条规定,"男二十岁,女十八岁,始得结婚"。1980 年《婚姻法》第五条规定,"结婚年龄,男不得早于二十二周岁,女不得早于二十周岁。晚婚晚育应予鼓励"。2001 年《婚姻法》延续了 1980 年的规定,并未做改变。我国《未成年人保护法》第十五条规定,"父母或者其他监护人不得允许或者迫使未成年人结婚,不得为未成年人订立婚约"。《婚姻家庭编》第一千零四十七条规定,"结婚年龄,男不得早于二十二周岁,女不得早于二十周岁"。对于结婚年龄与前法相比并未作出改变,仍然沿用了 1980 年《婚姻法》的相关规定。但是将"晚婚晚育应予鼓励"删除。这表明对于人们何时婚育不再附加任何倡导条件,更加尊重结婚自由。同时,这也说明我国法律的制定与修改在与时俱进,逐步与国际先进立法思想同频共振。

### 二、争议观点

对于男女婚龄的确定,世界上各个国家和地区的规定都有所不同。我国古代一直有早婚的习俗,婚龄都相对较低,这是由小农经济的社会结构以及战争、徭役等因素导致。唐代男子 15 岁、女子 13 岁婚嫁;宋、明、清男子 16 岁、女子 14 岁婚嫁;国民政府时期男子未满 18 岁、女子未满 16 岁不得结婚。[①] 其他国家和地区规

---

① 张志京主编:《婚姻家庭法》,复旦大学出版社 2007 年版,第 85 页。

定的情况也各不一样。例如,美国各州规定的结婚年龄就有所不同,大多数州规定男子未满 18 周岁、女子未满 16 周岁不得结婚。部分州规定,如双方未满 18 周岁,须经父母同意方可结婚;爱达荷、密西西比、新泽西和华盛顿等州则允许年满 14 岁的男孩、年满 12 岁的女孩结婚。可见,在美国未满 18 周岁,只要附加一些条件还是允许结婚的。法国规定的法定婚龄为男子 18 岁、女子 15 岁;伊朗的法定婚龄为 9 岁;荷兰的法定婚龄为 12 岁;我国香港地区和台湾地区的法定婚龄均为 16 岁。

## 三、条文解释

根据本条规定,男女达到结婚年龄是结婚必备的条件之一。法定婚龄,是指男女结婚应当达到的法律规定的最低年龄,在此年龄之前不得结婚。凡是不满足结婚年龄的婚姻当事人,婚姻登记机关不予登记。本条将结婚年龄规定为男子 22 周岁及以上,女子 20 周岁及以上,是以我国社会经济发展状况和人口增长为依据,充分考虑了我国人种的自然发育规律和文化传统因素。① 对于法定婚龄的规定,我国 1950 年《婚姻法》与 1980 年《婚姻法》规定不同的原因在于,鼓励优生优育以及对计划生育的推行。这一规定是在考虑到当时人口爆炸性增长的情形之下进行的修改。实践证明,本条规定对于控制人口增长以及对于环境资源的发展起着重要的作用。在民法典编纂过程中,曾有观点认为,应适当降低我国的法定婚龄,即可与国际接轨,又可避免老龄化趋势加速。但是在确定法定婚龄问题上,考虑的因素应当更多。我国对法定婚龄的确定的主要依据包括我国的地理环境、气候条件;我国公民的生理发育成熟的客观条件和现实的实际结婚年龄;我国社会生产力的状况;我国的人口状况等因素。② 就另一方面而言,婚姻家庭幸福是社会幸福的保障,婚龄也是在考虑到男女性格成熟时间的基础上进行限制。相对成熟的男女才能保证婚姻家庭的稳定,也更有利于社会的健康发展。鉴于当前社会现实和主流民意,本条继续沿用了 1980 年《婚姻法》的规定,对于结婚年龄的限定未作任何改变。但值得注意的是,对于结婚年龄的限制并不是绝对的,并非任何条件下都要适用本条的规定。2001 年《婚姻法》第五十条规定,"民族自治地方的人民代表大会有权结合当地民族婚姻家庭的具体情况,制定变通规定。自治州、

---

① 张志京主编:《婚姻家庭法》,复旦大学出版社 2007 年版,第 85 页。

② 《婚姻家庭继承法学》(第 3 版),转引自陈苇主编:《结婚与婚姻无效纠纷的处置》,法律出版社 2001 年版,第 71 ~ 72 页。

自治县制定的变通规定，报省、自治区、直辖市人民代表大会常务委员会批准后生效。自治区制定的变通规定，报全国人民代表大会常务委员会批准后生效”。我国民族自治地方基本根据该条的规定，作了变通性的规定。如1988年10月第二次修正的《新疆维吾尔自治区执行〈中华人民共和国婚姻法〉的补充规定》规定，“少数民族公民的结婚年龄，男不得早于二十周岁，女不得早于十八周岁”，“禁止未达结婚年龄的男女预先订婚”。1988年修改的《内蒙古自治区执行〈中华人民共和国婚姻法〉的补充规定》规定，居住在内蒙古自治区的蒙古族和其他少数民族，结婚年龄，男不得早于20周岁，女不得早于18周岁。汉族男女同蒙古族和其他少数民族男女结婚的，汉族一方年龄按《婚姻法》的规定执行。另外，本条将原本《婚姻法》中对鼓励晚婚晚育的规定删除。之前对于晚婚晚育的鼓励也仅仅是一个倡导性的规定，并非强制性的规定。晚婚年龄一般是指男子25周岁、女子23周岁。晚育指女子24周岁后生育第一胎。这是为了贯彻我们计划生育的国策所做的倡导性规定。而随着社会的发展与进步，我国人口的老龄化问题也逐渐显露，晚婚晚育的鼓励政策不再适合目前国情，本条也顺应了国情的变化，将晚婚晚育删除，充分体现了与时俱进。

## 关联案例

### 一、(2016)湘03民终446号

本院认为，《婚姻法》第六条规定，“结婚年龄，男不得早于二十二周岁，女不得早于二十周岁。晚婚晚育应予鼓励”；第十条规定，“有下列情形之一的，婚姻无效：……（四）未到法定婚龄的”。本案中，双方当事人于2009年3月23日在河南省确山县婚姻登记机关办理结婚登记时，上诉人潘某尚未达到法定结婚年龄，根据前述法律规定，此次结婚登记建立的婚姻关系无效，双方并不具有夫妻间的权利和义务。《婚姻法解释一》第八条的规定仅明确婚姻的效力从夫妻双方具备结婚的实质要件时起算，并未将婚姻效力溯及至无效情形消失之前，同时由于无效婚姻是违反相关法律规定所产生，因此其效力属于人民法院应当依职权主动审查的范围，并不仅限于当事人或其近亲属提出确认申请，目前本案双方当事人已达到结婚年龄，无效情形已经消失，且双方又在2010年8月18日再次办理了结婚登记，故在本案中没有宣告无效情形消失前婚姻无效的必要。综上所述，上诉人李某某关于原审判决认定双方结婚时间有误，双方结婚时间应为2009年3月23日

的上诉理由不成立，本院不予采纳。本案涉及的房屋拆迁发生于双方婚姻关系具备法律效力之前，所得安置房屋及门面是针对上诉人潘某婚前财产的补偿，原审判决确认前述财产为上诉人潘某的婚前财产并无不当，上诉人李某某要求分得其中份额没有法律依据，本院不予支持。同时，原审判决已确认双方部分土地补偿款购买了车辆，对车辆和剩余土地补偿款进行了分割，李某某在二审诉讼期间再次提出分割请求，本院不予支持。根据我国《婚姻法》的相关规定，父母与子女间的关系，不因父母离婚而消除。离婚后，子女无论由父或母直接抚养，仍是父母双方的子女。上诉人潘某在诉讼中并未提交充分证据证实上诉人李某某具有不适合抚养婚生子女的情形，对其要求改判潘某某由其直接抚养的上诉请求，本院不予支持。据此，原审判决审理程序合法、适用法律正确，处理恰当。依据《民事诉讼法》第一百七十条第一款第(一)项之规定，判决如下：驳回上诉，维持原判。

## 二、(2018)黔23民终2041号

本院认为，本案中苏某义主张《房屋买卖协议》对应转让房屋是其与赵某萍的夫妻共同财产，该合同涉及无权处分应认定无效。依照最高人民法院《关于审理买卖合同纠纷案件适用法律问题的解释》第三条第一款“当事人一方以出卖人在缔约时对标的物没有所有权或者处分权为由主张合同无效的，人民法院不予支持”的规定，无权处分并不当然导致合同无效，苏某义依此主张合同无效的理由不能成立。退一步分析，本案亦不属于无权处分。苏某义主张赵某萍于2008年取得房屋所有权，但该房屋继承事实发生于1999年和2000年，依照《继承法》第二条“继承从被继承人死亡时开始”的规定和《物权法》第二十九条“因继承或者受遗赠取得物权的，自继承或者受遗赠开始时发生效力”的规定，继承开始后赵某萍依据该继承事实取得案涉房屋物权利。2008年仅是各继承遗产共有人对共有物进行分割，而非在此时取得物权。依据结婚证可认定苏某义与赵某萍于2002年才因办理结婚登记成立夫妻关系。苏某义虽上诉主张其与赵某萍于1992年即成立事实婚姻关系，但并未提供任何证据予以证实。

同时，依照《婚姻法解释一》第五条第一项的规定，在1994年2月1日前符合结婚实质要件的，按事实婚姻处理。经查，即使苏某义与赵某萍于1992年按农村习俗举行婚礼同居生活，在1994年2月1日苏某义(1972年8月22日生)未年满22周岁，不符合《婚姻法》第六条关于结婚年龄男方不得早于22周岁的规定。即在1994年2月1日苏某义与赵某萍亦不符合结婚实质要件，不构成事实婚姻，该

二人婚姻关系成立于办理结婚登记之日即2002年。故苏某义与赵某萍婚姻关系成立于赵某萍取得案涉房屋物权之后，该财产系赵某萍一方婚前个人财产而非夫妻共同财产。综上所述，上诉人苏某义的上诉请求不能成立，予以驳回。依照《民事诉讼法》第一百七十条第一款第一项规定，判决如下：驳回上诉，维持原判。

**第一千零四十八条　直系血亲或者三代以内的旁系血亲禁止结婚。**

## 条文主旨

本条是关于结婚的禁止条件的规定。

## 条文精释

### 一、立法背景

关于结婚的禁止条件规定，根据1950年《婚姻法》第五条的规定，为直系血亲，或为同胞的兄弟姊妹和同父异母或同母异父的兄弟姊妹者，禁止结婚；其他五代以内的旁系血亲间禁止结婚的问题，从习惯。1980年《婚姻法》第六条作了修改规定，"有下列情形之一的，禁止结婚：一、直系血亲和三代以内的旁系血亲；二、患麻风病未经治愈或患其他在医学上认为不应当结婚的疾病。"将禁止结婚的条件换成"直系血亲和三代以内的旁系血亲"，并增加了第二项"患麻风病未经治愈或患其他在医学上认为不应当结婚的疾病"的规定。2001年《婚姻法》第七条基本沿用了1980年《婚姻法》第六条的规定，将第二项的表述改为"患有医学上认为不应当结婚的疾病"。《婚姻家庭编》第一千零四十八条将"直系血亲和三代以内的旁系血亲"的"和"换成"或者"，体现了立法用语的严谨性；将"患有医学上认为不应当结婚的疾病"删除，是尊重婚姻自由原则的进一步体现。结婚属于男女双方两情相悦、水到渠成的结果。情到浓时往往并不在意对方是否身患疾病。在不影响国家利益、社会公共利益和第三人利益的情形下，应尊重个人的选择，不宜以疾病为禁止结婚的法定事由。

### 二、争议观点

古往今来，各国或地区对于一定范围内的亲属禁止结婚都有明确规定。我国古籍《白虎通义·嫁娶》曰:“不娶同姓者何,重人伦,防淫佚,耻与禽兽同也。”这里对于人伦道德的看重,通过防止近亲结婚表现出来。我国《唐律·户婚》中记载,“诸同姓为婚者,各徒二年;缌麻以上,以奸论”。明清规定同姓相婚者处以杖刑。南京国民政府时期的民法典规定禁止下列亲属结婚:“直系血亲及直系姻亲;旁系血亲及旁系引起之辈分不相同者,但旁系血亲在八亲等之外,旁系姻亲在五亲等之外者,不在此限;旁系血亲之辈分相同而在八亲等之内者,但表兄弟姊妹不在此限。”直系血亲禁止结婚也是大多数国家立法的通例,但是关于旁系血亲禁止结婚的立法的范围存在一些区别。有的国家采用罗马法亲等数反映禁婚旁系血亲的范围。比如日本《民法典》第七百三十四条规定,三等亲内的旁系血亲不得结婚。英国、瑞士等国也作了类似的规定;美国有些州规定四亲等的旁系血亲禁止结婚;罗马尼亚、保加利亚等国禁止五亲等以内旁系血亲结婚。有的国家采取明文列举的方式,将禁止结婚的旁系血亲的范围罗列出来。比如,法国《民法典》第一百六十二条和第一百六十三条规定,“旁系亲属的兄弟姐妹间,不问其为婚生或非婚生,禁止结婚。同亲等的旁系姻亲间亦同”,“叔伯与侄女间、舅父与外甥女间、姑母与内侄间、伯叔母与侄间、姨母与姨甥间、舅母与外甥间,不问其婚生或非婚生,禁止结婚”。

## 三、条文解释

根据本条,凡是属于直系血亲与三代以内旁系血亲的亲属,均禁止结婚。

禁婚亲是指,由法律规定的禁止结婚的亲属。从广义上看,禁止结婚的血亲不仅包括自然血亲还包括一定范围的拟制血亲和姻亲。直系血亲是指,父母与子女、祖父母与孙子女、外祖父母和外孙子女等之间,直系血亲是禁止结婚的。根据2001年《婚姻法》第二十六条规定,“国家保护合法的收养关系。养父母和养子女间的权利和义务,适用本法对父母子女关系的有关规定。”从该条表明,养父母和养子女之间同样禁止结婚,适用2001年《婚姻法》第七条的规定。这说明拟制血亲也属于禁止结婚的血亲。根据2001年《婚姻法》第二十七条的规定,“继父母与继子女间,不得虐待或歧视。继父或继母和受其抚养教育的继子女间的权利和义务,适用本法对父母子女关系的有关规定。”该条同样是表明了拟制血亲禁止结婚。因此,《婚姻家庭编》第一千零四十八条中所指的直系血亲禁止结婚,这里的直系血亲包括自然血亲和拟制血亲两种。我国法律没有对于姻亲不能结婚的禁止性规定,但基于现实生活的考虑,尤其是直系姻亲之间由于伦理道德的限制,大多数情形下是不会结婚的。

三代以内的旁系血亲包括:(1)兄弟姐妹之间,这里的兄弟姐妹包含同父同母的兄弟姐妹、同父异母以及同母异父的兄弟姐妹;(2)叔伯与侄女、姑妈与侄子、舅父与外甥女、姨与外甥之间;(3)堂兄弟姐妹、表兄弟姐妹之间。如果属于三代以外的旁系血亲,则不在禁止结婚的行列之中。而拟制旁系血亲在现实生活中可以通婚,并不在禁止结婚的范围之中,比如养兄弟姐妹之间以及继兄弟姐妹之间可以结婚。

禁止直系血亲和三代以内的旁系血亲结婚不仅仅是出于伦理道德的考虑,还是基于遗传学和优生学原理的选择。首先,从伦理观念出发,人是具有理性的动物,其所有的行为除了受到法律的约束也受到道德的约束。直系血亲和三代以内旁系血亲结婚可能导致的伦理道德、社会关系的混乱将严重影响人与人之间的正常交往和社会良好秩序的构建。这一点已经成为现代国家的共识。其次,从遗传学和优生学原理出发,血缘太过相近的男女结婚容易将生理或精神上的疾病遗传给子女,违反了优生学原理,不利于社会的健康发展。[1] 这两个方面也是本条作出禁止结婚的规定的原因。

本条将2001年《婚姻法》第七条第(二)项规定的禁止结婚的疾病删去,而将其规定在《婚姻家庭编》第一千零五十三条可撤销婚姻行为中,是出于婚姻自由的角度考量。早在1980年《婚姻法》第六条第(二)项就规定,“患麻风病未经治愈或患其他在医学上认为不应当结婚的疾病”禁止结婚。2001年《婚姻法》将之修改为“患有医学上认为不应当结婚的疾病”禁止结婚,将“麻风病”从禁止结婚的疾病中删去。这是因为随着医疗水平的发展,人们发现麻风病本身不遗传、传染性小、发病率低,治愈麻风病已经不再是问题。因此,取消了麻风病未治愈不允许结婚的规定。而本条将“患有医学上认为不应当结婚的疾病”删去,将其作为可撤销婚姻的事由,如果一方婚前隐瞒疾病不让婚姻的另一方知晓,则该婚姻是可撤销婚姻。如果另一方明知一方患有重大疾病仍与其结婚,则该婚姻合法有效:一方面这是婚姻自由原则在具体结婚制度中的体现;另一方面现代医疗水平的提高,使一些疾病可以被治愈或者通过医疗技术诊治后可不具有遗传性。

---

① 夏吟兰主编:《民法学卷五婚姻家庭法》,中国政法大学出版社2004年版,第77页。

## 关联案例

### 一、(2019)川34民终543号

本院认为,本案的争议焦点为:(1)上诉人马某一、阿某、马某二是否应退还彩礼钱给被上诉人博某一、马某三、博某二?(2)被上诉人博某一、马某三、博某二是否应赔偿马某二精神损害150000元?上诉人马某二之父与被上诉人博某二之母系兄妹关系,二人系三代以内表亲关系,根据《婚姻法》第七条"有下列情形之一的,禁止结婚:(一)直系血亲和三代以内的旁系血亲;(二)患有医学上认为不应当结婚的疾病"的规定,马某二与博某二属于婚姻法禁止结婚的对象。马某二与博某二虽然按照当地风俗习惯举办婚礼后共同生活,根据《民法总则》第一百五十三条"违反法律、行政法规的强制性规定的民事法律行为无效,但是该强制性规定不导致该民事法律行为无效的除外"的规定,马某二与博某二举办婚礼并以夫妻名义共同生活的行为不受法律保护,属于无效民事行为。根据《民法总则》第一百五十七条"民事法律行为无效、被撤销或者确定不发生效力后,行为人因该行为取得的财产,应当予以返还;不能返还或者没有必要返还的,应当折价补偿。有过错的一方应当赔偿对方由此所受到的损失;各方都有过错的,应当各自承担相应的责任。法律另有规定的,依照其规定"的规定,上诉人马某一、阿某、马某二与被上诉人博某一、马某三、博某二对马某二与博某二违反婚姻法规定举办婚礼共同生活的行为均有过错,均应承担各自的责任。因此,被上诉人博某一、马某三、博某二主张赔偿举办婚礼的各项开支80000元,一审法院不予支持正确。而上诉人马某一、阿某、马某二获得的90000元彩礼,系上诉人方因该无效民事行为取得的财产,应当予以返还。被上诉人博某一、马某三、博某二一审诉讼请求返还彩礼的金额为90000元,但一审法院以给付舅舅3000元、叔叔2900元、兄弟2800元、车费2000元也属于彩礼部分,判决上诉人返还彩礼100700元,违反《民事诉讼法》第十三条第二款"当事人有权在法律规定的范围内处分自己的民事权利和诉讼权利"的规定,系超过被上诉人的原审诉讼请求裁判,实属不当,本院予以纠正。上诉人马某一、阿某、马某二要求被上诉人博某一、马某三、博某二赔偿马某二精神损害150000元,因该诉讼请求上诉人马某一、阿某、马某二在一审诉讼中未提出,根据《民诉法解释》第三百二十八条"在第二审程序中,原审原告增加独立的诉讼请求或者原审被告提出反诉的,第二审人民法院可以根据当事人自愿的原则就新增加

的诉讼请求或者反诉进行调解；调解不成的，告知当事人另行起诉”的规定，上诉人马某一、阿某、马某二主张精神损害赔偿150000元的上诉请求在本院调解不成的情形下，本院不予审理。综上所述，马某一、阿某、马某二的上诉请求部分成立。本院依照《民法总则》第一百五十三条、第一百五十七条，《婚姻法》第七条，《民事诉讼法》第十三条、第一百七十条第一款第二项，《民诉法解释》第三百二十八条的规定，判决如下：一、撤销四川省冕宁县人民法院（2018）川3433民初958号民事判决；二、上诉人马某一、阿某、马某二返还被上诉人博某一、马某三、博某二彩礼90000元，此款于本判决书送达后三十日内一次性付清；三、驳回被上诉人博某一、马某三、博某二的其他诉讼请求；四、驳回上诉人马某一、阿某、马某二的其他上诉请求。

**二、（2016）川1781民终218号**

根据本院认定的有效证据并结合当事人在庭审中的陈述，本院认定如下案件事实：原告秦某某的母亲周某秀与被告周某某的父亲周某科系同父异母的兄妹关系，原告秦某某与被告周某某系表兄妹关系。原、被告2002年开始同居生活，2008年2月在万源市××镇人民政府办理结婚登记手续，后因结婚证遗失，又于2015年1月20日在万源市××镇人民政府补办结婚证。原、被告婚后于2003年6月13日生育一女周某甲，2004年11月23日生育一子周某乙。本院认为，原告秦某某的母亲周某秀与被告周某某的父亲周某科系同父异母的兄妹关系，原、被告系表亲，属三代以内的旁系血亲关系。《婚姻法》第七条第（一）项规定，直系血亲和三代以内的旁系血亲禁止结婚。原、被告虽于2008年2月办理了结婚证，但《婚姻法》第十条第（二）项规定，有禁止结婚的亲属关系的婚姻无效。故原、被告的结婚行为违反了法律的禁止性规定，其婚姻关系自始无效。据此，依照《婚姻法》第七条第（一）项、第十条第（二）项和《婚姻法解释一》第九条第一款及《婚姻法解释二》第三条的规定，判决如下：原告秦某某与被告周某某的婚姻无效。

**第一千零四十九条　要求结婚的男女双方应当亲自到婚姻登记机关申请结婚登记。符合本法规定的，予以登记，发给结婚证。完成结婚登记，即确立婚姻关系。未办理结婚登记的，应当补办登记。**

## 条文主旨

本条是关于结婚登记的规定。

## 条文精释

### 一、立法背景

关于结婚登记的相关立法，最早在1950年《婚姻法》第六条就规定，“结婚应男女双方亲到所在地(区、乡)人民政府登记。凡合于本法规定的结婚，所在地人民政府应即发给结婚证。凡不合于本法规定的结婚，不予登记”。为更好实施1950年婚姻法，原内务部于1955年6月1日发布了经国务院批准的《婚姻登记管理办法》。1980年《婚姻法》第七条规定，“要求结婚的男女双方必须亲自到婚姻登记机关进行结婚登记。符合本法规定的，予以登记，发给结婚证，取得结婚证，即确立夫妻关系”。与此同时，民政部于1980年11月11日发布施行《婚姻登记办法》。之后为适应改革开放以来婚姻登记工作出现的新情况和新问题，民政部于1986年颁布新修订的《婚姻登记办法》。8年之后，民政部于1994年颁布《婚姻登记管理条例》。2001年《婚姻法》第八条规定，“要求结婚的男女双方必须亲自到婚姻登记机关进行结婚登记。符合本法规定的，予以登记，发给结婚证。取得结婚证，即确立夫妻关系。未办理结婚登记的，应当补办登记”。随着2001年《婚姻法》的修正，2003年8月8日，国务院公布了《婚姻登记条例》，自2003年10月1日起施行。为了更好地贯彻落实，民政部2003年9月25日出台了《婚姻登记工作暂行规范》。该规范后被2015年12月8日出台的《婚姻登记工作规范》所取代。

《婚姻家庭编》第一千零四十九条沿用了2001年《婚姻法》的规定，但将“男女双方必须亲自到婚姻登记机关进行结婚登记”改为“要求结婚的男女双方应当亲自到婚姻登记机关申请结婚登记”，“必须”替换为“应当”，两者都表示这是结婚的必经程序。将“进行”替换为“申请”，说明了结婚需要通过向婚姻登记机关申请，得到婚姻登记机关的准许；除此之外，还将“取得结婚证，即确立婚姻关系”改为“完成结婚登记，即确立婚姻关系”。现实操作中，在“完成结婚登记”与“取得结婚证”之间一般会存在一定的时间间隔。由于婚姻成立有效的时间涉及夫妻共同财产、婚生子女、继承人范围等诸多事项，实务中也因婚姻成立有效的时间引发诸多争议。故本法条将之调整为“完成结婚登记”时，是对“结婚登记”效力的确定。从此，婚姻的合法有效不再以“取得结婚证”作为标准，而是以“完成结婚登记”为准。

## 二、争议观点

对于结婚程序，世界各国和地区有不同的法定形式要求。根据各国和地区的风土人情以及宗教文化习俗，各国或地区法律对结婚程序的规定主要有三种：仪式制、登记制、仪式与登记结合制。(1)仪式制又分为宗教仪式、世俗仪式和法律仪式。宗教仪式都是由神职人员在教堂主持进行的结婚仪式，比如西班牙、葡萄牙等国家。一般基督教和伊斯兰教都是实行宗教仪式。世俗仪式是按照民间习俗举行的结婚仪式，通常有主婚人和证婚人参加。例如，我国台湾地区规定，“结婚，应有公开仪式及二人以上之证人”。法律仪式是在政府官员的主持下进行的结婚仪式。(2)登记制是指结婚必须到专门的婚姻登记机关进行登记，婚姻才能合法有效，比如日本、墨西哥等。(3)仪式与登记结合制是指结婚既要按照法律规定去专门的婚姻登记机关进行结婚登记，同时必须举行仪式，两个条件都满足才是合法有效的婚姻，比如匈牙利。有些国家登记在前，仪式在后；有些国家仪式在前，登记在后，但并不影响两者均需满足才能构成合法婚姻的规定。我国法律并不将仪式当作合法婚姻的有效形式之一，仪式仅是我国结婚的一个传统习俗。随着时代的发展，有不少人选择抛弃仪式作为婚姻的习惯程序。

## 三、条文解释

结婚登记是男女双方结婚的必要条件，是结婚的法定程序。男女双方经过登记之后的婚姻是被国家、社会承认的合法婚姻。

### (一)结婚登记

结婚登记，是指申请结婚的男女双方，应当按照我国法律的规定亲自到婚姻登记机关进行结婚登记，婚姻即成立。结婚登记是法律规定的缔结婚姻所必须经过的方式。结婚登记制度也是我国婚姻制度的重要组成部分。我国2003年《婚姻登记条例》第一条规定，“为了规范婚姻登记工作，保障婚姻自由、一夫一妻、男女平等的婚姻制度的实施，保护婚姻当事人的合法权益，根据《中华人民共和国婚姻法》制定本条例”。由此可以看出本条规定“男女双方应当亲自到婚姻登记机关申请结婚登记”的意义：首先，规范实行结婚登记制度。通过结婚登记，既有利于对婚姻的建立进行监督,也可对婚姻的成立进行指导,还能保障婚姻自由,防止包办、买卖婚姻和其他对婚姻自由的干涉行为。其次,有利于保护当事人的权益。对于依法进行结婚登记的男女,提供法律保障。再次,结婚登记在册,也有利于有关部门和利害关系人进行核查。最后,防止违反本法的相关规定,并对于违反婚姻相关法律规定的行为给与惩罚。

本条的规定与2001年《婚姻法》第八条的区别在于,不再以取得结婚证作为确立婚姻关系的前提。只要在婚姻登记机关登记,便确认婚姻成立。结婚登记是我国婚姻成立的法定程序,是合法婚姻成立的形式要件。[①] 同居与否以及结婚仪式举办与否都不是我国婚姻确认成立的要件,相反,如果仅仅同居或者举办了结婚仪式而不进行结婚登记,并不能取得法律上承认的夫妻关系。

(二)未办理结婚登记的,应当补办登记

现实生活中,未领证而以夫妻名义共同生活,或者举办了结婚仪式但未办理结婚登记的情形比较常见。显然,这些均非我国现行法上规定的婚姻无效情形。鉴于上述情形已经具备了结婚的实质条件,只需补办手续取得国家认可即可转化为有效婚姻。所以补办结婚登记是因为法律中并未将未办理结婚登记视作无效婚姻,而允许未办理结婚登记的当事人进行补办登记。由于本法并未将未进行结婚登记作为无效婚姻的情形,因此从法理的角度,可以将未进行婚姻登记视为婚姻未成立。同时,补办结婚登记也适用于事实婚姻。根据我国2001年《婚姻法解释一》第五条规定,"未按婚姻法第八条规定办理结婚登记而以夫妻名义共同生活的男女,起诉到人民法院要求离婚的,应当区别对待:(一)1994年2月1日民政部《婚姻登记管理条例》公布实施以前,男女双方已经符合结婚实质要件的,按事实婚姻处理。(二)1994年2月1日民政部《婚姻登记管理条例》公布实施以后,男女双方符合结婚实质要件的,人民法院应当告知其在案件受理前补办结婚登记;未补办结婚登记的,按解除同居关系处理"。根据该司法解释条文第二项的规定,对于"事实婚姻"进行补办登记的,追认婚姻的效力。补办结婚登记的具有溯及既往的效力。

---

① 卓冬青主编:《婚姻家庭继承法》,武汉大学出版社2012年版,第72页。

## 关联案例

### 一、(2018)冀02民终2966号

本院认为,双方当事人争议焦点为:上诉人任某霞对其在中国人民人寿保险股份有限公司唐山分公司购买的人寿保险金鼎富贵保险400万元是否享有足以排除强制执行的民事权益。对于该焦点问题,双方争议的核心问题是上诉人任某霞与被上诉人李某是否系夫妻关系。被上诉人唐山天益典当有限公司主张,根据《婚姻法解释一》第五条的规定,任某霞与李某以夫妻名义共同生活,符合结婚实质要件,属于事实婚姻,应当认定为夫妻关系。对此,上诉人任某霞不认可,并认为双方没有结婚登记,不属于夫妻关系。关于夫妻关系的成立,《婚姻法》第八条规定,要求结婚的男女双方必须亲自到婚姻登记机关进行结婚登记。符合本法规定的,予以登记,发给结婚证。取得结婚证,即确立夫妻关系。未办理结婚登记的,应当补办登记。因此,从法律角度讲,只有通过结婚登记才能确立夫妻关系。对于没有办理结婚登记而以夫妻名义共同生活的,《婚姻法解释一》第五条规定,未按婚姻法第八条规定办理结婚登记而以夫妻名义共同生活的男女,起诉到人民法院要求离婚的,应当区别对待:(一)1994年2月1日民政部《婚姻登记管理条例》公布实施以前,男女双方已经符合结婚实质要件的,按事实婚姻处理。(二)1994年2月1日民政部《婚姻登记管理条例》公布实施以后,男女双方符合结婚实质要件的,人民法院应当告知其在案件受理前补办结婚登记;未补办结婚登记的,按解除同居关系处理。由上述规定可以看出,对于1994年2月1日以后发生的,必须补办结婚登记,否则不能认定为夫妻关系。对于1994年2月1日以前开始共同生活的,应当结合男女双方当事人的意志判断。如果当事人主张存在事实婚姻关系并要求离婚的,才能按照事实婚姻处理,如果当事人自己不主张,则人民法院不能依职权主动认定男女双方为夫妻关系。这也符合《婚姻法》第二条规定的婚姻自由的原则。因为婚姻关系首先表现为人身关系,必须尊重当事人的意愿,否则就违反婚姻自由的基本原则。本案中,上诉人任某霞与被上诉人李某并未办理结婚登记,也从未向人民法院起诉要求离婚,不符合按事实婚姻处理的法定条件,因此,被上诉人唐山天益典当有限公司的主张不成立。

一审法院以派出所的户口登记和迁西县金厂峪镇人民政府卫生和计划生育办公室出具的户人口信息为依据,对上诉人任某霞与被上诉人李某之间的关系按

事实婚姻处理，并认定李某作为被执行人的债务为夫妻共同债务、任某霞购买的保险理财产品为任某霞与李某的夫妻共同财产，不符合法律规定，应予纠正。由于现有证据不能认定任某霞与李某为夫妻关系，任某霞名下的保险理财产品也不能认定为夫妻共同财产，迁西县人民法院以任某霞系李某之妻为由，裁定冻结任某霞名下的保险理财产品，显然亦不符合法律规定。综上所述，任某霞的上诉请求成立。一审判决认定事实错误，适用法律不当，应予纠正。

依照《民法总则》第一百一十三条、《婚姻法》第八条、《婚姻法解释一》第五条、《民事诉讼法》第一百七十条第一款第二项和《民诉法解释》第三百一十二条第一款第（一）项的规定，判决如下：一、撤销河北省迁西县人民法院（2017）冀0227 民初 2948 号民事判决；二、不得对上诉人任某霞在中国人民人寿保险股份有限公司唐山市分公司购买的金鼎富贵两全（分红型）E 款（保单号：130××××××××5360、13××××××××5008）的保险理财产品进行执行；三、河北省迁西县人民法院（2016）冀 0227 执异 36 号执行裁定于本判决生效时自动失效。

## 二、（2017）云 04 民终 869 号

本院认为，综合各方诉辩主张，本案二审的争议焦点是：常某要求确认涉诉山水佳园恬园 47 幢 2 号房屋属其与魏某共同共有的主张是否成立。《婚姻法》第八条规定，要求结婚的男女双方必须亲自到婚姻登记机关进行结婚登记。符合本法规定的，予以登记，发给结婚证。取得结婚证，即确立夫妻关系。未办理结婚登记的，应当补办登记。《婚姻法解释一》第四条规定，男女双方根据婚姻法第八条规定补办结婚登记的，婚姻关系的效力从双方均符合婚姻法所规定的结婚的实质要件时起算。最高人民法院《关于适用〈中华人民共和国物权法〉若干问题的解释（一）》第二条规定，当事人有证据证明不动产登记簿的记载与真实权利状态不符、其为该不动产物权的真实权利人，请求确认其享有物权的，应予支持。

《民诉法解释》第九十条规定，当事人对自己提出的诉讼请求所依据的事实或者反驳对方诉讼请求所依据的事实，应当提供证据加以证明，但法律另有规定的除外。在作出判决前，当事人未能提供证据或者证据不足以证明其事实主张的，由负有举证证明责任的当事人承担不利的后果。最高人民法院《关于民事诉讼证据的若干规定》第七十六条规定，当事人对自己的主张，只有本人陈述而不能提出其他相关证据的，其主张不予支持。但对方当事人认可的除外。本案中，魏某与常某于 2000 年开始同居生活，后二人于 2011 年补办结婚登记，根据上述规定，二

人婚姻关系的效力应从同居之日起算,而涉诉房屋系2007年认购并于2007年至2010年付清购房款,属于魏某与常某婚姻关系存续期间购买,对于支付购房款的事实,常某提交了交款单、住房贷款、还款凭证等证据予以证实,魏某钧亦认可魏某支付购房款的事实,但魏某钧主张购房款系魏某婚前个人财产与婚姻法相关规定不符,现魏某钧未提交证据证实其支付过购房款,一审判决认定涉诉房屋属常某与魏某共同共有正确,应予维持,魏某、魏某钧应配合常某办理涉诉房屋的产权变更登记。综上所述,魏某钧的上诉请求不能成立,应予驳回;一审判决认定事实清楚,适用法律正确,应予维持。依照《民事诉讼法》第一百七十条第一款第一项规定,判决如下:驳回上诉,维持原判。

**第一千零五十条　登记结婚后,按照男女双方约定,女方可以成为男方家庭的成员,男方可以成为女方家庭的成员。**

## 条文主旨

本条是关于男女结婚登记后成为彼此家庭成员的规定。

## 条文精释

### 一、立法背景

关于男女双方互为家庭成员的规定,我国1980年《婚姻法》第八条规定,登记结婚后,根据男女双方约定,女方可以成为男方家庭的成员,男方也可以成为女方家庭的成员。2001年《婚姻法》第九条规定,登记结婚后,根据男女双方约定,女方可以成为男方家庭的成员,男方可以成为女方家庭的成员。可见,将"男方也可以成为女方家庭的成员"中的"也"删去,进一步体现了婚姻家庭关系中的男女平等原则。本条沿用了该条的规定,仅仅将"根据"一词换成了"按照",体现了我国在立法用词方面的严谨。

### 二、争议观点

本条是对旧有的婚姻体制的摒弃。旧有的婚姻制度甚至到现代仍存在这样的固定的思维,即认为"正常的"婚姻关系应当是男娶女嫁,女方婚后理所应当到男方家中生活，成为男方家庭成员之一。而对于女方父母家庭来说，也理所当然地认为“嫁出去的女儿泼出去的水”，女方出嫁之后便将其看作是“外人”，不属于家庭成员之一。反过来，若是出现男方入赘女方家庭成为女方家庭成员的情形，男方则会受到歧视，在旧时代甚至会立字据“小子无能，自愿入赘，改名换姓一切听从”。甚至有一种歧视观点，将男方到女方家中成为女方家庭成员的行为，看作男方无能的表现。因此，本条沿用2001年《婚姻法》的规定，也旨在从法律上纠正人们对该行为的偏见。“嫁娶”二字只是婚姻行为的动词，女方用“嫁”，男方用“娶”，在现代不应赋予其歧视性的含义。女方的“嫁”也并非意味着女性从此便一切随夫。男方“娶”与男方“入赘”的行为之间并没有任何区别，婚姻的缔结应当视为两个具有独立人格的人自愿因为爱情而结合的行为。歧视和一切习俗的偏见应当随着社会文明的进步而被抛弃，结婚并不会剥夺人作为独立人的地位，无论男女都不需要被旧时代的婚姻思想所羁绊。这也是我国法律对封建思想和习俗的破除，对现代文明的婚姻制度的倡导。

### 三、条文解释

按照我国的婚俗，登记结婚并举办婚礼之后男女双方便共同生活，互为家庭成员。按照双方的约定，男女双方可以不与对方父母居住，双方拥有自己的住所，成立自己的小家庭；或者一方到另一方家庭中去，成为对方的家庭成员。换个方式表述，即女方可以到男方家中与男方及男方父母组成一个家庭，成为男方的家庭成员；男方可以到女方家中与女方及女方父母组成一个家庭，成为女方的家庭成员。也就是男方女方可以自由选择将户口迁到对方的家庭中或者独立门户。本条沿用了2001年《婚姻法》的规定，是对男女平等原则的坚持与维护，也体现了我国立法对男女平等的重视和倡导。

## 关联案例

### 一、(2017)陕01民终11569号

本院认为，登记结婚后，根据男女双方约定，女方可以成为男方家庭的成员，男方可以成为女方家庭的成员。李某与下桥梓口村四组村民孟某佳于2013年1月4日登记结婚，婚后李某将户口迁入下桥梓口村四组，符合户口迁转的规定，李某婚后成为女方家庭成员，也符合《婚姻法》第九条的规定，李某因结婚将户口迁

入下桥梓口村四组,并在下桥梓口村四组居住生活,应认定李某具有下桥梓口村四组集体经济组织成员资格,下桥梓口村四组在分配征地补偿款时应按同一标准向李某进行分配,下桥梓口村四组向李某按一半分配侵犯了李某的成员权益,故原审判决正确,应予维持。依照《民事诉讼法》第一百七十条第一款第(一)项之规定,判决如下:驳回上诉,维持原判。

**二、(2017)湘03民终372号**

本院认为,农村集体经济组织成员一般是指依法取得本集体经济组织所在地常住农村户口,在本集体经济组织内生产、生活的人。农村集体经济组织成员资格的认定,应当以是否形成较为固定的生产、生活,是否依赖于农村集体土地作为生活保障为基本条件,并结合是否具有依法登记的集体经济组织所在地常住户口,作为判断农村成员资格的一般原则。本案中,郭某系湘潭县易俗河镇水竹村金塘组郭某明长女,郭某明生育两个女儿。拆迁分配协议亦约定:纯女户招郎只能参加一例的分配。2015年1月16日,郭某与廖某登记结婚。2015年7月11日生育儿子廖某佑,后廖某以初婚投靠为名,申请户籍迁入女方。因廖某在此次土地征收补偿费分配时,廖某户口尚未在该村处实际落户,原审法院对廖某要求取得本次土地补偿款的诉请未予支持,但郭某自幼出生在水竹村金塘组,依靠金塘组土地成长、生存,郭某与廖某结婚后并生育一男孩廖某佑,郭某及儿子廖某佑的户籍均落户在水竹村金塘组,郭某、廖某佑享有在水竹村金塘组生产资料分配权利,具备水竹村金塘组集体经济组织成员资格。原审法院对郭某、廖某佑诉请支付相应份额的土地补偿款予以支持并无明显不当。《婚姻法》第九条规定:登记结婚后,根据男女双方约定,女方可以成为男方家庭的成员,男方可以成为女方家庭的成员。第二十二条规定:子女可以随父姓,可以随母姓。廖某成为女方郭某家庭成员以及郭晨佑随父廖某姓,均可以自由决定。上诉人湘潭县易俗河镇水竹村金塘村民小组的上诉请求均不成立,本院均不予采纳。综上所述,湘潭县易俗河镇水竹村金塘村民小组的上诉请求均不成立,应予驳回;一审判决认定事实清楚,适用法律正确,应予维持。依照《民事诉讼法》第一百七十条第一款第一项规定,判决如下:驳回上诉,维持原判。

**三、(2017)豫01民终6118号**

本院认为,农村村民一户只能拥有一处宅基地,农村村民住宅用地,经乡(镇)

人民政府审核，由县级人民政府批准。

本案中，涉案房屋所在的宅基地虽登记在芦某凤名下，但农村宅基地是以户为单位审批使用，故全体家庭成员对涉案宅基地均有使用权，赵某萍和姚某彬结婚后作为家庭成员当然对涉案宅基地享有使用权，其在和姚某彬离婚但未分户，亦未另行审批宅基地时，赵某萍对该宅基地仍应享有使用权。涉案房屋虽系芦某凤和其丈夫姚某怪在赵某萍与姚某彬结婚前所建，但赵某萍和姚某彬结婚后一直和芦某凤、姚某怪共同居住在该房屋，其虽已和姚某彬离婚，但其对该房屋所在的宅基地仍享有使用权并无其他房屋居住，赵某萍对该房屋仍应享有居住权。

故赵某萍的居住行为并未侵犯芦某凤的合法权益，芦某凤的诉讼请求无事实和法律依据，本院不予支持。综上所述，赵某萍的上诉请求成立，应予支持。依照《土地管理法》第六十二条第一款、第三款，《婚姻法》第九条，《民事诉讼法》第一百七十条第二款之规定，判决如下：一、撤销河南省郑州市管城回族区人民法院(2016)豫0104民初1890号民事判决；二、驳回芦某凤一审的诉讼请求。

**第一千零五十一条　有下列情形之一的，婚姻无效：**

**(一)重婚；**

**(二)有禁止结婚的亲属关系；**

**(三)未到法定婚龄。**

## 条文主旨

本条是对无效婚姻的几种情形的规定。

## 条文精释

### 一、立法背景

关于婚姻无效的规定，1950年《婚姻法》以及1980年《婚姻法》都没有设立婚姻无效的条款。无效婚姻的规定开始于我国1994年颁布的《婚姻登记管理条例》第二十四条规定，未到法定结婚年龄的公民以夫妻名义同居的，或者符合结婚条件的当事人未经结婚登记以夫妻名义同居的，其婚姻关系无效，不受法律保护。第二十五条规定，申请结婚登记的当事人弄虚作假、骗取婚姻登记的，婚姻登记管理机关应当撤销婚姻登记,对结婚、复婚的当事人宣布其婚姻关系无效并收回结婚证,对离婚的当事人宣布其解除婚姻关系无效并收回离婚证,并对当事人处以200元以下的罚款。2001年《婚姻法》第十条规定,"有下列情形之一的,婚姻无效:(一)重婚的;(二)有禁止结婚的亲属关系的;(三)婚前患有医学上认为不应当结婚的疾病,婚后尚未治愈的;(四)未到法定婚龄的"。相应地,我国《婚姻法解释一》、《婚姻法解释二》以及《婚姻法解释三》对婚姻无效制度作出完整具体的规定,如婚姻无效的事由、婚姻无效的请求权人等。如《婚姻法解释一》第七条规定,"有权依据婚姻法第十条规定向人民法院就已办理结婚登记的婚姻申请宣告婚姻无效的主体,包括婚姻当事人及利害关系人。利害关系人包括:(一)以重婚为由申请宣告婚姻无效的,为当事人的近亲属及基层组织。(二)以未到法定婚龄为由申请宣告婚姻无效的,为未达法定婚龄者的近亲属。(三)以有禁止结婚的亲属关系为由申请宣告婚姻无效的,为当事人的近亲属。(四)以婚前患有医学上认为不应当结婚的疾病,婚后尚未治愈为由申请宣告婚姻无效的,为与患病者共同生活的近亲属。"《婚姻家庭编》第一千零五十一条规定,"有下列情形之一的,婚姻无效:(一)重婚;(二)有禁止结婚的亲属关系;(三)未到法定婚龄。"其中,将2001年《婚姻法》第十条第三项规定的"婚前患有医学上认为不应当结婚的疾病,婚后尚未治愈的"删去。这是对婚姻无效条件的再次修正,使婚姻无效的条件更具有科学性与合理性。

## 二、争议观点

婚姻无效的规定,自古便存在。从历史上看,婚姻常常因为欠缺结婚要件而归于无效。比如古巴比伦的《汉谟拉比法典》规定,"倘自由民娶妻而未订立契约,则此妇非其妻"。可见契约是成为夫妻的前提要件,若未订立婚约,则婚姻视为无效。中世纪欧洲寺院法也设立了婚姻无效制度。我国古代对于无效婚姻也有相应法规。《唐律·户婚》中就有"有妻更娶、居父母丧嫁娶、同姓为婚、违背夫丧守志者意志强嫁、良贱为婚、许嫁女已报婚书再许他人"情形的婚姻无效,而且要处以刑罚。近现代其他国家对无效婚姻基本都作了相应的规定。国外的立法中,因为欠缺而使得婚姻无效的法定条件,称为无效要件。1804年法国《民法典》便设立了婚姻无效制度。1900年德国《民法典》也设立了无效婚姻制度。1970年美国《统一结婚离婚法》第二百零七条至第二百零九条规定了婚姻无效制度。英国于1971年颁布《婚姻无效法》,后于1973年颁布了《婚姻诉讼法》。瑞士、日本、意大利等国也在本国的婚姻法或者亲属法中对婚姻无效作了相应的规定。

## 三、条文解释

无效婚姻是指因为欠缺或者不符合婚姻成立要件,不具备婚姻法律效力的违法婚姻。结婚是一种法律行为,必须符合法律规定的要件,包括实质要件和形式要件。因此,不符合结婚条件或者违反婚姻的法定程序的婚姻,即构成无效婚姻。无效婚姻是指已经办理结婚登记,但婚姻自始无效。而同居行为或者举办结婚仪式的行为并没有构成真实的婚姻。无效婚姻只是这类行为的口语化表达,以此来表明对法律此类行为的态度。

### (一)禁止结婚的亲属关系

禁止结婚的亲属关系,在《婚姻家庭编》第一千零四十八条便作出规定,直系血亲或者三代以内的旁系血亲禁止结婚。这类亲属结婚属于禁婚亲。因此,婚姻不具备法律效力。违反该规定的婚姻,是对我国公序良俗的违背,也会对现代健康的婚姻家庭造成某种伤害。根据我国《民法典》第一百五十三条的规定,"违反法律、行政法规的强制性规定的民事法律行为无效。但是,该强制性规定不导致该民事法律行为无效的除外。违背公序良俗的民事法律行为无效。"直系血亲与三代以内旁系血亲缔结婚姻的行为也违反了此条的规定。因此,将此行为认定为无效婚姻是完全合理的。

### (二)未到法定婚龄

《婚姻家庭编》第一千零四十七条规定,结婚年龄,男不得早于22周岁,女不得早于20周岁。任何人不得早于该法定婚龄结婚,违反该条的规定,婚姻无效。理由在于,若一方或双方都在未到法定婚龄便结婚,虽然对于个人利益的损害可能并不大,但会损害社会的公共利益。因此,对于未到法定婚龄便结婚的婚姻认定为无效婚姻。就此而言,也有一些国家将其作为婚姻无效的理由,比如意大利《民法典》第117条就将未达适婚年龄及未成年人结婚未得法定代理人同意的均可作为婚姻无效的事由。[①]

### (三)婚姻无效的请求权人

对于婚姻无效的请求权人的规定,2001年《婚姻法解释一》第七条作出规定。依据不同的无效理由,司法解释规定的无效婚姻的请求权人也不相同。(1)因重

---

① 杨馨德主编:《婚姻家庭法学》,上海财经大学出版社2012年版,第119页。

婚而申请宣告婚姻无效的，请求权人为当事人的近亲属及基层组织。其理由在于，重婚既涉嫌对他人合法婚姻的干涉，又损害社会公共利益，甚至可能构成重婚犯罪。故任何一方当事人的近亲属及所在地的基层组织基于公益都可主张婚姻无效。(2)因禁止结婚的亲属关系而申请宣告婚姻无效的，请求权人为当事人的近亲属。之所以这里不包括基层组织，是因为多数情况下基层组织都不能查明夫妻双方之间是否存在禁止结婚的亲属关系。而且，即便存在禁止结婚的亲属关系，也只是违反社会道德伦理，不利于优生优育，仍多为私人领域，不涉及社会公共利益。(3)因未到法定婚龄而申请宣告婚姻无效的，请求权人为未达法定婚龄者的近亲属。之所以将其限定在未达法定婚龄者的近亲属一方，是因为一方未达法定婚龄，即可推定其尚未完全具备结婚的心智能力，一旦结婚，就可能成为受损害的一方。而已达法定婚龄的一方不存在上述问题，也就不会因结婚受到损害，故其近亲属无权主张婚姻无效。由上可知，利害关系人中主要是近亲属作为申请婚姻无效的请求权人。至于近亲属的范围则在《婚姻家庭编》第一千零四十五条第二款中作出了明确规定。

(四)婚姻无效的宣告机关

2001年《婚姻法解释一》第九条规定，“人民法院审理宣告婚姻无效案件，对婚姻效力的审理不适用调解，应当依法作出判决；有关婚姻效力的判决一经作出，即发生法律效力”。婚姻无效的宣告机关应当是人民法院，婚姻登记机关无权作出无效宣告，婚姻登记机关依据人民法院的宣告，有收回结婚证的权利。

## 关联案例

### 一、(2019)吉06民终135号

本院认为，王某蕙于2018年6月7日向原审院提起诉讼，请求确认王某非与王某生婚姻关系无效，而王某生已于2016年11月17日死亡。现王某蕙作为王某生的女儿提起诉讼，主张王某非与王某生婚姻关系无效，根据《婚姻法解释二》第五条“夫妻一方或者双方死亡后一年内，生存一方或者利害关系人依据婚姻法第十条的规定申请宣告婚姻无效的，人民法院应当受理”的规定，其起诉已超过法定期限一年，故原审法院裁定驳回王某蕙起诉并无不当。王某蕙的上诉请求不能成立，本院不予支持。依照《民事诉讼法》第一百七十条第一款第(一)项、第一百七十一条、第一百七十五条的规定，裁定如下：驳回上诉，维持原裁定。

## 二、(2018)鲁01民终8110号

本院认为,《婚姻法解释一》第七条规定,有权依据婚姻法第十条规定向人民法院就已办理结婚登记的婚姻申请宣告婚姻无效的主体,包括婚姻当事人及利害关系人。利害关系人包括:(1)以重婚为由申请宣告婚姻无效的,为当事人的近亲属及基层组织。(2)以未到法定婚龄为由申请宣告婚姻无效的,为未达法定婚龄者的近亲属。(3)以有禁止结婚的亲属关系为由申请宣告婚姻无效的,为当事人的近亲属。(4)以婚前患有医学上认为不应当结婚的疾病,婚后尚未治愈为由申请宣告婚姻无效的,为与患病者共同生活的近亲属。第九条规定,人民法院审理宣告婚姻无效案件,对婚姻效力的审理不适用调解,应当依法作出判决;有关婚姻效力的判决一经作出,即发生法律效力。依据上述规定,婚姻无效应以申请人的申请依法宣告。一审在本案中直接认定夏某喜与脱某英的婚姻属于无效婚姻不当。在夏某喜与脱某英的婚姻效力未依法宣告无效的情况下,一审对本案争议财产进行处理,属基本事实不清。依照《民事诉讼法》第一百七十条第一款第(三)项之规定,裁定如下:一、撤销济南市市中区人民法院(2017)鲁0103民初4296号民事判决;二、发回济南市市中区人民法院重审。

## 三、(2012)宁民初字第2622号

2012年6月,原告谭某某向本院提起离婚诉讼期间,发现被告谭女某在与其婚姻存续期间与被告成某某再次结婚的事实,故向本院提起诉讼,请求确认被告谭女某与被告成某某的婚姻无效,并当庭表示放弃追究被告谭女某涉嫌重婚罪的刑事自诉意见。原告谭某某与被告谭女某婚后未共同生育子女,婚后没有共同财产、共同债权、债务等财产、财物。被告谭女某与被告成某某同居期间未共同生育子女,没有共同财产、共同债权、债务等财产、财物。

本院认为,依据《婚姻法》第十条第一项"有下列情形之一的,婚姻无效:(一)重婚的"的规定,被告谭女某在2003年与原告谭某某登记结婚,在未解除与原告谭某某之间的婚姻关系时,在2010年再次与被告成某某登记结婚。被告谭女某的行为已经构成重婚。被告谭女某与被告成某某的婚姻关系应确认为无效。依据《婚姻法解释一》第七条"有权依据婚姻法第十条规定向人民法院就已办理结婚登记的婚姻申请宣告婚姻无效的主体,包括婚姻当事人……"的规定,原告谭某某的诉讼请求,本院应予以支持。据此,依据《婚姻法》第十条第一项,《婚姻法解释

一》第七条、第九条、第十三条、第十四条之规定,判决如下:被告谭女某与被告成某某于2010年1月25日在宁乡县民政局婚姻登记处(结婚证字号为长宁结字011001034号)登记的婚姻无效。

依据《婚姻法解释一》第九条"人民法院审理宣告婚姻无效案件,对婚姻效力的审理不适用调解,应当依法作出判决;有关婚姻效力的判决一经作出,即发生法律效力"的规定。本判决一经作出,即发生法律效力。

**四、(2019)宁0521民初21号**

原告向本院提出诉讼请求:1.依法确认原、被告婚姻无效;2.本案诉讼费由被告承担。事实和理由:2017年8月8日,原告与名叫"陈欣怡"的女子持双方身份证、户口本等证件到中宁县民政局领取结婚证,该局查验"陈欣怡"所持的身份证、户口本等证件后未发现其所持的身份证、户口本为伪造的证件,随即为原告与"陈欣怡"颁发结婚证。2018年3月,"陈欣怡"因涉嫌诈骗罪被依法逮捕。

经中宁县公安局查实"陈欣怡"的真实姓名为梁某某即本案被告梁某某,已于2017年1月13日与马某在中卫市沙坡头区民政局登记结婚;被告梁某某与原告在中宁县民政局登记结婚时所持"陈欣怡"的身份证、户口本系被告梁某某找人伪造的证件,原告并不知情,被告欺骗了原告。2018年11月14日,宁夏回族自治区中宁县人民法院(2018)宁0521刑初143号刑事判决书,判决被告犯重婚罪。

因此,根据《婚姻法》第十条的规定,原、被告之间的婚姻关系应属无效。被告承认原告在本案中所主张的事实,对诉讼请求亦无异议。本院认为,被告承认原告在本案中主张的事实,故对原告主张的事实予以确认。被告梁某某构成重婚,事实清楚,证据充分,对原告要求确认原、被告婚姻无效的诉讼请求,予以支持。依照《婚姻法》第十条第(一)项、《民事诉讼法》第一百三十四条第一款规定,判决如下:原告张某某与被告梁某某的婚姻无效。

**第一千零五十二条　因胁迫结婚的,受胁迫的一方可以向人民法院请求撤销婚姻。**

**请求撤销婚姻的,应当自胁迫行为终止之日起一年内提出。**

**被非法限制人身自由的当事人请求撤销婚姻的,应当自恢复人身自由之日起一年内提出。**

## 条文主旨

本条是对可撤销婚姻情形的规定。

## 条文精释

### 一、立法背景

可撤销的婚姻情形的规定,在立法层面最早是在我国2001年《婚姻法》第十一条中规定,"因胁迫结婚的,受胁迫的一方可以向婚姻登记机关或人民法院请求撤销该婚姻。受胁迫的一方撤销婚姻的请求,应当自结婚登记之日起一年内提出。被非法限制人身自由的当事人请求撤销婚姻的,应当自恢复人身自由之日起一年内提出"。2003年《婚姻登记条例》第九条规定,"因胁迫结婚的,受胁迫的当事人依据婚姻法第十一条的规定向婚姻登记机关请求撤销其婚姻的,应当出具下列证明材料:(一)本人的身份证、结婚证;(二)能够证明受胁迫结婚的证明材料。婚姻登记机关经审查认为受胁迫结婚的情况属实且不涉及子女抚养、财产及债务问题的,应当撤销该婚姻,宣告结婚证作废。"2016年民政部《婚姻登记工作规范》修正条例,除受胁迫结婚之外,以任何理由请求宣告婚姻无效或者撤销婚姻的,登记机关不予受理。① 《婚姻家庭编(一审稿)》第八百二十九条中规定,"因胁迫结婚的,受胁迫的一方可以向人民法院请求撤销婚姻。请求撤销婚姻的,应当自胁迫行为终止之日起一年内提出。被非法限制人身自由的当事人请求撤销婚姻的,应当自恢复人身自由之日起一年内提出。"其基本沿用了2001年《婚姻法》第十一条的规定,删去了其中的"该"字和"向婚姻登记机关"。另外将"应当自结婚登记之日起一年内提出"修改为"应当自胁迫行为终止之日起一年内提出",这个修改对被胁迫方的权利有了进一步的维护。规定胁迫行为结束之日起即可提出请求,有利于被胁迫方及时行使婚姻的撤销权。

### 二、争议观点

对于可撤销的婚姻与无效婚姻之间的区别是中外学界一直探讨的问题。无效婚姻在前一条已经进行了相关分析,其是指缺少成立婚姻的法定要件而使男女

① 巫昌祯主编:《婚姻与家庭继承法学》(第6版),中国政法大学出版社2017年版,第114页。

双方的结合不具备法律效力。可撤销的婚姻是指已经成立生效,但是存在缺乏合意瑕疵的婚姻。对此,受到胁迫的一方有权依法向婚姻登记机关或者人民法院申请撤销婚姻。根据2001年《婚姻法》第十二条的规定,“无效或被撤销的婚姻,自始无效。当事人不具有夫妻的权利和义务。同居期间所得的财产,由当事人协议处理;协议不成时,由人民法院根据照顾无过错方的原则判决。对重婚导致的婚姻无效的财产处理,不得侵害合法婚姻当事人的财产权益。当事人所生的子女,适用本法有关父母子女的规定。”无论是无效婚姻还是可撤销的婚姻,该婚姻关系都是自始无效。只是无效婚姻是依法不具有婚姻的法律效力,而可撤销的婚姻是经过撤销请求权人的请求,依法撤销后不具备婚姻的法律效力。[①] 两者均对婚姻制度产生极大的伤害。因此,各国都通过立法对此类行为进行了规定。国外对于此类行为的定性分为三种:第一种是仅仅将所有的行为定义为无效婚姻。即如果缺乏法定的结婚要件,就将其认定为无效婚姻,比如意大利、俄罗斯等国家。第二种是将所有的行为都定义为可撤销的婚姻。即只要缺乏结婚要件,就认定其为可撤销的婚姻。如德国《民法典》的规定,“婚姻只可以在法院的判决基础上予以撤销,婚姻在发生法律效力后而解除”。[②] 德国也规定了可撤销的法律行为。前两种分类的国家都是只规定了无效婚姻或只规定了可撤销婚姻。第三种是将无效婚姻与可撤销婚姻区别开来,分别通过立法进行规定。但是各国对于无效婚姻与可撤销婚姻之间的区别标准有所不同,在甲国为无效婚姻可能在乙国就是可撤销婚姻。

## 三、条文解释

可撤销婚姻,是指因欠缺或者违反结婚的法定要件,因而使婚姻从被宣告撤销之日起就自始无效的男女双方的结合。根据本条,凡是因胁迫而缔结的婚姻,相关主体均可申请撤销婚姻。

(一)胁迫

因胁迫而缔结的婚姻是指,婚姻关系中的一方当事人或者婚姻关系外的第三人,对婚姻关系中的另一方当事人,予以威胁或者强迫,使婚姻中的另一方当事人违背自己的意愿而缔结婚姻关系的婚姻。2001年《婚姻法解释一》第十条规定,

---

① 卓冬青主编:《婚姻家庭继承法》,武汉大学出版社2012年版,第76页。

② 卓冬青主编:《婚姻家庭继承法》,武汉大学出版社2012年版,第78页。

“婚姻法第十一条所称的‘胁迫’，是指行为人以给另一方当事人或者其近亲属的生命、身体健康、名誉、财产等方面造成损害为要挟，迫使另一方当事人违背真实意愿结婚的情况。因受胁迫而请求撤销婚姻的，只能是受胁迫一方的婚姻关系当事人本人”。要构成本条所称的“胁迫”，必须具有以下一些要件：(1)行为人要有胁迫的故意；(2)必须有胁迫的行为发生；(3)婚姻当事人基于受胁迫的恐惧心理而为结婚的意思表示[①]。“胁迫”行为无论是什么形式的，都会侵犯婚姻自由原则。因此，本条沿用2001年《婚姻法》中“胁迫”属于可撤销的婚姻是对我国婚姻自由原则的维护。

（二）非法限制人身自由

实务中，因胁迫结婚的，胁迫一方在达到申请结婚登记并领取结婚证的目的后，为防止受胁迫一方反悔向公安机关报案或向法院申请撤销婚姻，经常采取软禁在家或尾随跟踪等方式非法限制另一方当事人的人身自由。此时，虽然胁迫行为已经结束，但受胁迫一方当事人仍无法自主表达其意志，很可能长时间都没有机会或可能去法院请求撤销婚姻。在此情形下，如仍坚持限定其撤销权行使必须自胁迫行为终止之日起一年内提出，则对被限制人身自由的一方而言，实质不公。为此，本条例外规定被非法限制人身自由的当事人请求撤销婚姻，应当自恢复人身自由之日起一年内提出。这样即使当事人被控制人身自由之后无法及时在规定的时间申请撤销婚姻，也可在获得人身自由后及时主张撤销权利。这也体现了法律在制定过程中的科学性与严谨性。

（三）提出撤销婚姻效力的请求权人

有权请求撤销婚姻效力的申请人只能是因胁迫结婚的被胁迫方。这是因为被胁迫方在缔结婚姻关系时，不能真实地表达自己的意愿，从而使所成立的婚姻关系违背了被胁迫方的意志。将请求权人限定为被胁迫方，是为了贯彻婚姻自由的基本原则，保护婚姻当事人的合法权益。而胁迫婚姻的另一方当事人，由于其在缔结婚姻时，并未违背自己的真实意愿，故其在胁迫婚姻成立之后，没有提出撤销婚姻效力的权利。

（四）提出撤销婚姻效力申请的时间

因胁迫而结婚的，受胁迫的一方具有撤销该婚姻效力的请求权。该撤销权在法律性质上属于形成权，一旦行使就产生预设的法律效果，而无须考虑相对方的

---

① 巫昌祯主编：《婚姻与家庭继承法学》(第6版)，中国政法大学出版社2017年版，第114页。

意思表示。可见,享有撤销权一方当事人在没有作出是否撤销的意思表示之前,现有婚姻关系将处于不确定状态。为了尽快确定现有婚姻关系的存废,稳定相对方的预期,立法对形成权的行使一般都限定一个不变的期限。相应地,本条规定,受胁迫一方撤销婚姻的请求,应当自胁迫行为终止之日起一年内提出。2001 年《婚姻法解释一》第十二条还进一步明确规定,“婚姻法第十一条规定的‘一年’,不适用诉讼时效中止、中断或者延长的规定”。诉讼时效的中断是指在诉讼时效期间进行中,因发生一定的法定事由,致使已经经过的时效期间统归无效,待时效中断的事由消除后,诉讼时效期间重新起算。诉讼时效的中止是指在诉讼时效进行中,因一定的法定事由产生而使权利人无法行使请求权,暂停计算诉讼时效期间。诉讼时效延长是指法院查明权利人在诉讼时效期间确有法律规定之外正当理由而未行使请求权的,适当延长已完成的诉讼时效期间。本条中的“一年”并不适用有关诉讼时效的规定,属于除斥期间,即受胁迫的当事人如果不在法律规定的一年内行使撤销权,那么该婚姻撤销权便消灭。

本条将撤销婚姻的请求的时间调整为“自胁迫行为终止之日起一年内”,与原本的“自结婚登记之日起一年内”相比,更好地维护了被胁迫一方的权利。而 2001 年《婚姻法》规定的“婚姻登记之日”的时间,可能会使一些想要申请撤销婚姻的当事人基于放弃的心态选择“服从”胁迫。这也是我们的法律在结合现实的情况下作出的调整,是为了婚姻自由和当事人的合法权利所做的改变。

## 关联案例

### 一、(2019)京 02 民终 7156 号

本院认为,本案的争议焦点为依据现有证据应否支持侯某要求撤销其与宋某婚姻的问题。《婚姻法》第十一条规定:因胁迫结婚的,受胁迫的一方可以向婚姻登记机关或人民法院请求撤销该婚姻。受胁迫的一方撤销婚姻的请求,应当自结婚登记之日起一年内提出。被非法限制人身自由的当事人请求撤销婚姻的,应当自恢复人身自由之日起一年内提出。本案中,侯某主张其因受到宋某威逼胁迫而登记结婚,但并未就此向法院提供充足证据予以证明。且侯某并未在结婚登记之日起一年内以及其自认脱离宋某非法控制一年内向婚姻登记机关或人民法院提出撤销该婚姻的请求,故对侯某要求撤销婚姻的诉讼请求法院不予支持。综上所述,侯某的上诉请求不能成立,应予驳回;一审判决认定事实清楚,适用法律正确,

应予维持。依照《民事诉讼法》第一百七十条第一款第一项规定，判决如下：驳回上诉，维持原判。

## 二、(2015)昆民二终字第348号

本院认为：《婚姻法》第十一条规定，“因胁迫结婚的，受胁迫的一方可以向婚姻登记机关或人民法院请求撤销该婚姻。受胁迫的一方撤销婚姻的请求，应当自结婚登记之日起一年内提出。被非法限制人身自由的当事人请求撤销婚姻的，应当自恢复人身自由之日起一年内提出”。《婚姻法解释一》第十条第一款规定：“婚姻法第十一条所称的‘胁迫’，是指行为人以给另一方当事人或者其近亲属的生命、身体健康、名誉、财产等方面造成损害为要挟，迫使另一方当事人违背真实意愿结婚的情况……”本案中，上诉人主张其因受胁迫而与被上诉人结婚，被上诉人对此不予认可，故上诉人应对双方的婚姻是否存在上述法律、司法解释规定的“胁迫”情形承担举证责任。对此，本院认为，其一，上诉人一审提交的证人马某俊、朱某良的证言，因系听上诉人所说，故该二人的证言无法证明上诉人主张的胁迫事实，本院不予采信；证人戚某兴、陈某芝、戚某系上诉人的近亲属，与上诉人有利害关系，故该三人的证言不能单独作为认定案件事实的依据；上诉人二审提交的5份录音证据系视听资料复制件，无法提交原件核对，且录音完整性存疑，故该录音证据亦不能单独作为认定案件事实的依据。其二，上诉人一审提交的其他证据亦无法证明2014年3月12日上诉人与被上诉人登记结婚系受上诉人父母、被上诉人及被上诉人家人“胁迫”的事实。

相反，从上诉人提交的《公证书》、短信、录音等部分证据以及双方当事人的陈述来看，不能排除双方当时登记结婚系为解决孩子出生问题考虑，只是婚后双方又为此发生纠纷，故双方为此而登记结婚的行为也不属于法律规定的“胁迫”情形。

因此，上诉人二审提出的补充事实一不能成立，本院不予确认。综上所述，上诉人未提交充分、有效的证据证明双方的婚姻存在婚姻法及其司法解释规定的“胁迫”情形，故对其撤销婚姻的请求，本院不予支持。对上诉人二审提交的录音证据，本院亦不予采信。上诉人二审提出的补充事实二、三因不影响本案处理，本院对此不作审理评判。一审判决认定事实清楚，适用法律及处理正确，本院予以维持；上诉人的上诉请求不能成立，本院予以驳回。据此，本院依照《民事诉讼法》第一百七十条第一款第（一）项及《诉讼费用交纳办法》第二十九条规定，判决如

下:驳回上诉,维持原判。

**第一千零五十三条　一方患有重大疾病的,应当在结婚登记前如实告知另一方;不如实告知的,另一方可以向人民法院请求撤销婚姻。**

**请求撤销婚姻的,应当自知道或者应当知道撤销事由之日起一年内提出。**

## 条文主旨

本条是关于一方患重大疾病,婚姻登记前未如实告知另一方,不知情另一方享有撤销婚姻请求权的规定。

## 条文精释

### 一、立法背景

我国法律对男女一方婚前患病影响婚姻效力的规定由来已久。1950 年《婚姻法》第五条规定,“男女有下列情形之一者,禁止结婚:……二、有生理缺陷不能发生性行为者。三、患花柳病或精神失常未经治愈,患麻风或其他医学上认为不应结婚之疾病者。”1980 年《婚姻法》第六条对其作了修改,采用例示性规定与概括性规定相结合的立法模式,取消了禁止“有生理缺陷不能发生性行为者”结婚的规定,仅规定“患麻风病未经治愈或患其他在医学上认为不应当结婚的疾病”禁止结婚。2001 年《婚姻法》第七条删除了对于“麻风病”采取例示性规定的立法方法,而是全部采取概括性表述方法,即“患有医学上认为不应当结婚的疾病”禁止结婚。同时规定了当事人婚前患有医学上认为不应当结婚的疾病并领取了结婚证,且婚后尚未治愈的,构成宣告婚姻无效的原因之一。即患有医学上认为不应当结婚的疾病者禁止结婚,若已经进行了婚姻登记且婚后尚未治愈,则构成无效婚姻。因此,2001 年《婚姻法》中,疾病作为婚姻无效之事由是对禁止结婚条件的一种补充。已经进行婚姻登记但一方患有医学上认为不应当结婚的疾病的婚姻中当事人的近亲属,可通过宣告婚姻无效让当事人得到救济。但从现实生活情况看,绝对“一刀切”地宣告婚姻无效,未必符合当事人利益最大化。这是因为,婚姻的基础归根结底是情感。现实中,不乏婚姻一方婚前患有医学上认为不应当结婚的疾病婚后虽未治愈，但婚姻双方共同生活美满幸福的实例。在此情形下，如还要硬性宣告婚姻无效，则未免弊大于利。

## 二、争议观点

由前述可知，我国立法机关对疾病婚的态度经历了禁止结婚、婚姻无效、婚姻可撤销，由强硬到放宽的态度转变。要探究其原因：首先，需对婚姻无效与可撤销之概念进行区分。就民法理论而言，法律行为的无效与可撤销，又称为法律行为的绝对无效与相对无效制度。虽然两者都是对欠缺有效要件的法律行为的否定性评价，但两者的否定性程度是不同的：无效是法律对法律行为最为严厉的否定，意味着法律不按照当事人的意思赋予其法律效果，且无效具有溯及力，自始无效；不仅如此，无效的确认权在法院而不在当事人，法院可依职权确认该法律行为的无效。但可撤销意味着法律的否定性评价是在尊重当事人意志的基础上作出，撤销权人可以选择在法定期间内是否行使撤销权，因而具有相对性。所以在制度的功能上，无效制度的救济对象是国家利益和社会公共利益，而可撤销制度的救济对象则是私人利益。二者的制度价值不同，对当事人利害得失的影响也有很大的不同。结婚等亲属身份行为是自然人自主安排或设计且依其意愿塑造法律关系的法律工具。婚姻法作为调整婚姻关系的法律，是民法的重要组成部分，而这一属性就决定了对于婚姻效力的认定要在民法基本理论的基础上，结合结婚等亲属身份行为所具有的伦理色彩、不存在保护交易安全的需求等因素，针对不同的情景，进行必要的变通。就采用婚姻无效与可撤销制度的国家法律而言，对于欠缺结婚要件的婚姻哪些属于无效、哪些属于可撤销并无绝对统一的标准。相对而言，违反公益要件的婚姻，应当归于无效；一般性违反公益要件或只违反私益要件的婚姻，则可作为可撤销婚姻。区分两者的理由在于：无效婚姻有损国家和社会公共利益和公序良俗，法律必须对其效力予以惩戒性评价，且该类婚姻自始无效不因时间经过而有所变化；而可撤销婚姻主要与当事人的利益相关。因此，只有当事人或者利害关系人才享有请求撤销该婚姻效力的权利。[①] 如果撤销权人在法定期间内没有提出撤销婚姻的申请，则该婚姻在法律上转化为确定有效婚姻。2001 年《婚姻法》规定疾病婚姻无效之原因在于，认为男女组建家庭后，不仅开始了两个人的共同生活，夫妻相互依存、相互帮助、相互扶养，而且还承担着养育子

---

① 金眉：《论通谋虚伪结婚的法律效力》，载《政法论坛》2015 年第 3 期。

女的义务。为了配偶及子女的身体健康，禁止患有严重疾病的男女双方结婚，其目的是防止当事人所患的疾病传染给对方特别是传染或遗传给下一代，保护下一代的健康，以利于家庭的和睦、幸福。[①] 但是，随着医学技术的进步，社会观念的更新，“疾病”作为禁婚要件受到越来越多的质疑：一方面，婚姻自由是公民的宪法性权利，以患有某种疾病为由宣告婚姻无效有直接侵害了公民的婚姻自主权之嫌。虽然患有某种疾病会给当事人的生活带来重大的影响，但疾病是否影响结婚的决定应当属于当事人家事自决权的范围，国家没有必要干预。另一方面，随着现代医学的发展，究竟哪些疾病属于不应当结婚的疾病在医学上很难界定。[②] 2003 年发生在四川的国内首例健康人与艾滋病病毒感染者结婚案就是很好的例证。[③] 同时，从国外婚姻制度来看，随着婚姻自主决定权的发展，越来越多的无效婚姻事由被认定为可撤销婚姻事由，无效婚姻的事由被不断限缩。

综上所述，本条将一方患病且在婚姻登记之前并未明示另一方的婚姻认定为可撤销婚姻，赋予未患病的另一方撤销权，充分尊重当事人的婚姻自主权。

## 三、条文解释

本条实质为欺诈在婚姻家庭法中的变通性适用，即指由于患病一方对患病情形不如实告知之行为，致对方当事人陷入错误认识，并对今后的婚姻选择作出了错误的判断和决定，从而作出了愿意与对方结婚的错误的意思表示。本条的基本含义是：一方患有重大疾病并不当然地导致双方婚姻无效，患病一方只需在进行婚姻登记之前如实告知另一方，若其婚姻符合本法规定的结婚形式要件与实质要件且无其他婚姻无效与可撤销之情形，婚姻有效。若患病一方登记前未如实告知其患病情况，另一方可以向人民法院请求撤销该婚姻。具体而言，不知情另一方撤销婚姻请求权的行使必须符合以下五个要件：第一，一方存在不如实告知病情的行为；第二，患病一方存在隐瞒的故意；第三，不如实告知病情的行为发生在婚

---

① 吴高盛主编：《〈中华人民共和国婚姻法〉释义及实用指南》，中国民主法制出版社 2014 年版，第 32～33 页。

② 孙若军：《疾病不应是缔结婚姻的法定障碍——废除〈婚姻法〉第 7 条第 2 款的建议》，载《法律适用》2009 年第 2 期。

③ 2003 年 10 月 13 日，婚前医学检查呈“HIV 阳性”的李小姐和王先生到四川省民政厅申请办理结婚手续。民政厅经请示民政部，在保健院出具“李小姐病情已告知男方，当事人双方已知病情，自愿结婚”等内容的证明后，双方在证明上分别写下“知道病情，自愿结婚，后果自负”的文字，四川省民政厅为其办理婚姻登记。

姻登记之前;第四,对方因一方的不如实告知行为而陷入错误认识;第五,对方基于此错误认识作出了结婚的意思表示。未患病一方撤销婚姻的请求,应当自知道或应当知道撤销事由之日起一年内提出。如果超过一年,撤销权消灭。

理解本条时,应注意以下几点:

1. 重大疾病。本条文摒弃了 2001 年《婚姻法》第十条中“患有医学上认为不应当结婚的疾病”之标准,改为了“重大疾病”。原因主要在于公示影响婚姻的疾病是困难的,医学越发展,发现的病态基因就越多,而治疗疾病的方法也在不断地更新和进步。法律和行政法规的稳定性、滞后性致使列举医学上认为不应当结婚的疾病成为不能。使用“重大疾病”这一概念,赋予法官自由裁量权,当该疾病足以影响到另一方对婚姻缔结的意思表示时,即可将其视作重大疾病。

2. 撤销请求权人与宣告机关。在我国法律中,可撤销婚姻不能当然无效或自动解除,其效力状况须由国家有关机关经法律程序予以确认,即我国对可撤销婚姻的效力认定采取宣告撤销制和不告不理制。

(一)撤销请求权人

《婚姻法解释一》第七条规定,“以婚前患有医学上认为不应当结婚的疾病,婚后尚未治愈为由申请宣告婚姻无效的,为与患者共同生活的近亲属”。故 2001 年《婚姻法》中以婚前患有医学上认为不应当结婚的疾病、婚后尚未治愈为由申请宣告婚姻无效的请求权人为婚姻当事人和与患者共同生活的近亲属。而本条中撤销请求权人为夫妻关系之另一方。由此可见,对于疾病婚的撤销权行使主体,立法对其范围进行了限缩。理由在于,对于与患者共同生活的近亲属,在婚姻当事人不主张权利时,法律赋予其请求权,会严重影响到婚姻的效力和稳定性,甚至与当事人的意志相悖,实质上是变相侵害了公民的婚姻自主权。另外,与患者共同生活的近亲属即便担心受到该疾病的传染,也完全可以通过与患者“分住”来达到维护自身安全的目的。婚姻自由作为婚姻法的基本原则,和谁结婚、是否结婚都由婚姻当事人双方自行决定,他人不得干预。因此,本条仅将疾病婚的撤销权赋予符合本条构成要件的未患病一方。

(二)宣告机关

本条明确了人民法院判决宣告婚姻撤销的权利。可撤销的婚姻关系的消灭,必须有撤销行为,仅有可撤销的事由而无撤销行为,其婚姻关系的效力并不消灭。撤销权人行使撤销权的意思表示,必须是向人民法院作出,而非向相对人作出。这里需要说明的是,2001 年《婚姻法》第十一条明确规定因胁迫结婚的,受胁迫的一方可以向婚姻登记机关或人民法院请求撤销该婚姻。也即按当时的法律规定，当事人撤销婚姻也可通过申请婚姻登记机关通过行政程序撤销。具体操作流程参照适用2016年2月实施的民政部《婚姻登记工作规范》修正条例，按照“初审—受理—审查—报批—公告”的程序办理。① 从这些年实践情况看，现实生活中撤销婚姻的案由多种多样：被人冒用身份办理结婚登记，导致自己无法再登记结婚；不明身份的妻子离家出走20年，丈夫无法离婚、再婚；结婚登记时隐瞒精神病史被发现后请求婚姻无效等屡见不鲜。一般此类情况下，当事人会向婚姻登记机关请求撤销婚姻，婚姻登记机关也因此常常被诉至人民法院。将婚姻登记机关诉至人民法院，在很多案件中并不是原告的本意。其中许多是由于离婚遇到了困难，只能通过行政复议或者行政诉讼解决，实际上是“曲线救国”。

学界和实务界很多人认为，实际上要解决婚姻效力，靠民政机关难以解决。主要原因：第一，民政部门没有权力对婚姻是否具备可撤销事由的相关事项进行证据调查收集和实质审查，相比而言，法院有专业的能力对证据进行调查收集并进行实质审查；第二，民政部门对婚姻事务的处理是为婚姻提供服务而非加强监管，如继续保留民政部门的撤销婚姻功能，将与民政部门机构改革方向背道而驰，也会增加民政部门枉做被告的可能。基于上述原因，本法将通过登记机关行政程序撤销婚姻的途径删除，只保留了按照诉讼程序撤销婚姻的方式。当事人向人民法院提起撤销婚姻诉讼，人民法院按照简易程序或普通程序进行审理。

（三）除斥期间

所谓除斥期间，是指法定权利的存续期间，因该期间经过而发生权利消灭的法律效果。设立一年的撤销权除斥期间，是为促使权利人尽快行使权利，也为避免婚姻关系长期处于不稳定的状态。“请求撤销婚姻的，应当自知道或者应当知道撤销事由之日起一年内提出”，这一规定说明，具有撤销权的当事人在知道或者应当知道另一方结婚登记前患有重大疾病且未告知的一年内，若未向人民法院明确表明行使撤销权，该撤销权将因法定期间的经过而归于消灭。

## 关联案例

### 一、(2015)杭西民初字第00759号

本院认为，《婚姻法》第十条第（三）项规定，婚前患有医学上认为不应当结婚

① 《婚姻登记工作规范》第46～48条规定了依受胁迫结婚当事人之申请撤销婚姻的操作流程。

的疾病，婚后尚未治愈的，婚姻无效。因此，本案的关键是要界定被告婚前所患的梅毒是否属于医学上认为不应当结婚的疾病。根据《母婴保健法》第九条的规定，经婚前医学检查，对患指定传染病在传染期内或者有关精神病在发病期内的，医师应当提出医学意见；准备结婚的男女双方应当暂缓结婚。《母婴保健法实施办法》第十四条又规定，婚前医学检查证明应当列明是否发现下列疾病：（一）在传染期内的指定传染病[①]；（二）在发病期内的有关精神病；（三）不宜生育的严重遗传性疾病；（四）医学上认为不宜结婚的其他疾病。发现前款第（一）项、第（二）项、第（三）项疾病的，医师应当向当事人说明情况，提出预防、治疗以及采取相应医学措施的建议，当事人依据医生的医学意见，可以暂缓结婚。可见，上述法律规定均将梅毒列为"暂缓结婚疾病"而非"不宜结婚疾病"。同时，卫生部颁布的《异常情况的分类指导标准（试行）》亦将"性病、麻风病未治愈者"列为"暂缓结婚者"而非"不许结婚者"。故被告在婚检时发现患有梅毒，不属于法律规定的不应当结婚的情形，并不导致婚姻无效。而原告自愿选择未进行婚前健康检查即与被告结婚登记，也是其真实意思的表示，其无论是在婚姻意识能力方面还是结婚的真实意愿方面均为真实，符合婚姻成立的必备条件。故原告与被告结婚并未违反法律相关规定，婚姻合法有效。综上所述，依照2001年《婚姻法》第十条第（三）项、《婚姻法解释一》第九条第一款之规定，判决如下：驳回沈某的诉讼请求。

## 二、（2016）渝0101民初字第6331号

本院认为，被告牟某某婚前检查时被重庆市万州区疾病预防控制中心确诊HIV－1抗体阳性，根据2001年《婚姻法》第十条第三项"婚前患有医学上认为不应当结婚的"疾病，婚后尚未治愈的规定，被告牟某某所患疾病属医学上认为不应当结婚且无法治愈的疾病，因此，原、被告的婚姻属无效婚姻。依照2001年《婚姻法》第十条第三项，《婚姻法解释一》第七条、第九条第一款之规定，判决如下：原告成某某与被告牟某某的婚姻无效。

## 三、（2019）闽0581民初4689号

本院认为，本案系婚姻无效纠纷，婚姻无效以婚姻的违法性为条件。根据

---

① 即传染病防治法中规定的艾滋病、淋病、梅毒、麻风病以及医学上认为影响和生育的其他传染病。——编者注

2001 年《婚姻法》第七条第二项“有下列情形之一的，禁止结婚：……（二）患有医学上认为不应当结婚的疾病”，第十条第三项“有下列情形之一的，婚姻无效：……（三）婚前患有医学上认为不应当结婚的疾病，婚后尚未治愈的”和《婚姻法解释一》第七条第四项“有权依据婚姻法第十条规定向人民法院就已办理结婚登记的婚姻申请宣告婚姻无效的主体，包括婚姻当事人及利害关系人。利害关系人包括：……（四）以婚前患有医学上认为不应当结婚的疾病，婚后尚未治愈为由申请宣告婚姻无效的，为与患病者共同生活的近亲属”的规定，蔡某一作为蔡某二的同住成年近亲属，系利害关系人，有权提出婚姻效力审查申请。蔡某一提供的司法鉴定意见书、婚检原始资料，可以证明蔡某二因幼小时生病未能得到有效救治，智力发育停滞，生活需要由他人照料，患有中度精神发育迟滞，评定其为无民事行为能力；蔡某一提供的本院（2019）闽 0581 民特 3 号民事判决，可以证明本院认定蔡某二为无民事行为能力人。根据前述证据，结合蔡某一陈述和彭田村委会证明，根据智力发育停滞亦属于患有精神疾病和医学常识，本院认定蔡某二自幼小智力发育停滞，结婚前与结婚后其生活基本不能自理，需要他人照顾其生活，婚后未治愈，属于无民事行为能力人等事实。

综上所述，蔡某二属于“禁止结婚”情形，其与曾某的婚姻属于“婚前患有医学上认为不应当结婚的疾病，婚后尚未治愈的”情形。蔡某一的主张，提诉主体适格，依据充分，本院予以支持。据此，蔡某一的诉讼请求，本院予以支持。依照《婚姻法》第七条第二项、第十条第三项，《婚姻法解释一》第七条第四项，《婚姻法解释二》第二条、第六条第一款，《民事诉讼法》第一百四十四条，《民诉法解释》第九十条规定，判决如下：宣告蔡某二与蔡某君的婚姻无效。

### 四、（2018）辽 0203 民初 5312 号

本院认为，本案的争议焦点是原、被告的婚姻关系是否有效。2001 年《婚姻法》第十条规定：“有下列情形之一的，婚姻无效：（一）重婚的；（二）有禁止结婚的亲属关系的；（三）婚前患有医学上认为不应当结婚的疾病，婚后尚未治愈的；（四）未到法定婚龄的。”只有符合该条规定的四种情形，才能宣告婚姻无效。原告以被告婚前患有医学上认为不应当结婚的疾病婚后尚未治愈为由要求宣告婚姻无效。本案中，被告虽患有智力三级残疾，但根据《残疾人保障法》第二条的规定，残疾人包括神力残疾、听力残疾、言语残疾、肢体残疾、智力残疾、精神残疾、多重残疾和其他残疾的人。由此可见，智力残疾与精神残疾系完全独立且区分的残疾

状态。并且，2001 年《婚姻法》《母婴保健法》等相关法律、法规未明确规定禁止智力三级残疾人登记结婚。原告的诉请于法无据，本院不予支持。

综上所述，依照 2001 年《婚姻法》第十条第三项、《婚姻法解释一》第九条第一款之规定，判决如下：驳回原告黄某的诉讼请求。

**第一千零五十四条　无效的或者被撤销的婚姻自始没有法律约束力，当事人不具有夫妻的权利和义务。同居期间所得的财产，由当事人协议处理；协议不成的，由人民法院根据照顾无过错方的原则判决。对重婚导致的无效婚姻的财产处理，不得侵害合法婚姻当事人的财产权益。当事人所生的子女，适用本法关于父母子女的规定。**

**婚姻无效或者被撤销的，无过错方有权请求损害赔偿。**

## 条文主旨

本条是关于无效或可撤销婚姻的法律后果的规定。

## 条文精释

### 一、立法背景

有关无效与可撤销婚姻的规定，我国 2001 年《婚姻法》第十二条规定，“无效或被撤销的婚姻，自始无效。当事人不具有夫妻的权利和义务。同居期间所得的财产，由当事人协议处理；协议不成时，由人民法院根据照顾无过错方的原则判决。对重婚导致的婚姻无效的财产处理，不得侵害合法婚姻当事人的财产权益。当事人所生的子女，适用本法有关父母子女的规定”。2001 年《婚姻法解释一》以及 2004 年《婚姻法解释二》对于婚姻无效和可撤销的法律后果都有详细和具体的规定。《婚姻家庭编（一审稿）》第八百三十一条规定，“无效的或者被撤销的婚姻自始没有法律约束力，当事人不具有夫妻的权利和义务。同居期间所得的财产，由当事人协议处理；协议不成时，由人民法院根据照顾无过错方的原则判决。对重婚导致的婚姻无效的财产处理，不得侵害合法婚姻当事人的财产权益。当事人所生的子女，适用本法关于父母子女的规定。”《婚姻家庭编（二审稿）》第八百三十一条规定将“协议不成时”改为“协议不成的”，将“婚姻无效”改为“无效婚姻”。

《婚姻家庭编(三审稿)》第八百三十一条则在《婚姻家庭编(二审稿)》基础上增加一款"婚姻无效或者被撤销的,无过错方有权请求损害赔偿",赋予了无过错方请求损害赔偿的权利,有利于保护无过错方的权益。

## 二、争议观点

无效婚姻与可撤销婚姻的法律后果在不同的国家存在一些区别。有的国家在婚姻被宣告无效之后,不仅仅只对婚姻当事人有溯及力,也会对在无效婚姻期间出生的子女产生影响,子女为非婚生子女。对于可撤销婚姻的规定就不同,可撤销婚姻存续期间出生的子女为婚生子女,但仅限于出生了的子女,在撤销婚姻宣告后出生的子女为非婚生子女。[①] 有的国家则从保护子女的利益出发,认为婚姻无效与可撤销均不能影响期间所生子女的利益,子女都属于婚生子女。我国规定的无效婚姻与可撤销婚姻的结果不仅会溯及婚姻双方,还会溯及这类婚姻关系存续期间子女的身份。子女都属于非婚生子女,尽管并不会对子女的具体的权利产生影响,但名义上却与婚生子女存在区别。世界各国对于无效婚姻与可撤销婚姻产生的后果也都有各自的规定。如俄罗斯联邦《家庭法》第三十条第三、四、五款规定,"法院确认婚姻无效,不影响该婚姻所生子女的权利;法院确认婚姻无效时,有权确认善意的夫妻一方有权从另一方取得生活费,对于确认婚姻无效前的财产分割,可适用该法典第三十四、三十八、三十九条有关夫妻共同财产的范围及分割原则的规定,并确认婚姻合同全部或者部分有效。善意一方有权按照民事立法规定的规则请求赔偿给其造成的物质损害和精神损害。在确认婚姻无效时,善意一方有权保留在对婚姻进行国家登记时其所选择的姓氏"。这与我国对于该类婚姻的后果的规定类似。瑞士《民法典》第一百三十三条规定,"婚姻被宣告无效的,即使婚姻当事人双方均为恶意,丈夫仍被视为子女的父亲。子女与父母间的关系准用离婚的有关规定"。对于无效和可撤销婚姻的财产处理问题,学界存在一定的争议。有些学者认为,基于无效和可撤销婚姻的违法性,处理这种违法关系所产生的财产的原则应当按照民法中关于共有的规定处理,即各自的收入归各自所有,共同购入或收入按照按份共有处理,共同债务双方协议偿还,协议不成的由人民法院依法判决。另外,一些学者认为,虽然无效婚姻和可撤销婚姻是违法的婚姻关系,但是由于婚姻中可能一方挣得比另一方多得多,而另一方对家庭的

---

① 饶红琼:《无效婚姻与可撤销婚姻法律问题研究》,四川大学 2005 年硕士学位论文。

付出比一方多,用共同共有或者按份共有的原则会损害付出劳动而没有体现在财产形式上的一方的利益。本条在结合以上争议的情形下,广泛听取各方的意见作出了相对公平的规定。

## 三、条文解释

根据本条规定,无效婚姻和可撤销婚姻都会产生以下法律后果:

(一)自始没有法律约束力

根据本条的规定,无论是无效婚姻还是可撤销婚姻,在被宣告无效或者被撤销之后的法律后果是相同的,都是自始没有法律约束力。根据2001年《婚姻法解释一》第十三条规定,"婚姻法第十二条所规定的自始无效,是指无效或者可撤销婚姻在依法被宣告无效或被撤销时,才确定该婚姻自始不受法律保护。"自始没有法律约束力也就意味着无效或者可撤销婚姻被依法宣告无效或可撤销时,婚姻自始不受法律保护,且法律对男女双方作为配偶的身份自始否定。当婚姻无效或被撤销之后,当事人便不具有夫妻的权利和义务。不具有夫妻之间的权利义务关系既包括人身关系也包括财产关系。人身关系方面,男女双方的婚姻一旦宣告无效或被撤销那么就没有相互扶养的义务。任何一方都不能因为同居关系而要求对方扶养。

(二)财产的处理

同居所得的财产关系的处理,这是有关婚姻无效或被撤销之后男女双方财产关系的问题。本条增加了"婚姻无效或者被撤销的,无过错方有权请求损害赔偿。""无过错方"是指对婚姻无效或者可撤销的后果没有过错的一方当事人。根据本条无过错方有权请求有过错的一方对其进行损害赔偿。2001年《婚姻法解释一》第十五条的规定,"被宣告无效或被撤销的婚姻,当事人同居期间所得的财产,按共同共有处理。但有证据证明为当事人一方所有的除外。"本条对于同居之间所得的财产由当事人协议处理;协议不成的,由人民法院根据照顾无过错方的原则判决。双方在婚姻无效或可撤销被宣告之前共同经营所得或者共同购置财产,视为共同共有。参照《物权法》第九十三条的规定,"不动产或者动产可以由两个以上单位、个人共有。"结合2001年《婚姻法解释一》的有关规定规定,对于同居期间所得财产的处理,除非依约定或者依法规定属于一方的财产之外,当事人双方对于财产享有平等的所有权。对于财产的处理,首先按照双方的协议,如果协议不成功,便根据有利于无过错方的原则,由法院依法处理。如果双方均有过错,那么各自承担各自的过错责任;若一方损害另一方的,则损害方须承担对被损害方的损害赔偿责任。对重婚导致的无效婚姻的财产处理,2001年《婚姻法解释一》第十六条规定,"人民法院审理重婚导致的无效婚姻案件时,涉及财产处理的,应当准许合法婚姻当事人作为有独立请求权的第三人参加诉讼。""合法婚姻当事人"是指重婚者在实施了重婚这个违法行为之前,缔结的一段合法有效的婚姻关系。对重婚导致婚姻无效的处理,不得侵犯合法婚姻当事人的财产权利。婚姻在因为重婚导致无效之后,法律更加注重对于合法婚姻的当事人的保护。

(三)当事人所生子女的抚养

根据本条的规定,当事人所生的子女,适用本法有关父母子女的规定。因此,在无效婚姻或者可撤销婚姻还未被宣告或者已被宣告情况下,由于这样的婚姻关系而生出的子女,视为非婚生子女。非婚生子女与婚生子女在法律上的地位相同,任何人都不得歧视非婚生子女。按照本法的规定,非婚生子女与父母之间的权利义务关系不受父母双方关系的影响。当事人双方都有承担子女生活费与教育费的义务,子女由一方抚养的,另一方享有探望权。[①] 非婚生子女的权利义务与合法婚姻所生子女的权利义务相同,比如父母对子女有抚养教育的义务;子女对父母有赡养的义务。当一方不履行抚养或赡养的义务时,另一方都有要求其履行义务的权利。

与2001年《婚姻法》第十二条相比,本条还增加了一款"婚姻无效或者被撤销的,无过错方有权请求损害赔偿。"关于无过错方主张损害赔偿的问题,2001年《婚姻法》只在其第四十六条所规定了四种情形导致离婚的,无过错方有权请求损害赔偿:(一)重婚的;(二)有配偶者与他人同居的;(三)实施家庭暴力的;(四)虐待、遗弃家庭成员的。对此,理论实务普遍认为,该条适用范围过窄,只解决合法有效婚姻解除时,过错方的损害赔偿问题,对婚姻未能合法有效成立或具备可撤销情形时的过错方追责问题则存在遗漏,不能适应现实婚姻家庭纠纷解决的需要,不利于充分保护婚姻中无过错方的当事人合法权益,妨碍构建健康稳定婚姻家庭关系。几经研究,立法最终采纳上述观点,将婚姻无效和被撤销后,无过错方向过错方的损害赔偿纳入,为充分保护无过错方的合法权益编织了一道严密无缝的安全网,同时也威慑和约束了另一方在此问题上的违法意图。

---

① 夏吟兰主编:《民法学卷五婚姻家庭法》,中国政法大学出版社2004年版,第86页。

## 关联案例

### 一、(2018)粤01民终23570号

关于夫妻财产分割问题。具体而言是涉案703房和205房是否为冯某与王某的夫妻共同财产。本院生效的(2016)粤01民终13249号判决确认,冯某与王某从1983年缔结事实婚姻关系,双方的婚姻关系至××××年××月××日解除。1988年,冯某指使他人假冒王某的身份与其一同到户籍地乡司法所办理了离婚手续。××××年××月××日,冯某与张某在广州市白云区民政局登记结婚。《婚姻法》第十条规定:“有下列情形之一的,婚姻无效:(一)重婚的;……”《婚姻法》第十二条规定:“无效或被撤销的婚姻,自始无效。当事人不具有夫妻的权利和义务。同居期间所得的财产,由当事人协议处理;协议不成时,由人民法院根据照顾无过错方的原则判决。对重婚导致的婚姻无效的财产处理,不得侵害合法婚姻当事人的财产权益”;《婚姻法解释一》第十五条规定:“被宣告无效或被撤销的婚姻,当事人同居期间所得的财产,按共同共有处理。但有证据证明为当事人一方所有的除外”。因此,冯某与张某的婚姻为无效婚姻,两人不具有夫妻的权利和义务。虽然两人的夫妻身份不受到法律的保护,但两人的财产仍受法律保护,并应依法处理。在本院审结的(2016)粤01民终13249号离婚纠纷中,冯某、张某提交的2006年6月28日保单显示,王某身为该保单的业务员,在填写该保单时,将张某填写为投保人冯某(冯某曾用名)的配偶。从该证据即可说明自××××年××月××冯某与张某登记结婚起,王某实际上已不与冯某共同生活。涉案的703房和205房购置于冯某与张某同居生活期间。其中,703房是张某在两人登记仅三个多月时向单位购买的带有福利性质的房改房,并未使用冯某的工龄优惠,由张某个人向银行借款购买并自行偿还。根据《婚姻法解释一》第十五条规定,一审据此认定该房屋属张某个人财产归张某所有,该认定并无不当,本院予以认同。205房是冯某与张某登记后共同生活期间向他人购置,冯某主张205房由其承担首期款及银行贷款,该主张有生效的(2015)穗云法民四初字第1462号案民事判决印证,冯某亦确认张某承担了部分银行贷款,故根据《婚姻法》第十二条的规定,所支付的购房款按冯某与张某共同共有处理。本院认为,张某作为无效婚姻的无过错方,其应其占有60%,冯某占有40%,该处理并不损害王某的合法权益。如前述,涉案房屋703房和205房购买时,王某实际上已不与冯某共同生

活,王某主张其出资10万元支付205房首期款,因其所提交冯某一银行存折流水并未显示交易对象,且无法与支付房款在数额和时间上一一对应,不足以证明其主张,因此,王某主张涉案房屋703房和205房全部权属为其与冯某夫妻共同财产,本院不予采纳。《婚姻法》第三十九条第一款规定:“离婚时,夫妻的共同财产由双方协议处理;协议不成时,由人民法院根据财产的具体情况,照顾子女和女方权益的原则判决”。虽然,客观上冯某与王某不再共同生活,但两人的事实婚姻关系未经法定解除,直到本院生效的(2016)粤01民终13249号民事判决确定冯某与王某的合法婚姻关系于××××年××月××日解除。

该婚姻关系解除之前,冯某与王某的夫妻关系是受法律保护,冯某在此期间取得的财产属于其与王某的夫妻共同财产,即对于205房冯某取得的1023920元(2559800×40%)属于冯某与王某的夫妻共同财产。

由于冯某在与王某的合法婚姻存续期间重婚,存在重大过错,依据照顾妇女原则,王某应占有60%,冯某占有40%,即冯某应支付该房屋补偿款614352元(1023920×60%)给王某。鉴于冯某对一审判决其支付王某补偿款639950元没有异议,故本院予以维持。一审法院根据双方当事人的诉辩、提交的证据对本案事实进行了认定,并在此基础上依法作出一审判决并无明显不当。本院审理期间,王某既未有新的事实与理由,所提交的证据亦不足以佐证自己的主张,故本院对王某的上诉请求,不予支持。依照《婚姻法》第十条、第十二条、第三十九条以及《婚姻法解释一》第十五条、第三十条,《民事诉讼法》第一百七十条第一款第一项之规定,判决如下:驳回上诉,维持原判。

### 二、(2019)川08民终407号

本院认为,最高人民法院《关于民事诉讼证据的若干规定》(2001年)第七十四条规定,诉讼过程中,当事人在起诉状、答辩状、陈述及其委托代理人的代理词中承认的对己方不利的事实和认可的证据,人民法院应当予以确认,但当事人反悔并有相反证据足以推翻的除外。诚实信用原则是诉讼的基本原则,也是日常生活中为人做事的基本准则。根据现查明事实,魏某英在(2017)川0823民初2212号审理过程中认可诉争房屋主体结构是任某臣和其一起修建,但本案发回重审后,又主张该房屋是其个人独资修建。魏某英仅口头否认其在诉讼中认可的事实,并未提供足以推翻原认可事实的证据,本院难以采纳其辩解意见。魏某英对其与任某臣系同居关系并无异议,诉争房屋系双方在同居期间共同修建,根据最

高人民法院《关于人民法院审理未办结婚登记而以夫妻名义同居生活案件的若干意见》第十条之规定，同居期间双方共同所得的收入和购置的财产，按一般共有财产处理。因双方未明确约定同居期间所得财产归各自所有，故诉争房屋应当认定为魏某英与任某臣在同居期间的共有财产。一审适用《婚姻法》第十二条作为处理本案财产关系的法律依据，但该条款的适用前提是无效或被撤销的婚姻关系，与本案同居法律关系不一，适用法律确有不妥之处，本院予以纠正。对该财产的分割处分，双方通过协议的方式进行处理，并不违反法律规定。虽魏某英主张协议并非其真实意思表示，但综合该书面协议内容、协议见证人及派出所工作人员的证言，以及二审中当事人自己的陈述等证据，应当认定该协议系魏某英、任某臣自行协商并签署，并不存在无效或需撤销的情形。且协议签订后，魏某英已履行了部分义务。一审判决魏某英按照该协议约定支付未履行部分，具有事实和法律依据。魏某英上诉任某臣致伤其身体，但其在一审、二审中均仅提出该事实，并未提出具体诉讼请求，对此一审不予审理并无不当。

魏某英上诉称应当对任某臣占有其财产一并处理，但其未提供证据证实该部分财产价值，本院无法认定相应事实，应由其承担举证不能的法律后果。其可另行与任某久协商如何处理该部分财物。综上所述，上诉人魏某英的上诉理由不能成立，其上诉请求，本院不予支持。一审判决认定事实清楚，审判程序合法，判决结果并无不当，应予维持。依照《民事诉讼法》第一百七十条第一款第一项之规定，判决如下：驳回上诉，维持原判。

### 三、(2015)遵市法少民终字第13号

本院认为，上诉人霍某良与被上诉人龚某艳同居期间共同生育的儿子龚某一、龚某二，现均已年满十周岁，两名孩子一直随母亲龚某艳生活，且一审程序中亦表示愿意继续随母亲龚某艳同共生活，从有利于子女的健康成长角度考虑，以保持现有的生活状态为宜，龚某一、龚某二应继续随其母龚某艳生活。

霍某良作为不直接抚养孩子的一方，应当负担孩子抚养费。

龚某艳与霍某良发生矛盾后，自2012年1月起便带着龚某一、龚某二离开霍某良回重庆老家生活，因此，对2012年起至2014年的孩子抚养费，霍某良亦应当承担。结合两个孩子的实际需要及龚某艳、霍某良的负担能力和当地的生活水平，原判认定龚某一、龚某二每人每月生活费为600元，符合法律规定。

关于共同财产的分割问题

同居期间双方共同所得的收入和购置的财产，按一般共有财产处理，重庆市江津区蔡家镇的住宅系霍某良与龚某艳在同居期间购买，该住房产权虽登记在霍某良名下，但系霍某良、龚某艳之共有财产。经鉴定该住房鉴定价格为500693.89元，因自行扩建部分未办理合法建房审批及产权手续，对于扩建部分房屋的价值及分割问题，本案中不予评判。龚某艳无其他固定居所和稳定的收入来源，而霍某良另有多处住房，且从习水县审计局退休后仍担任习水县纳税人之家会长兼党支部书记。目前，霍某良的居住条件及经济状况明显优于龚某艳，考虑到龚某艳直接抚养两个儿子，为照顾妇女、儿童合法权益，原判认定重庆市江津区蔡家镇文新街的住房归龚某艳所有，由龚某艳补偿霍某良50069.39元并无不当。综上所述，原审认定事实清楚，适用法律正确，依法予以维持，上诉人霍某良所提相关上诉主张，缺乏事实与法律依据，应予驳回。据此，依照《民事诉讼法》第一百七十条第一款第一项的规定，判决如下：驳回上诉，维持原判。

# 第三章　家 庭 关 系

## 第一节　夫 妻 关 系

**第一千零五十五条　夫妻在婚姻家庭中地位平等。**

### 条文主旨

本条是关于婚姻家庭生活中夫妻地位的规定。

### 条文精释

#### 一、立法背景

关于夫妻在婚姻家庭关系中的地位的规定，早在1950年《婚姻法》第一条就规定实行一夫一妻、男女权利平等的婚姻制度。第七条规定，“夫妻为共同生活的伴侣，在家庭中地位平等。”后在1975年《宪法》第二十七条规定“妇女在各方面享有同男子平等的权利。婚姻、家庭、母亲和儿童受国家的保护。”第一次将男女平等、婚姻受国家保护上升到根本法的层面。在随后的1978年《宪法》第五十三条则进一步将平等原则细化为妇女在政治的、经济的、文化的、社会的和家庭的生活各方面享有同男子平等的权利。1980年《婚姻法》第九条规定，“夫妻在家庭中地位平等”。仅对表述作了一定的更改，并未改变男女平等的原则性规定。2001年《婚姻法》第十三条继续沿用了该条的规定，未作修改。在《婚姻家庭编（一审稿）》第八百三十二条中规定，“夫妻在婚姻家庭关系中地位平等”。将“家庭”修正为“婚姻家庭关系”，是立法对与法律用语的完善，此后历次修改，本条再无变动。

## 二、争议观点

关于夫妻在婚姻家庭关系中的地位问题随着时代的变化而进步。在不同的历史时期和社会体制之下,夫妻在家庭婚姻关系中的地位不同。在奴隶社会和封建社会,夫妻关系被称为“夫妻一体”,也就是指婚姻成立之后,夫妻在法律上合为一体,人格相互吸收。① 而奴隶和封建社会,是父权制。在这样的社会体制下,所谓的“夫妻一体”实际是对女子个人人格的剥削,夫妻关系中的妻子其实没有任何地位,其人格被丈夫所吸收。无论是人身和财产都无法拥有独立性,结婚之后的女性没有自己的姓名权,财产也属于丈夫所有。在东西方,女性都处在这样一个不平等的地位。《圣经》中写道,开辟之初,神造男女,是故人离父母而合于妻,凡此二人,应为一体。体现了“夫妻一体”的婚姻家庭形态。古代《罗马法》中有关“家夫权”“买卖婚”的规定,都反映了古代罗马女子对夫权的服从。我国古代也是男尊女卑的社会形态,如《白虎通·嫁娶》中写道,“妻者齐也,与夫齐体”。“在家从父、出嫁从夫、夫死从子”等“三从四德”的规定也体现了我国古代男女地位的不平等。随着社会进步,女性平权意识觉醒。女权运动推动了男女平等的社会制度。夫妻关系由“夫妻一体”变为“夫妻异体”,也就是指男女双方在结婚之后保持自己人格的独立,具有独立的行为能力,且相互之间具有权利义务关系。男女在婚姻家庭关系中的地位逐渐平等。社会结构在发生变化的过程中,家庭结构也随之变化,由于女性在社会结构中所占比重越来越大,争取平等的诉求也越发激烈。英国1923年《婚姻法》规定妇女在离婚方面与男子享有平等的权利,这是妇女在婚姻平权运动中的胜利。1965年法国《婚姻改革法》规定夫妻均享有完全的法律权利。1979年,联合国大会通过了《消除对妇女一切形式歧视公约》,要求各缔约国给予男女在法律上的平等地位。男女在婚姻家庭关系中的平等地位随着诸如此类的运动和立法,从形式平等走向了实质的平等。现代社会各国基本都实现了男女在婚姻家庭关系中的平等。

## 三、条文解释

### (一)夫妻

夫妻是指以共同生活为目标而结合的伴侣,且其结合方式必须符合法定的程

---

① 卓冬青、郭丽红、白云主编:《婚姻家庭法》,中山大学出版社2012年版,第93页。

序。夫妻是生活伴侣、性伴侣,夫妻之间的所有活动都是以共同生活为目的。

(二)夫妻关系

夫妻关系是指夫妻之间亲密、复杂的关系,包括人身关系与财产关系。人身关系是指人格、身份、地位等与财产内容没有直接联系的权利义务关系。财产关系则是夫妻之间在财产的所有与支配以及相互扶养等方面与财产内容有直接联系的权利义务关系。

(三)平等地位

本条规定的夫妻在婚姻家庭中地位平等,是男女平等原则在夫妻关系中的体现,是对夫妻法律地位的原则性的规定。也是我国《宪法》所规定的男女平等原则在夫妻婚姻家庭关系中的体现。夫妻在家庭关系中地位平等是指夫妻间在家庭关系中的权利义务的平等,也就是指夫妻在人身关系和财产关系方面权利义务都是完全平等的。夫妻双方必须在享有权利的时候,履行相应的义务,禁止任何一方仅行使权利而不履行相应的义务。夫妻的权利义务平等具体是指夫妻应当共同承担对家庭和社会的责任,共同履行抚养子女、赡养老人的义务。夫妻之间通过互相尊重、互相忠实,反对歧视与家庭暴力,禁止对家庭成员的虐待和遗弃来实现夫妻在婚姻家庭关系中的平等地位。

## 关联案例

### 一、(2015)淮中民终字第 00346 号

本院认为,子女抚育费的数额,应根据子女的实际需要、父母双方的负担能力和当地的实际生活水平确定。被上诉人莫某月工资收入仅 2000 余元,上诉人赵某税后工资收入 4000 元以上,原审依据实际情况判决被上诉人每月负担子女抚育费 600 元符合法律规定。若上诉人也按此比例负担,则赵某某的抚育费在 1400 元左右。双方的婚生女赵某某出生于 2009 年 10 月,现仅是 6 岁的儿童,每月 1400 元左右的抚育费足以保障其生活、教育需求,也与淮安市区的当地生活水平相适应。上诉人上诉主张被上诉人每月负担子女抚育费 1000 元无事实及法律依据。如今后孩子确实需要提高抚育费,可再另行主张。上诉人上诉主张被上诉人每月负担子女抚育费 1000 元无事实及法律依据。对上诉人该上诉请求不予支持。关于装潢费用,一审庭审中,双方均没有对每平方米 5000 元属裸房价值还是连装潢在内的房屋价值予以明确,且双方在原审法院调查房屋的装潢价值时,均

未主张装潢已包含在双方确认的房屋价值中。故上诉人上诉称每平方米5000元中含装潢费用无事实依据,其上诉主张不承担装潢费用折价款无法律依据。该上诉请求本院不予采信。《婚姻法》第十三条规定,夫妻在家庭中的地位平等。第十七条第二款规定,夫妻对共同所有的财产,有平等的处理权。上诉人赵某擅自提取被上诉人名下的存款64084.98元,该存款属于夫妻共同财产。但上诉人未经被上诉人同意,擅自大额趸交120000元保险费用,虽然该保险合同的受益人是赵某某,但该保险合同属于投资理财型合同,可以每年领取红利分配或累积生息领取红利。而每年领取红利或累积生息只能由上诉人领取并控制使用,被上诉人无法行使权利。且被上诉人并不同意投保该型种的保险合同,上诉人擅自投保的行为损害了被上诉人的权益。一审判决上诉人补偿被上诉人60000元正确。上诉人该上诉理由不能成立,本院不予支持。综上所述,原审判决认定事实清楚,适用法律正确。上诉人上诉理由不能成立,本院不予支持。经调解未果,依照《民事诉讼法》第一百七十条第一款第一项之规定,判决如下:驳回上诉,维持原判。

### 二、(2008)昆民四终字第404号

本院认为,原审法院认定袁某与吴某之间存在借款关系的事实清楚,适用法律正确;认定本案债务为吴某个人债务的事实有误,适用法律错误,应依法改判。上诉人吴某与被上诉人周某禄争议的该笔借款是否用于婚后夫妻共同生活并非本案涉理的纠纷。《婚姻法解释二》第二十四条规定:"债权人就婚姻关系存续期间夫妻一方以个人名义所负债务主张权利的,应当按夫妻共同债务处理。但夫妻一方能够证明债权人与债务人明确约定为个人债务,或者能够证明属于婚姻法第十九条第三款规定情形的除外。"原审法院适用《婚姻法》第四十一条判决该笔借款不是夫妻共同生活所需属适用法律不当。上诉人吴某与被上诉人周某禄之间的争议可以另行解决。《婚姻法》第十三条、第十七条第二款规定,夫妻在家庭中地位平等,夫妻对共同所有的财产,有平等的处理权利。吴某以办理车库及房产证资金不够为由向朋友袁某借款,袁某有理由相信是为其夫妻共同生活需要。袁某诉请吴某、周某禄夫妇共同偿还债务,于法有据,应予支持。最高人民法院《婚姻法解释一》第十七条规定,夫或妻非因日常生活需要对夫妻共同财产做重要处理决定,夫妻双方应当平等协商,取得一致意见。他人有理由相信其为夫妻双方共同意思表示的,另一方不得以不同意或者不知道为由对抗善意第三人。周某禄以不知道吴某向袁某借款为由抗辩,本院不予支持。《婚姻法》第十九条规定,夫

妻对婚姻关系存续期间所得的财产约定归各自所有的，夫或妻一方对外所负的债务，第三人知道该约定的，以夫或妻一方所有的财产清偿。周某禄仅举证证明购房款已支付，借款用途不明，仍不能免除其与其妻共同承担债务的义务。周某禄在一审中对欠丁某仙60000元欠条曾辩称与本案无关，二审中又要求丁某仙出庭为其作证，以否定该欠条的真实性。周某禄在一审、二审的辩解相互矛盾，且不能作出合理解释，因此该证人证言本院不予采信。本院依照《民事诉讼法》第一百五十三条第一款第二项、《民法通则》第八十四条、第一百零六条第一款、第一百三十四条第一款第四项、《婚姻法》第十三条、第十七条第二款、最高人民法院《婚姻法解释一》第十七条、最高人民法院《婚姻法解释二》第二十四条之规定，判决如下：一、撤销昆明市盘龙区人民法院(2008)盘法民一初字第1200号民事判决；二、由吴某、周某禄于本判决生效之日起十日内共同归还袁某人民币60000元。

**第一千零五十六条　夫妻双方都有各自使用自己姓名的权利。**

## 条文主旨

本条是对夫妻姓名权的规定。

## 条文精释

### 一、立法背景

关于夫妻姓名权的规定，立法中早已有相关的规定。1950年《婚姻法》第十一条规定，“夫妻有各用自己姓名的权利”。我国《民法通则》第九十九条规定，“公民享有姓名权，有权决定、使用和依照规定改变自己的姓名，禁止他人干涉、盗用、假冒。”1980年《婚姻法》第十条沿用1950年的规定，“夫妻双方都有各用自己姓名的权利”，只是换了一个表述方式，并在第十六条进一步规定“子女可以随父姓，也可以随母姓”。2001年《婚姻法》第十四条、第二十二条分别重复了上述条文内容，进一步将夫妻姓名平等落实到子女的姓名上。《婚姻家庭编（一审稿）》第八百三十三条沿用了2001年《婚姻法》第十四条“夫妻双方都有各用自己姓名的权利”的规定。《婚姻家庭编（二审稿）》第八百三十三条修改为“夫妻双方都有各自使用自己姓名的权利”。《婚姻家庭编（三审稿）》予以保留。这充分体现我国法律保障夫妻各自使用自己姓名的权利,进一步维护夫妻在家庭关系中的平等地位。

## 二、争议观点

有关姓名权利的规定,在各国以及各个历史时期都有其不同表现特征。在古代也即封建时期,东西方国家一般均要求妻从夫姓。也就是说,女子嫁人之后便会在自己的姓氏前冠以夫姓,这是父权社会下女子对男子的人身依附关系的体现。我国封建社会便是这样的规定,到了中华民国时期,1930 年《民法 · 亲属编》第一千条规定,妻以其本姓冠以夫姓,赘夫以其本姓冠以妻姓,但当事人另有订者不在此限。民国时期的法律对于男女冠姓权的规定较封建社会相比,已经有了明显的进步,但是仍然不是平等的规定,除了有知识的社会上层人士会约定姓氏,广大人民群众结婚时,女子依旧是从夫姓。到现代社会,男女平等的基本原则成为民主和法治的基础,我国法律有关姓名权的规定也遵循了男女平等的基本原则,夫妻双方都有权使用自己的姓名。国外的姓名权的发展同样经历了类似的过程,从古代到中世纪以及资本主义初期,有关已婚妇女的姓名权的规定都是歧视性的。到现代,国外立法多数规定妻可从夫姓或者夫从妻姓,或者自由选择其他的方式。比如,日本《民法典》第七百五十条规定,夫妻可以依结婚时所定,称妻或夫的姓氏。德国《民法典》第一千三百五十五条规定,婚姻双方应当确定一个家庭姓氏(婚姻姓氏)。婚姻双方使用由他们确定的共同姓氏。如果婚姻双方未确定婚姻姓氏,则他们在结婚之后仍然使用其直至结婚之时所使用的姓氏。2013 年新修改的瑞士《民法典》第一百六十条规定,“夫妻可以各自保留自己的姓氏。”同时规定,“未婚夫妻可以向户籍登记员申请使用共同的家庭姓氏,任何一方单身时的姓氏作为他们的共同姓氏。如未婚夫妻双方决定保留自己的姓氏,他们有义务选择其中一个姓氏作为他们共同的姓氏。”从国外的立法来看,夫妻婚后的姓氏如何选择,大多遵从约定,自由选择,但必须选择一方的姓氏作为共同的姓氏。这一点与我国也是有区别的。按照我国的法律,夫妻婚后保留各自的姓氏,并不需要选择一个共同的姓氏作为婚后的家庭姓氏。

## 三、条文解释

根据本条文的规定,夫妻在婚后可自由使用自己的姓名。

### (一)姓名与姓名权

根据《民法典》第一百一十条的规定,“自然人享有生命权、身体权、健康权、姓名权、肖像权、名誉权、荣誉权、隐私权、婚姻自主权等权利。”与此同时,《民法典》第九百九十条规定,人格权是民事主体享有的生命权、身体权、健康权、姓名权、名称权、肖像权、名誉权、荣誉权、隐私权等权利。也即,姓名权属于人格权范畴。姓名权是人格权的一种,也是重要的身份权。姓名就是指,姓与名的结合,是每个公民的特定化的标志。姓是代表家族的标志,名是代表个人的标志。姓和名的组合是用来代表个人的特定符号,我国的传统是将姓置于名之前,体现了对祖先的尊重。而西方人将名置于姓之前,更加突出了个人本位的思想。姓名权与姓名的意义却不相同,姓名权是一项权利,其有无代表了人格权的有无,在法律上能否得到平等的对待。

(二)姓名权的内容

姓名权属于《人格权编》第三章的规定,其中第一千零一十二条还规定,自然人享有姓名权,有权依法决定、使用、变更或者许可他人使用自己的姓名,但是不得违背公序良俗。因此,自然人依法可以享有姓名的决定权,有权自己决定名的内容,可以自己决定随父姓还是随母姓。为了保护自然人的姓名权,《民法典》第一千零一十四条规定,任何组织或者个人不得以干涉、盗用、假冒等方式侵害他人的姓名权或者名称权。但要注意的是,这并不意味着自然人可以随意为自己取姓名,而应严格依法进行且不得违反社会公共利益。社会生活中,有些居民在给孩子起名字的时候,为了避免重名的情况出现,经常会有一些标新立异的做法。有的给孩子起名时,整个姓名就叫一个字‘王’,有的还在姓名中使用英文字母或者符号,例如王 A、高@这样的名字。为此,2014 年 11 月 1 日,十二届全国人大常委会十一次会议表决通过了《关于〈民法通则〉第九十九条第一款、〈婚姻法〉第二十二条的解释》。解释明确,公民原则上应当随父姓或者母姓。为此,《民法典》第一千零一十五条规定,自然人应当随父姓或者母姓,但是有下列情形之一的,可以在父姓和母姓之外选取姓氏:(一)选取其他直系长辈血亲的姓氏;(二)因由法定扶养人以外的人扶养而选取扶养人姓氏;(三)有不违背公序良俗的其他正当理由。少数民族自然人的姓氏可以遵从本民族的文化传统和风俗习惯。因此,考虑到社会实际情况,公民有正当理由的也可以选取其他姓氏,包括选取其他直系长辈血亲的姓氏;因由法定扶养人以外的人扶养而选取扶养人姓氏;有不违反公序良俗的其他正当理由等三种情形。故在已有姓氏基础上起名为“王者荣耀”和“黄蒲军校”,可以被允许,但自创“北雁”起名为“北雁云依”,则不被认可。

## 关联案例

一审法院经审理查明：原告杨某与被告侯某于××××年××月××日登记结婚。婚后生育两个孩子，女儿侯杨某萍(2005年10月22日出生)，男孩侯某鸿(杨某凯2010年10月8日出生)。2010年年底原告常在外打工，但挣钱少，导致原、被告互不谅解，经常吵闹，原告于2012年12月24日向法院提起诉讼，要求与被告离婚。一审法院审理认为：原、被结婚十余年来，理应互相遵重，互敬互爱，但为一些家庭琐事经常争吵，互不谅解，导致夫妻感情破裂，双方表示同意离婚，该院予以准许，但小孩抚养问题，应从有利于小孩的健康成长来考虑，小孩侯某鸿年岁太小，跟随被告侯某生活较为有利。被告提出的2600元共同债务问题，被告没有提供证据证实，该院不予认定。为保护婚姻当事人的合法权益，保护妇女儿童的合法利益。综上所述，依照《婚姻法》第三十一条、第三十二条、第三十七条、第三十八条的规定，判决：一、准许原告杨某与被告侯某离婚；二、侯某鸿由被告侯某抚养并随其生活，侯杨某萍由原告杨某抚养并随其生活，小孩抚养生活费由各自抚养人负担，原、被告对小孩有探视权，待小孩长大成年后随父随母由其自己选择；三、驳回原告的其他诉讼请求。

上诉人杨某不服一审判决，上诉称：一、一审判决认定事实错误，未按过错责任大小判决，显失公正。1. 上诉人与被上诉人结婚近十年，夫妻恩爱，先后育有两个孩子。自从上诉人到女方家(被上诉人)落户后，勤俭持家，平日自己劳动所得全部交由被上诉人掌管，行为端正。对被上诉人相敬如宾，不计较生活小节，就连当初结婚时民政部门发给上诉人个人收管的《结婚证》也被被上诉人长期控制收起。本案起诉前，上诉人多次问被上诉人取回结婚证件，被上诉人不给(直到本案起诉庭审时被上诉人才当庭拿出证件来交给法庭验证)。2. 被上诉人脾气暴躁，经常数落上诉人没有本事，不能赚大钱养家，上诉人时常忍受其辱骂。2010年上诉人身体患病，被上诉人及其家人就开始排斥上诉人。上诉人只好在当年年底带病到河池南丹打工，2011年春节回到被上诉人家过年，因打工挣钱少，被上诉人及其父亲对上诉人十分不满，几次逼上诉人出其家门，上诉人只好又回到南丹找工作。2011年公历2月、8月7日，儿子杨某凯先后两次患病住院治疗，上诉人都急着回去给孩子办理住院各种缴费手续，待孩子稍有好转后又回南丹做工。2012年10月6日，上诉人回家看两个孩子，被上诉人却以上诉人打工得钱少为由，不让上诉人看望孩子，不给进家门。3. 被上诉人及其家人品质恶劣，轻则叫骂，重则打人，本案在最初法院调解时，被上诉人扬言：如果上诉人想要这个儿子（杨某凯），就得付钱给被上诉人30万元，以致调解无法进行；在3月7日庭审，旁听的被上诉人亲戚数人起哄法庭，百般辱骂上诉人。一审法院不考虑上诉人要求（上诉人只要杨某凯，其他都全部放弃），不考虑上诉人看望儿子可能会遇到的种种阻碍等问题，不考虑长女侯杨某萍其户籍已经跟随其母（杨某凯还没有上户籍）就把杨某凯判给被上诉人，这是不客观公正的。所以上诉人要求二审法院判决儿子杨某凯跟随上诉人的户籍，随上诉人生活，上诉人随时欢迎被上诉人探望儿子，绝不为难和剥夺被上诉人探望儿子的权利。

二、原判对被上诉人随意改变儿子杨某凯姓氏和出生日期的过错行为不予追究。上诉人与被上诉人婚后，双方及其家人商定，生育头胎无论是男女，务取被上诉人的侯氏姓名，第二胎取上诉人的杨氏姓名。2005年10月长女出生，遂取名“侯杨某萍”，随了被上诉人的户籍登记在册。2010年10月8号儿子出生取名“杨某凯”（详见儿子出生证），随了上诉人姓氏，未登记户籍。被上诉人没有征求获得上诉人同意，就擅自修改儿子杨某凯的姓名为“侯某鸿”，将杨某凯2010年10月8日出生时间改为11月25日（详见一人两本出生证为据）。我国《婚姻法》第十三条、第十四条规定：“夫妻在家庭中地位平等”，“夫妻双方都有各用自己姓名的权利”。虽然第二十二条有规定：“子女可以随父姓，也可以随母姓”规定。那是等孩子成年以后自己选择，在未成年尚属于父母监护期间，姓氏的决定是由父母来商定的。一审不追究被上诉人的过错行为，以致造成本案判决不公的结果。

三、原判没有依照《关于人民法院审理离婚案件处理子女抚养问题的若干具体意见》规定考虑上诉人与被上诉人年龄上的差异，男方年纪偏大，再次生育的概率较小，而女方却处于较好的生育期。在同等条件下也没有根据无过错的优先选择，直接把儿子杨某凯判归被上诉人抚养，依理依法不合。

四、上诉人与被上诉人结婚十年，在这期间上诉人外出劳动收入共20余万元，除给岳父还建房借款，家庭生活开支等，还购买一台彩电、一台洗衣机、一辆排气量为125的飞肯牌男式摩托车。这些投资一审时上诉人考虑钱财乃身外之物，没有考虑财产分割份额，只提出要儿子杨某凯抚养权。但是，作为无过错的上诉人因原判判决一无所得。所以上诉人要求二审重新判决上诉人与被上诉人夫妻关系存续期间各应获得的财产份额。

综上所述，请求判决上诉人儿子杨某凯为上诉人抚养，判决上诉人与被上诉人夫妻关系存续期间共同财产归上诉人个人应得的份额，撤销一审判决第二、三项。

被上诉人侯某答辩称：一审判决认定事实清楚，程序合法，实体处理得当，应依法予以维持。被上诉人不存在任何过错，上诉人用大量篇幅数说被上诉人存在过错，都没有任何事实和依据，属无理编造歪理。两个小孩一直是跟随被上诉人居住生活。且被上诉人的经济条件、居住条件、教育条件和交通条件都比上诉人好，对小孩的健康成长极为有利，一审判决小孩随被上诉人生活不存在不当之处。综上所述，请求二审法院驳回上诉人的上诉，维持一审判决。

综合诉辩双方的意见，当事人主要争议焦点：婚生子杨某凯跟随谁生活更有利小孩成长。本院经审理查明：上诉人杨某与被上诉人侯某婚后共生育两个孩子，女儿侯杨某萍，于2005年10月22日出生，并以该名进行常住人口登记。男孩杨某凯，于2010年10月8日出生，未进行常住人口登记。被上诉人侯某系农民，主要在家从事水稻和水果种植工作。上诉人杨某主要是跟随其父亲从事野外打钻工作。一审查明的事实属实，本院予以确认。本院认为：上诉人杨某与被上诉人侯某婚生小孩杨某凯，其姓名杨某凯系其出生时医学证明的法定名，亦是今后进行常住人口登记的法定依据，因杨某凯还未进行常住人口登记，现被上诉人将其称为侯某鸿，该姓名只能属该小孩的别名，该别名只有经常住人口登记后，才能成为该人的法定姓名。因此，一审判决将上诉人杨某与被上诉人侯某婚生子杨某凯，认定为侯某鸿属认定事实错误，本院予以纠正。上诉人杨某上诉提出被上诉人侯某是本离婚纠纷案中的过错方，但未向本院提供相应的证据证明其主张成立。根据《民事诉讼法》第六十四条“当事人对自己提出的主张应当及时提供证据”的规定，该规定既为“谁主张，谁举证”的原则。因上诉人杨某对该项主张无相应的证据支持，其应承担举证不能的不利法律后果。关于上诉人杨某与被上诉人侯某婚生子杨某凯跟随谁生活更有利小孩成长的问题，在前述查明的事实部分已表明，被上诉人侯某的居住环境、交通、经济和教育条件均优于上诉人杨某。杨某凯亦未满三周岁，其与年满七周岁的姐姐侯杨某萍相比，需要更好的环境成长。相比较上诉人杨某与被上诉人侯某的生活环境、经济和教育条件，被上诉人侯某所处地方更有利于杨某凯的健康成长。因此，一审判决杨某凯跟随被上诉人侯某生活，侯杨某萍跟随上诉人杨某生活并无不当之处。上诉人杨某要求婚生子杨某凯跟随其生活，婚生女跟随上诉人侯某生活的上诉理由不能成立，本院不予支持。综上所述，依照《民事诉讼法》第一百七十条第一款第一项、第二项、第一百七十五条的规定，判决如下：(1)维持广西壮族自治区兴安县人民法院(2013)兴民初字第

44 号民事判决第一项、第三项;(2)变更广西壮族自治区兴安县人民法院(2013)兴民初字第 44 号民事判决第二项为:婚生子杨某凯由被上诉人侯某抚养并随其生活,婚生女侯杨某萍由上诉人杨某抚养并随其生活,小孩抚养生活费由各自抚养人负担;上诉人与被上诉人对婚生子女侯杨某萍、杨某凯均有探视权;待侯杨某萍、杨某凯年满十周岁后,随父或者随母生活由其自己选择决定。

**第一千零五十七条　夫妻双方都有参加生产、工作、学习和社会活动的自由,一方不得对另一方加以限制或者干涉。**

## 条文主旨

本条是对夫妻双方享有参加各类活动人身自由的规定。

## 条文精释

### 一、立法背景

对于夫妻人身自由权利的规定,我国法律中早有相关的立法。1950 年《婚姻法》第九条规定“夫妻双方均有选择职业、参加工作和参加社会活动的自由。”1954 年《宪法》第九十六条规定,中华人民共和国妇女在政治的、经济的、文化的、社会的和家庭的生活各方面享有同男子平等的权利。该条第一次从根本法层面明确,妇女同男子一样享有参加各类活动的人身自由。这是从男女平等原则的角度保障妇女的权益,夫妻在家庭地位中享有人身自由权利的宗旨是与《宪法》这一条规定相一致的。1980 年《婚姻法》第十一条规定“夫妻双方都有参加生产、工作、学习和社会活动的自由,一方不得对他方加以限制或干涉。”对 1950 年的《婚姻法》有关规定进行了修正与完善,2001 年《婚姻法》第十五条沿用了该规定,并未进行更改。《婚姻家庭编(一审稿)》第八百三十四条规定,“夫妻双方都有参加生产、工作、学习和社会活动的自由,一方不得对他方加以限制或者干涉”。《婚姻家庭编(二审稿)》第八百三十四条仅仅将“一方不得对他方”的表示更换为“一方不得对另一方”,夫妻关系本就是二者之间的关系,用“另一方”比“他方”更加合适,体现法律用语的严谨性。故《婚姻家庭编(三审稿)》第八百三十四条予以保留。

## 二、争议观点

关于夫妻人身自由权利的立法,也是近现代民主自由的产物。夫妻人身自由权利的规定更多的是对妻子自由权利的保护。在我国封建社会,女子在父权社会的压制之下根本无独立的人格权和财产权。女子在结婚之后更加是没有参加社会活动的权利。“男尊女卑”的思想以及“男主外,女主内”的传统,使广大女子深受荼毒。《礼记·内侧》中记载,“男不言内,女不言外”便是证据。同样的情形不仅出现在我国的封建社会,古印度的社会也是将女子视为男子的附属品,其《摩奴法典》中规定,“妇女幼时处在父亲的监护下,青春期处在丈夫的监护下,老年时处在儿子的保护下”。这与我国古代“三从四德”的道德规范有异曲同工的效果。这样的社会体制之下,妇女的地位更加无法得到提高,在家庭生活中没有地位,无法参与社会活动,更加无法获得社会上的地位,这也是封建时期妇女一直无法取得与男子同等地位的原因之一。近现代,女权意识的觉醒以及社会结构的更替,妇女逐渐取得了话语权,赢得了社会地位,争取男女平等的成功也体现在法律保护男女平等的地位之中。西方资本主义社会早期也没有放开对已婚妇女自由的限制。相当多国家已经规定妻子不享有独立选择工作和职业的自由权利。[①] 法国《民法典》曾规定妻子经营须经得丈夫的同意。在第二次世界大战之后,女性的地位发生明显的变化,社会的需要以及女性意识的觉醒,使法律开始规定妻子享有人身自由的权利。1965 年法国《民法典》修改之后,第二百二十三条修改为“妻得不经夫的同意具有从事某种职业的权利”。德国《民法典》第一千三百五十六条第二项规定,“配偶双方都有从事职业的权利。配偶在选择和从事职业时,必须对另一方和家庭的利益做必要的照顾”。[②] 现代社会各国都基本实现了男女平等,在社会和家庭的各个方面都对妇女的权利着重保护。我国的《妇女权益保障法》也是为了充分保障妇女的人身权利而制定的。

## 三、条文解释

根据本条规定,夫妻双方在婚后参加生产、工作、学习和社会活动不受对方的干涉和限制。夫妻双方都有参加生产、工作、学习和社会活动的自由,虽然适用对

① 卓冬青主编:《婚姻家庭继承法》,武汉大学出版社 2012 年版,第 97 页。
② 巫昌祯主编:《婚姻与家庭继承法学》(第 6 版),中国政法大学出版社 2017 年版,第 198 页。

象是夫妻两个人,任何一方都有参加生产、工作、学习和社会活动的权利,另一方不得限制或者干涉。但本条主要是对妻子自由权利的保护。基于我国古代曾有“男尊女卑”的社会体制,我们的思想文化中难免会有此类糟粕文化的残余。故保障妻子与丈夫能在婚后享有平等的自由和地位,是该条设立的根本目的。

(一)参加生产、工作的自由

生产、工作是指所有的社会工作。夫妻都有参加生产和工作的自由。妻子在生产与工作上与丈夫享有同等的权利是保障妻子在婚姻关系中与丈夫同等地位的前提和基础。妻子社会地位的提高会使其在家庭中的地位也同样能得到提高,从而更好地实现我国《婚姻法》所追求的男女平等原则。

(二)参与学习的自由

参与学习的自由也是夫妻双方均享有的自由。学习的范围很广泛,主要是为了提升夫妻的文化素质、职业技能,妻子通过学习提高文化素质和职业技能,可以使妻子能够在生育结束之后,有自信重返职场,从而摆脱传统家庭妇女固有的依附性特征。

(三)参加社会活动的自由

社会活动包括但不限于参政、议政活动,事实上,也包括科技、文学、艺术等活动。夫妻都有参加社会活动的自由,但立法主要是侧重于保护妻子的权利。在封建社会女子是没有参与社会活动的自由的,只有男子才能享有这样的权利,导致女性在社会活动中基本没有话语权。本法条规定夫妻均有参与社会活动的自由是保证了女性和男性一样,都享有同等的参与社会活动的权利,保证了女性在社会中的话语权,也是法律推进男女平等的表现。夫妻双方都有参加生产、工作、学习和社会活动的自由,在享受这些权利的同时,也要履行照顾家庭的义务。权利与义务是相统一的,夫妻在行使人身自由权利的同时,必须履行其对子女、老人和家庭的责任。双方在参与社会生活的同时,必须做到合理地安排家庭活动,尽到教育子女、赡养老人的义务。只有将家庭生活与社会生活合理安排、完美结合起来,才是我国法律所倡导的现代健康文明的婚姻家庭关系。

## 关联案例

### 一、(2016)黔01民终3197号

一审法院认定事实,原告陈某与被告郑某于2015年3月经人介绍认识,××

××年××月××日在清镇市民政局办理结婚登记手续，结婚证字号为：J520181－2015－00626，双方均系再婚，婚后未生育子女。2015年5月16日，原被告二人以甲乙双方的名义签订了一份协议，协议具体内容为：甲乙双方系夫妻关系，于××××年××月××日在清镇市民政局登记结婚，婚后无生育子女。由于双方均系再婚，为促进甲乙双方夫妻关系，构建家庭和谐。双方平等、友好的基础上，自愿达成家庭婚姻协议如下：一、甲乙双方在婚姻关系存续期间，要做到互敬互爱，相互理解、包容，共同构建一个和谐、有爱的家庭；二、甲方为保障乙方今后老有所依，生活有保障，特以婚前个人存款人民币50000元给乙方购买养老保险；三、乙方不得在与甲方的婚姻关系存续期间有出轨、无故不归家、无故向甲方提出离婚等行为；四、乙方若违反上述第三条约定，则向甲方返还购买养老保险的资金人民币50000元，并支付违约金人民币50000元给甲方；五、此协议一式两份，双方各执一份，经签字之日起生效。协议签订后，原告共计给付被告人民币60000元，后因双方在生活期间，因家庭琐事发生矛盾，原告陈某于2015年5月向法院提起诉讼，要求与被告离婚，后于2015年6月18日申请撤诉。一审法院认为，原告陈某与被告郑某在认识后较短的时间内就登记结婚，夫妻感情基础薄弱，婚后亦未建立起良好的夫妻感情，且二人均系再婚，因双方各自的家庭琐事发生矛盾后，原告两次起诉至法院，要求与被告离婚；被告郑某在调解中对离婚也无异议，故法院认定原被告双方夫妻感情确已破裂，依法准予双方离婚。原告按双方签订协议的约定及婚后共计给付被告60000元，因原告在诉讼中未提交相关证据证实被告存在协议第三条中“出轨、无故不归家、无故向甲方提出离婚等行为”的情形，故对原告要求被告返还给付60000元的诉请，法院认为于法无据，不予支持。对于被告在庭审中提出的“原告起诉离婚并不是被告违约，被告也没有过错，所以不同意返还原告给付的60000元钱”的辩论意见，法院认为合乎情理，予以采信。

据此，依照《婚姻法》第三十二条“男女一方要求离婚的，可由有关部门进行调解或直接向人民法院提出离婚诉讼。人民法院审理离婚案件，应当进行调解；如感情确已破裂，调解无效，应准予离婚。”、《民事诉讼法》第六十四条“当事人对自己提出的主张，有责任提供证据。”及《民诉法解释》第九十条“当事人对自己提出的诉讼请求所依据的事实或者反驳对方诉讼请求所依据的事实，应当提供证据加以证明，但法律另有规定的除外。在作出判决前，当事人未能提供证据或者证据不足以证明其事实主张的，由负有举证证明责任的当事人承担不利的后果。”之规定，判决：一、准予原告陈某与被告郑某离婚；二、驳回原告陈某其他诉讼请求。

本院认为,双方当事人对解除婚姻关系均无异议,原判决认定双方感情破裂准予双方解除婚姻关系,本院依法予以维持。上诉人主张被上诉人违背婚内协议,应返还其给予的60000元。本院认为,根据《婚姻法》第二条“禁止包办、买卖婚姻和其他干涉婚姻自由的行为。”、第十五条“夫妻双方都有参加生产、工作、学习和社会活动的自由,一方不得对他方加以限制或干涉。”的规定,双方当事人在婚姻关系存续期间签订的协议第三条的约定违背《婚姻法》结婚自由与离婚自由的禁止性规定,有碍一方正常社会生活,故该条约无效,上诉人已将该笔款交给被上诉人,赠与行为已经实际履行,上诉人不得撤销该赠与,故上诉人主张被上诉人返还该笔款项的理由不成立,本院不予支持。综上所述,上诉人陈某的上诉请求不能成立,依法应予驳回。据此,依照《民事诉讼法》第一百七十条第一款第一项“原判决、原裁定认定事实清楚,适用法律正确的,以判决、裁定方式驳回上诉,维持原判决、裁定”之规定,判决如下:驳回上诉,维持原判。

## 二、(2018)京01民终6623号

一审法院认为,夫妻在家庭中地位平等,夫妻对共同所有的财产,有平等的处理权。另外,法律规定,夫妻双方都有参加生产、工作、学习和社会活动的自由,一方不得对他方加以限制或干涉。本案的焦点在于如何理解夫妻之间平等和自由的家庭伦理价值,对此本院考虑以下因素:

1. 夫妻之间的平等和自由是法律倡导的家庭伦理观念,是维系和谐夫妻关系及正常处理家庭事务的原则,是抽象的、静态的;但在具体生活实践中,夫妻之间在处理烦琐的家庭事务中难免出现分歧,在此情况下,夫妻之间首先应当在伦理道德范围内对各自的自由进行平衡,彼此以对自身自由的克制实现家庭关系的稳定、和谐,故自由和平等的实现是具象的、动态的。

2. 夫妻之间平等和自由的实现固然需要彼此的容忍,但在具体的生活实践中,该容忍义务具有一定的伦理道德上的限度,即在该限度内夫妻之间通过伦理道德进行调整,法律不予干预,突破了一定的限度即达到需要法律调整的程度,为此法律对于夫妻之间矛盾的不可调和设定了离婚制度,其意义仍在于实现个体的平等与自由。

3. 本案中,限于现有证据,当事人之间的租赁协议具体如何约定不得而知,但即便如赵某所言,赵某与陈某签订租赁协议,期满后蒋某与陈某延长了租赁期限,续签的租金标准及租赁期限未体现二人具有恶意串通的意思,可以认定蒋某将房

屋出租亦出于家庭共同利益考虑,然赵某因自认为难以与蒋某共居一处,意在让陈某腾房后自己居住,其意义对于夫妻感情来说是消极的,在双方维系夫妻身份关系的前提下法律介入二人对财产的如何使用是不适当的,该理由于法无据。如本院支持其诉讼请求,则可能导致司法陷入烦琐的家庭事务当中,有违婚姻家庭的立法初衷。鉴于此,赵某的主张在合同法及婚姻家庭法上均无正当理由,其在诉讼法上也没有对自己的主张提供充分的证据予以证实,故本院对其诉讼请求不予支持。另外,本院需要说明的是,通过本案诉讼,赵某已经将有关情况向蒋某、陈某予以说明,该起诉行为具有一定的法律效力,本案的裁判结果是结合目前的法律事实所作,并不意味蒋某与陈某在租赁期满可以续签协议,基于本案审理范围,本院在此不予评述。

判决如下:驳回原告赵某的诉讼请求。二审中当事人没有提交新证据。本院审理后对一审查明的事实予以确认。

本院补充如下事实:2016 年 11 月 1 日,赵某与陈某签订房屋租赁合同,首次将登记在赵某名下的 603 号房屋(建筑面积 84.94 平方米)出租给陈某,租期一年,月租金 1600 元。

合同到期后,双方未签订书面合同,陈某继续租用 603 号房屋,租金增加至每月 2000 元,陈某的租金已交至 2018 年 10 月 31 日。赵某自述诉讼目的是想收回房屋自住,以避开蒋某对其的长期家暴,但并没有离婚的打算。赵某认可蒋某通过中介与陈某相识,亦认可月租金 2000 元为市场价。

本院认为,《合同法》第 52 条规定:有下列情形之一的,合同无效:(一)一方以欺诈、胁迫的手段订立合同,损害国家利益;(二)恶意串通,损害国家、集体或者第三人利益;(三)以合法形式掩盖非法目的;(四)损害社会公共利益;(五)违反法律、行政法规的强制性规定。赵某主张合同无效的依据为蒋某与陈某构成恶意串通,损害其合法权益,赵某主张成立的前提一是蒋某与陈某主观上有恶意,二是二人有串通的行为,三为蒋某、陈某恶意串通之行为导致赵某利益受损。对于蒋某与陈某之行为,本院意见如下:第一,蒋某与陈某原本不相识,因租房认识;首次租赁系赵某与陈某签订租赁合同,合同到期后双方之间的租赁关系得以延续,租金增至 2000 元,蒋某继续出租房屋的目的是充分发挥 603 号房屋的使用功能,增加家庭收入,并无恶意;而陈某支付市场价格承租房屋更无恶意。蒋某与陈某并无串通的行为,更无串通的必要。第二,赵某的利益并未受到任何损害,至于租金由谁掌握则是赵某与蒋某的家庭内部问题,应由二人协商解决。综上所述,赵某的主张并不成立,其基于自身主张提出的各项诉讼请求均不应当得到支持。庭审中赵某反复提及家庭暴力问题,本院告知其应当按照《婚姻法》的相关规定在家庭内部范围内解决。综上所述,赵某的上诉请求不能成立,应予驳回;一审判决认定事实清楚,适用法律正确,应予维持。依照《民事诉讼法》第一百七十条第一款第一项规定,判决如下:驳回上诉,维持原判。

**第一千零五十八条　夫妻双方平等享有对未成年子女抚养、教育和保护的权利,共同承担对未成年子女抚养、教育和保护的义务。**

## 条文主旨

本条是关于夫妻双方平等享有、承担对未成年子女的抚养、教育和保护的权利和义务的规定。

## 条文精释

### 一、立法背景

关于夫妻对未成年子女的抚养、教育和保护的立法,早在1950年《婚姻法》第十三条就规定,父母对于子女有抚养教育的义务。1980年《婚姻法》第十五条沿袭了上条规定内容,并在第十七条规定,父母有管教和保护未成年子女的权利和义务。该条第一次将父母对未成年子女的管教和保护界定为既是权利也是义务。我国1982年《宪法》第四十九条规定,"父母有抚养教育未成年子女的义务。"第一次将本条内容上升到根本法层面。1992年《妇女保障法》第四十五条第一款规定,"父母双方对未成年子女享有平等的监护权。"至于该监护权的主要内容就是抚养、教育和保护未成年子女。2001年《婚姻法》第二十一条规定,"父母对子女有抚养教育的义务。"第二十三条规定,"父母有保护和教育未成年子女的权利和义务。在未成年子女对国家、集体或他人造成损害时,父母有承担民事责任的义务。"《婚姻家庭编(一审稿)》第八百三十五条规定:"夫妻双方平等享有对未成年子女抚养、教育和保护的权利,共同承担对未成年子女抚养、教育和保护的义务。"后该条文内容为历次审议稿所沿用。

## 二、争议观点

对于夫妻平等享有对未成年子女抚育、教育和保护的权利、义务立法规定，并非一蹴而就，而是经历了漫长的演变过程。以前的民事立法几乎都偏向将该类权利和义务赋予丈夫一方，这也是与古代社会“男尊女卑”的社会环境有关，妻子对于子女并没有权利去抚育和教育。比如1804年法国《民法典》第三十三条规定，父母在婚姻关系存续中，亲权由父单独行使之。随着社会的进步与发展，基于对男女平等原则的追求，各国立法基本都确立了由夫妻共同行使此类权利、履行相应义务。如1970年法国《民法典》修订之后第三百七十二条规定，父母在婚姻关系期间，共同行使亲权。《日本民法典》第八百一十八条规定，亲权由父母共同行使。我国2001年《婚姻法》中也对夫妻对子女的权利义务进行了规定。

## 三、条文解释

与《婚姻法》相比较，本条是新增加的条文，主要是为了保障丈夫和妻子在对待子女教育和抚养等方面的权利义务平等。一般而言，婚后妻子对家庭和子女的照顾会大大多于男性，以至于会出现“丧偶式育儿”的现代教育模式。法律从男女平等以及为了维护现代家庭秩序和保护未成年子女的角度出发，新增本条的规定，体现了法律的与时俱进。根据本条的规定，教育、抚养和保护子女的权利义务应当由父母共同承担，平等地享有和履行。对本条理解，重点需把握以下几点：

### （一）未成年子女

在我国，成年人和未成年人的唯一区分标准为年龄。根据2012年《未成年人保护法》第二条规定，“本法所称未成年人是指未满十八周岁的公民。”《民法典》第十七条也规定，十八周岁以上的自然人为成年人。不满十八周岁的自然人为未成年人。因此，只要子女未满十八周岁，都属于本条所指的未成年子女。

### （二）平等享有对未成年子女抚养、教育和保护的权利

根据本条规定，夫妻平等行使对未成年子女的抚养、教育和保护的权利。父母对于未成年子抚养、教育和保护的权利是基于亲权和监护权上的权利。如父母享有管教子女的权利，当未成年子女实施不良行为时，父母有制止、批评、帮助和纠正其不良行为的权利。就未成年子女实施民事法律行为而言，也是由父母代理。根据《民法典》第二十七条规定，父母是未成年子女的监护人。《民法典》第十九条、第二十条还规定，八周岁以上的未成年人为限制民事行为能力人，实施民

事法律行为由其法定代理人代理或者经其法定代理人同意、追认;但是,可以独立实施纯获利益的民事法律行为或者与其年龄、智力相适应的民事法律行为。不满八周岁的未成年人为无民事行为能力人,由其法定代理人代理实施民事法律行为。第二十三条规定,无民事行为能力人、限制民事行为能力人的监护人是其法定代理人。因此,父母作为法定监护人享有对未成年子女民事法律活动的法定代理权。至于本条中的"平等"是指父母都享有该项权利且权利的内容、行使方式并无优劣、先后顺序之分。这主要是要解决历史上关于对子女的权利由父亲单独行使的弊端。本条通过"平等享有"的表述,明确宣示对未成年子女的抚养、教育和保护并非夫妻中某一方单方的特权,而是夫妻双方权利平等。进而,立法鼓励夫妻双方密切配合,各自发挥自身优势,从最有利于未成年人健康成长角度,平等行使对未成年子女的抚养、教育和保护的权利。

(三)共同承担对未成年子女抚养、教育和保护的义务

本条规定,父母对未成年子女的抚养、教育和保护既是权利,也是义务。这里的义务可细分为三类义务:抚养义务、教育义务和保护义务。本条明确规定了,三类义务都要求父母共同来承担。这是因为,现实生活中,男性与女性都需要工作,女性不再是单纯的家庭主妇的角色。在这样的家庭分工之下,女性依然承担大部分的育儿角色,男性则往往因工作、社交原因,在育儿问题上存在欠缺和不足。这也是导致子女教育失败以及家庭不和谐稳定的原因之一。本条规定从保障男女平等原则具体实施的角度出发,更重要的是对妇女和未成年子女的保护。男性不再享有上述义务的"豁免权",应当与妻子一同为家庭生活和子女的教育、抚养以及保护承担义务。具体而言,第一,父母对于未成年子女的抚养义务。抚养是指父母在物质上、经济上对子女的供养还有在生活上对子女的照料。抚养义务是法律规定的父母对子女的当然义务,也是道德对父母的要求。根据 2001 年《婚姻法解释一》第二十一条规定,"婚姻法第二十一条所称的'抚养费',包括子女生活费、教育费、医疗费等费用。"根据该条的规定,父母对子女的抚养还包括承担子女的生活费、教育费、医疗费等费用。第二,父母对未成年子女的教育义务。根据 2006 年《义务教育法》第十一条规定,"凡年满六周岁儿童,其父母或者其他监护人应当送其入学接受并完成义务教育"。此外,2012 年《未成年人保护法》第十三条也规定,"父母或者其他监护人应当尊重未成年人受教育的权利,必须使适龄未成年人依法入学接受并完成义务教育,不得使接受义务教育的未成年人辍学。"第三,父母对未成年子女的保护义务。这里的保护,一方面表现为当未成年子女的

人身财产安全受到威胁或侵害时，父母应采取各种措施方法，全力维护未成年子女合法权益；另一方面，在日常生活中，父母也应根据 2012 年《未成年人保护法》第十一条规定，关注未成年人的生理、心理状况和行为习惯，以健康的思想、良好的品行和适当的方法教育和影响未成年人，引导未成年人进行有益身心健康的活动，预防和制止未成年人吸烟、酗酒、流浪、沉迷网络以及赌博、吸毒、卖淫等行为。此外，父母也应加强对未成年子女的安全教育，提高未成年子女对于危险环境和行为的防范意识。

综上所述，父母平等享有、共同承担对未成年子女的抚养教育保护权利和义务，既是现代社会男女平等原则的基本要求，也有利于对未成年子女的教育和保护，有利于家庭的和谐，更有利于社会的稳定。

## 关联案例

### 一、(2017)黔 05 民终 3213 号

本院认为，根据《婚姻法》第二十三条“父母有保护和教育未成年子女的权利和义务。在未成年子女对国家、集体或他人造成损害时，父母有承担民事责任的义务”之规定，父母对其未成年子女的保护和教育既是权利又是义务。本案双方当事人作为未成年人徐某伦、徐某婷的父母，均有义务加强对其未成年子女的教育，提高子女的心理素质，培养子女的良好品行，增强子女辨别是非的能力，保证子女的心理健康。从有利于子女身心健康，保障子女的合法权益出发，结合双方当事人的抚养能力和抚养条件等具体情况，由上诉人抚养徐某婷，由被上诉人抚养徐某伦，双方互不支付抚养费较为适宜。一审判决徐某婷、徐某伦均由被上诉人抚养，上诉人一次性支付孩子抚养费 28000 元属法律适用不当，本院依法予以纠正。对于被上诉人在答辩状中关于共同债务的主张，因其对一审判决服判，未提起上诉，根据《民诉法解释》第三百二十三条：“第二审人民法院应当围绕当事人的上诉请求进行审理。当事人没有提出请求的，不予审理，但一审判决违反法律禁止性规定，或者损害国家利益、社会公共利益、他人合法权益的除外。”之规定，本院不予审理。综上所述，邹某美的上诉请求成立，予以支持；一审判决认定事实清楚，但适用法律不当，本院依法予以纠正。依照《婚姻法》第二十三条、《民事诉讼法》第一百七十条第一款第二项规定，判决如下：一、维持贵州省威宁彝族回族苗族自治县人民法院(2017)黔 0526 民初 1554 号民事判决第二项，即双方共有财

产一张床归原告邹某美所有；第三项，即驳回原、被告的其他诉讼请求；二、撤销贵州省威宁彝族回族苗族自治县人民法院（2017）黔0526民初1554号民事判决第一项，即孩子徐某婷、徐某伦由被告徐某奎抚养，由原告于判决生效之日起十日内一次性支付孩子抚养费28000元；三、双方所生孩子徐某婷由上诉人邹某美抚养，徐某伦由被上诉人徐某奎抚养，双方互不支付抚养费。

## 二、（2019）粤14民终904号

本院认为，本案属离婚纠纷，双方对一审判决离婚无异议。根据李某的上诉请求和理由及胡某一的答辩意见，本案二审争议焦点是应否改判婚生女儿胡某三由李某抚养的问题。《婚姻法》第二十三条规定，父母有保护和教育未成年子女的权利和义务。第三十六条规定父母与子女间的关系，不因父母离婚而消除。离婚后，子女无论由父或母直接抚养，仍是父母双方的子女。离婚后，父母对子女仍有抚养和教育的权利和义务。所以，在男女双方离婚后，应当亲自行使抚养教育子女的权利和义务，祖父母或外祖父母对小孩的抚养教育，仅是帮忙性质的抚助，不能替代父母任何一方对子女的抚养与教育。最高人民法院《关于人民法院审理离婚案件处理子女抚养问题的若干具体意见》第三条第四项规定，对两周岁以上未成年的子女，父方和母方均要求随其生活，一方有下列情形之一的，可予优先考虑：子女随其生活，对子女成长有利，且另一方患有久治不愈的传染性疾病或者其他严重疾病，或者有其他不利于子女身心健康的情形，不宜与子女共同生活的。本院认为，处理子女抚养问题，应从有利于子女身心健康，保障子女的合法权益出发，结合父母双方的抚养能力和抚养条件等具体情况妥善解决。李某提供了其就职于中国人民财产保险股份有限公司深圳市分公司布吉支公司及有稳定收入的依据，胡某一没有充分的证据证明其目前有固定工作和稳定收入。另，双方婚生女儿胡某三于2014年3月2日出生，随母李某生活更有利于其健康成长。被上诉人胡某一因患病需要长期服药，其目前的身体状况不利于同时抚养两个小孩。

胡某一虽在原审庭审中明确表示其所患疾病已治愈，但未提供充分的证据证明。据此，原审判决婚生小孩胡某二、胡某三均由胡某一抚养欠妥，李某上诉主张其更有利于抚养女儿胡某三的理由成立，本院予以支持。综上所述，李某的上诉请求成立，应予支持；一审判决处理欠妥，应予纠正。依照《民事诉讼法》第一百七十条第一款第一项、第二项的规定，判决如下：一、维持广东省五华县人民法院（2019）粤1424民初816号民事判决主文第一项；二、撤销广东省五华县人民法院

(2019)粤1424民初816号民事判决主文第四项;三、变更广东省五华县人民法院(2019)粤1424民初816号民事判决主文第二项为:婚生男孩胡某二由被上诉人胡某一抚养,婚生女孩胡某三由上诉人李某抚养,抚养费由双方各自承担;四、变更广东省五华县人民法院(2019)粤1424民初816号民事判决第三项为:双方对对方抚养的小孩均享有探视权,具体的探望方式、时间由双方另行协商。

**第一千零五十九条　夫妻有相互扶养的义务。**

**需要扶养的一方,在另一方不履行扶养义务时,有要求其给付扶养费的权利。**

## 条文主旨

本条是关于夫妻扶养义务的规定。

## 条文精释

### 一、立法背景

有关夫妻之间扶养义务的立法,最早在1980年《婚姻法》第十四条规定"夫妻有互相扶养的义务。一方不履行扶养义务时,需要扶养的一方,有要求对方付给扶养费的权利。"对此规定内容,在2001年《婚姻法》第二十条予以沿袭规定。与此同时,增加第四十四条第二款规定,"对遗弃家庭成员,受害人提出请求的,人民法院应当依法作出支付扶养费、抚养费、赡养费的判决。"《婚姻家庭编(草案)》第一千零五十九条规定,"夫妻有相互扶养的义务。需要扶养的一方,在另一方不履行扶养义务时,有要求其给付扶养费的权利"。本条沿用了2001年《婚姻法》中的规定,只是将"一方不履行扶养义务时,需要扶养的一方"的表述更换为"需要扶养的一方,在另一方不履行扶养义务时"。这样使法条的表述更加流畅。

### 二、争议观点

对于夫妻之间相互扶养的义务,各个时代各个国家立法都有相应的规定。在封建社会时期,不论东西方国家,结婚后的妻子都作为丈夫的附属品而存在,没有独立的人格和财产。因此，法律规定的扶养义务主要是丈夫对其妻子有扶养的义务，妻子是被扶养的一方。到了近代社会，国外立法开始注重对夫妻双方彼此间扶养义务的规定，比如法国《民法典》第二百一十二条规定，夫妻负相互忠实、帮助、救援的义务。1900 年德国《民法典》第一千三百六十条规定，丈夫应依其社会地位、财产及收益能力扶养其妻。如丈夫不能扶养自己者，妻子应依夫妻负有相互扶养的义务，照其财产及收益能力给予丈夫社会地位相当的扶养。第二次世界大战之后，随着经济的发展和女权意识的觉醒，女性在社会生产中作出的贡献所占比重也越来越多，享有独立的人身权利和财产权利的女性在家庭中的地位也随之提高，女性不再依附男性。女性与男性在家庭中的平等地位使女性可以作为扶养义务人，而不再是被扶养人。1977 年，德国《民法典》将有关扶养义务的规定修改为，配偶双方相互负有与劳动能力相当的扶养义务。由此可见，现代社会中更多的国家因为注重男女平等原则，故在关于扶养义务的规定中也具体体现了男女平等。

## 三、条文解释

根据本条规定，夫妻之间具有相互扶养的义务，在一方需要的情况下，另一方必须履行其义务。夫妻之间的扶养兼具权利与义务的特征一体，双方均有对对方的扶养义务。在一方不履行扶养义务的情形下，另一方有要求其履行的权利。该义务是法定义务，具有法律的强制性，无论夫妻之间有什么约定，都不能免除该义务的履行。根据本条的规定，义务人不得在自己有能力扶养的情形下，拒绝对需要扶养一方履行扶养的义务。在现实生活中，男性的收入一般多于女性，而女性对家庭的照顾会多于男性。男性的付出为有形的付出，而女性的付出则多为无形的付出。因此，法律更应注重保护为家庭无形付出的女性。关于夫妻相互扶养义务的履行方式，根据本条的规定是通过给付扶养费的形式。但给付扶养费并不意味着不需要再履行照顾的义务。当一方患病时，另一方除了给付治疗费之外，还需要提供照顾的义务。夫妻应当尽力履行扶养对方的义务，扶养义务人与受扶养人的生活水平应该基本相同或者接近。[①] 在一方不履行扶养义务时，另一方也有相应的救济途径。对此，2001 年《婚姻法》第四十四条中也有相关的规定，一般是通过有关组织比如村民委员会、居民委员会或者所在单位进行调解，要求对方履

① 何丽新主编：《婚姻家庭与继承法》，厦门大学出版社 2012 年版，第 130 页。

行扶养义务；也可以直接向人民法院起诉，寻求司法保护。

## 关联案例

### 一、(2019)鲁16民终2188号

本院认为，依照《婚姻法》第二十条“夫妻有互相扶养的义务。一方不履行扶养义务时，需要扶养的一方，有要求对方给付扶养费的权利”的规定，本案上诉人张某义与被上诉人袁某珍系在夫妻关系存续期间，袁某珍系1949年10月17日出生，将满70周岁已无法通过劳动获得收入以维持生活，而张某义为退休工人，按月领取退休工资，收入稳定。

自2019年3月提起离婚诉讼以来张某义怠于向袁某珍履行夫妻间的法定扶养义务，没有向袁某珍支付过扶养费，现袁某珍请求张某义支付扶养费符合法律规定。张某义主张袁某珍有收入来源，并且有十多万元的储蓄存款，但是均未提交证据证实，对其主张不予支持。综上所述，张某义的上诉请求不能成立，应予驳回；一审判决认定事实清楚，适用法律正确，应予维持。依照《民事诉讼法》第一百七十条第一款第一项规定，判决如下：驳回上诉，维持原判。

### 二、(2019)辽14民终1382号

本院认为，刘某芝与曹某华于2010年3月19日登记结婚，现双方年事均已过高。依据《婚姻法》第二十条第一项之规定：“夫妻有互相扶养的义务。”故夫妻之间互相扶助是一种法定义务。因家庭矛盾，曹某华被其儿子接至家中居住，曹某华与刘某芝分居，刘某芝客观上无法照顾、护理曹某华，曹某华不能以此为由拒付扶养费。曹某华作为退休教师，每月有固定退休金来源，而刘某芝体弱多病，无经济来源，无住房，生活困难，作为丈夫对生活困难的刘某芝理应履行适当的扶养义务。依据《婚姻法》第二十条第二项之规定：“一方不履行扶养义务时，需要扶养的一方，有要求对方付给扶养费的权利。”故原审对刘某芝要求支付扶养费的请求予以支持，符合法律规定，并无不当。

关于给付扶养费的具体数额，结合曹某华退休金水平，考虑曹某华患有疾病且目前生活不能自理的身体状况、现阶段农村居民人均年消费支出数额、刘某芝有四名子女应当依法对其尽赡养义务等情况，综合各种因素，本院将每月扶养费数额酌情调整至800元。综上所述，依照《民事诉讼法》第一百七十条第一款第二

项规定，判决如下：变更葫芦岛市连山区人民法院（2019）辽1402民初1136号民事判决为：曹某华于本判决发生法律效力后自2019年3月起每月给付刘某芝扶养费800元，该款于每月的30日前付清。

## 三、（2019）内04民终4486号

本院认为，围绕上诉请求及答辩意见，本案二审争议焦点是：一审判决驳回冯某要求肖某一给付生活费、护理费、医药费的诉讼请求是否有误。《婚姻法》第二十条规定“夫妻有互相扶养的义务。一方不履行扶养义务时，需要扶养的一方，有要求对方付给扶养费的权利”。夫妻间相互扶养是婚姻法规定的法定义务，对有残疾、患有重病、经济困难的配偶，另一方必须主动承担起扶助供养责任。当夫妻一方没有固定收入和缺乏生活来源，或者无独立生活能力或生活困难，或因年老、疾病等原因需要扶养，另一方应履行抚养义务。

夫妻扶养义务是双向的，都有扶养对方的法定义务，也都有要求对方扶养自己的法定权利。夫妻间的扶养义务是要求配偶间在经济上互相帮助、生活上相互扶持、精神上互相安慰为基本内容。本案中，冯某请求肖某一给付生活费、护理费及医药费，是要求扶养义务人履行夫妻间经济上的帮助义务。经济上帮助义务应对义务人给付能力、扶养权利人生活状况等综合考虑，本案中，扶养义务人肖某一已是80多岁老人，患有胃癌疾病，现需要支出数额较大医疗费，且生活不能自理，肖某一已无力履行扶养义务。同时，虽然成年子女对父母的赡养义务与夫妻间的扶养义务有本质的区别，子女对父母的赡养并不能影响夫妻扶养义务的存在。但当扶养权利人子女已成年，开始对其尽赡养义务，并达到生活要求时，夫妻间物质扶养义务可以免除。本案中，冯某、肖某一均已是年过80岁的老人，双方身体状况欠佳，且年迈多病，一审考虑到义务人履行能力及双方子女均已成年等诸多原因，不予支持冯某诉讼请求并无不当

综上分析，上诉人上诉请求不成立，应予驳回；一审判决认定事实清楚，适用法律正确，应予维持。依照《民事诉讼法》第一百七十条第一款第一项之规定，判决如下：驳回上诉，维持原判。

**第一千零六十条　夫妻一方因家庭日常生活需要而实施的民事法律行为，对夫妻双方发生效力，但是夫妻一方与相对人另有约定的除外。**

**夫妻之间对一方可以实施的民事法律行为范围的限制，不得对抗善意相对人。**

## 条文主旨

本条是关于家事代理权的规定。

## 条文精释

### 一、立法背景

关于夫妻家事代理权的规定，最早见于1950年《婚姻法》第十条“夫妻双方对于家庭财产有平等的所有权与处理权。”1980年《婚姻法》第十三条则规定：“夫妻对共同所有的财产，有平等的处理权。”两相比较，后者对前者作了进一步细化，从家庭财产中分离出夫妻共同所有财产。2001年《婚姻法》第十七条第二款沿袭了1980年《婚姻法》的规定。这里对共同所有财产的平等处理权就包括处理夫妻另一方可分得的财产部分。对此，《婚姻法解释一》第十七条对《婚姻法》第十七条关于“夫或妻对夫妻共同所有的财产，有平等的处理权”的规定作了进一步解释，应当理解为：“（一）夫或妻在处理夫妻共同财产上的权利是平等的。因日常生活需要而处理夫妻共同财产的，任何一方均有权决定。（二）夫或妻非因日常生活需要对夫妻共同财产做重要处理决定，夫妻双方应当平等协商，取得一致意见。他人有理由相信其为夫妻双方共同意思表示的，另一方不得以不同意或不知道为由对抗善意第三人。”该条规定了夫妻双方在日常生活需要处分共同财产上的单方决定权和非因日常生活需要处分共同财产上的平等协商权。对于因日常生活所需范围内对共同财产的处分行为，作为家事代理，认可其效力。而对非因日常生活需要对共同财产所作的处分行为，不构成家事代理。夫妻应平等协商，取得一致意见。但有一种情形例外，即他人有理由相信为夫妻双方共同意思表示的，另一方不得以不同意或者不知道为由对抗善意第三人。2018年最高人民法院《关于审理涉及夫妻债务纠纷案件适用法律有关问题的解释》（法释〔2018〕2号）（本书简称《夫妻债务解释》）第二条规定，“夫妻一方在婚姻关系存续期间以个人名义为家庭日常生活需要所负的债务，债权人以属于夫妻共同债务为由主张权利的，人民法院应予支持”。本法起草过程中，对家事代理权进行了进一步的明确规定，一次审议稿、座谈会稿、二次审议稿均对此予以保留。

## 二、争议观点

夫妻家事代理权，是指夫妻与第三人因家庭日常生活相关事务而为一定民事法律行为时的代理权。被代理方需对代理方针对该家庭日常生活事务所为民事法律行为产生的债务承担连带责任。夫妻家事代理权基于夫妻身份产生，以家庭生活为必要条件，其不以明示行为为必要条件且范围包括家庭日常生活必要的一切事务。

### （一）夫妻家事代理权的起源

夫妻家事代理权最早起源于罗马法。古代罗马法奉行家长制，家长有绝对的支配权，但随着社会发展，古罗马开始出现“依奉命诉”，即凡家属或奴隶奉家长或家主之命而与他人订立契约的，该家长或家主应对第三人与其家属、奴隶负连带责任。也就是说，此时的妻子在取得丈夫委任的情况下可以从事民事活动，这就是日常家事代理制度的雏形。此后大陆法系各国民法中均承继了这一日常家事代理制度。早期的日常家事代理制度仅限于妻为夫的日常家事代理人，这是由于当时夫妻地位不平等，夫虽然拥有家事管理的权限，但并不实际从事家事的管理，日常家事通常由妻子进行管理。随着社会的发展，夫妻地位逐渐平等，夫妻相互享有代理权的主张逐渐得到承认并直接影响着许多国家亲属法的修订。1965 年法国《民法典》就规定，夫妻各方均有权单独签订目的为维持共同生活或子女教育的契约，凡由一方缔约的债务，他方负连带责任。英美法上存在“因同居关系而构成的代理”的制度，在妻子购买生活必需品时，由于妻子不拥有自己的独立财产，不能对自己订立的合同承担责任，因此，为保护第三人的利益，法律规定丈夫必须对妻子的交易行为负责，即妻子在此种情况下是丈夫的代理人，而代理关系是基于同居关系推断出来的。

### （二）日常家事代理权的性质

关于日常家事代理权的性质，学术界有不同的见解，主要有四种观点：

1. 委任说

又称为家事的委任，主要观点是妻子的日常家事代理权是根据丈夫的委任产生。主要代表为罗马法和法国早期的立法。

2. 法定代理说

主要观点是作为婚姻共同体的夫妻双方当然享有日常家事代理权，这是婚姻的效力之一，日常家事代理权是法定代理权的一种，非有法定原因不得限制。1942年法国《民法典》第二百二十条，德国《民法典》第一千三百五十七条明确将日常家事代理权认定为法定代理；同时我国史尚宽、马忆南等学者均持此观点。

3. 特种代理说

主要观点是日常家事代理虽然属于代理的一种，但是其与法定代理仍有许多区别，一是代理人与被代理人之间身份可以互换，夫和妻互为代理人和被代理人。这与一般性质的代理是不同的；二是一般代理中，代理人一般需要以被代理人的名义进行代理行为，而家事代理中，夫或妻无须授权，也无须以被代理人的名义进行民事法律行为，结果即可及于被代理人，并在代理人与被代理人间产生连带责任；三是家事代理的范围相较于一般代理而言仅限于日常家事，范围较窄。

4. 婚姻共同体代表说

主要观点是家事代理权是婚姻共同体代表权，因为某一具体家事究竟属于夫或妻难以区分明确。因此，双方均可代表夫妻共同体对外进行家事行为，此种民事行为被认为是夫妻共同的意思表示，任何一方不得以不知情否认该行为的效力，其结果由夫妻双方共同承担。瑞士《民法典》第一百六十二条即采此观点。

我们认为，夫妻日常家事代理权的性质应为法定代理权。

首先，家事代理中夫妻的代理人与被代理人身份虽表现出一定的互换性，但是在某一具体的法律关系中，双方的法律身份仍是固定的，一方是代理人，另一方为被代理人，这与一般的代理理念并不冲突。其次，在责任承担上，责任承担并不影响性质的认定，夫妻双方共同承担责任是基于双方共同生活的情况以及对第三人利益保护两方面考虑：一方面，夫妻日常家事产生的债务是为了满足夫妻共同生活的目的，因此产生的债务自然应由双方共同承担；另一方面，交易时第三人对夫妻债务承担的内部约定并不知晓。因此，为了保护债权人，法律规定夫妻对此应当承担连带责任。再次，代理主要分为法定代理、指定代理、委托代理三种，并无特种代理。因此，其性质究竟为何并不明确。同时，代理范围也不能直接影响家事代理权性质的界定。最后，对于夫妻共同体代表说，该说将夫妻一方行为视为双方共同意思表示，有违私法自治原则，不能因为夫妻关系的存在而将未参与合同缔结的配偶方也纳入合同主体的范围。

综上所述，我们认为，日常家事代理的性质应属于法定代理。

（三）日常家事代理权与表见代理

《婚姻法解释一》第十七条用"日常生活需要"这一概念将家事代理与表见代理制度区分。但是，由于司法实践中，日常家事范围并不是泾渭分明，司法实践中对于表见代理与家事代理出现适用混乱的现象。实务中，有的法院在裁判书中认为，"夫妻关系的存在使得交易相对方有理由信赖其行为系夫妻双方的合意"。也即将夫妻代理视为表见代理。《民法典》第一百七十二条规定，行为人没有代理权、超越代理权或者代理权终止后，仍然实施代理行为，相对人有理由相信行为人有代理权的，代理行为有效。此为表见代理的立法规定。家事代理与表见代理的区别主要在以下方面：首先，两者范围不同。家事代理仅限于家庭日常生活，而表见代理适用范围明显大于家事代理；其次，两者适用前提不同。家事代理权的性质属于有权代理。表见代理的适用前提是无代理权或超越代理权，性质属于无权代理。因此，二者本质并不相同。同时，表见代理需要相对人有理由相信行为人有代理权，而不能仅仅将夫妻关系作为认定相对人相信行为人有代理权的理由。因此，在家事代理与表见代理的区分上，首先应当判断配偶一方的民事法律行为是否属于日常家事的范畴。如果并非属于日常家事，应由第三人举证证明有正当理由信赖该行为属于夫妻合意，不宜直接适用表见代理制度。

（四）日常家事代理权的制度价值

1. 日常家事代理权是维护财产交易安全、保障第三人利益的一项重要措施

交易安全，又称为动的安全。随着我国市场经济的发展，各种交易行为充斥社会生活的各个角落。市场作为社会资源配置的基础性环节空前活跃。夫妻财产关系日益复杂，夫妻财产的静的安全与交易动的安全之间的冲突与日俱增，而市场经济所追求的交易效率又不允许在这些交易事项的调整上花费过多的工夫。因此，我国民事立法必须注重对财产动态关系的维护和交易安全的保护。重视现代市场经济交易频繁、活跃、快速的特点和对交易效率的追求，顺应世界范围内民商事立法对交易安全优先保护的发展趋势。因此，日常家事代理制度的设立更有利于保护第三人权益，维护交易安全。

2. 日常家事代理权是夫妻共同生活的法律要求和日常生活顺利进行的必要保障

在家庭生活中，需处理的日常事务琐碎繁杂。如果夫妻从事这些行为都须双方共同出场或者取得对方的授权委托，既不符合社会生活的习惯，又不切合实际，更无此必要。而通过赋予夫妻双方基于配偶身份的相互代理权，该代理权的行使

不必以他方的名义为之，也不必以明示为必要。这就使夫妻处置生活事务的成本大大节约，最终必将降低社会生活成本和推动社会经济的发展。

3. 日常家事代理权的设立符合夫妻双方的真实意愿和共同利益

司法实践中，有时会出现夫妻一方为了个人利益与第三人实施民事法律行为处分共同财产，如买卖、赠与，甚至与第三人恶意串通，而夫妻他方并不知情。但这只是少数情况，在绝大多数情况下，夫妻关系双方有共同的利益，一方实施的日常生活行为通常也与另一方的意志、利益相符合。因此，立法确立日常家事代理权，实际是立法者对婚姻当事人真实意思的合理推定。①

## 三、条文解释

本条分为两款，第一款是关于夫妻日常生活代理权的规定，第二款是关于日常生活代理权的限制性规定。

本条第一款规定，夫妻一方所实施的属于家庭日常生活需要的民事法律行为对双方发生效力，除非夫妻一方与相对人另有约定。关于本规定有以下几个需要注意的地方：

（一）家事代理权的主体

关于家事代理的主体，大陆法系与英美法系有较大分歧。大陆法系国家立法一般将家事代理权的主体限制为合法夫妻，而英美法系国家立法一般将家事代理权的范围扩大到同居关系，即只要在外部看来是以夫妻名义共同生活即可，也就是说情妇也有日常家事代理权。本条规定，“夫妻一方因家庭日常生活需要而实施的民事法律行为，对夫妻双方发生效力”。因此，夫妻关系是夫妻日常生活代理权存在的前提。进而，应当明确夫妻日常生活代理权的主体为具有合法婚姻关系的夫妻。针对这一问题，司法实践中主要有以下几点需要进一步明确：

1. 夫妻分居期间是否互负家事代理权

关于这一点，域外立法各不相同。德国《民法典》第一千三百五十七条规定，夫妻分居的，不适用家事代理权。但是，根据第一千五百六十七条的规定，此处的分居是指配偶双方之间，已不存在家庭的共同关系，且配偶一方因拒绝婚姻上的同居，显然不愿意建立家庭的共同关系的，配偶双方即为分居。也就是说，如果配偶之间仅仅为临时的别居，例如工作调动或者入狱等，并不属于第一千五百六十

① 史浩明：《论夫妻日常家事代理权》，载《政治与法律》2005 年第 3 期。

七条规定的分居，也不适用第一千三百五十七条关于家事代理权终止的规定。法国《民法典》中也规定，只有被裁判的别居、离婚诉讼中的别居才能产生家事代理关系中止的效力，事实上的别居并不使家事代理权消失①。前已述及，英美法系中夫妻日常代理权是建立在同居的基础上，即只要具备同居、家庭住所、没有剥夺妻子权利等条件，同居关系一方就享有日常家事代理权。反之，即使是合法夫妻，如果双方分居，也不能享有日常家事代理权。我们认为，夫妻分居期间是否可以适用家事代理制度，应首先明确何为分居。分居的原因应为夫妻感情不和，而非因为工作、学习、服役等客观原因使夫妻分居。而对于夫妻双方因感情不和而分居，仍应适用夫妻日常生活代理权制度。原因是夫妻双方虽分居，但二人之间的权利义务并未因此消灭；同时，夫妻内部关系并非交易第三人需考虑的因素，其并无承担此种因夫妻内部约定而带来交易不稳定风险的义务。因此，为了保护交易第三人的利益，分居期间夫妻双方仍有日常家事代理权。

2. 非婚同居双方是否互负家事代理权

《婚姻法解释一》第五条规定，"未按婚姻法第八条规定办理结婚登记而以夫妻名义共同生活的男女，起诉到人民法院要求离婚的，应当区别对待：(一)1994年2月1日民政部《婚姻登记管理条例》公布实施以前，男女双方已经符合结婚实质要件的，按事实婚姻处理；(二)1994年2月1日民政部《婚姻登记管理条例》公布实施以后，男女双方符合结婚实质要件的，人民法院应当告知其在案件受理前补办结婚登记；未补办结婚登记的，按解除同居关系处理。"据此，1994年2月1日后未办理婚姻登记而以夫妻名义共同生活且未补办婚姻登记的，即为非婚同居。我们认为，根据条文解释，本条的适用主体为合法婚姻关系的夫妻双方，而非婚同居双方并不在此范围内。同时，我们认为，既然夫妻双方选择维系此关系，则视为其自愿承担由此带来的后果。若赋予非法同居主体家事代理权，使其与合法婚姻关系主体一样具有同等法律地位，实质与家事代理权的本质相违背，也与婚姻制度的立法目的相背离。对于非婚同居关系中一方的民事法律行为，可以适用表见代理制度加以处理，而非适用家事代理。

3. 事实婚姻主体之间是否互负家事代理权

日本有学者认为，夫妻为事实婚姻还是合法婚姻，第三人难以从外部认知。因此，为了保护第三人的利益，事实婚姻的夫妻也应准用日常家事代理权。但前

① 徐海燕：《英美代理法研究》，法律出版社2000年版，第151页。

已述及，在我国，事实婚姻仅存在于1994年2月1日之前，男女双方已经符合婚姻实质条件，以夫妻名义共同生活且并未办理结婚登记的情形。1994年2月1日以后，此类情形一律认定为同居关系。因此，事实婚姻这一群体会随着时间推移逐渐消失，且与非婚同居关系一致。既然夫妻双方选择维系此关系，则视为其自愿承担由此带来的后果。若赋予事实婚姻主体家事代理权，使其与合法婚姻关系主体一样具有同等法律地位，实质与家事代理权的本质相违背，也与婚姻制度的立法目的相背离。对于事实婚姻关系中一方的民事法律行为，可以适用表见代理制度加以处理，而非适用家事代理。

（二）日常家事的范围认定

家事代理权的范围仅为日常家事是各国共识，但是何为日常家事范围却各国并不相同。德国《民法典》第一千三百五十七条规定夫妻任何一方均有权处理使家庭的生活需求得到适当满足并且其效力也及于婚姻对方的事务。也就是说，其家事代理权的范围限于家庭生活需求的满足，但是家事代理权的行使需满足以下三个条件方能对夫妻双方具有约束力：首先，交易的目的是满足生活需要；其次，交易的服务对象必须是家庭即满足家庭的需要；最后，交易还需要适当，即在一定限度内，符合家庭的实际经济状况。倘若配偶所为的交易行为从根本上决定或者改变家庭的生活现状，则此种行为不属于第一千三百五十七条调整的范围①。根据法国《民法典》第二百二十条的规定，法国将家事代理权的范围限定在家庭日常生活事务和未成年子女的教育两个方面，同时排除投资活动、大额债务以及分期付款、借贷。日本立法规定，判断夫妻一方的具体交易行为是否属于日常家事，需要从以下两个方面进行判断：一方面需要考量夫妻家庭情况以及交易行为的目的，这是由于日常家事的范围会因不同夫妻的家庭经济情况、社会地位以及职业而有所差异；另一方面则需对具体交易行为的性质进行客观认定。一般而言，为日常生活所进行的衣食采购合同的订立，以及子女的医疗教养费用皆属于日常家事的范畴，但倘若交易价格过高则不在此限。而我国关于家庭日常生活的相关规定，可见于浙江省高级人民法院《关于审理民间借贷纠纷案件若干问题的指导意见》第十九条与江苏省高级人民法院《家事纠纷案件审理指南（婚姻家庭部分）》第四十七条。由于我国各地文化、习俗、生活方式、经济水平等差距较大，对日常家事范围进行列举并不可行。因此，此次立法仅概括性地规定“家庭日常生活需

---

① ［德］迪特尔·施瓦布：《德国家庭法》，王葆莳译，法律出版社2010年版，第89页。

要”。我们认为，判断某一行为是否符合“家庭日常生活需要”，应考虑以下几点：

一是该行为是否满足夫妻日常生活需要；

二是该行为是否会对夫妻共同生活产生决定性影响，是否改变家庭生活状态，只有符合家庭生活水平的行为才是“家庭日常生活需要”的行为。同时，应对某些对家庭产生重大影响的行为予以排除，例如不动产以及大额动产的处分、大额担保与借贷、分期付款购买价值巨大财产的行为、风险较大的投资行为、具有人身专属性的行为，例如继承权的放弃、子女的送养、收养等。

### （三）夫妻日常生活代理权与第三人

本条规定，日常家事代理权与第三人的关系有两种：一是如果夫妻一方与第三人关于民事法律行为后果的承担对象有约定，从其约定。例如，若夫与第三人约定，该民事法律行为后果由其一人承担，从其约定。本规定与日本《民法典》第七百六十一条有相似之处，该条规定，夫妻一方因日常家务与第三人所为民事法律行为时，另一方对由此产生的债务负连带责任。但事先告知相对人的不在此限。由于日常家事代理权的立法目的为保护交易相对人的利益，维护交易安全。而当夫妻一方与相对人已经达成协议时，应遵从交易双方的意思自治，从其约定。二是夫妻之间对民事法律行为范围的限制不得对抗善意第三人。前述已提及，日常生活代理权的性质为法定代理。因此分为外部关系与内部关系。也就是说，夫妻之间是可以约定各自实施民事法律行为的范围，但是这一内部约定不得对抗外部关系中的善意相对人。

## 关联案例

### 一、(2019)粤06民终509号

本院认为，本案二审争议焦点为王某应否向汤某霞返还涉案款项。因在婚姻关系存续期间，除个人特有财产和夫妻另有约定外，夫妻双方或一方所得的财产，均归夫妻共同所有，因此，在没有相反证据证明刘某钧支付给王某的款项属于其个人财产的情况下，一审法院认定为夫妻共同财产并无不当，本院予以确认。《婚姻法解释一》第十七条规定：“婚姻法第十七条关于‘夫或妻对夫妻共同所有的财产，有平等的处理权’的规定，应当理解为：（一）夫或妻在处理夫妻共同财产上的权利是平等的。因日常生活需要而处理夫妻共同财产的，任何一方均有权决定。（二）夫或妻非因日常生活需要对夫妻共同财产做重要处理决定，夫妻双方应当平

等协商,取得一致意见。他人有理由相信其为夫妻双方共同意思表示的,另一方不得以不同意或不知道为由对抗善意第三人。"本案中刘某钧支付给王某的款项显然不属于刘某钧与汤某霞的日常生活支出,即使按照王某上诉主张的属于抚养费,在王某与刘某钧存在特殊的婚外情关系、王某或刘某钧未能证明该部分支出经过了汤某霞同意的情况下,刘某钧的单方决定无疑侵犯了汤某霞的共同财产权,一审法院认定该支付行为无效,进而判决王某予以返还符合法律规定,本院依法予以维持。王某若认为刘某钧需向其支付小孩的抚养费,可另行提起诉讼。综上,王某的上诉理由不能成立,本院不予接纳。依照《民事诉讼法》第一百七十条第一款第一项的规定,判决如下:驳回上诉,维持原判。

**二、(2018)甘01民终3654号**

本院认为,依据高某堂的陈述,2011年其与马某玲在取得涉案房屋后,即准备出租,因此高某堂对于马某玲将涉案房屋予以出租是同意且知情的,在此情形下,原审结合马某玲的陈述对本案基本事实的认定正确。涉案房屋系高某堂与马某玲夫妻共同财产,故马某玲将涉案房屋对外出租的行为效力及于高某堂,高某堂作为涉案房屋的共有人应诚信履行合同义务,而不应由于其与马某玲夫妻感情出现问题而对自己所负合同义务不予履行。案涉房屋在对外出租过程中所形成的租赁关系并不存在《合同法》第五十二条所列之情形,故高某堂主张涉案租赁合同无效的理由不符合法律规定,本院不予采信。高某堂的其他上诉主张同其原审期间的抗辩理由,原审的认定符合法律规定,本院不再予以赘述。综上所述,上诉人高某堂的上诉请求不能成立,应予驳回;一审判决认定事实清楚,适用法律正确,应予维持。依照《民事诉讼法》第一百七十条第一款第一项规定,判决如下:驳回上诉,维持原判。

**第一千零六十一条　夫妻有相互继承遗产的权利。**

## 条文主旨

本条是关于夫妻之间相互继承权的规定。

## 条文精释

### 一、立法背景

关于夫妻之间继承权的规定,1950 年《婚姻法》第十二条有明确规定,该条规定,“夫妻有相互继承遗产的权利”。1980 年《婚姻法》将夫妻间的相互继承权与父母子女间的相互继承权整合,统一规定于第十八条,该条规定,“夫妻有相互继承遗产的权利。父母和子女有相互继承遗产的权利”。2001 年《婚姻法》第二十四条对此予以沿用。2018 年 8 月《婚姻家庭编(一审稿)》第八百三十八条将该条予以恢复。此后的草案对本条均予以沿用。

### 二、争议观点

继承是指财产所有人自然死亡或者被宣告死亡之后,其生前所有的个人财产及其他合法财产权益依照法律规定转移给他人所有的一种法律制度。遗产就是自然死亡或者被宣告死亡者遗留的财产和财产权益。遗留财产的死者就是被继承人,继承遗产或有权继承遗产的人为继承人。而根据法律规定取得遗产的权利就是继承权。

(一)继承权的主体

在我国,继承权的主体为公民(自然人)。《民法典》第一千一百二十七条明确规定,配偶、子女、父母同属第一继承顺序。而且,根据《民法典》第一千一百三十条规定,同一顺序继承人继承遗产的份额,一般应当均等。但是存在例外情况,主要有以下几点:1. 对生活有特殊困难又缺乏劳动能力的继承人,分配遗产时,应当予以照顾;2. 对被继承人尽了主要扶养义务或者与被继承人共同生活的继承人,分配遗产时,可以多分;3. 有扶养能力和有扶养条件的继承人,不尽扶养义务的,分配遗产时,应当不分或者少分;4. 继承人协商同意的,也可以不均等。因此,配偶是否尽到扶养义务,将影响到其可分配遗产。

(二)继承权的客体

继承权的客体为被继承人的遗产,根据《民法典》第一千一百二十二条规定,遗产是自然人死亡时遗留的个人合法财产。依照法律规定或者根据其性质不得继承的遗产,不得继承。例如宅基地等集体土地使用权、公租房诸如此类。

(三)夫妻遗产继承的地位

根据《民法典》规定,继承主要包括法定继承和遗嘱继承两种,遗嘱继承是指被继承人生前通过立遗嘱的形式确定其个人财产在其死亡后由指定的继承人继承及分配的法律制度。法定继承是指按照法律规定的继承人范围、继承顺序和遗产分配原则进行财产继承的继承制度。本条所指的夫妻之间相互继承遗产的权利表明夫妻之间彼此为法定继承人,有权通过法定继承或遗嘱继承继承对方的遗产。

## 三、条文解释

根据本条规定,男女结婚后成为夫妻,基于配偶身份而依法享有相互继承遗产的权利。夫妻本应相互扶养,一方死亡使生存方无法行使扶养权。赋予配偶继承权,提高了生存配偶一方的自我扶养能力,在一定程度上对死者的未尽事宜进行填补①。本条主要需要注意以下几点:

### (一)夫妻间继承权的前提

夫妻间的继承权是婚姻的效力之一,其与夫妻人身关系密切相关。也就是说,只有具备合法婚姻关系的夫妻双方,才能以配偶身份继承对方的遗产。在实践中需要注意以下几点:

1. 离婚诉讼中的夫妻间继承权

前述已提及,夫妻间的继承权是婚姻的效力之一。因此,其始于结婚,终于离婚。在离婚诉讼中,夫妻仍处于婚姻存续期间。因此,在离婚诉讼中的夫妻仍有夫妻间继承权。

2. 事实婚姻、非婚同居与夫妻间的继承权

根据《婚姻法解释一》第五条的规定,未按婚姻法第八条规定办理结婚登记而以夫妻名义共同生活的男女,1994 年 2 月 1 日民政部《婚姻登记管理条例》公布实施以前,男女双方已经符合结婚实质要件的,按事实婚姻处理。据此,对于按事实婚姻处理的情况下,一方可以请求以配偶身份按照《民法典》的有关规定继承遗产。若为同居关系,因不受法律保护,不具有婚姻的效力,则无权享有配偶间的继承权,仅可依据《民法典》第一千一百三十一条"对继承人以外的依靠被继承人扶养的人,或者继承人以外的对被继承人扶养较多的人,可以分给适当的遗产"规定,主张分给适当的遗产。

① 蒋某、何丽新:《婚姻家庭与继承法》(第 4 版),厦门大学出版社 2013 年版,第 133 页。

3. 对登记结婚后尚未同居或同居时间较短的夫妻

首先，本条明确规定，夫妻关系的存续为夫妻间继承权的前提。因此，虽双方结婚登记后暂未同居或同居时间较短，但仍不影响其继承权。但是对于其应得份额，可以依据同居时间的长短，所尽扶养义务的多少、财产的来源等综合考虑。对此，相应法律依据为《民法典》第一千一百三十条规定，同一顺序继承人继承遗产的份额，一般应当均等。但是：(1)对生活有特殊困难又缺乏劳动能力的继承人，分配遗产时，应当予以照顾；(2)对被继承人尽了主要扶养义务或者与被继承人共同生活的继承人，分配遗产时，可以多分；(3)有扶养能力和有扶养条件的继承人，不尽扶养义务的，分配遗产时，应当不分或者少分。

4. 另一方为无民事行为能力人或限制民事行为能力人

配偶一方死亡，另一方为无民事行为能力人或者限制民事行为能力人时，其仍然享有夫妻遗产继承权，根据《民法典》第二十一条、第二十二条规定，无民事行为能力的成年人，由其法定代理人代理实施民事法律行为。限制民事行为能力的成年人实施民事法律行为由其法定代理人代理或者经其法定代理人同意、追认。而《民法典》第二十三条规定，无民事行为能力人、限制民事行为能力人的监护人是其法定代理人。因此，当配偶另一方为无民事行为能力人或者限制民事行为能力人时，由其监护人代为行使继承权。

(二)遗产的范围

在确定遗产范围时应注意区分配偶个人财产与其他财产。继承开始时，首先，应当对夫妻共同财产与家庭共同财产分别进行分割。只有属于被继承人的个人合法财产才可被继承。若并未进行分割，径行遗产分割，将会侵犯生存配偶以及其他家庭成员的合法权益。同时，根据《民法典》第一千一百六十一条规定，继承人以所得遗产实际价值为限清偿被继承人依法应当缴纳的税款和债务。超过遗产实际价值部分，继承人自愿偿还的不在此限。继承人放弃继承的，对被继承人依法应当缴纳的税款和债务可以不负清偿责任。

(三)继承权的丧失

特定情形下，配偶的继承权也可能依法丧失。根据《民法典》第一千一百二十五条规定，继承人有下列行为之一的，丧失继承权：(1)故意杀害被继承人；(2)为争夺遗产而杀害其他继承人；(3)遗弃被继承人，或者虐待被继承人情节严重；(4)伪造、篡改、隐匿或者销毁遗嘱，情节严重；(5)以欺诈、胁迫手段迫使或者妨碍被继承人设立、变更或者撤回遗嘱，情节严重。继承人有前款第三项至第五项行为，确有悔改表现，被继承人表示宽恕或者事后在遗嘱中将其列为继承人的，该继承人不丧失继承权。本条规定同样适用于夫妻间的继承权。

## 关联案例

**（2018）鲁 14 民终 3054 号**

本院认为，本案双方当事人争议的焦点问题有两个：一、孟某连与董某英是否存在婚姻关系，孟某连与袁某是否存在婚姻关系；二、一审判决适用法律是否错误。关于第一个争议的焦点问题，孟某连与董某英是否存在婚姻关系，孟某连与袁某是否存在婚姻关系。（2014）德城民初字第 2239 号纠纷案件系孟某连起诉主张与袁某离婚，且经审理判决不准予双方离婚，本院（2015）德中民终字第 627 号民事判决维持了上述一审判决。因有生效判决确认袁某与孟某连生前存在夫妻关系，该判决书并未经法定程序撤销，即应当认定袁某与孟某连存在婚姻关系。上诉人孟某一、孟某二提交的证据不足以推翻生效判决确认的事实。上诉人主张孟某连与董某英存在婚姻关系，但亦并未提交孟某连与董某英之间在民政部门登记结婚的证明。既然孟某连与董某英之间存在事实婚姻，那么孟某连与董某英长时间分居，不再共同生活，且孟某一、孟某二在上诉状中亦认可孟某连自××××年起“抛弃家庭与子女，并且以工作原因将户口迁出家庭”，亦应当构成事实上的离婚。因此，一审认定孟某连与袁某存在婚姻关系，袁某在本案中具备继承人的资格，有事实和法律依据，并无不当。关于第二个争议的焦点问题，一审判决适用法律是否错误。因孟某连与袁某存在婚姻关系，一审法院引用《婚姻法》第二十四条第一款“夫妻有相互继承遗产的权利”及《继承法》第二十六条第一款“夫妻在婚姻关系存续期间所得的共同所有的财产，除有约定的以外，如果分割遗产，应当先将共同所有的财产的一半分出为配偶所有，其余的为被继承人的遗产”，并无不当。以上法律均是基于存在婚姻关系的夫妻之间共同财产分配及遗产的继承。上诉人主张一审法院适用法律错误，本院不予支持。另，经审查，上诉人孟某一、孟某二主张（2018）鲁 14 民终 1984 号继承案件生效判决已立案再审，并无证据予以证实，故上诉人孟某一、孟某二申请本案延期审理，无事实和法律依据，本院不予支持。综上所述，孟某一、孟某二的上诉请求不能成立，应予驳回；一审判决认定事实清楚，适用法律正确，应予维持。依照《民事诉讼法》第一百七十条第一款第一项规定，判决如下：驳回上诉，维持原判。

**第一千零六十二条　夫妻在婚姻关系存续期间所得的下列财产，为夫妻的共同财产，归夫妻共同所有：**

**（一）工资、奖金、劳务报酬；**

**（二）生产、经营、投资的收益；**

**（三）知识产权的收益；**

**（四）继承或者受赠的财产，但是本法第一千零六十三条第三项规定的除外；**

**（五）其他应当归共同所有的财产。**

**夫妻对共同财产，有平等的处理权。**

## 条文主旨

本条是关于夫妻共同财产的规定。

## 条文精释

### 一、立法背景

本条是关于夫妻共同财产的规定。关于夫妻共同财产，1950 年《婚姻法》第十条仅规定，“夫妻双方对于家庭财产有平等的所有权和处理权”，并未将夫妻共同财产这一概念从家庭财产独立出来。1980 年《婚姻法》对夫妻财产制作了明确规定，该法第十三条规定：“夫妻在婚姻关系存续期间所得的财产，归夫妻共同所有，双方另有约定的除外”。这一规定对夫妻共同财产的范围规定过宽，即除非夫妻双方对婚后财产作出约定，否则，夫妻在婚姻关系存续期间所得财产都归于夫妻共同所有。这种过于维护夫妻整体利益的立法模式，忽视了个人独立人格，对个人财产的保护力度不够。2001 年《婚姻法》第十七条延续了 1980 年《婚姻法》对夫妻财产制的规定，但对夫妻共同财产的范围作了细化列举式规定“夫妻在婚姻关系存续期间所得的下列财产，归夫妻共同所有：（一）工资、奖金；（二）生产、经营的收益；（三）知识产权的收益；（四）继承或赠与所得的财产，但本法第十八条第三项规定的除外；（五）其他应当归共同所有的财产。夫妻对共同所有的财产,有平等的处理权”。这一修改主要是为了适应社会发展需求,充分保护自然人个人财产所有权和对财产权利的合理行使。此后,司法解释对这一条文不断进行修改和完善。《婚姻法解释二》第十一条对“其他应当归共同所有的财产”进行列举式解释,包括:(一)一方以个人财产投资取得的收益;(二)男女双方实际取得或者应当取得的住房补贴、住房公积金;(三)男女双方实际取得或者应当取得的养老保险金、破产安置补偿费。第十二条对“知识产权的收益”解释为指婚姻关系存续期间,实际取得或者已经明确可以取得的财产性收益。第十四条对发放到军人名下的复员费、自主择业费等一次性费用如何计算夫妻共同财产的数额,予以明确为:以夫妻婚姻关系存续年限乘以年平均值,所得数额为夫妻共同财产。年平均值,是指将发放到军人名下的上述费用总额按具体年限均分得出的数额。其具体年限为人均寿命七十岁与军人入伍时实际年龄的差额。而《婚姻法解释三》第五条则明确了夫妻一方个人财产在婚后产生的收益原则上应认定为夫妻共同财产,但孳息和自然增值除外。以上所称夫妻共同财产,从物权法角度评价,应属于共同共有性质。除此之外,夫妻之间还可能基于法定或约定对特定财产为按份共有。是由于社会经济发展,除工资、奖金之外,个人还可能取得其他劳务报酬。单纯的工资、奖金已不能满足社会需要,因此立法予以扩张,使夫妻共同财产的认定更为科学合理。在 2018 年 8 月《婚姻家庭编(一审稿)》中,将第八百三十九条第四项“继承或者赠与所得的财产”改为“继承或者受赠所得的财产”,这一变化是语义表述的调整,使条文更加精确。2019 年 5 月 14 日《婚姻家庭编(座谈会稿)》中,针对第四项“继承或者受赠所得的财产”,有专家认为应当删去“所得”二字,直接表述为“继承或者受赠的财产”,使法条文义更精准得当。2019 年 7 月公布的《婚姻家庭编(二审稿)》采纳这一建议,第八百三十九条第四项规定“继承或者受赠的财产,但是本法第八百四十条第三款规定的除外”。《婚姻家庭编(三审稿)》在此基础上进行了进一步的修改,主要有两个修改点:一是将“归夫妻共同所有”改为了“为夫妻的共同财产”,这一变更甚为重要,关系到夫妻共同财产的性质。法律上的共有包括共同共有与按份共有,若依之前的立法,夫妻共同财产便径行为共同所有,排除按份共有之可能性。这在讨论时曾引起过争议,笔者也就这一问题在 2019 年婚姻家庭法立法论坛上提出过意见。修改后的法条将这一规定变更,不再强制规定夫妻共同财产为共同共有,具体的性质交由《物权编》进行协调,使法律条文间更具有协调性、整体性。二是将第二项“生产、经营的收益”改为了“生产、经营、投资的收益”。这一修改的主要原因为随着社会经济发展,投资行为与经营行为逐渐出现了分离，譬如购买基金、股票等行为，已难以进一步纳入生产经营行为范畴。之前的2004年《婚姻法解释二》第十一条第一项规定“一方以个人财产投资取得的收益”为夫妻共同所有的财产，已经先行作出了有益尝试。本条为了立法的统一与明确，对这一问题条款进行了扩充，是立法精确化的体现。

## 二、争议观点

本条和第一千零六十三条、第一千零六十四条、第一千零六十五条、第一千零六十六条共同构成了对夫妻财产制①的规定。夫妻财产制又称婚姻财产制，是规定夫妻财产关系的法律制度。其内容包括夫妻婚前财产和婚后所得财产的归属、管理、使用、收益、处分，以及家庭生活费用的负担，夫妻债务的清偿，婚姻终止时夫妻财产的清算和分割问题，核心是夫妻婚前财产和婚后所得财产的所有权归属问题。在古代，各国立法对夫妻财产多采“吸收财产制”，否定妻子的独立财产权。近代以来，随着社会逐渐进步，男女平等原则逐渐成为人类社会共识。平等首先就是男女人格平等，而人格平等的最重要前提就是独立财产。在此理念下，各国对于夫妻财产归属的立法已经出现多种形式。根据不同的划分标准，可以将夫妻财产制划分为不同的种类。

### （一）法定财产制与约定财产制

这是以夫妻财产制产生的依据为标准。法定财产制，又称正常的夫妻财产制、当然的夫妻财产制、补充的夫妻财产制，是指夫妻双方在婚前或婚后未订立夫妻财产契约，或在财产约定无效的情况下，依照法律规定当然适用的夫妻财产制。在不同国家和不同的历史时期，直接适用的法定夫妻财产制形式也不尽相同，主要有分别财产制、共同财产制、剩余共同财产制等形式。约定财产制，即夫妻以约定的形式决定婚姻财产关系的财产制度，这是对夫妻自主决定权的尊重，在多数国家均被予以肯定。约定财产制的效力高于法定财产制，只有在无约定或者约定无效时才适用法定财产制。

### （二）普通财产制和非常财产制

这是以夫妻财产制的适用情况为分类标准。普通财产制，是指在通常情况下，依婚姻双方当事人的约定或依法律的直接规定而适用的财产制，主要包括约

---

①　也有学者认为，从狭义上讲，夫妻财产制是指婚姻关系存续期间有关夫妻财产所有权的制度。巫昌祯主编：《婚姻与家庭继承法学》（第6版），中国政法大学出版社2017年版，第203页。

定财产制和法定财产制。非常财产制，是针对普通财产制而言的，指在出现法定事由时，依据法律之规定或经夫妻一方的申请，由法院宣告，撤销原来依法定或约定设立的共同财产制，改设为分别财产制。非常财产制可以分为当然的非常法定财产制与宣告的非常法定财产制。(1)当然的非常法定财产制，即夫妻一方受破产宣告时，基于法律的规定，其夫妻财产制当然设定为分别财产制。例如，意大利《民法典》第一百九十一条规定，在配偶一方破产的情况下，夫妻共同财产关系终止，实行分别财产制。(2)宣告的非常财产制，原共同财产制的撤销需要夫妻一方或债权人的申请，由国家裁决。例如德国《民法典》第一千四百四十七条、第一千四百四十八条和第一千四百六十九条之规定。

(三)统一财产制、联合财产制、共同财产制、分别财产制和剩余共同财产制

这是以夫妻财产制的内容为划分标准。统一财产制，是指婚后除特有财产外，妻的婚前财产估定价额，转归丈夫所有，妻子在婚姻关系终止时，可以就此项财产原物或价金请求行使返还请求权。这一制度有明显的夫权思维，被早期资本主义国家广为采用，现代国家很少采用。联合财产制，是指夫妻婚前财产与婚后所得财产仍归各自所有，但除特有财产外，夫妻财产均由夫联合管理。丈夫对妻子原有的财产享有占有、使用、管理、收益的权利，必要时有处分权，代价就是负担生活费用;婚姻关系终止时，妻的财产由其本人收回或由其继承人继承。这一制度在近现代资本主义国家被采纳，但是由于仍有不平等因素，原采此制的一些国家已废止此制另采新制。共同财产制，是指除特有财产外，夫妻的全部财产或部分财产归双方共同所有，婚姻关系终止时予以分割。以共同的范围为标准，又可将共同财产制分为以下形式:1. 一般共同制。一般共同制是指除法律另有规定，夫妻婚前或婚后的一切财产均归夫妻共有。2. 动产及婚后所得共同制。动产及婚后所得共同制是指夫妻婚前的动产及婚后所得的财产为夫妻共有。3. 婚后所得共同制。婚后所得共同制是指除法律另有规定外，夫妻在婚姻关系存续期间内所得财产及其孳息归夫妻共同所有。4. 婚后劳动所得共同制。婚后劳动所得共同制，是指夫妻在婚姻关系存续期间内生产和经营所得的劳动财产为夫妻共有，非劳动所得的财产归各自所有。分别财产制，是指夫妻婚前、婚后所得的财产均归各自单独所有，只有在对方同意的情况下，一方才能享有对另一方财产的处分权。婚姻关系存续期间共同生活的费用由夫妻共同负担，婚姻关系终止时，对夫妻财产通过结算予以分配或继承。剩余共同财产制，是指在婚姻关系存续期间，

夫妻所得虽归各自所有，各自行使占有、使用、收益、管理和有限处分（为保全剩余财产的分割请求权，限制夫妻一方对财产的处分权）的权利，但夫妻关系终止后，将夫妻各方所得财产扣除当初财产，剩余财产较少的一方享有对另一方多余差额1/2 的分割请求权。这一制度是以分别财产制为基石，引进共同财产制而形成的复合型财产制。在现代社会，夫妻财产制的立法目的是坚持夫妻平等，维护夫妻共同生活和保护交易第三人的合法权益。因此，当今各国夫妻财产制的立法趋势为分别财产制与共同财产制相互融合，即共同财产制引入分别财产制的因素，分别财产制走向增加夫妻共享权。

## 三、条文解释

本条是关于夫妻共同财产的规定。夫妻共同财产，是指除法律另有规定或当事人另有约定外，夫妻双方或一方在婚姻关系存续期间所得的财产。

（一）夫妻共同财产的特征

1. 主体。夫妻共同财产所有权的主体为具有婚姻关系的夫妻。婚姻关系被宣告无效或被撤销的婚姻、同居等不具有合法婚姻关系的当事人不是夫妻共同财产所有权的主体。

2. 取得时间。夫妻共同财产所有权的取得时间是婚姻关系存续期间，即合法婚姻从领取结婚证之日起，到配偶一方死亡或者离婚生效时止。夫妻分居期间或离婚判决未生效期间，仍属于婚姻关系存续期间。同时还需要强调的是，“夫妻在婚姻关系存续期间内所得的财产”，“所得”的对象应当是财产权益的取得，而不是财产的实际控制。在司法实践中，财产权利的取得与实际财产的取得有时是同步的，而有时却是存在先后顺序的。

3. 来源。夫妻关系存续期间取得的财产权益，法律另有规定或当事人另有约定的除外。

只有同时具备以上三个要件，才是夫妻共同财产。

（二）夫妻共同财产的范围

1. 工资、奖金、劳务报酬

这里的“工资、奖金、劳务报酬”应当进行扩大解释，包含所有夫妻一方或双方自婚后所得的劳动报酬、劳务报酬，包括但不限于工资和作为工资组成部分的奖金。这里要注意的是，本条在之前的几次审议稿中，都表示的是“工资、奖金与其他劳务报酬”。该种表示实际是将劳动报酬和劳务报酬两种法律性质不同的收入混同。对此，笔者曾多次在全国人大、最高法院、中国法学会等组织的内部征求建议会议上提出将劳务报酬与工资、奖金等劳动报酬作出区分，并在2019年中国婚姻家庭法论坛的主题发言中公开提出建议，删除“其他”将“劳务报酬”与“工资、奖金”并列。从本条最终定稿表述来看，立法者已经意识到上述不同，并作出了明确区分。

2. 生产、经营、投资的收益

指夫妻双方或一方在婚后从事生产、经营、投资所得的劳动收入和资本性收入。本条在2001年《婚姻法》第十七条规定基础上增加了“投资”二字，将投资与生产、经营并列，符合当前社会公众财产来源多元化趋势要求。这里的生产、经营既指农民的生产劳动收入，又包括工业、服务业、信息业等行业的生产、经营收入。至于买卖股票、证券所得收益或投资公司、企业的股份分红所得收入则属于投资收益。

3. 知识产权的收益

需要强调的，知识产权具有人身性，因此一方所取得的“知识产权”是归实际取得知识产权的一方所有，夫妻共有的只是夫妻一方在婚后转让或许可他人使用自己的著作权、专利权、商标权和发明权等知识产权而取得的经济收入。若该知识产权收益虽在夫妻关系存续期间内尚未取得，但将来可以明确取得，也属于夫妻共同财产。对此，《婚姻法解释二》第十二条对“知识产权的收益”解释为指婚姻关系存续期间，实际取得或者已经明确可以取得的财产性收益。

4. 继承或受赠的财产

2001年《婚姻法》第十七条第一款第四项规定的是“继承或赠与所得的财产”，本条将之修改为“继承或者受赠的财产”这样表述更为精准。此外，这里的受赠既包括基于一般赠与合同取得的财产，也包括遗赠取得的财产。根据《民法典》第六百五十八条规定“赠与人在赠与财产的权利转移之前可以撤销赠与。经过公证的赠与合同或者依法不得撤销的具有救灾、扶贫、助残等公益、道德义务性质的赠与合同，不适用前款规定。”因此，本条所谓“受赠的财产”一般是指权利已经转移给夫妻一方的赠与财产。特殊情形下，该财产还可包括公证赠与合同债权或者具有救灾、扶贫、助残等公益、道德义务性质的赠与合同债权。至于受遗赠财产，则应考虑受遗赠是否实施了《民法典》第一千一百二十五条第一款规定的行为，如果受遗赠人有上述行为的，丧失受遗赠权。相应地，夫妻一方就不可能取得该受赠财产的权利，也就不存在夫妻共同财产的问题。此外，从尊重赠与人的意思自治出发，本条还规定如果有《婚姻家庭编》第一千零六十三条“（三）遗嘱或赠与合同中确定只归一方的财产”情形，则也不属于夫妻共同财产。

5. 其他应当归共同所有的财产

本项属于兜底条款，是对不符合上述各项规定，但应当属于夫妻共同所有的其他财产的概括性规定。夫妻其他共同财产的范围包括但不限于以下几种：一是一方以个人财产投资取得的收益；二是男女双方实际取得或者应当取得的住房补贴、住房公积金；三是男女双方实际取得或者应当取得的养老保险金、破产安置补偿费。

（三）夫妻共同财产所有权的行使

夫妻共同财产的性质是共同共有，即夫妻对全部共同财产不分份额地享有同等的权利，承担同等的义务，对共同财产享有平等的占有、使用、收益和处分的权利，与各自收入数量、从事的工作无关。夫妻在对共同财产行使处分权时，应当平等协商，在征求对方同意的情况下做出处分，而不应违背他方意志擅自处理。需要注意的是，本条与本法第一千零六十条家事代理权的配合使用。第一千零六十条规定，“夫妻一方因家庭日常生活需要而实施的民事法律行为，对夫妻双方发生效力，但是夫妻一方与相对人另有约定的除外。夫妻之间对一方可以实施的民事法律行为范围的限制，不得对抗善意相对人”。也就是说，因日常生活需要处理夫妻共同财产时，夫妻双方均有家事代理权。非因日常生活需要处理夫妻共同财产，未经配偶一方同意，善意第三人可对抗不同意或不知情的另一方配偶主张。

## 关联案例

### 一、（2019）黑01民终9338号

本院认为，依据《物权法》第三十三条规定：因物权的归属、内容发生争议的，利害关系人可以请求确认权利。因此，一般情况下，不动产登记权利人即推定为实际权利人，但有证据证明购房款实际出资人不是登记权利人时，亦要根据实际出资情况确定房屋归属。根据《婚姻法》的相关规定，夫妻在婚姻关系存续期间所得财产，除法定和约定情形外，归夫妻共同所有。未成年子女作为家庭成员，一般没有独立的经济来源，日常生活也是靠父母，因此未成年子女名下的财产除因为继承、奖励、他人赠与等合法来源所获得的财产外，其余财产实际都是来源于父母，具有家庭共同财产的属性。本案中，登记在于某博名下位于哈尔滨市道里区

群力第一大道1366号观江国际小区28栋2单元2202号房屋及黑A×××××号宝马牌(BMW7201WL)小型轿车,于某博取得时虽已成年,但其尚在求学阶段,不具有独立的经济来源,其在庭审中也未举示证明其名下财产的取得来源于继承、奖励、他人赠与等合法来源的证据。故一审法院认定于某博取得上述房产及汽车时不具有独立经济来源,上述房产及汽车应属于于某民、周某莉、于某博的共同财产并无不当,本院予以确认。于某博认为杨某在本案中不属于《物权法》第三十三条规定中的利害关系人,其不具有原告主体资格。依据该条的解释,利害关系人这一名称根据《物权法》第十八条、第十九条规定的界定,杨某应属于对不动产登记信息查询的利害关系人。不动产登记信息查询的利害关系人包括交易当事人及与登记权利人有法律上纠纷的人。与登记权利人有法律上纠纷的人可以是物权纠纷也可以是债权纠纷,故杨某属于《物权法》第三十三条规定的利害关系人,其提起诉讼适格。于某博另认为一审法院适用《婚姻法》第十七条存在严重错误,该条没有规定家庭成员的财产属于夫妻共同财产或者家庭共同财产,家庭成员的财产是独立的。《婚姻法》第十七条系对夫妻共同财产的界定,没有生活经济来源的子女系家庭成员的一员,未成年或上学期间一般没有独立经济来源,日常生活尚且靠父母供给,其名下财产是共有财产的组成部分,该条系对没有经济收入的子女名下财产的家庭共有属性的解释。一审法院判决适用该条法律规定不属确有错误。于某博的上诉请求于法无据,本院不予支持。综上所述,于某博的上诉请求不能成立,应予驳回;一审判决认定事实清楚,适用法律正确,应予维持。依照《民事诉讼法》第一百四十四条、第一百六十九条、第一百七十条第一款第一项规定,判决如下:驳回上诉,维持原判。

### 二、(2019)冀09民终1910号

本院认为,本案争议焦点为:1. 案涉两套房屋是否属于上诉人何某兰与被上诉人李某桥的夫妻共同财产;2. 上诉人何某兰对案涉两套房屋是否享有足以排除强制执行的民事权益。《民诉法解释》第三百一十一条规定:"案外人或者申请执行人提起执行异议之诉的,案外人应当就其对执行标的享有足以排除强制执行的民事权益承担举证证明责任"。本案系案外人何某兰提起执行异议之诉,何某兰应就其对案涉两套房屋享有足以排除强制执行的民事权益承担举证责任。《婚姻法》第十七条规定:"夫妻在婚姻关系存续期间所得的下列财产,归夫妻共同所有:(一)工资、奖金;(二)生产、经营的收益;(三)知识产权的收益;(四)继承或赠与

所得的财产，但本法第十八条第三项规定的除外；(五)其他应当归共同所有的财产"第十八条规定："有下列情形之一的，为夫妻一方的财产：(一)一方的婚前财产；(二)一方因身体受到伤害获得的医疗费、残疾人生活补助费等费用；(三)遗嘱或赠与合同中确定只归夫或妻一方的财产；(四)一方专用的生活用品；(五)其他应当归一方的财产。"案涉的两套房屋虽然登记在被上诉人李某桥个人名下，但上诉人何某兰与被上诉人李某桥于1989年3月14日登记结婚，案涉两套房屋的登记时间分别为2004年、2009年，均在夫妻关系存续期间，根据以上《婚姻法》的相关规定，该房产属于夫妻共同财产，一审法院认定该房屋为被上诉人李某桥的个人财产，显属不当，本院予以纠正。关于何某兰对案涉两套房屋是否享有足以排除强制执行的民事权益。本院认为，民事诉讼设立执行异议之诉的目的在于保护相关民事主体对标的财产所享有的足以排除强制执行的合法权益，保护其不因标的财产被强制执行而遭受不可逆的损害。案涉河北省河间市人民法院(2015)河民初字第3739号民事判决中，被上诉人李某桥系担保人，该担保行为属于个人行为，其因担保行为所负的债务属于其个人债务，故在执行以上判决时，应保留上诉人何某兰对于案涉两套房屋中的份额。综上所述，何某兰的上诉请求成立，予以支持。依照《婚姻法》第十七条、第十八条、《民诉法解释》第三百一十一条、《民事诉讼法》第一百七十条第一款第二项规定，判决如下：一、撤销河北省河间市人民法院(2018)冀0984民初2471号民事判决；河北省河间市人民法院(2018)冀0984执异16号执行异议裁定于本判决生效时自动失效。

**第一千零六十三条　下列财产为夫妻一方的个人财产：**

**(一)一方的婚前财产；**

**(二)一方因受到人身损害获得的赔偿或者补偿；**

**(三)遗嘱或者赠与合同中确定只归一方的财产；**

**(四)一方专用的生活用品；**

**(五)其他应当归一方的财产。**

## 条文主旨

本条是关于夫妻一方个人财产的规定。

## 条文精释

### 一、立法背景

关于夫妻一方个人财产的规定,是 2001 年《婚姻法》中新增加的内容,该法第十八条规定,“有下列情形之一的,为夫妻一方的财产:(一)一方的婚前财产;(二)一方因身体受到伤害获得的医疗费、残疾人生活补助费等费用;(三)遗嘱或赠与合同中确定只归夫或妻一方的财产;(四)一方专用的生活用品;(五)其他应当归一方的财产”。这一条文通过列举的方式规定了夫妻个人财产,是对我国夫妻财产制度的一个重要完善。《婚姻家庭编(三审稿)》将第三项“遗嘱或赠与合同中确定只归夫或妻一方的财产”中的“夫或妻”删掉,是为立法语言之简洁性考虑。本条将语言再次进行调整,将第二款中的“赔偿和补偿”改为了“赔偿或者补偿”,使表述更为精准。

### 二、争议观点

(一)夫妻特有财产制与境外国家和地区立法

夫妻特有财产,又称夫妻保留财产,是指夫妻在实行共同财产制的同时,依照法律规定或夫妻约定,夫妻各自保留一定范围内的个人所有财产。依据产生原因不同,特有财产可以分为两个部分:一是法定特有财产,即依照法律规定所确定的夫妻双方各自保留的个人财产;二是约定特有财产,即夫妻依约定各自保留的个人财产。本条就属于法定特有财产的规定。

特有财产制与分别财产制不同。特有财产制是指在依法或依约定实行夫妻共同财产制的前提下,夫妻各自保留一定范围的个人财产。而分别财产制是指全部的夫妻财产,包括婚前财产和婚后财产,都归属于夫妻各自所有。许多国家和地区都有关于夫妻特有财产的规定,以下将分别介绍:

1. 瑞士

瑞士《民法典》第一百九十八条规定,根据法律规定,以下财产为夫妻一方个人所有的财产:(1)夫妻一方专有的个人使用物品;(2)结婚时属于夫妻一方所有的财产,或在婚姻关系存续期间通过继承或其他方式无偿取得的财产;(3)因精神赔偿所获得的补偿金;(4)夫妻一方个人财产的替代物。

2. 罗马尼亚

罗马尼亚家庭法典规定，下列财产不属于夫妻共同财产，而是夫妻一方的单独财产：(1)结婚前所获得的财产；(2)以继承、遗赠或赠与方式转移或获得的财产，除非赠与人规定其为共同财产；(3)夫妻任何一方供个人使用的财产或从事其职业所需要的财产；(4)作为奖品或奖金获得的财产，科学或文学手段，艺术手稿及草图，革新或发明的设计稿以及其他类似的物品；(5)保险金或作为造成个人伤害的赔偿而判给的损害赔偿金；(6)能表示或代替单独财产的价值或体现该价值的财产。

3. 我国台湾地区

我国台湾地区“民法”第一千零一十三条规定，下列财产为特有财产：(1)专供夫或妻个人使用的物；(2)夫或妻职业上必需的物；(3)夫或妻所受之赠物，经赠与人声明为其特有财产的。

综上所述，境外对于夫妻特有财产的规定有共性也有特性，这主要与各国社会实际状况和本国民间传统观念有关。

(二)个人财产在婚后的孳息和自然增值的性质归属

关于“夫妻一方个人财产在婚后的孳息和自然增值”是否属于个人财产，学界仍有较大争议。孳息，是指原物上所产生的新物，可以分为天然孳息和法定孳息。天然孳息是指依照自然规律产生出的出产物或收获物，例如果树上的果实；而法定孳息是指原物的所有人参加租赁、投资、储蓄等民事法律行为所依法获得的报酬，典型表现形式为租金、红利和利息。许多学者认为，对于夫妻婚前个人财产在婚后的孳息或自然增值应区别对待，若该个人财产在婚后所产生的孳息与配偶一方或双方所支付的时间、劳力、智力以及相互协作有关，该财产在婚姻关系存续期间的孳息或自然增值就不能被视为夫妻个人财产。这样既能保障家庭生活的圆满，又能兼顾保护夫妻个人财产的所有权。①

## 三、条文解释

本条是对夫妻特有财产范围的列举式规定，以下将进行逐项分析：

(一)一方的婚前财产

婚前财产，是指夫妻在结婚前各自所有的财产，包括婚前个人劳动、生产经营

---

① 陈苇主编：《婚姻家庭继承法学》(第3版)，群众出版社2017年版，第112页。巫昌祯主编：《婚姻与家庭继承法学》(第6版)，中国政法大学出版社2017年版，第213页。

以及投资所得、继承或受赠的财产以及其他合法财产。除非当事人另有约定，一方婚前财产不因婚姻关系的延续而转化为夫妻共同财产。相应地，在离婚时，一方的婚前财产也不能作为共同财产进行分割。

（二）一方因受到人身损害获得的赔偿或者补偿

这些财产具有人身性，与生命健康密切相关，对于个人权利的保护有着重要意义，因此只能归个人所有。本条在历次审议稿中曾表述为“赔偿和补偿”，但最后定稿时修改为“赔偿或者补偿”。这是因为，人身损害纠纷中，侵权人一般承担的都是赔偿责任，只有在极少数情形下，才有可能承担补偿责任。例如《民法典》第一千二百五十四条规定，禁止从建筑物中抛掷物品。从建筑物中抛掷物品或者从建筑物上坠落的物品造成他人损害的，由侵权人依法承担侵权责任；经调查难以确定具体侵权人的，除能够证明自己不是侵权人的外，由可能加害的建筑物使用人给予补偿。可能加害的建筑物使用人补偿后，有权向侵权人追偿。同理，军人的伤亡保险金、伤残补助金、医药生活补助费也具有人身属性，也属于夫妻一方个人财产。

（三）遗嘱或者赠与合同中确定只归一方的财产

本项规定是尊重当事人意思自治的产物。法律应当尊重被继承人或赠与人的意志，依法保护其处分个人财产的权利。因此，当遗嘱或赠与合同中确定财产只归一方所有时，法律应予以确认。应当注意的是父母在婚后为子女购买不动产的三种情形：(1)赠与子女夫妻双方共同所有。一方父母在子女婚后出全资为其购买的房产登记在该子女夫妻双方名下的，视为对夫妻双方的赠与，属于夫妻共同共有的财产。(2)赠与自己子女，归其个人所有。由一方父母在子女婚后出全资购买房产并登记在自己子女名下的，视为对自己子女的赠与，属于该子女的个人财产。(3)赠与子女双方按份共有。双方父母在子女婚后共同出资为其购买的房产，但登记在一方子女名下的，属于子女夫妻双方的按份共有财产。

（四）一方专用的生活用品

指夫妻因各自日常生活、职业所需的专业物品，例如个人的书籍、衣物等。有观点认为，婚后购置的贵重首饰、健身器材、价值较大的图书资料等生活资料，虽归个人使用，也应视为夫妻共同财产。在分割共同财产时，可以将这些物品归使用方所有，对另一方采用作价的方式予以补偿。[①] 但是，笔者认为，价值较大的生

---

① 陈苇：《婚姻家庭继承法学》(第3版)，群众出版社2017年版，第112页。

活用品也具有个人专用性，也应归个人所有。首先，这符合夫妻双方购买这一物品时的真实意愿；其次，夫妻双方在多数情况下都有价值较大的个人生活用品；最后，“价值较大”与夫妻双方经济水平、当地经济发展水平等相关，难以用统一的标准进行衡量。

（五）其他应当归一方的财产

这属于兜底性规定，随着社会经济的发展，还可能出现一些新的夫妻个人财产类型。因此，本项规定“其他应当归一方的财产”。

## 关联案例

### 一、（2019）湘09民终196号

本院认为，本案的争议焦点是刘某风对位于桃花江镇迎宾路休闲广场旁（2间×4层）房屋3～4层是否享有占有、使用、居住的权利。2013年4月25日刘某风与钟某锋协议离婚，离婚协议约定，诉争房屋产权归儿子钟某所有，刘某风居住此房的3～4层。2014年3月31日刘某风与钟某锋办理复婚登记。2014年10月27日刘某风与钟某锋再次协议离婚，离婚协议约定，所有共同财产归男方，男方只给女方3万元现金。由此可知，第一份离婚协议约定的刘某风对诉争房屋3～4层的居住权，因刘某风与钟某锋复婚后共同生活而终止。刘某风与钟某锋复婚后再次协议离婚，第二份离婚协议并未约定刘某风对诉争房屋3～4层享有占有、使用、居住的权利，该协议对双方具有约束力，双方应当切实履行，且刘某风现已与他人结婚，重新组建家庭。故刘某风的主张，于法无据，本院不予支持。综上所述，刘某风的上诉请求不能成立，应予驳回；一审判决认定事实清楚，适用法律正确，应予维持。依照《民事诉讼法》第一百七十条第一款第一项规定，判决如下：驳回上诉，维持原判。

### 二、（2019）黑01民终3807号

一审法院认为，经庭审释明，刘某华表示其诉讼请求的真实意思为，撤销周某娟与张某臣于2013年10月25日签订的房屋买卖合同，理由是周某娟未经刘某华同意、擅自处分夫妻共同财产即涉案房产。关于涉案房产是否是刘某华、周某娟夫妻共同财产的问题，已生效的（2016）黑0103民初10811号民事判决书对此做出过认定，一审法院予以认可，即涉案房产虽系周某娟在与刘某华婚姻关系存续

期间取得，但因被继承人周某书在遗嘱中写明涉案房产由周某娟全部继承，故根据法律规定，涉案房产为周某娟个人财产，周某娟有权处分，因此刘某华主张涉案房产系夫妻共同财产于法无据，一审法院不予支持；刘某华未主张亦未举证证明，周某娟与第三人张某臣之间的房屋买卖合同存在可撤销的法定情形，故对于刘某华的诉讼请求，一审法院不予支持。判决如下：驳回刘某华的诉讼请求。

本院认为，案涉房产系被继承人周某书的遗产，根据生前经过公证的遗嘱内容，明确载明案涉房产由周某书的女儿周某娟全部继承。《婚姻法》第十八条第三项规定，遗嘱或赠与合同中确定只归夫或妻一方的财产为夫妻一方的财产。故案涉房产为周某娟的个人财产，并非夫妻共同财产，周某娟有权独自处分。案涉合同是各方当事人的真实意思表示，没有欺诈、胁迫等应予撤销情节，且刘某华对案涉房产不享有权益，故刘某华请求撤销周某娟同张某臣之间的转让房产行为缺乏事实和法律依据，本院不予支持。综上所述，刘某华的上诉请求不能成立，应予驳回；一审判决认定事实清楚，适用法律正确，应予维持。依照《民事诉讼法》第一百七十条第一款第一项规定，判决如下：驳回上诉，维持原判。

**第一千零六十四条　夫妻双方共同签名或者夫妻一方事后追认等共同意思表示所负的债务，以及夫妻一方在婚姻关系存续期间以个人名义为家庭日常生活需要所负的债务，属于夫妻共同债务。**

**夫妻一方在婚姻关系存续期间以个人名义超出家庭日常生活需要所负的债务，不属于夫妻共同债务；但是，债权人能够证明该债务用于夫妻共同生活、共同生产经营或者基于夫妻双方共同意思表示的除外。**

## 条文主旨

本条是关于夫妻共同债务的规定。

## 条文精释

### 一、立法背景

关于夫妻债务的规定，1950 年《婚姻法》第二十四条规定，“离婚时，原为夫妻共同生活所负担的债务，以共同生活时所得财产偿还；如无共同生活时所得财产或共同生活时所得财产不足清偿时,由男方清偿。男女一方单独所负的债务,由本人偿还”。这一规定对个人债务与共同债务做了初步划分,是对夫妻债务承担的最早规定。该条规定在债务承担问题上侧重保护女方利益,是因为当时女方参加工作的较少,经济收入相应也少。1980 年《婚姻法》对此进行了修改,第三十二条规定“离婚时,原为夫妻共同生活所负的债务,以共同财产偿还。如该项财产不足清偿时,由双方协议清偿;协议不成时,由人民法院判决。男女一方单独所负债务,由本人偿还”。这一规定顺应社会发展,规定对于共同债务共同承担,特殊情况下先协议清偿,协商不成由人民法院作出判决。对于夫妻一方单独所负债务,则由本人偿还。可见,该条对于夫妻共同债务和夫妻一方个人债务,以所欠债务的目的、用途作为区分标准,所欠债务是为了夫妻共同生活的,即可推定为夫妻共同债务。反之,是夫妻一方的个人债务。1993 年最高人民法院《关于人民法院审理离婚案件处理财产分割问题的若干具体意见》中第十七条也规定,“夫妻为共同生活或为履行抚养、赡养义务等所负债务,应认定为夫妻共同债务,离婚时应当以夫妻共同财产清偿。下列债务不能认定为夫妻共同债务,应由一方以个人财产清偿:(1)夫妻双方约定由个人负担的债务,但以逃避债务为目的的除外;(2)一方未经对方同意,擅自资助与其没有抚养义务的亲朋所负的债务;(3)一方未经对方同意,独自筹资从事经营活动,其收入确未用于共同生活所负的债务;(4)其他应由个人承担的债务”。第十八条规定,“婚前一方借款购置的房屋等财物已转化为夫妻共同财产的,为购置财物借款所负债务,视为夫妻共同债务”。这一规定提出夫妻双方合意推定制,即离婚时确认夫妻共同债务的标准采取合意推定制。上述规定施行后,取得了一定积极效果。但司法实践中,夫妻以不知情为由规避债权人,通过离婚恶意转移财产给另一方,借以逃避债务的情形并不少见。为了解决夫妻双方联手坑债权人的问题,2004 年《婚姻法解释二》第二十四条规定“债权人就婚姻关系存续期间夫妻一方以个人名义所负债务主张权利的,应当按夫妻共同债务处理。但夫妻一方能够证明债权人与债务人明确约定为个人债务,或者能够证明属于婚姻法第十九条第三款规定情形的除外。”该条在实务中引发巨大争议,多数意见认为,该条不利于保护没有举债一方(主要是妻子)的合法权益。但实践中却出现更严重的问题——夫妻举债一方与债权人恶意串通损害配偶利益。在实践中引起了很大的争议。为了方便实务中正确理解和适用该条规定,最高人民法院决定对该条作出补充规定。笔者承担了起草该补充规定及相关文件的具体工作,并执笔完成了最高人民法院《关于适用〈婚姻法〉若干问题的解释(二)的补充规定》及其配套文件最高人民法院《关于依法妥善审理涉及夫妻债务案件有关问题的通知》(法〔2017〕48 号),该补充规定在《婚姻法解释二》第二十四条的基础上增加两款,分别作为该条第二款和第三款:夫妻一方与第三人串通,虚构债务,第三人主张权利的,人民法院不予支持。夫妻一方在从事赌博、吸毒等违法犯罪活动中所负债务,第三人主张权利的,人民法院不予支持。虽然该条部分解决了夫妻共同债务中的虚假债务问题和违法债务问题,但对于司法实践中,夫妻一方所负的真实的巨额合法债务,让另一方共同承担,显失公平的问题,仍未得到解决。为此,最高人民法院又在 2018 年颁布了最高人民法院《关于审理涉及夫妻债务纠纷案件适用法律有关问题的解释》(法释〔2018〕2 号)。该解释共四条,明确了夫妻共同债务的范围,并合理分配举证证明责任,基本解决了夫妻共同债务问题。对于夫妻共同债务问题,2019 年 5 月《婚姻家庭编(草案)(座谈会讨论稿)》中,新增了关于夫妻债务的条文,基本沿用前述法释〔2018〕2 号司法解释,规定"夫妻在婚姻关系存续期间产生的下列债务,属于夫妻共同债务:(一)夫妻双方共同签字或者一方事前同意、事后追认的债务;(二)夫妻一方以个人名义为家庭日常生活需要所负的债务;(三)夫妻一方以个人名义超出家庭日常生活需要所负且债权人能够证明用于夫妻共同生活、共同生产经营或者基于双方共同意思表示的债务;(四)其他依法应当由夫妻共同负担的债务"。讨论时还有一种方案是将第三项改为"夫妻共同财产维护所负的债务"。同时新增一条规定"在婚姻关系存续期间,夫妻一方所负非专属其个人的债务,可以夫妻共同财产清偿。夫妻另一方个人因此债务获益的,以其获益数额为限承担清偿责任"。在听取专家学者意见且结合法释〔2018〕2 号的实施情况后,最终采取了第一种方案,即本条规定。这一规定防范了夫妻一方串通债权人损害另一方利益的风险,更避免了夫妻一方在不知情、未受益的情况下"被负债"的风险,保障了未举债夫妻一方的知情权、同意权。

## 二、争议观点

我国学界对于夫妻共同债务的认定问题,主要有以下几种代表性观点:

(一)时间标准

该观点认为,只要在婚姻关系存续期间,无论夫妻一方或双方对外负债,均属于夫妻共同债务。这一观点的法理基础在于夫妻财产共有制,即婚姻关系存续期间内获得的大多数财产都是夫妻共同财产。因而,相对应地,婚姻关系存续期间所负的债务就应认定为夫妻共同债务。但这一观点的逻辑漏洞在于,婚姻关系存续期间所得的应被认为是夫妻共同财产的部分,对应的债务应为用于创造夫妻共同财产的债务。

(二)用途标准

该观点认为,要以债务用途或举债目的为标准进行夫妻共同债务的认定。例如,有的学者认为,应当以是否符合"家庭利益"为判断标准。即在夫妻共同财产制的前提下,只要为了家庭利益,无论以个人名义还是以夫妻双方名义,都应当认定为夫妻共同债务。在家庭利益的认定中,应当以是否有利于夫妻团体及其未成年子女、父母的人格与社会经济地位的发展,并结合家庭的经济状况和生活习惯,以及通常的社会观念进行个案判断。夫或妻对外提供担保、对第三人较大数额的赠与等不在此限。夫或妻共同经营个人独资企业所负债务,可以推定是为了"家庭利益"。①

(三)合意标准

该观点认为,只要夫妻有共同举债的合意,即可被认定为共同债务,无论其用途是否为夫妻共同生活。即夫妻以一方名义负债,但只要能够证明双方有共同举债合意,该债务即应被认定为夫妻共同债务,由夫妻双方共同承担清偿责任。

(四)折中说

这一观点认为,应当采用"目的"和"意思表示"双重判断标准,即既要看举债目的是否为共同经营生活,又要看夫妻是否均有承担该债务的意思表示。这两个部分相辅相成,不可缺少。②

## 三、条文解释

本条通过两款对夫妻共同债务和个人债务进行了划分,以下将详细进行分析:

(一)夫妻共同债务"共债共签"原则

本条规定,"夫妻双方共同签名或者夫妻一方事后追认等共同意思表示所负的债务"为夫妻共同债务。这一规定强调了夫妻共同债务形成的"共债共签"原则。即对于夫妻有共同意思表示所负的债务,应认定为夫妻共同债务。这种制度

① 冉克平:《夫妻团体债务的认定及清偿》,载《中国法学》2017 年第 5 期。
② 夏吟兰:《我国夫妻债务推定规则之检讨》,载《西南政法大学学报》2011 年第 13 卷第 1 期。

安排，一方面，有利于保障夫妻另一方的知情权和同意权，可以从债务形成源头上尽可能杜绝夫妻一方“被负债”现象发生；另一方面，也可以有效避免债权人因事后无法举证证明债务属于夫妻共同债务而遭受不必要的损失，对于保障交易安全和夫妻一方合法权益，具有积极意义。同时，这一规定还发挥了法律的指引功能，引导债权人加强事前风险防范，在形成债务尤其是大额债务时，为避免事后引发不必要的纷争，尽可能要求夫妻共同签名。

（二）一方以个人名义为家庭日常生活需要所负债务

“家庭日常生活需要”，又称“日常家事”，本条应与本法第一千零六十条关于“家事代理权”的规定相结合。该条规定“夫妻一方因家庭日常生活需要而实施的民事法律行为，对夫妻双方发生效力，但是夫妻一方与相对人另有约定的除外”。因此，在夫妻未约定分别财产制或者虽约定但债权人不知道的情况下，夫妻一方以个人名义为家庭日常生活需要所负的债务，推定为夫妻共同债务，债权人无须举证证明。如果举债人的配偶一方反驳认为不属于夫妻共同债务的，则由其举证证明所负债务并非用于家庭日常生活。我国关于“家庭日常生活”的相关规定，可见于浙江省高级人民法院《关于审理民间借贷纠纷案件若干问题的指导意见》第十九条与江苏省高级人民法院《家事纠纷案件审理指南（婚姻家庭部分）》第四十七条。由于我国各地文化、习俗、生活方式、经济水平等差距较大，对日常家事范围进行列举并不可行。因此，此次立法仅概括性地规定“家庭日常生活需要”。笔者认为，判断某一行为是否符合“家庭日常生活需要”，应考虑以下几点：一是该行为是否满足夫妻日常生活需要；二是该行为是否会对夫妻共同生活产生决定性影响，是否改变家庭生活状态，只有符合家庭生活水平的行为才是“家庭日常生活需要”的行为。

（三）一方以个人名义超出家庭日常生活需要所负的债务

对于夫妻一方以个人名义所负的超出家庭日常生活需要的债务，例如应对某些对家庭日常生活产生重大影响的行为予以排除，例如不动产以及大额动产的处分、大额担保与借贷、分期付款购买价值巨大财产的行为、风险较大的投资行为等。上述行为导致的债务，债权人主张属于夫妻共同债务的，应当由其根据《民事诉讼法》第六十四条“当事人对自己提出的主张，有责任提供证据”等规定，举证证明该债务属于夫妻共同生活、共同生产经营所负债务，或者所负债务基于夫妻双方共同的意思表示。如果债权人不能证明的，则不能认定为夫妻共同债务。

总之，这一规定在“共签共债”的原则下，以“家事代理、用于家庭日常生活用途规则”为兜底的操作细则，对债务用途的推定、排除及举证责任分配设计了较为符合利益平衡和当下社会现实的机制，结束了此前多个不相一致的规范性文件并行的混乱局面，实现了《婚姻法》夫妻财产共有制与《合同法》合同相对性原则的有机衔接。

## 关联案例

### 一、(2019)最高法民终579号

本院认为，本案的争议焦点为：(1)案涉借款本息及律师费用应否认定为邢某与孙某铭夫妻共同债务；(2)中川矿业公司是否应对案涉借款本息及律师费用承担连带清偿责任；(3)建行平凉分行主张的律师费用应否予以支持。关于案涉借款本息及律师费用应否认定为邢某与孙某铭夫妻共同债务问题。本案中，孙某铭、邢某于2012年4月9日共同向建行平凉分行出具了《个人无限连带保证责任承诺函》，该承诺函系建行平凉分行接受新世纪工贸公司委托并以己名义与孙某铭、邢某签订，目的是为2012年4月6日《委托贷款合同》所涉新世纪工贸公司债权提供担保。孙某铭、邢某在该承诺函中承诺以本人所有财产和夫妻共同财产(减去基本生活费用后的部分)对新世纪工贸公司案涉债权提供连带保证，承诺内容为对案涉债权承担保证责任，并不构成债务承担。建行平凉分行对邢某保证责任已过保证期间的事实予以认可。孙某铭2013年9月10日另行出具《承诺函》，对鑫山矿业公司所负债务作出了由其个人承担的意思表示，并以自己及配偶邢某的财产为债权提供保证。孙某铭对鑫山矿业公司债务承担的意思表示系以其个人名义出具，且超出家庭日常生活需要。鉴于邢某并未在该《承诺函》上签名，邢某不受该《承诺函》的约束。最高人民法院《关于审理涉及夫妻债务纠纷案件适用法律有关问题的解释》第三条规定：“夫妻一方在婚姻关系存续期间以个人名义超出家庭日常生活需要所负的债务，债权人以属于夫妻共同债务为由主张权利的，人民法院不予支持，但债权人能够证明该债务用于夫妻共同生活、共同生产经营或者基于夫妻双方共同意思表示的除外。”建行平凉分行提交的证据不能证明上述债务用于邢某、孙某铭夫妻共同生活或共同生产经营，其基于夫妻共同债务主张邢某承担案涉借款本息及律师费用，本院不予支持。

### 二、(2018)冀09民终5307号

本院认为，依据欠条“供货人”及未约定利息等内容，可以认定本案是买卖合

同纠纷,不存在借贷法律关系。上诉人刘某茹认可音响器材安装在其与赵某正婚姻关系存续期间共同生活的婚房里,因此,一审判决认定该家庭影院音响器材属于赵某正和刘某茹日常生活用品,并无不当。每个家庭的生活水平、追求的生活品质各有差异,上诉人未举证证明音响器材的价款超出其家庭日常生活需要范围,依照最高人民法院《关于审理涉及夫妻债务纠纷案件适用法律有关问题的解释》第二条的规定"夫妻一方在婚姻关系存续期间以个人名义为家庭日常生活需要所负的债务,债权人以属于夫妻共同债务为由主张权利的,人民法院应予支持。"因此,一审法院认定案涉债务属于赵某正、刘某茹夫妻共同债务于法有据,本院予以认可。赵某正、刘某茹之间的内部债务承担约定不能对抗不知情的被上诉人耿某兵,刘某茹承担责任后,可以依据其与赵某正之间的约定向赵某正追偿。综上所述,刘某茹的上诉请求不能成立,应予驳回;一审判决认定事实清楚,适用法律正确,应予维持。本院依照《民事诉讼法》第一百七十条第一款第一项规定,判决如下:驳回上诉,维持原判。

**第一千零六十五条　男女双方可以约定婚姻关系存续期间所得的财产以及婚前财产归各自所有、共同所有或者部分各自所有、部分共同所有。约定应当采用书面形式。没有约定或者约定不明确的,适用本法第一千零六十二条、第一千零六十三条的规定。**

**夫妻对婚姻关系存续期间所得的财产以及婚前财产的约定,对双方具有法律约束力。**

**夫妻对婚姻关系存续期间所得的财产约定归各自所有,夫或者妻一方对外所负的债务,相对人知道该约定的,以夫或者妻一方的个人财产清偿。**

## 条文主旨

本条是关于约定财产制的规定。

## 条文精释

### 一、立法背景

夫妻约定财产制在我国有着较深厚的历史渊源。1950 年《婚姻法》虽未明文规定夫妻财产约定,但允许实行夫妻财产约定。中央人民政府法制委员会《关于婚姻法起草经过和起草理由的报告》中指出,婚姻法关于夫妻财产关系的概括性规定,不妨碍夫妻间根据男女权利平等和地位平等原则作出任何种类家庭财产的所有权、处理权与管理权相互自由的约定;对一切种类的家庭财产问题,都可以用夫妻双方平等的、自由的约定方法来解决。1980 年《婚姻法》第十三条规定,“夫妻在婚姻关系存续期间所得的财产,归夫妻共同所有,双方另有约定的除外”。这一规定虽允许夫妻对婚姻存续期间所得财产的归属进行约定,但并未规定约定的范围、约定的条件和方式等。最高人民法院 1993 年 11 月出台的《关于人民法院审理离婚案件处理财产分割问题的若干具体意见》第一条规定,“夫妻双方对财产归谁所有以书面形式约定的,或以口头形式约定,双方无争议的,离婚时应按约定处理。但规避法律的约定无效”。2001 年《婚姻法》第十九条在此基础上进行补充和完善,规定“夫妻可以约定婚姻关系存续期间所得的财产以及婚前财产归各自所有、共同所有或部分各自所有、部分共同所有。约定应当采用书面形式。没有约定或约定不明确的,适用本法第十七条、第十八条的规定。夫妻对婚姻关系存续期间所得的财产以及婚前财产的约定,对双方具有约束力。夫妻对婚姻关系存续期间所得的财产约定归各自所有的,夫或妻一方对外所负的债务,第三人知道该约定的,以夫或者妻一方所有的财产清偿。”这一条文是对我国夫妻财产制的重大完善。《婚姻家庭编(一审稿)》中,将第一款“夫妻双方”改为了“男女双方”,这是由于男女双方可能在婚前即进行了夫妻财产制的约定。为了回应这一实践情况,也为了法律的准确性,对表述进行了修改和完善。此后的座谈会稿、历次审议稿均对此予以沿用。《婚姻家庭编(三审稿)》中将第二项“约束力”明确为“法律约束力”,表述更为明确。

## 二、争议观点

### (一)约定财产制

约定财产制,即夫妻以约定的形式决定婚姻财产关系的财产制度,这是对夫妻自主决定权的尊重。它在多数国家均被予以肯定。约定财产制的效力高于法定财产制。只有在无约定或者约定无效时才适用法定财产制。就允许约定的范围来看,各国主要有三种不同的立法例:

1. 独创式的夫妻财产契约制度,又称自由式的约定财产制契约,即夫妻双方可以自由约定夫妻财产关系的内容,只要内容与夫妻财产关系有关,且不违反一般契约的禁止性规定，法律就不予以限制。这一制度的优点在于充分尊重当事人的处分权，满足他们对夫妻财产关系个性化的需求，充分体现了当事人意思自治的原则。缺点在于，如果不加规范，就会因个体利益需求差异过大，而导致契约内容复杂混乱，不利于对第三人利益的保护。典型的国家为日本、英国。

2. 选择式的夫妻财产契约制度，即法律明确规定可供选择的夫妻财产制契约类型，当事人只能在其中选择一种。这一制度的优点在于通过对约定财产制类型的限制，使夫妻财产制约定更为单纯化、固定化，有利于维护交易安全和第三人利益的保护。缺点在于，固定、有限的约定夫妻财产制类型，会限制夫妻双方的财产处分自由。典型的国家为德国、瑞士。

3. 特殊的夫妻财产契约制度。它既不采取选择式的夫妻财产契约制度，也禁止当事人独创夫妻财产契约的内容，仅允许约定特有财产。典型的国家为瑞典。有的学者认为，这一制度其实更为接近共同财产制。①

（二）夫妻财产制契约

1. 夫妻财产制契约的性质

关于夫妻财产制契约的性质，日本学界有着较大争议：

（1）财产行为说。主张这一学说的学者认为，夫妻财产制契约针对的对象是财产，属于涉及自然属性的财产法的法律行为，应受财产法的管理。第二次世界大战前，日本多数学者持此观点。（2）身份行为说。有学者将身份行为分为三类：形成的身份行为，这类行为直接造成身份的创设、废止和变更，例如结婚、离婚、收养、认领等行为；支配的身份行为，这是基于自己的身份对他人进行的身份上的支配行为，例如亲权的行使等；附随的身份行为，即附随在身份行为上的行为，例如附随于婚姻关系的夫妻财产制契约。

2. 夫妻财产制契约的订立形式

各国对于订立夫妻财产契约的方式，主要可以分为要式和非要式。多数国家采用要式的方式，即夫妻财产制的约定要采用要式契约的方式，才能对第三人产生效力，例如德国《民法典》第一千四百一十二条规定，配偶双方已排除或变更法定夫妻财产制的，仅在夫妻财产合同在法律行为实施时已登记于有管辖权的区法院的夫妻财产制登记簿或为第三人所知时，他们才能由此向该第三人引出对在其中一方和该第三人之间所实施的法律行为的抗辩。英美等少数国家采用非要式

① 卓冬青主编：《婚姻家庭继承法》，武汉大学出版社 2012 年版，第 107 页。

的契约方式。

## 三、条文解释

根据本条规定，我国夫妻财产制主要包括以下几个方面的内容：

（一）约定的条件

男女双方对财产进行约定的行为是一种婚姻家庭领域的民事法律行为。因而，其必须满足民事法律行为要件，同时也需要满足《婚姻法》的有关规定。夫妻对财产关系的约定主要需要满足以下要件：一是缔约双方必须具有完全民事行为能力；二是约定必须符合双方的自愿。夫妻双方对财产的约定必须出于真实的意思表示，以欺诈、胁迫等手段使对方在违背真实意愿情况下作出的约定，对方有权请求变更或者撤销；三是约定内容必须合法，不得违背社会公共利益，不得损害国家、集体或第三人合法权益，不得利用约定逃避对第三人的债务以及其他的法定义务；四是约定应当采用书面形式。

（二）约定的方式

本条规定，约定应采用书面形式。夫妻财产约定涉及婚姻家庭的物质基础，具有重要意义。同时，由于夫妻财产约定存续时间长，需要较为稳定的形式表达。书面形式有利于明确约定内容，容易保管，利于减少争议，保障交易第三人的合法权益，维护交易安全。但是，如果夫妻双方以口头形式作出约定，事后对该约定无争议，该约定也有效。[①] 关于约定的程序问题，世界各国和地区均要求夫妻财产约定为要式法律行为，但是对于是否需要公证，各国立法有较大差别：有的国家法律规定，夫妻财产契约只需要双方当事人订立书面契约即可。而有的国家则认为，夫妻财产约定采用书面形式订立，且需要经过一定的公示程序，例如公证、登记，才能生效。在2001年《婚姻法》修改的过程中，学界也有多种不同看法：有的学者认为，应当要求夫妻对财产关系的约定进行公证，公证后该约定生效；有的学者认为，夫妻对财产的约定应当向婚姻登记机关进行登记，未经登记不生效力或不得对抗善意第三人；还有的学者认为，应当规定公证是夫妻财产约定的生效要件，登记是夫妻财产约定的对抗要件，公证与登记相结合，[②]但是立法者认为，公证仅有证明的效力，不是约定生效的要件。同时，由于夫妻财产登记的内容、效力等问题

① 胡康生主编：《中华人民共和国婚姻法释义》，法律出版社2001年版，第76页。

② 曹险峰、田园：《夫妻财产关系领域引入公证机制调控的必要性》，载《行政与法》2002年第8期。

比较复杂，而我国目前对家庭财产的监督还不够规范和完整，故本条并未采纳上述意见，仅规定夫妻财产制约定应采书面形式。

（三）约定的范围

关于约定的范围，本条第一款规定，“男女双方可以约定婚姻关系存续期间所得的财产以及婚前财产归各自所有、共同所有或部分各自所有、部分共同所有”。这一规定说明，男女双方约定的标的范围是很宽泛的，既包括婚前财产，也包括婚后财产。约定的具体内容主要包括以下几种：(1)一般共同制，即夫妻婚前或婚后的一切财产均归夫妻共有。(2)婚后劳动所得共同制，即指夫妻在婚姻关系存续期间内生产和经营所得的劳动财产为夫妻共有，非劳动所得的财产归各自所有。(3)管理共同制，夫妻的婚前财产和婚姻存续期间内财产归各自所有，同时根据双方的约定，除特有财产外，双方的财产由夫或妻统一管理。(4)分别财产制，是指夫妻婚前、婚后所得的财产均归各自单独所有，各自管理。委托对方管理的，适用委托代理的有关规定。婚姻关系存续期间共同生活的费用由夫妻共同负担，婚姻关系终止时，对夫妻财产通过结算予以分配或继承。

（四）约定的效力

夫妻财产约定的效力，大致可以分为对内效力和对外效力两个部分：

1. 对内效力

夫妻对财产关系的约定，对双方有约束力。双方按照约定享有财产权利，并承担相应的义务。同时，需要强调的是，婚前订立的夫妻财产协议，应自婚姻成立之时起生效。婚后订立的财产契约，只能自订立时生效，约束之后发生的夫妻财产关系；契约订立以前的夫妻关系，适用法定财产制或原有约定财产制。

2. 对外效力

这里的对外效力指夫妻之间对财产关系的约定，如何对第三人产生效力。本条第三款规定，“夫或者妻一方对外所负的债务，相对人知道该约定的，以夫或者妻一方的个人财产清偿”。即当第三人与夫妻一方发生债权债务关系时，如果第三人知道夫妻间关于夫妻财产的约定，就以夫妻一方的财产清偿，即便符合本法第一千零六十四条规定的“夫妻一方在婚姻关系存续期间以个人名义为家庭日常生活需要所负的债务，属于夫妻共同债务”；第三人不知道这一约定的，该约定对第三人无约束力，对该债务应依照夫妻共同财产制下的清偿原则进行清偿。关于“第三人知道夫妻财产约定”的举证责任由夫妻一方或双方承担，其应当证明在发生债权债务关系时，第三人已经知道夫妻间关于财产的约定。关于“夫或妻一方对外所负的债务”，是指夫妻一方以自己名义与第三人间产生的债务，无论是否为了家庭日常生活需要，债务产生原因在所不问，都适用本款的规定。

（五）约定的适用

我国实行法定财产制和约定财产制相结合的夫妻财产制。法定财产制与约定财产制两者适用的原则是“有约定的从约定，无约定的从法定”。即约定财产制可以排除法定财产制优先适用，但如果约定不明或者无约定时，适用法定财产制。

## 关联案例

### 一、（2019）川01民终18751号

上诉人陈某一因与被上诉人陈某二夫妻财产约定纠纷一案，不服四川省邛崃市人民法院（2019）川0183民初2626号民事判决，向本院提起上诉。本院于2019年10月28日立案后，依法组成合议庭对本案进行了审理。本案现已审理终结。

上诉人陈某一上诉请求：撤销四川省邛崃市人民法院（2019）川0183民初2626号民事判决，改判驳回陈某二的诉讼请求。

事实与理由：案涉房屋系陈某一婚前个人财产，双方签署案涉《夫妻财产约定协议》是以夫妻感情深厚为前提，实质是赠与协议。根据《婚姻法解释三》第六条的规定，陈某一有权撤销案涉房屋赠与，一审法院认定事实不清，适用法律错误。被上诉人陈某二辩称，案涉房屋系婚后取得房产证，案涉《夫妻财产约定协议》是双方真实意思表示，属于“夫妻财产约定”，并非“夫妻财产赠与”，陈某一无权撤销前述协议，且在本案一审中陈某一并未提起“撤销权”之诉，一审法院认定事实清楚，适用法律正确，请求驳回上诉，维持原判。陈某二向一审法院起诉请求：一、确认陈某一、陈某二于2011年8月31日签订的《夫妻财产约定协议》合法有效；二、判令陈某一立即协助陈某二将位于邛崃市房屋的不动产权产权人由陈某一一人变更登记为二人共同共有。一审法院认定事实：陈某一于××××年××月××日前购买了位于邛崃市。××××年××月××日，陈某一、陈某二在婚姻登记机关登记结婚。2004年10月21日，前述房产办理了产权登记，登记权利人为陈某一。

2011年8月31日，陈某一作为甲方，陈某二作为乙方签订《夫妻财产约定协议》约定：“甲方自愿将邛崃市临邛镇南街394号C栋2单元2层64号房屋转化为夫妻共同财产；甲乙双方均拥有所有权，并对其进行共同管理和支配，任一方处

置均需征得另一方同意”。一审法院认定以上事实主要采信了双方身份信息、结婚证、房屋信息查询记录、邛崃市公安局文君派出所《地址证明》、双方陈述等证据。一审法院认为，根据《婚姻法》第十九条第一款、第二款规定以及《物权法》第十五条规定，本案中案涉房屋虽为陈某一婚前购买，产权也登记在陈某一名下，但双方签订的《夫妻财产约定协议》是双方真实意思表示且内容也不违反法律禁止性规定，故该协议合法有效。一审法院对陈某二主张确认双方于 2011 年 8 月 31 日签订《夫妻财产约定协议》合法有效的诉讼请求予以支持。根据《物权法》第九条第一款、第九十三条规定，陈某二要实现其与陈某一签订的《夫妻财产约定协议》约定的权利，需要对邛崃市进行变更登记，即登记该房屋的所有权人为陈某一、陈某二，共有方式为共同共有。一审法院对陈某二主张陈某一协助陈某二将案涉房屋变更登记为双方共同共有的诉讼请求予以支持。

综上所述，依照《婚姻法》第十九条第一款、第二款，《物权法》第九条第一款、第十五条、第九十三条，《最高人民法院关于民事诉讼证据的若干规定》第二条之规定，一审法院判决：一、陈某二与陈某一于 2011 年 8 月 31 日签订《夫妻财产约定协议》合法有效；二、陈某一于判决生效之日起十五日内，协助陈某二将位于邛崃市变更登记为陈某二与陈某一共同共有，因变更登记而发生的相应费用由陈某二自行负担。

本院二审期间，各方当事人没有提交新证据且对一审法院认定事实均无异议，本院对一审认定的事实依法予以确认。

本院认为，根据《婚姻法》第十九条之规定，夫妻可以约定婚姻关系存续期间所得的财产以及婚前财产归各自所有、共同所有或部分各自所有、部分共同所有；约定应当采用书面形式；夫妻对婚姻关系存续期间所得的财产以及婚前财产的约定，对双方具有约束力。本案中，陈某二与陈某一在夫妻关系存续期间签订书面的《夫妻财产约定协议》，约定案涉房屋转化为夫妻共同财产，该约定符合前述法律规定，应当得到履行。陈某一主张前述约定实质属于赠与且其有权撤销，缺乏事实和法律依据。一审法院认定案涉《夫妻财产约定协议》合法有效并据之支持陈某二的诉讼请求，并无不当。

据此，陈某一的上诉请求不能成立，应予驳回。一审判决认定事实清楚，适用法律正确，应予维持。依照《民事诉讼法》第一百七十条第一款第一项之规定，判决如下：驳回上诉，维持原判。

## 二、(2019)京03民终12087号

本院认为,在第二审程序中,原审原告申请撤回起诉,经其他当事人同意,且不损害国家利益、社会公共利益、他人合法权益的,人民法院可以准许。魏某在本院审理期间申请撤回确认易易成(北京)科技有限公司40%的股权归魏某所有,张某配合办理工商登记变更手续的诉讼请求,张某对此同意,本院对魏某撤回该项诉讼请求予以准许。夫妻可以约定婚姻关系存续期间所得的财产以及婚前财产归各自所有、共同所有或部分各自所有、部分共同所有。本案中,张某虽否认2017年9月28日的《夫妻财产约定协议》系其真实意思表示,但未提供相关证据证明该协议并非其本人签署及捺印,故应认定魏某、张某签订的《夫妻财产约定协议》真实有效。诉争的×××小客车及1002号房屋系魏某、张某婚姻存续期间所得财产,双方签订的《夫妻财产约定协议》系对婚姻存续期间所得财产归属的约定,一审法院认定该协议为张某对夫妻共同财产份额的赠与有误,本院予以纠正。魏某、张某均应遵守《夫妻财产约定协议》。依据《夫妻财产约定协议》,×××的小客车应当属于魏某个人所有,魏某要求张某配合办理×××的小客车所有权转移登记至魏某名下,于法有据,本院支持魏某该项诉讼请求。关于魏某要求确认1002号房屋合同项下权益由魏某享有的诉讼请求。《夫妻财产约定协议》虽约定1002号房屋归魏某个人所有,但张某与魏某尚未取得1002号房屋的所有权,魏某仅具有获得1002号房屋完整所有权的期待利益。魏某是否能享有1002号房屋合同项下的权益,涉及案外人海南华昊建筑工程有限公司利益以及1002号房屋合同的具体履行情况,仅依据《夫妻财产约定协议》的约定,本院难以支持魏某该项诉讼请求。

魏某可待1002号房屋取得所有权后,依据《夫妻财产约定协议》另行主张权利。魏某要求确认1002号房屋由其个人使用,但魏某与张某在《夫妻财产约定协议》中并未约定1002号房屋的使用权问题,且双方仍在婚姻存续期间,故魏某主张1002号房屋归其个人使用缺乏法律依据,本院亦难以支持。综上所述,魏某的上诉请求部分成立。依照《婚姻法》第十九条、《民事诉讼法》第一百七十条第一款第二项、《民诉法解释》第三百三十八条之规定,判决如下:一、撤销北京市朝阳区人民法院(2018)京0105民初75436号民事判决;二、张某于本判决书生效之日起七日内配合将车牌号为×××的小客车所有权转移登记至魏某名下;三、驳回魏某的其他诉讼请求。

## 三、(2019)陕01民终3546号

本院认为,根据《婚姻法解释三》第四条"婚姻关系存续期间,夫妻一方请求分割共同财产的,人民法院不予支持,但有下列重大理由且不损害债权人利益的除外:(一)一方有隐藏、转移、变卖、毁损、挥霍夫妻共同财产或者伪造夫妻共同债务等严重损害夫妻共同财产利益行为的;(二)一方负有法定扶养义务的人患重大疾病需要医治,另一方不同意支付相关医疗费用的"规定,本案中,经审查,王某将其所有的西安首府农业科技有限公司2%的股权转移登记至其弟王某艳名下,已属于一方转移夫妻共同财产的行为,故黄某主张在婚姻存续期间分割共同财产,应予以支持。王某主张其系将所有的西安首府农业科技有限公司2%的股权委托王某艳代持,且其仅是认缴西安首府农业科技有限公司股份,并未实缴,其行为并未损害夫妻共同财产利益,但因王某艳系王某之弟,与王某有利害关系,王某并未提供其他充分有效证据证明其与王某艳之间的委托代持关系真实存在,亦未提交证据证明其委托王某艳代持股权一事取得黄某同意,且王某享有西安首府农业科技有限公司股权即实际享有相应财产利益,故对王某上述辩称应不予采信。就黄某主张按照其与王某于2017年2月2日签订的《夫妻共同财产约定协议书》约定内容分割婚姻存续期间共同财产一项,因该《夫妻共同财产约定协议书》载明"在维持家庭稳定下"和"在维持婚姻家庭稳定的前提下"内容,故该协议的履行应以维持婚姻家庭稳定为条件。而黄某在签订该协议书后,已通过诉讼,请求解除与王某之间的婚姻关系,黄某的行为显然与《夫妻共同财产约定协议书》约定的履行条件不符,故应对黄某主张按照《夫妻共同财产约定协议书》约定内容分割婚姻存续期间共同财产的请求不予支持。王某主张该《夫妻共同财产约定协议书》的签订存在胁迫情形,应予以撤销,因王某并未提供充分有效证据证明其与黄某在签订《夫妻共同财产约定协议书》时受到胁迫,且王某在本案中提出该主张已超过法定撤销权行使期间,故对王某反诉请求撤销该协议书应不予支持。一审根据夫妻共同财产的实际情况,从照顾女方权益的原则出发,对双方夫妻共同财产予以分割,并无不妥,应予以维持。王某虽主张其享有的公司股权均已出质,未经质权人同意分割股权损害质权人利益,且其对外以个人名义进行了大量的借贷,因王某及黄某均将其享有的所有陕西立丰设备安装有限公司及陕西首府房地产开发有限公司股权出质,故在王某与黄某之间分割确认双方的股权份额,并不损害质权人利益,同时王某亦未提供充分有效证据证明王某对外以个人名义进行了大量的借

贷,故本院对王某上述主张不予支持。综上所述,黄某、王某的上诉请求均不能成立;一审判决认定事实清楚,适用法律正确,应予维持。依照《民事诉讼法》第一百七十条第一款第一项规定,判决如下:驳回上诉,维持原判。

**四、(2019)湘01民终1132号**

本院认为,双方当事人在二审中的争议焦点是运通馨苑6栋1405号房屋是否属于张某的个人财产,张某是否有权要求任某新停止侵权,搬出该房屋。《婚姻法》第十九条第一款、第二款规定:"夫妻可以约定婚姻关系存续期间所得的财产以及婚前财产归各自所有、共同所有或部分各自所有、部分共同所有……夫妻对婚姻关系存续期间所得的财产以及婚前财产的约定,对双方具有约束力"。张某与任某新于2010年12月6日签订了《夫妻财产约定》,约定夫妻双方在婚姻关系存续期间各自所得财产和名下财产归各自所有(包括房产和各种经济收入等),张某与任某新均应受该《夫妻财产约定》的约束。任某新主张签署《夫妻财产约定》不是出自其本意,但未提交证据证明,本院不予采信。案涉房屋系张某在其与任某新登记结婚之前按揭贷款购买,且于2007年11月21日登记在张某名下,根据双方签订的《夫妻财产约定》,案涉房屋属于张某个人所有。任某新主张该房的部分按揭贷款是在其与张某婚姻存续期间共同偿还,亦未提供证据证明,且与《夫妻财产约定》不符,原审对此未予采信正确。

任某新在长沙市芙蓉区人民法院判决其和张某离婚后即无权占有案涉房屋,张某作为案涉房屋的所有权人,有权要求任某新停止侵权,搬出该房屋。一审判决对此处理正确,应予维持。

综上所述,任某新的上诉请求不能成立,应予驳回;一审判决认定事实清楚,适用法律正确,应予维持。依照《民事诉讼法》第一百七十条第一款第一项规定,判决如下:驳回上诉,维持原判。

**第一千零六十六条　婚姻关系存续期间,有下列情形之一的,夫妻一方可以向人民法院请求分割共同财产:**

**(一)一方有隐藏、转移、变卖、毁损、挥霍夫妻共同财产或者伪造夫妻共同债务等严重损害夫妻共同财产利益的行为;**

**（二）一方负有法定扶养义务的人患重大疾病需要医治，另一方不同意支付相关医疗费用。**

## 条文主旨

本条是关于夫妻婚内共同财产分割的法律规定。

## 条文精释

### 一、立法背景

1950年《婚姻法》、1980年《婚姻法》均未规定婚内夫妻共同财产分割制度。在2001年《婚姻法》出台前，曾有学者提出要建立婚内夫妻共同财产分割制度，但并未被采纳。2007年《物权法》实施，该法第九十九条规定："共有人约定不得分割共有的不动产或者动产，以维持共有关系的，应当按照约定，但共有人有重大理由需要分割的，可以请求分割；没有约定或者约定不明确的，按份共有人可以随时请求分割，共同共有人在共有的基础丧失或者有重大理由需要分割时可以请求分割。因分割对其他共有人造成损害的，应当给予赔偿。"夫妻共同财产作为第一种典型的共同共有关系，在共有的基础丧失或者有重大理由需要分割时，应该允许被分割。同时，实践中要求婚内分割夫妻共同所有财产的案件也层出不穷。2011年《婚姻法解释三》将婚内夫妻共同财产分割作为一项制度规定。该解释第四条规定："婚姻关系存续期间，夫妻一方请求分割共同财产的，人民法院不予支持，但有下列重大理由且不损害债权人利益的除外：（一）一方有隐藏、转移、变卖、毁损、挥霍夫妻共同财产或者伪造夫妻共同债务等严重损害夫妻共同财产利益行为；（二）一方负有法定扶养义务的人患重大疾病需要医治，另一方不同意支付相关医疗费用。"这一规定第一次确立了婚内夫妻共同财产分割制度，具有重大意义。此后，历次审议稿均对此予以沿用。

### 二、争议观点

婚内共同财产分割的立法例大致可以分为两类：一是以非常夫妻财产制为前提的婚内共同财产分割；二是不以非常夫妻财产制为前提的婚内共同财产分割。二者主要区别在于分割后原共同财产制是否继续适用。

(一)以非常夫妻财产制为前提的婚内共同财产分割

以非常夫妻财产制为前提的婚内共同财产分割,是指分割财产的判决生效后,原共同财产制变为分别财产制,除非在法定特殊情形消失后,夫妻双方向法院申请解除非常夫妻财产制。如法国《民法典》第一千四百四十一条至第一千四百四十三条规定:"共同财产制因以下原因解散:夫妻一方死亡;宣告失踪;离婚;别居;分别财产;改变夫妻财产制。""如因夫妻一方理财混乱,管理不善或者行为不端,继续维持共同财产制将使配偶另一方的利益受到危害时,该另一方得诉请法院分别财产。一切任意分别财产的行为,均无效。""经法院宣告分别财产,产生分别财产制之效力。"意大利《民法典》第一百九十一条规定:"共有因以下的事由而解消:即配偶一方的不在或者受推定死亡的宣告、婚姻的撤销、解消或民事的各效果消灭、财物的裁判上分离、财产制的合意变更及配偶一方的破产。"第一百九十三条规定:"财物的裁判上的分离,得于配偶一方的禁治产或准禁治产或者共有的不当管理场合宣告。分离,于配偶一方的事务无秩序或者由配偶所谓的财物的管理的运营有使配偶他方或共有或者家族的利益陷于危险时,或者配偶的一方不按自己的资产及劳动能力供给家族的需要时,亦得宣告。宣告分离的判决,有溯及其请求提出之日而且将本节第五款规定的财物分离制度复活的效力。但不妨碍第三人的权利。"非常夫妻财产制阻断了夫妻一方侵害另一方财产权益的路径,满足了夫妻一方在婚内特殊情形下分割夫妻共同财产的需求,是对法定或者约定的夫妻共同财产制的补充。

(二)不以非常夫妻财产制为前提的婚内共同财产分割

不以非常夫妻财产制为前提的婚内共同财产分割,是指夫妻婚内共同财产分割的对象仅为夫妻共同财产,不涉及夫妻财产制形式的变化。婚内共同财产分割后,原共同财产制继续适用,对于将来的财产仍然属于夫妻共同所有。如果对于将来夫妻一方或者双方取得的财产,夫妻双方又产生纠纷,只能另行起诉。例如,俄罗斯联邦《民法典》第三十八条和第三十九条规定,夫妻共同财产的分割时间既可以在婚姻关系存续期间,也可以在婚姻关系解除后;在婚姻关系存续期间分割夫妻共同财产的,未被分割的共同财产仍为夫妻共同财产。

## 三、条文解释

本条是对婚内分割夫妻共同财产的规定,主要有以下几个需要注意的地方:

（一）婚内共同财产分割的原则

《物权法》第九十九条规定，共同共有人对共有物的分割没有作出约定或约定不明时，共同共有人一般不得请求人民法院分割共同共有财产。只有在共同共有关系消灭或出现“重大理由”时才可以请求分割共有物。本条也参照这一规定，确立了婚内共同财产的分割原则。即以不允许分割为原则，允许分割为例外。在婚姻关系存续期间，一般不允许分割夫妻共同财产，只有在出现重大理由时才可进行分割。这一规定主要是为了维护夫妻共同财产制的稳定，维护家庭的和谐与稳定。

（二）婚内共同财产分割的法定理由

本条规定，只有符合下列理由时，夫妻一方才可主张进行夫妻共同财产的分割：

1. 夫妻一方实施严重损害夫妻共同财产利益的行为

夫妻关系存续期间，如果夫妻一方故意实施隐匿、损害、擅自处分、随意处置夫妻共同财产、改变夫妻财产所在地、伪造夫妻共同债务等行为，达到严重损害夫妻共同财产利益的程度，该行为就实际侵害了另一方的夫妻共同财产权，另一方可以诉请人民法院分割夫妻共同财产维护自己的合法权益。

2. 夫妻一方拒绝支付另一方负有法定扶养义务的人的相关医疗费用

（1）“扶养”指的是特定亲属之间根据法律规定而存在的经济上相互供养、生活上相互扶助的权利义务关系。广义上来说，这包括了长辈亲属对晚辈亲属的“抚养”、平辈之间的“扶养”和晚辈亲属对长辈亲属的“赡养”。狭义上来说，仅指平辈之间的相互扶助关系。笔者认为，此处的“法定扶养义务”应指广义上的扶养，即泛指长辈对晚辈、夫妻之间、平辈之间的扶养义务。

（2）一方负有法定扶养义务的人患重大疾病，另一方拒绝使用夫妻共同财产支付相关医疗费用。此处的“重大疾病”可以参照医学上的认定，借鉴保险行业中对重大疾病的划定范围。一般认为，诸如糖尿病、肿瘤等需要长时间医治、医疗费用开支较大的疾病或者对生命安全构成威胁的疾病等属于重大疾病。相关医疗费用应主要指为治疗疾病需要的必要、合理费用，不应包括营养、陪护等费用。①

（三）分割共同财产的方式

本条并未对婚姻关系存续期间夫妻共同财产如何分割进行规定。在实践中，

① 最高人民法院民事审判第一庭编著：《最高人民法院婚姻法司法解释（三）理解与适用》，人民法院出版社2011年版，第86页。

可以参考关于离婚时夫妻共同财产分割方式的相关规定。但是在参考适用中，还要考虑照顾子女和女方权益的原则等财产分割原则。

## 关联案例

### 一、(2019)鲁03民终2943号

原审原告向一审法院起诉请求：请求法院依法对原告与被告共有财产房屋两套[产权证号05－××0、鲁(2017)淄博博山区不动产权第0001882]进行析产。一审法院认定事实：坐落于博山区户的房屋登记在被告钱某名下，产权证号为鲁(2017)淄博博山区不动产权第0001882号。该房被临沂市兰山区人民法院查封，查封日期为2017年6月2日至2020年6月2日。坐落于博山区户的房屋登记的产权人为原告马某，共有人为被告钱某，产权证号05－××0。原告与被告均认可双方系夫妻关系，但均未提供婚姻关系的证明文件。

2017年，张某辉诉被告钱某等借款合同纠纷一案，经临沂市兰山区人民法院调解，达成了(2017)鲁1302民初6985号民事调解书。2019年3月26日，临沂市兰山区人民法院制作了(2017)鲁1302执4610号查封共有财产通知书，并告知了原告马某。

一审法院认为，根据我国婚姻法的司法解释的规定，婚姻关系存续期间，夫妻一方请求分割共同财产的，人民法院不予支持。原、被告现在尚处于婚姻关系存续期间，且原告也未提供证据证明存在符合该司法解释规定的其他情形，因此，原告要求分割共有财产，没有法律依据，不予支持。综上所述，依据《婚姻法解释三》第四条、《民事诉讼法》第六十四条的规定，判决：驳回原告马某的诉讼请求。

本院认为，关于上诉人马某主张对其与被上诉人钱某的共有房产进行析产应否予以支持的问题。因上诉人马某与被上诉人钱某尚处于婚姻关系存续期间，上诉人马某提出对其与被上诉人共有房产进行析产的事由，不符合《婚姻法解释三》第四条关于婚姻关系存续期间夫妻一方请求分割共同财产不予支持的例外情形。上诉人马某虽主张其依据最高人民法院《关于人民法院民事执行中查封、扣押、冻结财产的规定》第十四条的规定，有权对共有财产提出析产。但依据特别规定优于一般规定的原则，本案应适用《婚姻法解释三》第四条的特别规定，故原审依据该特别规定驳回上诉人的诉求，并无不当。综上所述，马某的上诉请求不能成立，

应予驳回;一审判决认定事实清楚,适用法律正确,应予维持。依照《民事诉讼法》第一百七十条第一款第一项规定,判决如下:驳回上诉,维持原判。

## 二、(2019)赣民终460号

本院认为,根据各方诉辩意见,本案二审的争议焦点为:黄某香诉请分割与申某平的共有物应否得到支持?围绕二审争议焦点,本院综合评述如下:经查,案涉房产中的华平厂房与综合楼均抵押给了赣州市南康区农村信用合作联社(现为赣州农村商业银行股份有限公司南康支行),被担保的主债务借款本金分别为1500万元和900万元,目前均逾期未予偿还。依照《婚姻法解释三》第四条规定:"婚姻关系存续期间,夫妻一方请求分割共同财产的,人民法院不予支持,但有下列重大理由且不损害债权人利益的除外:(一)一方有隐藏、转移、变卖、毁损、挥霍夫妻共同财产或者伪造夫妻共同债务等严重损害夫妻共同财产利益行为的;(二)一方负有法定扶养义务的人患重大疾病需要医治,另一方不同意支付相关医疗费用的";以及最高人民法院《关于依法制裁规避执行行为的若干意见》第十一条之规定,当事人不得将已被执行法院查封、扣押、冻结的财产确权或者分割给案外人,不得恶意串通规避执行损害执行债权人利益。本院认为,本案中,申某平与衷某国以及华平公司之间民间借贷案件已经进入执行程序,一审法院(2015)赣中执字第333-2号执行裁定书确定将本案所涉财产进行拍卖,黄某香请求对执行中的财产进行分割的理由,不符合《婚姻法解释三》所规定的重大理由且不损害债权人利益的范畴,以及案涉华平厂房与综合楼均抵押给了赣州市南康区农村信用合作联社(现为赣州农村商业银行股份有限公司南康支行)。因此,对黄某香诉请分割与申某平的共有物,本院不予支持。

综上所述,本院认为,黄某香的上诉理由不能成立,对其上诉请求应予驳回。依照《民事诉讼法》第一百七十条第一款第一项之规定,判决如下:驳回上诉,维持原判。

## 三、(2019)闽08民终1493号

本院认为,《婚姻法解释三》第四条规定:"婚姻关系存续期间,夫妻一方请求分割共同财产的,人民法院不予支持,但有下列重大理由且不损害债权人利益的除外:(一)一方有隐藏、转移、变卖、毁损、挥霍夫妻共同财产或者伪造夫妻共同债务等严重损害夫妻共同财产利益行为的;(二)一方负有法定扶养义务的人患重大

疾病需要医治，另一方不同意支付相关医疗费用的。”马某华的诉请不符合上述规定的例外情形。案涉房屋已被一审法院查封并拍卖，马某华在案涉房产被查封拍卖后诉请确认其份额，根据最高人民法院《关于执行权合理配置和科学运行的若干意见》第二十六条“审判机构在审理确权诉讼时，应当查询所要确权的财产权属状况，发现已经被执行局查封、扣押、冻结的，应当中止审理；当事人诉请确权的财产被执行局处置的，应当撤销确权案件；在执行局查封、扣押、冻结后确权的，应当撤销确权判决或者调解书”的规定，本案应裁定驳回马某华的起诉。

一审法院执行机构对案涉房产进行处置，应在马某华与林某华夫妻共同财产范围内对马某华的财产权益依法予以保护。

综上所述，依照最高人民法院《关于适用〈中华人民共和国民事诉讼法〉的解释》第三百三十条规定，裁定如下：一、撤销福建省龙岩市新罗区人民法院（2019）闽0802民初6099号民事判决；二、驳回马某华的起诉。

### 四、（2019）鲁01民终4号

谭某强向一审法院起诉请求：一、分割夫妻共同财产（位于济南市历下区师东小区10号楼3－401号房产一套，车牌号为鲁AR23××梅赛德斯奔驰牌汽车一辆）；二、诉讼费、保全费由被告承担。一审法院认定事实：原告谭某强与被告刘某系夫妻关系，二人于2009年4月13日登记结婚。原告谭某强于2017年3月1日因左侧基底节区脑出血入山东省立医院治疗，后转院至山东省潍坊市益都中心医院、北京博爱医院继续治疗，2017年8月7日出院后回到临朐县城关街道柳家圈村，处于生活不能自理、意识障碍状态。在原告谭某强住院治疗期间，被告刘某先后为原告支付医疗费约37万元。2017年9月20日，原告谭某强以被告刘某“转移、变卖夫妻共同财产、不履行夫妻扶养义务”为由，将被告诉至法院，要求分割夫妻共同财产。2017年11月9日，法院第一次公开开庭审理了本案，因被告刘某当庭对原告的起诉提出异议，法院决定先责成原告谭某强进行民事行为能力司法认定，故本案依法中止审理。2017年11月15日，谭某强的父亲谭某明向山东省临朐县人民法院提起特别程序，申请认定谭某强系无民事行为能力人。2018年3月9日，山东省临朐县人民法院作出（2017）鲁0724民特16号民事判决书，该民事判决书中，谭某明称，“被申请人谭某强于2017年3月1日突发脑出血入山东省立医院住院治疗，后辗转潍坊市益都中心医院、北京博爱医院康复治疗并于2017年8月7日出院，但至今应处于生活不能自理、意识障碍状态。申请认定谭某强为无民事行为能力人"。经谭某明申请,该院委托潍坊市精神卫生中心司法鉴定所对谭某强的精神状态及民事行为能力进行了鉴定。2018 年 1 月 30 日,该所出具司法鉴定意见书,鉴定意见为:谭某强患"脑血管病所致精神障碍",目前无民事行为能力。该院据此宣告谭某强为无民事行为能力人。

2018 年 3 月 15 日,谭某强的父母谭某明、郭某云向山东省临朐县人民法院提起特别程序,要求撤销谭某强的监护人刘某的监护资格,指定二人为谭某强的法定监护人。2018 年 4 月 26 日,该院作出(2018)鲁 0724 民特 14 号民事判决书,宣告谭某强的监护人变更为谭某明、郭某云。庭审中查明,本案民事起诉状上的"谭某强"及授权委托书上的签名"谭某强"均为谭某明所签,捺印为谭某明拿着原告谭某强的手所摁。另查明,原告谭某强与被告刘某婚姻关系存续期间,被告刘某于 2010 年 1 月 27 日通过二手房买卖取得济南市历下区师东小区 10 号楼 3－401 号房屋的所有权,无共有人;2016 年 6 月 14 日,被告刘某与案外单位梅赛德斯－奔驰租赁有限公司签订了融资租赁与保证合同,购买了车牌号为鲁 AR23××的奔驰牌汽车一辆,车主为被告刘某,原告谭某强为上述合同的保证人,该车目前由被告刘某实际控制使用。原、被告夫妻关系存续期间,以贷款 50 万元的方式购买了车牌号为鲁 A013××的奥迪汽车一辆,2017 年 6 月 16 日,被告将该车转卖给案外人杨某水,被告称将售车所得的 40 万元用于偿还了该车的贷款,2017 年 10 月 12 日,平安银行出具的证明显示该笔贷款已结清。

一审法院认为,《民法总则》第二十一条规定,不能辨认自己行为的成年人为无民事行为能力人,由其法定代理人代理实施民事法律行为。第二十三条规定,无民事行为能力人、限制民事行为能力人的监护人是其法定代理人。第二十八条规定,无民事行为能力或者限制民事行为能力的成年人,由下列有监护能力的人按顺序担任监护人:(1)配偶;(2)父母、子女;(3)其他近亲属;(4)其他愿意担任监护人的个人或者组织,但是须经被监护人住所地的居民委员会、村民委员会或者民政部门同意。本案中,山东省临朐县人民法院于 2018 年 3 月 9 日作出(2017)鲁 0724 民特 16 号民事判决书宣告谭某强为无民事行为能力人,该判决书中载明,"谭某明称,被申请人谭某强于 2017 年 3 月 1 日突发脑出血入山东省立医院住院治疗,后辗转潍坊市益都中心医院、北京博爱医院康复治疗并于 2017 年 8 月 7 日出院,但至今应处于生活不能自理、意识障碍状态。申请认定谭某强为无民事行为能力人"。从该份判决书的内容可以确认,谭某明自认在谭某强 2017 年 8 月 7 日出院至诉至法院时,谭某强一直处于"生活不能自理、意识障碍状态",本案庭审中，谭某明当庭承认，本案于2017年9月20日诉至法院时，起诉书和授权委托书上的“谭某强”的签名是其本人所签，手印是其拿着原告谭某强的手所捺，又表示其代谭某强提起本案诉讼时征求了谭某强的意见，谭某强具有民事行为能力，同意就眨眨眼、点点头，不同意就不眨眼、不点头；谭某明在本案中的表述与上述判决书中记载的表述前后矛盾，因上述判决书已认定了其表述属实，其在本案中没有提交有效证据推翻其之前陈述，故对其当庭陈述不予采纳。因此，原告谭某强在2017年8月7日至今符合上述法律规定中的“不能辨认自己行为的成年人”，应由其法定代理人代理其实施民事法律行为。但经谭某明、郭某云申请，山东省临朐县人民法院2018年4月26日才作出(2018)鲁0724民特14号民事判决书，宣告谭某强的监护人变更为谭某明、郭某云。综上所述，原告谭某强在提起本案诉讼时，并不具备民事行为能力，故谭某明代签“谭某强”的名字并拿着谭某强的手捺印的行为不符合《民事诉讼法》关于起诉的条件，其起诉行为应认定为无效，且彼时，谭某明、郭某云均不是原告谭某强的监护人，故该起诉行为亦不能认定系原告谭某强的法定代理人的意志的体现，不能产生起诉的法律效力。

《婚姻法解释(三)》第四条规定：“婚姻关系存续期间，夫妻一方请求分割共同财产的，人民法院不予支持，但有下列重大理由且不损害债权人利益的除外：(一)一方有隐藏、转移、变卖、毁损、挥霍夫妻共同财产或者伪造夫妻共同债务等严重损害夫妻共同财产利益行为的；(二)一方负有法定扶养义务的人患重大疾病需要医治，另一方不同意支付相关医疗费用的。”本案中，原告谭某强的法定代理人谭某明称被告刘某在原告患病期间未履行过护理原告的夫妻扶养义务，甚至拒绝出钱支付医疗费和护工费并趁机转移、变卖夫妻共同财产，且提交了被告刘某转让其名下车牌号为鲁A013××的奥迪车辆的证据，据此要求分割原告谭某强与被告刘某的夫妻共同财产。庭审中查明，被告刘某为原告谭某强支付了约37万元的医疗费及其他费用，虽然谭某明称其中7万元并不是用于支付原告谭某强的医疗费，而是用于支付原告谭某强所拖欠的工程费，但被告刘某提交的转账备注中明确注明该笔款项用于谭某强治疗，谭某明自认将该款项用作他处非被告刘某之过，且被告当庭辩称因原告生病，二人经营的公司业务业绩不佳、债务较多、且家中还有老人幼儿需要抚养，且原告的家人拒绝被告探视原告等原因，导致其无力再继续支付原告的医疗费用，不能据此认为刘某的行为符合上述司法解释第(二)项的规定。涉案奥迪车辆贷款50万元，被告刘某辩称因原告生病后，其无力继续承担该车的贷款，遂于2017年6月14日与案外人签订车辆转让合同，将该车以40万元的价格转卖给了案外人。被告刘某提供的平安银行借记卡交易明细对账单中显示，在2017年6月14日车辆转让当日，车贷还款389046.8元。上述证据可以证明被告转让车辆的目的系偿还车辆贷款，没有将售车款挥霍或转移等违法行为，故被告刘某不存在转移、变卖夫妻共同财产的情形。综上所述，对于谭某明所称被告刘某存在转移夫妻共同财产并拒绝支付原告谭某强的医疗费、护工费的情形，不予认定，在原告谭某强与被告刘某婚姻关系存续期间，原告谭某强要求分割夫妻共同财产的诉讼请求，不予支持。判决：驳回原告谭某强诉讼请求。

对当事人二审争议的事实，本院认定如下：一审法院认定的事实属实，本院予以确认。本院认为，《婚姻法解释三》第四条规定："婚姻关系存续期间，夫妻一方请求分割共同财产的，人民法院不予支持，但有下列重大理由且不损害债权人利益的除外：（一）一方有隐藏、转移、变卖、毁损、挥霍夫妻共同财产或者伪造夫妻共同债务等严重损害夫妻共同财产利益行为的；（二）一方负有法定扶养义务的人患重大疾病需要医治，另一方不同意支付相关医疗费用的。"本案中，涉案奥迪车辆系以50万元价格贷款购买，2017年6月14日被上诉人刘某以40万元价格将奥迪车辆转让给案外人，并于当天偿还车贷389046.8元，有车辆转让合同、平安银行借记卡交易明细对账单、平安银行出具的贷款结清证明等证据相互印证，可以认定刘某转让车辆的目的系偿还车辆贷款，并非转移夫妻共同财产行为，不符合上述司法解释第（一）项规定之情形。上诉人谭某强主张刘某转让车辆系转移夫妻共同财产，本院不予采信。谭某强生病期间，刘某先后为谭某强支付了约37万元医疗费及其他费用，并答辩称愿意继续负担谭某强医疗费用。根据刘某提交的转账详情单，结合双方当事人庭审意见，不能认定刘某存在上述司法解释第（二）项规定之情形。综上所述，谭某强要求分割夫妻共同财产的请求，没有事实依据，本院不予支持。谭某强提起本案一审诉讼的时间为2017年9月20日，山东省临朐县人民法院判决认定谭某强为无民事行为能力人的时间为2018年3月9日，谭某强在提起本案一审诉讼时，并未被认定为无民事行为能力人，法院认定谭某强为无民事行为能力人的判决不具有溯及力，故不能认定谭某强在一审起诉时即不具有民事行为能力。

谭某强被认定为无民事行为能力人后，其父母提出变更监护人的请求，山东省临朐县人民法院于2018年4月26日作出判决，认定其监护人变更为谭某明、郭某云，并以法定代理人名义代谭某强进行一审诉讼，符合法律规定，谭某强一审起诉行为合法有效。一审法院认定谭某强一审起诉行为无效不当，应予纠正。二审审理期间，上诉人提交了临朐县城关街道柳家园村民委员会出具的情况困难证明一份，并加盖了临朐县城关街道办事处和临朐县民政局印章，可以认定上诉人交纳上诉费确有困难。对上诉人申请免交上诉费的申请，本院予以准许。综上所述，上诉人谭某强的上诉请求不能成立，应予驳回；一审判决认定事实清楚，适用法律正确，应予维持。依照《民事诉讼法》第一百一十八条、第一百七十条第一款第一项、《诉讼费用交纳办法》规定，判决如下：驳回上诉，维持原判。

### 五、(2019)甘01民终4229号

本院认为，根据双方当事人的上诉请求和答辩理由，本案的争议焦点是：(1)本案是否符合《婚姻法解释三》第四条第二项规定的情形；(2)一审对夫妻共同财产及债务的认定是否正确；(3)夫妻共同财产及债务分割比例是否正确。

第一，关于本案是否属于《婚姻法解释三》第四条第二项规定的情形的问题。根据该司法解释之规定，婚姻关系存续期间，若一方负有法定扶养义务的人患有重大疾病需要医治，另一方不同意支付相关医疗费用的，一方请求人民法院分割共同财产的，属于人民法院支持的范围。夫妻关系存续期间，夫妻共同财产是典型的共同共有关系，共同共有人在共有关系存续期间，一般不得请求分割共同财产，除非出现上述司法解释规定的特殊情形，方可进行分割。本案中，被上诉人李某二本人出现重大疾病亟须治疗，作为丈夫，李某一负有不可推卸的扶助、救治义务，但其实际未能及时、足额支付相关医疗费用。为保障李某二病情得到及时、充分治疗，一审法院依据上述司法解释对双方夫妻共同财产进行合理分割，并无不妥，本院予以支持。

第二，关于一审对夫妻共同财产及债务的认定问题。关于夫妻共同财产价值。双方对房产138万元均无异议，本院予以确认。对于向奇森网咖投资的57万元，因该57万元为合伙投资，在未经清算前，不能作为夫妻共同财产分割，一审对此处理不当，本院予以纠正。该部分出资可待合伙清算后，另案主张，本院不予处理。故李某二与李某一夫妻共同财产价值总额为138万元。关于共同债务。李某一辩称信用卡透支款项为偿还前期借款及透支时有跳码现象，应认定为夫妻共同债务。根据案件事实，从2018年10月即李某二严重患病后，李某二持续在医院治疗，无法使用信用卡，并且结合信用卡透支流向，一审未认定为夫妻共同债务并无不当。而且，李某一也没有提供证据证明信用卡使用于李某二治疗疾病或用于家庭其他事项的开支，故其辩称，本院不予采信。关于手机花呗、借呗所产生的

款项13975元，因李某一在一审时自认系其本人操作李某二手机所致，且借款其本人亦承认已购买手提电脑等物，非用于家庭日常生活开支，故一审认定为李某一的个人债务，亦无不当，本院予以支持。

第三，关于夫妻共同财产及债务分割比例的问题。鉴于李某二身患重大疾病，亟须大量资金用于治疗，一审法院在财产分割上对其适当予以倾斜，并无不妥，本院予以支持。

综上所述，李某一的上诉请求部分成立，应予支持。依照《婚姻法解释三》第四条及《民事诉讼法》第一百七十条第一款第二项、民诉法解释第九十条、第九十一条第一项之规定，判决如下：一、维持兰州市西固区人民法院(2019)甘0104民初1645号民事判决第二、三项及案件受理费部分；二、撤销兰州市西固区人民法院(2019)甘0104民初1645号民事判决第一项；三、李某二、李某一夫妻共同财产138万元，李某二分得82.8万元，李某一分得55.2万元。

以上财产、债务，双方在本判决生效之日起三个月内分割完毕。

### 六、(2019)京01民终5991号

本院认为，最高人民法院《关于适用〈中华人民共和国民事诉讼法〉的解释》第九十条规定，当事人对自己提出的诉讼请求所依据的事实或者反驳对方诉讼请求所依据的事实，应当提供证据加以证明，但法律另有规定的除外。在作出判决前，当事人未能提供证据或者证据不足以证明其事实主张的，由负有举证证明责任的当事人承担不利的后果。根据钱某于2015年5月13日所立的代书遗嘱，其和游某因拆迁所获拆迁补偿补助款，除已花费的费用外，现有余额139万元，该款现由钱某三保管。游某提交的银行业务凭证显示，2016年4月29日，钱某三将由其保管的剩余的114万元拆迁款转入游某的中信银行账户，该笔款项应当认定为是钱某与游某的夫妻共同财产，应由二人共同支配。2016年5月4日从游某的该账户中取出114万元。一审审理过程中，游某主张是其本人于2016年5月4日取出的114万元。对该114万元的去向，游某主张用于支付房租、购买保健品、就医及日常花销等，且已经全部消费完毕，但对此未能提供证据予以证实。现钱某身患疾病，在游某未能对钱款的去向和剩余提供合理说明的情况下，足以认定其行为已经损害到夫妻共同财产利益，一审法院据此作出的判定，认定事实清楚，适用法律正确。游某的上诉请求缺乏证据支持，应该承担举证不能的法律后果。对于游某主张的钱某是否具有民事行为能力的问题，因游某仅系怀疑，无其他依据，钱

某予以否认，且（2017）京01民终3920号案件中，本院已经对钱某的状况进行调查，并无任何问题，因此游某的该理由亦不能成立。综上所述，游某的上诉请求不能成立，应予驳回；一审判决认定事实清楚，适用法律正确，应予维持。

依照《民事诉讼法》第一百七十条第一款第一项之规定，判决如下：驳回上诉，维持原判。

## 第二节　父母子女关系和其他近亲属关系

**第一千零六十七条　父母不履行抚养义务的，未成年子女或者不能独立生活的成年子女，有要求父母给付抚养费的权利。**

**成年子女不履行赡养义务的，缺乏劳动能力或者生活困难的父母，有要求成年子女给付赡养费的权利。**

### 条文主旨

本条是关于父母与子女之间不履行抚养、赡养义务法律后果的规定。

### 条文精释

#### 一、立法背景

关于父母与子女之间的抚养与赡养义务，最早规定于1950年《婚姻法》。该法第十三条规定，“父母对于子女有抚养教育的义务；子女对于父母有赡养扶助的义务；双方均不得虐待或遗弃”。1980年《婚姻法》第十五条对此进行了细化，规定“父母对子女有抚养教育的义务；子女对父母有赡养扶助的义务。父母不履行抚养义务时，未成年的或不能独立生活的子女，有要求父母给付抚养费的权利。子女不履行赡养义务时，无劳动能力的或生活困难的父母，有要求子女给付赡养费的权利”。2001年《婚姻法》第二十一条沿用此条文，内容未作变动。之后的数次审议稿均对此予以沿用。原因是本法总则部分第二十六条已经规定，父母对未成年子女负有抚养、教育和保护的义务。成年子女对父母负有赡养、扶助和保护的义务。故在本条中不必重复规定。

## 二、争议观点

（一）抚养

抚养，是指父母抚育子女的成长，并为他们的生活、学习提供一定的物质条件。[①] 抚养子女既是父母应尽的义务，也是子女应享有的权利。《宪法》第四十九条规定，"父母有抚养教育未成年子女的义务，成年子女有赡养扶助父母的义务"。因此，父母抚养子女的期限，自子女出生时起，至子女能够独立生活时为止。也就是说，抚养未成年子女是父母的法定义务。对于已成年的子女，若其尚在校接受高中及其以下学历教育，或者丧失或未完全丧失劳动能力等非因主观原因而无法维持正常生活，父母也应尽到抚养义务。对于已成年且有独立生活能力的成年子女，父母无抚养义务，可以自愿给予帮助。父母对子女的抚养义务规定是随着社会发展不断完善的。理论上，父母对未成年子女在人身和财产方面的管教和保护的权利义务，统称亲权。早期民事立法几乎都片面地将亲权赋予父方，剥夺母方对子女的亲权。1804 年法国《民法典》第 33 条规定，"父母在婚姻关系存续中，亲权由父单独行使之"。1970 年法国《民法典》第 372 条对此予以修改，规定"父母在婚姻关系存续期间，共同行使亲权"。1948 年日本民法修改时也规定，"亲权由父母共同行使之"。父母对子女的抚养义务是父母双方共同的义务，不是一方的单方责任和义务。即使父母离异，也不能免除其义务。这已经成为现今世界各国的通说观点。

（二）赡养

赡养是指子女在物质、经济等方面为父母提供必要的生活费用和条件。赡养义务的主体是有独立生活能力的成年子女，即未成年人不是父母的赡养义务人。关于赡养与抚养是否对等的问题，即有的子女从小未受到父母的抚养，成年后应否履行赡养父母的义务呢？有的学者认为，应当根据个案情况，具体情况具体分析。若父母未能履行抚养子女的义务是由于客观原因，如特大自然灾害、战争等原因，则成年子女仍应赡养父母；若父母有负担能力但因主观原因未履行抚养子女的义务，如虐待罪、遗弃罪或者父亲奸污未成年女儿等，子女成年后允许其不赡养父母，因为这些行为对未成年子女造成伤害，损害其合法权益。但是若父母仅有虐待、遗弃子女的行为，尚未构成犯罪的，或者犯有其他罪行，子女仍应尽到赡

① 胡康生主编：《婚姻法释义》，法律出版社 2001 年版，第 82 页。

养义务。[1]

## 三、条文解释

本条是关于父母与子女间不履行抚养、赡养义务时法律后果的规定。本条可以分为两款:第一款是关于父母不履行抚养义务时的法律后果;第二款是关于成年子女不履行赡养父母义务的法律后果。

### (一)父母不履行抚养义务

前述已经提及,父母对未成年子女或不能独立生活的子女负有抚养的义务。自子女出生时起,至子女能够独立生活时为止。因此,无论父母婚姻状况、夫妻财产制情况如何,只要父母子女关系存在,父母就必须履行抚养子女的义务,支付抚养费。这一条文的立法目的在于保障未成年子女或者不能独立生活的成年子女的合法权益,促进其健康成长。如果父母不履行该抚养义务,则未成年子女或者不能独立生活的成年子女有向父母追索抚养费的权利,既可以找抚养义务人所在单位或有关部门调解,也可以向人民法院提起追索抚养费之诉。人民法院可以根据子女的需要和父母的抚养能力,通过调解或者判决的形式,确定抚养费的数额、给付期限和方法。对于拒不履行抚养义务、恶意遗弃未成年子女,情节恶劣,构成犯罪的,追究其刑事责任。

### (二)子女不履行赡养父母的义务

我国《宪法》第四十九条规定,"成年子女有赡养扶助父母的义务"。因此,赡养父母是成年子女的法定义务,不得附加任何条件。赡养人应根据父母实际情况对年老体迈、丧失劳动能力、生活确有困难的父母履行赡养义务,使其安度晚年,而不得以放弃继承权或者其他理由拒绝履行赡养义务,子女赡养父母义务的期限是无固定期限的,只要父母需要赡养,子女就应履行这一义务。如果子女不履行赡养义务时,无劳动能力或者生活困难的父母,有要求子女给付赡养费的权利。父母既可以直接向成年子女索要赡养费,也可以请求有关组织进行调解,还可以直接向人民法院提起诉讼,请求子女给付赡养费。人民法院应当根据父母的实际需求和子女的经济负担能力,通过调解或者判决的方式,确定赡养费数额和给付办法。义务人有能力赡养而拒绝赡养,情节恶劣的,依法追究其刑事责任。

---

① 巫昌祯主编:《婚姻与家庭继承法学》(第 6 版),中国政法大学出版社 2017 年版,第 228 页。

## 关联案例

### 一、(2015)宣中民一终字第00761号

本院认为,本案二审争议焦点为陈某甲是否应当支付陈某乙自2015年7月至独立生活时(大学毕业)止的生活费和教育费。《婚姻法》第二十一条规定:"父母对子女有抚养教育的义务;子女对父母有赡养扶助的义务。父母不履行抚养义务时,未成年的或不能独立生活的子女,有要求父母付给抚养费的权利……"《婚姻法解释一》第二十条规定:"婚姻法第二十一条规定的'不能独立生活的子女',是指尚在校接受高中及其以下学历教育,或者丧失或未完全丧失劳动能力等非因主观原因而无法维持正常生活的成年子女。"本案中,陈某甲、刘某某婚生子陈某乙已满十八周岁,就读大学三年级,不属于《婚姻法》规定的不能独立生活的子女范围。陈某甲、刘某某离婚后,对陈某乙的生活费、教育费,法院无须作出判决,对原审判决主文第三项本院予以撤销。但鉴于陈某乙客观上尚在校就读,缺乏有效、稳定的经济收入来源,按照我国社会人情,陈某甲、刘某某作为陈某乙的父母,以自愿给予陈某乙适当的经济支持为宜。陈某乙也应正确认识、对待陈某甲、刘某某之间的离婚纠纷,妥善处理好与父亲陈某甲、母亲刘某某的关系,对父母均给予应有的尊重,主动与父母沟通交流,争取父母的关心支持。综上所述,依照《婚姻法》第二十一条第一、二款,《婚姻法解释一》第二十条,《民事诉讼法》第一百七十条第一款第(一)(二)项之规定,判决如下:一、维持安徽省郎溪县人民法院(2015)郎民一初字第00953号民事判决主文第一、二项,即"一、准予刘某某与陈某甲离婚;二、夫妻共同财产(郎溪县新发镇涧西村新村小区购买的房屋一套,面积200余平方米)平均分割";二、撤销安徽省郎溪县人民法院(2015)郎民一初字第00953号民事判决主文第三项,即"陈某甲自2015年7月~12月30日起支付当年婚生子陈某乙生活费和教育费5000元,自2016年1月起每年支付10000元,于当年底一次性付清,直至婚生子陈某乙独立生活时(大学毕业)止"。

### 二、(2019)云04民终1044号

本院认为,本案二审诉讼中,双方当事人对一审判决肖某芬生病住院医疗费用扣除医疗保险报销后剩余部分,由刘某、肖某圆、张某一、张某二各承担1/4均无异议,二审予以维持。现双方争议的焦点为:刘某、肖某圆、张某一、张某二应如

何对肖某芬履行住院医疗费以外的赡养义务?《婚姻法》第二十一条第三款规定,子女不履行赡养义务时,无劳动能力的或生活困难的父母,有要求子女付给赡养费的权利。

第二十七条第二款规定,继父或继母和受其抚养教育的继子女间的权利和义务,适用本法对父母子女关系的有关规定。根据上述规定,刘某、肖某圆系肖某芬的亲生子女,张某一、张某二作为受肖某芬抚养教育的继子女,均应对肖某芬承担同等的赡养义务。结合肖某芬的实际生活需要及当地生活水平考虑,由刘某、肖某圆、张某一、张某二每人每月各承担肖某芬的赡养费 400 元。关于玉溪市红塔区人民法院(2009)玉红民一初字第 1161 号民事调解书中明确由张某二提供住房给肖某芬居住应如何考虑,经审查,该调解书中,不但明确由张某二将房屋一楼厨房、客厅、走道、天井和三楼提供给肖某芬居住,同时还明确张某一、张某二保证在肖某芬年老需要赡养时依法承担相应赡养义务。根据该调解书的内容可以看出,双方约定张某二提供住房给肖某芬居住,不能等同于张某二已履行了其应对肖某芬承担的赡养义务。且该案是法定继承纠纷案件,提供住房给肖某芬居住是双方在遗产继承分割过程中达成的协议,故不能仅以履行该民事调解书中约定的提供住房义务来替代张某二应尽的赡养义务,张某二仍应对肖某芬承担赡养义务。对肖某芬、刘某、肖某圆上诉请求合理部分二审予以支持。因玉溪市红塔区人民法院(2009)玉红民一初字第 1161 号民事调解书中,已明确由张某二将房屋一楼厨房、客厅、走道、天井和三楼提供给肖某芬居住使用,该民事调解书已经发生法律效力,一审法院在本案审理中再次将上述房屋判由张某二提供给肖某芬居住使用不当,二审予以纠正。另,一审确定的承担赡养义务的起始时间不明确,二审予以重新表述。综上所述,依据《民事诉讼法》第一百七十条第一款第二项,《婚姻法》第二十一条第一款、第三款、第二十七条规定,判决如下:一、撤销云南省玉溪市红塔区人民法院(2019)云 0402 民初 3340 号民事判决;二、由刘某、肖某圆、张某一、张某二自 2019 年 9 月起每月各支付肖某芬赡养费 400 元(2019 年 9 月 ~ 10 月各人应支付的赡养费 800 元于 10 月 31 日前一次性支付,自 2019 年 11 月起的赡养费于当月 10 日前支付);三、肖某芬自 2019 年 9 月起生病住院产生的医疗费凭正式发票,扣除医疗保险报销后剩余部分,由刘某、肖某圆、张某一、张某二各承担四分之一;四、驳回肖某芬的其他诉讼请求。

### 三、(2019)苏 09 民终 5093 号

本院认为,赡养老人是中华民族传统美德,也是子女对父母的法定义务。《婚

姻法》第二十一条规定,子女对父母有赡养扶助的义务。子女不履行赡养义务时,无劳动能力的或生活困难的父母,有要求子女付给赡养费的权利。

第二十七条规定,继父或继母和受其抚养教育的继子女间的权利和义务,适用本法对父母子女关系的有关规定。本案中,冯某明与吴某的母亲陈某某曾是夫妻关系,冯某明在婚后至陈某某家与吴某共同生活,其时吴某仅 15 周岁,冯某明客观上对未成年的继子吴某进行抚养教育,双方之间形成抚养关系。现冯某明年老体残,其收入不足以维持基本生活,有权要求吴某承担赡养义务。吴某提出按年龄计算,与冯某明共同生活时间短暂,不应承担全部赡养义务的主张于法无据。冯某明因伤致残无论是否得到赔偿,不影响吴某赡养义务的承担。综上所述,吴某上诉请求不能成立,应予驳回;一审判决认定事实清楚,适用法律正确,应予维持。依照《民事诉讼法》第一百七十条第一款第一项规定,判决如下:驳回上诉,维持原判。

**四、(2019)粤 01 民终 24433 号**

本院认为,《婚姻法》第二十一条第一款规定:"父母对子女有抚养教育的义务;子女对父母有赡养扶助的义务。"第三款规定:"子女不履行赡养义务时,无劳动能力的或生活困难的父母,有要求子女付给赡养费的权利。"本案中,黄某一是黄某的女儿,依法对黄某有赡养扶助的义务。但经审查,黄某自认其每月有 3500 多元退休金,且其名下有两套房产,黄某未能举证证实其存在生活困难,故此,一审法院不予支持黄某要求黄某一支付赡养费的诉讼请求依法有据,本院予以维持。综上所述,黄某的上诉请求不能成立,应予驳回;一审判决认定事实清楚,适用法律正确,应予维持。

依照《民事诉讼法》第一百七十条第一款第(一)项之规定,判决如下:驳回上诉,维持原判。

**第一千零六十八条　父母有教育、保护未成年子女的权利和义务。未成年子女造成他人损害的,父母应当依法承担民事责任。**

## 条文主旨

本条是关于父母对未成年子女保护、教育义务的规定。

## 条文精释

### 一、立法背景

关于父母保护、教育未成年子女的规定，早在1980年《婚姻法》第十七条就有规定，该条规定“父母有管教和保护未成年子女的权利和义务。在未成年子女对国家、集体或他人造成损害时，父母有赔偿经济损失的义务”。该条是对1950年《婚姻法》的重要补充，实际上是关于亲权和监护权的规定。其将父母对未成年子女的相关义务表述为“管教和保护”。2001年《婚姻法》第二十三条规定，父母有保护和教育未成年子女的权利和义务。在未成年子女对国家、集体或他人造成损害时，父母有承担民事责任的义务。该条将“管教和保护”改为了“保护和教育”，顺序和措辞的变动体现了法律对未成年人保护理念的变化：先保护再教育。同时，措辞与其他法律保持一致，体现了立法的严谨性。此外，将未成年人父母应承担责任的范围由“经济损失”改为了“民事责任”，实际上是将父母应承担的责任在一定程度上进行扩张。这也是为了与其他相应法律法规相统一，不失为立法技术和理念进步的体现。这是为了与民法典其他编条文相互匹配，《侵权责任编》规定，“无民事行为能力人、限制民事行为能力人造成他人损害的，由监护人承担侵权责任”。这一微调使民法典内部各条文更加协调，有利于法律的统一。此后各草案均对本条予以沿用。

### 二、争议观点

国外父母子女关系的发展也经历了漫长的演进过程。西方国家的亲子关系源自罗马法的家父权和日耳曼法的保护权。在早期罗马法中，家父对家子享有绝对的支配权和惩戒权。这一立法以家父的利益为出发点。日耳曼法虽然也是以家父利益为本位，但是也考虑到子女利益，以父对子女的保护为主要内容。早期资本主义社会，承继日耳曼法的父权制度，以个人为本位，父权为核心规定了亲子关系，并设置了亲子制度，规定了父母子女之间的权利和义务。随着社会的不断变化，父权逐渐淡化，父母双方在亲权上拥有了平等的权利。同时，一些国家为了体现子女利益最大化的原则，将亲权改称为“父母照顾”。外国亲属法中关于父母对于子女保护和教育的权利义务主要包括以下几点：

1. 代理权和同意权。根据各国法律规定，无民事行为能力人须由法定代理人代为意思表示作出法律行为;限制民事行为能力须经法定代理人同意。父母为子女的当然法定代理人。德国《民法典》第一千六百二十九条、日本《民法典》第八百二十五条、瑞士《民法典》第二百九十七条、第三百零四条均有类似规定。

2. 子女交还请求权。有的国家规定,当未成年子女被人诱骗、拐劫和隐藏时,亲权人依法有交还子女的请求权。例如瑞士《民法典》第三百零七条。

3. 惩戒权。父母对子女有教育的权利,还有一定的惩戒的权利。当未成年子女不听从管教,犯有劣迹时,法律赋予亲权人在必要范围内得对子女进行适当的惩戒的权利。日本《民法典》第八百二十二条规定,"行使亲权人,于必要范围内得亲子惩戒子女或经家庭法院许可,将子女送入惩戒场"。

4. 职业许可权。未成年人从事工作需要其父母进行许可,例如日本《民法典》第 823 条规定,"子女非经行使亲权人许可,不得经营职业"。还有的国家虽未在亲属法中规定,但在劳动就业法与青少年保护法中加以规定。

5. 居所许可权。许多国家赋予亲权人对未成年子女居所的指定权。例如日本《民法典》第 821 条规定,"子女应于行使亲权人指定的处所定其居所"。瑞士《民法典》第 301 条规定,"子女非经父母同意,不得离父母他去"①。

## 三、条文解释

本条可以分为两个部分:第一部分是关于父母对未成年子女的教育和保护的权利和义务的规定;第二部分是关于未成年子女造成他人损害的责任承担的规定。主要有以下几点需要注意:

### (一)父母对未成年子女的教育和保护

《民法典》第十七条规定,"十八周岁以上的自然人为成年人。不满十八周岁的自然人为未成年人"。据此,本条中所指的未成年子女,应指未满十八周岁的子女。保护是指父母采取措施防止他人非法侵害未成年子女的人身或者财产权益。父母对未成年人的保护既是权利也是义务,大致可以分为以下两个方面:

一是对未成年子女人身的保护:(1)当未成年子女的人身或者财产权益遭到他人侵害时,父母有权以法定代理人的身份提起诉讼,请求其承担相应民事责任。(2)不满八周岁的未成年子女由父母代理其实施民事法律行为。八周岁以上的未成年子女实施民事法律行为由其法定代理人代理或者经其法定代理人同意、追

---

① 巫昌祯主编:《婚姻与家庭继承法学》(第 6 版),中国政法大学出版社 2017 年版,第 231 页。

认，但是可以单独实施纯获利益的民事法律行为或者与其年龄、智力向适应的民事法律行为。(3)不满十四周岁的子女被他人拐骗、脱离家庭或监护人时，父母有权要求司法机关追究相应人员的刑事责任。二是对未成年子女财产的保护，主要为父母应妥善管理未成年子女的财产，除为了未成年子女的利益外，不得处理属于子女的财产。这也可从监护制度的相关条文得到印证。《民法典》第三十四条规定，监护人的职责是代理被监护人实施民事法律行为，保护被监护人的人身权利、财产权利以及其他合法权益等。监护人不履行监护职责或者侵害被监护人合法权益的，应当承担法律责任。

至于教育则是指父母应对未成年子女的言行给予一定的指导和约束，使其符合法律和道德规范的要求。未成年人尚未步入社会，缺乏是非判断能力和自控能力，需要父母及时给予指导和帮助。这一规定既是为了维护未成年人的合法权益，也是为对未成年子女的行为予以指引，防止其损害他人利益。对此，《未成年人保护法》第三条规定，父母应当根据其能力，同国家、社会、学校一道对未成年子女进行理想教育、文化教育、纪律和法制教育，进行爱国主义、集体主义和国际主义、共产主义的教育，培养爱祖国、爱人民、爱劳动、爱科学、爱社会主义的公德，反对资本主义的、封建主义的和其他腐朽的思想侵蚀。第十条规定，父母应当以健康的思想、品行和适当的方法教育其未成年子女，引导其未成年子女进行有益身心的活动，预防和防止未成年子女吸烟、酗酒、流浪以及聚赌、吸毒、卖淫等不良行为。与此同时，还要注意的是，教育可以采取一定的惩戒手段，但是父母在惩戒过程中不得使用暴力或者其他形式虐待未成年子女。

### (二)未成年子女造成损害时父母承担民事责任

关于父母对未成年子女造成损害时，承担民事责任的问题，《婚姻家庭编》第一千一百八十八条规定，无民事行为能力人、限制民事行为能力人造成他人损害的，由监护人承担侵权责任。监护人尽到监护职责的，可以减轻其侵权责任。有财产的无民事行为能力人、限制民事行为能力人造成他人损害的，从本人财产中支付赔偿费用；不足部分，由监护人赔偿。第一千一百八十九条规定，无民事行为能力人、限制民事行为能力人造成他人损害，监护人将监护职责委托给他人的，监护人应当承担侵权责任；受托人有过错的，承担相应的责任。本条规定与其相匹配，规定未成年子女造成他人损害的，由父母承担相应责任。

关于父母承担民事责任的具体类型，则根据本法第一百七十九条规定，父母承担责任的类型主要包括以下几种：承担民事责任的方式主要有：(1)停止侵害；

(2)排除妨碍;(3)消除危险;(4)返还财产;(5)恢复原状;(6)修理、重作、更换;(7)继续履行;(8)赔偿损失;(9)支付违约金;(10)消除影响、恢复名誉;(11)赔礼道歉。法律规定惩罚性赔偿的,依照其规定。承担民事责任的方式,可以单独适用,也可以合并适用。

## 关联案例

### 一、(2019)冀08民终114号

本院认为,《民法通则》第九十八条规定公民享有生命健康权。上诉人李某与被上诉人张某同为兴隆县第一小学学生,二人在校外一文具店门口等待学校开门时开玩笑互相推搡,上诉人李某不慎将被上诉人张某从文具店楼梯推下,致其摔倒,造成张某右面部约4.5CM长的横行皮裂伤。上诉人本应注意到文具店门口有台阶相互推搡会发生危险仍然与被上诉人互相推搡,其行为具有过错,侵害了被上诉人张某的健康权。根据《侵权责任法》第六条、第十五条;《民法通则》第一百一十九条之规定,上诉人李某应当承担侵权责任,赔偿被上诉人损失。上诉人李某为限制民事行为能力人,根据《民法通则》第一百三十三条、《婚姻法》第二十三条之规定,应由其监护人承担民事责任。上诉人提交的证据无法否定侵权事实的发生。依照《民事诉讼法》第一百七十条第一款第一项之规定,判决如下:驳回上诉,维持原判。

### 二、(2019)粤01民终12985号

根据查明的事实,死者未满2周岁,为婴幼儿,却能够脱离监护独自走出家门到河道旁边进而落水。根据《民法通则》第十八条“监护人应当履行监护职责,保护被监护人的人身、财产及其他合法权益”及《婚姻法》第二十三条“父母有保护和教育未成年子女的权利和义务”的规定,单某一作为姚某一的监护人,明知姚某一作为婴幼儿对于生活环境中的危险因素没有认知能力,却未依法履行法定的监护职责,导致孩子脱离看护,对姚某一的溺水死亡存在过错,应承担责任。对于新山吓村委会、石滩政府、增城水务局是否应承担责任的问题,本院认为三者对于姚某一的死亡均不存在过错,不应承担赔偿责任。(1)姚某一溺亡的河道为天然河道,单某一的住所与该河道仅相隔一条马路,对河道周边环境应有清晰认知。作为监护人,单某一更应加强对姚某一的监护,但其放任姚某一在缺乏监护的情况

下玩耍。对新山吓村委会、石滩政府、增城水务局而言，单某一是否有效履行监护职责其既无法预知，亦无法控制。(2)对于单某一提出的三被上诉人未在河道边修建栏杆、树立警示牌的意见，姚某一年仅1岁多，对警示牌并无认知能力，是否树立警示牌与本案是否发生不存在因果关系。而对于修建栏杆，单某一亦未能举证证明其为三被上诉人的法定职责。(3)增城水务局作为水行政主管部门，对辖区内各类水利工程仅负有行业管理责任，其既非涉案河道的维修养护单位，亦非涉案河道的直接管理者，对在河涌边堤岸玩耍者的人身安全并不负有法定的保障义务。(4)对于单某一提出的新山吓村委会拿走竹竿导致姚某一落水的意见，因其无证据证明落水地点就系该地点，其所称的因果关系无法认定，不予采纳。(5)对于单某一提出的类案判决，并非终审判决，不予采纳。综上所述，一审判决认定事实清楚，适用法律正确，审判程序合法，依法应予维持。上诉人单某一的主张缺乏事实和法律依据，本院不予采纳。依照《民事诉讼法》第一百七十条第一款第(一)项规定，判决如下：驳回上诉，维持原判。

**第一千零六十九条　子女应当尊重父母的婚姻权利，不得干涉父母离婚、再婚以及婚后的生活。子女对父母的赡养义务，不因父母的婚姻关系变化而终止。**

## 条文主旨

本条是关于保障老年人婚姻权利的法律规定。

## 条文精释

### 一、立法背景

关于老年人婚姻权利的规定，最早规定于2001年《婚姻法》，该法第三十条规定，子女应当尊重父母的婚姻权利，不得干涉父母再婚以及婚后的生活，子女对父母的赡养义务，不因父母的婚姻关系变化而终止。该条置于第三章“家庭关系”的最后。在《婚姻家庭编(一审稿)》第八百四十六条中，该条被全文沿用，并置于家庭关系中父母子女关系部分，条文位置有所调整，并增加了“离婚”二字。这是由于婚姻自由不仅包括结婚自由，亦包括离婚自由。在此处新增“离婚”是对婚姻自由原则的重申,也与前述婚姻自由内容条文保持了一致,是立法技术完善的体现。此后历次审议稿保留了本条内容。

## 二、争议观点

婚姻自由是《婚姻法》的基本原则之一,其基本内涵为婚姻当事人按照法律的规定在婚姻问题上享有充分自主的权利。其包括结婚自由与离婚自由两个部分。结婚自由是指当事人有依法缔结婚姻关系的自由。是否结婚、与谁结婚是当事人的权利,任何人无权干涉。离婚自由是指夫妻双方有依法解除婚姻关系的自由。婚姻当事人既包括年轻人,也包括老年人。因此,老年人婚姻自由权利当然应该受到保护。但是,现实生活中老年人再婚往往会受到很多的阻碍,主要有以下三大障碍:一是社会观念的禁锢。长期以来的社会观念认为,老年人再婚“有伤风化”。这一世俗观念约束着老年人,使其不敢有再婚想法;二是老年人自身固有观念的束缚。有些老年人受封建残余思想束缚,认为再婚是“不忠不贞”的行为,并因此放弃了再婚的念头;三是子女的阻拦。这里的子女既包括成年人,也包括未成年人。一些子女被面子观念束缚,认为再婚“有辱家风”,还有的子女是出于对父母财产将来留给他人,影响自己继承的担心,阻拦父母再婚。对于上述问题,仅仅靠舆论宣传、加强沟通来化解是远远不够的,必须有立法作为保障。因此,为了保障老年人再婚的自由,实现“老有所伴、老有所慰”,使老年人相互关怀、共享晚年,立法应对老年人婚姻自由做出回应。

## 三、条文解释

### (一)本条基本内涵

本条是在婚姻自由原则基础上对父母婚姻自由的重申,主要强调以下两个部分:

第一部分是父母婚姻自由应当得到尊重,父母享有结婚自由与离婚自由。老年人是否再婚、与谁再婚与子女无关,子女不得干涉与反对。父母再婚后的生活也不受子女干涉,子女不得干涉父母处分财产,不得干涉父母选择居所等。

第二部分是强调子女对父母的赡养义务与老年人婚姻状况无关。赡养是指子女在物质、经济等方面为父母提供必要的生活费用和条件,主要包括对老年人经济上的供养、生活上的照料和精神上的慰藉三个部分。《宪法》第四十九条规定,“父母有抚养教育未成年子女的义务,成年子女有赡养扶助父母的义务”。《婚姻家庭编》第一千零六十七条也规定,“成年子女不履行赡养义务的,缺乏劳动能力或者生活困难的父母,有要求成年子女给付赡养费的权利”。因此,成年子女对父母的赡养义务是无期限的,只要父母需要赡养,成年子女就应当履行这一义务,不因父母婚姻关系的变化而终止。有赡养能力的成年子女不履行赡养义务时,无劳动能力或生活困难的父母,有要求成年子女给付赡养费的权利。父母可以直接向成年子女索要赡养费,也可以请求有关组织,如成年子女所在单位、居民委员会、村民委员会调解,也可以直接向人民法院起诉要求给付赡养费。

(二)相关责任

本条虽规定了子女不得干涉父母婚姻自由和子女对父母的赡养义务,但并未明确子女违反本条应承担的法律责任。对此,《老年人权益保障法》第七十六条规定:“干涉老年人婚姻自由,对老年人负有赡养义务、扶养义务而拒绝赡养、扶养,虐待老年人或者对老年人实施家庭暴力的,由有关单位给予批评教育;构成违反治安管理行为的,依法给予治安管理处罚;构成犯罪的,依法追究刑事责任。”《刑法》第二百五十七条也规定了暴力干涉婚姻自由罪,“以暴力干涉他人婚姻自由的,处二年以下有期徒刑或者拘役。犯前款罪,致使被害人死亡的,处二年以上七年以下有期徒刑。第一款罪,告诉的才处理。”第二百六十一条规定了遗弃罪,“对于年老、年幼、患病或者其他没有独立生活能力的人,负有扶养义务而拒绝扶养,情节恶劣的,处五年以下有期徒刑、拘役或者管制。”因此,对于老年人婚姻自由,各部门法通过相关规定,形成一个覆盖民事责任、行政责任、刑事责任的立体保护体系,为老年人的婚姻自由和婚后生活提供坚实基础。

## 关联案例

### 一、(2018)赣0302民初445号

本院认为,尊老爱幼是中华民族的传统美德,子女对父母有赡养扶助的法定义务。《婚姻法》第二十一条规定,子女对父母有赡养扶助的义务,子女不履行赡养义务时,无劳动能力或生活困难的父母有要求子女付给赡养费的权利。原告董某勤与被告父亲于1988年离婚,离婚后,被告虽由其父亲负责抚养教育,但根据《婚姻法》第三十条、第三十六条的规定,父母与子女间的关系,不因父母离婚而消除,离婚后,子女无论由父或母直接抚养,仍是父母双方子女,子女对父母的赡养义务不因父母的婚姻关系变化而终止,故被告应对原告履行赡养义务。另外,原

告现年逾六旬，身患残疾且患有多种疾病，缺乏劳动能力，需要子女赡养是人之常情。子女对父母应从经济上给予供养，从生活上给予照料，从精神上给予慰藉。被告作为原告之子，并未提供证据证实其已经履行了赡养义务。原告每月总计750元的各项救助费用不足以满足基本生活开支，且其年事已高，患有多种慢性疾病，生活中可能存在不确定支出之费用。赡养原告是其三个子女共同应尽的义务，该义务为法定义务。对于原告的合理支出，其三个子女应平均负担。参照江西省居民人均消费标准及原告居住地的日常消费水平，被告陈某龙、陈某芬及李某每人每月应支付原告赡养费标准为500元。因原告放弃对陈某芬、李某两人的起诉，仅要求其子即本案被告陈某龙对其履行赡养义务，故本院酌情确定被告陈某龙每月支付原告赡养费500元及承担1/3的原告大病医疗费；关于原告请求被告自2017年1月起支付赡养费的诉求于法有据，本院予以支持。综上所述，依照《婚姻法》第二十一条、第三十条、第三十六条、《老年人保障法》第十四条、第十五条、第十九条、《民事诉讼法》第一百四十四条之规定，判决如下：被告陈某龙每月支付原告董某勤赡养费500元及承担原告董某勤大病医疗费的1/3，该医疗费凭正式发票支付（该款自2017年1月起至原告去世时止，每月20日前支付）。

**二、（2018）川0182民初140号**

本院认为，即便母亲在年轻时因婚姻问题对子女造成伤害，但陈年旧事随着时间流逝，已经过三十年时间的打磨和岁月的洗礼应该得已释怀。谌某一、谌某二对母亲的这种责怪不应该在心中继续生根发芽，怨恨只会让人更加狭隘和冷漠，坦然面对过去，多一点宽容和谅解，才是为人子女的正确价值取向，因为血脉亲缘无法阻断，母亲是赐予生命之人，人一辈子仅有一个亲生母亲。谌某一如今也为人母，应更能体会十月怀胎之苦楚，养育子女之辛酸。原告至今还保存完好谌某一、谌某二幼年时的照片和书信，如果不是对儿女的思念，何以至此。谌某一应当调整好心态，原谅母亲的过去，让母女之情掀开新篇章，让骨肉亲情重新启航。对于原告而言，毕竟在20世纪80年代的中国，人们的婚姻观念较保守，年幼子女在父母的这种婚姻关系中所承受的压力是巨大的，所遭受的伤害也是客观存在的，原告作为母亲也应体谅子女的难处，对子女多些宽容与理解，少些责难。当年原告选择了离开谌某南的家庭，谌某南、谌某一重新组建了新的家庭，谌某一有义务对原告进行探望的同时，原告也应避免影响谌某南、谌某一新的家庭的平静，不要再去揭开旧的伤痕，努力修复母女之情。从有利于老人安享晚年及保障老年人合法权益出发,综合考虑日常生活消费支出需求、对母亲负有赡养义务的人数(四个子女)、四川省城镇居民消费性支出及被告的家庭状况、收入水平与实际经济负担能力等因素后,儿女给付母亲的赡养费数额应以每月 260 元为宜。对母亲提出的超过部分赡养费的诉请,因欠缺事实及法律依据,本院不予支持。原告放弃对其他两个子女的起诉,系其真实意思表示,且不违反法律禁止性规定,本院予以准许,但在计算谌某一、谌某二承担赡养费数额时,应相应扣除其他子女应承担的份额,对于谌某一要求追加其他赡养义务人的申请,本院不予准许。关于原告要求精神慰藉的诉讼请求,修改后的老年人权益保障法将"常回家看看"写入法律,意味着子女应当对父母给予"精神慰藉"。母亲至今仍保存着的儿女年幼时的照片,寄托的就是一种精神上的思念,这远比金钱更加弥足珍贵,法律专门强调对老人精神慰藉的重要性,儿女关心问候老人的义务不能免除,儿女应当定期对母亲进行探望、问候和关心。故对原告要求儿女进行精神慰藉的合理诉求,本院予以支持。谌某二经本院合法传唤,无正当理由未到庭参加诉讼,视为其放弃自己的诉讼权利,不影响本院在查明事实的基础上依法缺席判决。本案系家事纠纷,在处理法律问题的过程中应充分考量伦理道德和风俗习惯。总之,法院希望无论是女儿、儿子还是母亲都应当摒弃过往、不计前嫌、给彼此多份原谅、多份包容、多份理解,共同努力建立和气、和美、和谐的家庭关系,让母亲能安享晚年,让儿女生活幸福。

因此,现母亲要求儿女关心看望她和支付赡养费的诉讼请求,合情合理合法,本院予以支持。综上所述,依照《婚姻法》第二十一条第一款、第三款、第三十条,《老年人保障法》第十四条,第十八条,《民事诉讼法》第九十二条、第一百四十四条之规定,判决如下:一、被告谌某一、谌某二于本判决生效之日起每月 28 日之前各支付给原告刘某秀赡养费 260 元;二、被告谌某一、谌某二于本判决生效之日起每月定期通过探望、电话等方式问候和关心原告刘某秀,给予原告刘某秀精神上慰藉;三、驳回原告刘某秀的其他诉讼请求。

**第一千零七十条 父母和子女有相互继承遗产的权利。**

## 条文主旨

本条是关于父母和子女相互继承遗产权的规定。

## 条文精释

### 一、立法背景

关于父母与子女之间继承权的规定,1950 年《婚姻法》第十四条明确规定“父母子女有互相继承遗产的权利”。1980 年《婚姻法》则将夫妻间的相互继承权与父母子女间的相互继承权整合,统一规定于第十八条“夫妻有相互继承遗产的权利。父母和子女有相互继承遗产的权利”。2001 年《婚姻法》第二十四条对此予以沿用。此后各草案对本条均予以沿用。

### 二、争议观点

本条中所称的父母子女关系,包括生父母子女关系、养父母子女关系与形成抚养教育关系的继父母子女关系。

(一)生父母子女关系

生父母子女关系是存在直接血缘关系的父母子女关系。现实生活中的生父母子女关系,主要可以分为以下两种:

1. 有婚姻关系的父母子女关系

婚生子女是指由婚姻关系受胎而出生的子女。严格意义上的婚生子女应具备下列条件:(1)父母间须有婚姻关系;(2)生父之妻所怀孕分娩;(3)父母婚姻关系存续期间受胎;(4)为生母之夫的血缘。我国对于婚生子女采推定制,只要是在婚姻关系存续期间受孕所生,皆为婚生子女,与父母是否继续保持婚姻关系无关。婚生子女的推定不仅是对子女的婚生身份的推定,同时也是对父亲身份的推定。

2. 无婚姻关系的父母子女关系

非婚生子女,是指没有婚姻关系的男女所生之子女。主要包括无婚姻关系的父母所生的子女、已婚妇女所生但被法院判决否认婚生推定的子女、已婚父母所生的不受婚生推定的子女三类。①

(二)养父母子女关系

收养是指符合条件的收养人依据法律规定收养被收养人,与其建立法律拟制父母子女关系的法律制度。我国收养制度采完全收养制,收养关系一经成立,被

---

① 参见陈苇:《婚姻家庭继承法学》(第 3 版),群众出版社 2017 年版,第 136 页。

收养人与其生父母之间的父母子女关系即告终结,被收养人与其养父母建立父母子女关系。

(三)形成抚养教育关系继父母子女关系

继子女通常是指配偶一方与前配偶所生子女。继父母子女关系通常是由于生父母婚姻关系不再存续,生父母一方另行再婚形成。以继父母子女之间是否形成扶养关系,可以将继父母子女关系分为两类:

1. 受继父母抚养教育的继子女。此时,继子女与继父母之间形成拟制的父母子女关系。但该拟制父母子女关系并不影响继子女与其生父母之间的父母子女关系继续存在。

2. 不受继父母抚养教育的继子女。其与继父母之间是直系姻亲关系。该继子女因与生父母继续保持父母子女间的权利义务关系,故与继父母之间不产生父母子女间的权利义务关系,只有法律上的姻亲关系。

## 三、条文解释

根据本条规定,父母有继承子女遗产的权利,子女有继承父母遗产的权利。由于父母和子女与被继承人间有着极为密切的人身关系和财产关系,《婚姻家庭编》第一千一百二十七条规定,遗产按照下列顺序继承:配偶、子女、父母。也即,该条将父母、子女规定为第一顺序继承人。

父母子女关系

与子女相互享有继承权的父母,包括生父母、养父母和有抚养教育关系的继父母。

1. 生父母与子女

生父母与子女之间是自然血亲的关系。因此,亲生父母与子女之间互相享有继承遗产的权利。父母之间的离婚不影响父母子女关系,即使父母离婚,仍可继承其亲生子女的遗产。亲生子女包括婚生子女和非婚生子女。根据《婚姻家庭编》第一千一百二十七条规定,享有第一顺序法定继承权的子女和父母分别包括:婚生子女、非婚生子女、养子女和有扶养关系的继子女。父母,包括生父母、养父母和有扶养关系的继父母。应注意的是,《婚姻家庭编》第一千一百三十条规定,对生活有特殊困难又缺乏劳动能力的继承人,分配遗产时,应当予以照顾。对被继承人尽了主要扶养义务或者与被继承人共同生活的继承人,分配遗产时,可以多分。有扶养能力和有扶养条件的继承人,不尽扶养义务的,分配遗产时,应当不分或者少分。

2. 养父母

养子女与养父母之间因收养形成了法律拟制的父母子女关系,养子女取得与养父母的婚生子女完全相同的法律地位。根据《婚姻家庭编》第一千一百一十一条规定,自收养关系成立之日起,养父母与养子女间的权利义务关系,适用《婚姻家庭编》关于父母子女关系的规定;养子女与生父母以及其他近亲属间的权利义务关系,因收养关系的成立而消除。故养子女和养父母间有相互继承遗产的权利,与生父母之间不能相互继承遗产。这是因为,我国实行完全收养制,即收养成立后,在确立收养人与被收养人父母子女关系的同时完全解除被收养人与其生父母间一切权利义务关系。因此,一旦收养关系成立,被收养人与其生父母之间的父母子女关系完全解除,被收养人与其生父母之间无相互继承遗产的权利,被收养人仅与其养父母之间享有相互继承的权利。

3. 继父母

根据《婚姻家庭编》第一千零七十二条规定,继父或继母和受其抚养教育的继子女间的权利义务关系,适用本法关于父母子女关系的规定。据此,继父母与受其抚养教育的继子女之间形成法律拟制的父母子女关系,在继承上享有与生父母相同的法律地位。如果继父与生母离婚,继子女随生母生活,继父与继子女之间的抚养关系中断,其拟制的父母子女关系亦中断。此时,继父与继子女之间不享有相互的财产继承权。同理,如果继母与生父离婚,继子女随生父生活,继母与继子女之间的抚养关系中断,继母与继子女之间的拟制血亲消灭,继母不享有继子女的财产继承权。但是需要注意的是,如果继子女已经被继父或继母依法收养,则不得继承不与其共同生活的生父或生母的遗产。同时也应注意《婚姻家庭编》第一千一百三十条规定,对生活有特殊困难的缺乏劳动能力的继承人,分配遗产时,应当予以照顾。对被继承人尽了主要扶养义务或者与被继承人共同生活的继承人,分配遗产时,可以多分。有扶养能力和有扶养条件的继承人,不尽扶养义务的,分配遗产时,应当不分或者少分。

## 关联案例

**(2016)粤12民终225号**

本院认为,本案是离婚纠纷,争议的焦点是原审判决对冯某甲与陈某夫妻关系存续期间的财产分割是否恰当的问题。关于原审将肇庆市工农北路 46 号和基楼 B 幢夹层 117 房判归陈某所有是否正确的问题。最高人民法院《关于人民法院审理离婚案件处理财产分割问题的若干具体意见》第十三条规定:“对不宜分割使用的夫妻共有的房屋,应根据双方住房情况和照顾抚养子女方或无过错方等原则分给一方所有。分得房屋的一方对另一方应给予相当于该房屋一半价值的补偿。在双方条件等同的情况下,应照顾女方。”本案中,冯某甲与陈某在婚姻关系存续期间,于 2010 年购买上述房屋,并将该房屋的权属登记在陈某名下,且在一审庭审时冯某甲表示该房屋可归陈某所有,而陈某仅对房屋或房屋价款的 1/2 提出主张,视为冯某甲与陈某对该共同财产的处理达成合意,故原审法院根据双方的住房及产权登记在陈某名下的事实,将该房屋所有权判归陈某所有,并由陈某补偿房屋价款的 1/2 给冯某甲正确。冯某甲上诉主张该房屋所有权的理据不足,本院不予采纳。

关于广宁县××××道的国有土地使用权的分割问题。冯某甲的父母在祖遗房屋拆迁前去世,且无留下遗嘱,冯某甲也无兄弟姐妹,故冯某甲依法继承其父母的遗产,其祖遗房屋被拆迁后,取得南街镇城南大道 120.32 平方米的国有土地使用权,并于 2014 年登记在冯某甲名下,而该国有土地使用权的取得是在婚姻关系存续期间,根据《婚姻法》第二十四条规定,“父母和子女有相互继承遗产的权利”,第十七条“夫妻在婚姻关系存续期间所得的下列财产,归夫妻共同所有:……(四)继承或赠与所得的财产……但本法第十八条第三项规定的除外”,故原审法院认定城南大道国有土地使用权为夫妻共同财产并无不当,本院予以维持。

关于原审法院认定冯某甲属有配偶者与他人同居和未对陈某的财产予以分割是否正确的问题。陈某主张冯某甲与第三者同居的事实,已提供多名证人证言及派出所的询问笔录、报警回执等证实,且冯某甲对其多次带同一女性回家乡祭祖的事实予以认可,而从派出所的询问笔录证实:凌晨 5 时许,陈某琼(报警人)仍在冯某甲暂住的屋内,陈某琼在该住处多次遭到陈某的骚扰。故原审法院综合本案的实际情况并结合双方提交的证据,认定冯某甲与他人同居的事实恰当。关于冯某甲认为原审法院未对陈某的财产予以分割和陈某更改冯某甲的户主身份造成其权益受损的问题。因冯某甲在一审时未对该部分主张权利,其在二审期间提出,属二审期间新增加的诉讼请求,根据最高人民法院《关于适用〈中华人民共和国民事诉讼法〉的解释》第三百二十八条规定,“在第二审程序中,原审原告增加独立的诉讼请求或原审被告提出反诉的,第二审人民法院可以根据当事人自愿的原则就新增加的诉讼请求或者反诉进行调解,调解不成的,告知当事人另行起诉"。故冯某甲的上述请求,经本院主持调解,双方未能达成调解协议,故冯某甲应另循途径主张其权利。关于原审法院对家庭承包责任制范围内的土地承包经营权的划分是否恰当的问题。因本案涉及农村承包经营权的分配是以农户家庭为单位,即原属冯某甲母亲的份额,在其母亲死亡后,亦应由该农户继续承包经营,而不应由冯某甲继承取得,而冯某甲与陈某为同一农户,在双方离婚后,应由冯某甲、陈某各占承包范围内 1/2 的土地承包经营权,故冯某甲主张占有土地承包经营权2/3份额的依据不足,本院不予采纳。

综上所述,原审判决认定事实清楚,适用法律正确,程序合法,实体处理正确,本院予以维持。冯某甲的上诉请求,理据不足,本院予以驳回。依照《民事诉讼法》第一百七十条第一款第一项的规定,判决如下:驳回上诉,维持原判。

**第一千零七十一条　非婚生子女享有与婚生子女同等的权利,任何组织或者个人不得加以危害和歧视。**

**不直接抚养非婚生子女的生父或者生母,应当负担未成年子女或者不能独立生活的成年子女的抚养费。**

## 条文主旨

本条是关于非婚生子女和父母间权利义务的规定。

## 条文精释

### 一、立法背景

关于非婚生子女与父母间关系的规定,早在 1950 年《婚姻法》中就有规定。该法第十五条规定,"非婚生子女享有与婚生子女同等的权利,任何人不得加以危害或歧视。非婚生子女经生母或其他人证物证证明其生父者,其生父应负担子女必需的生活费和教育费全部或一部;直至子女十八岁为止。如经生母同意,生父可将子女领回抚养。生母和他人结婚,原生子女的抚养,适用第二十二条的规定。"第二十二条规定,"女方再行结婚后,新夫如愿负担女方原生子女的生活费和教育费全部或一部,则子女的生父的负担可酌情减少或免除"。该规定有如下几个缺点：一是对生父生活费和教育费的负担设置了证明义务；二是将非婚生子女应获得的费用限制为生活费和教育费；三是在生母再婚后生父负担的该原生子女的生活费与教育费可能因此减少；四是生父承担费用至子女十八周岁，但是结合我国现实情况，有些子女虽已年满十八周岁，但其尚不能独立生活，生硬规定年龄不利于非婚生子女利益的保护。因此，1980 年《婚姻法》第十九条对此进行修改，规定“非婚生子女享有与婚生子女同等的权利，任何人不得加以危害和歧视。非婚生子女的生父，应负担子女必要的生活费和教育费的一部或全部，直至子女能独立生活为止。”该条文对上述部分问题进行了修正：取消了证明义务，生父应承担费用与生母是否再婚无关，同时将生父承担费用的期限改为了子女能独立生活为止。2001 年《婚姻法》第二十五条在此基础上进一步修改，规定“非婚生子女享有与婚生子女同等的权利，任何人不得加以危害和歧视。不直接抚养非婚生子女的生父或生母，应当负担子女的生活费和教育费，直至子女能独立生活为止”。该条将非婚生子女生活费和教育费的给付义务主体进行了修改，不是单纯规定生父，而是规定“不直接抚养非婚生子女的生父或生母”，这是因为现实生活中，确有非婚生子女与生父共同生活，而不由生母直接抚养的情形。此时，原有的法律已不能实现其原本的立法目的。因此，为适应社会生活需要，立法对此予以修改和完善。《婚姻家庭编（一审稿）》在坚持原有立法精神的基础上，进一步规定“不直接抚养非婚生子女的生父或者生母，应当负担未成年子女或者不能独立生活的成年子女的抚养费”。这一规定对负担对象进一步明确，由原来的“不能独立生活的子女”改为“未成年子女或不能独立生活的成年子女”，同时将负担费用类型由“生活费和教育费”改为了“抚养费”，既回应了司法实践现状，也与本法前述父母子女关系中抚养费的规定保持一致。从而消除了条文间表述不一致带来的理解分歧，促进法律条文间的前后统一。

## 二、争议观点

非婚生子女，是指没有合法婚姻关系的男女所生的子女。主要包括无婚姻关系的妇女所生子女、已婚妇女所生但被法院否认婚生推定的子女、已婚妇女所生的不受婚生推定的子女三大类。而对于无效婚姻或者可撤销婚姻当事人所生之子女，各国立法有所不同：有的国家将其视为非婚生子女；有的国家基于保护子女利益的需要，将此类子女规定为婚生子女。

### （一）非婚生子女法律地位

就生物学角度而言，婚生子女与非婚生子女并无区别。但由于国家主流价值观、社会主导伦理道德均排斥婚姻关系之外的两性行为和生育行为，再加之传统观念中的嫡长子继承制影响，历史上各国立法对非婚生子女的社会地位、法律地位的规定与婚生子女相比都有着明显区别。英国普通法最初称非婚生子女为“无亲之子”，非婚生子女与其生父、生母不发生法律上亲子关系。近代以来，随着人权思想不断发展，非婚生子女的人权逐渐得到重视。特别是20世纪60年代以来，各国立法纷纷转向保护非婚生子女的利益，主要有以下两个途径：一是在尽可能范围内，让其获得婚生子女的身份；二是保障非婚生子女的经济生活，即让其享有受抚养权及继承权。德国、英国、丹麦等国家均赋予非婚生子女与婚生子女近乎平等的权利。近年来，各国立法的新趋势是完全取消婚生子女与非婚生子女的区分，统称为“自然子女”。可以预见，对非婚生子女歧视观念将被彻底抛弃。但是不可否认的是，目前仍有一些国家保留了规定婚生子女与非婚生子女之间的不同待遇，例如日本《民法典》第九百条规定，“非婚生子女的应继分为婚生子女应继分的二分之一”。

（二）非婚生子女与生父母关系的确定

非婚生子女与其生母的关系，一般遵循罗马法“谁分娩，谁为母亲”的原则。母亲身份依据子女出生的事实或者在出生证上登记母亲的姓名自动取得。此外，母亲的身份还可通过认领或者诉讼程序加以确定。例如法国《民法典》规定，如果双方一直以母子（女）相称，彼此以母子（女）相待，母亲以此身份负担了该子女的抚养、教育及监护责任，家庭及社会也视他们为母女关系，即以身份占有事实确认母女关系。但是非婚生子女与父亲的关系无法通过分娩等方式加以推定，现实中主要通过认领的方式实现。认领是指非婚生子女的生父自愿承认或者被法院强制其承认为该子女之父并认领该子女的行为。认领可以分为两种：一是自愿认领，二是强制认领。自愿认领，是指生父自愿承认为该子女之父并认领其为自己子女的行为。以是否需要生母或子女同意为标准，自愿认领可以分为单独行为的强制认领与以同意为要件的自愿认领。目前各国普遍采用的是自愿认领方式。例如，德国《民法典》第一千零九十五条规定，生父的自愿认领必须经母亲的同意。如果母亲在此范围内不享有父母照顾权，认领还必须经子女同意。在生父认领被拒绝时，如果该认领不会危害子女和母亲利益，父亲可寻求法律救济，让法官授权父亲认领。自愿认领为要式行为，必须通过一定的方式进行认领，主要有以下几种认领方式：一是须向户籍部门申报认领或用遗嘱方式进行认领，例如日本《民法典》第七百八十一条规定，认领应依户籍法规定进行申报，亦可以遗嘱进行；二是须经过公证认领，例如法国《民法典》第三百三十四条规定，认领除已载入出生证书外，应以公证证书为之；三是须向监护法院申请认领；四是须向身份管理官申请认领。强制认领，是指当非婚生子女的生父不为自愿认领时，经非婚生子女或其生母或法定代理人请求，法院强制生父认领，以确认父母子女关系的存在。例如我国台湾地区“民法”第一千零六十七条规定，“有事实足认其为非婚生子女之生父者，非婚生子女或其生母或其他法定代理人，得向生父提起认领之诉”。

（三）非婚生子女准正

准正是指已出生的非婚生子女因生父母结婚或司法宣告而取得婚生子女资格的法律制度。准正是自罗马法以来大陆法系各国普遍承认的对非婚生子女保护的制度。这一制度将鼓励正式婚姻与保护非婚生子女两种理念统一起来，既保护了非婚生子女的利益，又实现了立法的指导功能，促进非婚生子女的生父生母缔结正式婚姻关系。1926 年英国制订《准正法》正式规定了准正制度。目前，许多国家法律中都规定了准正制度。但是就准正的要件等事项，各国规定并非完全一致。

1. 准正的形式

非婚生子女的准正主要有两种形式，(1)因生父母结婚而准正。根据是否仍需认领为标准，还可细分为两种：一是仅以生父母结婚为准正的要件，例如比利时《民法典》第三百三十一条。二是需要生父母结婚和认领的双重要件，例如日本《民法典》第七百八十九条第一款规定，“父认领的子女，因其父母结婚而取得婚生子女的身份”。依此规定，准正必须具备生父生母结婚和生父认领两个要件。从目前了解情况看，大多数国家都认为，准正制度兼顾了结婚事实与血缘事实，不仅需要生父生母结婚，还需生父认领。(2)因法官宣告而准正。男女订立婚约后，因一方死亡或有婚姻障碍存在，使婚姻准正无法实现时，可依婚姻一方当事人或子女的请求，法官宣告子女为婚生子女。

2. 准正的要件

各国对于准正主要规定了如下要件：(1)须有血缘上的非婚生父母与子女关系；(2)须有生父母的婚姻或司法宣告；(3)准正为法律事件，非法律行为，不以一定形式为要件。

3. 准正的效力

准正使非婚生子女具有了与婚生子女相同的法律地位，但是对于准正效力发生时间，各国有不同的认定：有的国家认为自父母结婚或法院宣告之日起准正发生效力；也有的国家认为准正具有溯及力，即溯及自子女出生之日起发生婚生效力。例如日本《民法典》第七百八十九条规定，“婚姻中父母认领的子女，自认领时起，取得婚生子女的身份”。

（四）我国非婚生子女与生父母关系的确定

我国《婚姻法》仅对非婚生子女的法律地位进行了规定，至于非婚生子女与生父母之间如何确定父母子女身份关系，则是通过《婚姻家庭编》第一千零七十三条亲子关系确认或否认之诉加以规定。非婚生子女与生母之间的关系，可以通过怀孕、分娩等客观事实推定，一般无须加以证明。但如有生母故意遗弃子女或子女被人拐骗后，发生需要确认生母的情况，可由子女或他人申请，依法定程序提起确认之诉，由人民法院判决确定子女与生母之间的关系。子女与生父间的关系，既可以由生父主动承认，也可以由生母或者其他监护人提出证据，当足以证明非婚生子女与生父之间关系，法院即可判决确认非婚生子女与生父的关系并责令其承担相应义务。

## 三、条文解释

根据本条规定，对于非婚生子女的保护，我国主要从以下几个方面入手：

（一）任何组织、个人不得歧视和危害非婚生子女

现实生活中，非婚生子女往往会遭遇两个方面的歧视与危害：一是家庭内部成员的歧视与危害；二是家庭外部社会的歧视与危害。前者主要表现为家庭内部成员因其非婚生身份，而生歧视，具体表现为在共同生活中，通过殴打、强迫高负荷劳动等方式进行肉体折磨和通过辱骂、冷淡、漠视等方式进行精神折磨等。后者则主要表现为单位或他人在户籍、学习、工作、人际关系等问题上给予非婚生子女的不平等待遇。显而易见，上述行为对非婚生子女都是实质不公平的。必须强调的是，非婚生子女身份并非其自由选择的结果，理应受到与婚生子女相同的待遇。因此，本条规定不得歧视与危害非婚生子女，保护其隐私，给予他们充分的尊重与自由。

（二）不直接抚养非婚生子女的生父或者生母，应当负担未成年子女或者不能独立生活的成年子女的抚养费

本条中不直接抚养意味着不与非婚生子女共同生活。但不共同生活并不意味着对其应给付抚养费义务的豁免。正是因为其与非婚生子女平时未共同生活，缺少日常生活上的照料、教育和保护，故不直接抚养非婚生子女的生父或者生母

应负担该非婚生子女的抚养费，期限是到其成年且能独立生活时为止。对何谓“成年且能独立生活”，《婚姻法解释一》第二十条规定，“不能独立生活的子女”是指尚在校接受高中及其以下学历教育，或者丧失或未完全丧失劳动能力等非因主观原因而无法维持正常生活的成年子女。换言之，如未在校接受高中及其以下学历教育且具有完全劳动能力的成年子女，则不能主张抚养费。

（三）非婚生子女与生父母间有相互继承遗产的权利

《婚姻家庭编》第一千一百二十七条规定，遗产按照下列顺序继承：

第一顺序，配偶、子女、父母；第二顺序，兄弟姐妹、祖父母、外祖父母。继承开始后，由第一顺序继承人继承，第二顺序继承人不继承；没有第一顺序继承人继承的，由第二顺序继承人继承。本编所称子女，包括婚生子女、非婚生子女、养子女和有扶养关系的继子女。本编所称父母，包括生父母、养父母和有扶养关系的继父母。本编所称兄弟姐妹，包括同父母的兄弟姐妹、同父异母或者同母异父的兄弟姐妹、养兄弟姐妹、有扶养关系的继兄弟姐妹。据此，我国的非婚生子女与婚生子女享有完全相同的继承权，在继承财产时不会因其出身而不分或少分财产。同样，非婚生子女的父母在继承其遗产时，也完全等同于婚生子女父母子女间的继承。

## 关联案例

### 一、(2018)豫14民终5299号

本院认为，首先，案涉协议书主要内容系原审第三人韩某洲与被上诉人马某就其子女的抚养费和生活费达成的协议，符合《婚姻法》第二十五条之规定；其次，原审第三人韩某洲签订案涉协议书系对其法定义务及个人债务的自愿承担，且上诉人邓某苹并未能提供证据证明原审第三人韩某洲使用其夫妻共同财产履行协议约定，上诉人邓某苹诉称案涉协议属处分其夫妻共同财产的主张，本院不予支持；最后，上诉人邓某苹亦未能提供证据证明原审第三人韩某洲与被上诉人马某签订案涉协议系恶意串通，故一审法院认定案涉协议书有效并无不当。上诉人邓某苹主张案涉协议书无效的上诉理由，本院不予支持。综上所述，上诉人邓某苹的上诉请求不能成立，应予驳回；一审判决认定事实清楚，适用法律正确，应予维持。依照《民事诉讼法》第一百七十条第一款第一项之规定，经本院审判委员会研究决定，判决如下：驳回上诉，维持原判。

## 二、(2019)冀 04 民终 3587 号

本院认为，靳某一和王某经媒人靳某二介绍相识，虽举行结婚典礼仪式，但未按法律规定办理结婚登记手续，其同居关系法律不予保护，应予解除。关于靳某一给付王某彩礼金额问题。靳某二系双方媒人，其在二审庭审的证言系其真实意思表示，可以作为认定彩礼款的依据。根据靳某二的当庭证言，王某共计收到 13 万元，其中 5 万元系靳某一向王某支付的三金及上下轿钱，该笔费用属赠与性质，故原审认定靳某一给付王某彩礼 13 万元欠妥，本院对此予以纠正。靳某一给付彩礼的行为是以双方结婚为目的，现该目的不能实现，故解除同居关系后，王某应依法酌情返还靳某一部分彩礼，鉴于靳某一、王某在同居期间生育一子(未办理出生证明)，返还彩礼款的数额酌定为 3 万元。关于非婚生男孩抚养权，《婚姻法》第二十五条第一款明确规定："非婚生子女享有与婚生子女同等的权利，任何人不得加以危害和歧视"，故靳某一、王某对儿子都有抚养教育的权利和义务。本案中，原审基于双方给予孩子成长的条件及不改变孩子现有的成长环境和负担能力等因素，判令非婚生子今后同靳某一共同生活并无不当，故王某上诉主张孩子跟随其生活，并由靳某一承担抚养费的理由不能成立，本院对此不予支持。另参照《婚姻法》第三十八条："离婚后，不直接抚养子女的父或母，有探望子女的权利，另一方有协助的义务"的规定，故王某作为母亲虽不直接抚养孩子，但对其非婚生子享有探望权，其可在每月第二个星期六(8:00 ~ 16:00)和最后一个星期六(8:00 ~ 16:00)探望儿子，靳某一应当予以协助。

关于王某请求靳某一退还嫁妆的主张，因其不能提供相应的证据，故本院对此理由不予采信。综上所述，依照《民事诉讼法》第一百七十条第一款第一、二项之规定，判决如下：一、维持河北省武安市人民法院(2019)冀 0481 民初 383 号民事判决第一、三、四项；二、变更河北省武安市人民法院(2019)冀 0481 民初 383 号民事判决第二项即"王某于本判决生效之日起十日内返还靳某一彩礼款 5 万元"为"王某于本判决生效之日起十日内返还靳某一彩礼款 3 万元"；三、王某对儿子(未办理出生证明)享有探望权，其可在每月第二个星期六(8:00 ~ 16:00)和最后一个星期六(8:00 ~ 16:00)探望儿子，靳某一应当予以协助。如未按本判决指定的期限履行给付金钱义务，应当依照《民事诉讼法》第二百五十三条之规定，加倍支付迟延履行期间的债务利息。

### 三、(2019)闽06民终2849号

本院认为,《婚姻法》第二十五条规定,非婚生子女享有与婚生子女同等的权利。苏某勇与林某汝在未办理结婚登记手续的情况下,同居生活,并生育一子林某,对林某均负有抚养、教育的义务。根据本案查明的事实,苏某勇在与林某汝同居之前,与案外人已经生育一子,与林某汝同居期间与案外人结婚,在本案非婚生子林某出生后前妻又生育一女,与前妻协议离婚约定婚生子女均由其前妻抚养;根据林某汝陈述非婚生子林某在林某汝娘家生活期间受到无端斥责,苏某勇起诉提出林某汝家人会无故辱骂诅咒孩子,会给孩子造成心理创伤,因此非婚生子林某不适合由林某汝抚养,苏某勇的抚养环境优于林某汝;根据苏某勇与林某汝在本案中的陈述,双方均陈述目前未就业,且因经营或投资欠下外债,双方又均没有提交证据证明自己或对方的经济能力,再根据非婚生子林某与苏某勇已共同生活一段时间,不宜频繁改变非婚生子林某的生活环境,故一审判决非婚生子林某由苏某勇抚养并无不当。苏某勇上诉提出其不适合抚养非婚生子林某的理由不能成立;上诉提出双方应按照非婚生子抚养协议的约定履行的理由,根据本案查明的事实,从有利于非婚生子林某的健康成长出发,非婚生子林某应由苏某勇抚养,该理由不能采纳。综上所述,苏某勇提出的上诉请求不能成立,予以驳回;一审判决认定事实清楚,适用法律正确,应予维持。据此,依照《民事诉讼法》第一百六十九条、第一百七十条第一款第(一)项的规定,判决如下:驳回上诉,维持原判。

**第一千零七十二条　继父母与继子女间,不得虐待或者歧视。**

**继父或者继母和受其抚养教育的继子女间的权利义务关系,适用本法关于父母子女关系的规定。**

## 条文主旨

本条是关于继父母与继子女间相互关系的规定。

## 条文精释

### 一、立法背景

早在1950年《婚姻法》第十六条中就规定:"夫对于其妻所抚养与前夫所生的

子女或妻对于其夫所抚养与前妻所生的子女,不得虐待或歧视。"该条文虽未直接规定"继子女"这一概念,但已在立法中第一次确立了继子女的法律地位。为了进一步适应实务需要,1980年《婚姻法》规定了继父母与继子女相互关系。该法第二十一条规定:"继父母与继子女间,不得虐待或歧视。继父或继母和受其抚养教育的继子女间的权利和义务,适用本法对父母子女关系的有关规定。"这一立法明确了继父母子女之间的权利和义务,规定了继父母子女之间不得歧视和虐待。这一规定已被实践检验,社会效果良好,后被2011年《婚姻法》第二十七条所沿用。

## 二、争议观点

继子女通常是指夫或妻一方与前配偶所生子女;继父母是指子女母亲或者父亲再婚的配偶。继父母和继子女的关系是由于继子女的父或母带子女再婚而形成。通常情况下,继父母与继子女之间的关系属于姻亲关系,如果继父母与继子女形成扶养关系或者继父母收养继子女,双方形成拟制的直系血亲关系。

### (一)继父母子女关系的特征

与生父母子女关系相比,继父母子女关系存在以下特征:(1)再婚一方有子女的,其再婚配偶与该子女形成继父母子女关系;(2)继父母子女关系是随父母婚姻关系派生出来的一种亲属关系,无须其他法定程序确认;(3)法律确认有抚养教育关系的继父母子女之间,才发生父母子女关系;(4)因继父母子女之间无血缘关系,属于拟制血亲。①

### (二)继父母子女间关系的类型

继父母与继子女之间的法律关系,根据两者间不同,而有所区别,具体有:一是单纯的直系姻亲关系,即生父或生母与继母或继父再婚时,继子女已经独立生活,或者继子女虽未成年但是由其生父母抚养。此种关系中,继子女没有尽抚养义务,继子女也没有对继父母的赡养义务。

二是形成收养关系,即继父或继母经继子女的生父母同意,办理了正式的收养手续,将继子女收养为养子女。由于收养关系的形成,继子女与不共同生活的生父或生母一方的父母子女关系消灭;与共同生活的生父或生母一方的父母子女关系继续保留;与形成收养关系的继父或继母形成拟制的父母子女关系。

---

① 张志京主编:《婚姻家庭法》,复旦大学出版社2007年版,第162页。

三是形成双重的权利义务关系，即生父（母）与继父（母）再婚时，继子女尚未成年，继父或继母承担了部分或全部抚养教育义务。此时，双方之间形成了类似拟制血亲的关系，但继子女与生父母的父母子女关系继续存在并未消失。因此，两者间存在双重权利义务关系。

（三）继父母子女关系的解除

虽然目前法律并无明文规定继父母子女关系的解除，但实务中的解除应包括以下几种情况：(1)因继父母子女一方死亡而终止。(2)未成年的继子女，因生父与继母或生母与继父离婚而终止其与继父母间的权利义务关系。已被继父母抚养成人的继子女，由于其已拟制父母子女关系，该父母子女关系不因生父与继母或生母与继父间的离婚而自然解除。进而，对曾经长期抚养教育他们的年老体弱、生活困难的继父母，即便其已与自己生父母结婚，继子女仍应对其尽到赡养扶助义务。(3)协议解除。已经形成抚养关系的继父母与继子女之间，是一种拟制血亲关系，可以协议解除其继父母子女关系。继子女未成年的，经继父母、生父母协商一致，并经有识别能力的继子女同意，可以协商解除继父母子女间的权利义务关系。继父母可以要求生父母适当补偿抚养期间支出的抚养费。但是，因继父母虐待、遗弃继子女而解除的除外。在继子女成年后，成年继子女与继父母协商一致也可以解除继父母子女关系，但是由继父母抚养长大的继子女，其应给予年老体弱、生活困难的继父母必要的生活费。因继子女成年后虐待、遗弃养父母而解除继父母子女关系的，继父母可以要求继子女补偿抚养期间指出的抚养费。(4)诉讼解除。当事人可以通过诉讼的方式解除已形成抚养关系的继父母子女关系。由法院裁决是否准予解除。(5)生父母死亡时，已形成抚养关系的继父母子女关系不自行解除。继父母不得因未成年子女的生父母死亡而停止对其抚养教育。如果继子女尚健在的生父母要求将子女领回抚养的，要经继父母同意。双方协商不成的，人民法院根据子女利益最大化原则进行判决，若继子女已被继父母抚养成人，无论继父母子女关系是否解除，继子女都应对继父母尽赡养扶助义务。①

## 三、条文解释

本条对于继父母子女关系的规定，主要有以下几层含义：

---

① 参见陈苇：《婚姻家庭继承法学》（第3版），群众出版社2017年版，第142页。

（一）继父母与继子女之间不得虐待和歧视

这里的“不得虐待和歧视”主要包括两个方面：一方面，应加强对继子女的保护力度，不能因为父母婚姻状况的改变而使其受到不公正的待遇，继父母不得虐待和歧视继子女；另一方面，继父母的权利也应得到重视，要保障他们老有所依、老有所养，安享晚年。这一条款适用于所有继父母子女关系的类型中，不仅包括因生父母和继父母结婚而形成的单纯的姻亲关系，也包括已经形成抚养关系的继父母和继子女之间。

（二）继父或继母和受其抚养教育的继子女之间的权利和义务，适用本法父母子女关系的有关规定

本款主要是指继父（母）与接受其抚养教育的继子女间形成了拟制血亲关系。但是这里与收养不同的是，它不以解除继子女与其生父母间的权利和义务关系为前提。首先需要明确的是继父母和继子女之间形成抚养教育关系的标准。这一问题，争议较大，主要有以下几种观点：（1）以继父母负担了继子女全部或部分生活费和教育费为标准；（2）继父母与未成年继子女共同生活，对继子女进行了教育和生活上的照料，即使未负担抚养费用，也应认为形成了扶养关系；（3）只要继父母与继子女在一起共同生活，就可以认定他们形成了事实上的抚养教育关系。有的学者认为，若继父母对继子女在经济或生活上尽了抚养义务，例如对继子女给付生活费、教育费的一部或全部，或与未成年继子女共同生活，对其生活上照料、帮助等，均可认为双方间形成了抚养教育关系。[①] 笔者认为，抚养教育关系的内在要求就是生活上的照料教育保护和经济上的支持。此外，对于继父母与继子女之间的抚养教育是否需要达到一定的期限，法律并无明文规定。如果抚养的时间很短，或者仅为临时性的抚养，或时断时续的抚养，能否认为已形成抚养关系？针对这一问题，实务界争议也很大，有的提出五年的时间，即当继父母连续五年抚养教育继子女时，始能确认双方之间已形成抚养关系。笔者则认为，形成抚养教育关系以期限长短作为判断标准，并不精准。事实上，要从本条以形成抚养教育关系作为父母子女关系认定标准的立法目的着手分析。从自然属性而言，继父母子女之间没有血缘关系，不存在天然的情感联系纽带，故要让彼此之间形成父母子女间的权利义务关系，必须具体情况具体分析：从未成年人利益最大化角度而言，在未成年人作原告主张抚养费时，法院对形成抚养教育关系的认定标

---

① 张志京主编：《婚姻家庭法》，复旦大学出版社 2007 年版，第 163 页。

准要从宽，以有利于督促继父母履行父母对子女应尽的抚养义务。而就老年人合法权益保障角度而言，在老年人作原告主张赡养费时，法院对形成抚养教育关系的认定标准同样应从宽。与此同时，还应考察继父母子女平时往来关系情况、不认定父母子女关系是否会导致利益失衡，显失公平等诸多隐私，综合把握。总之，过于客观硬性的标准其实并不符合本条的立法目的，也不利于实务操作。

其次，根据本条规定，继父继母和受其抚养的继子女之间主要有以下几种权利和义务关系：

1. 继父母对继子女有抚养和教育的义务。继父母不仅要保证继子女的生活所需，而且要保证继子女能接受教育。对于不履行抚养义务的继父母，未成年的继子女或不能独立生活的继子女，有要求给付抚养费的权利。

2. 继子女对继父母有赡养和扶助的义务。在通常情况下，受继父母抚养成人并独立生活的继子女，应承担赡养继父母的义务。继子女不履行赡养义务，无劳动能力或生活困难的继父母，有要求继子女支付赡养费的权利。

3. 继父母和继子女之间有相互继承财产的权利。由于继父母与继子女与生父母间形成双重权利义务关系，继子女继承继父母遗产的，不影响其继承生父母的遗产。已形成抚养关系的继子女的生子女或养子女可以代位继承。

4. 继父母有教育和保护未成年继子女的权利和义务。既然本条将形成抚养教育关系的继父母子女关系，拟制为父母子女关系。那么继父母就应该依法履行父母对子女的保护和教育义务。在这一点上，与生父母子女关系、养父母子女关系并无不同。相应地，在未成年继子女对国家、集体或者他人造成损害时，继父母也应当依法承担相应的民事责任。

## 关联案例

### 一、(2019)沪01民终1424号

本院认为，继父母和受其抚养教育的继子女间的权利义务，适用婚姻法对父母子女关系的有关规定。本案中，陈某成为祝某一继父时，祝某一仅12周岁，双方因共同生活而存在抚养与被抚养的事实。依照婚姻法的相关规定，子女对父母有赡养扶助的义务。子女不履行赡养义务时，无劳动能力的或生活困难的父母，有要求子女付给赡养费的权利。经查，陈某因其在外租房并偿还为祝某一母亲治

病所借之债等事实已经查实，故其因此导致生活困难的主张成立。祝某一作为继子，应当承担赡养陈某的义务。另外，在与本案同时审理的陈某诉祝某一、范某分家析产、法定继承纠纷一案中，本院为平衡诉讼双方的利益，经综合考量，已维持该案一审判决，将所涉上海市浦东新区××镇××村××号房屋中副舍一间判归陈某所有。但本院认为，上述副舍虽具有相应价值，但在《南汇县农村个人建房申请、审核表》的"规则用地、建筑定位示意图"中，该副舍难以找到对应点，目前亦无相关职能部门对其合法性作出有效认定，且就农村房屋副舍的功能而言，其主要作为储物等辅助生产、生活之用，将其判归陈某所有，仅为实现分家析产、利益补偿之目的。因此，陈某所诉因在外租房等导致生活困难的理由仍然存在，而陈某的晚年应由其亲生子女及祝某一共同赡养，且陈某自身有养老金，故其所诉赡养费的数额过高，应由本院根据本案的实际情况予以酌定。由于原判对于陈某要求支付赡养费的主张部分予以支持，故支付赡养费的起始日期应从陈某提出诉讼主张时开始计算。此外，经查阅陈某起诉书及原审庭审记录，未发现陈某"提出了目前因生活困难要求由祝某一给付生活费后解除双方关系的意见"，且陈某对原审该判项亦提出了异议，故原判有关"解除陈某与祝某一继父子关系"的判决超出陈某的起诉范围，违反了民事诉讼"不告不理"的原则，应予纠正。综上所述，上诉人陈某要求撤销原判有关解除继父子关系之判项的主张成立，对于要求被上诉人祝某一支付赡养费的诉请，支持其合理部分。一审判决事实清楚，适用法律有误，应予纠正。据此，依照《婚姻法》第二十七条及《民事诉讼法》第一百七十条第一款第二项的规定，判决如下：一、撤销上海市浦东新区人民法院（2018）沪 0115 民初 66047 号民事判决；二、被上诉人祝某一自 2018 年 9 月起每月支付上诉人陈某赡养费人民币 1000 元；三、驳回上诉人陈某其余上诉请求。

## 二、(2019) 渝 0233 民初 3636 号

本院认为，《婚姻法》第二十七条规定："继父母与继子女间，不得虐待或歧视。继父或继母和受其抚养教育的继子女间的权利和义务，适用本法对父母子女关系的有关规定。"继父母和继子女关系，是由于父母一方死亡另一方带子女再婚或者父母离婚后另行再婚而形成。妻与前夫或夫与前妻所生的子女是继子女，母之后夫或父之后妻是继父母。这是一种姻亲关系。如果继父母与继子女形成抚养关系，就具有法律拟制血亲关系。形成抚养关系有两种情况：一是继子女与继父母长期共同生活，受继父或继母的抚养教育，继父或继母负担继子女生活费和教育

费的一部或全部的；二是继子女的生父或生母依照离婚的判决或协议负担其生活费、教育费的一部或全部，但继子女与继父或继母长期共同生活，继父或继母对继子女进行了生活上的照料和思想品德上的教育。具有上述情况之一的，应当认定双方形成抚养关系。1984 年 6 月，原告谢某甲在当时的官坝区政府退休后与被告胡某甲、胡某丙、胡某乙之母田某再婚时，虽然被告胡某甲已满 16 岁辍学在家劳动，被告胡某丙年仅 13 岁、胡某乙 11 岁，但原告谢某甲再婚后定居在被告田某家生活，与田某共同将三被告抚养成年并操办其结婚成家，并于 1989 年与被告胡某甲及其生母田某共同将其老房屋进行整修，并加盖三间一楼一底砖混结构房屋。原告谢某甲与被告胡某甲、胡某丙、胡某乙应当是形成抚养关系的继父子女关系。被告辩称原告对其未尽到抚养义务，双方没有形成有抚养关系的继父子女关系，没有举交任何证据证明，其主张本院不予支持。我国法律规定，形成扶养关系的继父母子女为拟制血亲关系，其目的在于保障继子女与继父母之间幼有所育、老有所养，防止虐待和遗弃，促使家庭团结和睦。已形成扶养关系的继父母子女关系能否解除，也是以这一目的为出发点。因父母一方死亡，另一方再婚而产生的继父母子女关系，如果继子女尚未成年，其生父或生母又死亡，根据婚姻法保护儿童合法权益的原则，已经形成扶养关系的继父母子女关系的继父母子女关系，一般不能解除。同样，在生父与继母或生母与继父的婚姻关系因生父或生母死亡而终止时，或生父与继母或生母与继父离婚时，受继父母长期抚养、教育的继子女已经成年，继父母与继子女已经形成的扶养关系，不能自然解除。一方或双方提出解除继父母子女关系的，是否准许由人民法院根据具体情况确定。原告在被确诊为癌症并住院治疗期间，被告胡某甲、胡某乙虽然按照原告要求，与原告亲生子女一样各出资 10000 元人民币给原告治病，2017 年 5 月，原告因认为被告之母将夫妻共同存款转移，不拿出来给其治病，并同被告不积极履行扶养、赡养义务，与被告之母发生矛盾并分居，先后两次起诉要求离婚，2018 年 10 月 16 日被判决准予离婚。原告谢某甲与被告生母离婚前后两年多时间，原告谢某甲没有得到被告的看望、慰藉等精神上的尊重和生活上的照料。

原告谢某甲请求解除与被告胡某甲、胡某丙、胡某乙的继父子女关系，本院予以支持。形成抚养关系的继父母子女关系解除后，由继父或继母养大成人并独立生活的继子女，应当承担生活困难无劳动能力的继父或继母晚年生活的费用。原告谢某甲现在虽然年老患病，无劳动能力，但其每月 4400 元退休工资，足以保障其生活需要，其要求被告每人补偿他抚养被告期间支出的费用 20000 元，不符合法律规定,本院不予支持。被告方要求原告支付他们每人 30000 元,作为其每人垫付原告 10000 元的医药费和多年赡养原告所支付的费用,更是违反法律规定,本院不予支持。据此,依照《婚姻法》第二十七条,《民事诉讼法》第六十四条之规定,判决如下:一、解除原告谢某甲与被告胡某甲、胡某丙、胡某乙的继父子女关系;二、驳回原告谢某甲的其他诉讼请求。

**第一千零七十三条　对亲子关系有异议且有正当理由的,父或者母可以向人民法院提起诉讼,请求确认或者否认亲子关系。**

**对亲子关系有异议且有正当理由的,成年子女可以向人民法院提起诉讼,请求确认亲子关系。**

## 条文主旨

本条是关于亲子关系确认或否认之诉的规定。

## 条文精释

### 一、立法背景

关于亲子关系确认或否认之诉的规定,1950 年《婚姻法》、1980 年《婚姻法》、2001 年《婚姻法》均无明文规定。1992 年最高人民法院《关于夫妻关系存续期间男方受欺骗抚养非亲生子女离婚后可否向女方追索抚养费的复函》指出,"在夫妻关系存续期间,一方与他人通奸生育了子女,隐瞒真情,另一方受欺骗而抚养了非亲生子女,其中离婚后给付的抚育费,受欺骗方要求返还的,可酌情返还;至于在夫妻关系存续期间受欺骗方支出的抚育费用应否返还,因涉及的问题比较复杂,尚需进一步研究"。但是这一复函并未阐明亲子关系否认制度的特点和法律构成。《婚姻法解释三》第二条规定,夫妻一方向人民法院起诉请求确认亲子关系不存在,并已提供必要证据予以证明,另一方没有相反证据又拒绝做亲子鉴定的,人民法院可以推定请求确认亲子关系不存在一方的主张成立。当事人一方起诉请求确认亲子关系,并提供必要证据予以证明,另一方没有相反证据又拒绝做亲子鉴定的,人民法院可以推定请求确认亲子关系一方的主张成立。这一规定首次肯定了亲子关系否认与确认诉讼制度,并规定了亲子关系确认或否认之诉的证明责任及亲子关系的推定条件,但对这一制度的具体程序并未明确规定。笔者在参与中国法学会组织,全国人大相关同志参与的婚姻家庭编内部研讨会时,从司法实践角度出发,明确提出应排除成年子女恶意提起否认亲子关系之诉,逃避法定赡养义务的立法建议。后在2019年《婚姻家庭编(三审稿)》中,将该条修改为"父母可以向人民法院提起诉讼,请求确认或者否认亲子关系。成年子女可以向人民法院提起诉讼,请求确认亲子关系"。这一修改回应了主要是为了避免成年子女逃避对父母的赡养义务。有专家提出,为了维护家庭的稳定和谐,应当提高此类诉讼的门槛,规定"当事人有正当理由时才能提起"。本条对此予以回应,规定"对亲子关系有异议且有正当理由的,父、母可以向人民法院提起诉讼,请求确认或者否认亲子关系。对亲子关系有异议且有正当理由的,成年子女可以向人民法院提起诉讼,请求确认亲子关系"。

## 二、争议观点

### (一)婚生子女的推定

亲子关系否认制度的前提是婚生子女的推定,只有推定子女为婚生子女,在出现相反的事实时才有推翻子女为婚生子女的可能。婚生子女推定,是指当父母子女关系不能确定之时,由法律建立一种标准,按照此标准认定父母与该子女之间是否存在亲子关系的一种推定方法。我国没有婚生子女推定制度,对婚生子女的界定各国立法标准不一。理论界也存在不同的学说,大致归纳为"受胎说""出生说""混合说"三种学说。受胎说,该观点认为,推定在婚姻关系存续期间怀孕的女子的丈夫为其子女的生父。例如,法国《民法典》规定,"婚姻期间受孕的子、女,夫为其父"。这一观点有力保护了合法婚姻关系的存续,但对于结婚前怀孕并于结婚后出生的子女却不能认定为婚生女子,致使一部分子女的合法权益不能得到很好的保护。出生说,该观点以婚姻关系存续期间子女出生的事实作为推定该子女为婚生子女的唯一标准。也就是说,即使是在结婚前受胎但后来因为结婚的事实而在合法有效的婚姻关系存续期间出生。例如,美国在认定婚生子女时以父母存在婚姻关系且子女在此期间出生的事实为标准。瑞士《民法典》规定,"在婚姻关系存续期间或婚姻解除后的300天内出生的子女,推定夫为父"。混合说,该观点主张在婚姻关系存续期间所受胎和出生的子女均推定为婚生子女,许多国家采用这一观点。英国普通法上,于婚姻关系存续期间受胎或者出生的子女,皆推定为婚生子女。除非有重要事实足以推翻该规定者,否则不能否认子女的婚生性。

根据侧重点的不同，这一观点又可以分为两种：一是以受胎说为原则，以出生说为补充。典型的代表为意大利。意大利《民法典》第二百三十一条规定，丈夫是在婚姻关系存续期间受孕的子女的父亲。第二百三十四条规定，“任何一方配偶及其继承人，只要有证据加以证明，子女即使是在婚姻关系被解除后的300天内出生的，仍然是婚生子女”。

二是许多国家亲属立法还规定了受胎期的推算。例如，日本《民法典》第七百七十二条规定，“自婚姻成立之日起200天之后，或自婚姻解除或撤销之日300天以内出生的子女，推定为婚姻中怀胎的子女”。法国《民法典》第三百一十一条规定，“子女出生前的300～180天，受胎时间推定为该时期内的任何时刻”。截至目前，我国并未规定受胎期推定制度，也未在立法上明确何为婚生子女以及婚生子女的认定标准。

(二)婚生子女的否认

婚生子女的否认是指丈夫有证据证明足以推翻推定亲子关系时，所享有的否认该子女为自己子女的诉讼请求权的法律制度。这一制度是对婚生子女推定的限制，有利于保障当事人的合法权益。

1. 否认婚生子女的原因

否认婚生子女的原因，又称否认婚生子女推定的证据。各国主要有三种立法例：(1)概括式。法律仅规定只要提出有推翻亲子关系推定成立的依据。例如，法国《民法典》规定，亲子关系否认之诉的提起原因是“子女之父能提出证据证明其不是子女的生父”。(2)列举式。法律对否认亲子关系推定的原因进行列举规定。例如，意大利《民法典》规定，“否认之诉允许在下列情况下提起：在法律规定的推定期间夫妻没有同居；在法律规定的推定期间丈夫没有生育能力或者丈夫存在性功能障碍；在法律规定的推定期间妻子与他人通奸或者对丈夫隐瞒怀孕和分娩的事实”。(3)概括式与列举式相结合。有的国家立法在概括规定的基础上列举一些具体原因加以规定。例如埃塞俄比亚《民法典》第七百七十八条、第七百八十三条规定。

2. 否认权人

亲子关系的否认权人，各国规定各不相同，主要可以分为几种：一是仅限于被推定子女的丈夫。这一规定是通过严格限制婚生子女的否认权人来稳定家庭，保护子女最佳利益。二是被推定子女的丈夫、母亲、成年子女，例如意大利《民法典》规定，母亲、父亲或达到成年年龄的子女均可提起否认之诉。三是有的国家否定权人规定很宽泛，包括父母、成年子女及特殊情况下的保佐人或检察官均享有否定权。依据德国《民法典》第一千六百条，有权对亲子关系提出否认之诉的人，包括与生母成立婚姻关系之人、承认父亲关系之人、子女、生母，以及对该类案件有管辖权的机关。

## 三、条文解释

本条是关于亲子关系确认制度的规定。亲子关系确认制度，即在法律上确认或否认父母子女关系存在的制度。其主要包括亲子关系确认之诉与亲子关系否认之诉。否认之诉与确认之诉的法律后果是不同的。否认之诉的目的是消除现有的父母子女关系。一旦法院确认亲子关系不存在，原有的稳定的父母子女关系将被破坏。在父母子女身份没有重新界定的时间段内，子女处在不稳定的亲权环境下，利益可能得不到保护，年老的父母也可能会因此处于无人赡养的状态。而亲子关系确认之诉在一定程度上会给子女创造一个新的亲权环境，也更有利于年老的父母被赡养。以下分别对这两个制度，结合相应条文进行分析：

### （一）否认之诉

亲子关系的否认是对已经推定的亲子关系的否认，实质是对已经形成的亲子关系的解除。

1. 否认权人。否认权人即有权提起亲子关系否定之诉的当事人。本条规定，"对亲子关系有异议且有正当理由的父或者母可以向人民法院提起诉讼"。即本条将亲子关系的否定权赋予父、母：首先，父、母均应享有亲子关系的否定权。根据《宪法》第三十三条第二款"中华人民共和国公民在法律面前一律平等"和2001年《婚姻法》第十三条"夫妻在家庭中地位平等"，不仅丈夫享有亲子关系的否定权，妻子一方也应享有同样权利。其次，关于子女是否享有亲子关系的否定权。子女应包括成年子女和未成年子女。对于未成年子女，其仍为限制民事行为能力人或无民事行为能力人，不能或不能完全辨认或控制自己的行为。因此，其不能享有否定权，而应由其法定代理人代理。对于成年子女，其本应有否定权。但是，立法为了保障老年人的合法权益，根据权利和义务相一致的原则，为了防止子女通过否定诉讼逃避对父母的赡养义务，仅赋予父母享有亲子关系的否定权。

2. 条件。提起亲子关系否定之诉的条件为对亲子关系有异议且有正当理由。在理论观点部分已经论述各国对于亲子关系否定理由的立法例，本条采取概括式的立法方式，规定"正当理由"。笔者认为，此处的正当理由主要包括以下几个方面:(1)在推定的子女受胎期间内,被推定的父亲与母亲并未发生性关系的(采用人工生殖技术生育子女的除外);(2)通过医学方法(如亲子鉴定)证明子女不可能是被推定的父亲或母亲的子女的;(3)其他证明子女不可能是被推定父亲或者母亲的子女的事由。例如丈夫在推定子女受胎期间无生育能力等。对亲子关系推定的否认,必须有充分的正当理由。这是为了提高提起亲子关系否认之诉的门槛,维护家庭的稳定与和谐,更好地保护家庭成员的利益。

3. 诉讼时效。关于否认亲子关系之诉是否应适用诉讼时效的问题。在《婚姻法解释三》征求意见的过程中,就有不同意见:中国法学会婚姻法学研究会认为,限制诉权行使时间,不轻易打破子女的生长环境,更有利于子女的成长。而且各国均对否认权人行使权利的时间做了限制。但是还有专家认为,在我国重血缘的传统文化氛围和当时计划生育的背景下,如果将婚生子女否认之诉限制在知道子女出生两年之内,可能会导致一些人除了离婚之外无其他途径生育自己的子女,从而激化家庭矛盾。由于两者各有其理,分歧较大,故《婚姻法解释三》并未规定否定之诉的诉讼时效。相应地,本条也未规定。

(二)确认之诉

确认之诉,是指对亲子关系有异议的相关人员请求人民法院确认亲子关系的诉讼。其主要发生在一方提起非婚生子女强制认领之诉的情形下。关于非婚生子女的问题,在本法第一千零七十一条处已有过详细阐述,在此处不予赘述。

1. 确认权人。根据本条规定,对亲子关系有异议且有正当理由的父母、成年子女均可提起亲子关系确认之诉。亲子关系确认之诉的提起,会影响到父、母、子女三方的利益。因此,这三方都可以作为认领之诉的当事人提起亲子关系确认之诉。对于未成年子女,其属于限制民事行为能力人或无民事行为能力人,自己不能提起诉讼。因此,提起确认之诉的确认权人应为父母与成年子女。

2. 条件。根据本条规定,亲子关系确认权人在提起亲子关系确认之诉时应满足如下条件:一是对亲子关系有异议;二是有正当理由。这里的正当理由可以是有同居事实或存在事实婚姻等。“正当理由”的规定主要是为了维护家庭的和谐稳定,同时为了防止滥用诉权。

## 关联案例

### 一、(2019)渝05民终2387号

本院认为,被上诉人冯某主张其与冯某一不存在亲子关系,并已提供其自行委托盐城市安××物技术服务公司作出的《安××物DNA检验意见书》为证,李某对该检验意见书不予认可,但并未举示相反的证据予以否定,而且又拒绝做亲子鉴定,故一审法院根据《婚姻法解释三》第二条第一款的规定推定冯某与冯某一之间不存在亲子关系,并无不当。既然认定冯某与冯某一之间不存在亲子关系,李某在受孕前后又确与其他异性有过交往,而李某受孕后与冯某登记结婚时并未对冯某提及此事,故可以认定李某对冯某目前知晓冯某一非其亲生这一事实存在过失。李某虽主张冯某无生育能力,并认为冯某在与其"奉子成婚"时就应当知道胎儿可能非冯某亲生,冯某对此予以否认,李某亦无确凿的证据予以证实,故李某的这一理由难以被采信。因此,一审认定李某的行为给冯某造成了精神损害并判令李某赔偿冯某精神抚慰金2万元,也无不当。综上所述,李某的上诉理由不能成立,对其诉讼请求本院不予支持。一审判决认定事实清楚,适用法律正确,应予维持。根据《民事诉讼法》第一百七十条第一款第(一)项之规定,判决如下:驳回上诉,维持原判。

### 二、(2019)川01民终2683号

针对本案的争议焦点,本院分别评议如下:

1. 关于本案是否属于人民法院的受案范围的问题。上诉人认为根据《民事诉讼法》第一百一十九条的规定:"……原告是与本案有直接利害关系的公民、法人和其他组织……",刘某林与刘某成之间不存在直接的利害关系,刘某林不是适格的原告,一审法院不应受理本案。本院认为,本案系确认亲子关系纠纷,亲子关系即父母子女关系,父母子女在血缘联系上是最近的直系血亲,是家庭中的主要成员,相互之间具有法律上的权利义务,因此亲子关系是家庭关系的重要组成部分。亲子关系的确认存在生物学上的意义和法律上的意义,刘某成与本案有直接利害关系,一审法院受理本案并无不妥。

2. 关于本案是否构成重复起诉的问题。上诉人刘某林认为成都市双流区人民法院作出的(2017)川0116民初10576号民事判决系刘某成起诉肖某艳的案

子，二审判决已经生效，对双方具有约束力，证据、事实、争议焦点与本案有关联性，因此构成重复起诉。本院认为，根据最高人民法院《关于适用〈中华人民共和国民事诉讼法〉的解释》第二百四十七条之规定，构成重复起诉，后诉与前诉应当同时满足当事人、诉讼标的以及诉讼请求三者相同的要求。与前诉，即刘某成诉肖某艳婚姻家庭纠纷一案相较而言，本案的当事人为刘某成与刘某林，而前案的当事人为刘某成与肖某艳；前诉的诉讼标的是已经作出处理的夫妻共同财产，而本案的诉讼标的是确定亲子关系；前诉的诉讼请求是要求重新分割《离婚协议书》中已作出处理的夫妻共同财产，而本案的诉讼请求是确认刘某成与刘某林不存在生物学上的父子关系。因此，本案不构成重复起诉。

3. 关于刘某成与刘某林之间是否具有生物学意义上的父子关系的问题。在处理亲子关系纠纷时，如果一方提供的证据能够形成合理的证据链条证明当事人之间可能存在或不存在亲子关系，另一方没有相反的证据又坚决不同意做亲子鉴定的，按照最高人民法院《关于民事诉讼法证据的若干规定》"有证据证明一方当事人持有证据无正当理由拒不提供，如果对方当事人主张该证据的内容不利于证据持有人，可以推定该主张成立"，可以推定请求否认亲子关系一方的主张成立，而不配合人民法院进行亲子鉴定的一方要承担败诉的法律后果。本案中，刘某成已经提交了苏博公司出具的《DNA 检测报告》与协和鉴定中心出具的《四川协和法医司法鉴定中心亲子鉴定意见书》，其结论均为刘某成不是"刘某林"的生物学父亲。刘某林对上述鉴定结论提出异议，但并未提供相应的证据，也不配合一审法院进行亲子关系鉴定，同时也未提出证据证明双方存在生物学上的父子关系。一审法院根据相应的证据规则推定刘某成与刘某林不存在亲子关系并无不当，对此本院予以维持。对刘某林的上诉请求，本院不予支持。综上所述，刘某林的上诉请求不能成立，应予驳回；一审判决认定事实清楚，适用法律正确，应予维持。依照《民事诉讼法》第一百七十条第一款第一项规定，判决如下：驳回上诉，维持原判。

**第一千零七十四条　有负担能力的祖父母、外祖父母，对于父母已经死亡或者父母无力抚养的未成年孙子女、外孙子女，有抚养的义务。**

**有负担能力的孙子女、外孙子女，对于子女已经死亡或者子女无力赡养的祖父母、外祖父母，有赡养的义务。**

## 条文主旨

本条是关于祖父母、外祖父母与孙子女、外孙子女之间的相互义务关系的规定。

## 条文精释

### 一、立法背景

关于祖父母、外祖父母与孙子女、外孙子女间的关系问题，1950 年《婚姻法》并未规定。1980 年《婚姻法》第二十二条规定："有负担能力的祖父母、外祖父母，对于父母已经死亡的未成年的孙子女、外孙子女，有抚养的义务。有负担能力的孙子女、外孙子女，对于子女已经死亡的祖父母、外祖父母，有赡养的义务。"这一条文对祖孙之间关系第一次作出了规定。2001 年《婚姻法》第二十八条在此基础上进行了进一步的规定，规定对于父母无力抚养的未成年孙子女、外孙子女，有负担能力祖父母、外祖父母也应进行抚养。这一规定进一步扩大了隔代抚养的适用类型，更有利于实现本条的立法目的，实现"老有所养、幼有所依"的价值追求。故历次草案均对此予以沿用。

### 二、争议观点

祖父母、外祖父母与孙子女、外孙子女是隔代的直系血亲关系，从亲属的亲疏远近关系来看，祖孙关系属于三代以内直系血亲，其亲密程度仅次于父母子女关系。本条之祖孙关系，实质上为附条件的抚养教育和赡养扶助的权利义务关系，是贴合我国实际情况和传统习惯的制度，对构建和谐社会有重要作用。①

### 三、条文解释

本条可以分为两款，第一款是关于隔代抚养的规定；第二款是关于隔代赡养的规定。根据第一款规定，要形成隔代抚养，应当具备如下几个要件：

1. 被抚养人的父母死亡或无抚养能力。

此处的"死亡"，指父母双方均死亡，既包括自然死亡又包括宣告死亡。父或

---

① 杨馨德主编：《婚姻家庭法学》，上海财经大学出版社 2012 年版，第 244 页。

母一方死亡,生存方仍应履行抚养子女的义务,此时的抚养义务与祖父母、外祖父母无关。父母无力抚养是指父母双方已经没有能力履行抚养子女的义务。如果父母一方死亡,一方确无抚养能力,有负担能力的祖父母、外租父母也有抚养孙子女、外孙子女的义务。

2. 祖父母、外祖父母有负担能力。

此处的“负担能力”是指负担孙子女、外孙子女的正常生活需求的经济能力,可以依据案件具体情况和当地群众的一般生活水平进行综合判断。对于未成年的孙子女、外孙子女,祖父母、外祖父母应有能力满足其基本生活需求,对其进行抚养与教育,使其健康成长。

3. 孙子女、外孙子女尚未成年。

未成年是指未满十八周岁。根据本法第十八条的规定,对于年满十六周岁但是未满十八周岁,以自己的劳动收入作为主要生活来源的未成年人,视为成年人。

根据第二款规定,孙子女、外孙子女在下列条件下,履行赡养其祖父母、外祖父母的义务:

1. 祖父母、外祖父母的子女死亡或者子女虽未死亡,但无赡养能力。

此处的死亡包括自然死亡与宣告死亡。无赡养能力是指祖父母、外祖父母的子女因某些特殊困难无力履行赡养父母的义务。此时,孙子女、外孙子女应承担赡养义务。而若祖父母、外祖父母有几个子女,其中一个死亡或无力赡养,其他子女仍有赡养能力的,其他子女都应当承担赡养义务。在此情形,孙子女、外孙子女可以不承担赡养祖父母、外祖父母的义务。

2. 孙子女、外孙子女有负担能力。

孙子女、外孙子女足以负担祖父母、外祖父母的基本生活,能够对他们进行赡养和照顾。赡养的方式主要有以下两种:一是共同生活,即孙子女、外孙子女可以与祖父母、外祖父母共同居住在一起,进行直接的赡养;二是通过给付赡养费、探望等方式完成扶养义务。

## 关联案例

### 一、(2018)苏09民终5145号

一审法院认定事实:王某英与孙某亮系夫妻关系,两人共同生育两子一女,分别为长子孙某华、次子孙某兵、长女孙某霞。长子孙某华已于2008年去世,次子

孙某兵、长女孙某霞均具有赡养能力。何某是孙某华妻子,孙某洲是孙某华长子。另查明,王某英与孙某亮年事已高,年老体弱,患有多种疾病,需要子女赡养。本院认为,根据《婚姻法》第二十八条规定,有负担能力的孙子女、外孙子女,对于子女已经死亡或子女无力赡养的祖父母、外祖父母,有赡养的义务。

上诉人孙某亮、王某英共育有两子一女,虽长子孙某华死亡,但另有一子一女。现孙某亮、王某英并无证据证明其他子女无赡养能力,不符合前述规定的情形,其向孙某洲主张赡养费,于法无据。关于上诉人孙某亮、王某英提出的曾经放弃继承孙某华遗产的上诉理由,本院认为,赡养义务是法定义务,孙某洲不因孙某亮、王某英放弃继承孙某华的遗产而发生赡养孙某亮、王某英的义务。综上所述,孙某亮、王某英的上诉请求不能成立,应予驳回;一审判决认定事实清楚,适用法律正确,应予维持。依照《民事诉讼法》第一百七十条第一款第一项规定,判决如下:驳回上诉,维持原判。

## 二、(2015)乌中民一终字第436号

原判认定,李某乙(曾用名赵某丙,1998年7月出生)系赵某甲与李某丙婚生子,目前系乌鲁木齐市技工学校学生,2013年9月25日缴纳学杂费3820元(含学费、住宿费、教材费、服装费等)。赵某甲父亲赵某系李某乙的爷爷,李某甲系李某乙舅舅。赵某甲与李某丙于1999年6月25日经法院调解离婚,形成(1999)水民初字第634号民事调解书,双方约定婚生子赵某丙随李某丙共同生活,赵某甲每月给付赵某丙生活费100元,至其独立生活为止。李某丙于2012年5月30日死亡,此后李某乙的生活、学习费用由李某甲提供,2012年5月20日李某乙出具借条借李某甲1000元(李某乙认可),自2012年6月至2014年6月李某乙出具借条共计借李某甲48695.44元(李某乙认可)。李某乙母亲李某丙死亡后遗留有住房一套。另查明,2014年,李某甲申请法院宣告赵某甲为无民事行为能力人,2014年6月12日做出的(2014)水民特字第1号民事判决书,宣告赵某甲为无民事行为能力人。赵某甲系退休职工,2014年3月至今其名下退休养老金为每月1996元。原判认为,父母对子女有抚养教育的义务,赵某甲作为李某乙父亲对其有抚养教育的法定义务,李某乙母亲有遗产不能免除赵某甲履行上述法定义务。赵某甲经(2014)水民特字第1号民事判决书宣告为无民事行为能力人,其无配偶,赵某作为其父亲,在本案中列为赵某甲监护人。赵某甲监护人赵某关于李某甲在使用李某丙遗产,己方不应再承担李某乙抚养费的意见不成立。对于本案给付抚养

费责任承担者，经查明，李某乙母亲去世后，赵某甲未与李某乙共同生活，也未给付其抚养费，赵某甲虽为无民事行为能力人，但赵某甲有退休养老金，有能力抚养李某乙，因此，由赵某甲在退休养老金范围内承担李某乙抚养费给付义务。李某甲依据《婚姻法》第二十八条“有负担能力的祖父母、外祖父母，对于父母已经死亡或者父母无力抚养的未成年的孙子女、外孙子女有抚养的义务”的规定，要求赵某甲监护人承担给付李某乙抚养费义务的意见，与查明事实不符，而且在庭审中李某甲也认可赵某甲有收入、有抚养李某乙的能力。因此，李某甲该意见不成立。赵某甲监护人关于赵某甲没有收入，系无民事行为能力人，由兄弟供养，不应承担抚养李某乙义务的辩解意见也与查明事实不符。对于李某甲主张垫付抚养费的数额，其中李某甲主张垫付的2012年5月20日抚养费1000元，这一时期李某乙母亲尚在世，按照李某乙母亲与赵某甲离婚民事调解书中关于李某乙抚养费每月100元的约定，2012年5月李某乙抚养费已经过生效的法律文书确定，本案不再重复处理。李某甲主张其垫付的李某乙2012年6月~2014年6月共计48695.44元，根据赵某甲目前退休养老金数额，考虑李某乙母亲去世后遗留有住房一套，李某乙母亲遗产中李某乙应当继承部分属于李某乙财产，结合李某乙目前正在学校学习，以及赵某甲患疾病的实际情况，按照赵某甲月退休养老金的50%计算李某甲主张垫付的李某乙月抚养费较为妥当，由赵某甲共计支付李某甲24950元（1996元×50%×25个月）。以上计算依据当前赵某甲最高月退休养老金，也充分体现了抚养费应保障未成年子女实际需要的原则。同时，李某甲主张2012年5月至2014年6月共计垫付李某乙抚养费49695.44元，不仅高于2013年乌鲁木齐市城镇居民家庭年人均可支配收入，而且按月计算的平均数与当前赵某甲月退休养老金持平，因此，李某甲主张数额过高，该诉讼请求部分成立。对于李某甲要求赵某甲支付利息费910.60元的诉讼请求，由于李某甲垫付李某乙抚养费的数额、时间各异，且与法院认定的抚养费数额不相符，无法确定具体的计算时间和利息标准，故对此不予支持。故依照《婚姻法》第二十一条、《民事诉讼法》第六十四条、第一百四十四条的规定，判决：一、赵某甲、监护人赵某在赵某甲退休养老金中给付李某甲24950元；二、驳回李某甲要求赵某甲、监护人赵某给付利息910.60元的诉讼请求；三、驳回李某甲要求赵某甲监护人赵某承担给付其垫付李某乙抚养费责任的诉讼请求。宣判后，上诉人赵某甲监护人赵某不服原审判决上诉称，（1）李某甲是否向李某乙支付了49695.44元抚养费值得质疑，并且作为家庭较为贫困的在校学生，李某乙的生活费达每月1987.81元不符合常理；（2）李某甲在未告知赵某甲监护人赵某的情况下向李某乙支付的相关费用应当视为赠与，并且李某甲已经取得了对李某乙的监护权，更能够证明其行为属于赠与；(3)赵某甲属无民事行为能力人，且身体有病，无能力支付李某乙的抚养费，综上，请求二审法院撤销原审判决的第一项，驳回李某甲的诉讼请求。

被上诉人李某甲提交书面申请书答辩称，本案提起上诉不是赵某甲监护人赵某的真实意思表示，赵某乙出具的授权委托书上也并非赵某本人签字，该上诉不能成立。二审中，经向赵某甲监护人赵某核实，对(2015)水民一初字第127号民事判决提出上诉并将诉讼事宜委托给赵某乙办理是其真实意思表示。

本案法律事实有(2013)水民一初字第81号民事判决书、(2014)水民特字第1号民事判决书、(2014)水民一初字第690号判决书、新疆维吾尔自治区非税收入专用收据两张、乌鲁木齐市退休人员养老金发放情况表及一审、二审法庭审理笔录附卷佐证。本院认为，父母对子女有抚养教育的义务。李某乙母亲去世后，李某乙的生活、学习费用均由被上诉人李某甲提供，上诉人赵某甲未与李某乙共同生活。上诉人赵某甲监护人赵某提出，上诉人赵某甲在2012年6月之后曾支付过李某乙2000～3000元抚养费，但未提供证据证实，故本院对此不予采纳。作为李某乙的父亲，上诉人赵某甲对李某乙有法定的抚养教育义务，其虽为无民事行为能力人，但因其有退休养老金，在领取退休养老金的范围内应当承担李某乙的抚养费给付义务，故上诉人赵某甲应当给付被上诉人李某甲自2012年6月至2014年6月期间为李某乙垫付的抚养费。考虑到被上诉人赵某甲患疾病的实际情况和李某乙目前学习生活的实际需要，原审法院按照上诉人赵某甲月退休养老金的50%计算抚养费符合实际情况，故对上诉人赵某甲的上诉请求，本院不予支持。

依照《民事诉讼法》第一百六十九条、第一百七十条第一款第(一)项之规定，判决如下：驳回上诉，维持原判。

**第一千零七十五条　有负担能力的兄、姐，对于父母已经死亡或者父母无力抚养的未成年弟、妹，有扶养的义务。**

**由兄、姐扶养长大的有负担能力的弟、妹，对于缺乏劳动能力又缺乏生活来源的兄、姐，有扶养的义务。**

## 条文主旨

本条是关于兄弟姐妹间扶养义务的规定。

## 条文精释

### 一、立法背景

关于兄弟姐妹间扶养义务的规定,1950年《婚姻法》并未加以规定,但是在实践中确有很多此类情况。因此,为了回应这一问题,1980年《婚姻法》明文加以规定。该法第二十三条规定:"有负担能力的兄、姊,对于父母已经死亡或者无力抚养的未成年弟、妹,有抚养的义务。"立法第一次将有负担能力的兄、姐对父母已死亡或无力抚养的未成年弟、妹的抚养规定成为了一项法定义务。1984年最高人民法院《关于贯彻执行民事政策法律若干问题的意见》第二十六条规定:"由兄、姐抚养长大的有负担能力的弟、妹,对丧失劳动能力、孤独无依的兄、姐,有扶养的义务。"这一司法解释确立了由兄、姐抚养长大的有负担能力的弟、妹,与丧失劳动能力又缺乏劳动能力的兄、姐间在法定条件下的抚养义务。2001年《婚姻法》第二十九条将前述司法解释规定微调为"缺乏劳动能力又缺乏生活来源",扩大了需要被扶养兄姐的范围,符合权利、义务对等的原则,肯定了相互扶助的传统道德,更有利于未成年人的健康成长与老年人生活的保障。

### 二、争议观点

"抚养"与"扶养"虽读音类似,但两者法律含义并不一致。一般来说,抚养就是"保护并教育"。抚养关系是长辈和晚辈之间的,并且是长辈对无民事行为能力人、限制民事行为能力人(主要是未成年人)的保护并教养,强调的是教育和保护。抚养的目的是要使子女健康成长。扶养有广义狭义之分,广义上的扶养泛指特定亲属之间根据法律的明确规定而存在的经济上相互供养、生活上相互辅助照顾的权利义务关系,囊括了长辈亲属对晚辈亲属的"抚养"、平辈亲属之间的"扶养"和晚辈亲属对长辈亲属的"赡养"三种具体形态。狭义的扶养则专指平辈亲属之间尤其是夫妻之间依法发生的经济供养和生活扶助的权利义务关系。

### 三、条文解释

本条是关于兄弟姐妹间的扶养义务的规定。兄弟姐妹,主要包括同胞兄弟姐妹、同父异母或同母异父兄弟姐妹、养兄弟姐妹和继兄弟姐妹。本条所指的兄弟姐妹包括上述所有类型的兄弟姐妹。本条可以分为两款，第一款是关于兄、姐的扶养义务；第二款是关于弟妹的扶养义务。

（一）关于兄、姐的扶养义务

兄、姐对弟、妹的扶养义务并不是必然发生的，而是有条件的，其产生需要同时具备以下三个条件：（1）弟、妹为未成年人。未成年是指未满十八周岁。根据本法的规定，对于年满16周岁但是未满18周岁，以自己的劳动收入作为主要生活来源的未成年人，视为成年人。因此，对于年满16周岁但未满18周岁，以自己劳动收入作为主要生活来源的未成年人，兄、姐对其无扶养义务。（2）父母已经死亡或者父母无力抚养。这里包括两种情况：一是父母已经死亡，此处的死亡包括自然死亡与宣告死亡。此时，无父母这一第一顺序的抚养义务人；二是父母均尚在或一方尚在但由于某些特殊困难没有抚养能力。（3）兄姐有负担能力。此处的"负担能力"是指负担弟、妹正常生活需求的经济能力、监护能力，可以依据案件具体情况和当地群众基本的生活水平进行综合判断。只有同时具备上述三个条件，兄、姐才产生对弟、妹的扶养义务。

（二）关于弟、妹的扶养义务

弟、妹对兄、姐的抚养义务的产生同样需要具备下列三个条件：（1）兄、姐缺乏劳动能力又缺乏生活来源。此处的兄姐需要满足既缺乏劳动能力，又缺乏生活来源两个条件。如果兄、姐虽缺乏劳动能力，但有生活来源，则不产生弟、妹的扶养义务。（2）兄、姐无第一顺序的扶养义务人或该义务人无抚养能力。（3）弟、妹是由兄、姐扶养长大且有负担能力。此处包含两个条件：一是弟、妹是由兄、姐扶养长大的，即弟、妹未成年时父母已死亡或父母无扶养能力，兄、姐对其成长履行了扶养义务；二是弟、妹有负担能力，能负担兄、姐的正常生活。

## 关联案例

### 一、（2018）津02民终875号

一审法院认定事实：原、被告系姐妹关系。原告共有兄弟姐妹四人，分别是刘某枝、刘某贤、刘某光、刘某霞。原、被告的父亲刘福臣于1972年9月18日死亡、母亲杨某芹于1974年5月26日死亡。原、被告母亲死亡时，被告5岁，由于年纪尚小，曾随原告共同生活几年。原告于1994年与其丈夫王某藻（已故）离婚。原

告成年至今无职业。1997 年被告到日本打工至今。原告名下有坐落于天津市东丽区津门里增 11#4 -203 号房屋一套。原告收养一女王雅静,已婚,智力残疾四级,监护人为其丈夫严某强。另外,被告表示基于亲情,自愿每月给付原告抚养费 500 元,直至其去世。一审法院认为,有负担能力的兄、姐,对于父母已经死亡或父母无力抚养的未成年的弟妹,有抚养的义务。由兄、姐抚养长大的有负担能力的弟、妹,对于缺乏劳动能力又缺乏生活来源的兄、姐,有扶养的义务。本案中,原告在其父母死亡后,对被告曾进行过一定的抚养,现原告已 64 岁,且原告的养女智力残疾,被告自愿每月给付原告扶养费 500 元,综合本案实际情况,酌定被告每月给付原告扶养费 500 元。依照《婚姻法》第二十九条的规定,判决:一、被告刘某霞自 2017 年 8 月起每月给付原告刘某贤扶养费 500 元。如果未按本判决指定的期间履行给付金钱义务,应当依照《民事诉讼法》第二百五十三条之规定,加倍支付迟延履行期间的债务利息。二、驳回原告刘某贤的其他诉讼请求。本院认为,本案上诉人与被上诉人的父母死亡时,被上诉人年纪尚小,上诉人主张被上诉人一直由其抚养,而被上诉人只认可跟上诉人在一起生活了 2～3 年。原审法院考虑上诉人对被上诉人曾进行过一定的抚养,且上诉人年岁已高,其养女又智力残疾,被上诉人又同意每月给付上诉人扶养费 500 元,遂酌情判决被上诉人自 2017 年 8 月起每月给付上诉人扶养费 500 元并无不妥,本院予以维持。上诉人主张被上诉人每月应给付其扶养费 3000 元的依据不足,本院不予支持。综上所述,刘某贤的上诉请求不能成立,应予驳回。一审判决认定事实清楚,适用法律正确,应予维持。依照《民事诉讼法》第一百六十九条第一款、第一百七十条第一款第一项规定,判决如下:驳回上诉,维持原判。

**二、(2018)赣 10 民终 885 号**

本院认为,本案受害人吴某与吴某余系兄弟关系,吴某余长期患精神分裂症,丧失劳动能力,未婚无子女,无经济来源,在父母死亡后,吴某余实际由包括吴某在内的兄弟姐妹扶养。根据《婚姻法》《民法总则》的立法精神,以及弘扬社会主义核心价值观,一审判决支持吴某余的被扶养人生活费,并无不当。综上所述,一审判决认定事实清楚,适用法律正确,应当予以维持。浙江平安保险的上诉理由不能成立,不予支持。据此,依照《民事诉讼法》第一百七十条第一款第一项规定,判决如下:驳回上诉,维持原判。

# 第四章　离　　婚

**第一千零七十六条　夫妻双方自愿离婚的，应当签订书面离婚协议，并亲自到婚姻登记机关申请离婚登记。**

**离婚协议应当载明双方自愿离婚的意思表示和对子女抚养、财产以及债务处理等事项协商一致的意见。**

## 条文主旨

本条是关于双方自愿离婚的规定。

## 条文精释

### 一、立法背景

关于双方自愿离婚，我国立法中早有规定。1950 年《婚姻法》第十七条规定，"男女双方自愿离婚的，准予离婚。男女一方坚决要求离婚的，经区人民政府和司法机关调解无效时，亦准予离婚"。1980 年《婚姻法》在 1950 年《婚姻法》的基础上进一步完善，对于双方自愿离婚作出更具体明确的规定。其中第二十四条规定"男女双方自愿离婚的，准予离婚。双方须到婚姻登记机关申请离婚。婚姻登记机关查明双方确实是自愿并对子女和财产问题已有适当处理时，应即发给离婚证"。2001 年《婚姻法》第三十一条沿用了此规定。在《婚姻家庭编（一审稿）》第八百五十三条中写道，"男女双方自愿离婚的，准予离婚。双方应当订立书面离婚协议，并亲自到婚姻登记机关申请离婚登记。离婚协议书应当载明双方自愿离婚的意思表示以及对子女抚养、财产及债务处理等事项协商一致的意见。"《婚姻家庭编（二审稿）》沿用了这一规定。而本条最终也沿用了此规定，该条明确申请登记离婚的双方当事人必须订立书面离婚协议，且将“双方必须到婚姻登记机关申请离婚”的表述进一步修正为“并亲自到婚姻登记机关申请离婚登记”。即明确申请登记离婚依法必须由婚姻当事人双方本人共同实施，不得由他人代理。而本条最终将“婚姻登记机关查明双方确实是自愿并对子女和财产问题已有适当处理时，发给离婚证”的表述改为了“离婚协议书应当载明双方自愿离婚的意思表示以及对子女抚养、财产及债务处理等事项协商一致的意见”。《婚姻家庭编（三审稿）》进一步完善，将“准予结婚”的表述删去，原因是公民享有婚姻自由，“准予”这一富有行政色彩的表述不仅在行政法上难以找到与之对应的行政程序，也有悖于婚姻自由原则。上述改变，更加明确和具体了当事人申请登记离婚应当具备的法定条件，尊重和保护了离婚双方当事人的真实意思表示，同时也是立法技术不断完善的表现。最终，《婚姻家庭编》基本沿用了三审稿的规定，只是将“离婚协议书应当载明双方自愿离婚的意思表示以及对子女抚养、财产及债务处理等事项协商一致的意见”表述为“离婚协议书应当载明双方自愿离婚的意思表示和对子女抚养、财产及债务处理等事项协商一致的意见”，同时将“男女之间”改为“夫妻之间”，因只有先存在夫妻关系才可进行离婚。

## 二、争议观点

登记离婚制度，是指允许婚姻当事人通过行政程序解除婚姻关系的法律制度。有学者指出，登记离婚制度注重婚姻双方当事人的主观意愿，是有利于扩大婚姻自由程度的离婚制度。[①] 根据一些国家的立法例，协议离婚制度包含多项原则，其中有一项原则：必须体现当事人的自由意志；一般多以“当事人具有婚姻行为能力”“离婚的意思表示须真实一致”为要件。而本次《婚姻家庭编》相关条文的修改正是体现了这一原则，有别于 1980 年《婚姻法》和 2001 年的《婚姻法》中对于登记离婚条件的简约规定，本次规定在第一千零七十六条第二款明确规定：离婚协议书应当载明双方自愿离婚的意思表示和对子女抚养、财产及债务处理等事项协商一致的意见。这进一步肯定了一个立场和原则：离婚的意思表示须真实一致。

关于登记离婚还涉及几个具体问题：（1）离婚登记后，一方反悔问题。关于这个问题，《婚姻法解释二》第八条明确规定：“离婚协议中关于财产分割的条款或者

---

① 巫昌祯主编：《婚姻与继承法学》（第 6 版），中国政法大学出版社 2017 年版，第 131 页。

当事人因离婚就财产分割达成的协议,对男女双方具有法律约束力。当事人因履行上述财产分割协议发生纠纷提起诉讼的,人民法院应当受理。”第九条规定:“男女双方协议离婚后一年内就财产分割问题反悔,请求变更或撤销财产分割协议的,人民法院应当受理。但人民法院审理后,未发现订立财产分割协议时存在欺诈、胁迫等情形的,应当依法驳回当事人的诉讼请求。”对此规定,有学者认为,只有在离婚协议存在欺诈、胁迫等情形并有证据能够证实的,当事人才可以对财产分割协议单独再提起诉讼,并有可能得到法院的支持。如果订立财产分割协议时是出于自愿,此后反悔,虽有诉权,但不能胜诉。① (2)虚假离婚问题。在实践中,出现一些夫妻为了某种特殊目的而做出虚假离婚的合意。有学者主张,对假离婚问题,因当事人在离婚当时都是具有完全民事行为能力的自然人,双方依法办理了离婚登记手续,并已发生法律效力。从法律上讲,自当事人领取离婚证时起,他们之间的婚姻关系在法律上已经消失。② 亦有学者主张,假离婚后,一方持有离婚证与第三人结婚,另一方声称当初是假离婚,要求撤销后婚维持原婚姻关系的,根据最高人民法院(79)民监字第2029号函的指示精神,婚姻登记机关则不予支持。从理论上说,虚假离婚问题涉及虚假意思表示的效力问题。这一点,学术界也有不同的观点,有的学者主张虚假离婚是有效的,如房绍坤、范李瑛、张洪波编著的《婚姻家庭与继承法》一书中认为“虚假离婚”当事人在离婚时具有完全民事行为能力,双方依法办理离婚登记手续,该离婚行为产生法律效力。而同时也有学者主张虚假离婚是无效的,其中多以我国台湾地区学者为主,如戴炎辉、戴东雄、高凤仙等均认为离婚当事人应该有离婚的真实意思表示合意为必要。该“离婚合意”应该是当事人达成永久解除婚姻关系的合意。如果没有此种实质意思,即使办理了离婚手续,该离婚行为也属无效。而这次草案的条文出现了“意思表示”的表述,说明当事人双方离婚的意思表示是登记离婚很重要的条件。关于虚假意思表示的效力问题,本法第一百四十六条已经规定“行为人与相对人以虚假的意思表示实施的民事法律行为无效。以虚假的意思表示隐藏的民事法律行为的效力,依照有关法律规定处理”。依据该条规定,如果有证据证明夫妻双方作出的“自愿离婚”意思合意为虚假,其相应的离婚行为应为无效。相应地,夫妻双方仍处于婚姻状态。夫妻一方在此期间与他人结婚,不排除构成重婚可能。(3)托人代办或

① 参见杨遂全:《婚姻家庭继承法学》,清华大学出版社2011年版,第207页。

② 参见卓冬青:《婚姻家庭法学》,武汉大学出版社2012年版,第141~142页。

冒名顶替领取离婚证问题。因为离婚是严格的与身份相连的法律行为,具有强烈的人身性,只能由具有夫妻身份的当事人在具有完全民事行为能力时才能进行,绝不允许托人代办或冒名顶替申请办理离婚登记。而此次民法典中也在条文中明确了离婚必须由当事人本人亲自到婚姻登记机关申请。

## 三、条文解释

根据本条规定,男女双方当事人在申请离婚登记时必须满足以下五个条件:(1)男女双方自愿离婚。这是申请登记离婚的首要条件,也是登记离婚的必要条件。夫妻双方只有出于自愿离婚的意愿,才可以去婚姻登记机关申请离婚。否则,只要丈夫或妻子有一方是非自愿离婚的,就不能通过登记离婚来终止婚姻关系,比如强迫或威胁等违背当事人意愿的情形。这种丈夫或妻子非自愿离婚的情况,只能通过诉讼离婚的方式来达到终止婚姻关系的目的。(2)双方当事人订立了书面离婚协议。男女双方当事人在去婚姻登记机关申请登记离婚时,必须已经订立了书面的离婚协议。"书面离婚协议"替代了2011年《婚姻法》第三十一条规定的"并对子女和财产问题已有适当处理"是本条新增内容,这一要求排除了口头离婚协议等情形。对于当事人来说,离婚不论在法律上还是现实生活中都是一个很严肃的事情。因此,法律严格要求当事人在申请离婚登记时必须订立书面的离婚协议。另外,书面的离婚协议能够将夫妻双方对子女抚养、财产及债务处理等事项规定得比较详细周全,从而避免争议引发纠纷。(3)男女双方当事人必须亲自去婚姻登记机关申请离婚。男女双方当事人必须亲自去婚姻登记机关申请离婚,婚姻关系人身性很强,是不允许他人代理的。至于婚姻登记机关的具体确定,《婚姻登记条例》第十条规定"内地居民自愿离婚的,男女双方应当共同到一方当事人常住户口所在地的婚姻登记机关办理离婚登记"。(4)男女双方当事人必须是完全民事行为能力人。申请离婚的夫妻双方当事人,应当具备完全民事行为能力。无行为能力人或者限制行为能力人不能适用登记离婚程序,只能采取诉讼离婚程序。因为登记离婚需要当事人亲自表达自己的真实意愿,而无民事行为能力人和限制民事行为能力人无法完成这些。根据相关法律规定,成年人以及精神状况正常的人属于完全民事行为能力人,只有这类人可以通过登记离婚的程序来结束婚姻关系。(5)书面的离婚协议上应当载明双方自愿离婚的意思表示和对子女抚养、财产及债务处理等事项协商一致的意见。男女双方当事人去婚姻登记机关申请离婚时,其订立的书面离婚协议上至少应当载明以下事项:双方自愿离婚的意思表示;对子女抚养的意见;对夫妻关系存续期间的财产及债务的处理事项。以上三项是书面的离婚协议的绝对必要记载事项。即指男女双方在申请登记离婚时其订立的书面离婚协议必须记载有以上三类事项。事实上,以上三类事项事关男女双方当事人的切身利益。因此,法律明确列举出这三类事项。当然,除了这三类事项外,男女双方当事人完全可以在离婚协议上记载其他协商一致的约定,只要不违反法律法规的强制性规定以及公序良俗即可。以上五个条件是男女双方当事人申请登记离婚必须要具备的条件,但需要说明的是,在当事人申请以后,婚姻登记机关还会进行相应的审查。

## 关联案例

### 一、(2019)京02民终6457号

本院认为,王某上诉称双方在离婚时,自己受到胁迫,双方签订的离婚协议系受胁迫签订,对此,王某并未提交相应的证据予以证实。《婚姻法》第三十一条规定:“男女双方自愿离婚的,准予离婚。双方必须到婚姻登记机关申请离婚。婚姻登记机关查明双方确实是自愿并对子女和财产问题已有适当处理时,发给离婚证。”为此,应当认定,王某与张某在婚姻登记机关签订的离婚协议中关于财产的部分约定合法有效,当事人均应依约履行。王某主张双方在离婚后已约定张某将其应得的夫妻共同财产给孩子,该约定应当认定为赠与行为,虽有双方签字,但未实际履行。根据法律规定,赠与合同的当事人在财产转移前,享有任意撤销权,对于王某主张张某已放弃夫妻共同财产的主张,一审法院未采信并无不当,本院应予维持。当事人对自己提出的诉讼请求所依据的事实或者反驳对方诉讼请求所依据的事实有责任提供证据加以证明。在作出判决前,当事人未能提供证据或者证据不足以证明其事实主张的,由负有举证证明责任的当事人承担不利的后果。现王某主张在张某账户内的存款中有一部分属于双方之女王某一的压岁钱,张某不予认可,王某未举证证明该钱款并非夫妻共同财产,故本院对该项主张不予认可。关于住房公积金一节,根据《婚姻法解释二》第十一条之规定,婚姻关系存续期间,男女双方实际取得或者应当取得的住房补贴、住房公积金属于夫妻共同财产,在离婚时应当依法予以分割。现王某要求对于住房公积金不予分割的主张,无法律依据,本院不予支持。

综上所述,王某的上诉请求无事实依据,本院不予支持。一审法院认定事实

清楚,适用法律正确,本院予以维持。依照《民事诉讼法》第一百七十条第一款第一项,本院判决如下:驳回上诉,维持原判。

**二、(2019)黔05民终1977号**

本院认为,本案的争议焦点是:能否排除对涉案房屋的执行。依照查明的事实,涉案房屋是2009年被上诉人曹某芬与邹某夫妻关系存续期间以按揭贷款的方式购买,以曹某芬名义办理了备案登记。2013年5月15日,曹某芬与邹某协议离婚,约定涉案房屋归邹某所有,剩余按揭款由邹某偿还。依照《婚姻法》第三十一条"男女双方自愿离婚的,准予离婚。双方必须到婚姻登记机关申请离婚。婚姻登记机关查明双方确实是自愿并对子女和财产问题已有适当处理时,发给离婚证"之规定,被上诉人邹某与曹某芬协议自愿离婚,符合法律规定,双方签订的离婚协议未违反法律规定,且双方在签订离婚协议时,上诉人徐某琴与曹某芬之间并未发生纠纷,签订上述离婚协议时并未损害上诉人徐某琴的利益,因此,曹某芬与邹某签订的《离婚协议书》合法有效,邹某有权要求被上诉人曹某芬办理备案登记过户手续。由于之前双方共同购买涉案房屋的事实,曹某芬与邹某离婚后,涉案房屋一直由邹某占有并管理使用。参照最高人民法院《关于人民法院办理执行异议和复议案件若干问题的规定》第二十八条"金钱债权执行中,买受人对登记在被执行人名下的不动产提出异议,符合下列情形且其权利能够排除执行的,人民法院应予支持:(一)在人民法院查封之前已签订合法有效的书面买卖合同;(二)在人民法院查封之前已合法占有该不动产;(三)已支付全部价款,或者已按照合同约定支付部分价款且将剩余价款按照人民法院的要求交付执行;(四)非因买受人自身原因未办理过户登记"之规定,被上诉人邹某有权申请排除对涉案房屋的执行。上诉人徐某琴上诉请求执行涉案房屋的理由不成立,不予支持。综上所述,原判认定事实清楚,适用法律正确,依法应与维持。依照《民事诉讼法》第一百七十条第一款第(一)项之规定,判决如下:驳回上诉,维持原判。

**第一千零七十七条　自婚姻登记机关收到离婚登记申请之日起三十日内,任何一方不愿意离婚的,可以向婚姻登记机关撤回离婚登记申请。**

**前款规定期限届满后三十日内,双方应当亲自到婚姻登记机关申请发给离婚证;未申请的,视为撤回离婚登记申请。**

## 条文主旨

本条是关于离婚当事人撤回离婚登记申请情形的规定。

## 条文精释

### 一、立法背景

关于离婚当事人撤回离婚申请情形的规定,我国立法中一直未有规定。不论是1950年《婚姻法》、1980年《婚姻法》抑或是2001年《婚姻法》,在离婚这一章中涉及登记离婚或者自愿离婚的规定时,均只是规定了一个条文,即登记离婚所需要满足的法定条件。这是与我国婚姻立法的时代背景和现实需求契合的。1950年《婚姻法》的主要立法目的之一就是确保婚姻自由,其中就包括离婚自由。为了支持离婚自由,方便当事人尽快解除没有感情基础的婚姻,立法尽量简化了登记离婚的程序要求。这一思路在当时包办、买卖婚姻盛行的时代背景下,确有其积极意义。但随着社会经济的发展,法律体系的完善和人们对婚姻本质认识水平的提高,包办、买卖等非自愿结婚的情形在现实生活中越来越少见。在自愿结婚占绝对主导地位的现代社会,婚姻已然成为维护社会稳定的细胞和基础。而如果继续坚持不加限制的离婚自由,在有些情况下,反而会助长闪婚闪离这种不负责任的社会风气,引发不必要的离婚财产分割纠纷,变相侵占夫妻一方父母辛苦积累的财产,从而不利于社会和谐稳定。为提高人们对婚姻本质的认识水平、引导当事人在是否离婚问题上秉持审慎态度,尽量维护既有的家庭秩序,《婚姻家庭编(一审稿)》第八百五十四条中增加规定"自婚姻登记机关收到离婚登记申请之日起一个月内,任何一方不愿意离婚的,可以向婚姻登记机关撤回离婚申请。前款规定期间届满一个月内,双方应当亲自到婚姻登记机关申请发给离婚证;未申请的,视为撤回离婚登记申请",该条即规定了当事人在申请离婚登记时起一个月内还有一个撤回离婚申请的机会,从而为离婚当事人提供了一个冷静期(反悔期间)。《婚姻家庭编(一审稿)》和《婚姻家庭编(三审稿)》基本沿用了这一立法思路。而本次的《婚姻家庭编》最终也沿用了三次草案的基本规定,只是在具体的时间上将"一个月"改为了"三十日"。虽然二者没有太大的差别,但就明确性而言,"三十日"比"一个月"更加明确,法律用词更加严谨。上述新增的规定,既给了当事人一个审慎考虑的时间,同时也体现了本法对当事人意思自治的格外尊重。需要注意的是,这里所谓的离婚冷静期,是以协议登记离婚为前提。如果是诉讼离婚,则因双方之间在离婚相关问题上的分歧已经不可调和,故是否规定冷静期,意义不大。因此,只有在登记离婚前提下,离婚冷静期的规定才既顺应了社会发展的变化趋势,也有利于维护婚姻当事人的利益,更符合立法规定婚姻自由的本质属性。

## 二、争议观点

关于离婚当事人撤回离婚登记申请的情形,学界鲜少讨论。与之相关的是,登记离婚后一方反悔的情形倒是有不少的论述。有学者指出:离婚登记后,存在一方当事人反悔离婚登记的情形,从而向人民法院起诉要求撤销离婚登记或确认离婚登记无效的,根据最高人民法院[复(1985)35 号]《关于男女离婚登记离婚后,一方反悔,向人民法院提出诉讼的,人民法院应否受理的批复》指出:“男女双方自愿离婚,并对子女和财产问题已有适当处理,领取了离婚证的,其婚姻关系正式解除。一方对这种已经发生法律效力的离婚,及子女和财产问题的处理反悔,在原婚姻登记机关未撤销离婚登记的情况下,向人民法院提出诉讼的,人民法院不应受理……告知当事人向原婚姻登记机关申请解决。”即人民法院不予受理婚姻登记机关未处理的一方反悔离婚登记的要求。这是因为,离婚登记是婚姻机关按行政程序办理的。婚姻登记机关与人民法院是两个互无隶属关系的机构,各自办理离婚案件的程序和方式不同。人民法院无权撤销离婚登记,因此应由婚姻登记机关处理。婚姻登记机关对一方反悔离婚登记的要求,应根据反悔的具体情况,作出处理。除此之外,根据《婚姻法解释二》第八条、第九条的规定:“离婚协议中关于财产分割的条款或者当事人因离婚就财产分割达成的协议,对男女双方具有法律约束力。当事人因履行上述财产分割协议发生纠纷提起诉讼的,人民法院应当受理。”“男女双方协议离婚后一年内就财产分割问题反悔,请求变更或者撤销财产分割协议的,人民法院应当受理。人民法院审理后,未发现订立财产分割协议时存在欺诈、胁迫等情形的,应当依法驳回当事人的诉讼请求。”可见,我国已经认可了离婚登记后,当事人可就离婚协议中的财产分割问题的反悔向人民法院起诉。因此,目前对于离婚当事人就离婚登记反悔的问题,学界只涉及离婚登记后,当事人反悔的情形,而且主要是就财产分割问题的反悔有相应的司法解释使得当事人可以通过诉讼的方式来处理。而对于离婚登记的反悔,并没有一个明确的规定供当事人参照。原则上,当事人在离婚登记后又反悔的,除涉及财产分割的纠纷外,是不能通过诉讼方式来处理的,而只能找婚姻登记机关来处理。但是婚姻登记机关对一方反悔离婚登记的情形,应作何处理,在法律层面上仍是不明确的。而近年来,全国各地离婚率越来越高,这种现象的背后透露出许多的社会问题。面对这种现象,立法可以作出一定的设计。正如这一条规定的,离婚登记申请后给予当事人一个反悔的权利和期间,使当事人可以更加慎重地对待自己的婚姻。同时,在立法上也可以将这一反悔期从离婚登记生效后移到离婚登记申请后。这样既尊重了当事人的选择自由,也在价值取向上从事后处理提升到事前预防。婚姻是人生大事,这样的立法取向更加科学和明智。

## 三、条文解释

根据本条规定,离婚当事人可以在法定期间内撤回离婚登记申请。关于撤回离婚登记申请需要注意以下事项:

1. 法定期间:自婚姻登记机关收到离婚登记申请之日起三十日内。当事人向婚姻登记机关提交了离婚登记申请后,若出现一方不愿意离婚的情形,法律即赋予当事人一个反悔的期间。即在婚姻登记机关收到离婚登记申请之日起三十日内,任何一方不愿意离婚的当事人均可以向婚姻登记机关撤回离婚登记申请。此处所指的“三十日内”是一个明确的法定期间。

2. 视为撤回离婚登记申请的情形。本条第二款还规定了另一种情形,即当事人虽然没有在婚姻登记机关收到离婚登记申请之日起三十日内,向婚姻登记机关撤回离婚登记申请,但是在期满后三十日内,如果双方当事人没有亲自去婚姻登记机关申请发给离婚证,则视为当事人撤回了离婚登记申请。本条文涉及的两款规定都涉及了离婚当事人撤回离婚登记申请的情形,只不过是第一款是当事人主动撤回离婚登记申请的情形,而第二款则是当事人被视为撤回离婚登记申请的情形。在第二款涉及的情形下,双方当事人如果在提交了离婚登记申请之日起三十日届满后三十日内,没有亲自去婚姻登记机关申请发给离婚证,则视为撤回了离婚登记申请。之所以这样规定,是为了督促当事人尽快完成离婚相关的程序事宜,使当事人之间的法律关系处于稳定的状态。

**第一千零七十八条　婚姻登记机关查明双方确实是自愿离婚,并已经对子女抚养、财产以及债务处理等事项协商一致的,予以登记,发给离婚证。**

## 条文主旨

本条是关于登记离婚法定条件的规定。

## 条文精释

### 一、立法背景

关于登记离婚法定条件的规定,我国立法中早有规定。1950 年《婚姻法》第十七条第二款规定,“男女双方自愿离婚的,双方应向区人民政府登记,领取离婚证;区人民政府查明确系双方自愿并对子女和财产问题确有适当处理时,应即发给离婚证。”1980 年《婚姻法》第二十四条规定,“男女双方自愿离婚的,准予离婚。双方须到婚姻登记机关申请离婚。婚姻登记机关查明双方确实是自愿并对子女和财产问题已有适当处理时,应即发给离婚证。”从这两个条文的表述来看,1980 年《婚姻法》是在 1950 年《婚姻法》的基础上制定的,条文的核心内容没有改变,只是将登记机关从“区人民政府”改为了“婚姻登记机关”。2001 年《婚姻法》第三十一条沿用了此规定。在《婚姻家庭编(一审稿)》第八百五十五条中写道,“婚姻登记机关查明双方确实是自愿离婚,并已对子女抚养、财产及债务处理等事项协商一致时,予以登记,发给离婚证。”本条仍然是在 1980 年《婚姻法》第二十四条的基础上制定的关于离婚当事人采取登记离婚所需要的法定条件,只是在具体的条文表述上,第二个法定条件从“对子女和财产问题确有适当处理”改为“已对子女抚养、财产及债务处理等事项协商一致”。这种条文表述的改变使法律用语更加明确具体。《婚姻家庭编(二审稿)》和《婚姻家庭编(三审稿)》沿用了此规定。而本条最终也沿用了此规定。这种法律用语的改变体现了立法对于离婚当事人采用登记离婚来结束婚姻的规定更加的谨慎,只有当事人达成了关于子女、财产分割、债务归属问题的协商一致,才符合登记离婚的法定条件之一。这同时也有利于减少当事人就离婚协议中一些重要问题如财产分割、子女抚养等约定不明确而引起的纠纷。

### 二、争议观点

关于离婚登记的法定条件,学界基本没有太大的争议。第一个条件即要求当事人确属自愿离婚,不能存在欺诈、胁迫、弄虚作假等违法现象;第二个条件即要求当事人对子女和财产问题协商一致。只有符合这两个法定条件，当事人才可能采取登记离婚的形式来结束婚姻关系。同时，由于本条涉及的是离婚登记的实质条件。因此，本条还规定婚姻登记机关要查明当事人是否符合这些法定条件。有学者指出：婚姻登记机关应当对离婚登记当事人出具的证件、证明材料进行审查并询问有关情况。对当事人确属自愿离婚，并已对子女抚养、财产、债务等问题达成一致处理意见的，应当当场予以登记，发给离婚证。自领取离婚证之时起，婚姻关系即告终止。[①] 也有的学者认为，婚姻登记机关在这里应当对这些条件进行实质审查。但从现实情况出发，婚姻登记机关对当事人的离婚申请，的确需要严格审查，但只要婚姻登记机关尽到了必要的审查和注意义务即可。因为婚姻登记机关无法完全准确判断出当事人的真实意愿，只能从当事人提交的书面离婚协议以及离婚当事人提交的一些与婚姻事实有关的书面资料来查明。因此，从这个角度来看，这里的审查严格意义上来说应当是一种形式审查而非实质审查。

## 三、条文解释

根据本条规定，当事人申请离婚登记时，婚姻登记机关必须审查以下两个条件：

1. 离婚当事人必须是自愿离婚。首先，双方当事人必须具备完全民事行为能力。因为无民事行为能力人或者限制民事行为能力人不适用登记离婚程序，只能通过诉讼离婚程序来处理离婚问题。其次，离婚双方当事人对离婚的意愿必须一致和真实。这种意思表示不应是虚假的，也不是受对方或第三人的欺诈、胁迫或因重大误解而造成。

2. 在离婚协议书中夫妻双方已对子女抚养、财产及债务处理等事项协商一致。夫妻离婚，通常还会涉及与子女有关的问题（如子女由谁抚养、子女生活费和教育费的负担、不直接抚养子女方探望权的行使）、夫妻财产的分割、债务的清偿、对离婚后生活困难一方的经济帮助等问题。在离婚登记程序中，双方当事人需要就以上相关事项达成协商一致的意见，并写入书面的离婚协议书。婚姻登记机关经审查发现当事人符合离婚登记条件的，应当当场予以登记，颁发给当事人离婚证。而婚姻登记机关发给当事人的离婚证，是证明夫妻关系已经依法解除的法律文件。因此，当事人双方同时签收离婚证之日起，原缔结的婚姻关系即解除。

---

① 参见杨遂全：《婚姻家庭继承法学》，清华出版社 2011 年版，第 206 页。

## 关联案例

### 一、(2019)豫01民终15783号

本院认为,除法律另有规定外,不动产物权的设立、变更、转让和消灭,经依法登记,发生效力;未经登记,不发生效力。最高人民法院《关于适用〈中华人民共和国民事诉讼法〉的解释》第三百一十一条规定,案外人或者申请执行人提起执行异议之诉的,案外人应当就其对执行标的享有足以排除强制执行的民事权益承担举证证明责任。《婚姻法》第三十一条规定,男女双方自愿离婚的,准予离婚。双方必须到婚姻登记机关申请离婚。婚姻登记机关查明双方确实是自愿并对子女和财产问题已有适当处理时,发给离婚证。张某民一审期间提交的张某洲、王某伟离婚补充协议显示"甲乙双方于2013年9月11日签订《离婚协议》并于二七区登记离婚",张某民未在一审法院指定期间提交婚姻登记机关存档的该离婚协议,其提交的离婚补充协议不能对抗执行法院对涉案房屋的执行。张某民的上诉请求不能成立,应予驳回;一审判决认定事实清楚,适用法律正确,应予维持。依照《民事诉讼法》第一百七十条第一款第一项规定,判决如下:驳回上诉,维持原判。

### 二、(2019)豫03民终1704号

本院认为,本案是白某二、邵某七离婚后财产纠纷。白某二、邵某七于2016年9月12日在民政部门登记离婚。离婚协议上约定安乐窝小区11-2-201归男方所有。虽然协议书上所写的11-2-201房屋号不存在,且本案中安置房屋的性质尚没有权利证书明确,但11-3-202房屋在二人夫妻关系存续期间与邵某七的父母共同居住。《婚姻法》第三十一条规定:"男女双方自愿离婚的,准予离婚。双方必须到婚姻登记机关申请离婚。婚姻登记机关查明双方确实是自愿并对子女和财产问题已有适当处理时,发给离婚证。"上诉人白某二、邵某七正是在对子女和财产问题已有妥善处理,婚姻登记机关才给双方颁发离婚证。离婚协议结尾处写明:"我自愿离婚,完全同意本协议的各项安排,亦无其他不同意见。双方均具有民事行为能力,如有欺骗、隐瞒愿意承担相应的法律责任。"由此,本院认为,白某二、邵某七所签离婚协议是双方的真实意思表示,白某一没有提出该协议存在一方以胁迫、欺诈的手段或乘人之危,使其在违背真实意思的情况下订立该离婚协议的主张或证据,协议订立且取得了离婚证书,该协议已生效即具法律约

束力。故白某二、邵某七离婚问题已解决完毕，不存在财产纠纷。

白某一、邵某一原审"请求确认安乐窝安置小区3－3－402、9－2－201、9－2－301、11－3－202安置房为原被告共同所有、依法分割上述安置房"的诉讼请求于法无据，本院依法不予支持。综上，原审认定事实错误，适用法律不当，依照《民事诉讼法》第一百七十条第一款第二项之规定，判决如下：一、撤销河南省洛阳市洛龙区人民法院(2018)豫0311民初1654号民事判决。二、驳回白某一、邵某一的诉讼请求。

**第一千零七十九条　夫妻一方要求离婚的，可以由有关组织进行调解或者直接向人民法院提起离婚诉讼。**

**人民法院审理离婚案件，应当进行调解；如果感情确已破裂，调解无效的，应当准予离婚。**

**有下列情形之一，调解无效的，应当准予离婚：**

**(一)重婚或者与他人同居；**

**(二)实施家庭暴力或者虐待、遗弃家庭成员；**

**(三)有赌博、吸毒等恶习屡教不改；**

**(四)因感情不和分居满二年；**

**(五)其他导致夫妻感情破裂的情形。**

**一方被宣告失踪，另一方提起离婚诉讼的，应当准予离婚。**

**经人民法院判决不准离婚后，双方又分居满一年，一方再次提起离婚诉讼的，应当准予离婚。**

## 条文主旨

本条是关于诉讼离婚的规定。

## 条文精释

### 一、立法背景

关于诉讼离婚，1950年《婚姻法》第十七条第二款规定"男女一方坚决要求离婚的，得由区人民政府进行调解；如调解无效时，应即转报县或市人民法院处理；区人民政府并不得阻止或妨碍男女任何一方向县或市人民法院申诉。县或市人民法院对离婚案件，也应首先进行调解；如调解无效时，即行判决”。1980年《婚姻法》第二十五条规定：“男女一方要求离婚的，可由有关部门进行调解或直接向人民法院提出离婚诉讼。人民法院审理离婚案件，应当进行调解；如感情确已破裂，调解无效，应准予离婚。”而2001年《婚姻法》第三十二条规定，“男女一方要求离婚的，可由有关部门进行调解或直接向人民法院提出离婚诉讼。人民法院审理离婚案件，应当进行调解；如感情确已破裂，调解无效，应准予离婚。有下列情形之一，调解无效的，应准予离婚：（一）重婚或有配偶者与他人同居的；（二）实施家庭暴力或虐待、遗弃家庭成员的；（三）有赌博、吸毒等恶习屡教不改的；（四）因感情不和分居满二年的；（五）其他导致夫妻感情破裂的情形。一方被宣告失踪，另一方提出离婚诉讼的，应准予离婚。”而《婚姻家庭编（一审稿）》第八百五十六条基本上沿用了2001年《婚姻法》第三十二条的规定，只是在条文最后加了一款，“经人民法院判决不准离婚后，又分居满一年，一方再次提起离婚诉讼的，应当准予离婚。”而《婚姻家庭编（二审稿）》沿用了《婚姻家庭编（一审稿）》的规定。《婚姻家庭编（三审稿）》在此基础上对个别表述进行微调。相较于2001年《婚姻法》，本法有三个比较明显的变化：其一，2001年《婚姻法》中表述“男女一方要求离婚的，可由有关部门进行调解”，而此次规定为“男女一方要求离婚的，可以由有关组织进行调解”。这种“部门”向“组织”的转变，表明法律用语更加科学。因为“部门”通常指代与国家机关有关的组织，而“组织”则不仅指国家机关类的组织形式，更包括广大非国家机关类的组织形式。而本条的表述即更加科学明确地指出：第一，夫妻一方离婚的，可以寻找相关组织进行调解，并不局限于国家机关类的组织，这样的表述使法条所表达的意思更加符合立法者设计本条的立法初衷；第二，原2001年《婚姻法》中对于调解无效，应准予离婚的情形之一“重婚或有配偶者与他人同居”的规定，在本次《婚姻家庭编》中转变为“重婚或者与他人同居”，去掉了“有配偶者”，这种条文表述的转变，也是法律条文表述更加科学的体现，法律语言更加符合逻辑；第三，则是本条在2001年《婚姻法》的基础上增加了一项规定“经人民法院判决不准离婚后，又分居满一年，一方再次提起离婚诉讼的，应当准予离婚。”从上述条文的发展变迁来看，关于诉讼离婚的规定，经过了几个重要的变化：首先，1980年《婚姻法》在1950年《婚姻法》第十七条第二款的基础上奠定了我国诉讼离婚的基本模式，即规定“感情确已破裂，调解无效”为法定的离婚理由;其次是2001年《婚姻法》第三十二条更是在1980年《婚姻法》第十七条第二款的基础上规定了五种具体的离婚理由。这种抽象概括与具体列举相结合的例示主义的判决离婚理由的模式,改变了1980年《婚姻法》只有过于原则、抽象的概括性规定的做法,增强了我国离婚法律规范的科学性和可操作性,体现了立法技术的进步;再次,这次《婚姻家庭编(一审稿)》《婚姻家庭编(二审稿)》《婚姻家庭编(三审稿)》均基本沿用了2001年《婚姻法》第三十二条的规定,除法律用语的表述更加准确外,最重要的是在原有条文的基础上又加入了一项"经人民法院判决不准离婚后,又分居满一年,一方再次提起离婚诉讼的,应当准予离婚。"新增的理由在于,司法实践中存在有的当事人通过诉讼离婚的方式没有能够结束婚姻关系情形,原因可能在于不符合《婚姻法》规定的五种法定离婚理由。但是,婚姻关系往往是私密、复杂和多变的。当事人如果经过分居一年,仍然想要离婚的,法院应当尊重当事人的真实意思,准予离婚。

## 二、争议观点

关于法定离婚理由,在立法原则上,属于过错离婚主义还是无过错离婚主义抑或是过错主义与无过错主义的混合的问题,学界有不同的认识。有学者认为,1980年《婚姻法》第25条以夫妻感情破裂作为准予或不准与离婚的原则界限以来,到2001年修订的《婚姻法》第32条对离婚法定事由的规定,为无过错离婚立法。有观点甚至解释我国离婚理由立法上采纳了彻底的婚姻破裂原则。[①] 这是通说观点。但也有学者认为,我国现行离婚立法增设了过错离婚原则。[②] 还有的学者认为,我国离婚理由立法是以破裂主义为主,兼采过错主义和目的主义,在破裂主义中导入了过错主义因素并兼采目的主义的离婚理由。有学者认为,我国法定离婚理由实行过错主义与无过错主义相结合的混合主义,既保留了过错离婚主义中的积极成分,又吸取了无过错离婚的价值观。我们觉得这种观点值得肯定。

## 三、条文解释

根据本条规定,诉讼离婚有以下几方面需要注意:

---

① 王洪:《婚姻家庭法》,法律出版社2003年版,第176页。

② 巫昌祯主编:《婚姻法执行状况调查》,中央文献出版社2004年版,第194页。

1. 男女一方要求离婚。

诉讼离婚只适用于男女一方要求离婚的情形，如果男女双方自愿离婚且已就子女抚养、财产、债务等事项达成一致意见，则当事人应当采取登记离婚的程序来终止婚姻关系。男女双方非自愿离婚是诉讼离婚程序进行的前提条件。

2. 诉讼外调解。

诉讼外调解，也称为诉前调解，是指夫妻一方要求离婚的，可以先经有关组织进行调解。这里的有关组织，是指法院以外的有关组织，包括当事人所在单位、妇联、基层调解组织和行政主管部门。诉讼外调解不是当事人离婚的必经程序，不具有法律强制性，当事人有权选择是否进行诉讼外调解，法律在这里只是一个建议性规定。并且这种诉讼外调解的结果不影响当事人直接向人民法院提出离婚诉讼。

3. 人民法院审理离婚案件，应当进行调解。

一旦当事人向人民法院提起离婚诉讼，法院首先应当对离婚当事人组织调解。这种诉讼内调解是人民法院审理离婚案件的必经程序。因此，法院在审理离婚案件时必须先行调解，如果没有经过调解，法院便不得直接作出判决。除此之外，这种诉讼内调解和其他民事案件中出现的调解是不同的，离婚案件中的诉讼内调解并不以当事人的自愿为前提。

4. 感情确已破裂，调解无效。

目前，本法没有明确规定“感情确已破裂”的具体含义。但是经过理论和司法实践的发展，感情破裂已经形成了固定的内涵。“感情破裂”是指作为婚姻关系缔结和存续基础的夫妻情爱完全归于消失。“感情确已破裂，调解无效”是人民法院审理离婚案件确定准离与不准离的原则界限。它有两层含义：一是如果夫妻感情已破裂，调解无效应准予离婚；二是如果夫妻感情没有破裂或没有完全破裂，即使调解无效也不准离婚。随着司法实践的发展，立法已经明确了五种常见性、多发性的离婚理由：第一，“重婚”是指有配偶者与他人再结婚的行为。“与他人同居”是指有配偶者与婚外异性，不以夫妻名义，持续、稳定地共同生活。这些行为伤害了夫妻感情。第二，实施家庭暴力或者虐待、遗弃家庭成员，这些行为严重伤害了夫妻感情。第三，有赌博、吸毒等恶习屡教不改。有这些不良嗜好和习惯的当事人经过教育帮助仍不改正自己的行为，不能履行家庭义务，严重伤害了夫妻间感情的。第四，因感情不和分居满二年。夫妻间感情不和，又分居满二年，没有共同生活，互不履行夫妻间的义务，足以认定夫妻感情确已破裂。第五，其他导致夫妻感情破裂的情形。这是一个兜底性规定，它可以涵盖以上列举之外的在实际生活中导致夫妻感情破裂的情形。离婚案件中,离婚当事人出现以上五种具体的离婚理由,经调解无效的,人民法院应当判决当事人准予离婚。

5. 一方被宣告失踪,另一方提起离婚诉讼的,应当准予离婚。

社会经济快速发展,带来人口流动加速,实践中经常出现一方外出务工后,长期不与家里联系,下落不明的情形。对此,夫妻另一方要么直接向法院起诉离婚,要么先申请法院宣告一方失踪,然后再向法院起诉要求离婚。对于前者,由于夫妻一方是否真正下落不明很难查明,再加之实务中一方为达离婚目的,虚构另一方失踪的"被失踪"情形并不罕见,故法院在裁判是否离婚的问题上,较为审慎。至于后者已经被法院宣告失踪的情形,由于宣告失踪在法律上即为确认了另一方长期下落不明的事实。故可推定双方缺乏感情交流和彼此关爱的理由成立。这也是本条规定"一方被宣告失踪,另一方提起离婚诉讼的,应当准予离婚"的原因。至于宣告失踪的程序和条件,根据本法第四十条规定,自然人下落不明满二年的,利害关系人可以向人民法院申请宣告该自然人为失踪人。第四十一条规定,自然人下落不明的时间自其失去音讯之日起计算。战争期间下落不明的,下落不明的时间自战争结束之日或者有关机关确定的下落不明之日起计算。

6. 此外,本条还新增"经人民法院判决不准离婚后,又分居满一年,一方再次提起离婚诉讼的,应当准予离婚"的规定。这一款规定了当事人在离婚诉讼中被人民法院判决不准离婚后,如果当事人又分居满一年,其中任何一方再次提起离婚诉讼,人民法院应当判决当事人准予离婚,这主要是考虑到在实际生活中,法院判决不准离婚后,当事人处于分居状态满一年的事实足以证明夫妻感情确已破裂,故人民法院判决准予离婚是合理的。

## 关联案例

### 一、(2019)晋11民终2078号

原判决认定:2007年,原、被告经人介绍认识,在同年双方举行结婚典礼并开始共同生活。2009年12月14日,双方生育一女,取名袁某丽,2012年9月18日,双方又生育一子,取名袁某鸿。2013年4月26日,双方登记结婚。2018年10月原告曾起诉离婚,后被法院驳回了诉求。以上事实有原、被告陈述以及原告提供的《结婚证》和(2018)晋1127民初992号民事判决书等证据予以佐证,原审法院予以确认。原审法院认为,原、被告在经人介绍认识,在未领取结婚证的情况下开

始共同生活，并在生育一子一女后才登记结婚，证明双方了解较深，婚前基础较好。在日常生活中虽有矛盾发生，但不足以导致夫妻感情破裂。现婚生子女均还年幼，如离婚会对孩子造成很大伤害。另原告也未提交充分证据证明夫妻感情已经破裂，故原告的离婚请求，证据不足，该院不予支持。关于原告诉称的被告有家暴行为，因原告仅有陈述，未提交证据佐证，该院不予采信。故依照《婚姻法》第三十二条，《民事诉讼法》第六十四条第一款之规定判决：驳回高某的诉讼请求；经审理查明，原判认定，2007 年原、被告经人介绍认识，在同年双方举行结婚典礼并开始共同生活；2009 年 12 月 14 日，双方生育一女，取名袁某丽；2012 年 9 月 18 日，双方又生育一子，取名袁某鸿；2013 年 4 月 26 日，双方登记结婚；2018 年 10 月原告曾起诉离婚，后被法院驳回了诉求的事实清楚，所采信的证据均经一审庭审举证、质证，二审期间，上诉人高某未提交新的证据，本院对原判认定的事实与证据予以确认。本院认为，关于上诉人所述被上诉人家暴，由于上诉人未提交相关证据予以证明，故本院不予支持。关于上诉人认为属于依照《婚姻法》第三十二条应准予离婚的情形，《婚姻法》第三十二条并未规定初次诉讼未离，再次诉讼离婚的属于应准予离婚的情形，而实施家暴并没有证据证明，故法院不予支持。

关于上诉人的内心独白，从被上诉人认为夫妻感情并未破裂，只是偶有争执，完全能共同生活，坚决不同意离婚等情况可以看出，夫妻俩若能放下心中芥蒂、仍有和好可能。综上所述，上诉人高某的上诉请求不能成立，应予驳回；一审判决认定事实清楚，适用法律正确，应予维持。依照《民事诉讼法》第一百七十条第一款第一项规定，判决如下：驳回上诉，维持原判。

### 二、(2019)皖 04 民终 734 号

本院认为，《婚姻法》第三十二条第二、三项规定，人民法院审理离婚案件，应当进行调解，如感情确已破裂，调解无效，应准予离婚，有下列情形之一，调解无效的，应准予离婚：（一）重婚或有配偶者与他人同居的；（二）实施家庭暴力或虐待、遗弃家庭成员的；（三）有赌博、吸毒等恶习屡教不改的；（四）因感情不和分居满二年的；（五）其他导致夫妻感情破裂的情形。本案中，刘某与吕某结婚已三十余年，具有一定的感情基础，虽然刘某系第二次起诉离婚，但其并未提供证据证明具有符合应当准予离婚的情形，故一审法院未准予双方离婚，并不违反法律规定。刘某上诉主张一审法院未审查其他诉讼请求不当。对此，本院认为，刘某要求处理夫妻共同财产及债务问题应以双方离婚为前提，现一审法院不准予双方离婚，

故对刘某的其他诉讼请求未予审查,并无不当。综上所述,刘某的上诉请求不能成立,应予驳回;一审判决认定事实清楚,适用法律正确,应予维持。依照《民事诉讼法》第一百七十条第一款第一项规定,判决如下:驳回上诉,维持原判。

**第一千零八十条　完成离婚登记,或者离婚判决书、调解书生效,即解除婚姻关系。**

## 条文主旨

本条是关于解除婚姻关系认定标准的规定。

## 条文精释

### 一、立法背景

关于解除婚姻关系的认定标准,我国立法中一直未有规定。1950 年《婚姻法》和 1980 年《婚姻法》以及 2001 年《婚姻法》均未设置条文来规定这一事项。直到《婚姻家庭编(一审稿)》第八百五十七条规定,"完成离婚登记,或者离婚判决书、调解书生效,即解除婚姻关系"。之后的《婚姻家庭编(二审稿)》和《婚姻家庭编(三审稿)》均沿用了这一条的规定。新增的这一条文规定在立法层面上明确了登记离婚和诉讼离婚的法律后果,进一步确认婚姻关系正式解除的时间界限。

### 二、争议观点

以往我国《婚姻法》一直未规定离婚生效时间,即婚姻关系解除的时间。除了特殊情形下的婚姻关系解除外,夫妻婚姻关系的解除通常有两种途径:其一,协议登记离婚的形式;其二,诉讼离婚的形式。前者由婚姻登记机关对当事人离婚理由进行审查,予以登记。并在发给当事人离婚证时,婚姻关系解除。后者在人民法院作出的离婚判决生效时,婚姻关系解除。以往在《婚姻法》中即使没有这一条规定,从两种离婚程序的规定,我们也能推断出离婚生效的时间即婚姻关系解除的时间。而立法之所以新增这一规定,其意义在于婚姻关系解除的时间在《婚姻法》上是一个重要的时间节点。在这个时间节点来临之后,当事人会面临着夫妻共同财产确认、离婚财产处理、离婚债务的处理、婚生子女的认定、离婚后子女抚养、离婚损害赔偿等一系列婚姻法上重大的问题。从这个角度来看，在法律的层面上规定离婚生效的时间具有重要的意义。

## 三、条文解释

根据本条规定，有以下三种情形，婚姻关系即告解除：

（一）完成离婚登记

这是指在登记离婚的情形下，婚姻登记机关审查离婚当事人离婚理由即是否自愿离婚以及对子女抚养、财产及债务处理等事项是否协商一致的事实。如果当事人的情形符合这些离婚理由，则婚姻登记机关应当为当事人办理离婚登记事宜。具体的离婚登记机关所在地，要根据国务院制定的《婚姻登记条例》的规定来确定，通常是在当事人户口所在地的婚姻登记机关。离婚当事人找到相应的婚姻登记机关后即可申请离婚登记。在婚姻登记机关对当事人进行离婚登记时，通常需要当事人提交相关材料，包括本人的户口簿、身份证；本人的结婚证；双方当事人共同签署的离婚协议书。如果是香港居民、澳门居民、台湾居民、华侨、外国人应提交的相关材料包括：本人的有效通行证、身份证（华侨、外国人应当出具本人的有效护照或者其他有效国际旅行证件）；本人的结婚证；双方当事人共同签署的离婚协议书。

（二）离婚判决书生效

根据《民事诉讼法》有关规定，一审判决书送达15天后，双方当事人均未上诉的，即告生效；二审判决一经作出，立即生效。具体到离婚判决书的生效日期如下：(1)判决书自当事人收到之日的次日起计算上诉期间，采取公告送达的，从公告日满的第二天开始计算；(2)双方不是同时收到的，分别计算上诉期间；(3)一审判决书上诉期间为15天，超过上诉期间双方均未提出上诉的，判决书生效；(4)上诉期间的最后一天是节假日的，以节假日期满后的第一个工作日为届满日期。

（三）调解书生效

根据《民事诉讼法》第九十七条的规定，“调解达成协议，人民法院应当制作调解书。调解书应当写明诉讼请求、案件的事实和调解结果。调解书由审判人员、书记员署名，加盖人民法院印章，送达双方当事人。调解书经双方当事人签收后，即具有法律效力。”民事调解不同于判决，或者裁定。一般只要法院制作调解书后盖章，并送达双方当事人签字后，就立即生效。

## 关联案例

### 一、(2019)豫04民终3822号

本院认为，当事人在二审期间主要争议问题为翟某云、王某民是否应当共同承担102000元借款清偿责任。二审中，各方对翟某云出具借条借款21000元，王某民出具借条借款81000元的事实，均无实质争议，本院予以确认。经查，二人借款的目的用于清偿二人在邮政储蓄银行以房产抵押的借款，以解除对房产的抵押。翟某云陈述其与王某民早已在2006年3月离婚，办理了离婚证，邮政储蓄银行贷款系由几个家庭共同以丁某名义贷出，然后王某民等几家分别使用，在王某民向其哀求下其才同意以房产抵押。从翟某云陈述及一审查明情况看，翟某云系为王某民实际使用借款而抵押，抵押过程中翟某云、王某民又以夫妻名义作出了抵押的意思表示，二人显然均负有清偿该抵押贷款的义务。事后，王某民为了清偿抵押贷款而向李某现借款81000元，翟某云亦为了清偿余下抵押贷款而向李某现借款21000元。显然翟某云、王某民为了同一笔贷款以夫妻名义作出抵押意思表示，又为了二人负有偿还义务的银行贷款清偿的目的分别向李某现借款。原审中，法庭向翟某云释明在民政部门未能查询到翟某云、王某民离婚登记档案，翟某云亦称其在民政部门能够查询到结婚档案，也未能查询到离婚登记。结合翟某云、王某民1997年结婚登记，2013年仍以夫妻关系办理户口登记以及2014年二人向银行抵押贷款过程，事后从李某现处借款均用于偿还银行贷款的情况，可以认定二人目标、利益高度一致。翟某云虽然陈述其与王某民已于2006年3月离婚，但是多年后的2013年其与王某民以夫妻关系办理户口登记，并于2014年，其仍与王某民以夫妻关系为由向银行抵押贷款，翟某云以抵押人的身份偿还银行贷款后，从未有积极向王某民追偿的事实，以上情况可以印证翟某云、王某民向李某现借款用于偿还银行贷款过程中利益高度一致性，为了共同的目的向李某现举债，能够认定本案102000元债务系翟某云、王某民共同债务，其二人应当共同偿还。其中翟某云向李某现出具的借条上未约定利息，视为不支付利息；王某民向李某现出具的借条上约定按月利率1%计算利息，该利率并未超出法律保护范围，依法予以认定，84000元借款的相应利息应当分别从各笔借款之日起开始计算，截止本案判决时的利息已超过李某现请求的11000元利息。李某现仅上诉请求11000元系对其权利的处分，本院予以支持。故李某现关于翟某云、王某民应当共

同偿还102000元借款的上诉理由成立，该部分请求应予支持。一审判决认定事实不清，处理结果不妥，应予纠正。依照《民法通则》第一百零八条，《合同法》第一百九十六条、第二百零五条、第二百一十一条，最高人民法院《关于审理民间借贷案件适用法律若干问题的规定》第二十五条，《民事诉讼法》第一百四十四条、第一百七十条第一款第二项的规定，判决如下：一、撤销汝州市人民法院（2019）豫0482民初6569号民事判决；二、被上诉人翟某云、王某民于本判决生效后十日内偿还上诉人李某现21000元借款本金、84000元借款本金及利息11000元；三、驳回李某现的其他诉讼请求。

**第一千零八十一条　现役军人的配偶要求离婚，应当征得军人同意，但是军人一方有重大过错的除外。**

## 条文主旨

本条是关于现役军人离婚的特殊规定。

## 条文精释

### 一、立法背景

关于现役军人离婚的规定，我国立法中早有规定。1950年《婚姻法》第十九条规定，"现役革命军人与家庭有通讯关系的，其配偶提出离婚，须得革命军人的同意。自本法公布之日起，如革命军人与家庭两年无通讯关系，其配偶要求离婚，得准予离婚。在本法公布前，如革命军人与家庭已有两年以上无通讯关系，而在本法公布后，又与家庭有一年无通讯关系，其配偶要求离婚，也得准予离婚。"1980年《婚姻法》第二十六条规定，"现役军人的配偶要求离婚，须得军人同意。"2001年《婚姻法》第三十三条规定，"现役军人的配偶要求离婚，须得军人同意，但军人一方有重大过错的除外。"《婚姻家庭编（一审稿）》第八百五十八条则在2001年《婚姻法》的基础上规定，"现役军人的配偶要求离婚，应当征得军人同意，但是军人一方有重大过错的除外。"其后《婚姻家庭编（二审稿）》和《婚姻家庭编（三审稿）》均沿用了此规定。从各个时期的《婚姻法》条文的表述来看，对于现役军人离婚，我国《婚姻法》逐渐坚持：现役军人的配偶要求离婚的，应当征得军人同意。

但是有一个例外,军人一方如果有重大过错,则军人配偶要求离婚,不需要征得军人同意。具体从条文的文字表述上来看,这次的草案将“须征得军人同意”改为“应当征得军人同意”。“须”向“应当”的转变,是法律术语运用更为准确的体现,“必须或者须”和“应当”都属于法律规范的一种,但前者属于严格定义,无论什么情况都不能例外和动摇,而后者则属于原则性的用语,一般情况下必须遵守,但特殊情况可以例外。由于这一条规定存在但书,所以使用“应当”更为科学合理。

## 二、争议观点

关于立法上是否应限制军人配偶离婚权问题,自1980年《婚姻法》颁布以来,在学界始终存在较大争议。根据有关学者总结,归纳起来有三种意见:第一种观点,坚持采取法律手段保护军人婚姻的稳定,认为有必要限制军人配偶的离婚自由。其理由在于,我国军人至今不是一个职业,从军就是为社会做奉献,军人所做出的牺牲是巨大的。而且,军人家属从军条件严格,加之军队驻地生活条件艰苦,军人与其配偶双方多数被迫两地分居生活。如果没有特别保护措施,军人婚姻的稳定可能受到很大影响,影响军人服役,最终影响军心和国防巩固。同时,保护军人婚姻稳定是中国共产党自革命根据地婚姻立法就有的优良传统,应该继续保持。第二种观点,坚决反对立法赋予军人婚姻的特权。理由:一是婚姻自由是宪法保障的公民基本权利,部门法实施限制没有依据,否则构成违宪。二是军人为国防服务不能成为要求享有特权的理由。任何一个行业都是为社会服务,都有奉献成分。无论从军是不是职业,国家有优待军人及其军属的相关政策,已经体现出对军人奉献的肯定和照顾。在现代民主社会,任何人都不享有特权,军人也不例外。三是服兵役是公民的义务,义务兵服役是履行公民义务,没有理由特殊化;志愿兵则是带薪从军,更没有理由特殊化。四是从世界范围看,和平时代对军人婚姻给予特殊保护的立法例,基本上没有。五是在法制时代,特殊保护军人婚姻利益的立法,其社会效果不一定好,相反可能成为军人择偶难的原因。在修正《婚姻法》过程中,多数学者赞同这种观点。第三种观点是折中观点,其认为在我国国情下,不特别保护军人婚姻稳定不现实,但军人配偶的离婚自由权也不能视而不见。因此,主张对军人一方的同意权作适度限制。从中国实际来看,要一步到位彻底废弃保护军人在婚姻关系上的特殊利益难度极大。《婚姻家庭编(三审稿)》即采此中间立场。

## 三、条文解释

根据本条规定，现役军人离婚应当注意以下几点：

(一)现役军人

在我国，现役军人是指正在中国人民解放军和中国人民武装警察部队服现役、具有现役军籍，尚未退伍、转业、复员的军人。根据《兵役法》的规定，现役军人由现役士兵(现役义务兵和现役士官)和现役军官组成。

(二)现役军人的配偶要求离婚，应当征得军人同意

本条涉及的是现役军人的配偶单方面要求离婚的情形。在我国，现役军人的配偶单方面要求离婚，需要征得军人同意。本条规定只适用于现役军人配偶为非军人的情形下，现役军人配偶单方面提出离婚。双方均为现役军人或者现役军人一方提出离婚，不适用本规定，而应适用离婚的一般程序。如果一方为非现役军人，一方为现役军人，夫妻双方合意离婚，也不适用本规定。

(三)军人一方有重大过错

这是本条的但书规定，对于军人一方有重大过错的，即使现役军人配偶单方面要求离婚，也不需要征得军人同意。我们认为，此处的重大过错在现实生活中主要有以下几种情形：1.军人一方重婚；2.军人一方与他人同居。这是指军人在与对方缔结婚姻关系后，在合法婚姻存续期间又与他人同居，不包括军人一方单身时与他人同居的情形；3.军人一方实施家庭暴力的；4.军人一方虐待家庭成员的；5.军人一方遗弃家庭成员的；6.军人一方有赌博、吸毒、等恶习屡教不改的。此处的赌博、吸毒等恶习只要具备一个即满足重大过错要求；7.军人有其他重大过错的情形。如军人一方因严重犯罪被判处长期徒刑的，军人一方的违法犯罪行为本身严重伤害夫妻感情的等。

## 关联案例

### 一、(2016)豫15民终1238号

本院认为：依据《婚姻法》第三十三条规定，现役军人的配偶要求离婚，须得军人同意，但军人一方有重大过错的除外。中国人民解放军原总政治部关于军队贯彻实施《婚姻法》若干问题的规定第十一条规定，现役军人离婚，应当严肃慎重，不得违反国家的法律法规和军队的纪律，不违背社会公德。配偶是地方人员，配偶

一方要求离婚,军人一方同意离婚的,政治机关可出具证明同意离婚;军人一方不同意离婚的,政治机关不得出具证明,但经政治机关查实军人一方确有重大过错的除外。上诉人吴某起诉与作为现役军人的上诉人陈某离婚,上诉人陈某不同意离婚,上诉人吴某也未能提供军队政治机关相关审批或者证明手续;且上诉人吴某无证据证实上诉人陈某具有《婚姻法》规定的,军人一方有重大过错的法定情形。结合双方婚姻基础、婚后感情、离婚原因、夫妻关系的现状和有无和好可能等方面综合分析,不足以认定上诉人吴某与上诉人陈某夫妻感情确已破裂。上诉人吴某首次起诉与上诉人陈某离婚,本着为双方提供对婚姻再次慎重考虑的时间与机会,同时鉴于上诉人吴某起诉离婚的法定条件未成就,现阶段不宜判决离婚,上诉人吴某的上诉请求本院依法不予支持。

上诉人陈某不同意离婚的上诉理由成立,其他上诉请求本院依法不予支持。综上所述,原审判决认定事实不清楚,适用法律不当,依照《民事诉讼法》第一百七十条第一款第(二)项规定,判决如下:一、撤销固始县人民法院(2015)固民初字第2166号民事判决。二、不准上诉人吴某与上诉人陈某离婚。

### 二、(2015)醴法民一初字第2177号

本院认为,本案系离婚纠纷,本案的争议焦点是原、被告夫妻感情是否已完全破裂。原、被告系初中同学,相识多年,在自由恋爱的基础上自愿结婚,有着较为牢固的婚姻基础。婚后夫妻感情尚可,虽因被告军人身份,夫妻长期分居两地,但双方常有书信往来,原告也曾利用公休时间前往部队探望,在家也对公婆尽到了儿媳义务,七年军婚实属难得。双方现虽产生了一些矛盾,主要是因为被告长期在部队服役,夫妻不能共同生活所引发,加之双方未能妥善沟通,坦诚交流,影响了夫妻感情。只要被告今后积极主动关心原告,尽量在休假时间回家陪伴原告,原告也多多理解被告作为现役军人的职业需要,双方加强沟通,相互理解关心,以长辈和家庭利益为重,夫妻感情仍有和好可能。故原、被告的夫妻感情仍未完全破裂且被告作为现役军人不同意离婚,原告要求与被告离婚的诉请,依据不足,本院不予支持。据此,依照《婚姻法》第三十二条、第三十三条之规定,判决如下:不准原告杨某甲与被告杨某乙离婚。

**第一千零八十二条　女方在怀孕期间、分娩后一年内或者终止妊娠后六个月内，男方不得提出离婚；但是，女方提出离婚或者人民法院认为确有必要受理男方离婚请求的除外。**

## 条文主旨

本条是关于男方不得提出离婚的情形的规定。

## 条文精释

### 一、立法背景

关于男方不得提出离婚的情形，我国立法中早有规定。1950 年《婚姻法》第十八条规定，"女方怀孕期间，男方不得提出离婚；男方要求离婚，须于女方分娩一年后，始得提出。但女方提出离婚的，不在此限。"1980 年《婚姻法》第二十七条规定，"女方在怀孕期间和分娩后一年内，男方不得提出离婚。女方提出离婚的，或人民法院认为确有必要受理男方离婚请求的，不在此限。"2001 年《婚姻法》第三十四条规定，"女方在怀孕期间、分娩后一年内或中止妊娠后六个月内，男方不得提出离婚。女方提出离婚的，或人民法院认为确有必要受理男方离婚请求的，不在此限。"《婚姻家庭编（一审稿）》《婚姻家庭编（二审稿）》《婚姻家庭编（三审稿）》均沿用了此规定。只是在条文的具体表述上，将"中止"改为了"终止"。从这一条文的发展变迁来看，1980 年《婚姻法》在 1950 年《婚姻法》的基础上加上了"人民法院认为确有必要受理男方离婚请求的，不在此限。"的规定，而之后的 2001 年《婚姻法》第三十四条则在 1980 年《婚姻法》第二十七条的基础上加上了"或中止妊娠后六个月内"的规定，又增列了一项男方不得提出离婚的情形，进一步维护了女方在怀孕期间的利益。在修改《婚姻法》的讨论中，有的人提出，自然流产或人工流产，即中止妊娠（俗称"小产"），对妇女的身心健康都会有很大的影响，妇女在此期间也应受到法律的特别保护。并且，《妇女保障法》第四十五条已规定："女方按照计划生育的要求中止妊娠的，在手术六个月内，男方不得提出离婚"，对此问题已作了规定。为此，立法机关在原条文的基础上，增加了"女方在终止妊娠后六个月内，男方不得提出离婚"的内容。本条在起草过程中，对该条争议不大，基本延续了原有条文内容。总体而言，婚姻立法逐渐完善妻子在怀孕期间，男方不得提出离婚的法律体系。

## 二、争议观点

本条是对男方离婚请求权行使时间上的限制性规定。本条规定了男方不得提出离婚的三种情形:一是女方在怀孕期间;二是女方分娩后一年内;三是女方终止妊娠后 6 个月内。《婚姻法》对妇女特殊时期的权益作出保护性规定的目的是,在上述三个特殊时期内:一方面妇女在生理和心理上有一定负担,身体比较虚弱;另一方面胎儿和婴儿正处在发育阶段,需要精心地护理和照顾,如果此时男方提出离婚,既影响妇女的身心健康,也不利于胎儿或婴儿的健康发育和成长。因此,法律作出上述规定具有必要性和合理性。

## 三、条文解释

根据本条规定,男方不得提出离婚即在一定期间内限制男方离婚请求权有以下几点需要注意:

### (一)"怀孕期间"的含义

本条规定的"怀孕期间",应注意以下三个问题:1. 夫妻双方发生性关系而造成的怀孕,在该期间男方不得提出离婚。2. 女方在婚前与他人发生性关系导致怀孕。笔者认为,男女一方婚前与他人发生性行为,应该与婚后通奸行为加以区别,一般不能作为对方提出离婚的理由。因为在这种情况下,婚姻关系尚未建立,男女双方之间还没有产生夫妻间相互忠诚的法律义务。婚前性行为只是道德问题,而不涉及法律问题。因此,对女方因婚前与他人发生性关系导致怀孕的情况,不在本条规定范围内。3. 本条规定的"怀孕期间",不包括女方在婚后与他人发生性关系而导致的怀孕期间。这是因为女方已经违背了夫妻应该相互忠诚的法律义务,再对其进行特别保护必将损害男方的合法权益。

### (二)"分娩后一年内"的含义

所谓分娩,是指胎儿脱离母体作为独自存在的个体的这段时期。只要女方有分娩的事实,无论婴儿是否活着出生,也无论出生后是否死亡,分娩后一年内男方均不得提出离婚。

### (三)"终止妊娠后 6 个月内"的含义

终止妊娠包括自然终止妊娠和人工终止妊娠。本条对终止妊娠的原因没有加以限制性规定。因而,无论是自然中止妊娠,还是人工终止妊娠,在终止妊娠后

6个月内限制男方提出离婚请求,均符合婚姻法保护女方身体健康和心理健康的法律精神,即符合本条之适用范围。

(四)"女方提出离婚的"含义

在上述三个特殊时期,女方提出离婚的,不受此规定的限制。女方自愿放弃法律对自己的特殊保护,说明其本人对离婚已有思想准备,或者维持婚姻关系可能对女方自身或胎儿、婴儿造成重大不利。在此情况下,法院对女方提出离婚的请求应当受理,并应根据夫妻关系的实际情况确定是否准予离婚。此外,如果男女双方在上述期间自愿离婚,法院也应当受理。

(五)"人民法院认为确有必要受理男方离婚请求的"含义

这里所说的"确有必要",一般是指女方存在过错,严重损害夫妻关系,导致夫妻感情破裂的情形。在这种情况下,即使女方不同意其配偶提起的离婚请求,人民法院依然可以认定夫妻感情确已破裂而依法作出准予离婚的判决。这是因为当女方存在严重过错时,足以证明该女方主观上已经不再珍惜自己的婚姻,客观上其过错行为已经严重破坏了夫妻关系,导致夫妻感情破裂。人民法院受理该离婚请求,不仅符合婚姻自由的原则和婚姻的本质,也合乎社会主义道德的要求。

(六)本条属程序性限制规定

本条规定是对男方在一定期限内行使离婚请求权的限制,这是一种程序上的限制性规定。它只是推迟男方提出离婚请求的时间,并不涉及准予或不准予离婚的实体性问题。待上述期间届满后,男方仍可依法行使其离婚请求权。

(七)本条调整纠纷的类型和范围

由于女方怀孕和分娩都意味着夫妻将来可能有或已有子女,故实务适用本条时,应注意将子女问题纳入考量范围:其一是一方提出离婚请求但无子女抚养问题的纠纷。若男方提出离婚,法院查明的焦点是看有无必要受理男方提出的离婚请求;若女方提出离婚,则看双方感情是否确已破裂,或不判决双方离婚是否将危害女方或胎儿、婴儿的身心健康;其二是一方提出离婚但涉及子女抚养问题的纠纷。分娩后1年内,则涉及子女的抚养问题;若女方在怀孕期间,则涉及将来子女出生后的抚养问题。

## 关联案例

### 一、(2013)通中民终字第2044号

原审查明,吴某、陆某于2013年3月经人介绍相识恋爱,××××年××月

××日领取结婚证,××××年××月××日举行结婚仪式。2014年3月8日陆某发现已怀孕,同年4月25日陆某行人工流产手术而中止妊娠。原审认为,根据法律规定,女方在怀孕期间、分娩后一年内或中止妊娠后6个月内,男方不得提出离婚。本案中,陆某于2014年4月25日中止妊娠,吴某在陆某中止妊娠后六个月内不得提出离婚。据此,依照《婚姻法》第三十四条,最高人民法院《关于适用〈民事诉讼法〉若干问题的意见》第一百三十九条之规定,裁定驳回吴某的起诉。原审裁定以后,吴某不服,向本院提起上诉称:本人和陆某婚前未经详细了解即办理结婚登记,婚后未实际共同生活。本人不知陆某怀孕和中止妊娠的事实,陆某提供的证据明显存在缺陷,法院不能据此认定陆某有怀孕和中止妊娠的事实。原审裁定驳回本人的起诉不当,应当继续审理本案。陆某答辩称:本人和吴某婚前建立了一定的感情基础,婚后实际共同生活并且本人怀孕。在得知怀孕当晚,本人与吴某进行了沟通,双方达成一致,本人辞职回家安胎。吴某认为不知本人怀孕和中止妊娠不是实情。关于中止妊娠的事实,本人提供了B超单和检验报告,当时检验报告单显示本人怀孕4~5周,但其后的检查发现胎儿已死于腹中,故进行了刮宫手术。原审法院认定事实正确,应予驳回吴某的起诉。本院经审理查明,原审查明的事实属实,本院予以确认。

本院认为,根据法律规定,女方在怀孕期间、分娩后1年内或中止妊娠后6个月内,男方不得提出离婚。陆某提供了医院的病历卡、检验报告单、人工流产手术知情同意书、人工流产门诊记录、手术记录等证据,可证明陆某怀孕和中止妊娠的事实,吴某在陆某中止妊娠后不满6个月即提出离婚,应予驳回其起诉。一审认定事实清楚,适用法律正确,审判程序合法,依照《民事诉讼法》第一百七十条第一款第(一)项、第一百七十一条之规定,裁定如下:驳回上诉,维持原裁定。

### 二、(2016)桂0521民初710号

本院认为,虽然在被告怀孕16周后,原、被告经协议商定进行引产并约定了离婚日期,但是由于双方并没有自行办理离婚手续,该协议并未完全履行。根据《婚姻法》第三十四条"女方在怀孕期间、分娩后一年内或中止妊娠后六个月内,男方不得提出离婚"的规定,由于被告不同意离婚,对于原告的请求,本院不予支持。又根据《婚姻法解释一》第二十九条第二款"人民法院判决不准离婚的案件,对于当事人基于婚姻法第四十六条提出的损害赔偿请求,不予支持"的规定,对于被告

主张原告赔付其精神损害赔偿 50000 元的请求,本院不予支持。原、被告在结婚登记时已经经过长时间的交往,夫妻之间具有一定的感情基础,现双方虽然因家庭琐事产生矛盾并导致分居,但分居时间未满二年,只要双方珍惜家庭与夫妻感情,产生矛盾时多从对方的角度考虑问题,互相理解和包容,尚有一起共同生活的可能。根据上述事实与理由,依照《婚姻法》第三十四条、《婚姻法解释一》第二十九条第二款的规定,判决如下:不准原告陈某与被告肖某离婚。

**第一千零八十三条　离婚后,男女双方自愿恢复婚姻关系的,应当到婚姻登记机关重新进行结婚登记。**

## 条文主旨

本条是关于复婚登记的规定。

## 条文精释

### 一、立法背景

关于男女双方复婚的规定,早在 1950 年《婚姻法》第十七条第四款规定,"离婚后,如男女双方自愿恢复夫妻关系,应向区人民政府进行恢复结婚的登记;区人民政府应予以登记,并发给恢复结婚证。"1980 年《婚姻法》第二十八条规定,"离婚后,男女双方自愿恢复夫妻关系的,应到婚姻登记机关进行复婚登记。婚姻登记机关应予以登记。"2001 年《婚姻法》第三十五条规定,"离婚后,男女双方自愿恢复夫妻关系的,必须到婚姻登记机关进行复婚登记。"《婚姻家庭编(一审稿)》第八百六十条规定,"离婚后,男女双方自愿恢复婚姻关系的,应当到婚姻登记机关进行复婚登记。"《婚姻家庭编(二审稿)》第八百六十条规定,"离婚后,男女双方自愿恢复婚姻关系的,应当到婚姻登记机关重新进行结婚登记。"之后的《婚姻家庭编(三审稿)》沿用了《婚姻家庭编(二审稿)》的规定。关于复婚的规定,从上述条文的发展变迁来看,法律是肯定离婚当事人复婚自由的,只是在具体的条文表述上,有所变化。从"必须"改为"应当",从"复婚登记"改为"重新进行结婚登记",这些改变是法律术语使用更加准确的体现。在实际生活中,办理复婚登记的程序和办理结婚登记的程序是一样的,为保持立法与具体实践一致,有必要使用更为准确的法律术语。

## 二、争议观点

我国实行一夫一妻制，有配偶者不得再行结婚。离婚是婚姻关系的合法解除。此后，夫妻之间的权利义务关系终止，双方再次成为没有配偶的人，双方因此拥有再婚的权利。任何人对他人的再婚、一方对他方再婚不得加以干涉，而且我国法律并不限制此后的结婚对象。[①] 有的学者认为，婚姻关系解除后，各自重新成为离异者，双方均恢复了结婚的资格，取得了再婚的自由权利。任何一方皆可以随时再婚，一方对他方不得非法干涉。依照登记程序离婚的，其再婚自由权自领取离婚证之日起恢复；依照诉讼程序离婚的，其再婚自由权自人民法院离婚调解书或准予离婚的生效判决送达当事人之后才取得。如果二审法院改判不准离婚，当事人之间的婚姻关系依然存在，双方均不得再婚。[②]

## 三、条文解释

根据本条，男女双方选择复婚，有以下几点需要注意：离婚双方当事人自愿恢复夫妻关系的，应当到婚姻登记机关重新进行结婚登记。根据相关法律法规的规定，双方当事人应当亲自一起到一方户口所在地的婚姻登记机关申请复婚，还应当出具离婚证或法院判决书（或调解书），经审查符合法定条件，婚姻登记机关即发给《结婚证》，收回《离婚证》或离婚法律文书。办理复婚登记的程序和办理结婚登记的程序是一样的。办理复婚登记时，当事人首先需要准备好户口证明、居民身份证或军人身份证明、所在单位和村（居）委会或部队团以上政治机关出具的婚姻状况证明、离婚的还需提供离婚证；然后双方需亲自到户口所在地的婚姻登记机关申请复婚登记；婚姻登记机关对当事人提供的证明材料及申请审查通过后，依照结婚登记程序办理，在《结婚登记申请书》和结婚证上注明恢复结婚字样，同时收回离婚证。另外，申请复婚登记的当事人，不再进行医学检查。申请复婚登记的当事人从取得结婚证起恢复夫妻关系。

依照诉讼程序离婚的，其再婚自由权自人民法院离婚调解书或判决书生效之日起恢复。

---

① 夏吟兰：《婚姻家庭法》，中国政法大学出版社 2004 年版，第 124 页。

② 杨馨德：《婚姻家庭法学》，上海财经大学出版社 2011 年版，第 171 页。

还需要注意的是,男女双方在离婚生效后,才取得再婚自由权。如果当事人通过登记离婚程序离婚的,则在离婚被登记、取得《离婚证》后,才享有再婚的自由。如果当事人是通过诉讼方式离婚的,经一审法院判决的离婚,一方不服提出上诉的,原审法院所作的离婚判决并未发生法律效力。此时,双方当事人在此期间均不得再婚,否则构成重婚。经二审法院判决维持原判准予离婚的,当事人在终审判决送达后才有再婚自由。

## 关联案例

### 一、(2013)鄂随州中民一终字第00292号

本院认为,本案的焦点为上诉人祝某辉与被上诉人王某兰于2009年8月24日签订的《离婚协议书》所约定的财产分割效力问题。针对双方当事人上诉、答辩的意见,本院评判如下:

1. 关于本案诉争房屋的权属变迁问题。本案诉争房屋为上诉人祝某辉父亲祝某波于上诉人祝某辉婚前所购买,故在祝某辉与王某兰1999年11月12日结婚前,房屋属于祝某波所有。2002年7月4日,祝某波将诉争房屋过户给上诉人祝某辉,根据《婚姻法解释二》第二十二条第二款规定:"当事人结婚后,父母为双方购置房屋出资的,该出资应当认定为对夫妻双方的赠与,但父母明确表示赠与一方的除外",应当视祝某波将诉争房屋赠与给了祝某辉与王某兰,此时诉争房屋属于夫妻共同财产。

2. 关于双方离婚协议中财产分割效力问题。《婚姻法解释二》第八条第一款规定:"离婚协议中关于财产分割的条款或者当事人因离婚就财产分割达成的协议,对男女双方具有法律约束力。"因此,上诉人祝某辉与被上诉人王某兰对诉争房屋的分割约定对双方产生法律效力。《婚姻法》第三十五条规定:"离婚后,男女双方自愿恢复夫妻关系的,必须到婚姻登记机关进行复婚登记。"故复婚所产生的夫妻权利义务关系只能及于复婚登记之后,不能溯及复婚前。上诉人祝某辉上诉称双方复婚后原离婚协议失去法律效力无法律依据。

3. 关于上诉人祝某辉所称离婚协议是被要挟所签问题,因其未提交充足证据证明,故对此上诉理由不予支持。

综上所述,原判认定事实清楚,适用法律正确,判决适当,应予维持。依照《民事诉讼法》第一百七十条第一款第(一)项的规定,判决如下:驳回上诉,维持原判。

## 二、(2018)鲁09民终1620号

本院认为,综合本案证据,结合当事人陈述及双方诉辩意见,可以认定双方经调解离婚后仍以夫妻名义共同生活,期间尹某虽与案外人陈某办理结婚登记手续,但并未同居生活,随后即办理了离婚登记手续,其后尹某又与王某办理了复婚登记手续,对一审法院认定的上述事实,本院予以确认。

双方经调解离婚后至办理复婚登记手续期间一直以夫妻名义共同生活,符合结婚的实质要件,一审法院认定双方婚姻关系一直存续并无不当。根据王某提交的证据,涉案房屋系王某在双方婚姻关系存续期间取得。关于涉案车辆,综合双方通话录音及短信内容、登记车主张某的离婚协议书、王某在公安机关的陈述等证据,应认定张某并非车辆实际车主,涉案车辆应系王某、尹某婚姻关系存续期间取得的财产。因涉案房屋、车辆均系双方婚姻关系存续期间所取得,且双方并未约定非共同共有,一审法院认定系双方共同共有、判决支持尹某的诉讼请求正确。综上所述,王某的上诉请求不能成立,应予驳回;一审判决正确,应予维持。依照《民事诉讼法》第一百七十条第一款第一项规定,判决如下:驳回上诉,维持原判。

**第一千零八十四条　父母与子女间的关系,不因父母离婚而消除。离婚后,子女无论由父或者母直接抚养,仍是父母双方的子女。**

**离婚后,父母对于子女仍有抚养、教育、保护的权利和义务。**

**离婚后,不满两周岁的子女,以由母亲直接抚养为原则。已满两周岁的子女,父母双方对抚养问题协议不成的,由人民法院根据双方的具体情况,按照最有利于未成年子女的原则判决。子女已满八周岁的,应当尊重其真实意愿。**

### 条文主旨

本条是关于离婚对父母子女关系的影响及离婚后的子女抚养的规定。

## 条文精释

### 一、立法背景

关于离婚后的父母子女关系处理的规定,我国立法中早有规定。1950 年《婚姻法》第二十条规定,父母与子女间的血亲关系,不因父母离婚而消灭。离婚后,子女无论由父方或母方抚养,仍是父母双方的子女。离婚后父母对于所生的子女,仍有抚养和教育的责任。离婚后,哺乳期内的子女,以随哺乳的母亲为原则。哺乳期后的子女,如双方均愿抚养发生争执不能达成协议时,由人民法院根据子女的利益判决。1980 年《婚姻法》第二十九条规定,父母与子女间的关系,不因父母离婚而消除。离婚后,子女无论由父方或母方抚养,仍是父母双方的子女。离婚后,父母对于子女仍有抚养和教育的权利和义务。离婚后,哺乳期间内的子女,以随哺乳的母亲抚养为原则。哺乳期后的子女,如双方因抚养问题发生争执不能达成协议时,由人民法院根据子女的权益和双方的具体情况判决。2001 年《婚姻法》第三十六条规定,父母与子女间的关系,不因父母离婚而消除。离婚后,子女无论由父或母直接抚养,仍是父母双方的子女。离婚后,父母对于子女仍有抚养和教育的权利和义务。离婚后,哺乳期内的子女,以随哺乳的母亲抚养为原则。哺乳期后的子女,如双方因抚养问题发生争执不能达成协议时,由人民法院根据子女的权益和双方的具体情况判决。而《婚姻家庭编(一审稿)》第八百六十一条规定,父母与子女间的关系,不因父母离婚而消除。离婚后,子女无论由父或母直接抚养,仍是父母双方的子女。离婚后,父母对子女仍有抚养、教育和保护的权利和义务。离婚后,不满 2 周岁的子女。以由母亲直接抚养为原则。已满两周岁的子女,如双方因抚养问题发生争执不能达成协议时,由人民法院根据双方的具体情况,按照最有利于未成年子女的原则判决。《婚姻家庭编(二审稿)》和《婚姻家庭编(三审稿)》均沿用了此规定,只是在条文的具体表述上做出了一定的调整。从以上条文的发展变迁来看,可以发现以下需要注意的地方,1950 年《婚姻法》以破旧立新为目标,在立法内容上参照了苏联《民法》的规定,以"抚养教育责任"的概念替代了"亲权"的概念。在离婚后的父母子女关系中,1950 年《婚姻法》以"抚养教育的责任"的概念替代了"监护"的概念。我国之所以未采纳亲权的概念,主要是因为亲权概念中包含了支配性因素,与社会主义平等观念不相符合。1980 年《婚姻法》沿袭了 1950 年《婚姻法》的规定,使用了抚养教育义务的概念。但在离婚后父母子女关系中,使用了"抚养教育的权利和义务"的概念。2001 年《婚姻法》第三十六条以"直接抚养"的概念替代了 1980 年《婚姻法》第二十九条第一款所使用的"抚养"概念。这一修订条文的表述更为清晰,避免了产生歧义和冲突。本次《婚姻家庭编(一审稿)》在 2001 年《婚姻法》第三十六条的基础上作出了一个改变,将原来的规定"离婚后,哺乳期内的子女,以随哺乳的母亲抚养为原则。哺乳期后的子女,如双方因抚养问题发生争执不能达成协议时,由人民法院根据子女的权益和双方的具体情况判决"修改为"离婚后,不满两周岁的子女。以随母亲抚养为原则。已满两周岁的子女,如双方因抚养问题发生争议不能达成协议时,由人民法院根据双方的具体情况,按照最有利于未成年子女的原则判决。""哺乳期内的子女"变为"两周岁的子女"源自 1993 年最高人民法院《关于人民法院审理离婚案件处理子女抚养问题的若干具体意见》第一条"两周岁以下的子女,一般随母方生活"。这一变化通过量化哺乳期内的子女认定标准,避免了实务争议,是对离婚家庭中的子女的进一步保护,尤其是对弱小的儿童的加强保护。从人类身心发展的角度而言,小孩子在年幼时更加需要母亲的关怀和爱护。而对于刚刚分娩的母亲而言,也同样无法离开自己的孩子。这种立法层面上的改变是综合了司法实践的考虑,也体现了人道主义的需求。而"按照最有利于未成年子女的原则判决"替代"根据子女的权益和双方的具体情况判决"则与国际社会保护未成年人的基本原则保持了一致,体现了子女利益最大化的价值取向。

## 二、争议观点

关于离婚后父母对未成年子女监护权的行使原则,从现代国外立法来看,大体可分为以下三种立法类型:第一,立法类型采用单方行使原则,即离婚时法院确定由父或母方单方行使未成年子女的监护权或亲权。第二,立法类型采用双方行使的原则,即离婚后父母双方仍有权行使对未成年子女的监护权或亲权。① 第三,立法类型兼采用单方行使原则和双方行使原则。即离婚时,在符合未成年子女利益的前提下,法院决定由父母双方共同或一方单独行使未成年子女的监护权或亲权。② 究竟采用哪一种原则,应以子女最佳利益作为设定准则。关于离婚父母对未成年子女共同行使监护权,有人认为:"要使这种新型的监护获得成功,父母双

① 参见陈苇:《婚姻家庭继承法学》(第 3 版),群众出版社 2017 年版,第 242 页。

② 参见陈苇:《离婚后父母对未成年子女监护权问题研究》,载《中国法学》1998 年第 3 期。

方住所必须相近，而且有必要存在协力的关系。这是共同监护的前提条件。”①

## 三、条文解释

就本条的文义而言，至少涉及以下几个方面需要把握：

(一)离婚后的父母子女关系

根据本条第一款规定，离婚后，父母与子女关系仍然存在。婚姻关系的解除，只是夫妻双方基于婚姻而存在的人身关系和财产关系归于消灭，但父母与子女之间存在的血缘关系却不因父母离婚而消除。这是离婚后父母子女身份关系在法律上的基本界定。离婚后，子女无论随父母哪一方生活，仍是父母双方的子女。本法关于父母子女权利义务的规定仍然适用，不能因父母离婚而受到影响。但拟制血亲所形成的父母子女关系，能否因父母离婚而解除呢？

1. 继父或继母与继子女的抚养关系。由于继父或继母与继子女没有血缘关系，因此，当继父(母)与生母(父)离婚时，继子女与继父母的关系应本着以下原则处理：(1)生父与继母或生母与继父离婚时，继父或继母对曾受其抚养教育的继子女，不同意继续抚养的，不能勉强，继子女与继父或继母的关系可自然解除。继父或继母愿意继续抚养继子女的，人民法院应予准许。(2)受继父或继母长期抚养、教育的继子女已成年的，继父或继母与继子女已经形成的身份关系和权利义务关系不能因离婚而自然解除；只有在继父或继母或继子女一方或双方提出解除继父母子女关系并符合法律规定的条件下，才可以解除。但由继父或继母养大成人的并独立生活的继子女，对于生活困难、无劳动能力的继父或继母晚年的生活费用应该继续承担。

2. 养父母与养子女的抚养关系以及养父母与养子女之间的身份关系及其权利义务关系，不因养父母离婚必然解除。养父母离婚后，养子女无论由养父或养母抚养，仍是养父母双方的养子女。在特殊情况下，如养父母离婚时经生父母及有识别能力的养子女同意，双方自愿达成协议，未成年的养子女一方面可依法解除收养关系，由生父母抚养；另一方面可以变更收养关系，由养父或养母一方收养。但变更或解除必须符合《收养法》的要求，不得侵犯未成年养子女的合法权益。

---

① [日]利谷信义等：《离婚法社会学》，陈明侠、许继华译，北京大学出版社1991年版，第120～121页。

(二)离婚后子女的抚养归属

离婚虽然不能消除父母与子女之间的关系,但抚养方式却会因离婚而发生变化。由父母双方共同抚养子女变成由父或母一方直接抚养子女。现实中,离婚时"争养"或"推养"子女抚养的纠纷比较多。有的夫或妻把子女作为命根子,非要抚养子女不可,并以此作为离婚的前提条件;有的则把抚养子女作为包袱或再婚的障碍,都不愿抚养,由此而闹得你死我活,甚至出现有的当事人把子女丢在法院里或留在双方的组织暂时代养等情况。为此,2001 年《婚姻法》第三十六条第二、三款规定:"离婚后,父母对于子女仍有抚养和教育的权利和义务。""离婚后,哺乳期内的子女,以随哺乳的母亲抚养为原则。哺乳期后的子女,如双方因抚养问题发生争执不能达成协议时,由人民法院根据子女的权益和双方的具体情况判决。"从有利于子女身心健康,保障子女的合法权益出发,结合父母双方的抚养能力和抚养条件等具体情况,结合审判实践,最高人民法院对此问题作了专门司法解释《关于人民法院审理离婚案件处理子女抚养问题的若干具体意见》,对离婚后的子女抚养问题作了具体规定。

1. 确定子女抚养总的原则有利于子女身心健康,保障子女的合法权益,是贯穿于本法的基本原则,也是处理离婚后子女抚养归属问题的出发点。只有在此前提下,再结合父母双方的抚养能力和抚养条件等具体情况妥善解决。对离婚后的子女抚养问题要考虑以下几个方面:(1)应考虑父母双方的个人素质、对子女的责任感、家庭环境、父母与子女的感情等因素。(2)应考虑不能生育和再婚有困难的父或母的合理要求。(3)在双方的各种条件都基本相同的情况下,原则上由经济能力较强的一方抚养。(4)8 周岁以上有识别能力的子女,无论随父还是随母,都应征求子女本人的意见。

2. 确定子女抚养的具体办法。(1)不满 2 周岁的子女的抚养。本条规定"离婚后,不满两周岁的子女,以由母亲直接抚养为原则。"这是因为用母乳哺养,对婴儿的生长发育最为有利。从婴儿的生长发育的利益考虑,夫妻离婚后,凡是正处于用母乳喂养的子女应依法由哺乳的母亲抚养。但现实生活中,也有许多孩子出生后,是不用母乳喂养的。对于这样的情况,当夫妻离婚时,如何判定孩子的抚养归属?司法解释规定:2 周岁以下的子女,一般随母亲生活。但母亲有下列情形之一的,也可随父亲生活:一是母亲患有久治不愈的传染性疾病或其他严重疾病,子女不宜与其共同生活的;二是母亲有抚养条件不尽抚养义务,而父亲要求子女随其生活的,并对子女健康成长没有不利影响的;三是因其他原因,子女确无法随母方生活的，如母亲的经济能力及生活环境对抚养子女明显不利的，或母亲的品行不端不利于子女成长的，或因违法犯罪被判服刑不可能抚养子女的等。(2)二周岁以上未成年子女的抚养。本条还规定："已满两周岁的子女，父母双方对抚养问题协议不成的，由人民法院根据双方的具体情况，按照最有利于未成年子女的原则判决。"夫妻离婚后，对2周岁以上的未成年子女，随父或随母生活，首先应由父母双方协议决定。因此，当父母双方对抚养未成年子女发生争议时，法院应当进行调解，尽可能争取当事人以协议方式解决。在当事人双方自愿、合法的前提下，协商决定：未成年子女由父亲抚养，或随母亲生活，或者在有利于保护子女利益的前提下，由父母双方轮流抚养，对上述几种抚养方式的解决，法院都是可以准许的。如果当事人双方因子女抚养问题达不成协议时，法院应结合父母双方的抚养能力和抚养条件等具体情况，根据有利于子女健康成长的原则妥善地作出裁决。但应注意以下问题：对两周岁以上未成年的子女，父亲和母亲均要求直接抚养，一方有下列情形之一的，可予优先考虑：①已做绝育手术或因其他原因丧失生育能力的；②子女随其生活时间较长，改变生活环境对子女健康成长明显不利的；③无其他子女，而另一方有其他子女的；④子女随其生活，对子女成长有利，而另一方患有久治不愈的传染性疾病或其他严重疾病，或者有其他不利于子女身心健康的情形，不宜与子女共同生活的。(3)父母双方对八周岁以上的未成年子女由父或母直接抚养发生争执的，应尊重该子女的真实意愿。(4)父母双方抚养子女的条件基本相同，双方均要求直接抚养子女，但子女单独随祖父母或外祖父母共同生活多年，且祖父母或外祖父母要求并且有能力帮助子女照顾孙子女或外孙子女的，可作为子女由父或母直接抚养的优先条件予以考虑。(5)在有利于保护子女利益的前提下，父母双方协议轮流抚养子女的，应予准许。父母双方可以协议子女由一方直接抚养并由抚养方负担子女全部抚育费。但经查实，抚养方的抚养能力明显不能保障子女所需费用，影响子女健康成长的，对单方负担全部抚养费的请求，不予准许。(6)子女直接抚养归属的变更。父母离婚后，在一定条件下，可以根据父母双方或子女的实际情况的变化，依法予以变更。直接抚养归属的变更，有两种形式：一是双方协议变更。父母双方协议变更子女直接抚养关系的，只要有利于子女身心健康和保障子女合法权益，则应予准予；二是一方要求变更。凡一方要求变更子女直接抚养关系的，有下列情形之一的，应予支持。①与子女共同生活的一方因患严重疾病或因伤残无力继续抚养子女的；②与子女共同生活的一方不尽抚养义务或有虐待子女行为，或其与子女共同生活对子女身心健康确有不利影响的;③8 周岁以上未成年子女,愿随另一方生活,该方又有抚养能力的;④有其他正当理由需要变更的。父母双方协议变更子女抚养关系的,应予准许。另外,对于在离婚诉讼期间,双方均拒绝抚养子女的,可先行裁定暂由一方抚养。应当注意的是:离婚后,一方要求变更子女直接抚养关系的,双方对此不能达成协议时,应另行起诉。这是因为:这一在新情况下提出的诉讼请求,不涉及原离婚案件的离婚问题和夫妻财产的处理问题,而是出现了处理原离婚案件之时不存在(或已解决)的子女抚养方面的新情况。因此,它不是原离婚案件诉讼程序的继续,也不是对原离婚案件子女抚养问题的判决、调解协议错误的纠正,所以,应当作为新的案件另行起诉。

## 关联案例

### 一、(2019)闽 08 民终 1087 号

兰某良上诉请求:撤销一审判决,并依法改判。事实和理由:

一、一审适用法律错误。兰某良与王某芳于 2017 年 3 月 31 日在长汀县民政局登记离婚,双方对婚生女兰某婷的抚养作出相关约定:婚生女兰某婷由兰某良抚养,王某芳享有探视权。基于该约定,兰某良对兰某婷享有直接抚养权,兰某婷应随兰某良共同生活,而王某芳享有探视权和非直接抚养权。(1)一审法院适用最高人民法院(1991)民他字第 53 号复函的答复意见,属于适用法律不当,王某芳侵犯的是兰某良的直接抚养权,而非答复意见中的监护权,因此不应当适用该答复。(2)本案的纠纷不属于在履行子女抚养协议过程中的纠纷。子女抚养协议在离婚时已履行完毕,即兰某婷归兰某良抚养,王某芳享有探视权,该协议已履行完毕。如王某芳认为对子女抚养关系应当变更,应当按照最高人民法院《关于人民法院审理离婚案件处理子女抚养问题的若干具体意见》第十五条规定处理,而不是径行带走。(3)兰某良作为直接抚养人,其子女随直接抚养人的权利应当得到维护。王某芳侵犯兰某良的直接抚养权,应停止侵害,将婚生女送还给兰某良抚养。(4)兰某良与王某芳的直接抚养已达成协议,不存在没有达成协议的情形。所以不存在《婚姻法》第三十六条规定的不成达成协议的情形。(5)一审法院适用最高人民法院《关于人民法院审理离婚案件处理子女抚养问题的若干具体意见》第十五条规定错误,本案不存在变更子女抚养关系的问题,而是兰某良维护自身直接抚养权益的问题,即便是变更抚养关系,也应当是王某芳起诉,而非兰某良

起诉。

二、一审法院认定事实方面存在遗漏,未对王某芳侵犯兰某良直接抚养权的时间、地点进行核查。王某芳辩称,(一)双方已协商兰某婷由王某芳抚养,且已经实际履行。2017年3月31日,王某芳与兰某良达成协议并办理了离婚登记手续。因离婚时王某芳没有工作,双方约定兰某婷暂由兰某良抚养,待王某芳找到工作后再对抚养权进行变更。2017年4月底王某芳找到工作,并于2017年五一劳动节后开始上班。兰某良也履行了承诺,于2017年5月5日下午出具变更抚养权的《承诺书》给王某芳。虽然离婚协议中约定兰某婷由兰某良抚养,但兰某婷一直是由王某芳及父母抚养,且兰某良于2017年5月5日向王某芳出具了《承诺书》,已将对兰某婷的抚养权约定进行了变更。因此,双方就兰某婷的抚养问题达成了一致意见,即由王某芳抚养,且双方也已经实际履行,王某芳抚养兰某婷没有侵害任何人的权利。(二)兰某良以侵权纠纷提起诉讼,不符合法律的规定。双方已经对离婚协议书中的兰某婷的抚养问题进行了变更,兰某婷由王某芳抚养。

在王某芳抚养兰某婷过程中,兰某良以侵权为由提起本案诉讼,属于双方在履行协议当中发生了争执。根据1992年1月24日最高人民法院出台的(1991)民他字第53号答复最高人民法院《关于辛某克与张某杰抚养子女纠纷案可否进行再审的复函》的规定"张某杰与辛某克在离婚时自愿达成的抚养子女协议并不违反法律,双方在履行该协议中发生争执,仍属于抚养子女纠纷",该案仍属于抚养权纠纷。原审法院在庭审过程中已再三向兰某良释明是否变更,但兰某良坚持认为本案不属于抚养权纠纷,坚持按侵权纠纷提起诉讼。因此,原审根据该答复意见,驳回兰某良的诉请,符合法律的规定。

三、抚养权属于是父母对子女的抚养义务,而非权利。兰某良以侵权纠纷提起诉讼,但兰某良没有法律规定的权利受到侵害,而王某芳也不存在侵权的情形。综上,兰某良的上诉不符合事实和法律的规定,应当驳回其上诉请求,维持原判。兰某良向一审法院起诉请求:一、判令被告王某芳停止侵权限期10日内将婚生女兰某婷交由原告抚养;二、判令终止被告对婚生女兰某婷的探望权;三、判令被告给予原告损害赔偿5万元;四、本案诉讼费用由被告承担。在诉讼过程中,原告变更诉讼请求,撤回原起诉状的第二项诉请,其他诉请不变。一审法院认定事实:2017年3月31日,原告兰某良与被告王某芳因夫妻感情不和,双方同意离婚,并在长汀县民政局就子女抚养、财产分割、债权债务等处理问题,经协商达成协议:……婚生女孩兰某婷(2015年1月21日出生)由男方抚养,男方自愿承担小孩的抚养费,女方依法享有探视权。

2017 年 5 月 5 日,原告兰某良出具书面《承诺书》给被告王某芳,自愿将双方婚生女兰某婷的抚养权变更给被告王某芳……

此后,被告王某芳及其父母、丈夫将兰某婷带回长汀。现由于对兰某婷行使抚养权及探望权问题而引发纠纷,并诉至一审法院。一审法院认为,父母对子女不管在离婚前后,都有抚养和教育的权利和义务。兰某良与王某芳在离婚时自愿达成的抚养子女协议并不违反法律,双方在履行该协议中发生争执,仍属于抚养子女纠纷。不符合侵权行为概念的内涵和外延,因此不是侵权行为,而是离婚后的子女抚养纠纷,应当适用亲属法的规定处理。对此,在本院依法释明的情况下,原告兰某良仍以"侵权"为由起诉实属不当,依照最高人民法院(1991)民他字第 53 号复函的答复意见,应当驳回原告"侵权"的诉讼请求。

王某华、刘某秀、梁某炫经本院合法传唤无正当理由拒不到庭参加诉讼,视为自动放弃一审期间举证、质证等抗辩权利,本院依法缺席审理和判决。依照《婚姻法》第三十六条、最高人民法院《关于人民法院审理离婚案件处理子女抚养问题的若干具体意见》第十五条及《民事诉讼法》第一百四十四条的规定,判决:驳回兰某良的诉讼请求。本院认为,本案的争议焦点是本案属于侵权纠纷还是子女抚养纠纷。父母与子女间的关系,不因父母离婚而消除。离婚后,子女无论由父或母直接抚养,仍是父母双方的子女。离婚后,父母对于子女仍有抚养和教育的权利和义务。兰某良与王某芳在离婚时自愿达成的抚养子女协议并不违反法律,双方在履行该协议中发生争执,仍属于抚养子女纠纷。在一审法院依法释明的情况下,兰某良仍以"侵权"为由起诉,一审判决驳回兰某良的诉讼请求并无不当。兰某良的上诉理由不成立,本院不予支持。综上所述,兰某良的上诉请求不能成立,应予驳回;一审判决认定事实清楚,适用法律正确,应予维持。王某华、刘某秀、梁某炫经传票传唤无正当理由拒不到庭参加诉讼,本院依法缺席审理和判决。依照《民事诉讼法》第一百四十四条、第一百七十条第一款第一项规定,判决如下:驳回上诉,维持原判。

## 二、(2015)穗中法民一终字第 4630 号

本院认为,关于子女抚养权问题。上诉人在一审法院审理过程中确认其与前妻生育的子女张某丙现由其抚养,并称若法院判决离婚,对于其与被上诉人所生儿子张某乙上诉人没有时间抚养,同意小孩由被上诉人抚养。上诉人现提出被上

诉人存在不利于抚养张某乙的情形，但未提供证据予以佐证，且上诉人也未提供证据证明其具有优于被上诉人的抚养条件。此外，最高人民法院《关于人民法院审理离婚案件处理子女抚养问题的若干具体意见》第3条规定“对两周岁以上未成年的子女，父方和母方均要求随其生活，一方有下列情形之一的，可予优先考虑：……（3）无其他子女，而另一方有其他子女的”，故原审法院根据现有证据及双方抚养子女的综合条件而判决双方婚生子张某乙由被上诉人抚养，并无不当，本院予以认可，上诉人主张改判由其抚养依据不充分，本院不予支持。

综上所述，原审判决认定事实清楚，适用法律正确，处理恰当，应予维持；上诉人上诉理由不充分，应予驳回。依照《民事诉讼法》第一百七十条第一款第（一）项的规定，判决如下：驳回上诉，维持原判。

## 三、（2014）南市民一终字第1086号

本院认为，上诉人覃某与被上诉人潘某对一审判决双方离婚均无异议，本院予以确认。关于婚生子覃某豪应由谁抚养，抚养费应如何负担的问题。一审从有利于子女健康成长的原则出发，考虑到婚生子覃某豪在一审起诉前尚未满两周岁，缺少母亲的照顾对其现阶段的健康成长明显不利，确定婚生子由潘某携带抚养，覃某支付覃某豪每月生活费500元，覃某豪的教育费、医疗费按实际发生数额由覃某、潘某各自承担一半，符合双方的实际情况以及子女成长的实际需要，本院予以确认。

覃某主张潘某所患的癫痫病无法治愈，但从其提供的门诊病历并未看出潘某的癫痫病系无法治愈，癫痫病也不属于不宜抚养子女的传染性疾病，且婚生子覃某豪在上诉人与被上诉人分居后至今一直随被上诉人生活，期间并未出现被上诉人有不利于覃某豪健康成长的情形，故本院对覃某的主张不予采信，如今后出现被上诉人不宜抚养覃某豪的情形，上诉人可以另行主张变更抚养权。综上所述，一审判决认定事实清楚，适用法律正确。

依照《民事诉讼法》第一百七十条第一款第（一）项及第一百七十五条的规定，判决如下：驳回上诉，维持原判。

## 四、（2016）鲁17民终1667号

本院认为，关于婚生女杜某乙应随谁生活的问题。婚生女杜某乙出生于××××年××月××日，目前尚不足两周岁。

根据最高人民法院《关于人民法院审理离婚案件处理子女抚养问题的若干具体意见》第1条规定，两周岁以下的子女，一般随母方生活。母方有下列情形之一的，可随父方生活：(1)患有久治不愈的传染性疾病或其他严重疾病，子女不宜与其共同生活的；(2)有抚养条件不尽抚养义务，而父方要求子女随其生活的；(3)因其他原因，子女确无法随母方生活的。婚生女杜某乙目前随被上诉人马某生活，上诉人杜某甲并未举证证实被上诉人存在不适宜抚养子女的情形，原审判决婚生女杜某乙随被上诉人生活并无不当。

**第一千零八十五条　离婚后，子女由一方直接抚养的，另一方应当负担部分或者全部抚养费。负担费用的多少和期限的长短，由双方协议；协议不成的，由人民法院判决。**

**前款规定的协议或者判决，不妨碍子女在必要时向父母任何一方提出超过协议或者判决原定数额的合理要求。**

## 条文主旨

本条是关于离婚后子女抚养费的负担的规定。

## 条文精释

### 一、立法背景

关于离婚后子女抚养费负担的问题，早在1950年《婚姻法》第二十一条规定，“离婚后，女方抚养的子女，男方应负担必需的生活费和教育费全部或一部，负担费用的多寡及期限的长短，由双方协议；协议不成时，由人民法院判决。费用支付的办法，为付现金或实物或代小孩耕种分得的田地等。离婚时，关于子女生活费和教育费的协议或判决，不妨碍子女向父母任何一方提出超过协议或判决原定数额的请求”。第二十二条规定，“女方再行结婚后，新夫如愿负担女方原生子女的生活费和教育费全部或一部，则子女的生父的负担可酌情减少或免除”。这一条规定了特定时期离婚后子女的抚养费在父母之间负担的各种情形。1980年《婚姻法》第三十条规定，“离婚后，一方抚养的子女，另一方应负担必要的生活费和教育费的一部或全部，负担费用的多少和期限的长短，由双方协议；协议不成时，由人民法院判决。关于子女生活费和教育费的协议或判决,不妨碍子女在必要时向父母任何一方提出超过协议或判决原定数额的合理要求”。该条将1950年《婚姻法》中规定的“男方应负担必需的生活费和教育费全部或一部”修改为“另一方应负担必要的生活费和教育费的一部或全部”体现了婚姻家庭生活中的男女平等原则。将“不妨碍子女向父母任何一方提出超过协议或判决原定数额的请求”修改为“不妨碍子女在必要时向父母任何一方提出超过协议或判决原定数额的合理要求”这里增加“必要时”和“合理”两词,对增加抚养费作了符合子女成长实际需要的限定。2001年《婚姻法》第三十七条沿用了1980年《婚姻法》的规定。《婚姻家庭编(一审稿)》第八百六十二条规定,“离婚后,一方直接抚养的子女,另一方应负担抚养费的一部或者全部,负担费用的多少和期限的长短,由双方协议;协议不成时,由人民法院判决。关于子女抚养费的协议或者判决,不妨碍子女在必要时向父母任何一方提出超过协议或者判决原定数额的合理要求。”从条文表述来看,《婚姻家庭编(一审稿)》第八百六十二条基本上沿用了1980年《婚姻法》和2001年《婚姻法》的规定,只是有一点作出了改变:1980年《婚姻法》和2001年《婚姻法》都没有区分“直接抚养”和“间接抚养”。在条文表述上均使用了“抚养”的规定。然而“抚养”应分为“直接抚养”和“间接抚养”。草案的变化表明立法越来越注重法律用语使用的严谨性。《婚姻家庭编(二审稿)》和《婚姻家庭编(三审稿)》沿用了《婚姻家庭编(一审稿)》的规定。其中变化最大的在于,从“必要的生活费和教育费”转变为“抚养费”的表述。本次规定是关于离婚后父母对子女的抚养费负担问题,而以往2001年《婚姻法》在这一条上是规定离婚后父母对子女必要的生活费和教育费的负担问题。这表明在我国,离婚后父母对子女的抚养负担范围不再局限于生活费与教育费这两项费用上,抚养费是一个更广泛的概念。这既保护了离婚子女的权益,也符合实践发展中的真实情况。

## 二、争议观点

夫妻离婚后,父母与子女间的关系,不因父母离婚而消除,父母对于子女仍有抚养和教育的权利和义务。因此,离婚后的夫妻双方都有平等地负担子女抚养费的义务。这是法律规定的父母对未成年子女的抚养费负担的强制性的、无条件的、双方平等的义务,当事人都应当自觉遵照执行。至于其经济负担数额和期限等问题,应从子女的实际需要和父母双方所能负担的能力角度量力而定、合理解决。

## 三、条文解释

根据本条规定，夫妻离婚后，父母与子女间的关系，不因父母离婚而消除，父母对于子女仍有抚养和教育的权利和义务。

1. 抚养费的范围。抚养费应当包括：生活费、教育费和医疗费等。子女无论由母亲还是由父亲抚养，另一方都应负担必要的抚养费。

2. 抚养费的数额。离婚后的子女抚养费数额，可以根据子女的实际需要、父母双方的负担能力和当地的实际生活水平来确定。具体情况因各地的经济发展情况而有所不同。

3. 抚养费的给付期限。抚养费的给付期限，一般至子女 18 周岁为止。16 周岁以上不满 18 周岁，以其劳动收入为主要生活来源，并能维持当地一般生活水平的，父母可停止给付抚养费。尚未独立生活的成年子女有下列情况之一，父母又有给付能力的，仍应负担必要的抚养费：(1)丧失劳动能力或虽未完全丧失劳动能力，但其收入不足以维持正常生活的；(2)尚在高中及其以下就读的；(3)确无独立生活能力和条件的。

4. 继父母、养父母与抚养费。形成抚养教育关系的继父母子女之间存在法定抚养关系。该种情形下，不直接抚养子女的继父母应负担抚养费的一部或全部。生父与继母或生母与继父离婚时，对曾受其抚养教育的继子女，继父或继母不同意继续抚养的，仍应由生父母抚养。《收养法》施行前，夫或妻一方收养的子女，对方未表示反对，并与该子女形成事实收养关系的，离婚后，应由双方负担子女的抚养费；夫或妻一方收养的子女，对方始终反对的，离婚后，应由收养方抚养该子女。

5. 增加抚养费的情形。即使离婚双方已就子女抚养费的承担问题达成协议，或者法院已就子女抚养问题作出判决，但根据本条第二款规定，这些协议以及判决并不妨碍子女在必要时向父母任何一方提出超过协议或者判决原定数额的合理要求。这是法律为保护离婚子女合法合理利益所设置的特别规定。而根据司法实践，有关子女要求增加抚养费的情形主要有下列三种可能：(1)原定抚养费数额不足以维持当地实际生活水平的；(2)因子女患病、上学，实际需要已超过原定数额的；(3)有其他正当理由应当增加的。以上情形下，父亲或母亲有给付能力的，应满足子女增加抚养费的要求。

## 关联案例

### 一、(2019)鲁14民终1840号

一审法院认定事实:原告法定代理人高某建与被告冯某三曾系夫妻关系。2017年3月2日,二人协议登记离婚,约定婚生女原告冯某一与婚生子原告冯某二由原告法定代理人高某建抚养,被告冯某三承担抚养费每月1000元,至孩子18周岁止;按揭贷款购买的楼房归原告法定代理人高某建所有,贷款由其偿还;被告冯某三自愿在离婚后6个月内给付原告法定代理人9万元;原告法定代理人高某建驾驶的鲁N×××××吉利熊猫轿车归原告法定代理人所有。离婚时原告法定代理人高某建与被告冯某三从事职业与现在没有改变,原告法定代理人在陵城区中医院上班,被告从事车辆投保、买卖服务行业。离婚后被告冯某三支付了二原告11个月的抚养费11000元,自2018年2月起未再按约定支付二原告抚养费。2017年9月1日年近3周岁的原告冯某二在就近的德州市陵城区幸福春天幼儿园入托,2018年12月28日转入德州市陵城区第四实验小学附属幼儿园入托。原告冯某一现在在陵城区第五中学七年级就读。2017年8月12日,原告冯某二因病住院3天,支付个人负担的医疗费882.22元;2017年12月26日,原告冯某二住院3天,支付个人负担的医疗费1171.97元;2018年3月21日原告冯某二因病住院1天,支付个人负担的医疗费735.42元;三次共计2789.61元。冯某一、冯某二向一审法院提出诉讼请求:1.判令被告给付抚养费12000元;2.被告自2019年2月起每月给付抚养费2000元(每人每月1000元);3.被告给付原告冯某二医疗费2789.61元。一审法院认为,父母有抚养子女的义务,本案被告冯某三与原告法定代理人高某建离婚时对二原告关系及抚养费进行了约定,双方应该本着诚实守信的原则,忠实履行协议的约定。被告冯某三以行使对二原告的探视权作为履行支付12000元抚养费的抗辩事由,原告法定代理人高某建不予认可,本院依法不予采纳。被告冯某三如继续主张对二原告行使探视权,可以另行起诉,本案不予涉及。

因此,对二原告要求被告支付延迟履行的12000元抚养费的诉讼请求,本院依法予以支持。关于二原告要求被告冯某三增加抚养费至每人每月1000元,及承担原告冯某二住院花费2789.61元的诉讼请求,本院认为,对子女生活费和教育费的协议和判决,不妨碍子女在必要时向父母一方提出超过协议或判决数额的

合理要求，该“必要时”的先决条件是协议或判决生效后，发生重大情况变化。而且对“合理要求”的支持，应当考虑子女实际的需要，父母的负担能力和当地的实际生活水平。本案原告冯某一现就读陵城区第五中学七年级，与其父母协议离婚时一样，均在我国普及九年义务教育范围内，消费支出变化不大。故对其要求被告增加抚养费的请求，本院不予支持。原告冯某二在父母离婚时两周岁三个月，自2017年9月开始，根据实际需要在居住小区邻近的幼儿园入托，消费支出明显增大，考虑到父母离婚后不足两年，当地物价水平变化不大，被告冯某三从事职业与离婚时也没有改变，故对原告冯某二要求增加抚养费的诉讼请求，本院酌情予以支持。对原告冯某二要求被告冯某三承担住院花费2789.61元，因被告冯某三协议约定在其负担的抚养费中已包括生活费和医疗费，考虑到原告冯某二三次住院花费较大，原告法定代理人从2017年9月以后在负担其入托费用的情况下，再独自承担该费用有失公平，故对原告冯某二的诉讼请求，本院酌情予以支持，依照2001年《婚姻法》第二十一条第一款、第二款、第三十七条第二款，最高人民法院《关于人民法院审理离案件处理子女抚养问题若干具体意见》第18条，《民事诉讼法》第六十四条、第一百三十四条之规定，判决：一、被告冯某三于判决生效后七日内支付原告冯某一、冯某二抚养费12000元；二、被告冯某三自2019年2月起每月负担原告冯某二抚养费800元至18周岁止（每季度支付一次）；三、被告冯某三判决生效后七日内支付原告冯某二医疗费900元；四、驳回原告冯某一、冯某二的其他诉讼请求。

本院认为，最高人民法院《关于人民法院审理离婚案件处理子女抚养问题的若干具体意见》第七条规定，对于抚养费的数额，可根据子女的实际需要、父母双方的负担能力和当地实际生活水平确定。本案中，对于上诉人冯某三的工作及收入情况，被上诉人方一审已经提供了相应证据予以证明，上诉人虽然否认，但并未向一、二审法院提供相应证据，其上诉主张不能成立，本院不予支持。虽然2017年3月2日上诉人冯某三与高某建二人协议登记离婚时约定上诉人承担抚养费每月1000元至孩子18周岁止，但现随着被上诉人年龄的增长、物价的上涨和整个社会生活水平的提高，上诉人每月给付抚养费已不能满足被上诉人的生活需要，上诉人主张对于被上诉人冯某二在陵城区第四实验小学附属幼儿园上学，所需要的费用是减少而不是增加，没有提供相应证据，本院依法不予支持。原审法院判决上诉人自2019年2月起每月负担原告冯某二抚养费800元至18周岁止适用法律正确，应予维持。上诉人冯某三上诉理由不能成立，应予驳回。据此，依照

《民事诉讼法》第一百七十条第一款第（一）项规定，判决如下：驳回上诉，维持原判。

## 二、(2019)吉05民终732号

本院认为，庭审中双方当事人均认可鲜某宇当前月收入2750元，根据最高人民法院《关于人民法院审理离婚案件处理子女抚养问题的若干具体意见》第七条“子女抚养费的数额，可根据子女的实际需要、父母双方的负担能力和当地的实际生活水平确定。有固定收入的，抚养费一般可按其月总收入的百分之二十至百分之三十的比例给付。负担两个以上子女抚养费的，比例可适当提高，但一般不得超过月总收入的百分之五十”和第八条“抚养费应定期给付，有条件的可一次性给付”之规定，鲜某宇每月支付抚养费800元符合法律规定。

根据2001年《婚姻法》第三十七条“离婚后，一方抚养的子女，另一方应负担必要的生活费和教育费的一部或全部，负担费用的多少和期限的长短，由双方协议；协议不成时，由人民法院判决。关于子女生活费和教育费的协议或判决，不妨碍子女在必要时向父母任何一方提出超过协议或判决原定数额的合理要求”之规定，双方均认可在2018年4月胡某杰带鲜某晔搬离双方共同居住地独自抚养孩子，双方开始分居，胡某杰主张鲜某宇自2018年4月起支付抚养费至鲜某晔年满18周岁时止的上诉请求本院予以支持。胡某杰主张鲜某宇将得到胡某杰给付的分割双方共同财产房屋的12.5万元的款项，具备一次性给付的能力，应一次性给付抚养费，经查该笔款项是用于解决鲜某宇的居住问题，是其生存的基本问题。在其不同意用此笔款项支付的情况下，本院对胡某杰的主张不能支持。综上所述，依照2001年《婚姻法》第三十七条和最高人民法院《关于人民法院审理离婚案件处理子女抚养问题的若干具体意见》第七条、第八条规定，判决如下：一、变更吉林省柳河县人民法院（2019）吉0524民初1号民事判决书第一项为鲜某晔随胡某杰共同生活，鲜某宇每月给付鲜某晔抚养费800元，自2018年4月起至鲜某晔18周岁时止，于每月月末前支付。二、驳回胡某杰其他上诉请求。

## 三、(2019)晋02民终845号

本院认为，在一审中，上诉人郭某要求抚养与被上诉人孙某所生男孩孙××，孙某同意，郭某亦表示不要求孙某承担抚养费，故一审法院判决孙某与郭某共同生育的男孩孙××由郭某抚养，孩子抚养费由郭某自行承担并无不当。上诉人郭

某关于一审法院未严格贯彻落实家事审判相关规定，没有进行家事调查，未做到情理法相结合的上诉理由不能成立。上诉人郭某在一审判决后反悔，要求被上诉人孙某承担抚养费。因支付抚养费系被上诉人孙某作为不抚养子女的一方的法定义务，本院予以支持。对于抚养费数额，被上诉人孙某陈述其在住所地一家工厂打工，去年每月收入为4000元左右，今年为每月3500元左右，上诉人郭某称被上诉人孙某每月收入为4000元左右，故本院确定被上诉人孙某每月应当支付抚养费数额为800元。综上所述，上诉人的上诉请求部分成立，依照2001年《婚姻法》第二十一条第一款、第二十五条、第三十七条第一款，最高人民法院《关于人民法院审理未办结婚登记而以夫妻名义同居生活案件的若干意见》第九条，最高人民法院《关于人民法院审理离婚案件处理子女抚养问题的若干具体意见》第七条，《民事诉讼法》第一百七十条第一款第（二）项之规定，判决如下：一、撤销山西省广灵县人民法院（2019）晋0223民初14号民事判决；二、上诉人郭某与被上诉人孙某共同生育的男孩孙××由郭某抚养，被上诉人孙某每月支付孙××抚养费800元，从本判决生效之日起至孙××满十八周岁止。

**第一千零八十六条　离婚后，不直接抚养子女的父或者母，有探望子女的权利，另一方有协助的义务。**

**行使探望权利的方式、时间由当事人协议；协议不成的，由人民法院判决。**

**父或者母探望子女，不利于子女身心健康的，由人民法院依法中止探望；中止的事由消失后，应当恢复探望。**

## 条文主旨

本条是关于离婚后父母探望子女的规定。

## 条文精释

### 一、立法背景

关于离婚后父母探望子女的规定，1950年《婚姻法》和1980年《婚姻法》均未规定。2001年《婚姻法》第三十八条规定，“离婚后，不直接抚养子女的父或母，有探望子女的权利,另一方有协助的义务。行使探望权利的方式、时间由当事人协议;协议不成时,由人民法院判决。父或母探望子女,不利于子女身心健康的,由人民法院依法中止探望的权利;中止的事由消失后,应当恢复探望的权利”。《婚姻家庭编(三次审议稿)》均沿用了这一规定,只是在条文的表述上,将“探望的权利”改为“探望”。从上述条文的发展变迁来看,关于离婚父母探望子女的问题,我国立法经历了以下变化:首先,2001年《婚姻法》首次在法律条文中确立离婚父母有对其子女进行探望的权利。不论是在站在离婚父母还是离婚子女的角度上,这都有利于促进亲子关系的发展,有利于维系和保护亲子感情。其次,本条规定早期审议稿不再将父母对子女的探望表述为“探望权”。从民法的角度来说,权利是一个很重要的概念,如我们所熟知的,民法中存在大量的权利,比如所有权、抵押权等等,每一个权利都有其深刻的内涵以及外延,而“探望”这种行为,是否应该被界定为一种民法上的权利的确是一个值得深思的问题,从这次的立法来看,立法者似乎曾倾向认为离婚父母对子女的“探望”是一种行为,而非权利。至于这种推测是否准确在学术上必然会有相应的争议,这里仅谈这种条文的变化,关于更深层次的争论则暂且不表。

## 二、争议观点

不论探望是不是一种民法上的权利,关于探望的含义,从语言的表述上来看,都是比较好定义的,这里姑且按照过往法学理论界对于探望权的表述来探讨父母对子女探望的具体含义。所谓探望权,又称探视权,是指父母离婚后,不直接抚养子女的一方依法享有的与子女进行面对面交往的权利。权利人为不直接抚养子女的父或母一方,义务人为直接抚养子女的一方。① 法律规定探望权,一方面可以满足父母双方对子女的关心、爱护的情感需要,及时、充分了解子女的学习、生活情况,更好地对子女进行抚养、教育;另一方面,可以增加子女与非直接抚养方的沟通与交流,减轻子女的家庭破碎感,有利于子女的健康成长。②

根据本条规定,行使探望权的主体仅仅是不直接抚养子女的父或母。问题在于隔代有探望权吗？结合我国实际情况,很多孩子都是由祖父母或外祖父母带大

① 杨遂全编著:《婚姻家庭亲属法学》,清华大学出版社2011年版,第231页。

② 王丽萍:《中日探望权研究》,载《山东大学学报》(哲学社会科学版)2004年第6期。

的，老人在抚养孩子方面付出很多心血，但法律却没有规定隔代也享有探望权。这也是目前探望权行使中受到诸多非议的地方。本条起草过程中，曾将祖父母、外祖父母的探望权问题纳入其中。对此，笔者曾在最高人民法院和中国法学会等组织的婚姻家庭编立法内部研讨会中多次提出不宜规定祖父母、外祖父母的探望权。理由在于，探望权既是长辈情感的需要，又是子女利益最大化的内在要求。两者协调统一固然最好，但如果无法兼顾，甚至产生冲突，则应优先保护子女利益最大化的需要。就目前司法实践看，父母行使探望权尚且维权不周，如增加祖父母、外祖父母的探望权，则情况更加复杂，更难操作。特别是在不直接抚养子女一方和其父母分别要求行使探望权的情形下，子女有可能不堪重负，反而对其健康成长不利。因此，笔者建议维持已有法条规定，将探望权人限定为父母，而祖父母、外祖父母可以通过自己子女探望权的行使，来间接实现对孙子女、外孙子女的探望。

## 三、条文解释

根据本条规定，离婚后，父母对子女进行探望时应注意以下几方面：

1. 如何探望的问题。离婚后，间接抚养子女的一方当事人可以探望子女。探望的方式、时间安排一般由离婚当事人在离婚协议中确定。为了子女的健康成长，离婚双方当事人应对子女的探望问题进行协商，对探望方法、时间、地点等事项进行具体、细致的安排。离婚时，如果双方当事人就探望子女事宜提出诉讼请求，则可由人民法院作出相应裁判。人民法院作出裁判时，一般在不影响子女的学习、严重改变子女日常生活规律的前提下，结合案件实际情况，可以确定采用逗留式或看望式行使探望权。如果人民法院未在离婚判决中涉及子女探望问题，根据相关司法解释，当事人可就探望权单独向人民法院起诉。间接抚养人探望子女，直接抚养的一方当事人有协助的义务。如果直接抚养的一方当事人阻挠或者拒绝间接抚养人探望子女，那么间接抚养人一方可以向人民法院起诉。

2. 中止探望的问题。中止探望，是指发生一定的法定事由，致使离婚父母一方不宜再对子女进行探望。中止探望的法定理由是“不利于子女身心健康的”。在司法实践中，出现下列情形之一的，可以主张中止间接抚养方的探望：(1)权利人多次采取非协议或法院判决的时间和方式滥用探望权，对子女的身心健康和生活学习造成严重影响的；(2)当事人在进行探望时，打骂、虐待子女，给子女的身心健康和生活学习造成严重影响的；(3)患有严重危害子女健康的传染性疾病的；

(4)在探望过程中对子女有违法犯罪行为的;(5)有吸毒、赌博等不良生活方式的;(6)怂恿子女犯罪的;(7)有借机藏匿子女企图或行为的。

3. 中止恢复问题。根据本条及相关司法解释的规定,中止的事由消失后,应当恢复间接抚养人对子女的探望。

4. 强制执行。根据2001年《婚姻法》第四十八条的规定,探望子女的判决或裁定,由人民法院依法强制执行。但这里的执行对象指的是拒不履行协助责任的个人和组织,不包括子女。并且由于探望权纠纷涉及人身问题,如果执行不当,会造成子女的身心健康受到严重伤害。因此,在强制执行这类案件时,应特别注意不要伤害到子女。

## 关联案例

### 一、(2019)浙01民终1493号

本院认为,原审法院在周某露、赵某杰离婚纠纷案件作出的民事调解书中就周某露行使探望权的次数确定为每月不少于二次,并明确了周某露在寒暑假及小长假期间可带女儿赵某外出,具体的时间及方式由双方另行协商。因调解书未明确探望权具体的行使方式,且双方在履行调解书过程中就探望权的行使未能协商一致。原审法院对周某露在本案中提出的探望权行使方式确定为每月第一周、第三周的周日(除寒暑假外),对孩子的交接时间、地点作了明确,并对寒暑假期间如何行使探望权亦予以明确。就每月的探望次数而言,原审判决并未违背双方在民事调解书中的约定。且法律并不禁止当事人在人民法院就探望权事宜作出生效裁判后,以新事实、新理由而再次起诉要求变更探望权行使的方式。当事人就探望权再次起诉亦不构成"一事不再理"的情形,同样,人民法院基于有利于未成年子女抚养教育的现实考量,作出与此前已生效法律文书不同的裁判结果,亦不属于否定已生效裁判的既判力的情形。周某露提出原审判决确定的探望方式违背了双方在民事调解书中的约定,判决违反法律规定的上诉理由,于法无据,本院不予采信。双方婚生女赵某目前尚未满三周岁,应有相对稳定的生活环境,原审法院确定的探望权行使方式应属合理,上诉人周某露的上诉请求,本院不予支持。综上所述,原审判决认定事实清楚,实体处理正确。依照《民事诉讼法》第一百七十条第一款第(一)项之规定,判决如下:驳回上诉,维持原判。

## 二、(2019)鲁01民终7349号

本院认为,本案争议的焦点为一审判决上诉人宗某某对张某一行使探望权的具体方式是否适当的问题。2001年《婚姻法》第三十八条规定,离婚后,不直接抚养子女的父或母,有探望子女的权利,另一方有协助的义务。行使探望权利的方式、时间由当事人协议;协议不成时,由人民法院判决。

就本案而言,婚生子张某一(曾用名宗某二)现为三周岁的幼童,正处于即将接受学前教育之际,需要一个稳定的学习、生活、成长环境,当事人双方基于亲情对张某一的探望应以有利于张某一的学习、成长为优先原则。二上诉人对张某一三周岁后的探望方式因双方观点和角度不同,且受到此前实现探望权过程中所产生的矛盾困扰,未能协商一致,无法自行妥善加以解决,需要由人民法院作出判决。现当事人双方虽均要求变更原探望权的方式,但均未向法院提供相应的证据证明原已经明确的探望权实现方式对各方存在何种具体的不利因素,各自的主张也未能充分保障对方实现探望、抚养的权利;一审法院在确定宗某某对张某一探望的时间和方式上,从有利于未成年子女的身心健康,且尽量减少对未成年子女的正常生活和学习造成影响的角度考虑,酌情确定仍主要延续原生效的民事判决书所明确的逗留式探望的方式行使探望权,对探望权的次数未予变更,仅将探望的具体时间明确为第二周、第四周的周六9时至当日19时,该探望张某一的方式简便易行,具有可操作性,且兼顾到子女的父母和孩子三方的利益,便于当事人双方行使权利和维护未成年子女的利益,符合法律的规定,并无不当。

综上所述,上诉人宗某某、张某某的上诉请求均不能成立,应予驳回;一审判决认定事实清楚,适用法律正确,应予维持。

依照《民事诉讼法》第一百七十条第一款第一项之规定,判决如下:驳回上诉,维持原判。

**第一千零八十七条　离婚时,夫妻的共同财产由双方协议处理;协议不成的,由人民法院根据财产的具体情况,按照照顾子女、女方和无过错方权益的原则判决。**

**对夫或者妻在家庭土地承包经营中享有的权益等,应当依法予以保护。**

## 条文主旨

本条是关于离婚时夫妻共同财产处理的规定。

## 条文精释

### 一、立法背景

关于离婚时夫妻共同财产处理的规定，1950年《婚姻法》第二十三条规定，"离婚时，除女方婚前财产归女方所有外，其他家庭财产如何处理，由双方协议；协议不成时，由人民法院根据家庭财产具体情况、照顾女方及子女利益和有利发展生产的原则判决"。1980年《婚姻法》第三十一条规定，"离婚时，夫妻的共同财产由双方协议处理；协议不成时，由人民法院根据财产的具体情况，照顾女方和子女权益的原则判决"。2001年《婚姻法》第三十九条规定，"离婚时，夫妻的共同财产由双方协议处理；协议不成时，由人民法院根据财产的具体情况，照顾子女和女方权益的原则判决。夫或妻在家庭土地承包经营中享有的权益等，应当依法予以保护"。《婚姻家庭编(一审稿)》第八百六十五条规定，"离婚时，夫妻的共同财产由双方协议处理；协议不成时，由人民法院根据财产的具体情况，照顾子女、女方和无过错方权益的原则判决。夫或者妻在家庭土地承包经营中享有的权益等，应当依法予以保护。"《婚姻家庭编(二审稿)》和《婚姻家庭编(三审稿)》均沿用了这一规定，只在个别用语上有所改变。从以上条文的发展变迁来看，可以看到这个条文的几个变化之处。首先，1950年《婚姻法》还未涉及夫妻共同财产的概念，只是就家庭财产的处理作出了规定。直到1980年《婚姻法》才在立法上确定了夫妻共同财产的概念，这之后的《婚姻法》都是在1980年《婚姻法》的基础上作出的；其次，2001年《婚姻法》第三十九条增加了一款"夫或妻在家庭土地承包经营中享有的权益等，应当依法予以保护"。这主要是考虑到司法实践中农村居民离婚时，还涉及土地承包经营中享有的权益该如何处理的问题。立法加上这一款，弥补了以往《婚姻法》在调整范围不全面的问题。最后，这次民法典三次审议稿以及最终的规定都在"照顾子女和女方权益的原则判决"的基础上改为"按照照顾子女、女方和无过错方权益的原则判决"。从这一表述的变化来看，法院在双方就夫妻共同财产的处理协议不成进行判决时，应遵循的原则又增加了一个"照顾无过错方权益的原则"。这表明在离婚案件中，法院对于夫妻共同财产处理的问题上又多了一条原则，而这是符合实践以及道德的需求的。

## 二、争议观点

目前，对夫妻共同财产的分割，一直局限于对夫妻共有的有形财产的分割，忽视婚姻中的无形财产，从而导致夫妻财产分割的不公。目前最突出的是夫妻一方利用夫妻共同财产出资出国深造或在国内读研或学习某种技能等，另一方不仅全力支持而且承担了家庭主要家务。双方都将希望寄托在深造一方能在学业有成后从事高收入的工作，从而使家庭生活富裕。但如果学成后的一方在还没有以高收入回报家庭或回报少时，就提出离婚，这时的夫妻收入大都用在扶持深造一方的费用上，只有极少的夫妻共同财产可分割。按照现行的法律规定，付出的一方损失惨重，但却得不到法律的救助。所以，笔者认为，一方利用夫妻共同财产或另一方对家庭的贡献提升自身价值的，在离婚时，应给予另一方必要的补偿。为此，国外设有专门的文凭和就业资格证价值评估制度，同时，一些国家专门规定了分割财产和判决离婚后的经济扶助，必须考虑双方已经取得的就业资格证书和未来就业的能力。这些立法经验很值得我国借鉴。[①]

## 三、条文解释

根据本条规定，离婚时的财产分割是离婚所产生法律后果之一。法律允许夫妻双方在离婚时就财产问题自行协商处理。对于未达成协议的由人民法院根据具体情况，遵循照顾子女、女方以及无过错方权益的原则进行判决。此项规定的前提是对夫妻共同财产的分割。不同的财产制下共同财产的范围不同，在分割时首先应对财产的性质作出界定。

### （一）夫妻共同财产的范围

关于夫妻共同财产的范围和内容，请参考本编第三章第一节夫妻关系中第一千零六十二条关于共同财产的规定。

### （二）夫妻共同财产处理的程序

先由当事人双方协商，协商不成时，向人民法院起诉。人民法院应当先行调解，尽量使当事人能在互谅互让的基础上，达成财产分割协议；调解不成时，再进行判决。

---

① 杨遂全编著：《婚姻家庭亲属法学》，清华大学出版社 2011 年版，第 220 页。

（三）夫妻共同财产处理的基本原则

如果离婚双方就共同财产处理没有达成协议，则需要人民法院根据财产的具体情况并遵循一定的原则来进行判决。这些原则包括：(1)照顾子女、女方的合法权益原则，即在分割夫妻共同财产时应注意对子女和女方给予适当的照顾；(2)照顾无过错方原则。在夫妻共同财产处理时，对因一方重婚、通奸、虐待、或伤害配偶及其亲属等行为引起的离婚案件，要适当照顾无过错的一方。当然也要保证有过错方的基本生活。

（四）夫或妻在家庭土地承包经营中享有的权益

在农村，夫妻共同财产的分割主要涉及房屋、承包的土地、果园等。《妇女权益保障法》第三十条规定，农村划分责任田、口粮田等，以及批准宅基地，妇女与男子享有平等的权利，不得侵害妇女的合法权益。妇女结婚、离婚后，其责任田、口粮田和宅基地等，应当受到保障。在我国农村地区，土地、果园大部分实行家庭联产承包责任制，每个家庭承包的面积是根据家庭人口按本村人均面积分配的。因此，女方在土地承包上同样享有承包经营权。但是中国的婚姻习俗多数是女方落户到男方，承包土地多数以男方为户主名义承包。夫妻双方一旦离婚，女方的承包经营权难以保障。因此，本条第二款规定，夫或妻在家庭土地承包经营中享有的权益等，应当依法予以保护。

在排除前述情形的情况下，可以按以下情形分别处理：(1)对于婚姻关系存续期间夫妻购置所有权登记在夫妻双方以及子女名下的不动产，应当认定为夫妻双方与子女共有。所有权登记中未约定为按份共有的，应当认定为共同共有。(2)对于婚姻关系存续期间夫妻购置所有权仅登记在子女名下的不动产，一般应当认定为子女的财产。如果有证据证明夫妻双方将所有权登记在子女名下的真实意思仅是代名登记，夫妻双方并无赠与意思的，该不动产应当认定为夫妻共同财产。但夫妻之间的财产约定不能对抗善意第三人。

以下分析几个实务中比较常见的热点问题。

1. 离婚协议中涉及对第三人赠与的条款，离婚后赠与人以赠与财产权利尚未转移为由能否申请撤销？受赠人有无独立的给付请求权？

离婚协议是夫妻双方权衡利益、考量利弊后，围绕婚姻关系解除而形成的一个有机整体，各项内容既相互独立，又相互依存。因此，离婚后赠与人以赠与财产权利尚未转移为由申请撤销离婚协议中涉及对第三人赠与条款的，不予支持，但符合《婚姻法解释二》第九条规定情形的除外。离婚协议约定将特定财产赠与第三人，离婚后夫妻一方不履行给付义务，夫妻另一方可以起诉主张其履行。受赠人非离婚协议一方，仅为赠与条款的受益人，并无独立的给付请求权，其起诉主张夫妻一方或者双方履行给付义务的，裁定不予受理，已经受理的，裁定驳回起诉。

2. 父母为子女出全资购置不动产的性质应当如何认定？

父母为子女出全资购置不动产，除当事人另有约定外，可以按以下情形分别处理：

(1)一方父母出全资购置的不动产，无论该出资行为发生在婚前还是婚后，所有权登记在自己子女名下的，该出资可以认定为对自己子女的赠与，该不动产可以认定为出资方子女的个人财产。

(2)一方父母出全资购置的不动产，无论该出资行为发生在婚前还是婚后，所有权登记在子女双方名下或者另一方子女名下，该出资可以认定为对子女双方的赠与，该不动产可以认定为共同共有。

(3)婚前双方父母共同出全资购置的不动产，所有权无论登记在一方子女或者子女双方名下，该出资可以认定为父母对各自子女的赠与，该不动产可以认定为双方按照各自父母出资份额按份共有。

(4)婚后双方父母共同出全资购置的不动产，所有权登记在一方子女名下，该出资可以认定为父母对各自子女的赠与，该不动产可以认定为双方按照各自父母出资份额按份共有。

(5)婚后双方父母共同出全资购置的不动产，所有权登记在子女双方名下，该出资可以认定为对子女双方的赠与，该不动产可以认定为共同共有。

3. 婚后一方父母部分出资为子女购置不动产，所有权登记在出资方子女名下，其性质应当如何认定？

《婚姻法解释三》第七条规定的“婚后由一方父母出资为子女购买的不动产”，其适用前提是一方父母出全资为子女购置不动产情形。婚后一方父母部分出资为子女购置不动产，夫妻双方支付剩余款项，所有权登记在出资方子女名下，除当事人另有约定外，该不动产应当认定为夫妻共同财产。离婚时在具体分割不动产时，可以结合父母出资比例等因素对出资方子女予以多分。

4. 父母为子女购置不动产出资性质的举证责任应当如何分配？

父母为子女购置不动产出资，事后以借贷为由主张返还，子女主张出资为赠与的，应当遵循谁主张谁举证的原则，由父母承担出资为借贷的举证责任。父母不能就出资为借贷提供充分证据证明导致出资性质处于真伪不明状态时，应当由父母承担举证不能的责任。

5. 夫妻一方擅自处分共有不动产应当如何处理？

《婚姻法解释三》第十一条规定仅适用于“登记在夫妻一方名下，该方处分”的情形，受让人在符合《物权法》第一百零六条规定情形下，其主张取得物权的，应予支持。在不符合《物权法》第一百零六条规定情形下，依照《婚姻法解释一》第十七条第二项的规定，如果受让人能够举证证明“有理由相信其为夫妻双方共同意思表示”的，受让人主张继续履行合同的，亦应予以支持。

对“登记在夫妻双方名下、夫妻一方处分”以及“登记在夫妻一方名下，夫妻另一方处分”的情形，可以依照《婚姻法解释一》第十七条第二项的规定，如果受让人能够举证证明“有理由相信其为夫妻双方共同意思表示”的，受让人主张继续履行合同的，应予支持。

对于“有理由相信其为夫妻双方共同意思表示”，可以通过审查当事人先前行为是否足以造成确信（在场未表示反对）、是否从公开场所取得（通过中介）、手续是否齐备（本人在场、证件原件、授权委托书）等予以综合判断。

6. 离婚时对于婚姻关系存续期间以夫妻共同财产出资获得的登记在夫妻一方名下的有限责任公司（不包括夫妻公司、一人有限责任公司）的股权应当如何处理？股权价值应当如何确定？

基于有限责任公司的资合性和人合性特点，离婚时对于婚姻关系存续期间以夫妻共同财产出资获得的登记在夫妻一方名下的有限责任公司（不包括夫妻公司、一人有限责任公司）的股权的处理，既要从有利于解决夫妻纠纷的原则出发，又要最大限度地做好与其他利害关系人的利益协调，不能侵害其他股东的同意权和优先购买权等权利。

如果夫妻双方就股权分割协商一致，可以依照《婚姻法解释二》第十六条的规定处理。因《婚姻法解释二》第十六条中“过半数股东同意”与《公司法》第七十一条第二款中“其他股东过半数同意”相冲突，因此，应适用《公司法》第七十一条第二款中“其他股东过半数同意”的规定。如果夫妻双方就股权分割无法协商一致，可以按以下情形分别处理：(1)夫妻双方均主张股权且愿意和对方共同经营的，其他股东过半数同意且明确表示放弃优先购买权的，可以按比例分割股权。夫妻双方均主张股权但不愿与对方共同经营的，可以通过竞价方式确定由谁最终取得股权。如果股东的配偶取得股权，应当经其他股东过半数同意且明确表示放弃优先购买权。取得股权的一方，应当给予另一方相应的经济补偿。(2)股东一方或者股东的配偶放弃股权主张补偿款的，应当在确定股权价值的基础上，由取得股权的一方给予另一方相应的经济补偿。如果股东的配偶取得股权，应当经其他股东过半数同意且明确表示放弃优先购买权。(3)夫妻双方均不愿意取得股权的，可以依照《公司法》的相关规定将股权转让给其他股东或者股东之外的第三人，并对转让价款依法分割。向股东以外的第三人转让股权的，应当经其他股东过半数同意且明确表示放弃优先购买权。如果无人受让股权的，夫妻双方可以按比例分割股权。

前述(1)~(3)情形中，如果其他股东过半数不同意转让，也不愿意以同等价格购买股权的，视为同意转让。

股权价值评估时，可以责令当事人以及股权所在的公司提供评估所需的财务会计报表等资料。因公司管理混乱、会计账册不全以及公司经营者拒不提供财务信息等原因导致股权价值无法评估的，可以向税务、工商部门调取备案的资产负债表、损益表、净资产表以及该公司公布的年度报表等财务资料交予评估机构评估股权价值。如果无法调取上述财务资料，可以参照当地同行业中经营规模和水平近似的公司的营业收入或者利润核定股权价值。当事人对依职权确定的股权价值提出异议的，应当提供能证实其主张的财务资料。

7. 夫妻双方设立夫妻公司时在工商部门登记的持股比例是否属于夫妻财产约定，离婚时能否据此分割股权？

基于夫妻关系的特殊性可能导致双方设立夫妻公司时在工商部门登记的持股比例具有很大的随意性，如果无其他证据佐证，该登记比例不属于夫妻财产约定，离婚时夫妻一方要求据此分割股权的，不予支持。

8. 离婚案件中对于人身保险合同应当如何处理？

人身保险分为人寿保险、意外伤害保险和健康保险。离婚案件中对于人身保险合同，除当事人另有约定外，可以按以下情形分别处理：

(1)已获得保险金的情形。婚姻关系存续期间，夫妻一方作为被保险人依据意外伤害保险合同、健康保险合同获得的保险金，主要用于受害人的治疗、生活等特定用途，具有人身性质，应当认定为个人财产。夫妻一方作为受益人依据以死亡为给付条件的人寿保险合同获得的保险金，该保险合同中受益人的指定本身就表明了投保人与受益人之间的特定关系，体现了保险金的专属性，应当认定为个人财产。婚姻关系存续期间，夫妻一方依据以生存到一定年龄为给付条件的具有现金价值的保险合同获得的保险金，该保险具有一定的投资属性，由此获得的投资收益，应当认定为夫妻共同财产。

（2）尚未获得保险金的情形。婚姻关系存续期间以夫妻共同财产投保，离婚时仍处于保险有效期内的人身保险合同，夫妻双方主张分割保险单现金价值的，应予支持。

如果投保人和被保险人均为夫妻一方，离婚时夫妻双方可以协议退保或者继续履行保险合同。投保人不愿意继续履行的，保险人退还的保险单现金价值应当作为夫妻共同财产分割；投保人愿意继续履行的，投保人应当支付保险单现金价值的一半给另一方。

如果夫妻一方为投保人，夫妻另一方为被保险人，离婚时夫妻双方可以协议退保或者继续履行保险合同。协商一致退保的，保险人退还的保险单现金价值应当作为夫妻共同财产分割；协商一致愿意继续履行的，获得保险合同利益一方应当支付保险单现金价值的一半给另一方。如果投保人要求退保，而被保险人要求继续履行的，保险合同应当继续履行，获得保险合同利益一方应当支付保险单现金价值的一半给另一方。

（3）为未成年子女购买人身保险的处理。婚姻关系存续期间，夫妻一方或者双方为未成年子女购买的人身保险获得的保险金，如果未成年子女未死亡，应当专属于未成年子女所有。

离婚时，如果为未成年子女购买的人身保险合同尚处于保险有效期的，因保险的最终利益归属于未成年子女，该保险应当视为对未成年子女的赠与，不再作为夫妻共同财产分割。

9. 离婚案件中对于违法建筑应当如何处理？

离婚案件中涉及违法建筑的，要防止通过民事裁判将违法建筑合法化，故不宜在民事裁判中认定建筑物是否违法。

在违法建筑合法化、当事人取得所有权之前，无论是分割违法建筑还是确认所有权或者使用权等，均没有法律依据，此类纠纷不予处理。当事人主张对违法建筑的建筑材料进行分割的，不予支持。若违法建筑被依法拆除的，当事人可以对建筑材料的分割另行主张权利。

离婚案件中，当事人主张分割小产权房或者确认小产权房所有权或者使用权等的，不予处理。

10. 作为继承人的夫妻一方放弃继承权，夫妻另一方能否主张放弃继承权无效或者赔偿损失？

继承人在继承开始后遗产处理前可以根据自己的意志决定接受继承还是放弃继承权，作为继承人的夫妻一方对继承权的处分无须征得夫妻另一方的同意。夫妻另一方主张放弃继承权无效或者赔偿损失的，不予支持。但如果夫妻另一方举证证明作为继承人的夫妻一方放弃继承权致使不能履行法定义务导致其获得经济帮助、扶养等权益受到损害的，其关于放弃继承权无效或者赔偿损失的主张，应予支持。

## 关联案例

### 一、(2019)黔01民终8423号

本院认为，根据2001年《婚姻法》第三十九条第一款"离婚时，夫妻的共同财产由双方协议处理……"之规定，对于离婚案件中夫妻共同财产的分割，应先由夫妻双方协议处理，并应以协议的效力为优先，对夫妻的财产分割协议应当予以维护和尊重。就本案而言，原告、被告双方在民政局协议离婚时就已经对夫妻共同财产进行了约定，明确涉案房屋归被上诉人所有，虽上诉人寇某称双方在微信中另行协议涉案房屋归婚生女所有，但是提交的微信聊天记录仅载明被上诉人同意房产证办成婚生女的名字，并未载明双方协议办成婚生女名字的房屋就是涉案房屋，而且上诉人也不能提供证据证明双方在签订离婚协议时存在欺诈、胁迫和重大误解等情形，双方应当依法履行约定，一审法院判令涉案房屋归被上诉人所有，并无不当，应予以维持。当事人双方均未举证证明涉案房屋目前已经办理所有权证而具备产权过户条件，原判未处理房屋产权转移登记问题，当事人双方也未提出任何异议，待条件成就时，当事人双方可以另行协商处理。至于寇某上诉主张出资30万元装修涉案房屋的问题，是双方离婚后的财产处分行为，与本案属不同法律关系，不宜在本案中处理。原审认定事实清楚，适用法律正确，应予维持。依照《民事诉讼法》第一百七十条第一款第(一)项、第一百七十五条之规定，判决如下：驳回上诉，维持原判。

### 二、(2019)吉03民终338号

本院认为，(1)《婚姻法解释二》第二十条规定："双方对夫妻共同财产中的房屋价值及归属无法达成协议的，人民法院按以下情形分别处理：(一)双方均主张

房屋所有权并且同意竞价取得的,应当准许;……"根据一审法院庭审及询问笔录记载,孙某主张的房屋现值为180000元高于隋某主张的150000元。同时,根据《婚姻法》第三十九条"夫妻共同财产的离婚处理,离婚时,夫妻的共同财产由双方协议处理;协议不成时,由人民法院根据财产的具体情况,照顾子女和女方权益的原则判决。夫或妻在家庭土地承包经营中享有的权益等,应当依法予以保护"的规定,隋某上诉中虽提出将房产归其所有并愿意给付孙某90000元,但该主张与孙某一审中的主张相同,案涉房屋属于隋某与孙某婚姻存续期间内的夫妻共同财产,双方对房屋的所有权产生争议,一审法院以照顾女方权益及竞价的原则判决房屋所有权归孙某所有,并给付隋某90000元的房屋折价款,并无不妥。(2)离婚后财产纠纷与离婚纠纷不同,隋某在经一审法院传票传唤无正当理由拒不到庭参加诉讼应当对其行为承担不利后果。一审法院本着对当事人负责的原则在隋某未参加庭审的情况下又对隋某进行询问,并根据双方当事人的主张进行判决,法律程序亦无不当。综上所述,隋某的上诉请求不能成立,应予驳回;一审判决认定事实清楚,适用法律正确,应予维持。依照《民事诉讼法》第一百七十条第一款第一项规定,判决如下:驳回上诉,维持原判。

### 三、(2019)冀01民终203号

本院认为,《婚姻法》第三十九条规定:离婚时,夫妻的共同财产由双方协议处理;协议不成时,由人民法院根据财产的具体情况,照顾子女和女方权益的原则判决。夫或妻在家庭土地承包经营中享有的权益等,应当依法予以保护。《农村土地承包法》第三十条规定:承包期内,妇女结婚,在新居住地未取得承包地的,发包方不得收回其原承包地;妇女离婚或者丧偶,仍在原居住地生活或者不在原居住地生活但在新居住地未取得承包地的,发包方不得收回其原承包地。本案中,杜某和白某离婚后,双方未对土地承包经营权进行分割。尽管杜某户口已从白某家庭户口中迁出,但杜某仍在石家庄市鹿泉区落户,杜某在新居住地是否分得承包地,原审未予查明。如杜某未在新居住地分得承包地,则在承包期内对其份额内的承包地享有承包经营权。关于杜某享有的份额,因本案所涉及的土地承包经营权为家庭承包经营权,故权利人为杜某及白某家庭成员。重审时应查明白某家庭户成员人数,以确定杜某享有承包经营权的份额。综上,依照《民事诉讼法》第一百七十条第一款第三项规定,裁定如下:一、撤销石家庄市鹿泉区人民法院(2018)冀0110民初3505号民事判决;二、本案发回石家庄市鹿泉区人民法院重审。

**第一千零八十八条　夫妻一方因抚育子女、照料老年人、协助另一方工作等负担较多义务的，离婚时有权向另一方请求补偿，另一方应当给予补偿。具体办法由双方协议；协议不成的，由人民法院判决。**

## 条文主旨

本条是关于离婚经济补偿请求权的规定。

## 条文精释

### 一、立法背景

关于离婚补偿请求权的问题，1950 年《婚姻法》和 1980 年《婚姻法》均未规定。直到 2001 年《婚姻法》第四十条规定，“夫妻书面约定婚姻关系存续期间所得的财产归各自所有，一方因抚育子女、照料老人、协助另一方工作等付出较多义务的，离婚时有权向另一方请求补偿，另一方应当予以补偿”。《婚姻家庭编（一审稿）》第八百六十六条规定，“一方因抚育子女、照料老人、协助另一方工作等付出较多义务的，离婚时有权向另一方请求补偿，另一方应当予以补偿。具体办法由双方协议，协议不成时，由人民法院判决。”之后的《婚姻家庭编（二审稿）》和《婚姻家庭编（三审稿）》均沿用了这一规定，只是加了个别字词，只是将其中的“付出较多义务”改为“负担较多义务”，而这种改变显然更符合成文法的规则。从上述条文的表述来看，这次的《婚姻家庭编》立法在 2001 年《婚姻法》第四十条的基础上作出了一项比较明显的改变：2001 年《婚姻法》第四十条规定的离婚补偿请求权有一个前提：夫妻书面约定婚姻关系存续期间所得的财产归各自所有，即夫妻双方采取分别财产制的情形。而这次的《婚姻家庭编》的三次审议稿都未规定这一前提。这也就意味着，不论夫妻是否书面约定婚姻关系存续期间所得的财产归各自所有，或者法律规定了夫妻之间的财产为共同所有的，即约定分别财产所有制和法定财产共同制下的夫妻离婚的情形。只要夫妻一方因抚育子女、照料老年人、协助另一方工作等付出较多义务的，离婚时就有权向另一方请求补偿。立法作出这样的更改，加强了对婚姻关系中女方的保护。这是因为在现实生活中，大多数家庭中是女性在承担这些照料家庭成员的工作，而实际生活中不是所有夫妻都书面约定了婚姻关系存续期间所获财产归各自所有。因此，对于那些没有作出书面约定的夫妻，享有这种离婚补偿请求权也是必要的，为家庭付出的时间和精力在客观上都是确实存在的。

## 二、争议观点

本条涉及家务劳动在夫妻共同财产中的意义。是否需要评估家务劳动的价值，以及如何评价家务劳动价值的问题，早在20世纪中叶就已经在许多国家开始争论，并逐渐被女权主义者纳入其研究的领域。1960年，日本的学者矶野富士子教授在《妇女解放的混迷》一文中提出，家务劳动不仅有用，而且产生价值。他认为，是否承认家务劳动的价值，关系到妇女在社会和家庭中的地位。只要承认妻子具有独立的人格，则妻应当对于自己的劳动，有要求相当报酬的权利。家务劳动是劳动力再生产所不可缺少的生产手段，当然产生价值，此价值构成劳动力即商品价值之一部分，因此，家庭主妇可以从丈夫的职业所得中要求因家务劳动所附加的价值部分。他的这一观点，得到许多学者的赞同。① 我国台湾地区学者林秀雄进一步指出，家务劳动非商品交换的劳动，故对社会而言，无经济的价值；但于社会关系中无经济价值的劳动，于家庭关系中，未必就无价值。事实上，家务劳动对整个家庭或丈夫而言，不仅有用，而且有价值。妻为家务劳动，则不必支付对价与他人，家计费用即可减少，而其减少部分，对家庭而言，就是家务劳动的价值。家务劳动之防止家庭中积极财产流出的功能，即为其获得评价的主要根据。②

## 三、条文解释

根据本条，家庭主妇对维持婚姻所做的无形贡献是积累家庭财富的一种间接方式，因而对有经济收入的一方所得的财产享有平等的所有权。夫妻一方因抚育子女、照料老年人、协助另一方工作等付出较多义务的，离婚时有权向另一方请求补偿，另一方应当予以补偿。针对本条，《婚姻家庭编》相比2001年的《婚姻法》有一个很大的变化。在原来的规定中，离婚时的补偿请求权只适用于夫妻双方约定分别财产制的情形，故在法定财产共同制和约定财产共同制下是没有经济补偿请求权的。而本条最终规定，离婚时一方主张经济补偿请求权并不限定要求必须是分别财产制。按照该条规定，只要夫妻一方因抚育子女、照料老年人、协助另一方

---

① 夏吟兰：《对中国夫妻共同财产范围的社会性别分析——兼论家务劳动的价值》，载《法学杂志》2005年第2期。

② 林秀雄：《夫妻财产制度之研究》，中国政法大学出版社2001年版，第147～155页。

工作等付出较多义务的，离婚时便有权向另一方请求补偿。

## 关联案例

### 一、(2014)鄂武汉中民终字第00378号

本院认为，汪某、罗某虽系自主婚姻，但双方在婚后未注重夫妻感情的培养，常为家庭生活琐事发生吵打，并从2013年7月3日开始分居，现汪某起诉要求与罗某离婚，罗某表示同意，夫妻感情确已破裂，一审判决准予双方离婚符合法律规定。案涉房屋位于武汉经济技术开发区，系罗某的婚前财产，应归罗某所有，该房屋于婚后被拆迁，还建安置了武汉经济技术开发区军山街凤凰苑11－3－1302号（面积为97.17平方米）房屋一套，罗某在支付还建房屋价款时，选择按人口数计算，实际比原方案优惠7896元，一审法院考虑到房屋增值因素，酌定由罗某给付汪某房屋补偿款1万元，并无不当。汪某、罗某于2013年7月6日发生矛盾，在打架过程中罗某被汪某所用的钥匙圈上的小刀割伤，左前臂被汪某咬伤，经武汉普爱法医司法鉴定所出具的武普(2013)中鉴字第485号法医司法鉴定意见书鉴定，已构成轻微伤（重型），根据《婚姻法解释一》第一条"婚姻法第三条、第三十二条、第四十三条、第四十五条、第四十六条所称的'家庭暴力'，是指行为人以殴打、捆绑、残害、强行限制人身自由或者其他手段，给其家庭成员的身体、精神等方面造成一定伤害后果的行为。持续性、经常性的家庭暴力，构成虐待"的规定，汪某的行为造成罗某的身体损伤，一审认定汪某对罗某实施家庭暴力，并判令汪某赔偿罗某1万元，于法有据。关于汪某称罗某在婚姻关系存续期间多次对其实施殴打，罗某也对其实施过家庭暴力的上诉理由。

因汪某无证据证明罗某对其身体、精神等方面造成一定伤害后果，故其此项上诉理由不成立，本院不予支持。关于汪某称还建房屋的结算价格包含有汪某40平方米的补贴价格，一审法院判决罗某支付汪某房屋补偿款人民币1万元显失公平，应由罗某对汪某以市场价值进行补偿的上诉请求。应该还建房屋系由罗某的婚前房产被拆迁安置而来，罗某在支付还建房屋购置价款时选择按人口方案安置，仅在价款上比原方案优惠7896元，还建房屋面积并未比拆迁合同约定多40平方米，故该优惠价款并未转化为房屋产权份额，汪某要求按市场价格对其进行补偿，缺乏事实依据，本院不予支持。关于汪某称家庭财产中洗衣机1台系其婚前财产，电冰箱1台是罗某的婚前财产，其余家电（电视机1台、热水器1台、空调

扇1台、抽油烟机1台、天然气灶具1台)系婚后共同购置,属于夫妻共同财产,应予以分割的上诉请求。因其就洗衣机系其婚前购买未举证证实,在一审中汪某已认可除洗衣机与电冰箱外的其他家电均由诉争房屋的拆迁补偿款所购置,故汪某认为洗衣机属于其婚前财产、其余家电属于夫妻共同财产,缺乏证据,本院不予支持。关于汪某称根据2001年《婚姻法》第四十条的规定,罗某应当给予汪某适当的家务补偿款的上诉请求。2001年《婚姻法》第四十条规定,"夫妻书面约定婚姻关系存续期间所得的财产归各自所有,一方因抚育子女、照料老人、协助另一方工作等付出较多义务的,离婚时有权向另一方请求补偿,另一方应当予以补偿"。该项规定的前提条件是"夫妻书面约定婚姻关系存续期间所得的财产归各自所有",汪某、罗某对婚后各自所得财产归各自所有未予约定,不适用上述法律规定,故汪某的此项上诉请求,本院亦不予支持。综上所述,汪某的上诉请求缺乏事实和法律依据,本院不予支持。依照《民事诉讼法》第一百七十条第一款第(一)项的规定,判决如下:驳回上诉,维持原判。

**二、(2015)宜民一终字第00979号**

关于争议焦点四,程某要求胡某补偿其20000元有无依据。根据2001年《婚姻法》第四十条之规定,夫妻书面约定婚姻关系存续期间所得的财产归各自所有,一方因抚育子女、照料老人、协助另一方工作等付出较多义务的,离婚时有权向另一方请求补偿,另一方应当予以补偿。本案中,程某并未举证证明其与胡某书面约定婚姻关系存续期间所得的财产归各自所有,故对其要求胡某补偿其20000元的上诉请求,本院依法不予支持。综上所述,原判认定事实清楚,适用法律正确,根据《民事诉讼法》第一百七十条第一款第(一)项、第一百七十五条之规定,判决如下:驳回上诉,维持原判。

**第一千零八十九条　离婚时,夫妻共同债务应当共同偿还。共同财产不足清偿或者财产归各自所有的,由双方协议清偿;协议不成的,由人民法院判决。**

## 条文主旨

本条是关于离婚时的夫妻共同债务清偿的规定。

## 条文精释

### 一、立法背景

关于离婚时的夫妻债务清偿的问题，我国立法中早有规定。1950 年《婚姻法》第二十四条规定，“离婚时，原为夫妻共同生活所负担的债务，以共同生活时所得财产偿还；如无共同生活时所得财产或共同生活时所得财产不足清偿时，由男方清偿。男女一方单独所负的债务，由本人偿还”。1980 年《婚姻法》第三十二条规定，“离婚时，原为夫妻共同生活所负的债务，以共同财产偿还。如该项财产不足清偿时，由双方协议清偿；协议不成时，由人民法院判决。男女一方单独所负债务，由本人偿还”。2001 年《婚姻法》第四十一条规定，“离婚时，原为夫妻共同生活所负的债务，应当共同偿还。共同财产不足清偿的，或财产归各自所有的，由双方协议清偿；协议不成时，由人民法院判决”。而《婚姻家庭编（一审稿）》第八百六十七条规定，“离婚时，夫妻共同债务，应当共同偿还。共同财产不足清偿或者财产归各自所有的，由双方协议清偿；协议不成时，由人民法院判决”。《婚姻家庭编（二审稿）》和《婚姻家庭编（三审稿）》均沿用了此规定，只是在具体文字表述上有所替换。

### 二、争议观点

夫妻共同债务是指在婚姻关系存续期间，夫妻一方或双方出于共同生活目的，从事合法经营活动所负的债务。夫妻间关于“债务承担的约定”或“法院判决”的效力是否只及于婚姻当事人，还是也及于债权人，法条没有明确规定。一定意义上而言，夫妻共同债务在性质上类似于连带债务，《民法典》第一百七十八条规定，二人以上依法承担连带责任的，权利人有权请求部分或者全部连带责任人承担责任。连带责任人的责任份额根据各自责任大小确定；难以确定责任大小的，平均承担责任。实际承担责任超过自己责任份额的连带责任人，有权向其他连带责任人追偿。连带责任，由法律规定或者当事人约定。有学者认为，针对离婚时的夫妻共同债务，该条的立法意旨并不是以“夫妻之间的债务约定”或“法院判决”来改变债务的连带性质。夫妻间的约定仅具有对内效力，对债权人没有约束力，夫妻对外仍要承担连带责任。从这种观点来看，《婚姻家庭编（三审稿）》第八百六十七条中虽然有“共同财产不足清偿的，或财产归各自所有的，由双方协议清偿”的表述，但仍然无法改变夫妻共同债务在内属于一种连带债务的性质，如此，才不会产生体系内的矛盾。

## 三、条文解释

婚姻关系终结时，夫妻债务清偿应遵循的原则是共同债务以共同财产清偿，个人债务以个人财产偿还。这就涉及共同债务和个人债务的界定问题，不同的财产制度有不同的划分。无论是约定共同制或法定共同制，原则上为夫妻共同生活所欠的债务。无论是否为夫妻共同所为，他方是否认可，均应推定为共同债务。对于非共同生活所负债务，如果经双方事先认可或事后追认者，也应由双方共同清偿。如果为个人需要而支付的费用或负担债务，应由本人以其个人财产清偿，他方无代偿义务。若夫妻间实行完全分别财产制，在没有共同财产的情况下，为夫妻共同生活所负债务应由双方协议清偿，协议不成时，由法院参照共同财产制下的同类问题处理。而共同财产和共同债务的法律界定分别在《婚姻家庭编》第一千零六十二条和第一千零六十四条作出了规定。

## 关联案例

### 一、(2019)桂07民终1208号

本院认为，《担保法》第十八条规定，当事人在保证合同中约定保证人与债务人对债务承担连带责任的，为连带责任保证。连带责任保证的债务人在主合同规定的债务履行期届满没有履行债务的，债权人可以要求债务人履行债务，也可以要求保证人在其保证范围内承担保证责任。

本案中，2016年5月4日，胡某与吕某成办理了离婚手续，2017年9月25日，吕某成与官垌支行签订本案《个人借款合同》，借款金额为300000元，胡某与吕某成已经离婚，胡某以吕某成“妻子”的名义，对该笔借款签署了《信用贷款家庭成员承诺书》，承诺对该笔借款承担“连带偿还责任”。2001年《婚姻法》第四十一条规定，离婚时，原为夫妻共同生活所负的债务，应当共同偿还。共同财产不足清偿的，或财产归各自所有的，由双方协议清偿；协议不成的，由人民法院判决。本案的300000元借款，最初是由吕某成于2015年12月2日向官垌支行借款240000元，到期不能偿还后，于2016年9月27日由吕某成向官垌支行采取“贷新还旧”的方式，继续借款270000元，到期不能偿还后，再于2017年9月25日又采取“贷

新还旧”的方式,再向官垌支行借款 300000 元,形成本案的借贷关系,其间,虽然胡某与吕某成于 2016 年 5 月 4 日办理了离婚手续,但依照 2001 年《婚姻法》第四十一条的规定,本案债务应当属于胡某与吕某成的夫妻共同债务,官垌支行要求吕某成、胡某承担还款责任,合法有据,本院依法应予支持。综上所述,胡某的上诉请求不能成立,应予驳回。依照《担保法》第十八条、2001 年《婚姻法》第四十一条、《民事诉讼法》第一百七十条第一款第(一)项的规定,判决如下:驳回上诉,维持原判。

## 二、(2019)豫 10 民终 2482 号

本院认为,根据双方诉辩意见,二审争议焦点是:上诉人刘某是否应当对涉案借款承担偿还责任。首先,田某敬向被上诉人耿某涛借款 28 万元至今未予偿还的事实,有田某敬及梁某一向被上诉人耿某涛出具的借条、耿某涛提交的银行流水以及上诉人刘某、被上诉人耿某涛、证人郭某当庭陈述等证据足以证明,故原审判决认为田某敬依法应负相应的偿还义务,事实清楚,适用法律正确,本院予以肯定。关于上诉人刘某是否应当对涉案借款承担偿还责任的问题。首先,根据一、二审查明的案件事实,上诉人刘某与田某敬系夫妻关系,虽然双方于 2016 年 12 月 1 日协议离婚并办理了离婚登记,但本案所涉借款发生在二人夫妻关系存续期间,且数额并未明显超过二人日常生活、经营活动所需。同时在本案的审理过程中,上诉人刘某并未提交相关证据以表明其与田某敬之间存在夫妻分别财产制的约定以及田某敬并未将涉案收益用于其家庭共同生活与共同生产经营等活动,故原审判决将涉案债务认定为田某敬与上诉人刘某的夫妻共同债务并无不当。其次,虽然上诉人刘某与田某敬协议离婚时约定夫妻共同财产全部归上诉人刘某所有,但根据《婚姻法》第四十一条“离婚时,原为夫妻共同生活所负的债务,应当共同偿还。共同财产不足清偿的,或财产归各自所有的,由双方协议清偿;协议不成时,由人民法院判决”之规定,双方之间所签订的该协议对第三人并无约束力,其共同财产应首先用来清偿其夫妻的共同债务。最后,上诉人刘某目前所实际占有的全部夫妻共同财产的价值显然远远高于涉案债务之总额。综上所述,原审判决基于田某敬现已死亡的实际情况,以及上诉人刘某实际占有其全部夫妻共同财产的客观事实,认定上诉人刘某作为涉案借款的共同债务人及全部夫妻共同财产的实际占有人,判决其对本案所涉债务承担相应的偿还义务亦并无不当,本院予以支持。依照《民事诉讼法》第一百七十条第一款第一项规定,判决如下:驳回上诉,维持原判。

**第一千零九十条　离婚时，如果一方生活困难，有负担能力的另一方应当给予适当帮助。具体办法由双方协议；协议不成的，由人民法院判决。**

## 条文主旨

本条是关于离婚时对生活困难方的经济帮助的规定。

## 条文精释

### 一、立法背景

关于离婚时对生活困难方的经济帮助的问题，我国立法中早有规定。1950年《婚姻法》第二十五条规定，“离婚后，一方如未再行结婚而生活困难，他方应帮助维持其生活；帮助的办法及期限，由双方协议；协议不成时，由人民法院判决”。1980年《婚姻法》第三十三条规定，“离婚时，如一方生活困难，另一方应给予适当的经济帮助。具体办法由双方协议；协议不成时，由人民法院判决”。2001年《婚姻法》第四十二条规定，“离婚时，如一方生活困难，另一方应从其住房等个人财产中给予适当帮助。具体办法由双方协议；协议不成时，由人民法院判决”。这次的《婚姻家庭编（一审稿）》第八百六十八条规定，“离婚时，如一方生活困难，有负担能力的另一方应当给予适当帮助。具体办法由双方协议；协议不成时，由人民法院判决”。之后的《婚姻家庭编（二审稿）》和《婚姻家庭编（三审稿）》均沿用了此规定，只是在具体表述上更换了用语，将“协议不成时”改为“协议不成的”，表述上显得更准确严谨。关于这一规定，从上述条文的发展变迁来看，我们能看到以下变化：首先，1980年《婚姻法》改变了1950年《婚姻法》规定的“离婚后，一方如未再行结婚而生活困难”的前提条件。自1980年《婚姻法》以来，离婚时请求经济帮助的前提只需要“如一方生活困难”，不再要求另一方未再婚的条件。其次，2001年《婚姻法》使用了“另一方应从其住房等个人财产中给予适当帮助”的表述。在立法上明确了离婚当事人一方给予另一方适当帮助应以住房等个人财产为准。而之后的《婚姻家庭编（一审稿）》《婚姻家庭编（二审稿）》《婚姻家庭编（三审稿）》并没有采纳这种表述，而是沿用了1980年《婚姻法》中“另一方应给予适当的经济帮助”的规定。最后，本次《婚姻家庭编（一审稿）》《婚姻家庭编（二审稿）》《婚姻家庭编（三审稿）》又在1980年《婚姻法》的基础上加上了“有负担能力”的表述，以此限定离婚时一方对另一方的经济帮助应当是力所能及范围内。关于这一规定，从这几次的修法来看，对离婚时一方给予另一方经济帮助的法律规整越来越科学、合理，既注重保护离婚时经济困难的一方当事人的利益，同时也注意保护给予经济帮助的一方当事人的利益，这种利益平衡的方法是立法进步的体现。

## 二、争议观点

根据本条规定，离婚经济帮助请求权的适用条件是一方生活困难，但是对于什么是“生活困难”，之前的《婚姻法》并没有进一步规定。通常来说，确定“生活困难”的标准有两种：一种是“绝对困难标准”，即指离婚造成了离婚配偶的生活困难达到某一客观标准。例如，《婚姻法解释一》第二十七条所确定的标准，即依靠个人财产和离婚时分得的财产无法维持当地基本生活水平；另一种为“相对困难标准”，是指对比离婚配偶在离婚后的各自生活水平的差异，如果差别明显，便属于生活困难。[①] 有的学者主张，“生活困难”应当采取“相对困难标准”，而不应当采用“绝对困难标准”。理由主要有：第一，随着社会的发展，固守于绝对困难标准脱离了我国的现实情况。在城市居民中，最低生活保障已经全部覆盖。在农村居民中，最低生活保障覆盖面逐年扩大。在我国很多经济比较发达的地区，城乡居民最低生活保障已经全面覆盖。在我国社会保障制度日趋完善的今天，再固守绝对困难标准，必将使离婚经济帮助制度日趋消亡。第二，从婚姻的目的来看，男女双方是以共同生活的目的，而达成了配偶间权利和义务的结合。此种“共同生活”，就夫妻的物质生活水平而言，应当保持基本一致，这也是夫妻之间扶养义务的应有之义。实际上，配偶之间不但有保持这种共同生活水平的权利义务，并且拥有对此种生活水平持续保持的期待。因此，男女双方离婚，不但终止了夫妻之间的扶养义务，也包括对离婚配偶保持原有生活水平合理期待的损害。如果任由离婚配偶离婚后的生活水平差异过大，对生活水平严重受损的一方是不公平的。相对困难标准的确定正是在离婚配偶的利益之间寻求合理的平衡。[②] 相对困难标准是两种生活水平的比较，那到底应为哪两种水平的比较？有学者认为，应将离

① 肖鹏：《论我国离婚经济帮助制度的完善》，载《四川大学学报》（哲学社会科学版）2012 年第 2 期。

② 肖鹏：《论我国离婚经济帮助制度的完善》，载《四川大学学报》（哲学社会科学版）2012 年第 2 期。

婚经济帮助制度的价值取向确定为平衡双方离婚后生活水平的差距。① 还有的学者认为离婚后一方即使能够维持自己的生活，但生活水平比婚姻关系存续期间大大下降或明显降低的，也可视为生活困难。② 另一方面，如果确立起了“相对困难标准”，是否还要保存“绝对困难标准”呢？关于这个问题，有的学者认为生活困难的标准应当包括两种情形：一是离婚配偶一方离婚后，依靠个人财产与离婚时分得财产无法维持当地基本生活水平；二是离婚配偶一方尽管可以在离婚后维持基本生活水平，但其生活水平有明显降低。③ 但也有学者认为相对困难标准确定后，没有必要考虑绝对困难标准。离婚配偶在离婚后如果生活水平差异显著，那么离婚配偶一方无法维持基本生活水平，另一方自然应该给予帮助，如果离婚配偶双方都不能维持基本生活水平，也谈不上两者之间生活水平存在显著差异。④

### 三、条文解释

根据本条，离婚经济帮助请求权在适用时应当注意以下几点：(1)行使时间。离婚经济帮助一般须在“离婚时”提出。至于离婚时并未请求离婚经济帮助的，离婚后当事人一方还能否请求经济帮助的情形，法律并未明确规定。如果严格按照本条的规定来解释，离婚后不能请求经济帮助。但这样解释便限制了被帮助人请求权的行使。因此，有学者主张离婚后仍然可以主张离婚经济帮助请求权。另外，“离婚”包括登记离婚和诉讼离婚两种程序，在这两种程序下行使该请求权有不同的行使时间：①登记离婚后离婚经济帮助请求权的提出。登记离婚后，权利人可以向人民法院提出离婚经济帮助。但是在两种例外情况下，权利人不得主张该请求权：其一，在协议离婚时，当事人放弃了该请求权；其二，超过诉讼时效的。②诉讼离婚后离婚经济帮助请求权的提出。诉讼离婚情形下，离婚经济帮助的提出因权利人是原告或被告有所区别：一是权利人为原告的，离婚经济帮助应与离婚诉讼一起提起；二是权利人为被告的，权利人不同意离婚，也未提出离婚经济帮助的，可以在判决离婚之日起一年内提出离婚经济帮助。权利人在一审中没有提出而在二审中提出离婚经济帮助的，二审法院可以调解，调解不成的，权利人可在

---

① 宋豫、陈鸣：《法国离婚经济帮助制度研究及其启示》，载《重庆工商大学学报》（社会科学版）2009 年第 6 期。

② 夏吟兰：《离婚救济制度之实证研究》，载《政法论坛》（中国政法大学学报）2003 年第 6 期。

③ 李俊：《离婚救济制度研究》，法律出版社 2008 年版，第 345 页。

④ 肖鹏：《论我国离婚经济帮助制度的完善》，载《四川大学学报》（哲学社会科学版）2012 年第 2 期。

判决离婚之日起一年内提出离婚经济帮助。(2)生活困难的界定。"一方生活困难"是离婚经济帮助请求权的适用条件。关于这一点在理论观点部分已经梳理过。一般认为,若一方离婚后分得的财产不足以维持其合理的生活需要,或者不能通过从事适当的工作维持其生活需要等,均可认为是生活困难的体现。根据最高人民法院相关司法解释的规定,"一方生活困难",是指依靠个人财产和离婚时分得的财产无法维持当地基本生活水平。还有一方离婚后没有住处的,也属于生活困难。(3)有负担能力的另一方应当给予适当帮助。离婚经济帮助不但应当考虑被帮助人的生活水平,还应当考虑义务人的负担能力,这样才能真正平衡离婚配偶双方利益。这次的《婚姻家庭编》特意加了这一规定。所谓"适当帮助",应解释为不对义务人的生活水平造成不合理的影响。至于给予帮助的方式,法院应考虑双方的收入和财产,双方就业能力、子女抚养,婚姻期间的生活水平等因素,合理确定扶助的数额和方式。另外需要说明的是,婚姻关系中的过错不应在考虑之列,这就意味着有过错的一方如果存在生活困难的情形,也可要求无过错方给予适当经济帮助。

## 关联案例

### 一、(2016)鄂01民终203号

本院认为,郭某甲曾三次向法院起诉离婚,经法院调解后夫妻关系仍未得到改善,长期分居,夫妻感情确已破裂,应准许离婚。根据2001年《婚姻法》第二十条"夫妻有互相扶养的义务,一方不履行扶养义务时,需要扶养的一方,有要求付给扶养费的权利"及第四十二条"离婚时,如一方生活困难,另一方应从其住房等个人财产中给予适当帮助。具体办法由双方协议;协议不成时,由人民法院判决"的规定,闫某自2010年7月至今持续住院,生活不能自理,郭某甲理应分担婚姻存续期间闫某医疗费用的自费部分及合理的护理费用。离婚后,考虑到闫某存在需要长期护理的客观情况,郭某甲应从其个人财产中给予闫某适当帮助。结合双方当事人的实际情况及保护妇女儿童合法权益考虑,由郭某甲一次性支付经济帮助费较为合理,本院酌定郭某甲一次性支付闫某帮助费2万元。综上,一审判决认定事实清楚、但适用法律及实体处理有误,本院予以纠正。依照《民事诉讼法》第一百七十条第(二)项的规定,判决如下:一、维持(2015)鄂武昌民初字第03624号民事判决第一项、第二项。二、变更(2015)鄂武昌民初字第03624号民事判决

第三项为:由郭某甲于本判决生效之日起一次性支付闫某帮助费2万元整。

## 二、(2016)苏04民终1257号

本院认为,综合杜某与毛某的婚姻基础、婚后感情、夫妻关系现状和诉讼离婚的过程等因素,可以认定双方夫妻感情确已破裂,一审判决准予双方离婚,本院予以维持。关于上诉人杜某所称"判决杜某赔偿毛某30000元、补偿毛某经济损失20000元无法律和事实依据"的上诉意见及相关理由,经查,首先,关于离婚损害赔偿。2001年《婚姻法》第四十六条已明确列明了离婚时无过错方可以请求损害赔偿的四种情形。本案中,被上诉人毛某提交的证据,仅能证明上诉人杜某与其他异性存在不正当两性关系,其证明力尚不足以达到证明杜某存在"重婚"或者"有配偶者与他人同居"的标准。婚内出轨,确系过错,应遭受道德的谴责,如有夫妻共同财产,分割时也可依法予以少分或者不分。但离婚损害赔偿的情形,法律有明文规定,应严格予以遵循,不可任意扩大解释。故一审依据2001年《婚姻法》第四十六条,判决杜某赔偿毛某30000元,属适用法律错误,本院予以纠正;其次,一审适用了2001年《婚姻法》第四十二条、《婚姻法解释一》第二十七条的规定,实为判决杜某在离婚时对毛某给予适当帮助,但"补偿毛某经济损失20000元"的判决与上述法律适用明显不符,本院予以纠正。上诉人杜某具备法律专业研究生学历并已开始以律师身份执业,被上诉人毛某则无固定的工作和收入来源,故在综合分析双方的职业发展、收入前景、生活现状等因素,判决杜某给予毛某经济帮助款20000元,有事实和法律依据;再次,关于被上诉人毛某在一审中出示的杜某所写欠条的性质问题。毛某在一审中出具该欠条,系为了证实杜某在婚姻期间确实花费了毛某及其家人的钱财,应予以返还;杜某则认为双方之间不存在真实的借款往来。本院认为,该欠条系婚姻关系存续期间出具,在当事人无证据证明该欠条违背真实意思的情况下,根据《婚姻法解释三》第十六条的规定,应视为双方约定处分夫妻共同财产的行为,离婚时可按约处理。

因此,被上诉人毛某主张上诉人杜某返还30000元,于法有据,本院予以支持。综上所述,上诉人杜某上诉请求,部分成立,本院予以部分支持。本案系离婚纠纷,与离婚相关的财产分割、经济帮助等内容,均为本案的审理范围。据此,依照《民事诉讼法》第一百七十条第一款第(二)项的规定,判决如下:一、维持(2015)武前民初字第839号民事判决第一项"准予杜某与毛某离婚"以及诉讼费负担部分;二、撤销(2015)武前民初字第839号民事判决第二项,即"杜某赔偿毛

某30000元、补偿毛某经济损失20000元,合计50000元,由杜某于本判决生效之日起二十日内支付给毛某”;三、杜某返还毛某人民币30000元、给予毛某经济帮助款人民币20000元,合计人民币50000元,于本判决生效之日起二十日内支付。

**第一千零九十一条　有下列情形之一,导致离婚的,无过错方有权请求损害赔偿:**

**(一)重婚;**

**(二)与他人同居;**

**(三)实施家庭暴力;**

**(四)虐待、遗弃家庭成员;**

**(五)有其他重大过错。**

## 条文主旨

本条是关于无过错方离婚损害赔偿请求权的规定。

## 条文精释

### 一、立法背景

关于无过错方离婚损害赔偿请求权的问题,1950年《婚姻法》和1980年《婚姻法》均没有规定。2001年《婚姻法》第四十六条规定:“有下列情形之一,导致离婚的,无过错方有权请求损害赔偿:(一)重婚的;(二)有配偶者与他人同居的;(三)实施家庭暴力的;(四)虐待、遗弃家庭成员的。”《婚姻家庭编(一审稿)》第八百六十九条:“有下列情形之一,导致离婚的,无过错方有权请求损害赔偿:(一)重婚的;(二)与他人同居的;(三)实施家庭暴力的;(四)虐待、遗弃家庭成员的;(五)有其他重大过错的。”之后的《婚姻家庭编(二审稿)》和《婚姻家庭编(三审稿)》均沿用了此规定。从上述条文的发展变迁来看,这次的条文规定是在2001年《婚姻法》第四十六条的基础上增加了一个兜底性规定“有其他重大过错的”,这样的立法设计使离婚损害赔偿请求的法律规定,更加科学、合理。

## 二、争议观点

自从2001年《婚姻法》确立离婚损害赔偿请求权以来，这一制度便在婚姻法领域起着重要的作用。根据有关学者的总结，离婚损害赔偿包括四个构成要件：第一，须有法定违法行为。这里的违法行为即指法条规定的五项违法行为，包括重婚的、与他人同居的、实施家庭暴力的、虐待、遗弃家庭成员的、有其他重大过错的。第二，须有损害事实。即因配偶一方实施了法定违法行为而导致离婚，无过错配偶由此受到的财产损害和非财产损害。第三，须有因果关系。配偶一方实施的重婚、与他人同居、家庭暴力、虐待、遗弃等重大过错行为，必须是导致婚姻关系破裂而离婚，造成无过错配偶遭受财产损害和非财产损害的直接原因。第四，须有主观过错。离婚损害赔偿以配偶一方有故意的过错为主观要件，即配偶一方故意实施法定违法行为。只有以上四个要件同时具备，才构成离婚损害赔偿民事责任。[①] 关于离婚损害赔偿的法定原因，这次《婚姻家庭编（一审稿）》增加了一款“有其他重大过错的”，很好地解决了离婚损害赔偿的法定原因范围太窄的问题。但在具体情形上，学界仍有争议。有的学者主张，离婚损害赔偿请求权还应包括违反婚姻自由的过错行为，如一方婚前故意隐瞒患有法律禁止结婚的疾病（精神病、性病等）或生理缺陷，或隐瞒已与他人结过婚的历史等骗婚行为。[②] 但也有学者反对这种看法，因为通奸、卖淫嫖娼行为通常是秘密进行的。通奸属于不道德行为，不宜由法律来规范；卖淫嫖娼行为主要是危害社会公共秩序，我国刑法和有关行政处罚规定对其已规定有相应的处罚措施。至于一方婚前故意隐瞒患有医学上不宜结婚的疾病而结婚的，按本法规定，其婚姻应属于可撤销婚姻而非无效婚姻。如果由此造成了他方的人身和财产上的损害，依有关规定精神，违法行为人应当承担侵权赔偿责任，而不是离婚损害赔偿责任。至于一方隐瞒其已婚史、性生理缺陷等而结婚的，并非所有的配偶他方都不能原谅而导致离婚，故不宜作为离婚损害赔的原因，但如果因此导致夫妻感情破裂的，可以依法请求离婚。[③]

---

① 陈苇：《离婚损害赔偿法律适用若干问题探讨》，载《法商研究》2002年第2期。

② 张晓远：《论离婚过错赔偿制度的施行》；邵世星：《试论离婚损害赔偿的几个问题》；冯得妮：《离婚损害赔偿及其责任承担》；王智：《论新婚姻法过错原则的法律适用》，中国婚姻法学研究会2001年年会论文。

③ 陈苇：《离婚损害赔偿法律适用若干问题探讨》，载《法商研究》2002年第2期。

### 三、条文解释

根据本条规定，离婚损害赔偿请求权有以下需要注意的地方：(1)无过错认定。这一条是关于无过错方主张的离婚损害赔偿请求权。因此，首先需要确定何为“过错”，相应的即知道何为“无过错”。“过错”一般有三种不同的解读：主观过错、客观过错、主客观过错结合。所谓的主观过错也就是主观上的故意。从本条规定来看，其所规制的行为都必须也只能是主观上的故意，不存在过失或者重大过失的情况。因此，夫妻一方在过失或者重大过失的情况下实施了本法所规制的行为，不具有损害赔偿的可归责性，当然可以相关的侵权法和其他法律进行规制。客观上的过错，简单来说也就是“过错行为”。也就是说，只要实施了本条规定的过错行为就要按照离婚损害赔偿制度进行规制。主观与客观过错相结合也就是说要两者相结合，既要有主观的故意，又要有客观的过错行为。笔者认为，第三种观点更优。这种观点总结了前两种观点的合理内核，修正了其不合理的部分。所以，把这一条的过错理解为主观故意下的过错行为。而无过错则指除了主观故意下的过错行为以外的所有情形。(2)重婚的情形。所谓重婚是指有配偶者再行结婚的行为以及与有配偶者与他人以夫妻名义同居的情形。此处是指有配偶者与婚外异性，以夫妻名义持续、稳定地共同生活居住的情形。与他人同居应该与通奸、婚外恋等情形相区别。通奸是指双方或一方有配偶的男女，秘密、自愿发生两性关系的行为。婚外恋则泛指已婚者与配偶之外的人发生恋情。通奸、婚外恋都属于有悖社会主义道德的行为，一般由道德规范调整。而有配偶者与他人同居则属于婚姻法禁止的违法行为，行为人要承担相应的法律责任。(3)实施家庭暴力的情形。什么是家庭暴力？《婚姻法解释一》第一条就明文规定，婚姻法中所称的“家庭暴力”，是指行为人以殴打、捆绑、残害、强行限制人身自由或者其他手段，给其家庭成员的身体、精神等方面造成一定伤害后果的行为。持续地、经常性的家庭暴力，则构成虐待。在家庭日常生活中，夫妻间偶尔的争吵、打闹不应被认定为家庭暴力。从这一规定可以看出，这里所说的家庭暴力具有手段上的严酷性、后果的严重性以及时间的持续性等特点，不能将偶尔的、轻微的、不严重的暴力行为评价为这里的家庭暴力，否则可能会导致该条款的滥用。(4)虐待、遗弃家庭成员的。虐待家庭成员，是指长期多次对家庭成员进行摧残，使他们在肉体上和精神上遭受痛苦的行为。遗弃家庭成员，是指对家庭成员负有抚养、赡养、扶养义务的一方，对于年老、年幼、患病或其他没有独立生活能力，需要抚养、赡养、扶养的另一方,故意不履行其应尽义务的行为,任其生死,不予救助的行为。(5)有其他重大过错的。这是新增的一款,属于兜底性条款,弥补法定事项规定的不足。

## 关联案例

### 一、(2015)桂市少民终字第61号

本院认为,上诉人全某甲与被上诉人唐某一致认为其夫妻感情破裂,对一审判决准予离婚无异议,对此,本院予以维持。一、关于婚生女儿全某乙由谁抚养的问题。上诉人与被上诉人均列举了各自抚养小孩的优势和条件。但在二审期间,上诉人无证据证明被上诉人有不宜抚养女儿之情形,亦无明显优于被上诉人抚养小孩之条件,没有改变婚生小孩由其抚养现状的事实及理由。全某乙现年仅8岁,身心和智力尚处于发育阶段,为有利于小孩的健康成长,保障小孩有相对稳定的生活学习环境,一审判决全某乙由被上诉人抚养,并无不当,并结合上诉人每月3500元的固定收入,判决上诉人给付每月小孩抚养费700元,是恰当的,对此,本院予以维持。二、上诉人提出被上诉人应赔偿其精神抚慰金3万元是否有事实和法律依据。2001年《婚姻法》第四十六条"有下列情形之一,导致离婚的,无过错方有权请求损害赔偿:……(二)有配偶者与他人同居的"的规定和《婚姻法解释一》第二条"婚姻法第三条、第三十二条、第四十六条规定的'有配偶者与他人同居'的情形,是指有配偶者与婚外异性,不以夫妻名义,持续、稳定地共同居住"的规定,本案中,上诉人仅凭通话、短信记录及一次开房记录,不能证明被上诉人长期与他人同居,上诉人要求被上诉人赔偿其精神抚慰金3万元没有有事实和法律依据,一审判决不予支持,是正确的,对此,本院予以维持。三、至于上诉人提出的夫妻共同财产其应多分割的问题,一审判决从有利于生产和方便生活考虑,结合夫妻共同财产和夫妻共同债务平均分割的原则,对上诉人与被上诉人的共同财产和债务进行处分,符合公平合理原则。上诉人要求对夫妻共有财产多分无事实及法律依据,对此,本院不予支持。综上所述,一审判决认定事实清楚,适用法律正确,判决正确,上诉人上诉理由不能成立,依照《民事诉讼法》第一百七十条第一款第一项之规定,判决如下:驳回上诉,维持原判。

### 二、(2016)湘10民终209号

本院认为,本案二审争议的焦点是:一、双方离婚后,婚生小孩邓某乙、邓某

丙、邓某丁由谁抚养；二、小孩的抚养费如何负担；三、原审判决邓某甲赔偿刘某甲30000元是否恰当。

关于争议焦点一。最高人民法院《关于人民法院审理离婚案件处理子女抚养问题的若干具体意见》第5条规定，父母双方对十周岁以上的未成年子女随父或随母生活发生争执的，应考虑该子女的意见。本案中，三个婚生小孩年龄均已达到十周岁以上，双方当事人对婚生小孩邓某乙、邓某丙由邓某甲抚养没有异议。刘某甲上诉要求邓某丁由其抚养，邓某甲不同意。经本院征求邓某丁的意见，邓某丁表示愿随母亲刘某甲生活，综合考虑邓某甲与刘某甲的经济能力及邓某丁的个人意见，对刘某甲要求抚养邓某丁的上诉请求，本院予以支持。

关于争议焦点二。《婚姻法》第三十六条规定："父母与子女间的关系，不因父母离婚而消除。离婚后，子女无论由父或母直接抚养，仍是父母双方的子女。离婚后，父母对于子女仍有抚养和教育的权利和义务。"第三十七条规定："离婚后，一方抚养的子女，另一方应负担必要的生活费和教育费的一部或全部，负担费用的多少和期限的长短，由双方协议；协议不成时，由人民法院判决。"最高人民法院《关于人民法院审理离婚案件处理子女抚养问题的若干具体意见》第7条规定："子女抚育费的数额，可根据子女的实际需要、父母双方的负担能力和当地的实际生活水平确定。"本案中，刘某甲、邓某甲均在外务工，刘某甲抚养邓某丁一个小孩，且其在二审庭审中陈述的月收入比邓某甲高，经济条件较好，邓某甲抚养邓某乙、邓某丙两个小孩，负担较重，故本院酌情邓某丁的抚养费由刘某甲负担，邓某乙的抚养费由邓某甲负担，刘某甲每月支付邓某丙抚养费400元。

关于争议焦点三。《婚姻法》第四十六条规定："有下列情形之一，导致离婚的，无过错方有权请求损害赔偿：（一）重婚的；（二）有配偶者与他人同居的；（三）实施家庭暴力的；（四）虐待、遗弃家庭成员的。"请求邓某甲赔偿20000元，但没有提交造成其损害的相关证据，原审法院酌情判决邓某甲赔偿刘某甲10000元，邓某甲对此未提出上诉，本院予以确认。邓某甲在婚姻存续期间与他人同居，且生有一小孩，邓某甲的行为给刘某甲的身心造成了严重伤害，刘某甲在一审时要求邓某甲赔偿20000元，原审判决已予支持。综上，原审判决邓某甲赔偿刘某甲30000元并无不当。刘某甲在二审上诉时提出要求邓某甲赔偿100000元不符合法律规定，对其该项上诉请求，本院不予支持。综上所述，原审判决认定事实基本清楚，但对三个婚生小孩的抚养权问题处理不当，本院予以纠正。依照《婚姻法》第四条、第三十二条、第三十六条、第三十七条、第三十八条、第四十六条，《婚姻法解释一》第二十八条，最高人民法院《关于人民法院审理离婚案件如何认定夫妻感情确已破裂的若干具体意见》第7条，最高人民法院《关于人民法院审理离婚案件处理子女抚养问题的若干具体意见》第5条、第7条、第11条、第12条，《民事诉讼法》第一百七十条第一款第（一）、（二）项之规定，判决如下：

一、维持湖南省桂阳县人民法院（2015）桂阳法少民初字第454号民事判决第一项、第三项，即“一、准许原告邓某甲与被告刘某甲离婚；二、由原告邓某甲赔偿被告刘某甲30000元”；

二、变更湖南省桂阳县人民法院（2015）桂阳法少民初字第454号民事判决第二项为：婚生小孩邓某丁由上诉人刘某甲抚养，抚养费由上诉人刘某甲负担，邓某乙、邓某丙由被上诉人邓某甲抚养，邓某乙的抚养费由被上诉人邓某甲负担，上诉人刘某甲每月支付邓某丙抚养费400元（抚养费自2015年8月份开始支付至邓某丙独立生活为止），双方均对对方抚养的小孩享有探望权。

### 三、（2017）鄂01民终2188号

本院认为，综合双方当事人的诉辩意见，本案争议焦点为：一、李某、王某离婚时是否对财产分割问题分割处理完毕；二、李某因家庭暴力请求损害赔偿是否应予支持。针对争议焦点一，李某主张其要求分割的王某名下股票、基金、限制性股票、公积金等财产均为离婚时未涉及的夫妻共同财产，王某则认为离婚时双方已对夫妻共同财产分割处理完毕对此，本院认为：首先，李某、王某在协议离婚时均知晓对方的财产状况，李某在诉讼中并未主张王某存在隐藏、转移夫妻共同财产的情形，亦未主张协议离婚时存在欺诈、胁迫等情形；其次，从离婚协议书的内容看，离婚协议书中的财产分割部分分别对“房屋分割”“存款分割”“其他分割”进行了约定，在具体分割方式上，除对房产有明确约定外，对于其他财产分割并未采取列举式，而是采取“各自名下存款归各自所有”“各自私人物品归各自所有”的概括式约定，虽然该协议书并未明示股票、基金、限制性股票、公积金等财产如何处理，但上述金融资产本身与狭义的银行存款之间可能相互转化，仅凭离婚协议书的内容，难以认定李某主张的前述夫妻共同财产在离婚时确未涉及；再次，从双方离婚后的行为看，双方曾为李某私自转走王某银行存款及房屋过户发生纠纷，李某虽归还离婚后转走的20万元，但此时并未就是否存在未处理的夫妻共同财产提出异议，结合2016年2月3日协议书中李某保证与王某共同将离婚协议中未处理的事情处理好及王某另补偿35万元的相关事实，双方对离婚中的财产争议

应已协商一致。综上所述，一审法院认定李某、王某对财产分割已协商处理完毕，对李某要求分割离婚协议中未涉及的共同财产的诉讼请求不予支持，并无不当针对争议焦点二，离婚协议书中载明的离婚原因系家庭暴力，而李某一审中提交的门诊病历虽不能直接反映加害人，但根据生活经验结合双方离婚原因，加害人为王某的盖然性较高。根据《婚姻法》第四十六条“有下列情形之一，导致离婚的，无过错方有权请求损害赔偿：……（三）实施家庭暴力的；……”及《婚姻法解释二》第二十七条“当事人在婚姻登记机关办理离婚登记手续后，以婚姻法第四十六条规定为由向人民法院提出损害赔偿请求的，人民法院应当受理。但当事人在协议离婚时已经明确表示放弃该项请求，或者在办理离婚登记手续一年后提出的，不予支持”的规定，李某在协议离婚时未明确表示放弃损害赔偿请求，又在办理离婚登记手续一年内提出诉讼，其有权提出损害赔偿请求。因李某未提交证据证明其流产系因王某家庭暴力所致及误工费发生的数额，故对其主张的物质损害赔偿金5万元，本院不予支持。王某实施的家庭暴力行为给李某身心造成了一定的伤害后果，本院酌情确定王某赔偿李某精神损害抚慰金50000元，对李某诉讼请求中超出部分，本院不予支持。综上所述，李某的上诉请求及理由，部分有理，本院对有理部分予以支持。依照《民事诉讼法》第一百七十条第一款第二项的规定，判决如下：一、维持湖北省武汉市洪山区人民法院（2016）鄂0111民初1494号民事判决第一项、第二项、第四项；二、撤销湖北省武汉市洪山区人民法院（2016）鄂0111民初1494号民事判决第三项；三、王某于本判决生效之日起十日内向李某支付精神损害赔偿金5万元；四、驳回李某的其他诉讼请求。

**第一千零九十二条　夫妻一方隐藏、转移、变卖、毁损、挥霍夫妻共同财产，或者伪造夫妻共同债务企图侵占另一方财产的，在离婚分割夫妻共同财产时，对该方可以少分或者不分。离婚后，另一方发现有上述行为的，可以向人民法院提起诉讼，请求再次分割夫妻共同财产。**

## 条文主旨

本条是关于夫妻一方恶意处分夫妻共同财产、伪造债务的处理规定。

## 条文精释

### 一、立法背景

关于夫妻一方恶意处分夫妻共同财产、伪造夫妻共同债务处理的问题,1950年《婚姻法》和1980年《婚姻法》均未规定,2001年《婚姻法》第四十七条规定,"离婚时,一方隐藏、转移、变卖、毁损夫妻共同财产,或伪造债务企图侵占另一方财产的,分割夫妻共同财产时,对隐藏、转移、变卖、毁损夫妻共同财产或伪造债务的一方,可以少分或不分。离婚后,另一方发现有上述行为的,可以向人民法院提起诉讼,请求再次分割夫妻共同财产。人民法院对前款规定的妨害民事诉讼的行为,依照民事诉讼法的规定予以制裁"。《婚姻家庭编(一审稿)》第八百七十条规定:"一方隐藏、转移、变卖、毁损夫妻共同财产,或者伪造债务企图侵占另一方财产的,在离婚分割夫妻共同财产时,对隐藏、转移、变卖、毁损夫妻共同财产或者伪造债务的一方,可以少分或者不分。离婚后,另一方发现有上述行为的,可以向人民法院提起诉讼,请求再次分割夫妻共同财产。"之后的《婚姻家庭编(二审稿)》和《婚姻家庭编(三审稿)》基本沿用了此规定,只是在具体表述上有所改变。

### 二、争议观点

司法实务中,关于本条内容的争议在于,2001年《婚姻法》第四十七条中的"离婚时"该如何理解:是仅指"离婚当时",夫妻一方隐藏、转移、变卖、毁损夫妻共同财产,或伪造债务企图侵占另一方财产,还是说也包括"离婚前"夫妻一方隐藏、转移、变卖、毁损夫妻共同财产,或伪造债务企图侵占另一方财产。为了解决当时条文不精准,带来的实务争议,本条立法放弃了"离婚时"的表述,转而采用"夫妻一方隐藏、转移、变卖、毁损、挥霍夫妻共同财产,或者伪造夫妻共同债务企图侵占另一方财产的,在离婚分割夫妻共同财产时,对该方可以少分或者不分"的表述,从这一表述来看,不再限定上述恶意处分夫妻共同财产或伪造夫妻共同债务的行为发生的具体时点,转而强调上述行为与离婚分割夫妻共同财产之间的关联性。实务中,只要能举证证明上述恶意处分夫妻共同财产行为或者伪造夫妻共同债务的行为目的是变相减少可分割的夫妻共同财产,从而让夫妻另一方少分财产即可。如果能证明上述事实,则可按照本条规定,让实施这些行为的人承担"可以少分或者不分"的法律后果。因此,本条表述在逻辑上更加简明,不存在解释上的困难。

## 三、条文解释

从条文的表述来看，本次规定相较于以往的规定，主要有两点变化：其一，本条有别于2001年《婚姻法》，只规定了一款。2001年《婚姻法》在这一条第二款还涉及了一些有关妨害民事诉讼的规定，而本条将这一款删除，可以进一步明确实体法和程序法的区分。其二，本条规定更加精简。《婚姻家庭编》最终以"该方"代替"隐藏、转移、变卖、毁损夫妻共同财产或伪造债务的一方"，这样的表述使法条更加简练。根据本条规定，恶意处分夫妻共同财产、伪造夫妻共同债务的处理，应注意以下几点：

1. 首先对于共同财产与共同债务的认定。此部分内容请自行参阅本法第一千零六十二条和第一千零六十四条的规定，此处不再赘述。

2. 违法行为的认定。隐藏是指将夫妻共同财产藏匿起来，不让他人发现，使他人无法获知财产的所在。转移是指私自将夫妻共同财产移往他处，或将资金取出移往其他账户，脱离另一方的掌握。变卖是指将夫妻共同财产折价卖给他人。毁损是指采用打碎、拆卸、涂抹等破坏性手段使物品失去原貌，失去或者部分失去原来具有的使用价值和价值。伪造夫妻共同债务是指制造内容虚假的夫妻债务凭证，包括合同、欠条等，以侵吞夫妻共同财产，损害另一方合法权益。挥霍夫妻共同财产是夫妻一方为满足个人奢侈或违法娱乐等的需要，用夫妻共同财产毫无节制支付的购物、消费、娱乐等行为。上述违法行为，要求当事人主观上是故意的，不包括过失，如因不慎将某些共同财产毁坏，只要没有故意，就不属于本条规定的范围之内。另外，这些违法行为都必须包含以下意思：以侵占另一方财产为目的。

3. 法律结果。对实施以上违法行为的一方当事人，在分割夫妻共同财产时，可以少分或不分。一方隐藏、转移、变卖、毁损夫妻共同财产或伪造债务企图侵占他方财产，侵犯了另一方对夫妻共同财产的所有权，应承担相应的法律责任。关于离婚时夫妻共同财产的分割，由于共同财产属于共同共有的性质，依照民法理论，原则上应均等分割。该款中所指可以少分或者不分的夫妻共同财产是指被隐藏、转移、变卖、毁损的或者伪造的债务侵占的那一部分财产，而不是夫妻共同财产的全部。

4. 对离婚后，又发现有隐藏、转移、变卖、毁损、挥霍夫妻共同财产或伪造夫妻共同债务侵占另一方财产行为的处理作了规定。在离婚案件审理过程中,这部分共同财产由于被一方隐藏、转移、变卖、毁损、挥霍,或伪造债务所侵占而未能发现。因而,法院也未能将其作为夫妻共同财产予以分割。夫妻共同财产是共同共有财产,任何一方未经另一方同意而擅自予以隐藏、转移、变卖、毁损、挥霍夫妻共同财产,或通过伪造夫妻共同债务等非法手段据为己有的,都是对另一方财产所有权的侵害,是一种民事侵权行为。另一方可以依据本条规定,向人民法院起诉,请求对这一部分财产进行再次分割。在分割时,关于对隐藏、转移、变卖、毁损夫妻共同财产或伪造债务的一方可以少分或者不分的原则仍应适用。

## 关联案例

### 一、(2019)川34民终378号

本院认为,2001年《婚姻法》第四十七条第一款规定:"离婚时,一方隐藏、转移、变卖、毁损夫妻共同财产,或伪造债务企图侵占另一方财产的,分割夫妻共同财产时,对隐藏、转移、变卖、毁损夫妻共同财产或伪造债务的一方,可以少分或不分。离婚后,另一方发现有上述行为的,可以向人民法院提起诉讼,请求再次分割夫妻共同财产。"

本案中,上诉人苟某向一审法院提起诉讼的理由系认为双方在协议离婚时,被上诉人边某一存在隐藏、转移夫妻共同财产的行为上诉人所主张的被隐藏、转移的夫妻共同财产系2017年8月由被上诉人边某一签名领取的拆迁奖励过渡费、实物补偿款共计463723.39元及2016年5月出借给王某的借款20000元、2017年7月出借给薛某的20000元,共计503723.39元。经审查,上诉人所主张的上述款项,均系在上诉人与被上诉人办理离婚登记前就已经存在。虽然拆迁补偿款463723.39元是由边某一领取,但上诉人苟某在上诉状中陈述,其知道边某一领取该款后用于归还银行贷款15000元,用于家庭生活开支7500元,被上诉人边某一购买车辆支出68000元。

上诉人苟某的该陈述能够证明其在双方离婚前是知道边某一领取了该款项。且该笔款项属于上诉人与被上诉人双方的房屋拆迁补偿费用,上诉人与被上诉人在与拆迁单位签订拆迁合同时即应当知道该笔费用的存在,故上诉人主张被上诉人在离婚时存在隐藏、转移上述财产的行为与本院查明事实不符。上诉人苟某也未提交证据证明被上诉人存在隐藏、转移财产的行为,故上诉人苟某应当承担举

证不能的不利后果,对上诉人主张分割房屋拆迁补偿款463723.39元的请求,本院不予支持。

上诉人主张的债权40000元,分别是2016年5月、2017年7月以边某一的名义出借,借条中均未写明还款时间。因上诉人提交的2张借据均系复印件,不能证明双方在办理离婚时借款人是否已归还借款。结合双方在办理离婚登记时所签订的《离婚协议》中明确约定双方不存在共同债权,该协议系双方当事人自愿协商达成,上诉人苟某对该离婚协议不持有异议,故上诉人苟某上诉请求分割共同债权40000元的理由不成立,对该请求本院不予支持。上诉人苟某在一审起时请求分割房屋安置补偿款中的余款33941元。二审中,上诉人苟某称该笔款项在一审审理过程中,经上诉人与被上诉人协商,该笔款项已全部归上诉人苟某所有,对上诉人的该主张,被上诉人未提出异议,对此本院予以确认。一审法院将房屋安置补偿款33941元进行重新分割不当,本院予以纠正。上诉请求部分成立。本院依照2001年《婚姻法》第四十七条第一款、《民事诉讼法》第十三条、第一百七十条第一款第二项之规定,判决如下:一、撤销四川省西昌市人民法院(2018)川3401民初1445号民事判决;二、房屋安置补偿款余额33941元归上诉人苟某所有(已实际履行);三、驳回苟某的其他诉讼请求;四、驳回苟某的其他上诉请求。

## 二、(2018)鲁04民终2314号

丁某向一审法院起诉请求:1.依法对与孙某的共同财产即六间房屋、一间澡堂、一间楼梯及其院落,按照现在市场价值进行评估,并由孙某、枣庄市房产管理局按照评估价的70%赔偿;2.本案诉讼费、评估费由孙某、枣庄市房产管理局承担。

一审法院认定事实:丁某与孙某于××××年登记结婚,1997年7月15日经枣庄市中级人民法院判决离婚。位于枣庄市市中区利民村房产证号为00××09号房屋系1993年建设,登记在孙某名下,1995年5月22日孙某将房屋产权转移至其父亲孙某建名下。该房产于1997年7月15日在丁某与孙某离婚诉讼中经枣庄市中级人民法院审理作出(1997)枣民终字第104号判决书认定该房屋登记在孙某建名下,不属于夫妻共同财产。

丁某收到判决书后未申请再审。

丁某于2014年7月15日向枣庄市市中区人民法院起诉要求确认孙某将房屋过户至孙某建名下的行为无效,法院审理后作出(2014)市中民初字第1613号判

决书,确认孙某将争议房屋产权转移至其父孙某建名下的行为无效。丁某依据该判决于2018年1月3日向一审法院提起诉讼要求孙某、枣庄市房产管理局赔偿损失。一审法院认为,本案应认定为离婚后财产纠纷。

2001年《婚姻法》第四十七条规定,离婚时,一方隐藏、转移、变卖、毁损夫妻共同财产,或伪造债务企图侵占另一方财产的,分割夫妻共同财产时,对隐藏、转移、变卖、毁损夫妻共同财产,或伪造债务的一方,可以少分或不分。

离婚后,另一方发现有上述行为的,可以向人民法院提起诉讼,请求再次分割夫妻共同财产。丁某于2014年7月15日向一审法院起诉请求确认孙某将争议房屋转移至孙某建名下的行为无效,一审法院于2017年7月20日作出(2014)市中民初字第1613号判决书,确认孙某将争议房屋产权转移至其父孙某建名下的行为无效。《婚姻法解释一》第三十一条规定,当事人依据《婚姻法》第四十七条的规定向人民法院提起诉讼,请求再次分割夫妻共同财产的诉讼时效为两年,从当事人发现之次日起计算。本案丁某自1997年7月15日与孙某离婚之诉的判决生效后已经知道争议房屋的存在,并且知道争议房屋已经转移登记在孙某之父孙某建的名下,丁某请求分割该财产应当自1997年7月16日起两年内提出,丁某未能提供诉讼时效中止、中断的证据,丁某的诉讼已经超过诉讼时效。依照2001年《婚姻法》第四十七条、《婚姻法解释一》第三十一条规定,判决:驳回原告丁某的诉讼请求。丁某向本院提交如下新证据:(2002)市中民初字第7593号民事裁定书,证明丁某一直在主张,是一审法院中止的。孙某对上述证据发表质证意见为:证据真实性无异议,该证据不属于民事诉讼法规定的新证据,二审不应予以采纳。但从该证据上看,丁某起诉孙某系要求分割位于大观园小区1号楼西单元三楼西户房屋,与本案涉案房屋无关,并且丁某已经于2014年申请撤诉,该案并非中止状态,已经审结完毕。丁某在(2002)市中民初字第7593号案件中,并未主张本案涉案房屋的所有权。枣庄市房产管理局对上述证据发表质证意见为:一、该证据系复印件,其真实性无法核实。二、即使该证据与原件一致,也不是新证据,不能用于证明其未过诉讼时效的证明目的。其他质证意见同孙某的质证意见。本院认为,《民诉法解释》第九十条规定:"当事人对自己提出的诉讼请求所依据的事实或者反驳对方诉讼请求所依据的事实,应当提供证据加以证明,但法律另有规定的除外。在作出判决前,当事人未能提供证据或者证据不足以证明其事实主张的,由负有举证证明责任的当事人承担不利的后果。"本案中,丁某自1997年7月15日与孙某离婚之诉的判决生效后已经知道争议房屋的存在,并且知道房屋已经转移登记在孙某之父孙某建名下，但其自1997年7月15日至本案起诉时，丁某在其与孙某的其他诉讼案件中，均未对涉案房屋提出任何主张，(2014)市中民初字第1613号案件系确认之诉，该诉讼并不受诉讼时效的限制，但本案诉讼系离婚后财产纠纷，应当依照诉讼时效进行审查，且(2014)市中民初字第1613号案件的审理并不构成对本案诉讼时效的中断；丁某提供的(2002)市中民初字第7593号案件，该案系主张分割位于大观园小区×号楼×单元×楼×户房屋，与本案房屋无关联，丁某提出的(2003)枣民再字第30号案件，该案裁定作出后，丁某也未对本案涉案房屋提出任何主张，因此，丁某未能举证证明其本案诉讼主张存在诉讼时效中止、中断的情形，一审法院据此予以认定并无不当，丁某的主张不能成立，本院不予支持。综上所述，丁某的上诉请求均不能成立，应予驳回；一审判决认定事实清楚，适用法律正确，应予维持。依照《民事诉讼法》第一百七十条第一款第一项规定，判决如下：驳回上诉，维持原判。

# 第五章　收　　养

## 第一节　收养关系的成立

**第一千零九十三条　下列未成年人,可以被收养:**
**(一)丧失父母的孤儿;**
**(二)查找不到生父母的未成年人;**
**(三)生父母有特殊困难无力抚养的子女。**

### 条文主旨

本条是关于被收养人条件的规定。

### 条文精释

#### 一、立法背景

关于被收养人的条件,我国立法中早有规定。1991年《收养法》第四条规定:“下列不满十四周岁的未成年人可以被收养:(一)丧失父母的孤儿;(二)查找不到生父母的弃婴和儿童;(三)生父母有特殊困难无力抚养的子女。”1998年《收养法》沿用了此规定。《婚姻家庭编(一审稿)》第八百七十二条中写道:“下列未成年人,可以被收养:(一)丧失父母的孤儿;(二)查找不到生父母的儿童;(三)生父母有特殊困难无力抚养的子女。”即将被收养人的范围扩大为符合条件的未成年人,抛弃了被收养人“不满十四周岁”的限制条件,且将“查找不到生父母的弃婴和儿童”的表述改为了“查找不到生父母的儿童”。而本条最终将“查找不到生父母的儿童”的表述进一步修正为“查找不到生父母的未成年人”,法律用语更加严谨。

上述改变，顺应了社会发展变化趋势，更有利于维护被收养人的利益，同时也是立法技术不断完善的表现。

## 二、争议观点

关于被收养人最高年龄限制问题，学界与实务界早已有所讨论。1991 年《收养法》确立一般被收养人最高年龄限制为 14 周岁主要的立法考量为：14 周岁以下的未成年人更容易与收养人确立亲子关系，以保障收养关系的稳定和发展。有学者认为，“不满十四周岁的儿童，本身不具有独立生活能力，需要他人的抚育，也容易与收养人建立亲密的父母子女感情，所以被收养人必须首先是未满十四周岁的未成年人”。① 而同时，亦有学者认为 14 周岁最高年龄的限制虽体现出收养年龄较大的子女不利于建立亲子之情的考虑，但仅仅基于这一考虑，就将已满 14 周岁的未成年人排除在被收养人的范围之外，会缩小被收养人的范围，不利于收养愿望的满足与收养人权益的维护。② 还有学者认为，将被收养人范围限制在符合条件的不满 14 周岁的未成年人不利于成年收养的确立，不利于当事人合法权益的保护。③

关于成年收养问题。成年人可否作为被收养人，其他国家和地区的规定各不相同。有的国家，如英国、俄罗斯明确禁止成年人的收养，我国香港地区亦明确禁止成年收养。而德国《民法典》规定除了允许收养未成年人外，还规定允许收养成年人。我国台湾地区“民法”对收养成年人未做特别限制，对被收养人的年龄没有限制，被收养人也不限于孤儿、弃婴或父母无力抚养的子女。有学者认为，随着社会发展，人口老龄化的加强，收养制度的“育幼功能”已逐渐弱化，“养老”功能逐渐成为收养制度的中心。因此，法律应尊重人民观念的变化和需求的变化，在保护被收养人利益的同意亦应当重视收养人的切身利益与内心诉求，减轻无子女或子女死亡的老年人“养老”的后顾之忧，切实保障老年人的合法权益。本条最终并未将成年收养制度纳入其中。主要考虑到目前仍有大量的儿童需要被收养，如果一味放大被收养人范围，不利于对未成年人权益的保护。同时，对于收养人“老有所养”的目标，本法已通过设立遗赠扶养协议制度与成年意定监护制度来加以实现。

---

① 蒋某、何丽新主编：《婚姻家庭与继承法》（第 4 版），厦门大学出版社 2013 年版，第 249 页。陈苇主编：《婚姻家庭继承法学》，群众出版社 2017 年版，第 165 页。

② 王歌雅：《关于我国收养立法的反思与重构》，载《北方论丛》2000 年第 6 期。

③ 吴国平：《试论我国收养立法的完善问题》，载《安阳师范学院学报》2007 年第 1 期。

## 三、条文解释

根据本条规定,必须同时满足以下两个条件才可以成为合法的被收养人:

### (一)应是未成年人

本法第十七条规定,18 周岁以上的自然人为成年人。不满 18 周岁的自然人为未成年人。相应地,本条取消被收养人最高年龄为 14 周岁的限制,扩大了被收养人的范围,符合有利于被收养人抚养、成长的原则。同时,成年人是不可以作为被收养人的。这是因为收养制度的确立是为了发挥扶老携幼的道德风尚,实现"幼有所育,老有所养"双重目的。而如果仅为了实现"老有所养",可以通过订立遗赠抚养协议、成年监护制度等方式实现。

### (二)应是丧失父母的孤儿、查找不到生父母的未成年人或生父母有特殊困难无力抚养的子女

1. 丧失父母的孤儿

"孤儿"是指父母自然死亡或者被宣告死亡的未成年人。就宣告死亡而言,根据本法第四十六条规定,"自然人有下列情形之一的,利害关系人可以向人民法院申请宣告该自然人死亡:(一)下落不明满四年;(二)因意外事件,下落不明满二年。因意外事件下落不明,经有关机关证明该自然人不可能生存的,申请宣告死亡不受二年时间的限制"。需要注意的是,根据本法第五十二条,被宣告死亡的人在被宣告死亡期间,子女被他人依法收养的,在死亡宣告被撤销后,不得以收养未经本人同意为由主张收养关系无效。此条既是为了构建稳定的收养关系,解除收养人的后顾之忧,也是为了更好地保护被收养人的利益。因为收养制度是变更亲属身份和权利义务关系的行为,其后果不仅关系当事人的切身利益,而且关系社会的整体秩序。

2. 查找不到生父母的未成年人

此处将 1998 年《收养法》中"查找不到生父母的弃婴和儿童"的表述换为了"查找不到生父母的未成年人"。根据《国务院办公厅关于加强孤儿保障工作的意见》(国办发〔2010〕54 号),孤儿是指失去父母、查找不到生父母的未满 18 周岁的未成年人。但对弃婴,目前比较权威的只有《关于进一步做好弃婴相关工作的通知》(民发〔2013〕83 号),但也没有对弃婴作出明确定义。一般而言,弃婴是丢弃的婴儿,与孤儿的相同点在于都是未成年人,而区别在于,孤儿是父母双亡,婴儿则未必,有可能父母都健在。本条表述改变,使之与被收养人为未成年人的条件

相符,同时也体现了以人为本的立法精神。

3. 生父母有特殊困难无力抚养的子女

生父母有特殊困难无力抚养的子女,是指其生父母因伤病残、客观条件不允许等方面的原因或家庭经济遭遇特殊困难的原因,丧失了抚养子女的能力,致使子女得不到生父母抚养。生父母是否属于有特殊困难无力抚养子女的情形,要结合当事人之具体情况综合判断。设立上述条件主要是因为收养制度首先需要解决的是没有父母或者父母有特殊困难无力抚养的孩子得以重获家庭的温暖,重享良好的抚养教育。在我国,由于一些特别原因会出现无人抚养或者父母无力抚养的未成年人。虽然有福利机构对他们进行救助,但是公民的收养与家庭的温暖是无法被替代的,与养父母生活在一起更有利于他们的身心健康,也更有利于维护他们的切身利益。

## 关联案例

### 一、(2014)淮中民终字第2334号

本院认为,《收养法》第四条规定,下列不满十四周岁的未成年人可以被收养:(一)丧失父母的孤儿;(二)查找不到生父母的弃婴和儿童;(三)生父母有特殊困难无力抚养的子女。第十五条规定,收养应当向县级以上人民政府民政部门登记。收养关系自登记之日起成立。首先,上诉人王某甲、崔某在生育原审被告杨某乙前,已生育三个女儿。生育原审被告杨某乙后又生育一女、一子并某。故原审认定上诉人王某甲、崔某夫妇并非无力抚养原审被告杨某乙,有相应的事实依据,原审被告杨某乙不属于生父母有特殊困难无力抚养子女的情形,其不符合《收养法》关于被收养人的条件。其次,原审被告杨某乙出生后即被上诉人王某甲、崔某送给被上诉人杨某甲、王某乙抚养生活至今,但未办理收养登记,不符合收养关系须经登记才能成立的要件,故原审确定被上诉人杨某甲、王某乙与原审被告杨某乙之间的收养关系不成立,有相应的事实和法律依据。关于上诉人王某甲、崔某主张是被上诉人杨某甲、王某乙没有办理收养登记问题。本院认为,办理收养登记必须建立在双方自愿基础上,因原审被告杨某乙身体的缺陷,被上诉人杨某甲、王某乙夫妇不愿再继续收养,法律亦无强制办理收养登记的规定。在被上诉人杨某甲、王某乙长期不办理收养登记的情况下,上诉人王某甲、崔某作为生父母,完全可以将孩子抱回抚养。关于上诉人王某甲、崔某主张孩子生病是被上诉

人杨某甲、王某乙不负责任造成。本院认为,孩子目前所患癫痫是原发性的,还是继发性后天照顾不周造成的,都不影响本案收养关系没有依法成立的后果,被上诉人杨某甲、王某乙要求上诉人王某甲、崔某将孩子带回抚养应当得到支持。至于上诉人王某甲、崔某认为被上诉人杨某甲、王某乙对孩子患病负有责任,可另行主张。本案不予理涉。综上,原审认定事实清楚,判决正确,依法应予维持。上诉人王某甲、崔某的上诉理由不能成立,本院不予支持。依照《民事诉讼法》第一百七十条第一款第(一)项之规定,判决如下:驳回上诉,维持原判。

**二、(2019)豫96民终771号**

本院认为,《收养法》第四条规定:"下列不满十四周岁的未成年人可以被收养:(一)丧失父母的孤儿;(二)查找不到生父母的弃婴和儿童;(三)生父母有特殊困难无力抚养的子女。"第六条规定:"收养人应当同时具备下列条件:(一)无子女;(二)有抚养教育被收养人的能力;(三)未患有在医学上认为不应当收养子女的疾病;(四)年满三十周岁。"第七条第一款规定:"收养三代以内同辈旁系血亲的子女,可以不受本法第四条第三项、第五条第三项、第九条和被收养人不满十四周岁的限制。"第十四条规定:"继父或者继母经继子女的生父母同意,可以收养继子女,并可以不受本法第四条第三项、第五条第三项、第六条和被收养人不满十四周岁以及收养一名的限制。"第十五条第一款规定:"收养应当向县级以上人民政府民政部门登记。收养关系自登记之日起成立。"第二十七条规定:"养父母与成年养子女关系恶化、无法共同生活的,可以协议解除收养关系。不能达成协议的,可以向人民法院起诉。"庭审中,刘某英明确表示1994年5月11日的立继书协议系收养协议,要求依据《收养法》第十五条、第二十七条之规定解除收养关系,但本案刘某英并不具备法定收养条件,故其要求按照收养法规定解除1994年5月11日的立继书协议,无事实、法律依据,并且刘某青、车某华亦尽到一定的赡养义务,二人儿子刘某翾也跟随母姓,一审处理结果并无不当,本院予以维持。依照《民事诉讼法》第一百七十条第一款第一项规定,判决如下:驳回上诉,维持原判。

**第一千零九十四条　下列个人、组织可以作送养人:**

**(一)孤儿的监护人;**

**(二)儿童福利机构;**

**(三)有特殊困难无力抚养子女的生父母。**

## 条文主旨

本条是关于送养人条件的规定。

## 条文精释

### 一、立法背景

我国立法中关于送养人的条件规定,最早可追溯到1991年《收养法》,其中第五条规定,“下列公民、组织可以作送养人:(一)孤儿的监护人;(二)社会福利机构;(三)有特殊困难无力抚养子女的生父母”。1998年《收养法》沿用了此规定。本条基本沿用了前述规定,有两个变动点:一是将“公民、组织”改为了“个人、组织”,这是用语的调整,使其表述与其他条文保持一致;二是将第二项中的“社会福利机构”改为了“儿童福利机构”,与现实福利机构的改革分类保持一致。

### 二、争议观点

关于送养人的规定,我国立法采取了列举式的立法方式,即只有下列三类个人、组织可以作为送养人:(1)孤儿的监护人;(2)儿童福利机构;(3)有特殊困难无力抚养子女的生父母。因此,在我国,除上述个人、组织外,任何机构不得送养上述孤儿或弃儿。公民在拾得弃婴后,应将其交由儿童福利机构收养,再由儿童福利机构作为送养人办理收养手续。①

### 三、条文解释

根据本条规定,下列个人、组织可以作为送养人:

(一)孤儿的监护人

当被收养人父母均死亡(含被宣告死亡)时,孤儿的监护人可以作为送养人。孤儿的监护人范围:根据本法第二十七条之规定,当未成年人的父母已经死亡或者没有监护能力的,由下列有监护能力的人按顺序担任监护人:(1)祖父母、外祖父母;(2)兄、姐;(3)其他愿意担任监护人的个人或者组织,但是须经未成年人住所地的居民委员会、村民委员会或者民政部门同意。1999年5月25日颁布的《中

① 杨遂全编著:《婚姻家庭亲属法学》,清华大学出版社2011年版,第169页。

国公民收养子女登记办法》第六条规定,"监护人为送养人的,并应当提交实际承担监护责任的证明,孤儿的父母死亡或者宣告死亡的证明"。需要注意的是,孤儿监护人送养孤儿的,应征得有抚养义务人的同意,即本法第一千零九十六条之规定。

(二)儿童福利机构

儿童福利机构,是指民政部门设立的,主要收留抚养由民政部门担任监护人的未满18周岁儿童的机构。儿童福利机构包括按照事业单位法人登记的儿童福利院、设有儿童部的社会福利院等。[①] 本条将"社会福利机构"改为"儿童福利机构",是条文表述的修正,其目的是与《未成年人保护法》之表述相一致,《未成年人保护法》第四十三条规定,"县级以上人民政府及其民政部门应当根据需要设立救助场所,对流浪乞讨等生活无着未成年人实施救助,承担临时监护责任;公安部门或者其他有关部门应当护送流浪乞讨或者离家出走的未成年人到救助场所,由救助场所予以救助和妥善照顾,并及时通知其父母或者其他监护人领回。对孤儿、无法查明其父母或者其他监护人的以及其他生活无着的未成年人,由民政部门设立的儿童福利机构收留抚养。未成年人救助机构、儿童福利机构及其工作人员应当依法履行职责,不得虐待、歧视未成年人;不得在办理收留抚养工作中牟取利益"。此处修正使得各条文内部更加统一协调。收养人符合条件的,可以到儿童福利机构收养未成年人。而根据《儿童福利机构管理办法》第二十六条规定:"对于符合条件、适合送养的儿童,儿童福利机构依法安排送养。送养儿童前,儿童福利机构应当将儿童的智力、精神健康、患病及残疾状况等重要事项如实告知收养申请人。"

(三)有特殊困难无力抚养子女的生父母

这一规定与本法第一千零九十三条,即生父母有特殊困难无力抚养的未成年人可以被收养相互呼应。虽然2001年《婚姻法》第二十一条规定,父母对子女有抚养教育的义务。但当生父母因因伤病残、客观条件或家庭经济方面的原因,遭遇到了特殊的困难,丧失了抚养子女的能力时,为了子女的利益,应当允许生父母将子女送养。但是需要注意的是,根据本法第一千零九十七条之规定,生父母送养子女,应当双方共同送养。只有当生父母一方身份不明或者查找不到的,才能

---

① 《儿童福利机构管理办法》(2018年10月25日民政部部务会议通过,第63号令,自2019年1月1日起施行)。

单方送养。这是为了避免出现生父母一方擅自将子女送养的情况而作出的限制性规定。

## 关联案例

### 一、(2019)黔26民终547号

欧阳某保、龙某祝向一审法院起诉请求:(1)判决依法解除二原告与被告欧某之间的收养关系;(2)判决三被告共同补偿二原告养育欧某期间的生活费、教育医疗和营养费、计划生育罚款共计121347元;(3)本案诉讼费用由被告承担。一审判决认定:原告欧阳某保、龙某祝系夫妻关系,婚后生育有二子。被告彭某明、张某梅系夫妻关系,于××××年××月××日生育一女婴(后取名欧某),因二被告想要再生育一男孩,于是通过第三人张某蓉欲将欧某送与他人收养,第三人张某蓉在征得原告龙某祝同意后,被告彭某明、第三人张某蓉将出生刚三天的欧某送到原告家中,交由原告夫妇抚养照顾,后原告欧阳某保将欧某的户口登记在其户口簿中。原告与被告没有在民政部门办理收养登记。庭审中,原告龙某祝、欧阳某保称其小孩和欧某由欧阳某保父母带大,其二人外出务工,务工所得收入用于家庭开支和抚养其小孩与欧某。2015年前后,被告欧某通过其他途径得知其生父母真实情况后,不愿再回原告欧阳某保、龙某祝身边生活。为此,二原告认为,原告"收养"了被告欧某13年,帮欧某的亲生父母履行了十多年的抚养义务,被告应补偿自己所支出的生活费、教育医疗和营养费。一审法院认为:根据《收养法》第十五条第一款"收养应当向县级人民政府民政部门登记。收养关系自登记之日起成立"的规定,欧阳某保、龙某祝与欧某没有到民政部门办理收养关系登记,所以本案的收养关系并未成立。根据《收养法》第五条的规定,被告彭某明、张某梅夫妇不符合法定送养人的条件,该送养行为无效。根据2001年《婚姻法》第二十一条第一款"父母对子女有抚养教育的义务;子女对父母有赡养扶助的义务"的规定,彭某明、张某梅对欧某负有抚养和教育的法定义务,而自2002年12月31日开始欧某是由原告欧阳某保、龙某祝抚养照顾,而原告并没有抚养照顾欧某的法定义务,虽然收养行为无法律效力,但原告欧阳某保、龙某祝夫妇事实上抚养了欧某达13年之久,故被告彭某明、张某梅夫妇应向原告欧阳某保、龙某祝夫妇支付代为抚养期间的抚养费用,结合当地的经济发展状况及生活水平,依照《收养法》第五条、第十五条第一款,《婚姻法》第二十一条第一款和《民事诉讼法》第六十四条

之规定，判决：一、由被告彭某明、张某梅支付原告欧阳某保、龙某祝抚养被告欧某的抚养费人民币65000元，限于判决生效后三十日内给付。二、驳回原告欧阳某保、龙某祝的其余诉讼请求。二审中，彭某明、张某梅提交其身份证复印件及户口簿，拟证明欧某系被上诉人长女。经审查，该身份证复印件及户口簿已在一审举示并质证，本院不重复质证。二审查明的事实与一审查明的事实一致。本院认为，根据《民诉法解释》第三百二十三条“第二审人民法院应当围绕当事人的上诉请求进行审理。当事人没有提出请求的，不予审理，但一审判决违反法律禁止性规定，或者损害国家利益、社会公共利益、他人合法权益的除外”的规定，本案中，彭某明、张某梅上诉称欧某送与欧阳某保、龙某祝夫妻并非委托欧阳某保、龙某祝代为抚养，而是已形成事实上的收养关系。对此，因双方的行为发生于1998年11月4日第九届全国人民代表大会常务委员会第五次会议《关于修改〈中华人民共和国收养法〉的决定》之后的2002年12月31日，根据修正后的《收养法》第十五条第一款“收养应当向县级以上人民政府民政部门登记。收养关系自登记之日起成立”的规定，该收养行为并未成立。且送养人、收养人显系规避当时的计划生育政策，均不符合《收养法》第五条、第六条规定的条件。因此，根据《收养法》第二十五条“违反《中华人民共和国民法通则》第五十五条和本法规定的收养行为无法律效力。收养行为被人民法院确认无效的，从行为开始时起就没有法律效力”的规定，一审判决认定事实收养行为不成立于法有据。且现有证据充分证明将欧某送去欧阳某保家的正是彭某明和张某蓉，故彭某明、张某梅所称并未委托欧阳某保抚养的理由与事实不符。

关于彭某明、张某梅所称一审违反不告不理原则，程序违法的问题。虽然涉案事实收养关系依法不成立，但因欧阳某保除诉请解除收养关系外，还诉请补偿养育欧某的生活费教育医疗费营养费和计划生育罚款，一审法院围绕该请求进行审理并作出裁判符合法律规定，彭某明、张某梅该上诉理由不能成立，本院不予支持。关于彭某明、张某梅上诉所称欧阳某保、龙某祝主张权利超过诉讼时效的问题，本案中，虽然2014年左右欧某与张某蓉一起生活，但事因欧某在爷爷去世后与家人有矛盾，张某蓉将其接走是为缓和矛盾，且欧阳某保、龙某祝一直给欧某缴纳医保至2018年，事实证明其并未放弃对欧某的养育。

且一审时彭某明、张某梅也承认欧某是2017年9月才与其一起生活，双方也是2017年9月后才发生矛盾，故根据《民法总则》的规定，欧阳某保、龙某祝主张权利并未超过诉讼时效，彭某明、张某梅该上诉理由无事实和法律依据，本院不予采纳。综上所述,张某梅、彭某明的上诉请求不能成立,应予驳回;一审判决认定事实清楚,适用法律正确,应予维持。依照《民事诉讼法》第一百七十条第一款第一项规定,判决如下:驳回上诉,维持原判。

## 二、(2017)苏12民终1090号

本院认为,收养应当遵循平等自愿原则,并不得违背法律规定。苏某一、周某一收养苏某二时,《收养法》已于1991年12月29日公布并于1992年4月1日施行,苏某一、周某一收养应符合1992年4月1日施行的《收养法》的相关规定。该法第四条规定:下列不满十四周岁的未成年人可以被收养:(一)丧失父母的孤儿;(二)查找不到生父母的弃婴和儿童;(三)生父母有特殊困难无力抚养的子女。该法第五条规定:下列公民、组织可以作送养人:(一)孤儿的监护人;(二)社会福利机构;(三)有特殊困难无力抚养子女的生父母。该法第六条规定:收养人应当年满三十五周岁。该法第十五条第二款规定:收养应当由收养人、送养人依照本法规定的收养、送养条件订立书面协议,并可以办理收养公证;收养人或者送养人要求办理收养公证的,应当办理收养公证。该法第二十四条规定:违反《民法通则》第五十五条和本法规定的收养行为无法律效力。本案中,苏某二生父母尚在,并无证据证明生父母有特殊困难无力抚养,现有证据亦证明苏某二并非其生父母即被上诉人送养,而上诉人在收养时亦未达到法律规定的年龄,且收养并未订立书面协议。无论是被收养人、送养人、收养人还是送养的形式均违反法律规定。

上诉人收养苏某二的收养行为无法律效力。上诉人的收养行为虽因违反法律规定而无效,但上诉人含辛茹苦将苏某二抚养成人,无论是经济还是感情均倾注了大量的心血。对上诉人实际抚养苏某二,被上诉人早已知悉。上诉人主张被上诉人给予经济补偿于法有据,亦符合情理,本院多次组织调解未果,鉴于一审并未理涉,上诉人可另案主张。二十余年的养育之情远非金钱能够衡量,望苏某二能常念养育之恩,给予上诉人更多的关心,以慰上诉人养育之情。综上所述,苏某一、周某一的上诉请求不能成立,应予驳回;一审判决认定事实清楚,适用法律正确,应予维持。依照《民事诉讼法》第一百七十条第一款第一项规定,判决如下:驳回上诉,维持原判。

**第一千零九十五条　未成年人的父母均不具备完全民事行为能力且可能严重危害该未成年人的，该未成年人的监护人可以将其送养。**

## 条文主旨

本条是关于监护人送养的限制性规定。

## 条文精释

### 一、立法背景

关于这一条文，从1991年《收养法》开始，我国立法均将其加以规定。只是条文位置略有不同，1991年《收养法》与1998年《收养法》中，这一条文被置于收养自愿原则之后，送养未成年孤儿的限制之前。在《婚姻家庭编（三审稿）》中，其被置于送养人条件之后，送养未成年孤儿之前，法条顺序的调整使条文逻辑顺序更为严密。本条对条文表述予以修改，将“未成年人的父母均不具备完全民事行为能力的，该未成年人的监护人不得将其送养，但是父母对该未成年人有严重危害可能的除外”的表述改为了确定表述，明确未成年人监护人将其送养的法定构成要件。

### 二、争议观点

关于本条究竟应该属于送养人条件中的哪一项，学界有所争议。有的学者认为，本条应属于送养人条件中的第一项，即孤儿的监护人。这种观点认为，此处的孤儿应扩大解释为父母已经死亡或均不具备完全民事行为能力。[①] 还有的学者认为，本条应属于送养人条件中的第三项，即生父母有特殊困难无力抚养子女。这种观点认为，生父母有特殊困难无力抚养子女，其中就包括父母因疾病、残疾等原因无法履行抚养义务。[②] 而此时，由于生父母已然成为无民事行为能力人或限制民事行为能力人，故依本法第二十一条、第二十二条的规定，无民事行为能力人、限制民事行为能力人一般由其法定代理人代理实施民事法律行为。又根据本法

---

① 巫昌祯主编：《婚姻与家庭继承法学》（第6版），中国政法大学出版社2017年版，第256页。

② 蒋某、何丽新：《婚姻家庭与继承法》（第4版），厦门大学出版社2013年版，第250页。

第二十三条的规定，无民事行为能力人、限制民事行为能力人的监护人是其法定代理人。故此时，该未成年人的生父母的监护人根据本法第二十八条加以确定。问题在于若进行这样解释，此时的送养人应为有特殊困难无力抚养子女的生父母，在生父母因无民事行为能力无法送养时，若父母对该未成年人有严重危害可能的，应由生父母的监护人履行送养职责。笔者认为，此处应适用第一项，即将孤儿扩大解释为生父母死亡或均不具备完全民事行为能力。本条的立法目的为，对于生父母不具备完全民事行为能力的未成年人，由于其生父母无法准确表达自己的真实意思，未成年人又缺乏自我保护意识。因此，《收养法》明确规定此时监护人不得随意将其监护的未成年人送养。但同时，为了维护未成年人的权益，又作出了当未成年人生父母有威胁未成年人健康风险存在时，如对未成年人殴打、虐待等行为，监护人可以将其送养的例外规定。在生父母对未成年人有严重危害风险时，赋予未成年人监护人不经其生父母同意将未成年人送养的权利，更有利于保障未成年人的利益。同时，在未出现风险时限制未成年人监护人送养权，也更有利于未成年人生父母的利益。通过这一制度更多地体现了制度设计中的巧妙与婚姻家庭法特有的温情。

## 三、条文解释

本条中送养人对应送养人条件中的第一项，是关于监护人送养的限制性规定。孤儿的监护人可以作为送养人，但是如果其生父母为无完全民事行为能力人，监护人不得将未成年人送养，除非父母对该未成年人有严重危害可能。此时未成年人的监护人应依据本法第二十七条确定，即由下列有监护能力的人顺序担任：祖父母、外祖父母；兄、姐；其他愿意担任监护人的个人或者组织，但是须经未成年人住所地的居委会、村委会或民政部门同意。本条构成要件有：(1)未成年人的父母均不具备完全民事行为能力。根据本法总则部分的规定，民事行为能力可以分为完全民事行为能力，限制民事行为能力、无民事行为能力三类，本条所称不具备完全民事行为能力即包含了无民事行为能力和限制民事行为能力两大类。具体而言，泛指本法第二十一条、第二十二条规定的未成年人的父母处于无法辨认自己行为或无法完全辨认自己行为的状态。(2)父母对该未成年人有严重危害可能。严重危害可能，是指该父母对未成年人的身体健康、生活状态等有严重危害可能，包括其父母有暴力倾向、自残自伤、严重传染性疾病等情形。

设立这一限制条件其实是利益衡量的结果。对于无民事行为能力的生父母而言,未成年子女或许有更多的意义。因为,未成年子女的陪伴照顾更有利于生父母的发展,同时,未成年子女成年后对生父母还有赡养义务,限制监护人对其送养条件有利于生父母与未成年人感情的培养。同时,对于未成年人而言,虽然生父母为无民事行为能力人或限制民事行为能力人,但生父母的陪伴对他的成长也至关重要。只有在未成年人父母对自己的孩子有严重危害可能性时,未成年人的利益亟须保护,法律也才赋予监护人将未成年人送养的权利。

## 关联案例

### 一、(2015)花民初字第725号

本院认为,本案争议的焦点为:一、隆某芝与隆某洋的收养关系是否成立。根据《收养法》第十五条规定"收养应当向县级以上人民政府民政部门登记。收养关系自登记之日起成立"。第十二条规定"未成年人的父母均不具备完全民事行为能力的,该未成年人的监护人不得将其送养,但父母对该未成年人有严重危害可能的除外"。本案中,被告龙某跃、杨某满生育隆某洋时均系未成年人,不具备完全民事行为能力,未被证实存在严重危害隆某洋的可能,其任意一方监护人均不得擅自将隆某洋送养,且送养未经县级人民政府部门登记,原告隆某芝与隆某洋的收养关系不成立。二、隆某洋应当由谁抚养。根据《中华人民共和国民法通则》第十六条的规定"未成年人的父母是未成人的监护人。未成年人的父母已经死亡或者没有监护能力的,由下列人员中有监护能力的人担任监护人:(一)祖父母、外祖父母;"因被告杨某满尚未成年,由其父母杨某贵、龙某香代为抚养,被告龙某跃已成年,监护责任由龙某跃自行履行。据此,根据《中华人民共和国民法通则》第十六条、第五十五条,《收养法》第十二条、第十五条、第二十五条,《民事诉讼法》第一百四十四条之规定,判决如下:一、非婚生子隆某洋由被告龙某跃、杨某贵、龙某香共同抚养。二、驳回原告隆某芝的其他诉讼请求。

### 二、(2015)横少民初字第23号

本院认为,子女抚养权是指父母对其子女的一项人身权,父母有责任和义务对其子女进行抚育和监护,父母对子女负有法定抚养义务,非婚生子女享有与婚生子女同等的权利,因此,原告李某甲对其亲生儿子(被告取名为何小某)享有监护权和抚养权。原告李某甲生育小孩时未年满18周岁,是限制民事行为能力人。

《收养法》第五条规定："下列公民、组织可以作送养人：（一）孤儿的监护人；（二）社会福利机构；（三）有特殊困难无力抚养子女的生父母。"第十二条规定："未成年人的父母均不具备完全民事行为能力的，该未成年的监护人不得将其送养、但父母对该未成年人有严重危害可能的除外。"第十五条第一款规定："收养应当向县级以上人民政府民政部门登记。收养关系自登记之日起成立。"本案中，原告怀孕后不及时采取措施，致使未婚生育小孩，且小孩父亲不祥。因被告夫妇没有生育小孩，被告让原告在其家中居住待产小孩，目的是得到原告的小孩，被告知道原告怀孕时是未满 17 岁的未成年人仍与原告签订送养小孩"保证书"，原告生产男孩后根据双方签订的"保证书"把男孩给被告抚养，被告抚养原告生育的男孩未在县级以上人民政府民政部门办理收养登记。本案双方的送养和收养的行为不具有法律效力，原告是限制民事行为能力人，依法不具备收养法规定送养人，被告未经依法办理收养登记擅自收养原告生育的男孩，且不让原告父母知道的情况下收养，因此，原、被告双方签订的送养小孩"保证书"的民事行为无效，原告送养孩子的行为无效，被告的收养关系依法不成立。

原告诉请两被告归还亲生儿子，本院应予以支持。被告明确表示在本案中不提出反诉请求，是被告对其民事权利的自由处分，本院应予准许。综上所述，依照《民法通则》第五十五条，《收养法》第五条、第十二条、第十五条、第一款、第二十五条之规定，判决如下：被告何某、刘某将小孩何小某交由原告李某甲抚养。

**第一千零九十六条　监护人送养孤儿的，应当征得有抚养义务的人同意。有抚养义务的人不同意送养、监护人不愿意继续履行监护职责的，应当依照本法第一编的规定另行确定监护人。**

## 条文主旨

本条是关于送养孤儿的限制性规定。

## 条文精释

### 一、立法背景

关于送养未成年孤儿的限制性条件，早在 1991 年《收养法》中便有明确规定。

该法第十三条规定,“监护人送养未成年孤儿的,须征得有抚养义务的人同意。有抚养义务的人不同意送养、监护人不愿意继续履行监护职责的,应当依照《民法通则》的规定变更监护人。”1998 年《收养法》沿用了此规定。本条规定基本沿用了这一规定,主要有以下几个变动点:一是将被收养人由“未成年孤儿”改为了“孤儿”,这是由于本法第一千零九十三条已明确,符合条件的未成年人才可被收养,故而在此处无须再使用“未成年孤儿”这一表述,而直接使用“孤儿”即可;二是将“须”改为了“应当”,这是立法用语的调整;三是在法律适用上,将《民法通则》改为了本法第一编;四是在文字表述上将“变更监护人”改为了“另行确定”,增加了立法的准确性,使民法典各编内容更加协调,前后呼应。

## 二、争议观点

关于近亲属的送养同意权,有的学者认为,孤儿的祖父母、外祖父母、兄、姐等近亲属,为与孤儿有法定权利义务的人,赋予近亲属送养同意权,更有利于孤儿权益的维护,体现了《收养法》有利于未成年人的抚养、成长的原则,保障孤儿的合法权益。①

## 三、条文解释

本条送养人适用《婚姻家庭编》第一千零九十四条第一项规定,即孤儿的监护人作为送养人。在我国,孤儿监护人应根据本法第二十七条确定,主要由下列有监护能力的人按顺序担任监护人:(1)祖父母、外祖父母;(2)兄、姐;(3)其他愿意担任监护人的个人或者组织,但是须经未成年人住所地的居民委员会、村民委员会或者民政部门同意。本条实质为本法第一千零九十四条的例外规定,即孤儿的监护人原则上是不得随意送养孤儿的。但实务中情况比较复杂,不排除出现监护人因自身原因不适宜继续监护孤儿的情形。此时,允许监护人作为送养人是出于保护孤儿的需要。但是孤儿的监护人在送养孤儿前,应征求有抚养义务的人同意,若该有抚养义务的人同意送养,即监护人可以将孤儿送养;而若有抚养能力的人不同意送养,监护人不得将其送养。若监护人不愿意继续履行监护职责,即依照本法总则编的规定另行确定监护人。有抚养义务的人,主要是指除已被确定为监护人外,其他有资格担任孤儿监护人的人,如有负担能力的祖父母、外祖父母和

① 巫昌祯主编:《婚姻与家庭继承法学》(第 6 版),中国政法大学出版社 2017 年版,第 256 页。

成年兄、姐等。监护人的另行确定,根据本法第三十条规定,可以协议确定监护人。如果仍有争议,可以根据本法第三十一条规定,既可以由被监护人住所地的居委会、村委会或民政部门指定监护人,有关当事人对指定不服的,可以向人民法院申请指定监护人;有关当事人也可以直接向人民法院申请指定监护人。

## 关联案例

### (2014)浔民初字第107号

原告林某甲诉称,被告林某乙、杨某与原告林某甲是父、母女关系,被告林某乙、杨某婚生子女除原告外,还有林某良、林一、林二和林三。2004年,林三在南宁市务工期间与一名自称李某胜的人相识并同居生活。2006年7月15日、2009年8月3日分别生育了儿子林四、女儿林某诺,在林某诺出生几个月后,李某胜无故失踪,至今杳无音信。2012年1月16日,林三和林某诺因火灾事故死亡。后来根据林四出生时李某胜留在医院的身份证信息,桂平市公安局提取了李某胜身份信息,并将李某胜的身份证要求泗洪县公安局上塘派出所核查,经泗洪县公安局上塘派出所核查,其辖区并不存在李某胜身份证信息。这样再也没有任何渠道能查找到李某胜。2013年9月12日,林四到桂平市民政局领取了《儿童福利证》,类别为孤儿。根据相关法律规定,被告林某乙、杨某作为林四的外祖父母,其二人是林四的第二顺序监护人,金田居委会据此指定林某乙、杨某为林四的法定监护人,但是两被告林某乙、杨某事实上已年迈多病,也无生活来源,已无力再照顾好林四,故为了确保林四今后的健康成长,更好保护其合法权益,特具诉状至人民法院,请人民法院依法判决:一、撤销2013年12月19日桂平市金田镇金田居民委员会作出的《指定法定监护人证明书》;二、变更林四的监护人为原告林某甲。被告林某乙、杨某辩称,同意由原告抚养林四,因为被告确实已年迈多病,亦无生活来源,已无力再照顾好林四,林某甲的生活条件较为优越,为确保林四今后的健康成长及受到良好的教育,由林某甲监护抚养林四应更为适宜。被告林某乙、杨某为其辩解在举证期限内没有提供证据。经开庭质证,被告对原告提供的证据没有异议。本院对上述当事人均无异议的证据予以认定。本案的调查重点可归纳为:原告林某甲是否适宜作为林四的法定监护人?综合全案证据,本院确认以下法律事实:被告林某乙、杨某夫妇生育有林某甲、林某良、林一、林二、林三五个子女。林三于2004年在南宁市务工期间与一名自称为李某胜的男子相识并同居生活,并于

2006年7月15日、2009年8月3日分别生育了儿子林四、女儿林某诺。2012年1月16日，林三和林某诺因火灾事故死亡。李某胜则在林某诺出生不久后即无故失踪，至今未有音信。根据桂平市公安局提取李某胜的身份信息，并经派出所核查，其辖区内并不存在该李某胜一代身份信息。林三死后，林四一直由被告监护抚养。2013年9月12日，桂平市民政局颁发给林四《儿童福利证》，类别为孤儿。另查明，2013年12月19日，桂平市金田镇居民委员会指定被告林某乙、杨某作为林四的法定监护人。本院认为，按照相关法律规定，林三死后，应由林四生父李某胜作为第一顺序监护人监护抚养林四，但是李某胜已无故失踪，至今未有音信。经江苏省泗洪县公安局上塘派出所核查，其辖区内并不存在李某胜的一代身份信息，李某胜留下的身份信息与实际查明信息明显不一致，故通过各种途径均已无法查找到李某胜的下落及林四祖父母的具体情况。根据上述查明的事实，林四的类别已被列为孤儿，并经桂平市金田镇居民委员会于2013年12月19日指定被告林某乙、杨某作为林四的法定监护人。根据《民法通则》第十六条的规定，被告林某乙、杨某夫妇作为林四的外祖父母，属第二顺序监护人，故被告理应对林四履行监护职责，负责抚养教育林四。但原告诉请认为，两被告已经年迈多病，并且没有生活来源，已无法再照顾好林四，而原告生活优裕，受教育程度高，由其监护抚养林四应更为适宜。本院认为，经庭审查实，两被告已年迈，无生活来源，难以履行监护职责，被告在庭审中已明确表示同意变更林四的监护人为林某甲，并且林某甲作为林四的姨妈，其生活条件优越，受教育程度较高，其请求撤销桂平市金田镇金田居民委员会作出的指定，变更自己作为林四的监护人并无不妥，亦未违反相关法律规定，故本院对原告的诉请依法予以支持。据此，依照《民法通则》第十六条，最高人民法院《关于贯彻〈中华人民共和国民法通则〉若干意见》第11条、第14条、第16条、第17条、第19条，《民事诉讼法》第六十四条第一款之规定，判决如下：一、撤销2013年12月19日桂平市金田镇金田居民委员会作出的《指定法定监护人证明书》；二、变更林四的法定监护人为原告林某甲。

**第一千零九十七条　生父母送养子女，应当双方共同送养。生父母一方不明或者查找不到的，可以单方送养。**

## 条文主旨

本条是关于生父母送养子女共同送养的规定。

## 条文精释

### 一、立法背景

本条可追溯至1984年最高人民法院《关于贯彻执行民事政策法律若干问题的意见》第二十七条规定，生父母中有一方不同意的，收养关系不能成立。1991年《收养法》，该法第十条规定，生父母送养子女，须双方共同送养。生父母一方不明或者查找不到的可以单方送养。有配偶者收养子女，须夫妻共同收养。1998年《收养法》沿用这一规定。在本法中，除了将“须”改为“应当”外，还进行了结构性调整，即将之前规定一分为二，分为共同送养和共同收养两个条文，即本条与第一千一百零一条。这一变动属于结构性调整，将送养的规定与收养的规定分别整合排列，有利于法律的系统性和整体性，使条文之间逻辑更加缜密。

### 二、争议观点

关于单方送养，有学者认为，根据《收养法》第十一条、第十二条的精神，若生父母双方确有困难无力抚养子女，而其中一方不具有完全民事行为能力，因其无法表达其真实意思，故也应当允许另一方单独送养。① 同时，还有学者认为，对于单方送养，也应当进行一定的查找与通知形式。② 这不仅是对收养人配偶权益的保护，更是对被收养人切实利益的维护，体现了我国收养制度保障被收养人和收养人合法权益的原则和平等自愿的原则。

### 三、条文解释

本条是关于生父母送养时共同送养的规定。生父母在出现第一千零九十三条第三项所规定的由特殊困难无力抚养子女的情况时，需共同送养子女。原则上不允许单方送养，除非生父母一方死亡或下落不明或查找不到。这是因为，子女

① 巫昌祯主编：《婚姻与家庭继承法学》（第6版），中国政法大学出版社2017年版，第256页。
② 杨遂全编著：《婚姻家庭亲属法学》，清华大学出版社2011年版，第168页。

是父母双方的子女，变更亲子法律关系事关重大，自应取得父母双方同意。只要在客观上无法共同送养时，始得单方送养。在现实生活中，上述的单方送养主要出于非婚生子女的生父不明或生父母一方已失踪等原因。基于同样理由，生父母一方已经死亡的，另一方自可为单方送养，但需受《收养法》第十八条规定限制。《收养法》第十八条规定："配偶一方死亡，另一方送养未成年子女的，死亡一方的父母有优先抚养的权利。"这里所说的死亡一方的父母，是生存的另一方的公婆或岳父母，[①]即被送养者的祖父母或外祖父母。如果祖父母、外祖父母确有抚养孙子女或外孙子女的意愿和能力，应赋予其优先抚养权。这一权利的行使，是生存的父或母送养子女的法定障碍。

因此，对于不论是非婚生子女还是婚生子女，不论父母是否离婚，只要是送养父母可以查找到的未成年人，都应当进行双方送养。本条的立法目的在于，通过对夫妻双方送养的规定，避免父母某一方擅自将未成年人送养的情形，保障被送养人的合法权益，同时也是保障送养人另一方权利的体现。生父母有抚养未成年子女的法定义务，只有在双方均有特殊困难无力抚养时法律才允许其通过送养转移抚养子女的义务。即使是无抚养能力的父母一方，也无权免去另一方的抚养义务。因此，应当双方共同送养。

## 关联案例

### 一、(2015)通中民终字第0221号

本院认为，本案争议焦点为：(1)谢某是否具有本案原告的诉讼主体资格；(2)石某甲、张某甲与石某乙的收养关系是否有效。关于第一个争议焦点，对高某生育并送养的孩子为石某乙，石某甲、张某甲不持异议。石某乙系高某、谢某婚姻关系存续期间出生，应推定为高某、谢某的婚生子。且从如皋市公安局对石某甲、高某及相关人员所做询问笔录来看，石某甲、高某对于孩子的父亲是谢某均表示确认。故在目前无相反证据的情况下，应认定谢某是石某乙的生父。谢某有权作为原告请求确认石某甲、张某甲与石某乙的收养关系无效。关于第二个争议焦点，《收养法》第十条规定，生父母送养子女，须双方共同送养。

---

① 房绍坤、范李瑛、张洪波编著：《婚姻家庭与继承法》(第5版)，中国人民大学出版社2018年版，第128～129页。

石某甲、张某甲主张其对石某乙的收养已征得高某和谢某双方同意,但石某甲、张某甲未能举证证明,高某作为送养方之一,亦未能提供谢某同意送养的相应证据,原审认定高某单方送养合法有据。《收养法》第十五条规定,收养应当向县级以上人民政府民政部门登记。收养关系自登记之日起成立。石某甲、张某甲的收养行为未经登记,收养关系不成立。因石某甲、张某甲的收养行为违反《收养法》的相应规定,收养行为无效。综上,石某甲、张某甲的上诉请求不予支持。依照《民事诉讼法》第一百七十条第一款第(一)项的规定,判决如下:驳回上诉,维持原判。

## 二、(2015)泰中民四终字第00391号

原审审理查明:龚某与黄某在2011年期间存在婚外男女关系,并于2013年3月27日非婚生一女龚某某,后为解除双方的男女关系,黄某(以下称甲方)与龚某(以下称乙方)于2014年8月27日达成如下协议:(1)本协议成立之日起甲、乙双方男女关系即解除。(2)非婚生女龚某某随甲方生活,甲方不要乙方贴补子女抚养费。若甲方因其他原因将非婚生女龚某某送养他人,乙方表示同意,日后乙方要求探视,必须经收养人同意。(3)甲方一次性补偿乙方人民币18万元,本协议达成后一次性给付。(4)甲、乙双方无其他债权债务纠纷。(5)本协议达成后,双方保证本人及其家人不得再就此事纠缠、干涉对方及其家庭生活。本纠纷为终结、不可逆转的处理。

2014年8月2日,黄某即将非婚生女龚某某送至姜某、张某夫妇处生活。龚某称是送、收养关系,黄某称是代养、寄养关系。后姜某、张某自称在未征得黄某同意的情况下,私自去泰州市姜堰区民政局欲以弃婴名义办理收养手续,泰州市姜堰区民政局于2014年10月31日在《现代快报》上刊登《弃婴公告》。对此,黄某表示不知情。龚某知悉上述情况后,于2014年12月12日到姜堰区公安局俞垛派出所报警,后在俞垛派出所介入处理下,姜某、张某将龚某某交由黄某抱回抚养。龚某遂诉至法院,要求确认黄某、姜某、张某送、收养龚某某行为无效,变更龚某某由龚某抚养,黄某承担抚养费。诉讼过程中,龚某坚持称非婚生女龚某某目前仍在姜某、张某夫妇处生活,但黄某、姜某、张某均称非婚生女龚某某目前在黄某处生活。对此,双方均未提供证据予以证实。另查明,龚某为与黄某就非婚生女龚某某抚养关系变更一案曾于2014年10月15日诉至原审法院,在审理该案的庭审过程中,黄某曾称非婚生女龚某某“已送给我姜堰的朋友收养,手续还在办理

过程中”,后要求其提供收养人具体情况,其拒绝提供。后龚某撤回起诉。

原审法院认为:收养应当有利于被收养的未成年人的抚养、成长,保证被收养人和收养人的合法权益,遵循平等自愿原则,并不得违背社会公德。有特殊困难无力抚养子女的,须经生父母双方共同送养,收养人收养与送养人送养,须双方自愿,并应当向县级以上人民政府民政部门登记。收养关系自登记之日起成立。只有在收养查找不到生父母的弃婴和儿童的,办理登记的民政部门才应在登记前予以公告。本案中,黄某未经龚某同意,在龚某不知情的情况下,擅自将龚某某送给姜某、张某收养,姜某、张某收养龚某某后,在明知龚某某生父母具体下落的情况下,以收养弃婴的名义,到姜堰区政府民政部门申请办理登记,违反了法律的强制性规定,亦有违社会公德。故龚某要求确认黄某送养,姜某、张某收养龚某某的行为无效,于法有据,应予以支持。因经泰州市姜堰区俞垛派出所处理,非婚生女龚某某已回到黄某处抚养,故因收养行为无效导致的法律后果,不再处理。原审法院在审理(2014)泰兴戴民初字第0837号民事案件庭审中,黄某曾称非婚生女龚某某“已送给我姜堰的朋友收养,手续还在办理过程中”,且在原审法院要求下其拒绝提供收养人具体情况,故对黄某、姜某、张某辩称的,姜某、张某是在未征得黄某同意的情况下,私自去泰州市姜堰区民政局欲以弃婴名义办理收养手续,及黄某与姜某、张某之间关于龚某某的抚养仅是代养或寄养关系的陈述,不予采信。龚某虽然在2014年8月27日的协议中同意黄某在出现其他原因时可以将龚某某送养他人,但从亲情及有利于子女健康成长角度出发,黄某在将龚某某送养他人收养时仍应征得龚某同意,并应告知龚某收养人的具体情况。但黄某在将龚某某送至姜某、张某处收养时,未征得龚某同意,且拒绝向龚某提供收养人的信息,显属违法,侵害了龚某的监护权。

考虑非婚生女龚某某目前尚未满两周岁,且黄某此前存在将龚某某非法送养的违法行为,从有利于小孩健康成长角度出发,现龚某某以随龚某生活为宜。故对龚某要求变更非婚生女龚某某由其抚养的诉讼请求,予以支持。由黄某依法贴补抚养费,标准以每年5000元为宜,直至龚某某满十八周岁时止。

综上所述,为保护合法的收养关系,保障未成年子女的合法权益,依照《收养法》第十条、第十一条、第十五条、第二十五条,《婚姻法》第二十一条、第二十五条,《民事诉讼法》第一百四十二的规定,判决:非婚生女龚某某由龚某抚养,黄某应于判决发生法律效力之日起十五日内将龚某某送至龚某处生活。黄某每年支付龚某某抚养费5000元,此款从2015年开始由黄某于每年9月底前给付龚某,直至龚某某满十八周岁时止。

上诉人黄某不服上述民事判决,向本院提起上诉称:(1)2014 年 8 月,龚某将非婚生女遗弃在某律师事务所,后经多方协调才达成调解协议;(2)龚某无固定居所、无固定职业、无生活来源,不具备抚养非婚生女的条件和能力;(3)非婚生女与黄某共同生活,已培养了浓厚的感情,若变更抚养权对小孩身心健康不利;(4)黄某并不清楚姜某、张某私自去民政局办理收养手续。

被上诉人龚某答辩称:原审法院认定事实清楚,适用法律准确,程序合法,请求二审依法予以维持。(1)龚某某取名随母姓,户口落户于龚某处,黄某作为龚某某的父亲在出生证明中不敢留名,明显违背情理;(2)因黄某拟将小孩送于他人抚养,龚某才愤然离去,将小孩留在某律师事务所;(3)龚某目前居住在兴化戴南镇管家村,其父亲的房屋内,并在戴南河姚壮壮幼儿园任生活老师;(4)黄某将非婚生女交由姜某、张某抚养,未与非婚生女共同生活过,且黄某的家人不能容忍非婚生女在其家庭生活。

原审被告姜某、张某述称:愿意将小孩给黄某、龚某抚养。二审中,上诉人黄某未有新证据提交,被上诉人龚某向本院提交两份证据。(1)兴化市戴南镇河姚壮壮幼儿园出具的证明一份,证实龚某于今年春节后应聘担任该幼儿园生活老师;(2)兴化市戴南镇管家村村委会出具的证明一份,证实龚某目前居住在管家村父母亲处。

上诉人黄某质证认为,对两份证据的真实性有异议,依据证据规则,幼儿园的负责人和村委会的负责人应当出庭作证,另幼儿园应当提供劳动合同或缴纳保险的相关凭证,村委会的证明也仅仅能够说明龚某暂住在其父母亲处,并不享有该房子的所有权。本院认证认为,黄某对两份证据均有异议,根据民事诉讼证据规则,证人应当出庭作证,接受当事人质询,龚某也没有提供其他证据予以佐证,本院不予认可。

本院认为,收养应当有利于被收养的未成年人的成长,遵循平等自愿原则,不得违背善良风俗。收养法明确规定只有丧失父母的孤儿、查找不到生父母的弃婴和儿童、生父母有特殊困难无力抚养的子女才可以被收养,且生父母送养子女,须双方共同送养。本案中,姜某、张某在明知龚某某生父母的情况下,以收养弃婴的名义,到姜堰区民政部门申请办理登记,收养行为并不符合上述三种情形之一,违反了法律的强制性规定,且姜某、张某在未征得龚某某父母同意的情况下,私自去姜堰区政府民政部门办理收养手续亦违背公序良俗,姜某、张某收养龚某某的行为无效，因姜某、张某未能在民政部门办理收养登记手续，故对造成的法律后果，不再处理。对子女抚养问题，应从子女最佳利益原则出发，综合考虑父母双方的意愿、身体状况、经济条件、与子女的感情基础等。本案中，黄某与龚某达成协议，龚某某随黄某生活，但黄某在未征得龚某同意的情况下，私自将龚某某送至姜某、张某处收养，致使龚某某脱离父母的监管，黄某没有尽到保护被监护人的身体健康、照顾被监护人的生活等应有的义务，不利小孩健康成长，也侵害了龚某的监护权。起诉时，龚某某尚未满两周岁，且龚某某随母姓，户口亦登记在龚某处，原审法院综合双方当事人的生活现状，从保障未成年人的健康成长的角度出发，确定非婚生女随龚某生活，并判处黄某每年支付龚某某抚养费5000元，此款从2015年开始由黄某于每年9月底前给付龚某，直至龚某某满十八周岁时止，符合法律规定，本院予以确认。原审判决认定事实清楚，程序合法，依法应予维持，依照《民事诉讼法》第一百七十条第一款第（一）项之规定，判决如下：驳回上诉，维持原判。

**第一千零九十八条　收养人应当同时具备下列条件：**

**（一）无子女或者只有一名子女；**

**（二）有抚养、教育和保护被收养人的能力；**

**（三）未患有在医学上认为不应当收养子女的疾病；**

**（四）无不利于被收养人健康成长的违法犯罪记录；**

**（五）年满三十周岁。**

## 条文主旨

本条是关于收养人条件的规定。

## 条文精释

### 一、立法背景

收养人条件在《收养法》中属于关键性条款，关于收养人条件的立法最早可追溯至1991年《收养法》。1991年《收养法》第六条规定，“收养人应当同时具备下列条件：（一）无子女；（二）有抚养教育被收养人的能力；（三）年满三十五周岁”。1998年《收养法》在此基础上增加了一项，即“未患有在医学上认为不应当收养子女的疾病。”同时将收养人最低年龄降为了三十周岁。《婚姻家庭编(一审稿)》在1998年《收养法》基础上进行了进一步完善与修改,将第一项“无子女”改为了“无子女或只有一名子女”;本条在此基础上进一步完善,增加了一款关于收养人无不利于被收养人健康成长的犯罪记录的规定。上述修改表明,我国立法对收养人的导向转变。由于社会的发展与进步,待收养未成年人数量逐渐增多。为更好地维护待收养未成年人的利益,更好地发展收养制度,立法选择放宽对收养人的无子女的限制。同时,为更好地保障未成年人利益,防范收养中潜在的风险,本法增加规定了关于收养人背景与道德素质的要求,收养人不得有不利于被收养人健康成长的违法犯罪记录。

## 二、条文解释

根据本法规定,收养人应具备以下条件:

(一)无子女或者只有一名子女

无子女:主要指收养者未婚无子女(包括婚生子女、非婚生子女、养子女、有事实抚养教育关系的继子女)或已婚因生理缺陷而无子女,也包括已婚有生育能力但不愿生育子女的夫妇;或夫妻所生育子女死亡导致无子女。只有一名子女:这是本条新增的一种情况。原先仅规定无子女的原因在于我国之前提倡一对夫妻仅能生育一个子女,因此为防止当事人借收养规避法律,只有无子女者才可收养子女。而2015年12月27日,全国人大常委会表决通过了《人口与计划生育法》,“全面二孩”于2016年1月1日起正式实施。“全面二孩”是指所有夫妇,无论城乡、区域、民族,都可以生育两个孩子。实施“全面二孩”政策,是继“单独二孩”政策之后生育政策的进一步调整完善,这是中央基于我国人口与经济社会发展的形势而作出的重大战略决策。因此,本条增加了收养人只有一名子女的情形。本处调整,是法律适应社会现实状态的生动体现,也使法律之间更加协调,有利于法律的体系化与法律的实施。

(二)有抚养、教育和保护被收养人的能力

历史角度而言,收养制度的主要目的是保障被收养儿童的合法权益。为了保护未成年人的身心健康发展,促进他们在德智体美劳方面全面发展,收养人应当具备抚养子女的经济能力和素质品质。具体而言,一方面,收养人要有足以保障未成年子女健康成长的经济能力;另一方面,“父母是孩子最好的老师”,为了对未成年人子女进行更好的教育,也要求收养人有良好的意志品质,从而更好地“言传身教”。

(三)未患有在医学上认为不应当收养子女的疾病

在医学上认为不应当收养子女的疾病,主要指精神病和传染病。精神疾病包括:精神分裂症、精神抑郁症等有精神障碍的疾病。传染病包括:我国《传染病防治法》规定的鼠疫、霍乱等甲类传染病,病毒性肝炎、细菌性和阿米巴性痢疾、伤寒和副伤寒、艾滋病、淋病、梅毒、脊髓灰质炎、麻疹、白喉、流行性脑脊髓膜炎、猩红热、流行性出血热、狂犬病、钩端螺旋体病、布鲁氏菌病、炭疽病、流行性和地方性斑疹伤寒、流行性乙型脑炎、黑热病、登革热等乙类传染病,肺结核、血吸虫病、丝虫病、棘球虫幼病、麻风病、流行性腮腺炎等丙类传染病。对患精神病在发病期内的或者对患传染病在传染期内的,收养人应当暂缓收养。[①] 这一规定有两方面原因:一方面,收养人患有上述疾病,很难保障被收养人的身体健康,收养制度的目的也难以达成;另一方面,收养人患有疾病,也很难负担起抚养、教育养子女的责任。

(四)无不利于被收养人健康成长的违法犯罪记录

新增本规定是为了更好地保障被收养人的利益。为了避免收养人的合法权益受到侵犯,法律预先对收养人的身份背景及道德水平设立限制条件。对于具有不利于被收养人健康成长的违法犯罪记录的收养人,法律剥夺其收养子女的权利:一方面,法律通过强制力降低被收养人可能遭受的危险;另一方面,这也是犯罪成本增加的一种体现,体现了法律的指引作用。

(五)年满30周岁

本条规定是出于对生育时间的考虑。收养制度是指公民依法收养他人子女,从而使收养人和被收养人之间建立拟制亲子关系的民事法律行为。法律规定收养人需年满30周岁的同时规定被收养人应为未成年人,两者之间的年龄差有利于收养人与被收养人之间更好地确立亲子关系,也有利于保障收养人具有稳定的经济能力和更好地承担作为养父母的责任,抚养照顾被收养人。同时,收养人年满30周岁也适应了不育夫妇正常的心理变化,使其对被收养的孩子更加珍爱,更有利于被收养的未成年人的健康成长。这一规定与世界各国收养法规对年龄的限制也较为接近。德国《民法典》第1743条规定,一般情况下收养人必须年满25周岁,夫妻共同收养时,一方应满25周岁,另一方应满21周岁。[②]《俄罗斯联邦法

---

① 江苏省沭阳县人民法院政府网站,网址 http://www.shuyang.gov.cn/zgsy/003/20171009/003001007002_bc283729-3bf2-411f-93af-c2c7d2abbc91.htm,最后访问日期:2019年8月26日。

② 陈卫佐译注:《德国民法典》(第3版),法律出版社2010年版,第503页。

典》规定成年、单身收养的,年龄差距为16岁以上。瑞士《民法典》第264条规定,单独收养,须未婚者年满35周岁或年满25周岁的已婚者因其配偶持续无判断力、下落不明已逾两年或者判决分居满3年而不能共同收养时方可。英国收养法规定,单身收养时候,年满21岁即可,夫妻共同收养时,夫妻均年满21岁并至少一方在联合王国或海峡群岛有住所。《日本民法典》第792条规定,已经成年的人可以收养子女。

## 关联案例

**(2019)黔03民终3400号**

本院认为,《收养法》第六条规定,收养人应当同时具备下列条件:(1)无子女;(2)有抚养教育被收养人的能力;(3)未患有在医学上认为不应当收养子女的疾病;(4)年满三十周岁。第十五条第一款规定,收养应当向县级以上人民政府民政部门登记。收养关系自登记之日起成立。第二十三条规定,自收养关系成立之日起,养父母与养子女间的权利义务关系,适用法律关于父母子女关系的规定;养子女与养父母的近亲属间的权利义务关系,适用法律关于子女与父母的近亲属关系的规定。养子女与生父母及其他近亲属间的权利义务关系,因收养关系的成立而消除。邹某仙、仇某桥不具备收养条件,且收养行为未在民政部门办理登记,收养关系不成立,邹某仙、仇某桥与仇某玉之间不构成养父母子女关系,仇某玉与其生父母及其他近亲属间的权利义务关系并未消除,根据最高人民法院《关于审理人身损害赔偿案件适用法律若干问题的解释》第一条"因生命、健康、身体遭受侵害,赔偿权利人起诉请求赔偿义务人赔偿财产损失和精神侵害的,人民法院应予受理。本条所称'赔偿权利人',是指因侵权行为或者其他致害原因直接遭受人身损害的受害人、依法由受害人承担抚养义务的被扶养人以及死亡受害人的近亲属"之规定,本案的赔偿权利人为仇某玉的近亲属,故上诉人邹某仙主张其系本案赔偿权利人的上诉请求不能成立,本院不予支持。一审认定的精神损害抚慰金、办理丧葬事宜的误工费、交通费适当,本院不作调整,故上诉人邹某仙主张以上费用认定过低的上诉请求不能成立,本院不予支持。

综上所述,邹某仙的上诉请求不能成立,应予驳回;一审判决认定事实清楚,适用法律正确,应予维持。依照《民事诉讼法》第一百七十条第一款第(一)项之规定,判决如下:驳回上诉,维持原判。

**第一千零九十九条　收养三代以内旁系同辈血亲的子女，可以不受本法第一千零九十三条第三项、第一千零九十四条第三项和第一千一百零二条规定的限制。**

**华侨收养三代以内旁系同辈血亲的子女，还可以不受本法第一千零九十八条第一项规定的限制。**

## 条文主旨

本条是关于公民收养三代以内同辈旁系血亲的子女的特殊规定。

## 条文精释

### 一、立法背景

关于收养人条件的特殊规定，早在1991年《收养法》就有规定。1991年《收养法》第七条规定，年满35周岁的无子女的公民收养三代以内同辈旁系血亲的子女，可以不受本法第四条第三项、第五条第三项、第九条和被收养人不满十四周岁的限制。1998年《收养法》将“年满三十五周岁的无子女的公民”删去，直接规定“收养三代以内同辈旁系血亲的子女，可以不受本法第四条第三项、第五条第三项、第九条和被收养人不满十四周岁的限制”。本条将“被收养人不满十四周岁”的限制删去，是为与第一千零九十三条协调，第一千零九十三条改变了被收养人的条件，规定符合条件的未成年人就可被收养。因此，本条为与被收养人条件相匹配，也将“被收养人不满十四周岁”的限制条件删去。

### 二、争议观点

关于亲属间收养条件的放宽，有的学者认为，主要基于以下几点原因：首先，收养三代以内旁系同辈血亲的子女，是我国传统的风俗习惯；其次，这种收养的当事人间经了解且有血缘关系，此种收养关系感情基础相对牢固且可进一步稳定家庭关系①，也更有利于被收养人利益的保护，促进其健康成长。还有学者认为，此类收养关系的特殊性在于，收养行为主体间具有一定身份关系，出于对我国近亲

① 杨遂全编著：《婚姻家庭亲属法学》，清华大学出版社2011年版，第169页。

属间收养传统习俗的遵循，也为了照顾华侨利益，适当放宽收养条件更有利于促进亲属关系的和谐。

## 三、条文解释

本条是关于收养三代以内旁系同辈血亲的子女的特殊规定。本法第一千零九十八条是对收养人作出一般性规定，而本条对收养作出了特殊规定，主要针对以下几种情况：

（一）公民收养三代以内旁系同辈血亲的子女

三代以内旁系同辈血亲的子女指的是同胞兄弟姐妹、堂兄弟姐妹、表兄弟姐妹的子女，侄（甥）子女、堂侄（甥）子女、表侄（甥）子女等。由于我国民间历来有亲属间收养（过继）习俗，且当事人之间本来就是近亲属，相互比较了解情况，且存在一定的血缘关系，感情基础较牢靠。因此，立法对此类收养放宽了要求。公民收养上述未成年人时，可以不受生父母有特殊困难无力抚养、收养异性子女年龄差40岁的限制，即使生父母有抚养能力或者相差不到40岁均可被收养。

（二）华侨收养三代以内旁系同辈血亲的子女时

华侨收养三代以内旁系同辈血亲的子女时，还可以不受无子女或只有一名子女的限制。也就是说，华侨即使已有两名及以上子女，还可以收养三代以内旁系血亲的子女。我国规定收养人子女数量限制的根源在于我国的计划生育政策。华侨通常居住在国外，可以不受我国计划生育政策的影响。因此，其可以不受子女数量的限制。

## 关联案例

### 一、（2015）蚌山民一初字第01317号

本院审理查明的案件事实为：原告姊妹四人，老大孙某丙、老二葛某能、老三早已去世、老四孙某甲，孙某甲与王某乙达婚后无子女。1965年春季，葛某能的女儿孙某乙随孙某甲夫妇到蚌埠共同生活，由于孙某乙当时仅一岁多，只会喊“嘟嘟”“豆豆”，后来一直延续下来喊孙某甲姑姑、王某乙达舅舅。1977年8月12日，孙某乙的户籍以养女的名义迁入原告的家庭户口中，直至1994年3月原告、被告才分开单住。

2001年1月29日王某乙达病逝，孙某乙与丈夫为王某乙达办理了丧事。2015年3月5日，孙某甲向安徽省蚌埠市众信公证处申请办理继承权公证，要求

继承王某乙达的遗产，并提交了相关证明材料，蚌埠市众信公证处出具了(2015)皖蚌众公证字第5109号公证书，证明王某乙达的遗产由其妻子孙某甲继承。孙某乙得知后，带着相关证明材料到公证处查询，公证处于6月9日至函蚌埠市房地产产权市场管理处，要求对上述房屋产权予以冻结，原告遂诉讼来院。另查明，孙某乙原名葛某文，1977年8月12日迁入原告户口时改名，后更名为孙某乙。孙某乙的生父葛某能一直在安徽省居住生活至今。本院认为：原告、被告之间虽未办理收养手续，但被告系原告哥哥的女儿，自小到蚌埠与原告夫妇共同生活30余年，并经公安部门依照国家有关规定办理户口登记，被告虽未称呼原告夫妇为“爸、妈”，但从公安户籍证明和原告丈夫王某乙达、被告的个人档案，均可反映原、被告之间存在事实收养关系，且证人亦都证明原、被告共同生活多年，被告照顾原告夫妇的日常生活，并为原告丈夫王某乙达办理丧事，故对原告要求判决原、被告不存在收养关系的请求，本院不予支持。依照《收养法》第二条、第四条、第六条、第七条、第十六条之规定，判决如下：驳回原告孙某甲的诉讼请求。

## 二、(2016)京0114民初4402号

本院认为，当事人对于自己的主张有提供证据的义务，如未提供相应证据，应承担举证不能的不利后果。本案的争议焦点之一为：李某成及其父李某恒与李某珍及其母刘某芝之间存在何种亲属关系。该问题可进一步分解为：(1)李某成主张刘某芝与李某恒之父签订“过继书”一节是否成立；(2)如若“过继书”真实存在，其在当下的法律体系中如何定性。关于问题1，李某珍在2016年8月23日的询问笔录中确认李某恒是过继给其母刘某芝的，其与李某恒是“亲哥们儿”，李某成是她侄子。至于过继的具体时间，李某成主张是1932年；李某珍不记得其父具体的去世时间，对李某恒过继给其母刘某芝的时间亦未提及。故根据李某珍的笔录以及涉案宅院的使用历史，本院认定李某恒与刘某芝之间存在过继关系。关于问题2，首先需确认过继的基本概念。《现代汉语词典》第5版定义过继为，把自己的儿子给没有儿子的兄弟、堂兄弟或亲戚做儿子；没有儿子的人以兄弟、堂兄弟或亲戚的儿子为自己的儿子；百度百科对过继有更详细的解释：指自己没有儿子，收养同宗之子为后嗣。也指入养父之家为其后嗣。是传统宗族观念中的一种收养行为。大多数是为了延续男性继承人而为之。当一个家庭需要后嗣时，就从宗族或其他亲属中，收养一位子女以维持祭祀香火或男性继承人。即使一名男性无子身亡，家族仍可为其选择一位嗣子，形成亲子关系。从上述概念可以发现，过继是

传统宗族观念中为延续男性继承人而为之的一种特殊收养行为。该种收养行为在《收养法》中固然没有明确的规定(至少本案原告之母刘某芝就不具备收养法第六条规定的收养人应当具备的条件),但《收养法》第七条规定,“收养三代以内同辈旁系血亲的子女,可以不受本法……和被收入不满14周岁的限制”,背后实际隐含着允许收养人收养同宗之子为后嗣的立法目的,是对我国传统宗族观念的部分肯认。综合全案实情,本院权衡历史与现状、传统与法律后,决定参照适用《收养法》的相关规定,肯定刘某芝与李某恒之间存在养母子关系。本案的争议焦点之二为:1952年谁出资出力建设北房三间。李某珍称系李刘氏与李某珍所建,李某成等十被告均称系李某恒与高某珍所建。本案庭审中,李某珍称李某茹的丈夫也出资帮助建房。双方当事人均未能提供相应证据证明己方陈述,故本院结合相关人员当时的年龄、收入以及生活情况等因素推定该房屋系李刘氏、李某恒与李某珍共同建造,本院酌定李刘氏的份额为40%、李某恒的份额为40%、李某珍的份额为20%。2011年,因原北房年久失修,李某成将原北房三间翻新、修缮,考虑到李某成对房屋的贡献以及原房屋价值的转化,本院酌定李某珍对现北房三间享有10%的份额。经本院释明,李某珍坚持以所有权确认纠纷案由起诉,按照“不告不理”的诉讼原则,其后发生的继承关系不属于本案审理范围。《土地管理法》第十六条规定:“土地所有权和使用权争议,由当事人协商解决;协商不成的,由人民政府处理。单位之间的争议,由县级以上人民政府处理;个人之间、个人与单位之间的争议,由乡级人民政府或者县级以上人民政府处理。当事人对有关人民政府的处理决定不服的,可以自接到处理决定通知之日起三十日内,向人民法院起诉。在土地所有权和使用权争议解决前,任何一方不得改变土地利用现状。”宅基地使用权争议,不属于人民法院民事案件受理范围。李某珍如对×村×号院宅基地的使用权有争议,应通过合法途径解决。对于李某林的身份信息,李某萍称李某林于1927年出生、30多岁时去世,双方当事人均未能提供李某林及其继承人的具体身份信息,本院亦无法核实李某林及其继承人的身份,故本院无法追加李某林的相关继承人参与本案诉讼。综上所述,依据《物权法》第二条、第四条之规定,判决如下:一、原告李某珍享有北京市昌平区×镇×村×号院内现北房三间10%的份额。二、驳回原告李某珍的其他诉讼请求。

**第一千一百条　无子女的收养人可以收养两名子女；有子女的收养人只能收养一名子女。**

**收养孤儿、残疾未成年人或者儿童福利机构抚养的查找不到生父母的未成年人，可以不受前款和本法第一千零九十八条第一项规定的限制。**

## 条文主旨

本条是关于收养人数限制的规定。

## 条文精释

### 一、立法背景

关于收养人数的限制最早出现在1991年《收养法》第八条中，该条规定，“收养人只能收养一名子女。收养孤儿或者残疾儿童可以不受收养人无子女和年满三十五周岁以及收养一名的限制”。1998年《收养法》将其进行了修改，规定收养孤儿、残疾儿童或者社会福利机构抚养的查找不到生父母的弃婴和儿童，可以不受收养人无子女和收养一名的限制。主要有两个变动：(1)对于社会福利机构抚养的查找不到生父母的弃婴和儿童，收养人可以不受子女数量限制。这是由于随着社会进步，社会福利机构承担了许多扶养弃婴和查找不到生父母儿童的职责，负担沉重，不利于被收养人的健康成长。而这类弃婴和儿童同样更需要养父母的关心与关爱，需要回归正常家庭。因此，法律上将收养这些弃婴或儿童的收养人子女数量限制取消，这是贯彻保障收养人利益原则的体现。(2)“收养人年满三十五周岁”的放宽条件被删去。原因是立法考虑到相比于普通被收养人，孤儿或者残疾儿童更需要来自养父母的关心关爱，对养父母的能力等要求更高。因此，不能仅仅因为要缓解社会压力而放松孤儿或残疾儿童的权益保护。本条在1998年《收养法》的基础上，结合社会发展的新趋势进行了修改：(1)规定“无子女的收养人可以收养两名子女，有一名子女的收养人只能收养一名子女”。这是由于收养人条件已经发生变化，从“无子女”改为了“无子女或仅有一名子女”。(2)将“查找不到生父母的弃婴和儿童”改为了“查找不到生父母的未成年人”。这是由于本编已将被收养人条件从“十四周岁以下的儿童”改为了“未成年人”。为了保持法条间的统一性，本条相应进行了修改。(3)本条还将“社会福利机构”改为“儿童福利机构”,这是机构职能细化的结果,《未成年人保护法》规定,“对孤儿、无法查明其父母或者其他监护人的以及其他生活无着的未成年人,由民政部门设立的儿童福利机构收留抚养”。这一修改体现了法律条文之间的协调性,是法律的完善。

## 二、争议观点

有学者认为,对于孤儿、残疾儿童或儿童福利机构抚养的查找不到生父母的未成年人,此类收养具有典型的救助弱小的人道主义性质,既有利于减少国家福利机构的负担,也更能保障亟须救助的未成年人得到更好的生活条件,更好地成长,因此此类收养行为应得到大力支持与提倡,适当放宽收养条件就是国家提倡此类行为最直接的体现。①

## 三、条文解释

本条有两款规定:第一款是一般性规定,即收养人最多仅可有两个子女。若其无子女,可以收养两名子女;若其有一名子女,可以再收养一名子女;若其已有两名子女,不符合第一千零九十八条第一款关于收养人无子女或仅有一名子女的规定。这里的子女既包括有自然血缘关系的亲生子女,也包括拟制血缘关系的养子女,但不适用于华侨收养子女和继父或者继母收养继子女的情形。

第二款是例外情况,即对于孤儿、残疾未成年人或者儿童福利机构抚养的查找不到生父母的未成年人,可以不受收养人子女数量的限制。孤儿是指生父母已死亡或被宣告死亡的不满 18 周岁的未成年人。这是由于收养孤儿、残疾未成年人或者查找不到生父母的未成年人的行为是积极承担社会责任,体现了社会主义核心价值观,有利于弱势群体利益的保护。因此,只要收养人有抚养、教育和保护被收养人的能力,且未患有医学上认为不应当收养子女的疾病,无不利于被收养人健康成长的违法犯罪记录,不论其有几个子女,法律对其行为予以支持与鼓励。

## 关联案例

### (2009)郑行终字第 37 号

本院认为,《河南省人口与计划生育条例》第三十八条第一款第二项规定,不

---

① 陈苇主编:《婚姻家庭与继承法学》(第 3 版),群众出版社 2017 年版,第 167 页。

符合本条例规定生育三个以上子女的,每多生育一个子女,分别按男方和女方所在地上一年度城镇居民人均可支配收入的六倍征收社会抚养费。第二款规定,违法收养子女的,按前款规定处理。《收养法》第八条第二款规定,收养孤儿、残疾儿童或者社会福利机构抚养的查找不到生父母的弃婴和儿童,可以不受收养人无子女和收养一名的限制。丁某华再婚前收养两名弃婴,符合法律规定,且郑州市民政局的收养证也可以证明被上诉人收养的两个子女均系合法收养。上诉人将合法收养的子女一并记入政策外生育子女人数计算征收社会抚养费不当,其征收决定对违法事实及性质认定不当,系适用法律法规错误,依法应予撤销。一审判决适用法律正确、程序合法,应予维持;上诉人上诉理由不能成立,其请求,本院不予支持。根据《行政诉讼法》第六十一条第(一)项之规定,判决如下:驳回上诉,维持原判。

**第一千一百零一条　有配偶者收养子女,应当夫妻共同收养。**

## 条文主旨

本条是关于夫妻共同收养的规定。

## 条文精释

### 一、立法背景

关于双方收养的规定,最高人民法院在 1984 年 8 月 30 日通过的《关于贯彻执行民事政策法律若干问题的意见》第 27 条即有规定。该条规定,"养父母中有一方在收养时虽未明确表示同意,但在收养后的长期共同生活中,已形成了事实上收养关系的,应予承认。夫或妻一方收养的子女,另一方始终不同意的,只承认与收养一方的收养关系有效"。该条已暗含了双方收养的规定。1991 年《收养法》第十条明确规定,"生父母送养子女,须双方共同送养。生父母一方不明或者查找不到的可以单方送养。有配偶者收养子女,须夫妻共同收养"。该条将共同收养与共同送养列于同一条文的两款,仅规定了有配偶者收养子女共同收养的情形,未规定例外情形。1998 年《收养法》基本沿用这一规定。《婚姻家庭编(二审稿)》在此基础上增加了"单方收养",即当一方为无民事行为能力人或者被宣告失踪的,可以单方收养。本条主要有两个变动:一是将“须”改为“应当”;二是删去了单方收养的规定,主要原因是当前理论与实务界对单方收养的争议较大且未形成共识。

## 二、争议观点

单方收养与共同收养是以收养人人数为分类标准。共同收养,即夫妻双方共同收养。单方收养,即收养人为单独一人,包括收养人为单身与收养人为已婚但夫妻一方收养两种情形。无配偶者收养子女基本上为各国收养立法所允许,如《德国民法典》第 1741 条、《法国民法典》第 343－1 条及《英国收养法》第 15 条都已明确规定收养人为单身时的单方收养。我国虽未明确规定,但本法第一千零九十八条关于收养人的条件之规定并未对单身收养人加以限制,仅对收养人的子女数量、抚养能力、身体状况、年龄等加以限制。因此,符合条件的单身收养人可以收养子女。而对于已婚夫妇的单独收养,目前许多国家以夫妻共同收养为原则,特殊情况下允许夫妻一方收养为例外。法国法律规定,当一方处于不能为意思表示的情况下,另一方可以单独收养;英国等国家允许非婚生子女的生父或生母单独收养。①

## 三、条文解释

本条是对收养人条件的补充性规定,收养人除了要符合本法规定的基本收养条件外,还需要满足以下条件,即夫妻收养子女时,应当共同收养。本条之立法目的为,由于收养完成后收养人、被收养人需要在一个家庭中朝夕相处。因此,为了家庭的和睦与被收养人在和睦环境健康成长,法律规定了有配偶者收养以共同收养为原则,尽量避免夫妻一方擅自收养所致的不利后果。

## 关联案例

### (2018)京 03 民终 1990 号

本院认为:根据《最高人民法院关于毛玉堂与毛新国的收养关系能否成立的复函》的相关规定,直系血亲不能建立收养关系。根据查明的事实,安某与张某一

① 陈苇主编:《婚姻家庭与继承法学》(第 3 版),群众出版社 2017 年版,第 161 页。

系祖母孙女关系，属于直系血亲，不能建立收养关系。《收养法》第十条第二款规定，有配偶者收养子女，须夫妻共同收养。张某二、安某系夫妻关系，张某二亦不能单独与张某一建立收养关系。虽然户口本登记张某二、安某与张某一系父母子女关系，但双方均未能提供收养登记证、收养事实证明或收养公证书等证据证明其已建立事实收养关系。张某二、安某起诉要求解除的法律关系不存在，不符合民事诉讼法规定的起诉条件，本院不予受理。一审法院认定双方构成事实收养关系并判决解除该收养关系，属于事实认定错误，本院予以纠正。依照《民事诉讼法》第一百一十九条、《民诉法解释》第三百三十条规定，裁定如下：一、撤销北京市平谷区人民法院（2017）京0117民初10168号民事判决；二、驳回张某二、安某的起诉。

**第一千一百零二条　无配偶者收养异性子女的，收养人与被收养人的年龄应当相差四十周岁以上。**

## 条文主旨

本条是关于无配偶者收养他人所作的限制性规定。

## 条文精释

### 一、立法背景

关于单方收养的年龄限制最早可以在1991年《收养法》中找到原型，该法第九条规定，“无配偶的男性收养女性的，收养人与被收养人的年龄应当相差四十周岁以上”。1998年《收养法》沿用了这一规定。《婚姻家庭编（一审稿）》中，这一规定置于共同收养原则之前；二审稿将其置于共同收养规则之后，使条文逻辑顺序更为顺畅。在内容上，二审稿将主体从“无配偶的男性收养女性”，扩大到了“无配偶者及有配偶者单方收养异性子女”，即无配偶的或实行单方收养的男性或女性收养异性子女，年龄都应相差四十周岁以上。范围的扩张体现了对被收养人保护力度的扩大，也体现了法律完善与发展。但是由于目前对单方收养仍有较大争议，最终本条并未规定单方收养，留待理论与实践的进一步发展。

## 二、争议观点

各国大多要求养父母与养子女有一定年龄差距，主要原因有二：一是为保证收养关系的稳定；二是防止养父母子女因年龄相近而出现有违公序良俗的行为。如瑞士《民法典》第二百六十五条规定，养父母最少得比养子女年长16岁。法国《民法典》第三百四十四条规定，收养人必须较其拟收养的儿童大15岁。但如被收养人为其配偶原有的子女，其年龄差距可以降低至10岁。

## 三、条文解释

本条规定无配偶者收养异性子女，收养人与被收养人之间应保持四十周岁的年龄差。此外，本法还规定，收养三代以内旁系血亲子女的除外。收养人与被收养人之间年龄差的要求有两个构成要件：(1)收养人为无配偶。无配偶者主要指未结婚、离婚或丧偶等原因所致的单身者。(2)被收养人为收养人的异性。上述收养人往往形单影只，为了其现实生活，感受家庭氛围，实现老有所依，也为了使未成年人尽量回归家庭，感受家庭温暖，法律不能禁止上述群体收养子女。但是为了防止假借收养名义的性侵等不良行为的发生，我国对上述两种收养人收养异性子女时作出了更为严格的年龄限制，即收养人与被收养人需有40岁以上的年龄差。唯一的例外情况是，被收养人是收养人三代以内同辈旁系血亲。当收养三代以内同辈旁系血亲的子女时，性侵发生可能性相对较小，因此法律规定了这一例外情况。

## 关联案例

## 一、(2019)渝0152民初7481号

本院认为，收养是指公民根据法定条件和程序领养他人子女作为自己的子女，从而在收养人与被收养人之间确立父母子女关系的民事法律行为。根据法律规定，无配偶的男性收养女性的，收养人与被收养人的年龄应当相差四十周岁以上，本案中原告捡养被告时未婚，二人年龄相差仅33岁，其收养行为违反了法律规定，应为无效。另，收养应当向县级以上人民政府民政部门登记，收养关系自登记之日起成立，而本案中的收养行为并未办理登记，故其收养关系并未有效成立。依照《收养法》第九条、第十五条、第二十五条，《民事诉讼法》第一百三十四条之

规定,判决如下:确认原告赵某1收养赵某2的行为无效。

### 二、(2018)苏0312民初2849号

本院认为,《收养法》第九条规定,无配偶的男性收养女性的,收养人与被收养人的年龄应当相差四十周岁以上。本案中,被告王某珍未结过婚,没有配偶,其在1993年2月23日收养原告时,双方之间的年龄相差未达到四十周岁,因此,该收养关系无效,故对原告的诉请,本院予以支持。依照《收养法》第九条的规定,判决如下:原告王某婷与被告王某珍之间的收养关系无效。

**第一千一百零三条　继父或者继母经继子女的生父母同意,可以收养继子女,并可以不受本法第一千零九十三条第三项、第一千零九十四条第三项、第一千零九十八条和第一千一百条第一款规定的限制。**

## 条文主旨

本条是关于继父或者继母收养继子女的特别规定。

## 条文精释

### 一、立法背景

关于继父母收养继子女的规定,最早出现于1991年《收养法》第十四条。该条规定,"继父或者继母经继子女的生父母同意,可以收养继子女,并可以不受本法第四条第三项、第五条第三项、第六条和被收养人不满十四周岁的限制"。1998年《收养法》对此进一步扩张,继父母收养继子女还不受收养一名的限制。本条在此基础上进行了两个修改:(1)将被收养人不满十四周岁的表述在法条中删去,这是由于《婚姻家庭编》第一千零九十三条已经将被收养人不满14周岁的限制条件取消。本条也就无须画蛇添足,赘述"继父母收养继子女不受被收养人不满十四周岁的条件限制";(2)继父母收养继子女还不受收养人子女数量的限制。

### 二、争议观点

继父或继母对继子女收养关系成立的法律后果,学界颇有争议。有的学者认

为,我国实行的是完全收养制,即收养成立后,在确立收养人与被收养人父母子女关系的同时完全解除被收养人与其生父母间一切权利义务关系。因此,一旦继父或继母对继子女的收养关系成立,其与生父母的权利义务关系即解除,不会再发生抚养、教育、赡养、继承等一系列以身份权存在为前提的关系。而有的学者认为,继子女被继父或继母收养后,其身份即由继子女变成继父或继母的养子女,其与再婚关系一方之外的生父或生母之间的权利义务关系因收养关系的成立而消除。但是其与再婚关系之内的生母或生父一方仍保留原有的父母子女关系。[①] 因为本条之收养行为实质为子女的继父或继母单方收养继子女,其生父或生母本身即为自然血亲,不必参与收养。因此,终止的应当仅为不与该子女共同生活的生父或生母和子女之间的父母子女关系。我们认为,在继父母收养继子女时,继父母与被收养人之间为收养关系,而再婚关系之中的生父母与子女之间仍为原有的父母子女关系,即此时仅为单方收养。

## 三、条文解释

根据本条规定,继父或继母收养继子女,(1)应征得继子女的生父母同意;(2)不受下列条件限制:①被收养人为生父母有特殊困难无力抚养的子女;②送养人为有特殊困难无力抚养的生父母;③收养人应无子女或者只有一名子女;有抚养、教育或保护被收养人的能力;未患有医学上认为不应当收养子女的疾病;无不利于被收养人健康成长的违法犯罪记录;年满三十周岁。继子女与继父母之间仅有因生父母的再婚而形成的一般姻亲关系,如果双方有事实抚养教育关系,根据《婚姻家庭编》第一千零七十二条之规定,继子女与继父母间就形成拟制的父母子女关系。而根据《婚姻家庭编》第一千零八十四条之规定,父母与子女间的关系,不因父母离婚而消除。离婚后,子女无论由父或母何方直接抚养,仍是父母双方的子女。因此,此时对于继子女而言,形成了两个父母子女关系:一个是与生父母间的父母子女关系;另一个是与继父(母)间的父母子女关系。这双重父母子女关系可能因权利义务界定不明确而发生责任推诿的情形。因此,为了维护再婚家庭的稳定,也为了更好地保障继子女的权益,《婚姻家庭编》规定了继父母收养继子女时收养条件的宽松条件。同时,此条收养不受"有配偶者收养子女,应当夫妻共同收养"的限制,只需继父或继母单方收养即可。

---

① 巫昌祯主编:《婚姻与家庭继承法学》(第6版),中国政法大学出版社2017年版,第260页。

## 关联案例

**(2017)吉民申191号**

本院经审查认为,(一)关于王某六与王某一之间是否形成收养关系的问题。王某一母亲蒋某二(蒋某一)与王某六于1992年9月28日登记结婚,王某一主张王某六与其形成收养关系的主要书证为1998年9月15日的登记内容为王某六为户主、王某一为养女的公安机关户口登记簿。而《收养法》于1992年4月1日起施行,1999年4月1日起施行的全国人民代表大会常务委员会《关于修改〈收养法〉的决定》对《收养法》进行了修正。从法律施行的时间上看,认定王某六与王某一之间是否形成收养关系,应当适用修正前的《收养法》。王某一虽主张应适用最高人民法院《关于贯彻执行民事政策法律若干问题的意见》,但该意见于1984年8月30日起施行,而《收养法》于1992年4月1日起施行,根据法律优于司法解释性文件的原则,认定王某六与王某一之间是否形成收养关系,应当适用修正前的《收养法》。依照1991年《收养法》第十条第一款“生父母送养子女,须双方共同送养。生父母一方不明或者查找不到的可以单方送养。”第十四条“继父或者继母经继子女的生父母同意,可以收养继子女,并可以不受本法第四条第三项、第五条第三项、第六条和被收养人不满十四周岁的限制”及第十五条第二款“除前款规定外,收养应当由收养人、送养人依照本法规定的收养、送养条件订立书面协议,并可以办理收养公证;收养人或者送养人要求办理收养公证的,应当办理收养公证”规定,王某六如收养王某一,应当由王某一的生父母共同送养,且应订立书面协议。但王某一未提供其生父王某七同意送养的证据,同时又认可王某六和王某一生父母王某七、蒋某一之间未签署过关于王某六收养王某一的书面协议,因此王某六与王某一并未履行修正前的《收养法》规定的收养手续。依照1991年《收养法》第二十四条第一款“违反《中华人民共和国民法通则》第五十五条和本法规定的收养行为无法律效力”的规定,虽然王某一提交公安机关户口登记簿、吉林省靖宇县靖宇镇河北社区证明及证人证言证明收养关系事实存在,但公安机关不是办理收养登记的机关,公安机关户口登记簿将王某一登记为养女不具备《收养法》规定的收养登记的效力;社区证明材料及证人证言均不足以证明王某六与王某一之间履行了1991年《收养法》规定的收养手续,因此王某一所主张的收养行为并不具备《收养法》所规定的收养的法律效力。故王某六与王某一之间并未形成收养关系。(二)关于王某一是否系王某六有扶养关系的继女的问题。王某一母亲蒋某二(蒋某一)与王某六于1992年9月28日登记结婚后,王某一与王某六、蒋某一及王某三共同生活,王某六与王某一之间形成继父与有扶养关系的继女的关系。但蒋某二(蒋某一)与王某六于2002年6月4日调解离婚,此时王某一14周岁,蒋某一与王某六离婚时约定婚前个人所带子女由各自自行抚养。依照最高人民法院《关于人民法院审理离婚案件处理子女抚养问题的若干具体意见》第十三条"生父与继母或生母与继父离婚时,对曾受其抚养教育的继子女,继父或继母不同意继续抚养的,仍应由生父母抚养"的规定,王某六已明确表示不同意继续抚养王某一,王某一由其生母蒋某一自行抚养,因此王某六与王某一之间已形成的继父与有扶养关系的继女的关系因蒋某一与王某六离婚而解除。2005年8月30日蒋某一与王某六再次办理了结婚登记,此时王某一17周岁,王某一与王某六因蒋某一与王某六再次结婚形成继女与继父的关系。王某一虽主张其与王某六形成的是有扶养关系的继女与继父的关系,但王某一也认可期间其未与王某六共同生活。王某一虽主张王某六承担了其花费的一切费用,但没有提供足以证明其主张的证据。因此,王某一提供的证据不能证明王某六与蒋某一再次结婚后对其进行了抚养,不能证明王某六与其在蒋某一与王某六再次结婚后形成了扶养关系。2006年9月28日蒋某一与王某六办理了离婚登记,此时王某一已年满18周岁,已不涉及对王某一抚养的问题。王某一与王某六之间已形成的继女与继父的关系因蒋某一与王某六的再次离婚而解除。依照《继承法》第二条"继承从被继承人死亡时开始"及第十条第一款至第三款"遗产按照下列顺序继承:第一顺序:配偶、子女、父母。第二顺序:兄弟姐妹、祖父母、外祖父母。继承开始后,由第一顺序继承人继承,第二顺序继承人不继承。没有第一顺序继承人继承的,由第二顺序继承人继承。本法所说的子女,包括婚生子女、非婚生子女、养子女和有扶养关系的继子女"的规定,2012年5月13日王某六去世时未立有遗嘱,亦未立有遗赠协议,王某一既不是王某六的养女,又不是王某六有扶养关系的继女,因此王某一对王某六的遗产不享有继承权。另外,王某一主张适用的最高人民法院《关于继父母与继子女形成的权利义务关系能否解除的批复》,已被2013年1月18日施行的最高人民法院《关于废止1980年1月1日至1997年6月30日期间发布的部分司法解释和司法解释性质文件(第九批)的决定》废止。综上,王某一的再审申请事由不成立,本院对王某一的再审申请不予支持。依照《民事诉讼法》第二百零四条第一款,《民诉法解释》第三百九十五条第二款规定,裁定如下:驳回王某一的再审申请。

**第一千一百零四条　收养人收养与送养人送养，应当双方自愿。收养八周岁以上未成年人的，应当征得被收养人的同意。**

## 条文主旨

本条是关于收养关系主体自愿的规定。

## 条文精释

### 一、立法背景

关于当事人收养自愿的规定，早在最高人民法院《关于贯彻执行民事政策法律若干问题的意见》第二十七条即规定，"经生父母、养父母同意，有识别能力的被收养人也同意，又办了合法手续的收养关系，应依法保护"。这一法条明确了收养的成立需要经过送养人、收养人及有识别能力的被收养人的同意。为收养自愿规定的雏形。1991 年《收养法》规定，"收养人收养与送养人送养，须双方自愿。收养年满十周岁以上未成年人的，应当征得被收养人的同意"。1998 年《收养法》沿用了这一规定。本条在承袭前述条款的基础上，将"须"改为了"应当"，同时将被收养人意愿表达年龄由 10 周岁降为 8 周岁。

### 二、争议观点

收养是形成拟制血亲的一种协议，它必须确立在双方自愿的基础上，才能使收养关系稳定、持久。对于有识别能力的被收养人，法律也应充分考虑其意愿。域外立法中，对此也有规定。日本《民法典》第七百九十五条规定，有配偶者，不与其配偶共同为之，不得收养子女。但是，夫妻一方收养他方子女时，不在此限。瑞士《民法典》第二百六十四条、第二百六十五条规定，仅配偶双方可共同收养子女，非配偶人不得共同收养子女。"收养需经子女的生父母同意"。法国《民法典》第三百四十八条规定，子女被收养应经其父母双方同意，如父母中一方已死亡，或处于不能表达自己意志的状态，或丧失亲权时，有他方同意即可。[①] 而关于确定被收养儿童识别能力的标准，各国并不相同。法国规定 13 岁，德国规定 14 岁。

---

① 巫昌祯主编：《婚姻与家庭继承法学》（第 6 版），中国政法大学出版社 2017 年版，第 260 页。

## 三、条文解释

收养关系的成立需要各方当事人就收养达成一致同意。如果被收养人为不满8周岁的未成年人，需要收养人和送养人自愿同意；如果被收养人年满八周岁，收养关系的成立需要收养人、送养人、被收养人三方自愿达成合意。这一条件是由收养行为本身的契约性所决定的。作为一种确认身份关系的民事行为，收养的成立需要有意思能力的当事人一致同意加以确定。否则不仅构成了对他人权利的侵害，也违背了民法意思自治的基本原则。本条将被收养人意愿表达年龄划定为8周岁，是与《民法典》关于民事行为能力的划分关联。《民法典》规定，年满8周岁的未成年人为限制民事行为能力人，可以实施与其年龄、智力相适应的民事法律行为。因此，对于年满8周岁的未成年人，我国法律已经开始关注其意愿表达。作为被收养人，其真实意愿对其切身利益及日后收养关系的稳定都有着举足轻重的关系。因此，我国法律规定，对于8周岁以上的未成年人，在收养关系成立时应征得其同意。

**关联案例**

## 一、(2019)湘1102民初630号

本院认为：本案的争议焦点：(1)原告樊某芳与彭某某之间的抚养关系是否成立。(2)二被告是否补偿原告有关彭某某的生活费、教育费149722元。根据《收养法》第十一条、第十五条规定，收养人收养与送养人送养，须双方自愿。收养应当向县级以上人民政府民政部门登记，收养关系自登记之日起成立。该法律规定，阐明了两个条件：(1)收养人与送养人必须是双方当事人的真实意思表示；(2)收养关系必须经过登记才能成立。从本案所查明事实来看，二被告并未有将女儿彭某某送养给原告的意愿；原被告双方即无书面协议，也未有法定程序上的登记。据此，原告樊某芳与彭某某之间的收养关系不能成立。彭某某从出生至今都没有单独与原告生活。原告自结婚后一直与公婆共同生活，公婆对大家庭也未进行分家析产，每位成员按照自己情况分工负责。公婆、原告丈夫均在外做事，原告一人留在家被安排照看其妹妹的女儿彭某某，全家人生活开支均由公婆掌管。彭某某在彭家生活期间，二被告出于原告对彭某某一定的照顾和照看，不定时的给予原告现金补偿；在原告丈夫亡故后，二被告继续给予了原告经济上的帮助，帮

其偿付医疗费和贷款。由此来看,原告与二被告之间也不存在雇请关系。原告所提出的为彭某某在爱婴阁四医院店购买了奶粉、尿不湿、学费的诉请,二被告均未认可,原告所提供的证据单一,又未能向本院提供相关证据予以佐证,原告该诉请,本院不予以采纳和支持。综上所述,原告与彭某某之间即无法律上的抚养关系,也不存在原告与二被告之间的雇请关系。故原告要求二被告补偿原告有关彭某某的生活费、教育费以及原告生活费共计人民币 149722 元的诉请,无事实和法律依据,本院不予以支持。依照《收养法》第十一条、第十五条、《民事诉讼法》第六十四条和最高人民法院《关于民事诉讼证据的若干规定》第二条之规定,判决如下:驳回原告樊某芳要求被告彭某彬、唐某文补偿原告收养彭某某期间的生活费、教育费共计人民币 149722 元的诉讼请求。

**二、(2015)市中民初字第 2685 号**

本院认为,因自愿性有瑕疵而导致收养无效,是指未经被收养人的生父母双方同意而形成的收养关系(一方下落不明或查找不到的除外)。原告在明知被收养人王某乙生父的情况下未经其同意,以弃婴的方式向民政局办理收养手续,违反了《收养法》第十一条"收养人收养与送养人送养,须双方自愿"的规定,该收养行为应为无效行为。《民法通则》第五十五条、《收养法》第十一条的规定,判决如下:确认原告王某甲、董某收养被告王某乙的行为无效。

**第一千一百零五条　收养应当向县级以上人民政府民政部门登记。收养关系自登记之日起成立。**

**收养查找不到生父母的未成年人的,办理登记的民政部门应当在登记前予以公告。**

**收养关系当事人愿意签订收养协议的,可以签订收养协议。**

**收养关系当事人各方或者一方要求办理收养公证的,应当办理收养公证。**

**县级以上人民政府民政部门应当依法进行收养评估。**

## 条文主旨

本条是关于收养形式要件的规定。

## 条文精释

### 一、立法背景

关于收养的形式要件,1984 年《最高人民法院关于贯彻执行民事政策若干问题的意见》第 27 条规定,“经生父母、养父母同意,有识别能力的被收养人也同意,又办理了合法手续的收养关系,应依法保护”。该条指出了收养关系的成立不仅需要实质要件,还需要形式要件,但是并未明确具体有哪些形式要件。1991 年《收养法》第十五条规定,“收养查不到生父母的弃婴和儿童以及社会福利机构抚养的孤儿的,应当向民政部门登记。除前款规定外,收养应当由收养人、送养人依照本法规定的收养、送养条件订立书面协议,并可以办理收养公证;收养人或者送养人要求办理收养公证的,应当办理收养公证”。该条对收养查找不到生父母的孤儿、弃婴和社会福利机构抚养的孤儿规定了登记程序,同时强制订立书面收养协议,当事人要求办理收养公证时应当办理收养公证。1992 年民政部发布了《中国公民办理收养登记的若干规定》,规定了办理收养登记的具体方法和程序,将几种不同的程序细化。1998 年《收养法》对程序进行了进一步的修改,(1)明确收养关系成立始点为收养登记之日;(2)对收养查找不到生父母的弃婴和儿童,应在登记前公告;(3)收养协议由强制订立改为自愿订立,即取消了协议成立收养关系的程序,仅有书面收养协议,收养不能成立。《婚姻家庭编(三审稿)》基本沿袭该条文,进行了两个改动,(1)第八百八十四条第一款中增加“未办理收养登记的,应当补办登记”,主要目的为明确否定事实收养,重申收养登记的必要性。这反映了我国内地对收养行为国家监督作用的加强,与现代收养立法的发展接轨,增强收养制度的科学性;(2)第八百八十四条第二款中“查找不到生父母的弃婴和儿童”的表述改为了“查找不到生父母的未成年人”,这是为了与前述条款相适应,被收养人的条件已从“查找不到生父母的弃婴和儿童”改为了“查找不到生父母的未成年人”。因此,为了保持法条内部的体系,本条表述相应进行了修改。本条在此基础上进一步改动,删除“未办理收养登记的,应当补办登记”的表述。主要出发点为立法的简洁性与明确性,既然已经明确表示收养登记是收养关系成立的必要条件,无须再行规定如未登记,应当补办。

## 二、争议观点

关于收养的形式要件,各国立法均有规定,大致有两种立法例:一是法院裁决认可。日本《民法典》第七百九十八条规定,将未成年人收养为子女,应经家庭法院许可。但是将自己或配偶的直系卑亲属收养为子女时,不在此限。即日本收养的成立以家庭法院许可为形式要件,仅有收养直系卑亲属时存在例外。采同一立法例的还有德国、法国、英国、美国。二是行政机关批准制。例如,瑞士《民法典》规定,收养应由养父母住所地的州主管官厅宣告。关于事实收养。事实收养关系,指双方当事人符合法律规定的条件,但未办收养登记手续,便公开以养父母子女关系长期共同生活的行为。一般应具备下列条件:(1)收养当事人双方均须符合法律规定的条件;(2)收养人与被收养人公开承认其养父母子女关系,以父母子女相称并为群众及有关组织公认,双方相互有扶养的事实;(3)养子女与生父母在事实上已终止了父母子女间的权利义务关系;(4)未办理合法收养手续。1984 年最高人民法院《关于贯彻执行民事政策法律若干问题的意见》第二十八条规定,“亲友、群众公认,或有关组织证明确以养父母与养子女关系长期共同生活的,虽未办理合法手续,也应按收养关系对待”。该意见承认事实收养,但之后的《收养法》均不承认不符合法定形式的收养关系。因此,由于法不溯及既往,对于 1992 年 4 月 1 日《收养法》实施前的事实收养关系,我国予以承认。但是《收养法》实施后的新的收养关系,凡未依法履行收养成立程序的,法律不予承认。

## 三、条文解释

收养是变更亲属身份和权利义务关系的行为。通过收养行为,收养人与被收养人之间形成了父母子女间的身份关系。因此,收养关系的成立不仅需要当事人符合实质要件,还需要一定的形式要件,即履行一定的程序。本条规定了三种收养成立的程序,即收养登记、收养协议书、收养公证。其中,收养登记是必经程序,收养协议书和收养公证均非必经程序。

### (一)收养登记是收养成立的必经程序

收养关系的成立应当经县级以上民政部门登记,收养关系自登记之日起成立,未经登记收养关系不成立,收养人应当补办登记。设立收养行政登记程序的目的在于,使这类收养关系处于政府职能部门的直接监管之下,便于健全各种档案，以便有案可查，促进收养关系健康发展。

1. 办理收养登记的地域管辖

根据《中国公民收养子女登记办法》及《收养登记工作规范》的精神，办理收养登记的地域管辖规则为：(1)收养社会福利机构抚养的查找不到生父母的弃婴、儿童和孤儿的，在社会福利机构所在地的收养登记机关办理登记；(2)收养非社会福利机构抚养的查找不到生父母的弃婴和儿童的，在弃婴和儿童发现地的收养登记机关办理登记；(3)收养生父母有特殊困难无力抚养的子女或者由监护人监护的孤儿的，在被收养人生父母或者监护人常住户口所在地(组织作监护人的，在该组织所在地)的收养登记机关办理登记；(4)收养三代以内同辈旁系血亲的子女，以及继父或者继母收养继子女的，在被收养人生父或者生母常住户口所在地的收养登记机关办理登记。

2. 收养登记的程序

(1)申请。收养人应提交的材料：收养人应当向收养登记机关提交收养申请书和下列证件、证明材料：①收养人的居民户口簿和居民身份证；②由收养人所在单位或者村民委员会、居民委员会出具的本人婚姻状况、有无子女和抚养教育被收养人的能力等情况的证明，以及收养人出具的子女情况声明；③县级以上医疗机构出具的未患有在医学上认为不应当收养子女的疾病的身体健康检查证明。收养查找不到生父母的弃婴、儿童的，并应当提交收养人经常居住地卫生健康部门出具的收养人生育情况证明；其中收养非社会福利机构抚养的查找不到生父母的弃婴、儿童的，收养人还应当提交下列证明材料：①收养人经常居住地计划生育部门出具的收养人无子女的证明；②公安机关出具的捡拾弃婴、儿童报案的证明。收养继子女的，可以只提交居民户口簿、居民身份证和收养人与被收养人生父或者生母结婚的证明。对收养人出具的子女情况声明，登记机关可以进行调查核实。送养人应提交的材料：送养人应当向收养登记机关提交下列证件和证明材料：①送养人的居民户口簿和居民身份证(组织做监护人的，提交其负责人的身份证件)②《收养法》规定送养时应当征得其他有抚养义务的人同意的，并提交其他有抚养义务的人同意送养的书面意见。社会福利机构为送养人的，并应当一并提交弃婴、儿童进入社会福利机构的原始记录，公安机关出具的捡拾弃婴、儿童报案的证明，或者孤儿的生父母死亡或者宣告死亡的证明。监护人为送养人的，应当同时提交实际承担监护责任的证明，孤儿的父母死亡或者宣告死亡的证明，或者被收养人生父母无完全民事行为能力并对被收养人有严重危害的证明。生父母为送养人的，并应当提交与当地卫生健康部门签订的不违反计划生育规定的协议；有特殊困难无力抚养子女的，还应当提交送养人有特殊困难的声明。其中，因丧偶或者一方下落不明由单方送养的，还应当提交配偶死亡或者下落不明的证明。对送养人有特殊困难的声明，登记机关可以进行调查核实；子女由三代以内同辈旁系血亲收养的，还应当提交公安机关出具的或者经过公证的与收养人有亲属关系的证明。被收养人是残疾儿童的，并应当提交县级以上医疗机构出具的该儿童的残疾证明。

(2)审查。收养登记机关收到收养登记申请书及有关材料后，应当自次日起30日内进行审查。收养查找不到生父母的未成年人的，收养登记机关应当在登记前公告查找其生父母；自公告之日起满60日，该未成年人的生父母或者其他监护人未认领的，视为查找不到生父母的弃婴、儿童。公告期间不计算在登记办理期限内。这是为了确保未成年人查找不到生父母，保持收养关系的稳定与维护被收养人的切身利益。

(3)登记。对符合《收养法》规定条件的，为当事人办理收养登记，发给收养登记证，收养关系自登记之日起成立；对不符合《收养法》规定条件的，不予登记，并对当事人说明理由。

(二)当事人可以自愿订立书面收养协议

经收养人、被收养人双方同意，可以订立书面收养协议，该书面收养协议未经登记不产生收养的法律效力，不是收养成立的必经程序。该收养协议应符合《民法典》第一百四十三条关于民事法律行为有效条件之规定：(1)行为人有相应的民事行为能力；(2)意思表示真实；(3)不违反法律、行政法规的强制性规定，不违背公序良俗。否则该书面协议无效。

(三)允许办理收养公证

收养公证是公证机关对收养人领养他人子女作为自己子女行为的真实性、合法性予以证明的活动。其目的在于从法律上确认收养关系的成立，明确各方当事人的权利与义务，保护老人和儿童的合法权益，维护社会安定团结。该程序属于选择性程序，并非收养关系的必经程序。同时需要注意的是，公证应当是在办理收养登记和签订收养协议之后进行。如果尚未办理收养登记，仅就收养协议进行公证，只能证明收养协议的真实性与合法性，不能证明收养关系已经有效成立。而如果连收养协议都未签订，就无从公证。收养公证有以下几个步骤：

1. 申请。收养人与送养人须亲自到公证机关申请，并向该机关提交写明收养目的和抚育能力的收养申请书、身份证、户籍证明以及当事人所在单位或者居民委员会或者村民委员会出具的本人婚姻状况、家庭成员、身体健康状况、家庭经济能力、有无子女、有无不利于收养的犯罪前科等与收养条件相关联的各项证明材料。

2. 审查。公证机关进行审查，送养人是否达到送养条件，收养人是否达到收养条件，被收养人是否达到被送养条件，并权衡收养是否有利于被收养人的成长。

3. 办证。对于符合收养、送养条件的准予办理收养公证，发放收养公证证明；对于不符合收养、送养条件的，不予办理收养公证，并向收养关系当事人说明理由。

## 关联案例

### 一、（2019）川01民终19468号

本院认为，根据《收养法》第十五条规定，收养应当向县级以上人民政府民政部门登记，收养关系自登记之日起成立。本案中，陈某明与陈某元未向县级以上人民政府民政部门办理收养登记手续，不符合收养关系成立的法定要件，而《收养法》自1992年4月1日起施行后不再承认事实收养关系。陈某明主张其与陈某元在《收养法》施行前已形成事实收养关系，并提交所在村委会出具的证明，但该证明有关二人形成养父子关系的内容与此前该村村委会向一审法院陈述陈某元没有子女，在侄子陈某明家里吃饭不一致，且该证明上签字捺印人员的身份及真实性无法确定，本院不予采信，现有证据无法证明二人属于亲友、群众公认，或有关组织证明确以养父母与养子女关系长期共同生活，根据《民事诉讼法》第六十四条第一款“当事人对自己提出的主张，有责任提供证据”的规定，应当承担举证不能的法律后果，本院对陈某明该上诉主张不予支持。在此基础上，上诉人陈某明的其余上诉请求亦不成立。综上所述，一审判决认定事实清楚，适用法律正确，应予维持。依照《民事诉讼法》第一百七十条第一款第一项规定，判决如下：驳回上诉，维持原判。

### 二、（2019）粤01民终2957号

本院认为，《民事诉讼法》第一百六十八条规定，第二审人民法院应当对上诉请求的有关事实和适用法律进行审查。根据朱某的上诉请求，针对双方争议的主

要问题，本案二审争议的焦点在于被继承人朱某某与朱某之间是否存在收养关系。对此，本院发表评析意见如下：《收养法》第二条规定，“收养应当有利于被收养的未成年人的抚养、成长，保障被收养人和收养人的合法权益，遵循平等自愿的原则，并不得违背社会公德”；第十五条第一款规定，“收养应当向县级以上人民政府民政部门登记。收养关系自登记之日起成立”；可见，被收养人应为未成年人，且收养关系自登记之日起成立。对于发生于《收养法》实施前的收养关系，司法部《关于贯彻执行收养法若干问题的意见》作出相关规定，其中第一条规定，“公证机构应当按新收养法及有关法规、规章的规定，认真办好收养公证、解除收养关系公证，以及其他相关公证，如收养协议、亲属关系、解除收养关系协议、声明书、委托书等公证。原收养法实施期间建立的收养关系，符合原收养法规定的，公证机构可以给予公证；不符合原收养法规定的，公证机构不得办理收养或解除收养关系公证，但可对当事人之间抚养的事实进行公证”；第六条第一款规定：“对原收养法施行前发生的事实收养，公证机构仍按《司法部关于办理收养法实施前建立的事实收养关系公证的通知》（司发通〔1993〕125 号）规定办理事实收养公证。”另外，《司法部关于办理收养法实施前建立的事实收养关系公证的通知》规定：“对于收养法实施前已建立的事实收养关系，当事人可以申办事实收养公证。凡当事人能够证实双方确实共同生活多年，以父母子女相称，建立了事实上的父母子女关系，且被收养人与其生父母的权利义务关系确已消除的，可以为当事人办理收养公证。收养关系自当事人达成收养协议或因收养事实而共同生活时成立。办理事实收养公证由收养人住所地公证处受理。”从上述的法律和规章可见，对于《收养法》收养前发生的收养关系，在《收养法》实施后应补办相关的手续，对收养关系是否成立应以是否存在收养双方以父母子女的名义共同生活多年，且被收养人与生父母的权利义务确已消除的客观事实为标准。本案中，广州市公证处于 1981 年 4 月 20 日作出的（81）穗证字第 4256 号《亲属关系证明书》，是在原 1991 年《收养法》实施之前作出的，并非收养公证。在《收养法》实施后，朱某与朱某某并未补办收养登记手续。即便朱某与朱某某通过《亲属关系证明》形成了形式上的收养关系，由于办理该亲属关系公证时朱某已成年，不符合收养的条件，对办理公证前双方是否形成事实上的收养关系应以《司法部关于办理收养法实施前建立的事实收养关系公证的通知》规定进行审查。鉴于被继承人朱某某长期生活在香港，而朱某出生后至今均在广州生活的事实，现有证据不足以证实朱某与朱某某共同生活多年，以父母子女相称，建立了事实上的父母子女关系，且朱某亦未提供证据证明与其生父母的权利义务关系确已消除。因此，朱某提供证据不足以佐证朱某成年之前与朱某某形成了收养关系。从证据效力的角度分析，朱某为证明其与被继承人朱某某存在收养关系，提交了 1981 年广州市公证处出具《亲属关系证明》。李某认为《亲属关系证明》系朱某早期为申请前往香港而请求朱某某办理，并非收养公证。为此，李某提交了广州公证处出具的（2018）粤广广州第 074××××××号《公证书》，其中表述朱某某只收养李某一人，无其他子女，涉案房屋由李某一人继承，拟证明朱某并非朱某某的养子。两份公证书的内容相冲突。朱某二审阶段提供证人证言及朱某某的日记本拟证明其与朱某某存在事实抚养关系和曾经共同生活过，李某则认为证人与朱某存在亲属及利益关系，对证据的三性均不予认可。对此，本院认为，根据最高人民法院《关于民事诉讼证据的若干规定》（2001 年）第七十七条规定，证人提供的对与其有亲属或者其他密切关系的当事人有利的证言，其证明力一般小于其他证人证言。本案中，朱某在一审阶段并未申请证人出庭作证，二审提交朱某明等人的证人证言并不属于在举证期限内提交证据材料确有困难或一审判决作出之后才形成的新证据等情形，且该证人证言的证明力较小，不能单独作为认定案件事实的依据，朱某某的日记内容亦未能客观反映其生前与朱某存在共同生活、与朱某形成事实抚养关系的情况。最高人民法院《关于民事诉讼证据的若干规定》（2001 年）第七十三条规定："双方当事人对同一事实分别举出相反的证据，但都没有足够的依据否定对方证据的，人民法院应当结合案件情况，判断一方提供证据的证明力是否明显大于另一方提供证据的证明力，并对证明力较大的证据予以确认。因证据的证明力无法判断导致争议事实难以认定的，人民法院应当依据举证责任分配的规则作出裁判。"综合双方证据及本院前述分析，除《亲属关系证明书》外，在长达几十年的时间内，朱某某和朱某的其他法律文件或档案资料均没有反映出双方为母子关系，仅依《亲属关系证明》不足以证明朱某与朱某某形成收养关系，朱某依法不应享有继承权。综上所述，一审法院根据双方当事人的诉辩、提交的证据对本案事实进行了认定，并在此基础上依法作出一审判决，合法合理，且理由阐述充分，本院予以确认。本院审理期间，朱某既未有新的事实与理由，提交的证据亦不足以佐证其主张，故本院认可一审法院对事实的分析认定，即对朱某的上诉请求，不予支持。据此，审查一审认定事实清楚，判决并无不当，本院予以维持。依照《民事诉讼法》第一百七十条第一款第一项之规定，判决如下：驳回上诉，维持原判。

**第一千一百零六条　收养关系成立后，公安机关应当按照国家有关规定为被收养人办理户口登记。**

## 条文主旨

本条是关于户口登记的规定。

## 条文精释

### 一、立法背景

关于收养关系成立后的户口登记规定，1984 年最高人民法院《关于贯彻执行民事政策法律若干问题的意见》、1991 年《收养法》均无明确规定。在 1998 年《收养法》中，首次规定，“收养关系成立后，公安部门应当依照国家有关规定为被收养人办理户口登记”。这一条文首次明确收养关系成立后的户口登记。在此后的 1999 年，民政部出台《中国公民收养子女登记办法》第八条规定：“收养关系成立后，需要为被收养人办理户口登记或者迁移手续的，由收养人持收养登记证到户口登记机关按照国家有关规定办理。”

### 二、争议观点

户籍，又称户口，是指国家主管户政的行政机关所制作的，用以记载和留存住户人口的基本信息的法律文书，也是公民的身份证明。它是对自然人按户进行登记并予以出证的公共证明簿，记载的事项有自然人的姓名、出生日期、亲属、婚姻状况等。它是确定自然人作为民事主体法律地位的基本法律文件。本条规定是为了便于行政管理，规范社会秩序。

### 三、条文解释

收养关系自收养登记之日起成立，需要为被收养人办理户口登记或者迁移手续的，由收养人持收养登记证到户口登记机关按照国家有关规定办理。收养前，被收养人已经办理户口登记的，凭《收养证》、收养、送养双方户口本及相关手续办理被收养人户口迁移至收养方。如需要变更姓名，可以凭《收养证》在户口迁移前，由生父母申请更改姓名；也可以在户口迁移之后，由收养人申请更改姓名。收养前,被收养人没有办理户口登记的,凭《收养证》、收养人申请书、户口本和结婚证,在收养人户籍所在地,按《收养证》信息随收养父母登记户口。如需变更姓名,可以在户口登记后,由收养父母申请更改姓名。若收养关系未经登记,则原则上不成立,公安机关就不得为被收养人办理户口登记。这里需要注意的是未办理收养手续的事实收养无户人员登记户口的问题。现实中,未办理收养证,事实收养无户口的人员登记户口的情形,并不少见。对此,可分两种情形处理:第一,对1999年4月1日修改的《收养法》施行前,国内公民私自收养子女,未办理收养登记的,当事人可以按照规定向公证机关申请办理事实收养公证,经公安机关调查核实尚未办理户口登记的,可以凭事实收养公证书、收养人的居民户口本,申请办理常住户口登记;第二,对2013年5月14日前,公民个人捡拾弃婴未办理收养登记的事实收养无户口人员,可以向民政部门申请按照规定办理收养登记,凭申领的《收养登记证》,收养人的户口簿,到收养人户籍所在地派出所申请办理常住户口登记。由上,本条既申明了户口登记职能机关为公安机关,也说明了为被收养人办理户口登记的前提为收养关系成立,对户口登记事宜进行了阐明,体现了法律的评价作用与指引作用。

## 关联案例

### 一、(2019)黑02民终3413号

本院认为,《收养法》第十五条规定,收养应当向县级以上人民政府民政部门登记。收养关系自登记之日起成立。收养查找不到生父母的弃婴和儿童的,办理登记的民政部门应当在登记前予以公告。收养关系当事人愿意订立收养协议的,可以订立收养协议。收养关系当事人各方或者一方要求办理收养公证的,应当办理收养公证。第十六条规定,收养关系成立后,公安部门应当依照国家有关规定为被收养人办理户口登记。以及该法第二十三条规定,自收养关系成立之日起,养父母与养子女间的权利义务关系,适用法律关于父母子女关系的规定;养子女与养父母的近亲属间的权利义务关系,适用法律关于子女与父母的近亲属关系的规定。养子女与生父母及其他近亲属间的权利义务关系,因收养关系的成立而消除。本案上诉人肖某一主张为被继承人魏某恩、肖某的养女,并在原审中提供了张某学(系肖某一丈夫)的户籍登记,肖某(被继承人)与张某学(户主)的关系登记为"岳母"。根据公安部等12部门《关于改进和规范公安派出所出具证明工作

的意见》第二项第9类情形中“亲属关系证明”。曾经同户人员间的亲属关系，历史户籍档案等能够反映，需要开具证明的，公安派出所在核实后应当出具。因本案涉及身份关系的事实有争议，人民法院应依职权调查核实张某学与肖某的关系户籍登记为“岳母”的户籍档案登记依据，上诉人与二被继承人虽未办理收养登记，但上诉人与二被继承人依据法律规定是否形成了收养法律关系，应实体审理查明并依法裁判。原审以上诉人主张系被继承人魏某恩、肖某养女提供的证据不足，上诉人作为继承纠纷的被告主体不适格为由从程序上驳回被上诉人的起诉不当。本院予以纠正。上诉人的上诉理由成立，本院予以支持。依照《民事诉讼法》第一百七十条第一款第二项、《民诉法解释》第三百三十二条规定，裁定如下：一、撤销黑龙江省齐齐哈尔市龙沙区人民法院(2019)黑0202民初1880号民事裁定；二、指令黑龙江省齐齐哈尔市龙沙区人民法院对本案进行审理。

## 二、(2016)晋10民终574号

本院认为：关于双方抱养孩子的抚养问题。《收养法》第十五条规定，收养应当向县级以上人民政府民政部门登记，收养关系自登记之日起成立。第十六条规定，收养关系成立后，公安部门应当依照国家有关规定为被收养人办理户口登记。孙某与陈某于2012年1月抱养一男孩，未在民政部门办理登记手续，根据法律规定，该收养关系未成立，孙某、陈某与未经登记而抱养的孩子不产生父母子女之间的权利义务关系，现陈某要求孙某支付抚养费的上诉请求无法律依据。因收养关系未成立，公安部门也不能按有关规定为孩子办理户口登记和迁移孩子的户口。故陈某上诉要求孙某承担孩子的抚养费并将孩子户口迁移到其名下的请求，本院不予支持。关于婚后财产分割问题。《婚姻法解释二》第二十一条规定，离婚时双方对尚未取得所有权或者尚未取得完全所有权的房屋有争议且协商不成的，人民法院不宜判决房屋所有权的归属，应当根据实际情况判决由当事人使用。当事人就前款规定的房屋取得完全所有权后，有争议的，可以另行向人民法院提起诉讼。2013年7月12日，孙某与程某琴签订了一份购房合同，程某琴将原进修校后新建单元楼东边一单元三层东户出卖给孙某。但该房屋未办理房屋产权登记，尚未取得完全所有权，双方对该房屋是否是婚姻关系存续期间的共同财产各持己见。故双方应在取得房屋完全所有权后另行向人民法院提起诉讼为宜。至于陈某要求孙某承担婚后经营车辆的夫妻共同债务的问题，陈某提供了证人证言，但该证人未出庭作证，孙某对该证人证言予以否认，对该证据本院不予采纳。综上，陈某的

上诉理由不能成立，一审法院认定事实清楚，适用法律正确，应予维持。依照《民事诉讼法》第一百七十条第一款第一项之规定，判决如下：驳回上诉，维持原判。

### 三、(2016)京02行终911号

上诉人程某东因诉北京市公安局东城分局(以下简称“东城分局”)不履行户口登记法定职责一案，不服北京市东城区人民法院(2015)东行初字第1045号行政判决，向本院提起上诉。本院依法组成合议庭审理了本案。本案现已审理终结。2015年11月16日、25日，程某东向东城分局提出申请办理收养女儿在京入户户口登记，东城分局对其作出当场答复：因程某东办理收养手续不满两年，该局不能为其办理户口登记。程某东在一审中诉称：其夫妻户籍所在地北京市东城区，依据《收养法》等相关法律办理了收养女儿的手续。海南省海口市民政局于2014年12月23日向其颁发了《收养登记证》。其于2015年11月16日到东城分局户籍大厅申请办理收养女儿在京入户户口登记，东城分局工作人员翻看了其材料后拒绝办理。2015年11月26日其再次到东城分局的户籍大厅申请办理收养女儿在京入户户口登记，东城分局仍拒绝办理。其认为，东城分局依法具有办理公民收养小孩在京入户的法定职责，在此前其提起的政府信息公开诉讼中，法院均在判决中确认东城分局依法具有该法定职责。《收养法》《中国公民收养子女登记办法》《公安部、商业部关于被收养子女户口和粮食供应关系迁移问题的通知》《户口登记条例》均对收养子女户口登记作出规定，其符合为收养女儿办理在京入户户口登记的规定，东城分局应依法为其女儿办理在京入户户口登记，但东城分局拒不履行行政职责。请求法院：1. 判令东城分局履行行政确认户口登记法定职责，依法受理并办理程某东女儿的收养子女在京入户户口登记；2. 一并审查京公人管字[2006]716号北京市公安局《关于印发户口审批工作规范的通知》(以下简称“716号文”)。东城分局辩称，2015年11月16日，程某东手持收养证到我局户政大厅咨询关于收养子女相关政策，民警在看完其收养证后，明确告知了收养子女入户条件，因其收养关系未满两年，暂不能办理，并建议其收养关系满两年以后再来大厅办理。针对程某东的咨询，我局已经尽到了解释和答复义务，不存在不作为的情形，请求法院驳回程某东的起诉。一审法院经审理认为，《户口登记条例》第三条第一款规定，户口登记工作，由各级公安机关主管。根据该规定，东城分局作为户口登记主管机关，具有户口登记管理的法定职责。《收养法》第十六条

规定，收养关系成立后，公安部门应当依照国家有关规定为被收养人办理户口登记。《中国公民收养子女登记办法》第八条规定，收养关系成立后，需要为被收养人办理户口登记或者迁移手续的，由收养人持收养登记证到户口登记机关按照国家有关规定办理。上述法律和规章明确了收养关系成立后，被收养人办理户口登记的，需按照国家有关规定办理。北京市公安局制定的“716 号文”中关于收养子女的受理条件中，收养人的条件包括夫妻经区（县）级以上医院诊断一方患绝对不孕（育）症，年龄均满 30 周岁，收养子女须确立收养关系 5 年以上；夫妻年龄均满 35 周岁以上，收养子女须确立收养关系 2 年以上，据此，收养人夫妻年龄均满 35 周岁以上的，收养子女须确立收养关系 2 年以上是为被收养人办理进京户口登记的条件之一。本案中，程某东在为其收养之女申请办理在京入户户口登记时，其与被收养之女的收养关系确立未满两年，东城分局据此当场答复告知其不能办理收养之女在京入户户口登记，并无不当。程某东在不符合上述条件的情况下要求东城分局履行为其收养子女办理在京入户户口登记的职责，缺乏事实根据和法律依据，不予支持。关于程某东提出一并审查“716 号文”的诉讼请求，根据《行政诉讼法》第五十三条的规定审查后认为，结合国发［1998］24 号国务院批转公安部《关于解决当前户口管理工作中几个突出问题意见的通知》、京政办发［2001］14 号北京市人民政府办公厅转发市公安局《关于解决当前户口管理工作中几个突出问题的意见》等相关文件规定，各地公安机关作为本地区户口登记管理工作的主管机关，应当结合本地经济、社会发展的状况和综合承受能力，执行相应的户口登记管理政策。为规范户口审批标准，结合首都人口管理工作实际情况，按照既要维护人民群众切身利益，又要严格控制首都城市人口规模的原则，北京市公安局根据以上法律规定和相关文件精神，制定了有关户口审批工作的规定即“716 号文”作为本市户口审批工作的依据。本案所涉的“716 号文”中关于收养人的条件之规定既符合以上法律和文件精神中有关户口管理工作应当坚持“因地制宜”的原则和严格控制首都城市人口增长的要求，也能够在确保收养关系相对稳定的基础上，有效维护收养关系当事人尤其是被收养未成年人的合法权益。综上，“716 号文”具有上位法依据且与上位法不存在冲突，合法有效，程某东认为该规范性文件不合法的主张，不予支持。依照《行政诉讼法》第六十九条之规定，判决驳回程某东的全部诉讼请求。程某东不服一审判决，以一审判决认定事实不清、适用法律错误，北京市公安局制定的“716 号文”未经过备案登记和备案监督，不得作为行政执法的依据，北京市公安局没有法定职权立法，其不能在没有上位法作为依据的情况下制定限制公民权益、增设公民义务的规范性文件,故“716号文”违法,东城分局未在一审答辩状中将“716号文”作为法律依据,亦未向其提供,一审法院在无依据的情况下认定国务院批转公安部《关于解决当前户口管理工作中几个突出问题意见的通知》、北京市人民政府办公厅转发市公安局《关于解决当前户口管理工作中几个突出问题的意见》是“716号文”的上位法依据等理由提起上诉,请求撤销一审判决,支持其一审诉讼请求。在一审诉讼期间,东城分局提交并在庭审中出示了下列证据:2015年11月16日,东城区行政服务中心视频监控录像,证明程某东来向东城分局咨询过,东城分局民警明确告知程某东其收养关系成立不满两年,不予受理其申请。同时,东城分局以“716号文”中关于“收养子女的受理条件”第四项即“夫妻年龄均满35周岁以上,收养子女须确立收养关系2年以上”之规定作为东城分局不予办理程某东申请事项的依据。

本院根据合法有效的证据,审理查明,2015年11月16日和11月25日,程某东持收养登记证到东城分局的户政大厅申请办理其收养之女在京入户户口登记手续。东城分局接待民警当场答复程某东因其办理收养手续不满两年,该局不能为其办理收养之女在京入户户口登记。程某东对此不服,向本院提起行政诉讼。另查明,海口市民政局于2014年12月23日向程某东发放了《收养登记证》,收养人为程某东,被收养人为黎某钰。本院认为,根据《户口登记条例》第三条第一款规定,户口登记工作,由各级公安机关主管。根据该规定,东城分局作为户口登记主管机关,具有户口登记管理的法定职责。根据《收养法》第十六条、《中国公民收养子女登记办法》第八条以及北京市公安局制定的“716号文”中关于收养子女的受理条件规定,收养人夫妻年龄均满35周岁以上的,收养子女须确立收养关系2年以上是为被收养人办理进京户口登记的条件之一。本案中,程某东在为其收养之女申请办理在京入户户口登记时,其与被收养之女的收养关系确立未满两年,东城分局据此当场答复告知其不能办理收养之女在京入户户口登记,并无不当。程某东在不符合上述条件的情况下要求东城分局履行为其收养子女办理在京入户户口登记的职责,缺乏事实根据和法律依据,应不予支持。程某东所提对“716号文”进行合法性审查诉讼请求,结合国务院批转公安部《关于解决当前户口管理工作中几个突出问题意见的通知》北京市人民政府办公厅转发市公安局《关于解决当前户口管理工作中几个突出问题的意见》等相关文件规定,“716号文”属北京市公安局为规范户口审批标准,根据首都人口管理工作实际情况,在维护人民群众切身利益,又严格控制首都城市人口规模的原则指导下,结合本地经济、社会发展的状况和综合承受能力,制定执行相应的户口登记管理文件。本案所涉的"716号文"中关于收养人的条件之规定既符合以上法律和文件精神中有关户口管理工作应当坚持"因地制宜"的原则和严格控制首都城市人口增长的要求,也能够在确保收养关系相对稳定的基础上,有效维护收养关系当事人尤其是被收养未成年人的合法权益。"716号文"具有上位法依据且与上位法不存在冲突,合法有效,故程某东认为该规范性文件不合法的主张,应不予支持。因此,程某东的诉讼请求,缺乏事实依据和证据支持,依法予以驳回。综上,一审法院判决认定事实清楚,程序合法,并无不当,应予维持。程某东的上诉意见缺乏事实和法律依据,本院对其上诉请求不予支持。依照《行政诉讼法》第八十九条第一款第(一)项之规定,判决如下:驳回上诉,维持一审判决。

**第一千一百零七条　孤儿或者生父母无力抚养的子女,可以由生父母的亲属、朋友抚养;抚养人与被抚养人的关系不适用本章规定。**

## 条文主旨

本条是关于亲朋抚养的规定。

## 条文精释

### 一、立法背景

关于亲朋抚养的规定,1991年《收养法》就加以明确,该法第十六条规定,"孤儿或者生父母无力抚养的子女,可以由生父母的亲属、朋友抚养。抚养人与被抚养人的关系不适用收养关系"。该条文对抚养关系与收养关系进行了明确的界定,因此,1998年《收养法》对此予以沿用,直至本条规定。

### 二、争议观点

本条所称亲朋抚养关系,实质为寄养关系的一种。收养,是指根据法定的条件和程序领养他人子女为自己子女,使原本没有父母子女关系的当事人之间产生法律拟制的父母子女关系的民事法律行为。它与寄养不同,寄养是指父母因工作、生活条件等限制而无法直接履行抚养子女的义务时,将子女委托他人代为抚养的一种方式。二者的主要区别在于：

（一）法律效果

收养关系的成立，使养父母与养子女之间成立拟制的父母子女关系，养子女与生父母之间的父母子女关系得以消除。寄养关系中，被寄养人与代养人之间不发生父母子女关系。生父母与被寄养人间的父母子女关系仍未消除，生父母仍应承担抚养、教育被寄养人的法定义务。

（二）要件

收养是设立或变更亲属身份和民事权利义务关系的行为，其不仅影响当事人之间人身关系和财产关系的变化，还牵涉社会的整体利益。因此对于收养关系，我国法律规定了众多实质要件与形式要件。寄养关系属于当事人的意思自治，仅为父母抚养方式的变通，不发生父母子女关系的变动。因此，法律尊重此种意思自治，未对此加以限制条件。

## 三、条文解释

对于孤儿或生父母无力抚养的子女，可以由生父母的亲属、朋友抚养，这在理论上被称为寄养。寄养是指父母因某种原因，客观上不能直接履行抚养子女的义务，而由他人代为履行抚养义务的情形。寄养只发生抚养形式的改变，并不发生父母子女间权利义务的转移。无论寄养时间长短，父母与子女间的父母子女关系都不会因寄养而发生变化。代养人与子女之间也不可能因抚养产生法定的父母子女关系。即便在日常生活中，子女与代养人习惯性以父母子女相称，且得到了周围群众的认可，也不会产生收养的法律效力。故该抚养关系与收养关系不同。本条适用中有两个要点：(1)被抚养人。被抚养人可以为孤儿或者生父母无力抚养的子女，因此对于被扶养人规定较为宽松，并未明确要求其必须为未成年人。(2)抚养人。抚养人规定为生父母的亲属、子女，可以包括有负担能力的祖父母、外祖父母、成年兄、姐等。

## 关联案例

### 一、(2018)赣11民终645号

本院认为，《收养法》第十七条规定，“孤儿或者生父母无力抚养的子女，可以由生父母的亲属、朋友抚养”，本案中，死者苏某自1992年，未满14周岁时即与被

上诉人彭某中、苏某实共同生活，且苏某的户籍信息亦与彭某中、苏某实登记在同一居民户口簿，因此，可以认定苏某与彭某中、苏某实形成了抚养与被抚养关系，上诉人主张依法不适用收养关系，但不能否定苏某与彭某中、苏某实之间的抚养与被抚养关系。根据最高人民法院《关于审理人身损害赔偿案件适用法律若干问题的解释》第一条第一款、第二款规定，“因生命、健康、身体遭受侵害，赔偿权利人起诉请求赔偿义务人赔偿财产损失和精神损害的，人民法院应予受理。本条所称‘赔偿权利人’，是指因侵权行为或者其他致害原因直接遭受人身损害的受害人、依法由受害人承担扶养义务的被扶养人以及死亡受害人的近亲属。”因此，被上诉人彭某中、苏某实因与死者苏某有抚养和被抚养关系，依法取得本案诉讼主体资格，有权要求上诉人依法承担赔偿责任。且结合查明的事实，根据本案实际，确认彭某中、苏某实与苏某之间具有抚养与被抚养关系，有利于维护社会生活秩序的稳定，符合我国的善良风俗，不违背法律规定。上诉人的上诉理由，与事实不符，本院不予采信。综上，上诉人的上诉理由不成立，应予驳回；一审判决认定事实清楚，适用法律正确，应予维持。依照《民事诉讼法》第一百七十条第一款第一项之规定，判决如下：驳回上诉，维持原判。

### 二、(2018)甘29民再12号

本院经审理认为，本案双方当事人争议的焦点是：位于康乐县某某的房屋10间及30棵白杨树是否为祖上遗留的家庭共同共有财产，被申请人马某二有无权利请求分割该财产的问题。经查：康乐县某某《集体土地建设用地使用证》的使用者虽然被涂抹不清，但经再审庭审质证认证，双方当事人均认可该证中的使用者姓名为张某某，并不是申请人马某一。在庭审中，马某一亦承认该房产并未进行过分家处理。也就是说，该房产为张某某遗留的家庭共同共有财产。但申请人马某一曾经重新修建了部分房屋，应根据各当事人在家庭生产生活中实际所作的贡献分割共有财产。根据《收养法》第十七条规定：孤儿或者生父母无力抚养的子女，可以由生父母的亲属、朋友抚养，抚养人与被抚养人的关系不适用收养关系。从以上规定确定，申请人马某一与被申请人马某二虽然不存在法律上的收养关系，但这种具有事实抚养关系的主体之间，应当认定为家庭成员。而本案中，在分割家庭共同共有财产时应当考虑是否遗漏其他家庭共有人。

综上所述，一审、二审法院在并未查清该财产是如何取得及共同共有的关系、是否有其他共有人参与分割的情形下作出判决，显属不当。故一审、二审判决认

定事实不清,证据不足,适用法律错误。依照《民事诉讼法》第二百零七条、《民诉法解释》第四百零七条第二款规定,裁定如下:一、撤销本院(2017)甘 29 民终 537 号民事判决及康乐县人民法院(2017)甘 2922 民初 335 号民事判决。二、发回康乐县人民法院重新审理。

**第一千一百零八条　配偶一方死亡,另一方送养未成年子女的,死亡一方的父母有优先抚养的权利。**

## 条文主旨

本条是关于祖父母、外祖父母优先抚养权的规定。

## 条文精释

### 一、立法背景

关于祖父母、外祖父母优先抚养权的规定,最早出现在最高人民法院民事审判庭《关于夫妻一方死亡另一方将子女送他人收养是否应当征得愿意并有收养能力的祖父母或外祖父母同意的电话答复》,该电话答复称,对于夫妻一方死亡,另一方有抚养子女的能力而不愿尽抚养义务,以及另一方无抚养能力,且子女已经由有抚养能力,又愿意抚养的祖父母、外祖父母抚养的,为送养子女发生争议时,从有利于子女健康成长考虑,子女由祖父母或外祖父母继续抚养较为合适。1991 年《收养法》第十七条明确规定,配偶一方死亡,另一方送养未成年子女的,死亡一方的父母有优先抚养的权利。该规定在沿袭电话答复精神的前提下,将表述修正得更为简明扼要。1998 年《收养法》与本条均沿用此规定。

### 二、争议观点

收养法上的优先抚养权是依据本法关于监护权的规定,以保护未成年人利益和抚育被收养的未成年子女为目的,而依法赋予配偶死亡一方的父母,在另一方送养未成年子女时,对孙子女、外孙子女享有的优先抚养的权利。有的学者认为,这种优先抚养权是法定优先权的一种。[①] 本条规定之优先抚养权与本法关于监护权的规定之间的关系问题。《收养法》属于婚姻家庭法的重要组成部分，而婚姻家庭法又是民法的重要组成部分。因此，本条之优先抚养权应当为民法上监护制度在《收养法》上的特殊规定，二者是一般规定与特殊规定之间的关系。此外，根据本法第一千一百零七条之规定，抚养关系与收养关系不同，不可混淆。

## 三、条文解释

根据本条规定，行使优先抚养权的条件有：(1)未成年子女的父母一方死亡，另一方因特殊困难无力抚养而进行送养；(2)死亡一方的父母具备抚养教育的负担能力，能够保证未成年的孙子女、外孙子女的教育等生活需求；(3)死亡一方的父母愿意抚养。优先抚养权的行使不受收养关系成立条件的限制。优先抚养权行使的效力体现在以下几个方面：(1)当配偶一方死亡，另一方有特殊困难，不具备抚养教育能力的，死亡一方的父母可以取代未成年子女的父(母)的监护人地位，承担监护责任。对此，《民法典》总则监护部分已有明确规定。(2)当配偶一方死亡，另一方送养未成年子女时，死亡一方的父母可以有优先抚养权，排斥其他收养人的收养意思，使收养不成立。

## 关联案例

### 2013 西行终字第 8 号

本院认为，根据《收养法》第五条第三项，有特殊困难无力抚养子女的生父母具有送养人资格之规定，本案送养人李某某因独自无力抚养两个未成年子女，将其遗腹子标某送养，具有送养资格。根据《收养法》第六条关于收养人应当具备的条件之规定，本案中的收养人者某和李某某虽然申请收养登记时不满三十周岁，但其他条件已具备。鉴于收养人李某某已经不能生育、被收养人标某自被收养之日起即与者某和李某某共同生活、已建立起较深感情并已落户的客观事实，故应当保护收养方的合法权益。根据《收养法》第十八条“配偶一方死亡，另一方送养未成年子女的，死亡一方的父母有优先抚养的权利”和《婚姻法》第二十八条“有

① 孙文灿：《收养法上的优先抚养权——对〈收养法〉第 18 条的理解》，载《社会福利》2007 年第 6 期。

负担能力的祖父母、外祖父母，对于父母已经死亡或父母无力抚养的未成年的孙子女、外孙子女，有抚养的义务”之规定，本案原审原告段某某、林某某作为被收养人标某的祖父母有优先抚养的权利义务。但是，根据者某、李某某与段某某、林某某的抚养能力、抚养条件有较大差距的实际情况，结合段某某、林某某与李某某因为家庭琐事积怨较深矛盾突出的实际情况，被诉行政机关某某自治州民政局依据送养人李某某与收养人者某、李某某签订的《收养子女协议》及某某自治州勐泐公证处的公证文书，对收养人者某和李某某夫妇的收养登记申请作出收养登记的具体行政行为符合《收养法》关于有利于被收养未成年人的抚养成长，保障被收养人与收养人合法权益的原则，并无不当。此外，对于生父母送养亲生子女时应当征求其他有抚养权人的意见，我国法律无强制性规定。故原判以某某自治州民政局未能提供已征求段某某、林某某的意见的证据为由撤销其办理的收养登记具体行政行为属适用法律错误，应予纠正。综上所述，一审法院审判程序合法，认定事实清楚，但适用法律错误。依照《行政诉讼法》第六十一条第二项之规定，判决如下：一、撤销某某市人民法院作出的(3013)景行初字第6号行政判决。二、维持原审被告某某自治州民政局于2012年9月24日作出的S532800－2012－0051号收养登记具体行政行为。

**第一千一百零九条　外国人依法可以在中华人民共和国收养子女。**

**外国人在中华人民共和国收养子女，应当经其所在国主管机关依照该国法律审查同意。收养人应当提供由其所在国有权机构出具的有关其年龄、婚姻、职业、财产、健康、有无受过刑事处罚等状况的证明材料，并与送养人签订书面协议，亲自向省、自治区、直辖市人民政府民政部门登记。**

**前款规定的证明材料应当经收养人所在国外交机关或者外交机关授权的机构认证，并经中华人民共和国驻该国使领馆认证，但是国家另有规定的除外。**

## 条文主旨

本条是关于外国人在中国收养子女的形式要件。

## 条文精释

### 一、立法背景

关于外国人收养子女的规定，最早出现在1991年《收养法》第二十条中，该条规定，“外国人依照本法可以在中华人民共和国收养子女。外国人在中华人民共和国收养子女，应当提供收养人的年龄、婚姻、职业、财产、健康、有无受过刑事处罚等状况的证明材料，该证明材料须经其所在国公证机构或者公证人公证，并经中华人民共和国驻该国使领馆认证。该收养人应当与送养人订立书面协议，亲自向民政部门登记，并到指定的公证处办理收养公证。收养关系自公证证明之日起成立”。1998年《收养法》对此进行了修改：(1)增设了“外国人在中华人民共和国收养子女，应当经其所在国主管机关依照该国法律审查同意”的规定；(2)将“证明材料经所在国公证机构或公证人公证”改为了“证明材料应当经其所在国外交机关或者外交机关授权的机构认证”；(3)将登记机关明确为省级人民政府部门；(4)将公证程序明确，规定收养公证自愿办理，且明确收养公证办理机构为国务院司法行政部门认定的具有办理涉外公证资格的公证机构。《婚姻家庭编(二审稿)》将收养公证的规定删去，其余沿用。本条在此基础上进一步进行修改，将原来的第二款规定再细分为两款，条文内部逻辑结构进一步明晰，同时将“订立”改为了“签订”，使本文用语更加严谨。

### 二、争议观点

涉外收养是指含有涉外因素的收养关系。广义上的涉外收养包括中国人收养外国人和外国人收养中国人，但是我国法律并未对中国人收养外国人作出规定。本条规定的是外国人收养中国人的情形，包括夫妻一方为外国人和夫妻双方均为外国人的情形。同时，1999年5月25日，国务院颁布的《外国人在中华人民共和国收养子女登记办法》对外国人收养中国子女的具体程序和条件也进行了详尽的规定。

### 三、条文解释

本条第一款明确，法律赋予外国人在中华人民共和国境内收养子女的权利，可以依法在我国境内收养子女。本条第二款明确了外国人收养中国子女的条件与程序。条件上,外国人在华收养子女,首先需要其所在国主管机关依照该国法律审查同意,其次还需要满足我国法律关于收养的基本条件。程序上,与一般收养不同,外国收养人在华收养子女,需签订书面收养协议,并亲自办理收养登记。

(1)签订书面收养协议。收养人与送养人应当经协商一致达成书面收养协议。被收养人如果年满八周岁,也应在协议上表示同意。

(2)办理收养登记外国人在华收养子女办理收养登记,需经过三个环节,申请、审核和登记。

1. 申请。收养人应当提供相关证明材料,且该证明材料需经其所在国外交机关或者外交机关授权的机构认证,并经中华人民共和国驻该国使领馆认证。证明材料包括:年龄、婚姻、职业、财产、健康、有无受过刑事处罚等状况的材料。这是由于收养使得收养人与被收养人之间形成拟制的父母子女关系,而跨国收养由于地理、行政管理的差异,信息不对称导致收养风险更大。为了更好地保障被收养人的利益,需要严格审查跨国收养人的资格能力。送养人应当向省、自治区、直辖市人民政府民政部门提交本人的居民户口簿和居民身份证(社会福利机构作送养人的,应当提交其负责人的身份证件)、被收养人的户簿证明等情况证明,并根据不同情况提交下列有关证明材料:(1)被收养人的生父母(包括已经离婚的)为送养人的,应当提交生父母有特殊困难无力抚养的证明和生父母双方同意送养的书面意见;其中,被收养人的生父或者生母因丧偶或者一方下落不明,由单方送养的,并应当提交配偶死亡或者下落不明的证明以及死亡的或者下落不明的配偶的父母不行使优先抚养权的书面声明;(2)被收养人的父母均不具备完全民事行为能力,由被收养人的其他监护人作送养人的,应当提交被收养人的父母不具备完全民事行为能力且对被收养人有严重危害的证明以及监护人有监护权的证明;(3)被收养人的父母均已死亡,由被收养人的监护人作送养人的,应当提交其生父母的死亡证明、监护人实际承担监护责任的证明,以及其他有抚养义务的人同意送养的书面意见;(4)由社会福利机构作送养人的,应当提交弃婴、儿童被遗弃和发现的情况证明以及查找其父母或者其他监护人的情况证明;被收养人是孤儿的,应当提交孤儿父母的死亡或者宣告死亡证明,以及有抚养孤儿义务的其他人同意送养的书面意见。送养残疾儿童的,还应当提交县级以上医疗机构出具的该儿童的残疾证明。

2. 审核与登记。收养登记机关收到外国人来华收养子女登记申请书和收养人、被收养人及其送养人的有关材料后,应当自次日起7日内进行审查,对符合本办法第十条规定的，为当事人办理收养登记，发给收养登记证书。收养关系自登记之日起成立。收养登记机关应当将登记结果通知中国收养组织。对于收养公证，《外国人在中华人民共和国收养子女登记办法》第12条也规定，“收养关系当事人办理收养登记后，各方或者一方要求办理收养公证的，应当到收养登记地的具有办理涉外公证资格的公证机构办理收养公证”。据此，收养公证具有自愿性，由当事人自由选择。

## 关联案例

### (2000)浙行终字第7号

原判认定，1994年1月12日，遂昌县司法局所辖公证处原公证员胡某林，在没有任何收案登记，没有收取公证费记载，在被收养人叶某根毫不知情的情况下，利用该处收案登记第5号聘用驾驶员合同公证的编号，以叶某丰、叶某花为收养人，出具了(1994)浙遂证字第5号收养公证书。该公证书经我国外交部领事司认证，证明遂昌县公证处的印章和公证员胡某林的签名印章属实。1994年3月28日，叶某丰为叶某根到比利时“团聚”出具“经济担保书”。1995年11月11日，叶某丰因故回国，在浙江省青田县东源镇与张某欣(鑫)订立了“收养书”。嗣后，叶某丰以“长子以我本人名义收养张某鑫为养子之事我一概不知”为由，申请遂昌县司法局复议，要求撤销(1994)浙遂证字第5号公证书。原审法院经审理认为，外国人在中华人民共和国收养子女并公证须依法进行。遂昌县司法局所辖公证处原公证员胡某林在没有收案登记，没有收取费用记载，没有收养人与被收养人应当提供的证明材料，而出具的(1994)浙遂证字第5号公证书，属程序严重违法。遂昌县司法局应对其所属工作人员所作的具体行政行为承担责任。叶某丰等对这起违法公证是明知的，也有过错责任，但并不能排除遂昌县司法撤销该公证书的法定职责。据此判决遂昌县司法局在接到本判决之日起两个月内履行法定职责。上诉人遂昌县司法局上诉称，被上诉人方未能提供(1994)浙遂证字第5号收养公证书的原件及相关材料的原件，不能认定该公证书的存在；本案不存在我局公证处的具体行政行为程序违法的事实，而是有关人员隐瞒事实真相，用虚假公证文书骗取出国审批的行为。故请求二审法院进一步查清案件事实，依法撤销一审判决。被上诉人在庭审中答辩称，其提供的(94)浙遂证字第5号收养公证书是复印件，但有我国外交部领事司的认证，应该承认该公证书的真实性；遂昌县司法局所辖的公证处在被上诉人没有到场的情况下,作出该公证是违法的。请求二审法院维持原判。庭审中,双方当事人围绕(1994)浙遂证字第5号收养公证是否客观存在,该收养公证是否属上诉人所属公证处所作的行为,上诉人是否具有撤销此收养公证的法定职责等争议焦点,进行了举证、质证和辩论。综合双方举证、质证和辩论情况,经本院审查,可以确认以下事实:1994年1月12日,上诉人遂昌县司法局所辖公证处原公证员胡某林,在没有进行收案登记,收取公证费的情况下,冒用该处聘用驾驶员合同公证的编号,出具了(1994)浙遂证字第5号收养公证书;该"公证书"上遂昌县公证处的印章和公证员胡某林的签名印章,经我国外交部领事司出具的94-1316号认证书予以印证属实;上诉人遂昌县司法局在接到叶某丰等要求撤销该公证的申请后,做了一些调查、取证工作,但一直没有作出处理;上诉人提出该公证书是否存在无法证实,但不能提供相应的证据。其上诉理由不予采纳。本院认为,上诉人遂昌县司法局依法负有对所属公证处出具的不当或违法的公证文书进行监督纠正的职责,但上诉人接到被上诉人要求撤销(1994)浙遂证字第5号收养公证书的申请后,经调查在已经认定此公证书系假证的情况下,未依法予以纠正不当。上诉人的上诉理由不能成立。原审判决认定事实清楚,适用法律、法规正确。审判程序合法。依照《行政诉讼法》第六十一条第一项之规定,判决如下:驳回上诉,维持原判。

**第一千一百一十条　收养人、送养人要求保守收养秘密的,其他人应当尊重其意愿,不得泄露。**

## 条文主旨

本条是关于保守收养秘密的规定。

## 条文精释

### 一、立法背景

关于保守收养秘密的规定,早在1991年《收养法》第二十一条就规定,收养人、送养人要求保守收养秘密的,其他人应当尊重其意愿,不得泄露。1998年《收养法》与本条均沿袭此规定。

## 二、争议观点

收养秘密与收养效力有着一定联系。在不完全收养中,被收养儿童继续与原出生家庭保持一定的法律关系。因此,对于其出生情况一般不需要进行保密。但是,完全收养则大多要求对被收养人的信息进行掩盖。有的学者认为,保守收养秘密的立法目的为维护收养人的家庭稳定,保障被收养人的利益与健康成长,法律对收养秘密加以保护,任何人不得泄露收养秘密。① 随着社会的发展,现代社会许多国家的法律对此规定有所松动。有的国家赋予被收养人成年后获知收养秘密的权利,例如英国1975年《儿童法》规定,"英格兰和威尔士的被收养儿童只要年满18岁,就有权复印或获得自己的原出生证"。新西兰1986年《成年人收养信息法》规定,"被收养儿童在成年后可以获得或查阅自己的原出生证。除非其亲生父母已向出生登记部门明确表示禁止被收养儿童获知真情"。有的国家要求收养机构负责弄清楚与收养有关的一些情况,例如美国大部分州都要求收养机构负责查清被收养人的出生日期和出生地,亲生父母的健康状况和病史以及收养安置措施与其他情况。②

## 三、条文解释

收养是变更亲属身份和权利义务关系的行为。收养人与被收养人形成拟制的父母子女关系,在一个家庭中朝夕相处。因此,家庭的和睦与稳定至关重要。为了保障收养关系的稳定与和睦,法律规定了收养关系当事人的隐私权,当收养人、送养人要求保守收养秘密时,其他人应当尊重其意愿,不得泄露。

对于故意泄露收养秘密者,受害人可依据《最高人民法院关于确定民事侵权精神损害赔偿责任若干问题的解释》第一条之规定,以泄密者侵害其隐私权为由提起诉讼,请求精神损害赔偿。

---

① 杨遂全:《婚姻家庭亲属法学》,清华大学出版社2011年版,第166页。

② 蒋新苗:《比较收养法》,湖南人民出版社1999年版,第132页。

## 关联案例

### (2012)光民初字第790号

原告吕某某诉称,我与吕某乙系胞兄关系。由于他智力有缺陷,终生没有结婚。县、乡、村批准他为“五保”,享受“五保”待遇。2006年因患癌症病逝。办理后事的一切费用全部是我承担。大哥去世后的遗产有责任田约八分、房产三间一直由我管理。可是,今年光辉学校选址需征我组部分田地及宅地,被告见有利可图,便拿出一份1995年8月21日光山县公证处为其办理的收养子女公证书(详见1995光证民字第116号公证书),公证内容是我大哥吕某乙收养吕某甲为养子,被告以此为由企图与我争夺吕某乙的遗产。村组及村民得知后感到十分惊奇,从来没有听说过被告吕某乙收养过吕某甲为养子的事实,从公证书的内容上看有多处错误。其一,“1990年9月25日商定收养吕某甲为养子”。可是吕某甲出生于1989年5月26日,此时仅一周岁,吕某甲的父母生其是头胎又是男孩,吕某甲的父亲不可能将吕某甲给吕某乙抚养。其二,“自该日起吕某乙与吕某甲共同生活,相互以父子相称”。事实上,吕某甲从没有与吕某乙生活一天。1995年吕某甲仅六岁。吕某乙是一个智力受限的人,他孤身一人怎么去抚养一个六岁的儿童。村、组群众从未听说也更没有见过吕某甲喊吕某乙一声爸。何谈共同生活,相互以父子相称。其三,“已形成事实收养关系,吕某乙是吕某甲的养父”。依据1992年实施的《收养法》第十五条、第十六条、第十九条的规定,收养关系必须到县民政局登记,并到公安机关办理户口登记,同时又要遵守计划生育政策,送养人不得再生育子女。(1996年10月22日吕某甲的父母又生了一女名吕×)达到上述三条才能形成事实上的收养关系。可是被告没有做到任何一条。因此,已形成事实收养关系的公证内容完全是虚假的,是一份无效的公证书。综上所述,依照《继承法》第十条之规定,我大哥吕某乙终生未婚,我们俩是胞兄弟,有继承其遗产的法定权利,被告以其办了收养公证为养子与我争夺继承权理由不足,经村、组多次调解无效。为此,提起诉讼,请依法判决我继承大哥吕某乙的财产和责任田、确认被告与吕某乙的收养关系无效。

被告吕某甲辩称,一、被答辩人请求确认答辩人与吕某乙之间的收养关系无效,缺乏事实及法律依据。首先,被答辩人吕某某在诉状中诉称“今年光辉学校选址需要征我组部分田地及宅地,被告见有利可图,便拿出一份1995年8月21日光山县公证处为其办理的收养子女公证书。被告以此为由企图与我争夺吕某乙的遗产。"这一说法明显不是事实,也不符合逻辑。1995 年 8 月 21 日,答辩人的生父母同养父吕某乙办理收养公证时,答辩人刚满六岁,还不懂事,不可能知道学校选址需要征用村民组部分田地及宅基地,也不可能知道"有什么利可图",更不可能有与被答辩人吕某某争夺吕某乙遗产的企图。其次,依照《收养法》第二十二条之规定,收养人、送养人要求保守收养秘密的,其他人应当尊重,不得泄露。收养人与送养人之间保守收养秘密,外人不知道是合法情形,并不影响收养效力的。被答辩人以村里人不知道收养事实为由否认收养效力,说明被答辩人不懂法律规定。再次,依照全国人大常委会《关于修改〈收养法〉的决定》第十一条规定,本决定自 1999 年 4 月 1 日起施行。本决定施行前,依照《收养法》成立或者解除收养关系的,不再办理登记。答辩人吕某甲与收养人吕某乙之间的收养关系经光山县公证处公证,收养关系成立于 1999 年 4 月 1 日之前,不需再办理登记。被答辩人没有办理登记收养关系无效的理由因不符合法律规定不能成立。二、被答辩人要求法院判决由其继承吕某乙的财产和责任田的请求违反法律规定。首先,答辩人吕某甲与吕某乙系养父子关系,吕某甲是第一顺序继承人,吕某乙的遗产依法应当由答辩人吕某甲继承。被答辩人吕某某是第二顺序继承人,无继承权。即使第二顺序继承人吕某某有继承权,也不能是吕某某一人继承,因为被继承人吕某乙还有弟弟吕某丙、吕某丁、妹妹吕某戊同属第二顺序继承人。其次,如果依照被答辩人诉状中所称,吕某乙为县、乡、村批准的"五保"人员。根据最高人民法院《关于如何处理农村五保对象遗产问题的批复》及国务院《农村五保供养工作条例》第十九条之规定,"五保"对象死亡后,其遗产归所在的农村集体经济组织所有;有五保供养协议的,按照协议处理。那么被答辩人吕某某要求继承吕某乙的财产明显违反法律规定。三、被答辩人吕某某诉称的部分情形纯属虚构,并构成对答辩人养父吕某乙名誉的诽谤。被答辩人吕某某诉称:"2006 年吕某乙因患癌症病逝,办理后事的一切费用全部是我承担。"吕某某的这一说法是不真实的。吕某乙病逝后的一切费用都是用他自己的积蓄办理的。被答辩人吕某某没有承担任何费用。被答辩人吕某某又称:"吕某乙是一个智力受限的人"明显是不真实的。吕某乙生前做收废品买卖多年,闲余时间还为吕某丙、陈某某的家具厂运货。虽然吕某乙为人老实,但绝不是一个智力受限的人,被答辩人是对答辩人养父吕某乙名誉的诽谤。被答辩人吕某某是答辩人吕某甲的叔叔,平时答辩人对其非常敬重,在答辩人的养父吕某乙生病期间能够与吕某丙、吕某丁、吕某戊一起轮流照顾,答辩人已是心存感激，如果被答辩人吕某某真想要答辩人养父吕某乙遗留下的几间破房，可以与答辩人协商，没必要虚构事实，甚至不惜对自己已故亲哥哥吕某乙名誉的诽谤。古人云："君子爱财，取之有道。"因被答辩人吕某某是答辩人吕某甲的叔叔，对被答辩人吕某某虚构事实、诽谤名誉的行为，答辩人吕某甲可以忍让，但被答辩人违反法律规定的诉讼请求一定会被法院驳回。

经审理查明：原告吕某某及案外人吕某丙、吕某丁系吕某乙胞弟、吕某戊系被继承人吕某乙胞妹，吕某乙患病期间由吕某某、吕某丙、吕某丁、吕某戊轮流照看。吕某乙于2006年因患癌症病逝于其妹妹吕某戊家中，留下遗产有责任田约八分，土坯房三间。此后责任田由原告吕某某与其二弟吕某丙轮流耕种，现在此田由原告管理耕种。三间土坯房年久失修，部分倒塌，现无人居住。2012年光辉学校落户光山县弦山街道办事处吕围孜街道居民委员会吕前队，西三环路和弦山卫生院的选址均坐落在已故吕某乙责任田里。2012年8月被告吕某甲向该村民组提交(1995)光证民字第116号收养子女公证书，称其是吕某乙1990年收养的养子，由于吕某乙无亲生子女，其作为吕某乙的养子，是第一顺序继承人，有权继承吕某乙的遗产。庭审中原告申请调取(1995)光证民字第116号收养子女公证书，我院工作人员于2012年12月28日前往光山县司法局调取该公证书档案，司法局出具证明"经查，我局档案室无公证处1995(116)号档案"。另查明：吕某乙系光山县弦山街道办事处吕围孜街道居民委员会"五保"、其生前落户在吕某某家庭户口中。本院认为：吕某乙系光山县弦山街道办事处吕围孜街道居民委员会"五保"，根据相关法律规定"五保"对象死亡后，其遗产归所在的农村集体经济组织所有；有"五保"供养协议的，按照协议处理。本案中没有证据显示吕某乙与该集体经济组织有供养协议，其名下的遗产依法应归其生前所属居委会所有。因此，对于原告要求由其继承吕某乙的财产和责任田的请求本院不予支持。由于光山县司法局无(1995)光证民字第116号收养子女公证书档案，经光山县弦山街道办事处吕围孜街道居民委员会证明及村民证明，被告吕某甲并未与吕某乙共同生活，履行扶养义务，未形成事实收养关系，被告吕某甲与吕某乙的收养关系无法律与事实依据，对于原告请求确认被告与吕某乙的收养关系无效的请求本院予以支持。综上，依照最高人民法院《关于如何处理农村五保对象遗产问题的批复》第十九条、《收养法》第二十四条之规定，判决如下：一、被告吕某甲与吕某乙的收养关系无效；二、驳回原告其他诉讼请求。

## 第二节 收养的效力

**第一千一百一十一条 自收养关系成立之日起，养父母与养子女间的权利义务关系，适用本法关于父母子女关系的规定；养子女与养父母的近亲属间的权利义务关系，适用本法关于子女与父母的近亲属关系的规定。**

**养子女与生父母以及其他近亲属间的权利义务关系，因收养关系的成立而消除。**

### 条文主旨

本条是关于收养效力的规定。

### 条文精释

#### 一、立法背景

收养效力作为收养制度中不可或缺的规定，早在1980年《婚姻法》中就有了明文规定。该法第二十条规定，"国家保护合法的收养关系。养父母和养子女间的权利和义务，适用本法对父母子女关系的有关规定。养子女和生父母间的权利和义务，因收养关系的成立而消除"。该条文确定了养父母与养子女之间拟制的父母子女关系，同时确定了被收养人与生父母之间权利义务关系的消除。后该法内容被2001年《婚姻法》第二十六条所保留。对于1980年《婚姻法》的原则性规定，1991年《收养法》第二十二条进行了细化，"自收养关系成立之日起，养父母与养子女间的权利义务关系，适用法律关于父母子女关系的规定；养子女与养父母的近亲属间的权利义务关系，适用法律关于子女与父母的近亲属关系的规定。养子女与生父母及其他近亲属间的权利义务关系，因收养关系的成立而消除"。进一步明确了养子女与生父母、养父母的近亲属间的权利义务关系。在《婚姻家庭编(一审稿)》以及最后的定稿中，均加以沿用。

#### 二、争议观点

关于收养的效力，各国立法中有两种不同的态度，即完全收养与不完全收养。

完全收养，是指收养关系一经成立，养子女与养父母之间即确立拟制的父母子女关系，养子女与养父母的近亲属之间确立拟制的亲属关系，养子女取得相当于养父母的婚生子女的地位，享有与婚生子女完全相同的权利与义务。同时，养子女与生父母、生父母的近亲属之间的权利义务消除，被收养人与其生父母不再是法律意义上的父母子女关系。例如，日本《民法典》第八百零九条规定，“养子女自收养之日起，取得养父母的婚生子女的身份”。瑞士《民法典》也规定，“养子女取得养父母的婚生子女的法律地位。原父母子女关系在收养时消灭，但与收养人结婚的生父母中一方的父母子女关系不在此限”。我国即采此种效力说。不完全收养，是指收养关系成立，养子女与养父母之间成立拟制的父母子女关系，养子女与生父母间的父母子女关系仍不消除，即养子女分别与生父母、养父母之间形成双重法律关系。法国、阿根廷、保加利亚等均同时采用了完全收养与不完全收养的规定。关于两种收养效力说的优劣，有的学者认为，完全收养有利于充分保护未成年被收养人的合法权益，而不完全收养则为成年收养人提供了一条可行途径。①

## 三、条文解释

本条是关于收养的效力的规定。收养的效力，是指因收养民事法律行为的成立而导致的相应的法律后果。本条共包含两款，从两个方面规定收养关系成立产生的两个方面的法律效力，即拟制效力与解消效力。

### （一）养子女与养父母及其近亲属之间因收养产生的法律效力

本条第一款规定的即为养子女与养父母、养父母的近亲属间因收养形成的拟制法律关系。养子女与养父母之间因收养形成了拟制的父母子女关系，养子女取得与养父母的婚生子女完全相同的法律地位。根据本法其他条文的规定，养父母有抚养、教育养子女的义务，未成年养子女造成他人损害的，养父母应承担民事责任。成年养子女有赡养养父母的义务。养子女和养父母间有相互继承遗产的权利。同时，养子女与养父母的近亲属也形成了拟制的直系或旁系血亲关系。养子女与养父母的父母形成拟制的养祖孙、养外祖孙的近亲属关系，产生了附条件的抚养、赡养义务。当养子女死亡时，养祖父母、养外祖父母可以作为第二顺序法定继承人。若养父母先于养祖父母、养外祖父母去世，养祖父母去世时，养子女可以代位继承其遗产。养子女与养父母的婚生子女及其他养子女之间形成拟制的养

① 参见陈苇主编：《婚姻家庭继承法学》（第3版），群众出版社2017年版，第160页。

兄弟姐妹的近亲属关系，产生了附条件的抚养义务。

（二）养子女与生父母及其近亲属因收养关系成立而消除原有的权利义务关系

本条第二款规定的即为收养关系成立，养子女与生父母之间法律意义上的父母子女关系宣告消除，生父母对养子女不再具有抚养、教育等义务，成年养子女对生父母也无赡养的义务。同时养子女与生父母的近亲属等自然血亲间的法律关系消除，不再有任何的法定权利与义务。这是因为收养制度使养子女与养父母之间形成了拟制的父母子女关系，在一个家庭内共同生活。为了稳固收养关系，促进收养制度健康发展，使养子女与养父母及其近亲属间建立和睦亲密的家庭关系，法律需要对被收养人与其生父母及其近亲属之间原有的权利义务关系加以适当处理。但是需要注意的是，为了防止遗传病的发生和人伦道德秩序混乱，根据《婚姻家庭编》第一千零四十八条规定，直系血亲或者三代以内的旁系血亲禁止结婚。因养子女与生父母之间的血缘关系依旧存在，故养子女不得与自己的直系自然血亲或三代以内旁系血亲结婚。但我国法律并未对养子女与养父母及其亲属间的婚姻禁止作出明确规定。

## 关联案例

### 一、（2019）鄂05民终1991号

本院认为，本案双方当事人的争议焦点：一是王某琼、蒋某波对案涉债务是否承担清偿责任；二是王某是否适格主体以及对案涉债务是否承担责任。（1）根据继承法的规定，放弃继承应当以明示的方式。本案中，债务人蒋某忠去世后，王某琼、蒋某波作为蒋某忠的法定继承人并未声明放弃继承遗产。《继承法》第三十三条规定："继承遗产应当清偿被继承人依法应当缴纳的税款和债务，缴纳税款和清偿债务以他的遗产实际价值为限。超过遗产实际价值部分，继承人自愿偿还的不在此限。继承人放弃继承的，对被继承人依法应当缴纳的税款和债务可以不负偿还责任。"一审据此判决王某琼、蒋某波在接受被继承人蒋某忠的遗产范围内承担案涉债务的清偿责任，并无不当。上诉人主张王某琼、蒋某波不承担连带清偿责任的理由不能成立，本院不予采信。（2）《收养法》第二十三条规定："自收养关系成立之日起，养父母与养子女间的权利义务关系，适用法律关于父母子女关系的规定；养子女与养父母的近亲属间的权利义务关系，适用法律关于子女与父母的

近亲属关系的规定。养子女与生父母及其他近亲属间的权利义务关系，因收养关系的成立而消除。"根据上述法律规定，养子女不再承担赡养亲生父母的义务，也同时丧失了继承其亲生父母遗产的权利。本案中，王某虽系王某玉与蒋某忠的婚生子，但其自出生后即由王某一、郑某琼夫妇收养，并在民政部门办理了收养登记，王某和王某一、郑某琼之间形成了收养关系。蒋某忠生前未曾立遗嘱，则王某不是蒋某忠的法定继承人，不属本案适格被告，王某不应对本案所涉债务承担责任。综上，王某的上诉请求成立，本院予以支持。王某琼、蒋某波的上诉请求不能成立，应予驳回。因二审中的当事人提交证据致使基本事实发生改变，一审不宜作为错案。依照《民事诉讼法》第一百七十条第一款第（二）项之规定，判决如下：一、维持宜昌市夷陵区人民法院（2019）鄂0506民初643号民事判决第一项，即王某玉在判决生效后立即偿还宜昌市夷陵区意兴柴油加油点货款75468.50元。二、撤销宜昌市夷陵区人民法院（2019）鄂0506民初643号民事判决第二、三项，即王某琼、蒋某波、王某在接受被继承人蒋某忠的遗产范围内对上述债务承担清偿责任；驳回宜昌市夷陵区意兴柴油加油点的其他诉讼请求。三、王某琼、蒋某波在接受被继承人蒋某忠的遗产范围内对上述债务承担清偿责任。四、驳回宜昌市夷陵区意兴柴油加油点的其他诉讼请求。

## 二、（2019）鲁03民终1716号

本院认为，《婚姻法》第二十六条第二款规定，养子女和生父母之间的权利义务，因收养关系的成立而消除。《收养法》第二十三条规定，自收养关系成立之日起，养父母与养子女之间的权利义务关系，适用法律关于父母子女关系的规定；养子女与养父母的近亲属间的权利义务关系，适用法律关于子女与父母的近亲属关系的规定。养子女与生父母及其他近亲属间的权利义务关系，因收养关系的成立而消除。上诉人张某琴在杨某芹十多岁时将杨某芹过继给其姐姐，故杨某芹自被收养之日起，与张某琴之间的权利义务关系消除，杨某芹对张某琴不负有赡养义务。一审判决认定杨某芹为赡养义务人，适用法律错误，依法予以纠正。故被上诉人于某林应承担张某琴赡养费的一半，即每月应支付给张某琴赡养费430元（10342元/年÷2÷12个月），张某琴已发生的医疗费，被上诉人亦应承担一半，即5208元（10416.27÷2）。综上，依据《婚姻法》第二十六条第二款、《收养法》第二十三条、《民事诉讼法》第一百七十条第一款第二项规定，判决如下：一、撤销山东省高青县人民法院（2019）鲁0322民初560号民事判决；二、于某林于本判决生效

后三日内支付给张某琴赡养费1290元(2019年1月至3月,430元×3月);三、于某林自2019年4月起每月支付给张某琴赡养费430元,于每月的20日前支付;四、于某林于本判决生效后起三日内支付给张某琴医疗费5208元;五、张某琴2019年4月10日以后支出的医疗费,由于某林分担二分之一;六、驳回原告张某琴的其他诉讼请求。

**第一千一百一十二条　养子女可以随养父或者养母的姓氏,经当事人协商一致,也可以保留原姓氏。**

## 条文主旨

本条是关于养子女姓氏的规定。

## 条文精释

### 一、立法背景

姓氏是自然人一项重要的人身权利,早在1991年《收养法》就对收养子女的姓氏有明文规定。该法第二十三条规定:“养子女可以随养父或者养母的姓,经当事人协商一致,也可以保留原姓。”1998年《收养法》以及本条均对此予以沿用。

### 二、争议观点

本条“经当事人协商一致”中的当事人是指哪些人,学界有不同观点。有的学者认为,此处的当事人应当指养子女、生父母及养父母。例如,蒋某、何某新即认为,姓氏权是身份关系的一种标志。养父母与养子女关系确立后,身份关系已发生一定的变化。因此,养子女可以随养父的姓,也可以随养母的姓。但是收养人与被收养人或送养人协商一致的,也可以保留子女原来的姓氏。[1] 还有的学者认为,当事人仅包括养子女和养父母,例如夏某兰认为,“养子女有识别能力时,还应

① 参见蒋某、何丽新:《婚姻家庭与继承法》,厦门大学出版社2013年版,第250页。

征求其本人对姓名变更的意见”。① 我们认为，本条应该理解为被收养人。这是因为收养关系一旦成立，被收养人与其生父母的父母子女关系已经消灭。因此，此时在收养关系中，当事人应狭义解释为被收养人。

## 三、条文解释

本条是关于养子女姓氏的规定。姓名是用以区分自然人个体与其他自然人的文字符号，是自然人人格的重要组成部分，也是自然人姓名权的客体。姓名包括姓和名。秦汉以前，姓和氏是不同的概念，男子称氏，女子称姓。秦汉以后，姓氏合一，不再区分。姓氏，《辞海》中解释为是一定家族构成的标记，是标记家族血统的称号。关于自然人姓名的问题，《婚姻家庭编》有详细的规定。例如，《婚姻家庭编》第一千零一十二条规定自然人享有姓名权，有权依法决定、使用、变更或者许可他人使用自己的姓名，但是不得违背公序良俗。《婚姻家庭编》第一千零一十五条规定，自然人应当随父姓或者母姓，但是有下列情形之一的，可以在父姓和母姓之外选取姓氏：(1)选取其他直系长辈血亲的姓氏；(2)因由法定扶养人以外的人扶养而选取扶养人姓氏；(3)有不违背公序良俗的其他正当理由。少数民族自然人的姓氏可以遵从本民族的文化传统和风俗习惯。《婚姻家庭编》第一千零一十六条规定，自然人决定、变更姓名，或者法人、非法人组织决定、变更、转让名称的，应当依法向有关机关办理登记手续，但是法律另有规定的除外。民事主体变更姓名、名称的，变更前实施的民事法律行为对其具有法律约束力。具体到本条养子女姓名权的问题，本条仅将条文表述进行微调，将“姓”改为“姓氏”，与民法典各编相关规定保持一致。收养的成立使得收养人与被收养人之间成立拟制的父母子女关系，养子女取得与养父母的婚生子女相同的法律地位。因此，其可以随父姓，也可以随母姓。但是同时收养关系的成立改变的是被收养人人身关系，理应征求其本人意见。

## 关联案例

### (2009)灵民一初字第453号

原告马某凡诉称，原告于1958年在被告8个月大时将其收养，取名马某玲，

① 夏某兰主编：《民法学卷五婚姻家庭法》，中国政法大学出版社2004年版，第186页。巫昌祯主编：《婚姻与家庭继承法学》(第6版)，中国政法大学出版社2017年版，第266页。

并将其抚养成人。被告在原告年龄大了以后，不履行赡养义务，且在2008年11月20日被告大儿子的婚宴上宣称其姓名为张某玲，也不向被告敬酒。时至今日原告才得知被告将其姓名改为张某玲。这表明被告自愿与原告解除收养关系，承认不是原告的女儿，严重伤害了原告的感情。现继续共同生活，对双方不利。请求依法解除原被告之间的收养关系。被告张某玲辩称，原告从小将被告抚养长大，父女感情很好。被告成年之后，也以实际行动报答父母的养育之恩，老人的衣食住行都由被告照顾。基于对被告的信任，父母于1995年4月8日与被告夫妇达成赡养协议，约定由被告夫妇赡养原告和母亲，并经灵宝市公证处公证。被告夫妇二人在生活起居、疾病治疗等方面尽心尽力侍奉老人，远远超出了双方约定的义务。被告更名为张某玲，是1987年为了接生父的班参加工作，原告当时也是知情的。多年来原被告的感情很好。2008年11月，在被告大儿子婚宴现场，被告向原告和亲属敬了酒。现在原告年事已高，身边不能没有亲人的照料，被告不同意解除收养关系。原告向本院提交的证据材料有：(1)公证书一份。证明原被告之间签订赡养协议一份，且在被告不尽赡养义务，多次劝解无效的情况下，可取消其继承权的事实。(2)原告代理人调查任某杰、王某能笔录两份。证明被告未对原告尽赡养义务，且被告改姓的问题对原告打击很大。(3)原告代理人调查朱某军、陈某香笔录两份。证明被告在大儿子的婚宴上宣布自己改姓张的事实，且被告改姓的问题对原告打击很大。(4)原告治病医疗费单据三张。证明原告于2009年4月至6月治病由原告自己花费，被告对原告得病治疗未尽到赡养义务。(5)原告建房材料及用工清单一份。证明原告所居住的房屋系原告所建并修缮的事实。被告向本院提交的证据材料有：(1)被告代理人调查刘某顺、邹某层、陈某芳笔录三份。证明这些年来，原告的日常起居、生病治疗主要由被告照料，被告夫妇尽到了赡养义务。(2)(1995)灵公证字第258号公证书一份，赡养协议一份，分单一份。证明1982年9月10日原告与养子马某鹏解除收养关系，并于1995年4月8日与女儿张某玲、女婿唐某立达成赡养协议。(3)2001年4月23日原告所立的遗嘱一份。证明原告承认被告夫妻的精心赡养，故立下遗嘱，在其去世后，全部财产由被告夫妇继承，其他任何人不得干涉。(4)灵宝市第一人民医院出院证、收费单据2张，购药发票、收据7张。证实2005年7月1日原告患病期间，被告和其丈夫为原告治疗的相关情况。(5)购买农膜、废铁门、水泥、清沙等票据5张。证明被告和丈夫为原告维修房屋、门楼、打地平的支出情况。(6)河南三宝药业股份有限公司出具的证明一份。证明自1982年起被告在该公司从事临时工，期间一直从养父姓，后因生父退休，为接生父班改姓为张。经庭审质证，被告对原告提交的证据（1）本身无异议，但认为不能证明原告的主张。对原告提交的其他证据均有异议，认为证人证言不客观或片面；原告今年有病，被告进行了看望，只是原告未让被告护理和结账；被告参与了修缮房屋。原告对被告提交证据（2）、（3）、（4）、（6）无异议，对证据（1）、（5）有异议。认为证据（1）中的三位证人有两人都未与原告共同生活，其证言不足以采信；证据（5）形式不合法，证明不了建房材料的用途。本院认为，原被告提交的公证书、赡养协议和分单一致，被告提交的证据（3）、（4）、（6），原告无异议。本院确认上述证据形式合法，内容真实，与案件事实有关联，可以作为本案的定案依据。原被告提交的证人证言和其他证据，本院将结合原被告的陈述予以综合分析判断。依据上述有效证据和双方当事人的陈述，可以认定以下案件事实：原告和前妻王某香于1958年收养被告（当时被告仅8个月大），取名马某玲，并将被告抚养成人。被告自1982年开始在河南三宝药业股份有限公司干临时工，1987年左右为接生父的班参加工作，改姓张，全名张某玲。原告和前妻王某香没有生育，共收养马某玲和马某鹏二人。原告前妻王某香于1980年前半年去世，当年后半年，被告与唐某立结婚。1982年原告与郭某玲再婚。原告和妻子郭某玲由于与养子马某鹏不能和睦相处，1982年9月10日，经亲属和生产组干部调解，原告与养子马某鹏达成解除收养关系协议，原告分给马某鹏部分生产工具和生活用品，生产组给马某鹏另立户头。1995年4月8日，原告夫妇及被告夫妇签订了赡养协议，并经灵宝市公证处公证。公证书上证明“马某凡、郭某玲、某玲、唐某立四人于1995年4月8日来到公证处，在公证人面前，在赡养协议书上签名、按印属实”。1999年腊月，郭某玲因病去世。被告夫妻继续赡养原告，双方相处较好，原告于2001年4月23日书写遗嘱“按照公证协议，在原告过世后，全部财产由马某玲、唐某立继承，其他任何人不得干涉”。2005年7月，原告因患急性左侧脑梗塞在灵宝市第一人民医院住院治疗12天，被告夫妇送原告去医院治疗，照料原告生活，结算费用，出院后继续给原告购药巩固治疗。1999年腊月，继母郭某玲去世，被告开始找保姆照顾原告的生活起居，被告给予原告关心和帮助，双方相处一直比较融洽。2008年11月20日，在被告长子的结婚宴席上，主持人宣布被告夫妇姓名时讲被告姓名为张某玲，在原告和亲属方面引起不满，再者原告认为被告夫妇当天对原告方的亲属敬酒不周，因而生气、伤心，要求与被告解除收养关系。被告夫妇与原告沟通无果，引起诉讼。审理中查明，被告夫妇生育一对双胞胎男孩，长子随父姓唐，次子随原告姓马。孩子小的时候，原告夫妇帮忙照看，被告未退休前，有时工作忙，原告春节时蒸馒头送给被告；被告给付原告夫妇生活费用，购买衣服和部分生活用品。

2004年左右建设村组开始每年分别给村人口发放人口钱，给老人加发养老补助款。村组所发款由原告自主支配，被告没有坚持给付原告生活费。2008年本组发给原告人口钱4000元，老人补助1500元；村委发给原告人口钱500元，老人补助1500元。诉讼期间，原告有时看病不告诉被告知道，一次原告去诊所看病，被告回家看望原告时从邻居口中得知，找到诊所看望原告，并要求支付医疗费用，原告自己坚持结算了费用。由于原告不同意调解，本案调解未能达成一致意见，本院认为，尊老爱幼是我们中华民族的传统美德。原被告共同生活50年，彼此爱护、尊重，享受着父女亲情。原告对被告尽到了抚养义务，被告对原告尽到了赡养的义务，双方感情尚好。我国收养法规定：养子女可以随养父或者养母的姓，经当事人协商一致，也可以保留原姓。原告于1987年左右为接生父的班，为参加工作而改姓，原告应是知情的。原告以被告姓张不姓马，被告在其长子婚礼上未给原告敬酒为由要求与被告解除收养关系，理由不能成立，且原告仅被告一个子女，原被告共同生活，更利于原告的晚年生活。原告要求与被告解除收养关系的诉讼请求不能成立，本院不予支持。被告应积极与原告多进行思想沟通，使原告能够安度晚年。依照《收养法》第二十四条、第二十七条，《民事诉讼法》第六十四条之规定，判决如下：

驳回原告马某凡要求解除其与张某玲收养关系的诉讼请求。

**第一千一百一十三条　有本法第一编关于民事法律行为无效规定情形或者违反本编规定的收养行为无效。**

**无效的收养行为自始没有法律约束力。**

## 条文主旨

本条是关于收养无效的规定。

## 条文精释

### 一、立法背景

收养效力的规定一直是《收养法》中的重点条文。1991年《收养法》第二十四条即规定，“违反《中华人民共和国民法通则》第五十五条和本法规定的收养行为无法律效力。收养行为被人民法院确认无效的，从行为开始时起就没有法律效力”。1998 年《收养法》沿袭此规定。在民法典编纂过程中，将“收养行为被人民法院确认无效的，从行为开始时起就没有法律效力”改为了“无效的收养行为自始没有法律约束力”，这是一个重大变化。同时为了结构体系的完整，将“《民法通则》第五十五条”改为了“民法总则编关于民事法律行为无效规定情形”。此后的审议稿均沿用此规定。

## 二、争议观点

关于收养的无效与撤销的国外立法例。世界各国均对收养无效或撤销设立了相应制度，大致可分为双轨制与单轨制两种制度。双轨制指既规定收养无效又规定收养撤销的制度。典型代表为日本。日本《民法典》第八百零二条至第八百零八条规定了无效收养的原因为认错人、当事人无收养的意思、当事人不进行收养申报等。而收养撤销的原因为养父母是未成年人、未经许可的监护人与被监护人之间的收养、未经许可的养子女为未成年人的收养等。宣告收养无效与撤销的机关为法院且适用时效的规定。单轨制可以分为无效的单轨制与撤销的单轨制。无效的单轨制，即仅设置收养无效制度，例如，瑞士《民法典》第二百六十九条规定了收养无效的原因、确认无效的权利人、受理机构、诉讼时效的固定等，对收养无效制度进行了较为翔实的规定。撤销的单轨制，即仅设置收养撤销的单一制。典型代表为德国，德国《民法典》第一千七百六十条详细列举了宣告撤销收养的事由，即未经收养人、送养人或被收养人同意的收养；当事人为收养成立意思表示时，处于失去知觉或暂时精神错乱状态或无行为能力；受恶意欺诈、胁迫而做出同意收养的意思表示；养父母认错养子女或养子女认错养父母等，经申请得请求监护法院撤销收养。[①] 我国《收养法》目前适用单轨制，采收养无效的规定。

## 三、条文解释

收养是民事法律行为的一种，为了更好地促进收养制度的良性发展，《收养法》在肯定合法收养行为的基础上，设立了收养无效制度，对具备本法关于民事法律行为无效情形、违反关于收养制度规定的收养行为进行否定性评价，本条规定

---

① 巫昌祯主编：《婚姻与家庭继承法学》（第 6 版），中国政法大学出版社 2017 年版，第 268 页。

了收养无效的条件与法律后果。

(一)具备本法关于民事法律行为无效的情形

1. 收养人、送养人不具备完全民事行为能力。由于无民事行为能力人和限制民事行为能力人不能辨认或不能完全辨认行为的法律后果,因此依法不得进行收养或送养行为。

2. 收养当事人,即收养人、送养人、年满八周岁的被收养人以虚假意思表示实施的收养行为。收养当事人不是基于自己内心的真实意愿而是为了获得特定户籍、国籍等目的实施的收养行为无效。对此,《民法典》第一百四十六条第一款已经规定,行为人与相对人以虚假的意思表示实施的民事法律行为无效。

3. 收养行为违背法律和公序良俗。收养行为因违反相关法律行政法规的禁止性规定,或违背社会公德和社会公共秩序等将无效。依据是《民法典》第一百五十三条"违反法律、行政法规的强制性规定的民事法律行为无效。但是,该强制性规定不导致民事法律行为无效的除外。违背公序良俗的民事法律行为无效"。

4. 违反收养法所规定的实质要件。一般收养中,主要包括以下情况:收养人有两名及以上子女而收养非孤儿、弃儿或非残疾儿童;收养人有医学上认为不应当收养子女的疾病;收养人有不利于被收养人健康成长的违法犯罪记录;收养人未满三十周岁而收养;无配偶者收养异性子女或者有配偶者单方收养异性子女未与被收养人年龄相差四十周岁以上的;送养人不符合条件的;收养程序不符合《收养法》规定等。特殊收养中,根据《收养法》的特殊规定,来判断是否有效。

(二)收养无效的法律后果

根据1998年《收养法》第二十五条第二款规定,"收养行为被人民法院确认无效的,从行为开始时就没有法律效力"。《中国公民收养子女登记办法》第十二条规定:"收养关系当事人弄虚作假骗取收养登记的,收养关系无效,有收养登记机关撤销登记,收缴收养登记证。"即在之前法律规定中,收养关系的无效需要由人民法院或者收养机关确认。本条改变了这一规定,无效的收养行为自始无效、当然无效、确定无效,与无效民事法律行为保持一致,无需人民法院认定。这是立法的一次重大改变,使得法律体系更加协调。收养无效的法律后果即为无效的收养行为有溯及力,溯及至收养行为开始之日即为无效。收养人与被收养人的父母子女关系溯及既往地消灭,被收养人与生父母的父母子女关系溯及既往地恢复,基于无效收养行为所消灭的权利义务均恢复原状。被收养人应当送回原处,送养人应当返还收养人已支付的费用。双方已经签订收养协议或者进行了收养登记的,该协议与登记也同时归于无效。法律责任方面,对收养行为无效负有过错的当事人、公证机关、登记机关应承担一定的民事责任或行政责任。无效收养中有刑事犯罪行为的应承担相应的刑事责任。

## 关联案例

### 一、(2019)黔26民终547号

本院认为,根据最高人民法院《关于适用〈中华人民共和国民事诉讼法〉的解释》"第二审人民法院应当围绕当事人的上诉请求进行审理。当事人没有提出请求的,不予审理,但一审判决违反法律禁止性规定,或者损害国家利益、社会公共利益、他人合法权益的除外"的规定,本案中,彭某明、张某梅上诉称欧某送与欧阳某保、龙某祝夫妻并非是委托欧阳某保、龙某祝代为抚养,而是已形成事实上的收养关系。对此,因双方的行为发生于1998年11月4日第九届全国人民代表大会常务委员会第五次会议《关于修改〈中华人民共和国收养法〉的决定》之后的2002年12月31日,根据修正后的《收养法》第十五条第一款"收养应当向县级以上人民政府民政部门登记。收养关系自登记之日起成立"的规定,该收养行为并未成立。且送养人、收养人显系规避当时的计划生育政策,均不符合《收养法》第五条、第六条规定的条件。因此,根据《收养法》第二十五条"违反《中华人民共和国民法通则》第五十五条和本法规定的收养行为无法律效力。收养行为被人民法院确认无效的,从行为开始时起就没有法律效力"的规定,一审判决认定事实收养行为不成立于法有据。且现有证据充分证明将欧某送去欧阳某保家的正是彭某明和张某蓉,故彭某明、张某梅所称并未委托欧阳某保抚养的理由与事实不符。关于彭某明、张某梅所称一审违反不告不理原则,程序违法的问题。虽然涉案事实收养关系依法不成立,但因欧阳某保除诉请解除收养关系外,还诉请补偿养育欧某的生活费教育医疗费营养费和计划生育罚款,一审法院围绕该请求进行审理并作出裁判符合法律规定,彭某明、张某梅该上诉理由不能成立,本院不予支持。关于彭某明、张某梅上诉所称欧阳某保、龙某祝主张权利超过诉讼时效的问题,本案中,虽然2014年左右欧某与张某蓉一起生活,但事因欧某在爷爷去世后与家人有矛盾,张某蓉将其接走是为缓和矛盾,且欧阳某保、龙某祝一直给欧某缴纳医保至2018年,事实证明其并未放弃对欧某的养育。且一审时彭某明、张某梅也承认欧某是2017年9月才与其一起生活,双方也是2017年9月后才发生矛盾,故根据

《民法总则》的规定,欧阳某保、龙某祝主张权利并未超过诉讼时效,彭某明、张某梅该上诉理由无事实和法律依据,本院不予采纳。综上所述,张某梅、彭某明的上诉请求不能成立,应予驳回;一审判决认定事实清楚,适用法律正确,应予维持。依照《民事诉讼法》第一百七十条第一款第一项规定,判决如下:驳回上诉,维持原判。

## 二、(2018)皖16民终410号

本院认为,综合双方当事人诉辩意见,本案二审争议的焦点是:(1)收养关系是否有效;(2)应否补偿生活费。关于争议焦点之一,最高人民法院《关于贯彻执行民事政策法律若干问题的意见》第二十八条虽然规定:亲友、群众公认,或有关组织证明确以养父母与养子女关系长期共同生活的,虽未办理合法手续,也应按收养关系对待。但该司法解释于1984年8月30日颁布。本案收养行为发生于1994年,《收养法》于1992年4月1日起施行。该法第六条规定:收养人应当同时具备下列条件:(1)无子女;(2)有抚养教育被收养人的能力;(3)年满三十五周岁。1998年《收养法》第六条规定:收养人应当同时具备下列条件:(1)无子女;(2)有抚养教育被收养人的能力;(3)未患有在医学上认为不应当收养子女的疾病;(4)年满三十周岁。木某法、王某兰收养木某丽时均未满三十周岁,其亦有子女,故不符合收养的条件。1991年《收养法》第二十四条规定:违反《民法通则》第五十五条和本法规定的收养行为无法律效力。1998年《收养法》第二十五条规定:违反《民法通则》第五十五条和本法规定的收养行为无法律效力。故根据修订前及修订后的法律规定,本案的收养行为均应认定无效。因收养关系无效,故不存在解除收养关系的前提。木某丽提出收养关系合法、不应解除的理由不成立,本院不予支持。关于争议焦点之二,因本案收养关系无效,故从收养行为开始时起就没有法律效力,因此木某法、王某兰对木某丽无法定的抚养义务。对木某法、王某兰抚养木某丽的支出,木某丽应予补偿,一审参照年度生活支出并按比例确定补偿费并无不当。综上所述,木某丽的上诉请求不能成立,应予驳回;一审认定事实清楚,适用法律正确,应予维持。依据《民事诉讼法》第一百七十条第一款第一项规定,判决如下:驳回上诉,维持原判。

## 第三节　收养关系的解除

**第一千一百一十四条　收养人在被收养人成年以前，不得解除收养关系，但是收养人、送养人双方协议解除的除外。养子女八周岁以上的，应当征得本人同意。**

**收养人不履行抚养义务，有虐待、遗弃等侵害未成年养子女合法权益行为的，送养人有权要求解除养父母与养子女间的收养关系。送养人、收养人不能达成解除收养关系协议的，可以向人民法院提起诉讼。**

### 条文主旨

本条是关于收养关系解除方式的规定。

### 条文精释

#### 一、立法背景

关于收养关系解除方式的规定，1984 年最高人民法院《关于贯彻执行民事政策法律若干问题的意见》就有规定。该意见第三十条规定，“收养关系成立后，养父母或生父母反悔，要求解除收养关系的，人民法院应查明要求解除的理由，并听取收养人的意见，根据有利于养子女健康成长的原则，决定是否准予解除。由于养父母不尽抚养责任，影响子女健康成长，生父母要求解除收养关系的，应予解除。养父母发现所收养子女有生理缺陷，或有其他病症，要求解除收养关系的，一般不予解除。但生父母在送养时有意隐瞒的，可予解除”。1991 年《收养法》第二十五条进行了进一步的修改和完善，规定“收养人在被收养人成年以前，不得解除收养关系，但是收养人、送养人双方协议解除的除外。养子女十周岁以上的，应当征得本人同意。收养人不履行抚养义务，有虐待、遗弃等侵害未成年养子女合法权益行为的，送养人有权要求解除养父母与养子女将的收养关系。送养人、收养人不能达成解除收养协议的，可以向人民法院起诉”。将收养人反悔请求解除收养关系法院自由裁量的规定改为了收养人在被收养人成年前不得解除收养关系，除非收养人、送养人达成收养解除协议；对于收养人不尽抚养职责进一步明确规定为"不履行抚养义务，有虐待、遗弃等侵害未成年子女合法权益行为"；同时删去生父母隐瞒被收养人生理缺陷时收养人收养关系解除权的规定。立法的变化体现我国法律对于收养关系的解除采取更为严谨的态度。1998 年《收养法》第二十六条沿用了这一规定。本条在此基础上进行了微调，一是将养子女意见征求年龄从 10 周岁降为了 8 周岁，与本法规定限制民事行为能力人的年龄保持一致，同时也与本编其他条文保持一致；二是将"可以向人民法院起诉"改为了"可以向人民法院提起诉讼"，为文字表述的调整。

## 二、争议观点

外国收养法对于收养关系解除条件的相关规定。(1)协议终止收养。送养人与收养人协商一致达成终止收养的意思表示。典型代表为日本，日本《民法典》第八百一十一条规定，养子女为未满 15 周岁者时，可以因养父母与收养终止后应成为养子女的法定代理人者之间的协议，终止其收养。此外，德国、俄罗斯均有类似规定。(2)诉讼终止收养。关于诉讼终止收养的条件，有的国家采概括主义的立法方式，规定"有其他难以继续收养的重大事由"。也有的国家采取列举主义的立法方式，主要理由有，一方被他方恶意遗弃；养子女生死不明达 3 年以上；收养人严重虐待养子女；养子女严重危及养父母及其婚生子女的生命安全和身体健康；收养后 5 年内发现养子女患有不知之症等，典型代表为德国，德国《民法典》就对上述事由进行了列举式规定。此外，还有的国家采取概括式与列举式相结合的立法方式，例如日本。而关于收养关系解除方式，世界各国也有着不同的程序设置。有的国家采协议与诉讼双轨制，例如日本，日本规定了收养关系解除可以通过协议方式，也可以通过诉讼方式，同时规定协议终止收养关系应由双方当事人及成年证人两人以上，以口头或书面方式到户籍部门申报，办理协议终止收养关系登记。还有的国家采单轨制，例如法国对于仅允许采用诉讼的方式解除收养关系。[①]

## 三、条文解释

收养是收养人与被收养人依照收养法的规定成立拟制父母子女关系的民事法律行为。既然是拟制的父母子女关系，就有可能会出现各种原因导致收养关系的恶化或事实上的解体。因此，本条规定了收养关系的解除。

---

① 巫昌祯主编：《婚姻与家庭继承法学》(第 6 版)，中国政法大学出版社 2017 年版，第 266 页。

(一)收养关系解除的条件

1. 收养人、送养人协议解除

只有当收养人、送养人自愿协商一致，且被收养人年满8周岁，愿意回到生父母身边生活的，才可协议解除收养关系。这是基于收养法“平等自愿原则”和“有利于未成年人抚养成长”的原则而规定，目的是更好地维护收养人的合法利益，促进其健康成长，也是为了收养制度的良性发展。

2. 收养人不履行抚养义务，有虐待、遗弃等侵害未成年养子女的行为

收养关系成立后，收养人与送养人之间形成法律拟制的父母子女关系，收养人有抚养、教育送养人的义务。因此，如果养父母有虐待、遗弃养子女的行为，就会直接损害养子女的身心健康。因此，送养人有权要求解除养父母与养子女间的收养关系。

(二)收养终止的程序

1. 协议解除收养

由于解除收养关系是一种变更父母子女关系的民事法律行为，故当事人协议解除收养关系，也应符合相应的法律规定。

(1)解除收养关系时，养子女为未成年人的，应由收养人、送养人双方协议解除；对于已有识别能力的八周岁以上的未成年被收养人，还须征得其本人同意。

(2)收养各方当事人已对收养相关事项无争议，且在协议中已自愿协商一致妥善处理。

(3)解除收养关系的协议不违反本法第一百四十三条民事法律行为的有效要件，协议双方当事人均具有完全民事法律行为，意思表示真实；协议解除收养的目的、内容、方式未违反法律行政法规的强制性规定，不违背公序良俗。

(4)当事人协议解除收养关系，应进行相关的登记手续。

2. 诉讼解除收养

(1)当不能自愿达成解除收养关系协议时，可以通过诉讼途径解除收养程序。

本条规定，当收养人不履行抚养义务，有虐待、遗弃等侵害未成年养子女合法权益行为的，送养人有权要求解除养子女与养父母之间的收养关系。这是为了维护被收养人的合法权益，促进其健康成长。

(2)当收养人、送养人无法就经济补偿等具体问题达成统一意见时，可以诉请法院解决。

人民法院审理这类案件，应当查明当事人要求解除收养关系的真实愿意及养

父母与养子女间的生活实际情况，听取年满八周岁以上的被收养人的意见。将保护合法的收养关系、维护收养当事人的权益和有利于未成年被收养人抚养、成长的原则贯穿始终，依照本编关于收养解除的规定进行处理。可以运用调解、和解等多元纠纷解决途径，促进当事人之间达成解除收养协议；当无法达成调解、和解协议时，依法判决。

## 关联案例

### 一、(2014)浙杭民终字第31号

本院经审查认为：《收养法》第二十六条第一款规定，收养人在被收养人成年以前，不得解除收养关系，但收养人、送养人双方协议解除的除外，养子女年满十周岁以上的，应当征得本人同意。本案中，王某丙与王某甲的收养关系经民政部门登记而成立，现王某丙向人民法院起诉要求解除与王某甲的收养关系时，王某甲尚未成年，且王某丙也未提供其与送养人存在协议解除收养关系的证据，故王某丙的起诉不符合法定受理条件，原审法院驳回王某丙的起诉，并无不当。至于王某丙在一审中要求追加王某华、蒋某华、王某妹作为被告的请求，由于本案系解除收养关系纠纷，且王某华、蒋某华、王某妹与本案是否具有利害关系也没有证据佐证，故原审法院对于王某丙追加被告的申请不予准许，也无不当。综上，依照《民事诉讼法》第一百七十条第一款第(一)项、第一百七十五条之规定，裁定如下：驳回上诉，维持原裁定。

### 二、(2017)皖15民终1117号

一审法院认定事实：李某出生于2005年4月4日。2005年7月，李某忠在民政部门办理了李某的收养登记。2017年2月，经江西博中司法鉴定中心鉴定，柏某芳系李某的生物学母亲。2017年3月，柏某芳以为了李某的学习生活方便为由，诉至法院要求解除李某与李某忠的收养关系，改由柏某芳抚养。

一审法院审理认为，李某忠依法收养李某，李某忠不同意解除收养关系，愿意尽抚养义务，应当维持收养关系。本案中，柏某芳未提出证据证实收养人李某忠有虐待、遗弃等侵害未成年养子女合法权益行为的，故柏某芳诉请解除李某与李某忠的收养关系，不予支持。据此，原审法院依照《收养法》第二十六条、最高人民法院《关于民事诉讼证据的若干规定》第二条的规定，判决：驳回原告柏某芳的诉

讼请求。

二审诉讼期间,柏某芳提供常熟市大义中学2017年初一新生入学登记通知、2017年度常熟市新市民积分管理申请指南,证明上诉人柏某芳主张的儿子李某上初中建学籍需要积分的事实。本院认证意见,该证据与本案不具有关联性,不予认定。

本院认为,本案争议焦点为上诉人柏某芳主张解除其子与被上诉人李某忠的收养关系能否成立。《收养法》第二十六条规定收养人在被收养人成年以前,不得解除收养关系,但收养人、送养人双方协议解除的除外,养子女年满十周岁以上的,应当征得本人同意。收养人不履行抚养义务,有虐待、遗弃等侵害未成年养子女合法权益行为的,送养人有权要求解除养父母与养子女间的收养关系。送养人、收养人不能达成解除收养关系协议的,可以向人民法院起诉。本案李某于2005年4月4日出生;2005年7月21日,六安市裕安区民政局根据李某忠的申请审查认为被收养人李某与收养人李某忠之间符合收养要件,为收养人李某忠办理收养登记证,确认收养关系自登记之日起成立,因此,李某忠与李某之间的收养关系符合法律规定,非满足法定条件不得解除。现柏某芳依据鉴定意见,确定柏某芳系李某生物学母亲的事实,主张解除其子李某与被上诉人李某忠的收养关系,但未提供李某忠不履行抚养义务,存在虐待、遗弃等侵害被收养人李某合法权益行为的证据,因此,应承担举证不能的法律责任,柏某芳的此项诉讼请求不能成立。至于上诉人李某忠的上诉请求,因其诉讼请求与本案缺乏关联性,不予审查。综上所述,上诉人柏某芳、上诉人李某忠的上诉请求均不能成立,应予驳回。原判认定事实清楚,适用法律正确,应予维持。根据《民事诉讼法》第一百七十条第一款第(一)项之规定,判决如下:驳回上诉,维持原判。

### 三、(2004)佛中法民一终字第807号

本院认为:本案上诉人上诉提出的主要是法律适用的问题。《收养法》于1992年4月1日起施行,后在1998年11月4日被修正,修正的《收养法》自1999年4月1日起施行。根据最高人民法院《关于学习、宣传、贯彻执行〈中华人民共和国收养法〉的通知》第二条的规定"收养法施行后,各级人民法院必须严格执行。收养法施行后发生的收养关系,审理时适用收养法。收养法施行前受理,施行尚未审结的收养案件,或者收养法施行前发生的收养关系,收养法施行后当事人诉请确认收养关系的,审理时应适用当时的有关规定;当时没有规定的,可比照收养

法处理。对于收养法施行前成立的收养关系,收养法施行后当事人诉请解除收养关系,应适用收养法”。本案的收养行为发生于 1990 年,当时《收养法》尚未施行,上诉人在《收养法》施行后要求确认收养关系,根据上述司法解释本案的情况应当适用当时的有关规定。当时并没有法律法规对收养的条件作出专门的规定,但在 1984 年 8 月 30 日公布的最高人民法院《关于贯彻执行民事政策法律若干问题的意见》中对于收养问题作出规定,该司法解释第 28 条规定“亲友、群众公认,或有关组织证明确以养父母与养子女关系长期共同生活的,虽未办理合法手续,也应按收养关系对待”。按照该司法解释的精神,对事实上的收养关系应予以保护。本案中,双方虽然没有签订收养协议,但已共同生活多年,并以父母儿子相称,对此两被上诉人也没有异议,故双方已建立了事实上的收养关系,依法应予确认。因此,上诉人及两被上诉人之间收养关系合法有效,应受法律保护。两被上诉人的反诉请求不成立,本院不予支持。原审判决适用收养法的有关规定,确认双方的收养关系无效,属适用法律错误,应予纠正。

本案两被上诉人在 2004 年才提出解除其与上诉人收养关系,发生于修正后的《收养法》施行后,故对于解除收养关系的问题,应适用修正后的收养法的有关规定。根据《收养法》第二十六条“收养人在被收养人成年以前,不得解除收养关系,但收养人、送养人双方协议解除的除外,养子女年满十周岁以上的,应当征得本人同意”的规定,被上诉人与上诉人生父母于 2004 年 1 月 1 日达成的解除收养关系的协议,是双方的真实意思表示,并违反法律的规定,但未经已年满十五周岁的上诉人同意,故该协议属效力待定的协议,在上诉人不同意解除收养关系的情况下,该协议对上诉人不发生法律效力,双方的收养关系不能因此而解除。因此,上诉人的诉讼请求确认上述协议无效,缺乏法律依据,应予驳回,原审判决对此处理正确,应予维持。综上,上诉人上诉认为双方的收养关系成立,合法有理,本院予以支持。原审判决认定事实清楚,但适用法律错误,应予纠正。据此,依照《民事诉讼法》第一百五十三条第一款第(二)项、《收养法》第二十六条、最高人民法院《关于学习、宣传、贯彻执行〈收养法〉的通知》第二条、参照最高人民法院《关于贯彻执行民事政策法律若干问题的意见》第二十八条的规定,判决如下:一、撤销广东省佛山市禅城区人民法院(2004)佛禅法民一初字第 783 号民事判决第二项。二、维持广东省佛山市禅城区人民法院(2004)佛禅法民一初字第 783 号民事判决第一项。三、确认上诉人杨某某与被上诉人杨某一、梁某某之间的收养关系合法有效。四、驳回被上诉人杨某一、梁某某的反诉请求。

**第一千一百一十五条 养父母与成年养子女关系恶化、无法共同生活的,可以协议解除收养关系。不能达成协议的,可以向人民法院提起诉讼。**

## 条文主旨

本条是关于养父母与成年养子女之间收养关系解除的规定。

## 条文精释

### 一、立法背景

关于养父母与成年养子女间收养关系解除的法律规定,在1984年最高人民法院《关于贯彻执行民事政策法律若干问题的意见》中即有规定,该意见第三十一条规定,“养父母与其抚养成人的养子女关系恶化,再继续共同生活对双方的正常生活确实不利,一方坚决要求解除收养关系的,一般可准予解除”。该条并未提及协议解除,也未规定解除准予机关,因此1991年《收养法》第二十六条规定,“养父母与成年养子女关系恶化,无法共同生活的,可以协议解除收养关系。不能达成协议的,可以向人民法院起诉”。这一条文明确了养父母与成年养子女间可协议解除收养,也可向人民法院起诉请求解除收养,较1984年之规定有较大改进。1998年《收养法》予以沿用。本条在此基础上进行微调,将“向人民法院起诉”改为了“向人民法院提起诉讼”,是立法用语的调整。

### 二、争议观点

就本条调整对象而言,双方关系是否恶化到需要解除的程度现行法律并无明确标准,需要法官根据个案情况运用自由裁量权予以具体审查。有学者认为,应重点把握以下几点:

1. 要查明案件基础事实。例如,双方收养关系的形成过程、共同生活情况、产生矛盾的原因、矛盾持续的时间、矛盾能否消除化解等。其中,对于养父母与成年养子女之间矛盾的审查应当是重中之重。审判实践中,导致养父母与成年养子女关系恶化的原因可能有多种,如养父母与成年养子女生活习惯差异较大、儿媳与公婆无法和睦相处、成年养子女不赡养养父母等。对于双方矛盾的细致审查有助于辨别主张解除收养关系一方是一时冲动还是已经过深思熟虑,进而有助于判断双方关系能否修复,为作调解工作打下基础。

2. 要区分情形确定标准。具体来说,应当区分主张解除的主体是成年养子女还是养父母,进而适用有差异的审查标准。对于成年养子女主张解除的,审查予以解除的标准应当非常严格。因为此时一般是成年养子女应当尽赡养义务的时候,如果随意解除收养关系,可能导致老年人利益受到损害,易发生成年养子女借此逃避赡养义务等有悖道德与法律规定的事情发生。此时,也应当注意成年养子女对养父母是否有虐待、遗弃等情形,准确判断维持双方的收养关系是否对养父母权益保护反而更加不利。同时根据《收养法》第三十条的规定确定是否需要成年养子女支付给养父母生活费并补偿相关费用。如果是养父母主张解除与成年养子女的收养关系的,审查解除的标准则应相对宽松。如果确认是养父母真实意思表示,养父母与成年养子女确实存在矛盾且不可调和,养父母并非一时冲动作出解除决定,之后的生活亦有相应保障,继续维持收养关系会直接影响到养父母的合法权益,实无益处,则可以予以解除。

3. 要注重老年人权益保护。法院在此类案件审理过程中,在保护双方当事人的合法权利基础上应更加注重老年人的权益保护,从而使作出的裁决更加符合立法本意,亦为社会公众提供正确的行为指引。因在此类案件中,养父母一般都已经是老年人,而我国现行收养法中虽然没有明确将老年人权益保护作为一项基本原则进行规定,但从成年养子女在解除收养关系后还应当对没有劳动能力和收入来源的养父母进行补偿、支付生活费等具体条款规定来看,这一原则是应有之义,也符合老年人权益保障法的精神。①

## 三、条文解释

收养使得养子女与养父母之间形成拟制父母子女关系。因此这一拟制的父母子女关系也可以经由一定法定程序加以解除。养父母与成年养子女间收养关系解除主要有两种途径:一是双方协议解除;二是向人民法院提起诉讼。收养关系一方或者双方当事人要求解除收养关系,经过协商无法达成协议的,可以向人民法院起诉请求解除收养关系。人民法院在审理此类案件时,应从收养法基本原则出发,从尊重养子女与养父母实际关系出发,查明解除收养关系的事实和理由,

---

① 参见杨磊:《养父母与成年养子女收养关系解除标准如何认定》,载《中国社会工作》2019年第23期。

考察双方关系是否达到“关系恶化,无法共同生活”的解除标准并对双方当事人做好调解工作,无法达成调解协议的,法院依法作出准予或不准予解除收养关系的判决。依诉讼程序解除收养关系的,收养关系自准予解除收养关系的调解书或判决书生效之日起解除。

## 关联案例

### 一、(2019)鄂03民终1714号

本院认为,《收养法》第二十七条规定:养父母与成年养子女关系恶化、无法共同生活的,可以协议解除收养关系。据此,解除收养关系的前提条件是收养人与被收养人关系恶化、无法共同生活。本案,戢某秀与赵某国虽然关系不够融洽,但尚未达到关系恶化、无法共同生活的程度。在二审中,赵某国也表达了愿意回到房县照顾戢某秀的意愿,但戢某秀拒不同意。戢某秀提出的意见是:要么解除收养关系,由赵某国补偿收养期间支出的生活费和教育费用;要么不解除收养关系,由赵某国每月支付1000元钱请人照顾其生活起居。考虑戢某秀本人的一审诉讼请求并未包括增加赡养费,而戢某秀本人年事已高,正是需要子孙关爱、享受天伦之乐的时期,贸然解除收养关系,不符合国家关于老有所养、老有所乐的政策。加之作为共同收养人的戢某秀前夫赵某政并未主张解除收养关系,一审法院判决不予解除收养关系并无不当。但需要说明的是,乌鸦有反哺之义,羊羔有跪乳之恩。百善孝为先,子女赡养父母不仅是中华民族的传统美德,更是法律所明确规定的义务。人都有年老的时候,在父母年老时,子女不仅应当履行对老年人经济上的供养,还应当履行生活上照料和精神上慰藉的义务。目前,赵某国虽然每月按时支付有赡养费,也因其为戢某秀购买社会保险而使戢某秀能够按时领取相关待遇,但还缺少“常回家看看”的关怀和问候,加之没有与戢某秀共同生活并对其日常生活进行照料,使戢某秀感受不到母子亲情的温暖。在此,本院对赵某国的行为进行批评,并希望赵某国能够加以改正,让戢某秀能够安度晚年,也给自己的后代做好孝道的榜样。

综上所述,戢某秀的上诉请求不能成立,应予驳回;一审判决认定基本事实清楚,适用法律正确,应予维持。依照《民事诉讼法》第一百七十条第一款第一项之规定,判决如下:驳回上诉,维持原判。

## 二、(2019)沪02民终1913号

本院认为,当事人对自己提出的诉讼请求所依据的事实或者反驳对方诉讼请求所依据的事实有责任提供证据加以证明。没有证据或者证据不足以证明当事人的事实主张的,由负有举证责任的当事人承担不利后果。谢某一现上诉称一审法院对其与谢某二间彼此关系是否恶化到难以共同生活未作查实认定,但谢某一并无证据证实目前谢某二与其间养母女关系和睦融洽,且谢某一亦缺乏改善双方关系、增进养母女感情的积极行为举措,而谢某二在本案审理期间始终坚持要求解除与谢某一间的收养关系,此足以能够证明其与谢某一间的养母女关系已彻底恶化,故一审法院根据当事人的诉辩意见及其他经质证属实的在案证据,经审理后对本案事实进行了认定,在此基础上据以作出的判决并无不当,本院予以认可支持,理由在此不作赘述。综上所述,谢某一的上诉请求缺乏依据,理由不能成立,故本院依法予以驳回;一审判决认定事实清楚,适用法律正确,本院依法应予维持。据此,依照《民事诉讼法》第一百七十条第一款第(一)项之规定,判决如下:驳回上诉,维持原判。

**第一千一百一十六条　当事人协议解除收养关系的,应当到民政部门办理解除收养关系登记。**

### 条文主旨

本条是关于协议解除收养关系的程序性规定。

### 条文精释

## 一、立法背景

关于收养关系解除程序,最早出现于1991年《收养法》中,该法第二十七条规定:"当事人解除收养关系应当达成书面协议。收养关系是经民政部门登记成立的,应当到民政部门办理解除收养关系的登记。收养关系是经公证证明的,应当到公证处办理解除收养关系的公证证明。"1998年《收养法》对此加以修改,仅规定"当事人协议解除收养关系的,应当到民政部门解除收养关系的登记"。该条将

公证解除的途径删去,仅保留了民政部门办理解除收养关系登记的途径,原因是收养公证是公证机关对收养人领养他人子女作为自己子女行为的真实性、合法性予以证明的活动。其目的在于从法律上确认收养关系的成立,明确各方当事人的权利与义务,保护老人和儿童的合法权益,维护社会安定团结。该程序属于选择性程序,并非收养关系的必经程序,收养的成立必须有收养登记,但收养公证并不是必须程序。因此法律对此予以修改完善。本条对此予以沿用。

## 二、争议观点

有学者认为,本条规定,不能仅依书面协议解除收养关系,即使是在缔结时只依照当时的法律签订了协议而未通过登记成立的收养关系,也应到民政部门办理解除收养关系的登记。①

## 三、条文解释

收养关系的解除有两种途径:一种是诉讼解除,自解除的调解书或者判决书生效之日起收养关系解除;另一种是协议解除,由于收养是变更当事人人身关系的民事法律行为,需要一定的程序性规定,又由于收养的成立需要到民政部门办理收养登记,因此当事人协议解除收养关系,也需要到民政部门办理收养关系解除登记。收养关系当事人办理收养解除程序的步骤:(1)申请。收养关系当事人需持居民户口簿、居民身份证、收养登记证和解除收养关系的书面协议共同到被收养人常住户口所在地的收养登记机关办理解除收养登记;(2)审查。收养登记机关收养解除收养关系登记申请书及有关材料后,应当自次日起 30 日内进行审查;(3)处理。对于符合《收养法》规定的,收养登记机关予以办理解除收养关系的登记,收回收养登记证,发给解除收养关系证明。

## 关联案例

### 一、(2019)闽 08 民终 1227 号

本院认为,综合双方当事人的诉辩,本案的争议焦点为一审确定本案共有物的分配方案是否合理。本案双方讼争 567649.35 元赔偿款并非死者王某良的遗

① 参见杨遂全:《婚姻家庭亲属法学》,清华大学出版社 2011 年版,第 176 页。

产，而是给付死者近亲属的补偿费用，具有精神抚慰和经济补偿的性质。分配原则应是死者近亲属之间根据其与死者关系的亲属远近、共同生活的亲密程度和分配权利人的生活状况等情况进行合理分配。故蔡某英认为死亡赔偿金应当按照《继承法》规定的顺序，确定其为唯一赔偿权利人的上诉请求没有法律依据。死者王某良（1959 年 2 月生）自幼被抱养至蔡某英家直至 20 世纪 80 年代初。蔡某英抱养王某良，发生在《收养法》颁布实施之前，依据最高人民法院《关于贯彻执行民事政策法律若干问题的意见》第二十八条“亲友、群众公认，或有关组织证明确以养父母与养子女关系长期共同生活的，虽未办理合法手续，也应按收养关系对待”，应认定蔡某英与王某良形成了事实上的收养关系。依照《收养法》第二十八条“当事人协议解除收养关系的，应当到民政部门办理解除收养关系的登记”的规定，1992 年 4 月 1 日《收养法》施行以后，双方未到民政部门补办收养关系登记手续，20 世纪 80 年代初王某良回到其亲生父母处生活，但双方也未到民政部门办理解除收养关系手续，不能因此认定双方的收养关系自动解除。蔡某英作为死者王某良的养母，有权参与诉争赔偿款的分配。死者王某良去世前长期与王某才、王某兰、王某一等人共同居住、生活并由王某才等人予以照顾、扶持。故一审法院考虑家庭共同生活紧密程度和依赖程度，酌情判决王某才、王某兰、王某一分得讼争款项的 40% 并无不当。综上所述，蔡某英及王某才、王某兰、王某一的上诉理由均不能成立。一审判决认定事实清楚，适用法律正确，处理适当，应予维持。原审第三人林某昌经本院传唤拒不到庭参加诉讼，本院依法缺席审理和判决。依照《民事诉讼法》第一百四十四条、第一百七十条第一款第（一）项之规定，判决如下：驳回上诉，维持原判。本案生效后，负有履行义务的当事人须依法按期履行判决，逾期未履行的，应向执行法院报告财产状况，并不得有高消费及非生活和工作必需的消费行为。本条款即为执行通知，违反本条规定的，本案申请执行后，人民法院可依法对相关当事人采取列入失信名单、罚款、拘留等措施，构成犯罪的，依法追究刑事责任。

## 二、（2015）雅民终字第 469 号

本院认为：依照《收养法》第二十三条第一款“自收养关系成立之日起，养父母与养子女间的权利义务关系，适用法律关于父母子女关系的规定；养子女与养父母的近亲属间的权利义务关系，适用法律关于子女与父母的近亲属关系的规定”。根据本案查明的事实，章某松与前妻陈某芳（已去世）于 1987 年 12 月收养章某滔

为养子,同时,章某滔的户籍也随即落户在章某松处。双方虽未到相关部门办理收养关系的手续,但能够认定章某松与章某滔之间形成了事实上的收养关系。故从1987年12月起,章某滔与章某松的近亲属间的权利义务关系,适用于法律规定的关于子女与父母的近亲属关系的规定。依照《收养法》第二十八条"当事人协议解除收养关系的,应当到民政部门办理解除收养关系的登记"的规定,1992年4月1日《收养法》施行以后,章某松未到民政部门补办与章某滔之间的收养关系登记手续,1995年9月,章某滔尽管回到生父身边读书,后外出打工,但双方也未到民政部门办理解除收养关系手续,不能因此认定章某滔已回到生父身边,章某滔与章某松的收养关系自动解除。章某松死亡后,章某滔作为章某松的养子,享有与婚生子女同等的权利,故章某滔依法享有在章某松死亡后获得赔偿款的权利。鉴于本案章某松、张某芬、章某共同生活;章某滔于1995年9月,到雅安市雨城区中里镇读书(生父住处),后外出打工至今,未与章某松、张某芬、章某共同生活的事实。本院确定张某芬、章某应多分得章某松死亡后的赔偿款,章某滔少分得章某松死亡后的赔偿款,既符合本案的客观实际,也体现公平原则。故本院酌情确定章某滔分得章某松死亡后的赔偿款为80000元。综上所述,原审法院认定事实清楚,程序合法,但适用法律不当,实体处理结果错误。上诉人张某芬、章某的上诉理由部分成立,依法应予改判。依照《收养法》第二十三条第一款、第二十八条,《婚姻法》第二十六条第一款,《民法通则》第七十八条、第一百三十四条第一款第(四)项,《民事诉讼法》第一百七十条第一款第(二)项的规定,判决如下:一、撤销四川省雅安市雨城区人民法院(2015)雨城民初字第430号民事判决;二、由张某芬、章某在本判决发生法律效力之日起十五日内支付章某滔80000元;三、驳回章某滔的其他诉讼请求。

**第一千一百一十七条　收养关系解除后,养子女与养父母以及其他近亲属间的权利义务关系即行消除,与生父母以及其他近亲属间的权利义务关系自行恢复。但是,成年养子女与生父母以及其他近亲属间的权利义务关系是否恢复,可以协商确定。**

## 条文主旨

本条是关于收养解除法律后果的规定。

## 条文精释

### 一、立法背景

关于收养解除法律后果的法律规定，最早出现于1984年最高人民法院《关于贯彻执行民事政策法律若干问题的意见》中，该意见第三十二条第一款规定，“养子女和养父母之间的权利和义务，因收养关系的解除而终止”；第三十三条第一款规定，“收养关系解除后，未成年的被收养人同其生父母之间的权利和义务即行恢复；已经成年并已独立生活的被收养人，同其生父母之间的权利和义务的恢复，则须以书面方式取得双方一致同意”。该法将收养关系的恢复分为未成年被收养人的自行恢复和成年被收养人书面一致恢复两种并列的法律后果。1991年《收养法》对此予以修改。该法第二十八条规定，“收养关系解除后，养子女与养父母及其他近亲属间的权利义务关系即行消除，与生父母及其他近亲属间的权利义务关系自行恢复，但成年养子女与生父母及其他近亲属间的权利义务关系是否恢复，可以协商确定”，即对于收养关系解除的法律后果，规定了以养子女与生父母间权利义务自行恢复为原则，成年养子女与生父母及其他近亲属权利义务是否恢复可以自行协商为例外。1998年《收养法》第二十九条予以沿用。

### 二、争议观点

成年养子女与养父母解除收养关系后，与生父母及近亲属间的权利义务关系是否恢复，双方应协商解决。若协商达成一致意见同意恢复，双方权利义务关系恢复。但是若协商恢复权利义务关系的，是否还必须与生父母的近亲属进行协商呢？多数学者认为，只要成年养子女与生父母协商同意恢复权利义务关系，其与生父母其他近亲属法律上的权利义务关系也应视为恢复。①

### 三、条文解释

收养关系解除后，收养关系当事人之间的人身方面的权利义务发生变更：(1)养子女与养父母及其他近亲属之间的权利义务关系消除，即养父母与养子女间拟制直系与养子女与养父母近亲属间旁系血亲关系消除。养子女和养父母的

---

① 巫昌祯主编：《婚姻与家庭继承法学》(第6版)，中国政法大学出版社2017年版，第263页。

亲属关系本身就是以收养关系为中介。因此,解除收养关系后,双方之间就不再具有父母子女及近亲属间的权利义务关系。(2)未成年养子女与生父母及其他近亲属间的权利义务关系自行恢复;制定这一规定的原因是出于保护未成年子女切身利益的原则。未成年子女的成长需要尽快确定抚养关系。因此,在解除收养关系后,法律直接规定未成年子女与生父母恢复父母子女关系,防止生父母推卸责任。(3)成年养子女与生父母及其他近亲属间的权利义务关系是否恢复,可以协商确定。有学者认为,这是由于已成年养子女在特定情况下对已解除收养关系的养父母有一定赡养义务,所以在解除收养关系后,其与生父母及生父母其他近亲属间是否恢复权利义务关系,可以由双方协商确定。[①] 同时也是因为成年子女已经有了基本生活自理能力和生活来源,无需强制恢复其与生父母间父母子女关系,尊重双方当事人协商的自由。

## 关联案例

### 一、(2015)怀中民一终字第638号

本院认为,《民事诉讼法》第一百一十九条第一款规定的起诉条件是“原告是与本案有直接利害关系的公民、法人和其他组织”。《收养法》第二十九条规定“收养关系解除后,养子女与养父母及其他近亲属间的权利义务关系即行消除,与生父母及其他近亲属间的权利义务关系自行恢复,但成年养子女与生父母及其他近亲属间的权利义务关系是否恢复,可以协商确定”。现上诉人孟小某提出,其和被继承人孟某某的收养关系并没有解除,所以其有权继承;其养父去世时其与养母的收养关系也没有解除,其具备起诉主体资格的上诉理由。经查,孟小某是于某某和被继承人孟某某的养子,2010年孟某某死亡,2013年经原审法院判决于某某与孟小某解除了收养关系。2018年1月10日,孟小某在原审法院提起本案继承诉讼。孟小某与于某某和被继承人孟某某系拟制血亲关系,这种家庭关系,可以因一方当事人的死亡而终止,也可以因所拟制的亲属关系依法解除而终止。孟小某在孟某某死亡后至与养母收养关系解除前,其与于某某仍存在拟制血亲关系,这期间其可以主张参与继承,但随着收养关系的解除,孟小某与养母于某某及其近亲属间的权利义务关系即行消除。消除权利义务关系后,孟小某与原收养人

---

① 参见杨遂全:《婚姻家庭亲属法学》,清华大学出版社2011年版,第177页。

之间已不存在亲属关系,在此情况下,孟小某主张继承于某某的配偶孟某某的遗产已无法律依据,孟小某不具备法定继承人的主体资格。综上,孟小某的上诉请求不能成立,应予驳回;一审裁定认定事实清楚,适用法律正确,应予维持。依照《民事诉讼法》第一百七十条第一款第(一)项、第一百七十一条规定,裁定如下:驳回上诉,维持原裁定。

## 二、(2009)沪一中民一(民)终字第4622号

本院认为:我国未成年人的监护、抚养因血缘关系或拟制血亲关系而成立。拟制血亲是指本来没有血缘关系,或没有直接的血缘关系,但法律上确定其地位与血亲相同的亲属,此种血亲由法律设定。我国法律确认的拟制血亲有两类:一是养父母与养子女以及养子女与养父母的其他近亲属;二是在事实上形成了抚养关系的继父母与继子女、继兄弟姐妹。本案中,上诉人杨某甲经亲子鉴定确认与杨某丙并无血缘关系,且没有办理收养手续,亦不存在继父母与继子女的关系。故上诉人提出与杨某丙成立拟制血亲的上诉理由不成立。杨某丙出生后与杨某勤办理了收养登记,经相关行政部门依法予以撤销后,杨某丙与杨某勤的收养关系即已解除,根据《收养法》第二十九条之规定,收养关系解除后,杨某丙与生父母及其他近亲属间的权利义务关系自行恢复。杨某丙作为瞿某与杨某甲婚姻期间所生子女,法律推定其为瞿某与杨某甲的亲生子女,瞿某与杨某甲离婚时约定小孩杨某丙由杨某甲抚养并无不妥。

但双方离婚之后,杨某甲申请与杨某丙所作的亲子鉴定确认杨某甲不是杨某丙生物学父亲,此时杨某甲丧失了监护、抚养杨某丙的权利和义务。杨某甲与瞿某离婚协议中关于杨某丙抚养关系的规定因出现重大情形而应予以更改。另,杨某琴的诉讼请求之一为确认上诉人与杨某丙无血缘关系,杨某乙作为杨某甲的母亲及杨某丙实际抚养人之一,是本案适格的当事人。综上所述,上诉人的上诉主张及理由不成立,原判决认定事实清楚,适用法律正确,处理并无不当。据此,依照《民事诉讼法》第一百七十条第一款第(一)项之规定,判决如下:驳回上诉,维持原判决。

## 三、(2017)鲁02民终316号

本院认为,依据双方当事人的诉辩主张,本案的争议焦点是原审法院以《收养法》为判决依据是否妥当;被继承人张某一与养父解除收养关系后与生父母之间

的权利义务关系是否恢复。关于原审法院以《收养法》为判决依据是否妥当的认定。根据一审法院查明的事实，张某一与养父解除收养关系的时间是1989年3月，而我国收养法开始施行的时间是1992年4月1日，可见张某一与养父解除收养关系的时候收养法并未颁布施行，本案应适用当时的最高人民法院《关于贯彻执行民事政策法律若干问题的意见》。故原审法院以《收养法》为判决依据不当，上诉人荆某所提该项上诉理由成立。关于被继承人张某一与养父解除收养关系后与生父母之间的权利义务关系是否恢复的认定。根据最高人民法院《关于贯彻执行民事政策法律若干问题的意见》第三十三条规定："收养关系解除后，未成年的被收养人同其生父母之间的权利和义务即行恢复；已经成年并已独立生活的被收养人，同其生父母之间的权利和义务的恢复，则须以书面方式取得双方一致同意。"由此可见，收养关系解除后，子女与生父母间的权利义务关系是否恢复要视其是否成年而定，子女若为成年人，则其与生父母等人之间的权利义务关系并不当然恢复，需由双方书面协商一致同意。该规定与《收养法》第二十九条的规定并无冲突。本案中，张某一与养父张某七解除收养关系时已年满25岁，已经结婚并独立生活，其与亲生父母之间的权利义务关系并不当然恢复，而要看双方之间是否存在书面约定。

本案中，上诉人荆某不能举证证明双方之间就权利义务的恢复存在书面约定，应承担举证不能的法律后果。根据有关法律法规的规定，可以认定张某一与其生父母之间的权利义务关系并未恢复，上诉人荆某对本案争议的遗产不享有继承权。故上诉人荆某所提该项上诉理由不能成立，本院不予支持。关于上诉人提出的张某一与养父张某七之间的收养关系不成立的上诉理由，本院认为，张某一于1968年三岁时被亲生父母送给张某七收养，双方共同生活21年的时间，至1989年通过原平度县人民法院（1989）平法城民字第7号民事判决书判决双方解除收养关系，可见该收养关系的成立已经法院生效判决予以认定。

故上诉人荆某所提该项上诉理由不能成立，本院不予支持。

综上，一审判决认定事实清楚，适用法律存在瑕疵，但裁判结果正确，故对上诉人荆某的上诉请求不予支持。依照最高人民法院《关于贯彻执行民事政策法律若干问题的意见》第三十三条、《民事诉讼法》第一百七十条第一款第一项、最高人民法院《关于适用〈中华人民共和国民事诉讼法〉的解释》第三百三十四条、最高人民法院《关于民事诉讼证据的若干规定》第二条规定，判决如下：驳回上诉，维持原判。

**第一千一百一十八条　收养关系解除后，经养父母抚养的成年养子女，对缺乏劳动能力又缺乏生活来源的养父母，应当给付生活费。因养子女成年后虐待、遗弃养父母而解除收养关系的，养父母可以要求养子女补偿收养期间支出的抚养费。**

**生父母要求解除收养关系的，养父母可以要求生父母适当补偿收养期间支出的抚养费；但是，因养父母虐待、遗弃养子女而解除收养关系的除外。**

## 条文主旨

本条是关于解除收养关系后有关生活费、抚养费问题处理的规定。

## 条文精释

### 一、立法背景

关于收养解除后的财产问题及其处理，1984 年最高人民法院《关于贯彻执行民事政策法律若干问题的意见》第三十二条第二、三款规定，"收养关系解除时，养子女已由养父母抚养长大成人并已独立生活，而养父母却年老丧失劳动能力又无生活来源的，养子女应承担养父母晚年的生活费用。生父母要求解除收养关系的，养父母可要求补偿收养期间养子女的生活费和教育费；养父母要求解除收养关系的，一般不予补偿"。本条基本确定了收养关系解除后的财产关系处理制度，分为成年养子女的生活费给付义务以及养父母的补偿请求权。但是不足之处在于，其并未考虑收养解除的原因。因此，1991 年《收养法》第二十九条规定，"收养关系解除后，经养父母抚养的成年养子女，对缺乏劳动能力又缺乏生活来源的养父母，应当给付生活费。因养子女成年后虐待、遗弃养父母而解除收养关系的，养父母可以要求养子女补偿收养期间指出的生活费和教育费。生父母要求解除收养关系的，养父母可以要求生父母适当补偿收养期间支出的生活费和教育费，但因养父母虐待、遗弃养子女而解除收养关系的除外"。该条对收养解除原因予以考虑，较完备科学。因此，1998 年《收养法》予以沿用。而本条在此基础上又进行了调整，将“生活费和教育费”改为了“抚养费”，实为扩大了养父母可主张的补偿范围，更好地维护了养父母的合法权益，也体现了尊老敬老的立法原则。

## 二、争议观点

世界各国亲属法关于收养终止的法律效力都极为相似。人身关系方面，收养终止后，收养人与被收养人之间的权利义务关系终止，未成年养子女恢复其与生父母的父母子女关系。财产关系方面，有的国家规定收养终止时，无过错方可以要求过错方给付赔偿金；还有的国家收养法中有关于收养人与被收养人之间的抚养、赡养费用返还的规定。①

## 三、条文解释

本条规定的是收养关系解除后财产关系，主要分为两部分：

第一款是成年养子女的给付义务。(1)生活费。成年养子女在收养关系解除后给付养父母生活费的理由有两个：一是该养子女是经养父母抚养成年的；二是养父母缺乏劳动能力又缺乏生活来源。这是由于，养父母对养子女尽了实际的抚养义务，养子女成人后应承担赡养养父母的义务。虽然收养关系已经解除，拟制的父母子女关系已经消灭，但是原养父母将原养子女抚养成人是既成事实。因此，不论是从权利义务对等原则还是从《收养法》保护未成年人利益和解决养老问题的立法目的来看，成年养子女在收养关系解除后仍应给予缺乏劳动能力又缺乏生活来源养父母一定的生活费。费用的多少可以根据当地生活水平和养子女的负担能力来确定。给付生活费的期限，法律并未明确规定，应理解为养父母生存年限内。(2)抚养费。成年养子女给付养父母抚养费的条件为收养关系的解除。原因为养子女成年后虐待、遗弃养父母。此时不要求养父母缺乏劳动能力又缺乏生活来源。养父母收养养子女，对其抚养教育，养子女应对养父母履行赡养义务，当收养关系的解除是由于养子女的虐待、遗弃行为。为了补偿生父母，法律赋予其主张养子女补偿抚养费的请求。

第二款是养父母补偿请求权的规定，养父母要求生父母补偿收养期间支出的抚养费的前提条件为生父母要求解除收养关系。同时需要注意的是，当生父母是由于养父母虐待、遗弃养子女而解除收养关系时，生父母不予补偿。生父母主张

① 巫昌祯主编：《婚姻与家庭继承法学》（第6版），中国政法大学出版社2017年版，第273页。

解除收养关系，势必会在一定程度上损害养父母的感情和心血，也损害了其经济利益。因此，法律规定原养父母有权要求生父母补偿养父母在收养期间为原养子女所支出的生活费和教育费等抚养费用。而在收养关系的解除是因为养父母的过错行为时，前述补偿情形的理由并不存在。而且，养父母不得要求补偿收养期间支出的抚养费也是对于养父母过错行为的处罚，立法规定目的还有督促养父母善待养子女。

## 关联案例

### 一、(2019)云25民终226号

本院认为，根据《收养法》第二十七条、第二十八条的规定，养父母与成年养子女关系恶化、无法共同生活的，可以协议解除收养关系。不能达成协议的，可以向人民法院起诉。

当事人协议解除收养关系的，应当到民政部门办理解除收养关系的登记。《收养法》自1992年4月1日起施行，经1998年11月4日修正，现在仍然有效。根据法律溯及既往效力，本法施行前已经生效的民事法律行为，不受本法限制，但本法施行后发生的民事法律行为必须依据本法进行。本案中，李某周与李某伟、李某秋的收养关系于《收养法》施行前形成，形成了养子与养父母关系，双方对此均无异议。现李某周主张其与李某伟、李某秋的收养关系已经解除，但却没有提供相关的证据材料予以证明，其应对其主张承担举证不能的法律后果，对其主张本院不予支持，其与李某伟、李某秋的收养关系尚未解除。根据《收养法》第二十三条第一款、第三十条的规定，自收养关系成立之日起，养父母与养子女间的权利义务关系，适用法律关于父母子女关系的规定；养子女与养父母的近亲属间的权利义务关系，适用法律关于子女与父母的近亲属关系的规定。收养关系解除后，经养父母抚养的成年养子女，对缺乏劳动能力又缺乏生活来源的养父母，应当给付生活费。因养子女成年后虐待、遗弃养父母而解除收养关系的，养父母可以要求养子女补偿收养期间支出的生活费和教育费。生父母要求解除收养关系的，养父母可以要求生父母适当补偿收养期间支出的生活费和教育费，但因养父母虐待、遗弃养子女而解除收养关系的除外。本案中，李某周与李某伟、李某秋间的权利义务关系，自收养关系成立之日起，其权利义务关系适用法律关于父母子女关系的规定，即李某伟、李某秋对李某周有抚养教育的义务，李某周对李某伟、李某

秋有赡养扶助的义务。即使收养关系解除后,李某周对缺乏劳动能力又缺乏生活来源的李某伟、李某秋,也应当给付生活费。故李某周主张其不应该承担对李某伟、李某秋尽赡养义务的主张没有事实和法律依据,本院不予支持。一审法院综合李某伟、李某秋及养子女李某周、李某收的实际情况,并结合农村当前的生活水平以及李某伟、李某秋目前享受农村最低生活保障补助金的情况,判决李某周、李某收二人每人每月给付李某伟、李某秋赡养费200元,对李某伟、李某秋产生的医疗费、护理费凭单据由李某周、李某收各承担一半的判决结果并无不当,本院予以支持。综上所述,李某周的上诉请求不能成立,应予驳回;一审判决认定事实清楚,适用法律正确,应予维持。依照《民事诉讼法》第一百七十条第一款第一项规定,判决如下:驳回上诉,维持原判。

## 二、(2019)湘06民终1416号

本院认为,养父母和养子女间的权利义务适用《婚姻法》对父母子女间权利义务的规定。《婚姻法》第二十一条第一款规定,父母对子女有抚养教育的义务;子女对父母有赡养扶助的义务。戴某华夫妇收养戴某后,不仅将出生只有几天的戴某扶养成人,而且供其上学,让其享受了受教育的权利,后又为戴某操办婚礼。所有这一切,应当认定戴某华夫妇已完全尽到了抚养、教育戴某的义务。戴某成年后,依法也应负有赡养老人的义务。经审理查明,2009年,戴某华夫妇与戴某因生活琐事产生纠纷后戴某及其丈夫赵某光搬出戴某华家。此后,戴某很少回去看望戴某华夫妇。此事实表明双方当事人生活联系程度已存在疏远的可能性。2014年2月和2014年6月,养母甘某和因心脏病两次住院接受治疗,在此期间,戴某未到医院进行探望、照顾,也未支付医疗费。2014年公历12月8日,养母甘某和因病去世,戴某夫妇在其养母过世之后回家奔丧,因未取得戴某华谅解只得中途离开。此事实不仅表明戴某与戴某华关系已经疏远恶化,同时也说明戴某并未尽到对其养母的赡养义务。戴某辩称养母病重时,其未接到任何人通知,本院认为,该辩称内容不论属实与否,均直接说明戴某与戴某华的父女感情及生活联系已经疏远恶化的事实。妻子去世后,戴某华孤身一人生活。戴某没有证据证明其此间给予了戴某华物质上、生活上的帮助和精神上的安慰。故一审判决认定戴某对戴某华存在遗弃情形并无不当。上述事实,势必恶化双方当事人父女感情,现戴某华已不愿意与戴某共同生活及维持收养关系,对戴某华要求解除收养关系的请求,本院应当准许。根据《收养法》第三十条第一款的规定:"收养关系解除后,经养父

母抚养的成年养子女,对缺乏劳动能力又缺乏生活来源的养父母,应当给付生活费,因养子女成年后虐待、遗弃养父母而解除收养关系的,养父母可以要求养子女补偿收养期间支出的生活费和教育费。”收养关系解除后,戴某华有权要求戴某补偿戴某华在收养期间支出的生活费和教育费,戴某上诉称已经补偿戴某华 4 万元和一份价值 35 万元再建基地,但没有提供充分的证据予以证明,一审法院根据实际情况并结合湖南省农村居民人均消费性支出及戴某华抚养戴某支出的教育费的年限及当地生活水平等因素酌情考虑由戴某补偿戴某华抚养期间的生活费及教育费共计 8 万元适当,本院不再予以调整。综上所述,戴某、戴某华的上诉请求均不能成立,应予驳回;一审判决认定事实清楚,适用法律正确,应予维持。依照《民事诉讼法》第一百七十条第一款(一)项之规定,判决如下:驳回上诉,维持原判。

下篇

# 新旧对照与审判政策

# 一、婚姻家庭编新旧对照及关联规定表

<table>
<tr><th>2001 年婚姻法</th><th>婚姻家庭编</th></tr>
<tr><td>第一章　总　　则</td><td>第一章　一般规定</td></tr>
<tr><td>第一条　本法是婚姻家庭关系的基本准则。</td><td>第一千零四十条　本编调整因婚姻家庭产生的民事关系。</td></tr>
<tr><td>第二条　实行婚姻自由、一夫一妻、男女平等的婚姻制度。<br>保护妇女、儿童和老人的合法权益。实行计划生育。</td><td>第一千零四十一条　婚姻家庭受国家保护。实行婚姻自由、一夫一妻、男女平等的婚姻制度。保护妇女、未成年人、老年人、残疾人的合法权益。</td></tr>
<tr><td>第三条　禁止包办、买卖婚姻和其他干涉婚姻自由的行为。禁止借婚姻索取财物。<br>禁止重婚。禁止有配偶者与他人同居。禁止家庭暴力。禁止家庭成员间的虐待和遗弃。</td><td>第一千零四十二条　禁止包办、买卖婚姻和其他干涉婚姻自由的行为。禁止借婚姻索取财物。<br>禁止重婚。禁止有配偶者与他人同居。<br>禁止家庭暴力。禁止家庭成员间的虐待和遗弃。</td></tr>
<tr><td colspan="2">【关联规定】<br>《婚姻法解释一》<br>第一条　婚姻法第三条、第三十二条、第四十三条、第四十五条、第四十六条所称的“家庭暴力”，是指行为人以殴打、捆绑、残害、强行限制人身自由或者其他手段，给其家庭成员的身体、精神等方面造成一定伤害后果的行为。持续性、经常性的家庭暴力，构成虐待。<br>第二条　婚姻法第三条、第三十二条、第四十六条规定的“有配偶者与他人同居”的情形，是指有配偶者与婚外异性，不以夫妻名义，持续、稳定地共同居住。<br>《婚姻法解释二》<br>第一条　当事人起诉请求解除同居关系的，人民法院不予受理。但当事人请求解除的同居关系，属于婚姻法第三条、第三十二条、第四十六条规定的“有配偶者与他人同居”的，人民法院应当受理并依法予以解除。<br>当事人因同居期间财产分割或者子女抚养纠纷提起诉讼的，人民法院应当受理。<br>第十条　当事人请求返还按照习俗给付的彩礼的，如果查明属于以下情形，人民法院应当予以支持：</td></tr>
</table>

续表

<table>
<tr><th>2001 年婚姻法</th><th>婚姻家庭编</th></tr>
<tr><td colspan="2">（一）双方未办理结婚登记手续的；<br>（二）双方办理结婚登记手续但确未共同生活的；<br>（三）婚前给付并导致给付人生活困难的。<br>适用前款第（二）、（三）项的规定，应当以双方离婚为条件。</td></tr>
<tr><td>第四条　夫妻应当互相忠实，互相尊重；家庭成员间应当敬老爱幼，互相帮助，维护平等、和睦、文明的婚姻家庭关系。</td><td>第一千零四十三条　**家庭应当树立优良家风，弘扬家庭美德，重视家庭文明建设。**<br>夫妻应当互相忠实，互相尊重，**互相关爱**；家庭成员应当敬老爱幼，互相帮助，维护平等、和睦、文明的婚姻家庭关系。</td></tr>
<tr><td colspan="2">**【关联规定】**<br>**《婚姻法解释一》**<br>第三条　当事人仅以婚姻法第四条为依据提起诉讼的，人民法院不予受理；已经受理的，裁定驳回起诉。</td></tr>
<tr><td></td><td>第一千零四十四条　收养应当**遵循最有利于被收养人的原则**，保障被收养人和收养人的合法权益。<br>禁止借收养名义买卖**未成年人**。</td></tr>
<tr><td colspan="2">**【关联规定】**<br>**《收养法》**<br>第二条　收养应当有利于被收养的未成年人的抚养、成长，保障被收养人和收养人的合法权益，遵循平等自愿的原则，并不得违背社会公德。<br>第二十条　严禁买卖儿童或者借收养名义买卖儿童。</td></tr>
<tr><td></td><td>**第一千零四十五条　亲属包括配偶、血亲和姻亲。**<br>**配偶、父母、子女、兄弟姐妹、祖父母、外祖父母、孙子女、外孙子女为近亲属。**<br>**配偶、父母、子女和其他共同生活的近亲属为家庭成员。**</td></tr>
<tr><td>第二章　结　　婚</td><td>第二章　结　　婚</td></tr>
<tr><td>第五条　结婚**必须**男女双方完全自愿，**不许**任何一方对**他方**加以强迫或任何**第三者**加以干涉。</td><td>第一千零四十六条　结婚**应当**男女双方完全自愿，**禁止**任何一方对**另一方**加以强迫，**禁止**任何**组织或者个人**加以干涉。</td></tr>
</table>

续表

<table>
<tr><th>2001 年婚姻法</th><th>婚姻家庭编</th></tr>
<tr><td>第六条　结婚年龄,男不得早于二十二周岁,女不得早于二十周岁。晚婚晚育应予鼓励。</td><td>第一千零四十七条　结婚年龄,男不得早于二十二周岁,女不得早于二十周岁。</td></tr>
<tr><td>第七条　有下列情形之一的,禁止结婚:<br>(一)直系血亲和三代以内的旁系血亲;<br>(二)患有医学上认为不应当结婚的疾病。</td><td>第一千零四十八条　直系血亲或者三代以内的旁系血亲禁止结婚。</td></tr>
<tr><td>第八条　要求结婚的男女双方必须亲自到婚姻登记机关进行结婚登记。符合本法规定的,予以登记,发给结婚证。取得结婚证,即确立夫妻关系。未办理结婚登记的,应当补办登记。</td><td>第一千零四十九条　要求结婚的男女双方应当亲自到婚姻登记机关申请结婚登记。符合本法规定的,予以登记,发给结婚证。完成结婚登记,即确立婚姻关系。未办理结婚登记的,应当补办登记。</td></tr>
<tr><td colspan="2">【关联规定】<br>《婚姻法解释一》<br>第四条　男女双方根据婚姻法第八条规定补办结婚登记的,婚姻关系的效力从双方均符合婚姻法所规定的结婚的实质要件时起算。<br>第五条　未按婚姻法第八条规定办理结婚登记而以夫妻名义共同生活的男女,起诉到人民法院要求离婚的,应当区别对待:<br>(一)1994 年 2 月 1 日民政部《婚姻登记管理条例》公布实施以前,男女双方已经符合结婚实质要件的,按事实婚姻处理。<br>(二)1994 年 2 月 1 日民政部《婚姻登记管理条例》公布实施以后,男女双方符合结婚实质要件的,人民法院应当告知其在案件受理前补办结婚登记;未补办结婚登记的,按解除同居关系处理。<br>第六条　未按婚姻法第八条规定办理结婚登记而以夫妻名义共同生活的男女,一方死亡,另一方以配偶身份主张享有继承权的,按照本解释第五条的原则处理。</td></tr>
<tr><td>第九条　登记结婚后,根据男女双方约定,女方可以成为男方家庭的成员,男方可以成为女方家庭的成员。</td><td>第一千零五十条　登记结婚后,按照男女双方约定,女方可以成为男方家庭的成员,男方可以成为女方家庭的成员。</td></tr>
<tr><td>第十条　有下列情形之一的,婚姻无效:<br>(一)重婚的;<br>(二)有禁止结婚的亲属关系的;<br>(三)婚前患有医学上认为不应当结婚的疾病,婚后尚未治愈的;<br>(四)未到法定婚龄的。</td><td>第一千零五十一条　有下列情形之一的,婚姻无效:<br>(一)重婚;<br>(二)有禁止结婚的亲属关系;<br>(三)未到法定婚龄。</td></tr>
</table>

续表

| 2001年婚姻法 | 婚姻家庭编 |
| --- | --- |

**【关联规定】**

**《婚姻法解释一》**

第七条　有权依据婚姻法第十条规定向人民法院就已办理结婚登记的婚姻申请宣告婚姻无效的主体，包括婚姻当事人及利害关系人。利害关系人包括：

（一）以重婚为由申请宣告婚姻无效的，为当事人的近亲属及基层组织。

（二）以未到法定婚龄为由申请宣告婚姻无效的，为未达法定婚龄者的近亲属。

（三）以有禁止结婚的亲属关系为由申请宣告婚姻无效的，为当事人的近亲属。

（四）以婚前患有医学上认为不应当结婚的疾病，婚后尚未治愈为由申请宣告婚姻无效的，为与患病者共同生活的近亲属。

第八条　当事人依据婚姻法第十条规定向人民法院申请宣告婚姻无效的，申请时，法定的无效婚姻情形已经消失的，人民法院不予支持。

第九条　人民法院审理宣告婚姻无效案件，对婚姻效力的审理不适用调解，应当依法作出判决；有关婚姻效力的判决一经作出，即发生法律效力。

涉及财产分割和子女抚养的，可以调解。调解达成协议的，另行制作调解书。对财产分割和子女抚养问题的判决不服的，当事人可以上诉。

**《婚姻法解释二》**

第二条　人民法院受理申请宣告婚姻无效案件后，经审查确属无效婚姻的，应当依法作出宣告婚姻无效的判决。原告申请撤诉的，不予准许。

第三条　人民法院受理离婚案件后，经审查确属无效婚姻的，应当将婚姻无效的情形告知当事人，并依法作出宣告婚姻无效的判决。

第四条　人民法院审理无效婚姻案件，涉及财产分割和子女抚养的，应当对婚姻效力的认定和其他纠纷的处理分别制作裁判文书。

第五条　夫妻一方或者双方死亡后一年内，生存一方或者利害关系人依据婚姻法第十条的规定申请宣告婚姻无效的，人民法院应当受理。

第六条　利害关系人依据婚姻法第十条的规定，申请人民法院宣告婚姻无效的，利害关系人为申请人，婚姻关系当事人双方为被申请人。

夫妻一方死亡的，生存一方为被申请人。

夫妻双方均已死亡的，不列被申请人。

第七条　人民法院就同一婚姻关系分别受理了离婚和申请宣告婚姻无效案件的，对于离婚案件的审理，应当待申请宣告婚姻无效案件作出判决后进行。

前款所指的婚姻关系被宣告无效后，涉及财产分割和子女抚养的，应当继续审理。

**《婚姻法解释三》**

第一条　当事人以婚姻法第十条规定以外的情形申请宣告婚姻无效的，人民法院应当判决驳回当事人的申请。

当事人以结婚登记程序存在瑕疵为由提起民事诉讼，主张撤销结婚登记的，告知其可以依法申请行政复议或者提起行政诉讼。

续表

| 2001 年婚姻法 | 婚姻家庭编 |
|---|---|
| 第十一条　因胁迫结婚的，受胁迫的一方可以向婚姻登记机关或人民法院请求撤销**该**婚姻。受胁迫的一方撤销婚姻的请求，应当自**结婚登记之日起**一年内提出。被非法限制人身自由的当事人请求撤销婚姻的，应当自恢复人身自由之日起一年内提出。 | **第一千零五十二条**　因胁迫结婚的，受胁迫的一方可以向人民法院请求撤销婚姻。<br>请求撤销婚姻的，应当自**胁迫行为终止之日起**一年内提出。<br>被非法限制人身自由的当事人请求撤销婚姻的，应当自恢复人身自由之日起一年内提出。 |
| **【关联规定】**<br>**《婚姻法解释一》**<br>第十条　婚姻法第十一条所称的“胁迫”，是指行为人以给另一方当事人或者其近亲属的生命、身体健康、名誉、财产等方面造成损害为要挟，迫使另一方当事人违背真实意愿结婚的情况。<br>因受胁迫而请求撤销婚姻的，只能是受胁迫一方的婚姻关系当事人本人。<br>第十一条　人民法院审理婚姻当事人因受胁迫而请求撤销婚姻的案件，应当适用简易程序或者普通程序。<br>第十二条　婚姻法第十一条规定的“一年”，不适用诉讼时效中止、中断或者延长的规定。 | |
| | **第一千零五十三条　一方患有重大疾病的，应当在结婚登记前如实告知另一方；不如实告知的，另一方可以向人民法院请求撤销婚姻。**<br>**请求撤销婚姻的，应当自知道或者应当知道撤销事由之日起一年内提出。** |
| 第十二条　无效或被撤销的婚姻，自始**无效**。当事人不具有夫妻的权利和义务。同居期间所得的财产，由当事人协议处理；协议不成时，由人民法院根据照顾无过错方的原则判决。对重婚导致的**婚姻无效**的财产处理，不得侵害合法婚姻当事人的财产权益。当事人所生的子女，适用本法有关父母子女的规定。 | 第一千零五十四条　无效的或者被撤销的婚姻自始**没有法律约束力**，当事人不具有夫妻的权利和义务。同居期间所得的财产，由当事人协议处理；协议不成的，由人民法院根据照顾无过错方的原则判决。对重婚导致的**无效婚姻**的财产处理，不得侵害合法婚姻当事人的财产权益。当事人所生的子女，适用本法关于父母子女的规定。<br>**婚姻无效或者被撤销的，无过错方有权请求损害赔偿。** |

续表

| 2001年婚姻法 | 婚姻家庭编 |
| --- | --- |
| **【关联规定】**<br>**《婚姻法解释一》**<br>第十三条　婚姻法第十二条所规定的自始无效，是指无效或者可撤销婚姻在依法被宣告无效或被撤销时，才确定该婚姻自始不受法律保护。<br>第十四条　人民法院根据当事人的申请，依法宣告婚姻无效或者撤销婚姻的，应当收缴双方的结婚证书并将生效的判决书寄送当地婚姻登记管理机关。<br>第十五条　被宣告无效或被撤销的婚姻，当事人同居期间所得的财产，按共同共有处理。但有证据证明为当事人一方所有的除外。<br>第十六条　人民法院审理重婚导致的无效婚姻案件时，涉及财产处理的，应当准许合法婚姻当事人作为有独立请求权的第三人参加诉讼。 | |
| 第三章　家庭关系 | 第三章　家庭关系 |
| | 第一节　夫妻关系 |
| 第十三条　夫妻在家庭中地位平等。 | **第一千零五十五条**　夫妻在**婚姻**家庭中地位平等。 |
| 第十四条　夫妻双方都有**各用**自己姓名的权利。 | 第一千零五十六条　夫妻双方都有**各自使用**自己姓名的权利。 |
| 第十五条　夫妻双方都有参加生产、工作、学习和社会活动的自由，一方不得对他方加以限制或干涉。 | 第一千零五十七条　夫妻双方都有参加生产、工作、学习和社会活动的自由，一方不得对另一方加以限制或者干涉。 |
| 第二十一条第一款　父母对子女有抚养教育的义务；子女对父母有赡养扶助的义务。 | 第一千零五十八条　夫妻双方平等享有对未成年子女抚养、教育和保护的权利，共同承担对未成年子女抚养、教育和保护的义务。 |
| 第二十条　夫妻有互相扶养的义务。**一方不履行扶养义务时，需要扶养的一方**，有要求对方**付给**扶养费的权利。 | 第一千零五十九条　夫妻有相互扶养的义务。<br>需要扶养的一方，在另一方不履行扶养义务时，有要求其给付扶养费的权利。 |
| **【关联规定】**<br>**《婚姻法解释三》**<br>第八条　无民事行为能力人的配偶有虐待、遗弃等严重损害无民事行为能力一方的人身权利或者财产权益行为，其他有监护资格的人可以依照特别程序要求变更监护关系；变更后的监护人代理无民事行为能力一方提起离婚诉讼的，人民法院应予受理。 | |

续表

| 2001 年婚姻法 | 婚姻家庭编 |
|---|---|
| | **第一千零六十条　夫妻一方因家庭日常生活需要而实施的民事法律行为,对夫妻双方发生效力,但是夫妻一方与相对人另有约定的除外。**<br>**夫妻之间对一方可以实施的民事法律行为范围的限制,不得对抗善意相对人。** |
| 第二十四条第一款　夫妻有相互继承遗产的权利。 | 第一千零六十一条　夫妻有相互继承遗产的权利。 |
| 第十七条　夫妻在婚姻关系存续期间所得的下列财产,归夫妻共同所有:<br>(一)工资、奖金;<br>(二)生产、经营的收益;<br>(三)知识产权的收益;<br>(四)继承或**赠与**所得的财产,但本法第十八条第三项规定的除外;<br>(五)其他应当归共同所有的财产。<br>夫妻对共同**所有**的财产,有平等的处理权。 | 第一千零六十二条　夫妻在婚姻关系存续期间所得的下列财产,**为夫妻的共同财产,**归夫妻共同所有:<br>(一)工资、奖金、**劳务报酬;**<br>(二)生产、经营、**投资**的收益;<br>(三)知识产权的收益;<br>(四)继承或者**受赠**的财产,但是本法第一千零六十三条第三项规定的除外;<br>(五)其他应当归共同所有的财产。<br>夫妻对共同财产,有平等的处理权。 |

**【关联规定】**

**《婚姻法解释一》**

第十七条　婚姻法第十七条关于"夫或妻对夫妻共同所有的财产,有平等的处理权"的规定,应当理解为:

(一)夫或妻在处理夫妻共同财产上的权利是平等的。因日常生活需要而处理夫妻共同财产的,任何一方均有权决定。

(二)夫或妻非因日常生活需要对夫妻共同财产做重要处理决定,夫妻双方应当平等协商,取得一致意见。他人有理由相信其为夫妻双方共同意思表示的,另一方不得以不同意或不知道为由对抗善意第三人。

**《婚姻法解释二》**

第十一条　婚姻关系存续期间,下列财产属于婚姻法第十七条规定的"其他应当归共同所有的财产":

(一)一方以个人财产投资取得的收益;

(二)男女双方实际取得或者应当取得的住房补贴、住房公积金;

(三)男女双方实际取得或者应当取得的养老保险金、破产安置补偿费。

第十二条　婚姻法第十七条第三项规定的"知识产权的收益",是指婚姻关系存续期间,实际取得或者已经明确可以取得的财产性收益。

续表

<table>
<tr><th>2001 年婚姻法</th><th>婚姻家庭编</th></tr>
<tr><td colspan="2">第十四条　人民法院审理离婚案件，涉及分割发放到军人名下的复员费、自主择业费等一次性费用的，以夫妻婚姻关系存续年限乘以年平均值，所得数额为夫妻共同财产。<br>前款所称年平均值，是指将发放到军人名下的上述费用总额按具体年限均分得出的数额。其具体年限为人均寿命七十岁与军人入伍时实际年龄的差额。<br>第二十二条　当事人结婚前，父母为双方购置房屋出资的，该出资应当认定为对自己子女的个人赠与，但父母明确表示赠与双方的除外。<br>当事人结婚后，父母为双方购置房屋出资的，该出资应当认定为对夫妻双方的赠与，但父母明确表示赠与一方的除外。<br>**《婚姻法解释三》**<br>第五条　夫妻一方个人财产在婚后产生的收益，除孳息和自然增值外，应认定为夫妻共同财产。<br>第十一条　一方未经另一方同意出售夫妻共同共有的房屋，第三人善意购买、支付合理对价并办理产权登记手续，另一方主张追回该房屋的，人民法院不予支持。<br>夫妻一方擅自处分共同共有的房屋造成另一方损失，离婚时另一方请求赔偿损失的，人民法院应予支持。</td></tr>
<tr><td>第十八条　有下列情形之一的，为夫妻一方的财产：<br>（一）一方的婚前财产；<br>（二）一方因**身体受到伤害**获得的**医疗费、残疾人生活补助费等费用**；<br>（三）遗嘱或赠与合同中确定只归**夫或妻**一方的财产；<br>（四）一方专用的生活用品；<br>（五）其他应当归一方的财产。</td><td>第一千零六十三条　下列财产为夫妻一方的个人财产：<br>（一）一方的婚前财产；<br>（二）一方因**受到人身损害**获得的**赔偿或者补偿**；<br>（三）遗嘱或者赠与合同中确定只归一方的财产；<br>（四）一方专用的生活用品；<br>（五）其他应当归一方的财产。</td></tr>
<tr><td colspan="2">**【关联规定】**<br>**《婚姻法解释一》**<br>第十九条　婚姻法第十八条规定为夫妻一方的所有的财产，不因婚姻关系的延续而转化为夫妻共同财产。但当事人另有约定的除外。<br>**《婚姻法解释二》**<br>第十三条　军人的伤亡保险金、伤残补助金、医药生活补助费属于个人财产。<br>**《婚姻法解释三》**<br>第七条　婚后由一方父母出资为子女购买的不动产，产权登记在出资人子女名下的，可按照婚姻法第十八条第（三）项的规定，视为只对自己子女一方的赠与，该不动产应认定为夫妻一方的个人财产。<br>由双方父母出资购买的不动产，产权登记在一方子女名下的，该不动产可认定为双方</td></tr>
</table>

续表

<table>
<tr><th>2001 年婚姻法</th><th>婚姻家庭编</th></tr>
<tr><td colspan="2">按照各自父母的出资份额按份共有，但当事人另有约定的除外。<br>第十条　夫妻一方婚前签订不动产买卖合同，以个人财产支付首付款并在银行贷款，婚后用夫妻共同财产还贷，不动产登记于首付款支付方名下的，离婚时该不动产由双方协议处理。<br>依前款规定不能达成协议的，人民法院可以判决该不动产归产权登记一方，尚未归还的贷款为产权登记一方的个人债务。双方婚后共同还贷支付的款项及其相对应财产增值部分，离婚时应根据婚姻法第三十九条第一款规定的原则，由产权登记一方对另一方进行补偿。</td></tr>
<tr><td></td><td>第一千零六十四条　夫妻双方共同签名或者夫妻一方事后追认等共同意思表示所负的债务，以及夫妻一方在婚姻关系存续期间以个人名义为家庭日常生活需要所负的债务，属于夫妻共同债务。<br>夫妻一方在婚姻关系存续期间以个人名义超出家庭日常生活需要所负的债务，不属于夫妻共同债务；但是，债权人能够证明该债务用于夫妻共同生活、共同生产经营或者基于夫妻双方共同意思表示的除外。</td></tr>
<tr><td colspan="2">【关联规定】<br>《婚姻法解释二》<br>第二十三条　债权人就一方婚前所负个人债务向债务人的配偶主张权利的，人民法院不予支持。但债权人能够证明所负债务用于婚后家庭共同生活的除外。<br>第二十四条　债权人就婚姻关系存续期间夫妻一方以个人名义所负债务主张权利的，应当按夫妻共同债务处理。但夫妻一方能够证明债权人与债务人明确约定为个人债务，或者能够证明属于婚姻法第十九条第三款规定情形的除外。<br>第二十五条　当事人的离婚协议或者人民法院的判决书、裁定书、调解书已经对夫妻财产分割问题作出处理的，债权人仍有权就夫妻共同债务向男女双方主张权利。<br>一方就共同债务承担连带清偿责任后，基于离婚协议或者人民法院的法律文书向另一方主张追偿的，人民法院应当支持。<br>第二十六条　夫或妻一方死亡的，生存一方应当对婚姻关系存续期间的共同债务承担连带清偿责任。<br>《婚姻法解释（二）》补充规定①<br>在《最高人民法院关于适用〈中华人民共和国婚姻法〉若干问题的解释（二）》第二十四</td></tr>
</table>

① 最高人民法院《关于适用〈中华人民共和国婚姻法〉若干问题的解释（二）的补充规定》（2017 年 2 月 20 日最高人民法院审判委员会第 1710 次会议审议通过，自 2017 年 3 月 1 日起施行　法释〔2017〕6 号）。

续表

<table>
<tr><th>2001 年婚姻法</th><th>婚姻家庭编</th></tr>
<tr><td colspan="2">条的基础上增加两款,分别作为该条第二款和第三款:<br>夫妻一方与第三人串通,虚构债务,第三人主张权利的,人民法院不予支持。<br>夫妻一方在从事赌博、吸毒等违法犯罪活动中所负债务,第三人主张权利的,人民法院不予支持。<br>《夫妻债务解释》<br>第一条　夫妻双方共同签字或者夫妻一方事后追认等共同意思表示所负的债务,应当认定为夫妻共同债务。<br>第二条　夫妻一方在婚姻关系存续期间以个人名义为家庭日常生活需要所负的债务,债权人以属于夫妻共同债务为由主张权利的,人民法院应予支持。<br>第三条　夫妻一方在婚姻关系存续期间以个人名义超出家庭日常生活需要所负的债务,债权人以属于夫妻共同债务为由主张权利的,人民法院不予支持,但债权人能够证明该债务用于夫妻共同生活、共同生产经营或者基于夫妻双方共同意思表示的除外。</td></tr>
<tr><td>第十九条　夫妻可以约定婚姻关系存续期间所得的财产以及婚前财产归各自所有、共同所有或部分各自所有、部分共同所有。约定应当采用书面形式。没有约定或约定不明确的,适用本法第十七条、第十八条的规定。<br>夫妻对婚姻关系存续期间所得的财产以及婚前财产的约定,对双方具有约束力。<br>夫妻对婚姻关系存续期间所得的财产约定归各自所有的,夫或妻一方对外所负的债务,第三人知道该约定的,以夫或妻一方所有的财产清偿。</td><td>第一千零六十五条　男女双方可以约定婚姻关系存续期间所得的财产以及婚前财产归各自所有、共同所有或者部分各自所有、部分共同所有。约定应当采用书面形式。没有约定或者约定不明确的,适用本法第一千零六十二条、第一千零六十三条的规定。<br>夫妻对婚姻关系存续期间所得的财产以及婚前财产的约定,对双方具有法律约束力。<br>夫妻对婚姻关系存续期间所得的财产约定归各自所有,夫或者妻一方对外所负的债务,相对人知道该约定的,以夫或者妻一方的个人财产清偿。</td></tr>
</table>

**【关联规定】**

**《婚姻法解释一》**

第十八条　婚姻法第十九条所称“第三人知道该约定的”,夫妻一方对此负有举证责任。

**《婚姻法解释三》**

第六条　婚前或者婚姻关系存续期间,当事人约定将一方所有的房产赠与另一方,赠与方在赠与房产变更登记之前撤销赠与,另一方请求判令继续履行的,人民法院可以按照合同法第一百八十六条的规定处理。

续表

| 2001 年婚姻法 | 婚姻家庭编 |
| --- | --- |
| | **第一千零六十六条　婚姻关系存续期间，有下列情形之一的，夫妻一方可以向人民法院请求分割共同财产：**<br>**（一）一方有隐藏、转移、变卖、毁损、挥霍夫妻共同财产或者伪造夫妻共同债务等严重损害夫妻共同财产利益的行为；**<br>**（二）一方负有法定扶养义务的人患重大疾病需要医治，另一方不同意支付相关医疗费用。** |
| | **第二节**　父母子女关系和其他近亲属关系 |
| 第二十一条第二款、第三款　父母不履行抚养义务时，未成年的或不能独立生活的子女，有要求父母**付给**抚养费的权利。<br>子女不履行赡养义务时，**无**劳动能力的或生活困难的父母，有要求子女**付给**赡养费的权利。 | 第一千零六十七条　父母不履行抚养义务的，未成年**子女**或者不能独立生活的**成年**子女，有要求父母**给付**抚养费的权利。**成年**子女不履行赡养义务的，**缺乏**劳动能力或者生活困难的父母，有要求**成年**子女**给付**赡养费的权利。 |

**【关联规定】**

**《婚姻法解释一》**

第二十条　婚姻法第二十一条规定的“不能独立生活的子女”，是指尚在校接受高中及其以下学历教育，或者丧失或未完全丧失劳动能力等非因主观原因而无法维持正常生活的成年子女。

第二十一条　婚姻法第二十一条所称“抚养费”，包括子女生活费、教育费、医疗费等费用。

**《婚姻法解释三》**

第二条　夫妻一方向人民法院起诉请求确认亲子关系不存在，并已提供必要证据予以证明，另一方没有相反证据又拒绝做亲子鉴定的，人民法院可以推定请求确认亲子关系不存在一方的主张成立。

当事人一方起诉请求确认亲子关系，并提供必要证据予以证明，另一方没有相反证据又拒绝做亲子鉴定的，人民法院可以推定请求确认亲子关系一方的主张成立。

第三条　婚姻关系存续期间，父母双方或者一方拒不履行抚养子女义务，未成年或者不能独立生活的子女请求支付抚养费的，人民法院应予支持。

续表

| 2001 年婚姻法 | 婚姻家庭编 |
|---|---|
| 第二十三条　父母有**保护和教育**未成年子女的权利和义务。在未成年子女**对国家、集体或他人**造成损害时，父母**有**承担民事责任**的义务**。 | 第一千零六十八条　父母有**教育、保护**未成年子女的权利和义务。未成年子女造成**他人**损害的，父母**应当依法**承担民事责任。 |
| 第三十条　子女应当尊重父母的婚姻权利，不得干涉父母再婚以及婚后的生活。子女对父母的赡养义务，不因父母的婚姻关系变化而终止。 | 第一千零六十九条　子女应当尊重父母的婚姻权利，不得干涉父母**离婚**、再婚以及婚后的生活。子女对父母的赡养义务，不因父母的婚姻关系变化而终止。 |
| 第二十四条第二款　父母和子女有相互继承遗产的权利。 | 第一千零七十条　父母和子女有相互继承遗产的权利。 |
| 第二十五条　非婚生子女享有与婚生子女同等的权利，**任何人**不得加以危害和歧视。<br>不直接抚养非婚生子女的生父或生母，应当负担**子女**的**生活费和教育费，直至子女能独立生活为止。** | 第一千零七十一条　非婚生子女享有与婚生子女同等的权利，**任何组织或者个人**不得加以危害和歧视。<br>不直接抚养非婚生子女的生父或者生母，应当负担**未成年**子女或者**不能独立生活的成年**子女的**抚养费**。 |
| 第二十七条　继父母与继子女间，不得虐待或歧视。<br>继父或继母和受其抚养教育的继子女间的权利和义务，适用本法对父母子女关系的有关规定。 | 第一千零七十二条　继父母与继子女间，不得虐待或者歧视。<br>继父或者继母和受其抚养教育的继子女间的权利义务关系，适用本法关于父母子女关系的规定。 |
|  | **第一千零七十三条　对亲子关系有异议且有正当理由的，父或者母可以向人民法院提起诉讼，请求确认或者否认亲子关系。**<br>**对亲子关系有异议且有正当理由的，成年子女可以向人民法院提起诉讼，请求确认亲子关系。** |
| 第二十八条　有负担能力的祖父母、外祖父母，对于父母已经死亡或父母无力抚养的未成年的孙子女、外孙子女，有抚养的义务。有负担能力的孙子女、外孙子女，对于子女已经死亡或子女无力赡养的祖父母、外祖父母，有赡养的义务。 | 第一千零七十四条　有负担能力的祖父母、外祖父母，对于父母已经死亡或者父母无力抚养的未成年孙子女、外孙子女，有抚养的义务。<br>有负担能力的孙子女、外孙子女，对于子女已经死亡或者子女无力赡养的祖父母、外祖父母，有赡养的义务。 |

续表

| 2001 年婚姻法 | 婚姻家庭编 |
|---|---|
| 第二十九条　有负担能力的兄、姐，对于父母已经死亡或父母无力抚养的未成年的弟、妹，有扶养的义务。由兄、姐扶养长大的有负担能力的弟、妹，对于缺乏劳动能力又缺乏生活来源的兄、姐，有扶养的义务。 | 第一千零七十五条　有负担能力的兄、姐，对于父母已经死亡或者父母无力抚养的未成年弟、妹，有扶养的义务。<br>由兄、姐扶养长大的有负担能力的弟、妹，对于缺乏劳动能力又缺乏生活来源的兄、姐，有扶养的义务。 |
| 第四章　离　　婚 | 第四章　离　　婚 |
| 第三十一条　男女双方自愿离婚的，**准予离婚**。双方**必须**到婚姻登记机关申请离婚。婚姻登记机关查明双方确实是自愿**并对子女和财产问题已有适当处理时，发给离婚证**。 | 第一千零七十六条　**夫妻**双方自愿离婚的，**应当签订书面离婚协议**，并**亲自**到婚姻登记机关申请离婚**登记**。<br>**离婚协议应当载明双方自愿离婚的意思表示和对子女抚养、财产以及债务处理等事项协商一致的意见。**<br>第一千零七十七条　自婚姻登记机关收到离婚登记申请之日起三十日内，任何一方不愿意离婚的，可以向婚姻登记机关撤回离婚登记申请。<br>前款规定期限届满后三十日内，双方应当亲自到婚姻登记机关申请发给离婚证；未申请的，视为撤回离婚登记申请。 |
| | 第一千零七十八条　婚姻登记机关查明双方确实是自愿离婚，并已**经**对子女**抚养**、财产以及**债务处理**等事项**协商一致的，予以登记**，发给离婚证。 |

**【关联规定】**

**《婚姻法解释二》**

第八条　离婚协议中关于财产分割的条款或者当事人因离婚就财产分割达成的协议，对男女双方具有法律约束力。

当事人因履行上述财产分割协议发生纠纷提起诉讼的，人民法院应当受理。

第九条　男女双方协议离婚后一年内就财产分割问题反悔，请求变更或者撤销财产分割协议的，人民法院应当受理。

人民法院审理后，未发现订立财产分割协议时存在欺诈、胁迫等情形的，应当依法驳回当事人的诉讼请求。

**《婚姻法解释三》**

第十四条　当事人达成的以登记离婚或者到人民法院协议离婚为条件的财产分割协

续表

| 2001 年婚姻法 | 婚姻家庭编 |
|---|---|
| 议，如果双方协议离婚未成，一方在离婚诉讼中反悔的，人民法院应当认定该财产分割协议没有生效，并根据实际情况依法对夫妻共同财产进行分割。 | |
| 第三十二条　男女一方要求离婚的，可由有关**部门**进行调解或直接向人民法院提出离婚诉讼。<br>人民法院审理离婚案件，应当进行调解；如感情确已破裂，调解无效，应准予离婚。<br>有下列情形之一，调解无效的，应准予离婚：<br>（一）重婚或**有配偶者**与他人同居的；<br>（二）实施家庭暴力或虐待、遗弃家庭成员的；<br>（三）有赌博、吸毒等恶习屡教不改的；<br>（四）因感情不和分居满二年的；<br>（五）其他导致夫妻感情破裂的情形。<br>一方被宣告失踪，另一方提出离婚诉讼的，应准予离婚。 | 第一千零七十九条　**夫妻**一方要求离婚的，可以由有关**组织**进行调解或者直接向人民法院提起离婚诉讼。<br>人民法院审理离婚案件，应当进行调解；如果感情确已破裂，调解无效的，应**当**准予离婚。<br>有下列情形之一，调解无效的，应**当**准予离婚：<br>（一）重婚或者与他人同居；<br>（二）实施家庭暴力或者虐待、遗弃家庭成员；<br>（三）有赌博、吸毒等恶习屡教不改；<br>（四）因感情不和分居满二年；<br>（五）其他导致夫妻感情破裂的情形。<br>一方被宣告失踪，另一方提起离婚诉讼的，应当准予离婚。**经人民法院判决不准离婚后，双方又分居满一年，一方再次提起离婚诉讼的，应当准予离婚。** |
| **【关联规定】**<br>**《婚姻法解释一》**<br>第二十二条　人民法院审理离婚案件，符合第三十二条第二款规定"应准予离婚"情形的，不应当因当事人有过错而判决不准离婚。<br>**《婚姻法解释三》**<br>第九条　夫以妻擅自中止妊娠侵犯其生育权为由请求损害赔偿的，人民法院不予支持；夫妻双方因是否生育发生纠纷，致使感情确已破裂，一方请求离婚的，人民法院经调解无效，应依照婚姻法第三十二条第三款第（五）项的规定处理。 | |
| | **第一千零八十条　完成离婚登记，或者离婚判决书、调解书生效，即解除婚姻关系。** |
| 第三十三条　现役军人的配偶要求离婚，**须得**军人同意，但军人一方有重大过错的除外。 | 第一千零八十一条　现役军人的配偶要求离婚，**应当征得**军人同意，但是军人一方有重大过错的除外。 |

续表

| 2001年婚姻法 | 婚姻家庭编 |
|---|---|
| **【关联规定】**<br>**《婚姻法解释一》**<br>第二十三条　婚姻法第三十三条所称的“军人一方有重大过错”，可以依据婚姻法第三十二条第二款前三项规定及军人有其他重大过错导致夫妻感情破裂的情形予以判断。 | |
| 第三十四条　女方在怀孕期间、分娩后一年内或**中止**妊娠后六个月内，男方不得提出离婚。女方提出离婚的，或人民法院认为确有必要受理男方离婚请求的，**不在此限**。 | 第一千零八十二条　女方在怀孕期间、分娩后一年内或者**终止**妊娠后六个月内，男方不得提出离婚；但是，女方提出离婚或者人民法院认为确有必要受理男方离婚请求的**除外**。 |
| 第三十五条　离婚后，男女双方自愿恢复夫妻关系的，**必须**到婚姻登记机关进行**复婚**登记。 | 第一千零八十三条　离婚后，男女双方自愿恢复婚姻关系的，**应当**到婚姻登记机关重新进行**结婚**登记。 |
| 第三十六条　父母与子女间的关系，不因父母离婚而消除。离婚后，子女无论由父或母直接抚养，仍是父母双方的子女。<br>离婚后，父母对于子女仍有抚养和教育的权利和义务。<br>离婚后，**哺乳期内**的子女，以**随哺乳的母亲抚养**为原则。**哺乳期后**的子女，如双方因抚养问题**发生争执不能达成协议**时，由人民法院根据**子女**的权益和**双方的具体情况**判决。 | 第一千零八十四条　父母与子女间的关系，不因父母离婚而消除。离婚后，子女无论由父或者母直接抚养，仍是父母双方的子女。<br>离婚后，父母对于子女仍有抚养、教育、**保护**的权利和义务。<br>离婚后，**不满两周岁**的子女，以**由母亲直接抚养**为原则。**已满两周岁**的子女，**父母**双方对抚养问题**协议不成**的，由人民法院根据双方的具体情况，按照**最有利于未成年子女的原则**判决。**子女已满八周岁的，应当尊重其真实意愿。** |
| 第三十七条　离婚后，**一方抚养的**子女，另一方应负担**必要的生活费和教育费的一部或全部**，负担费用的多少和期限的长短，由双方协议；协议不成时，由人民法院判决。<br>**关于子女生活费和教育费的协议或判决**，不妨碍子女在必要时向父母任何一方提出超过协议或判决原定数额的合理要求。 | 第一千零八十五条　离婚后，子女**由一方直接抚养的**，另一方应**当**负担**部分或者全部抚养费**。负担费用的多少和期限的长短，由双方协议；协议不成的，由人民法院判决。<br>**前款规定的协议或者判决**，不妨碍子女在必要时向父母任何一方提出超过协议或者判决原定数额的合理要求。 |

续表

<table>
<tr><th>2001 年婚姻法</th><th>婚姻家庭编</th></tr>
<tr><td>第三十八条　离婚后，不直接抚养子女的父或母，有探望子女的权利，另一方有协助的义务。<br>行使探望权利的方式、时间由当事人协议；协议不成时，由人民法院判决。<br>父或母探望子女，不利于子女身心健康的，由人民法院依法中止探望的权利；中止的事由消失后，应当恢复探望的权利。</td><td>第一千零八十六条　离婚后，不直接抚养子女的父或者母，有探望子女的权利，另一方有协助的义务。<br>行使探望权利的方式、时间由当事人协议；协议不成的，由人民法院判决。<br>父或者母探望子女，不利于子女身心健康的，由人民法院依法中止探望；中止的事由消失后，应当恢复探望。</td></tr>
<tr><td colspan="2">【关联规定】<br>《婚姻法解释一》<br>第二十四条　人民法院作出的生效的离婚判决中未涉及探望权，当事人就探望权问题单独提起诉讼的，人民法院应予受理。<br>第二十五条　当事人在履行生效判决、裁定或者调解书的过程中，请求中止行使探望权的，人民法院在征询双方当事人意见后，认为需要中止行使探望权的，依法作出裁定。中止探望的情形消失后，人民法院应当根据当事人的申请通知其恢复探望权的行使。<br>第二十六条　未成年子女、直接抚养子女的父或母及其他对未成年子女负担抚养、教育义务的法定监护人，有权向人民法院提出中止探望权的请求。</td></tr>
<tr><td>第三十九条　离婚时，夫妻的共同财产由双方协议处理；协议不成时，由人民法院根据财产的具体情况，照顾子女和女方权益的原则判决。<br>夫或妻在家庭土地承包经营中享有的权益等，应当依法予以保护。</td><td>第一千零八十七条　离婚时，夫妻的共同财产由双方协议处理；协议不成的，由人民法院根据财产的具体情况，按照照顾子女、女方和无过错方权益的原则判决。<br>对夫或者妻在家庭土地承包经营中享有的权益等，应当依法予以保护。</td></tr>
<tr><td colspan="2">【关联规定】<br>《婚姻法解释二》<br>第十五条　夫妻双方分割共同财产中的股票、债券、投资基金份额等有价证券以及未上市股份有限公司股份时，协商不成或者按市价分配有困难的，人民法院可以根据数量按比例分配。<br>第十六条　人民法院审理离婚案件，涉及分割夫妻共同财产中以一方名义在有限责任公司的出资额，另一方不是该公司股东的，按以下情形分别处理：<br>（一）夫妻双方协商一致将出资额部分或者全部转让给该股东的配偶，过半数股东同意、其他股东明确表示放弃优先购买权的，该股东的配偶可以成为该公司股东；<br>（二）夫妻双方就出资额转让份额和转让价格等事项协商一致后，过半数股东不同意转让，但愿意以同等价格购买该出资额的，人民法院可以对转让出资所得财产进行分割。过半数股东不同意转让，也不愿意以同等价格购买该出资额的，视为其同意转让，该股东的配</td></tr>
</table>

续表

| 2001 年婚姻法 | 婚姻家庭编 |
| --- | --- |

偶可以成为该公司股东。

用于证明前款规定的过半数股东同意的证据，可以是股东会决议，也可以是当事人通过其他合法途径取得的股东的书面声明材料。

第十七条　人民法院审理离婚案件，涉及分割夫妻共同财产中以一方名义在合伙企业中的出资，另一方不是该企业合伙人的，当夫妻双方协商一致，将其合伙企业中的财产份额全部或者部分转让给对方时，按以下情形分别处理：

（一）其他合伙人一致同意的，该配偶依法取得合伙人地位；

（二）其他合伙人不同意转让，在同等条件下行使优先受让权的，可以对转让所得的财产进行分割；

（三）其他合伙人不同意转让，也不行使优先受让权，但同意该合伙人退伙或者退还部分财产份额的，可以对退还的财产进行分割；

（四）其他合伙人既不同意转让，也不行使优先受让权，又不同意该合伙人退伙或者退还部分财产份额的，视为全体合伙人同意转让，该配偶依法取得合伙人地位。

第十八条　夫妻以一方名义投资设立独资企业的，人民法院分割夫妻在该独资企业中的共同财产时，应当按照以下情形分别处理：

（一）一方主张经营该企业的，对企业资产进行评估后，由取得企业一方给予另一方相应的补偿；

（二）双方均主张经营该企业的，在双方竞价基础上，由取得企业的一方给予另一方相应的补偿；

（三）双方均不愿意经营该企业的，按照《中华人民共和国个人独资企业法》等有关规定办理。

第十九条　由一方婚前承租、婚后用共同财产购买的房屋，房屋权属证书登记在一方名下的，应当认定为夫妻共同财产。

第二十条　双方对夫妻共同财产中的房屋价值及归属无法达成协议时，人民法院按以下情形分别处理：

（一）双方均主张房屋所有权并且同意竞价取得的，应当准许；

（二）一方主张房屋所有权的，由评估机构按市场价格对房屋作出评估，取得房屋所有权的一方应当给予另一方相应的补偿；

（三）双方均不主张房屋所有权的，根据当事人的申请拍卖房屋，就所得价款进行分割。

第二十一条　离婚时双方对尚未取得所有权或者尚未取得完全所有权的房屋有争议且协商不成的，人民法院不宜判决房屋所有权的归属，应当根据实际情况判决由当事人使用。

当事人就前款规定的房屋取得完全所有权后，有争议的，可以另行向人民法院提起诉讼。

**《婚姻法解释三》**

第四条　婚姻关系存续期间，夫妻一方请求分割共同财产的，人民法院不予支持，但有

续表

<table>
<tr><th>2001 年婚姻法</th><th>婚姻家庭编</th></tr>
<tr><td colspan="2">下列重大理由且不损害债权人利益的除外：<br>（一）一方有隐藏、转移、变卖、毁损、挥霍夫妻共同财产或者伪造夫妻共同债务等严重损害夫妻共同财产利益行为的；<br>（二）一方负有法定扶养义务的人患重大疾病需要医治，另一方不同意支付相关医疗费用的。<br>第十二条　婚姻关系存续期间，双方用夫妻共同财产出资购买以一方父母名义参加房改的房屋，产权登记在一方父母名下，离婚时另一方主张按照夫妻共同财产对该房屋进行分割的，人民法院不予支持。购买该房屋时的出资，可以作为债权处理。<br>第十三条　离婚时夫妻一方尚未退休、不符合领取养老保险金条件，另一方请求按照夫妻共同财产分割养老保险金的，人民法院不予支持；婚后以夫妻共同财产缴付养老保险费，离婚时一方主张将养老金账户中婚姻关系存续期间个人实际缴付部分作为夫妻共同财产分割的，人民法院应予支持。<br>第十五条　婚姻关系存续期间，夫妻一方作为继承人依法可以继承的遗产，在继承人之间尚未实际分割，起诉离婚时另一方请求分割的，人民法院应当告知当事人在继承人之间实际分割遗产后另行起诉。<br>第十六条　夫妻之间订立借款协议，以夫妻共同财产出借给一方从事个人经营活动或用于其他个人事务的，应视为双方约定处分夫妻共同财产的行为，离婚时可按照借款协议的约定处理。<br>第十八条　离婚后，一方以尚有夫妻共同财产未处理为由向人民法院起诉请求分割的，经审查该财产确属离婚时未涉及的夫妻共同财产，人民法院应当依法予以分割。</td></tr>
<tr><td>第四十条　夫妻书面约定婚姻关系存续期间所得的财产归各自所有，一方因抚育子女、照料老人、协助另一方工作等付出较多义务的，离婚时有权向另一方请求补偿，另一方应当予以补偿。</td><td>第一千零八十八条　夫妻一方因抚育子女、照料老年人、协助另一方工作等负担较多义务的，离婚时有权向另一方请求补偿，另一方应当给予补偿。具体办法由双方协议；协议不成的，由人民法院判决。</td></tr>
<tr><td>第四十一条　离婚时，原为夫妻共同生活所负的债务，应当共同偿还。共同财产不足清偿的，或财产归各自所有的，由双方协议清偿；协议不成时，由人民法院判决。</td><td>第一千零八十九条　离婚时，夫妻共同债务应当共同偿还。共同财产不足清偿或者财产归各自所有的，由双方协议清偿；协议不成的，由人民法院判决。</td></tr>
<tr><td>第四十二条　离婚时，如一方生活困难，另一方应从其住房等个人财产中给予适当帮助。具体办法由双方协议；协议不成时，由人民法院判决。</td><td>第一千零九十条　离婚时，如果一方生活困难，有负担能力的另一方应当给予适当帮助。具体办法由双方协议；协议不成的，由人民法院判决。</td></tr>
</table>

续表

<table>
<tr><th>2001 年婚姻法</th><th>婚姻家庭编</th></tr>
<tr><td colspan="2">【关联规定】<br>《婚姻法解释一》<br>第二十七条　婚姻法第四十二条所称“一方生活困难”，是指依靠个人财产和离婚时分得的财产无法维持当地基本生活水平。<br>一方离婚后没有住处的，属于生活困难。<br>离婚时，一方以个人财产中的住房对生活困难者进行帮助的形式，可以是房屋的居住权或者房屋的所有权。</td></tr>
<tr><td>第五章　救助措施与法律责任</td><td></td></tr>
<tr><td>第四十六条　有下列情形之一，导致离婚的，无过错方有权请求损害赔偿：<br>（一）重婚的；<br>（二）有配偶者与他人同居的；<br>（三）实施家庭暴力的；<br>（四）虐待、遗弃家庭成员的。</td><td>第一千零九十一条　有下列情形之一，导致离婚的，无过错方有权请求损害赔偿：<br>（一）重婚；<br>（二）与他人同居；<br>（三）实施家庭暴力；<br>（四）虐待、遗弃家庭成员；<br>（五）有其他重大过错。</td></tr>
<tr><td colspan="2">【关联规定】<br>《婚姻法解释一》<br>第二十八条　婚姻法第四十六条规定的“损害赔偿”，包括物质损害赔偿和精神损害赔偿。涉及精神损害赔偿的，适用最高人民法院《关于确定民事侵权精神损害赔偿责任若干问题的解释》的有关规定。<br>第二十九条　承担婚姻法第四十六条规定的损害赔偿责任的主体，为离婚诉讼当事人中无过错方的配偶。<br>人民法院判决不准离婚的案件，对于当事人基于婚姻法第四十六条提出的损害赔偿请求，不予支持。<br>在婚姻关系存续期间，当事人不起诉离婚而单独依据该条规定提起损害赔偿请求的，人民法院不予受理。<br>第三十条　人民法院受理离婚案件时，应当将婚姻法第四十六条等规定中当事人的有关权利义务，书面告知当事人。在适用婚姻法第四十六条时，应当区分以下不同情况：<br>（一）符合婚姻法第四十六条规定的无过错方作为原告基于该条规定向人民法院提起损害赔偿请求的，必须在离婚诉讼的同时提出。<br>（二）符合婚姻法第四十六条规定的无过错方作为被告的离婚诉讼案件，如果被告不同意离婚也不基于该条规定提起损害赔偿请求的，可以在离婚后一年内就此单独提起诉讼。<br>（三）无过错方作为被告的离婚诉讼案件，一审时被告未基于婚姻法第四十六条规定提出损害赔偿请求，二审期间提出的，人民法院应当进行调解，调解不成的，告知当事人在离婚后一年内另行起诉。</td></tr>
</table>

续表

<table>
<tr><th>2001 年婚姻法</th><th>婚姻家庭编</th></tr>
<tr><td colspan="2">《婚姻法解释二》<br>第二十七条　当事人在婚姻登记机关办理离婚登记手续后，以婚姻法第四十六条规定为由向人民法院提出损害赔偿请求的，人民法院应当受理。但当事人在协议离婚时已经明确表示放弃该项请求，或者在办理离婚登记手续一年后提出的，不予支持。<br>《婚姻法解释三》<br>第十七条　夫妻双方均有婚姻法第四十六条规定的过错情形，一方或者双方向对方提出离婚损害赔偿请求的，人民法院不予支持。</td></tr>
<tr><td>第四十七条　**离婚时**，一方隐藏、转移、变卖、毁损夫妻共同财产，或伪造债务企图侵占另一方财产的，分割夫妻共同财产时，对**隐藏、转移、变卖、毁损夫妻共同财产或伪造债务的**一方，可以少分或不分。离婚后，另一方发现有上述行为的，可以向人民法院提起诉讼，请求再次分割夫妻共同财产。<br>**人民法院对前款规定的妨害民事诉讼的行为，依照民事诉讼法的规定予以制裁。**</td><td>第一千零九十二条　**夫妻**一方隐藏、转移、变卖、毁损、**挥霍**夫妻共同财产，或者伪造**夫妻共同**债务企图侵占另一方财产的，在**离婚**分割夫妻共同财产时，对**该方**可以少分或者不分。离婚后，另一方发现有上述行为的，可以向人民法院提起诉讼，请求再次分割夫妻共同财产。</td></tr>
<tr><td colspan="2">【关联规定】<br>《婚姻法解释一》<br>第三十一条　当事人依据婚姻法第四十七条的规定向人民法院提起诉讼，请求再次分割夫妻共同财产的诉讼时效为两年，从当事人发现之次日起计算。</td></tr>
<tr><td></td><td>第五章　收　　养</td></tr>
<tr><td>第二十六条　国家保护合法的收养关系。养父母和养子女间的权利和义务，适用本法对父母子女关系的有关规定。<br>养子女和生父母间的权利和义务，因收养关系的成立而消除。<br>——以下见 1999 年 4 月实施修改收养法</td><td></td></tr>
<tr><td></td><td>第一节　收养关系的成立</td></tr>
<tr><td></td><td>第一千零九十三条　下列未成年人，可以被收养：<br>（一）丧失父母的孤儿；<br>（二）查找不到生父母的未成年人；<br>（三）生父母有特殊困难无力抚养的子女。</td></tr>
</table>

续表

| 2001 年婚姻法 | 婚姻家庭编 |
|---|---|
| 【关联规定】<br>《收养法》<br>第四条　下列不满十四周岁的未成年人可以被收养:<br>(一)丧失父母的孤儿;<br>(二)查找不到生父母的弃婴和儿童;<br>(三)生父母有特殊困难无力抚养的子女。 | |
| | 第一千零九十四条　下列**个人**、组织可以作送养人:<br>(一)孤儿的监护人;<br>(二)**儿童**福利机构;<br>(三)有特殊困难无力抚养子女的生父母。 |
| 【关联规定】<br>《收养法》<br>第五条　下列公民、组织可以作送养人:<br>(一)孤儿的监护人;<br>(二)社会福利机构;<br>(三)有特殊困难无力抚养子女的生父母。 | |
| | 第一千零九十五条　未成年人的父母均不具备完全民事行为能力**且可能严重危害该未成年人的,该未成年人的监护人可以将其送养。** |
| 【关联规定】<br>《收养法》<br>第十二条　未成年人的父母均不具备完全民事行为能力的,该未成年人的监护人不得将其送养,但父母对该未成年人有严重危害可能的除外。 | |
| | 第一千零九十六条　监护人送养孤儿的,**应当**征得有抚养义务的人同意。有抚养义务的人不同意送养、监护人不愿意继续履行监护职责的,应当依照本法**第一编**的规定**另行确定**监护人。 |

续表

<table>
<tr><th>2001 年婚姻法</th><th>婚姻家庭编</th></tr>
<tr><td colspan="2">【关联规定】<br>《收养法》<br>第十三条　监护人送养未成年孤儿的，须征得有抚养义务的人同意。有抚养义务的人不同意送养、监护人不愿意继续履行监护职责的，应当依照《中华人民共和国民法通则》的规定变更监护人。</td></tr>
<tr><td></td><td>第一千零九十七条　生父母送养子女，应当双方共同送养。生父母一方不明或者查找不到的，可以单方送养。</td></tr>
<tr><td colspan="2">【关联规定】<br>《收养法》<br>第十条第一款　生父母送养子女，须双方共同送养。生父母一方不明或者查找不到的可以单方送养。</td></tr>
<tr><td></td><td>第一千零九十八条　收养人应当同时具备下列条件：<br>（一）无子女或者只有一名子女；<br>（二）有抚养、教育和保护被收养人的能力；<br>（三）未患有在医学上认为不应当收养子女的疾病；<br>（四）无不利于被收养人健康成长的违法犯罪记录；<br>（五）年满三十周岁。</td></tr>
<tr><td colspan="2">【关联规定】<br>《收养法》<br>第六条　收养人应当同时具备下列条件：<br>（一）无子女；<br>（二）有抚养教育被收养人的能力；<br>（三）未患有在医学上认为不应当收养子女的疾病；<br>（四）年满三十周岁。</td></tr>
<tr><td></td><td>第一千零九十九条　收养三代以内旁系同辈血亲的子女，可以不受本法第一千零九十三条第三项、第一千零九十四条第三项和第一千一百零二条规定的限制。<br>华侨收养三代以内旁系同辈血亲的子女，还可以不受本法第一千零九十八条第一项规定的限制。</td></tr>
</table>

续表

<table>
<tr><th>2001 年婚姻法</th><th>婚姻家庭编</th></tr>
<tr><td colspan="2">**【关联规定】**<br>**《收养法》**<br>第七条　收养三代以内同辈旁系血亲的子女，可以不受本法第四条第三项、第五条第三项、第九条和被收养人不满十四周岁的限制。<br>华侨收养三代以内同辈旁系血亲的子女，还可以不受收养人无子女的限制。</td></tr>
<tr><td></td><td>**第一千一百条　无子女的收养人可以收养两名子女；有子女的**收养人只能收养一名子女。<br>收养孤儿、残疾**未成年人**或者**儿童**福利机构抚养的查找不到生父母的**未成年人**，可以不受前款和本法第一千零九十八条第一项规定的限制。</td></tr>
<tr><td colspan="2">**【关联规定】**<br>**《收养法》**<br>第八条　收养人只能收养一名子女。<br>收养孤儿、残疾儿童或者社会福利机构抚养的查找不到生父母的弃婴和儿童，可以不受收养人无子女和收养一名的限制。</td></tr>
<tr><td></td><td>第一千一百零一条　有配偶者收养子女，**应当**夫妻共同收养。</td></tr>
<tr><td colspan="2">**【关联规定】**<br>**《收养法》**<br>第十条第二款　有配偶者收养子女，须夫妻共同收养。</td></tr>
<tr><td></td><td>第一千一百零二条　无配偶者**收养异性子女**的，收养人与被收养人的年龄应当相差四十周岁以上。</td></tr>
<tr><td colspan="2">**【关联规定】**<br>**《收养法》**<br>第九条　无配偶的男性收养女性的，收养人与被收养人的年龄应当相差四十周岁以上。</td></tr>
<tr><td></td><td>第一千一百零三条　继父或者继母经继子女的生父母同意，可以收养继子女，并可以不受本法第一千零九十三条第三项、第一千零九十四条第三项、第一千零九十八条和第一千一百条第一款规定的限制。</td></tr>
</table>

续表

<table>
<tr><th>2001 年婚姻法</th><th>婚姻家庭编</th></tr>
<tr><td colspan="2">【关联规定】<br>《收养法》<br>第十四条　继父或者继母经继子女的生父母同意，可以收养继子女，并可以不受本法第四条第三项、第五条第三项、第六条和被收养人不满十四周岁以及收养一名的限制。</td></tr>
<tr><td></td><td>第一千一百零四条　收养人收养与送养人送养，应当双方自愿。收养八周岁以上未成年人的，应当征得被收养人的同意。</td></tr>
<tr><td colspan="2">【关联规定】<br>《收养法》<br>第十一条　收养人收养与送养人送养，须双方自愿。收养年满十周岁以上未成年人的，应当征得被收养人的同意。</td></tr>
<tr><td></td><td>第一千一百零五条　收养应当向县级以上人民政府民政部门登记。收养关系自登记之日起成立。<br>收养查找不到生父母的未成年人的，办理登记的民政部门应当在登记前予以公告。<br>收养关系当事人愿意签订收养协议的，可以签订收养协议。<br>收养关系当事人各方或者一方要求办理收养公证的，应当办理收养公证。<br>县级以上人民政府民政部门应当依法进行收养评估。</td></tr>
<tr><td colspan="2">【关联规定】<br>《收养法》<br>第十五条　收养应当向县级以上人民政府民政部门登记。收养关系自登记之日起成立。<br>收养查找不到生父母的弃婴和儿童的，办理登记的民政部门应当在登记前予以公告。<br>收养关系当事人愿意订立收养协议的，可以订立收养协议。<br>收养关系当事人各方或者一方要求办理收养公证的，应当办理收养公证。</td></tr>
<tr><td></td><td>第一千一百零六条　收养关系成立后，公安机关应当按照国家有关规定为被收养人办理户口登记。</td></tr>
</table>

续表

<table>
<tr><th>2001 年婚姻法</th><th>婚姻家庭编</th></tr>
<tr><td colspan="2">【关联规定】<br>《收养法》<br>第十六条　收养关系成立后，公安部门应当依照国家有关规定为被收养人办理户口登记。</td></tr>
<tr><td></td><td>第一千一百零七条　孤儿或者生父母无力抚养的子女，可以由生父母的亲属、朋友抚养；抚养人与被抚养人的关系不适用本章规定。</td></tr>
<tr><td colspan="2">【关联规定】<br>《收养法》<br>第十七条　孤儿或者生父母无力抚养的子女，可以由生父母的亲属、朋友抚养。<br>抚养人与被抚养人的关系不适用收养关系。</td></tr>
<tr><td></td><td>第一千一百零八条　配偶一方死亡，另一方送养未成年子女的，死亡一方的父母有优先抚养的权利。</td></tr>
<tr><td colspan="2">【关联规定】<br>《收养法》<br>第十八条　配偶一方死亡，另一方送养未成年子女的，死亡一方的父母有优先抚养的权利。</td></tr>
<tr><td></td><td>第一千一百零九条　外国人依法可以在中华人民共和国收养子女。<br>外国人在中华人民共和国收养子女，应当经其所在国主管机关依照该国法律审查同意。收养人应当提供由其所在国有权机构出具的有关其年龄、婚姻、职业、财产、健康、有无受过刑事处罚等状况的证明材料，并与送养人签订书面协议，亲自向省、自治区、直辖市人民政府民政部门登记。<br>前款规定的证明材料应当经收养人所在国外交机关或者外交机关授权的机构认证，并经中华人民共和国驻该国使领馆认证，但是国家另有规定的除外。</td></tr>
</table>

续表

<table>
<tr><th>2001 年婚姻法</th><th>婚姻家庭编</th></tr>
<tr><td colspan="2">【关联规定】<br>《收养法》<br>第二十一条　外国人依照本法可以在中华人民共和国收养子女。<br>外国人在中华人民共和国收养子女,应当经其所在国主管机关依照该国法律审查同意。收养人应当提供由其所在国有权机构出具的有关收养人的年龄、婚姻、职业、财产、健康、有无受过刑事处罚等状况的证明材料,该证明材料应当经其所在国外交机关或者外交机关授权的机构认证,并经中华人民共和国驻该国使领馆认证。该收养人应当与送养人订立书面协议,亲自向省级人民政府民政部门登记。<br>收养关系当事人各方或者一方要求办理收养公证的,应当到国务院司法行政部门认定的具有办理涉外公证资格的公证机构办理收养公证。</td></tr>
<tr><td></td><td>第一千一百一十条　收养人、送养人要求保守收养秘密的,其他人应当尊重其意愿,不得泄露。</td></tr>
<tr><td colspan="2">【关联规定】<br>《收养法》<br>第二十二条　收养人、送养人要求保守收养秘密的,其他人应当尊重其意愿,不得泄露。</td></tr>
<tr><td></td><td>第二节　收养的效力</td></tr>
<tr><td></td><td>第一千一百一十一条　自收养关系成立之日起,养父母与养子女间的权利义务关系,适用本法关于父母子女关系的规定;养子女与养父母的近亲属间的权利义务关系,适用本法关于子女与父母的近亲属关系的规定。<br>养子女与生父母及其他近亲属间的权利义务关系,因收养关系的成立而消除。</td></tr>
<tr><td colspan="2">【关联规定】<br>《收养法》<br>第二十三条　自收养关系成立之日起,养父母与养子女间的权利义务关系,适用法律关于父母子女关系的规定;养子女与养父母的近亲属间的权利义务关系,适用法律关于子女与父母的近亲属关系的规定。<br>养子女与生父母及其他近亲属间的权利义务关系,因收养关系的成立而消除。</td></tr>
<tr><td></td><td>第一千一百一十二条　养子女可以随养父或者养母的姓氏,经当事人协商一致,也可以保留原姓氏。</td></tr>
</table>

续表

<table>
<tr><th>2001 年婚姻法</th><th>婚姻家庭编</th></tr>
<tr><td colspan="2">【关联规定】<br>《收养法》<br>第二十四条　养子女可以随养父或者养母的姓，经当事人协商一致，也可以保留原姓。</td></tr>
<tr><td></td><td>第一千一百一十三条　有本法第一编关于民事法律行为无效规定情形或者违反本编规定的收养行为无效。<br>无效的收养行为自始没有法律约束力。</td></tr>
<tr><td colspan="2">【关联规定】<br>《收养法》<br>第二十五条　违反《中华人民共和国民法通则》第五十五条和本法规定的收养行为无法律效力。<br>收养行为被人民法院确认无效的，从行为开始时起就没有法律效力。</td></tr>
<tr><td></td><td>第三节　收养关系的解除</td></tr>
<tr><td></td><td>第一千一百一十四条　收养人在被收养人成年以前，不得解除收养关系，但是收养人、送养人双方协议解除的除外。养子女八周岁以上的，应当征得本人同意。<br>收养人不履行抚养义务，有虐待、遗弃等侵害未成年养子女合法权益行为的，送养人有权要求解除养父母与养子女间的收养关系。送养人、收养人不能达成解除收养关系协议的，可以向人民法院提起诉讼。</td></tr>
<tr><td colspan="2">【关联规定】<br>《收养法》<br>第二十六条　收养人在被收养人成年以前，不得解除收养关系，但收养人、送养人双方协议解除的除外，养子女年满十周岁以上的，应当征得本人同意。<br>收养人不履行抚养义务，有虐待、遗弃等侵害未成年养子女合法权益行为的，送养人有权要求解除养父母与养子女间的收养关系。送养人、收养人不能达成解除收养关系协议的，可以向人民法院起诉。</td></tr>
<tr><td></td><td>第一千一百一十五条　养父母与成年养子女关系恶化、无法共同生活的，可以协议解除收养关系。不能达成协议的，可以向人民法院提起诉讼。</td></tr>
</table>

续表

<table>
<tr><th>2001 年婚姻法</th><th>婚姻家庭编</th></tr>
<tr><td colspan="2">【关联规定】<br>《收养法》<br>第二十七条　养父母与成年养子女关系恶化、无法共同生活的，可以协议解除收养关系。不能达成协议的，可以向人民法院起诉。</td></tr>
<tr><td></td><td>第一千一百一十六条　当事人协议解除收养关系的，应当到民政部门办理解除收养关系登记。</td></tr>
<tr><td colspan="2">【关联规定】<br>《收养法》<br>第二十八条　当事人协议解除收养关系的，应当到民政部门办理解除收养关系的登记。</td></tr>
<tr><td></td><td>第一千一百一十七条　收养关系解除后，养子女与养父母及其他近亲属间的权利义务关系即行消除，与生父母及其他近亲属间的权利义务关系自行恢复。但是，成年养子女与生父母以及其他近亲属间的权利义务关系是否恢复，可以协商确定。</td></tr>
<tr><td colspan="2">【关联规定】<br>《收养法》<br>第二十九条　收养关系解除后，养子女与养父母及其他近亲属间的权利义务关系即行消除，与生父母及其他近亲属间的权利义务关系自行恢复，但成年养子女与生父母及其他近亲属间的权利义务关系是否恢复，可以协商确定。</td></tr>
<tr><td></td><td>第一千一百一十八条　收养关系解除后，经养父母抚养的成年养子女，对缺乏劳动能力又缺乏生活来源的养父母，应当给付生活费。因养子女成年后虐待、遗弃养父母而解除收养关系的，养父母可以要求养子女补偿收养期间支出的抚养费。<br>生父母要求解除收养关系的，养父母可以要求生父母适当补偿收养期间支出的抚养费，但是，因养父母虐待、遗弃养子女而解除收养关系的除外。</td></tr>
</table>

续表

<table>
<tr><th>2001 年婚姻法</th><th>婚姻家庭编</th></tr>
<tr><td colspan="2">【关联规定】<br>《收养法》<br>第三十条　收养关系解除后，经养父母抚养的成年养子女，对缺乏劳动能力又缺乏生活来源的养父母，应当给付生活费。因养子女成年后虐待、遗弃养父母而解除收养关系的，养父母可以要求养子女补偿收养期间支出的生活费和教育费。<br>生父母要求解除收养关系的，养父母可以要求生父母适当补偿收养期间支出的生活费和教育费，但因养父母虐待、遗弃养子女而解除收养关系的除外。</td></tr>
</table>

## 二、主要地方审判意见

# 江西省高级人民法院关于审理婚姻家庭纠纷案件适用法律若干问题的解答

（2008年8月14日江西省高级人民法院审判委员会第22次会议通过）

1. 女方怀孕期间，分娩后一年内或终止妊娠后6个月内，可否申请宣告婚姻无效？

无效婚姻属于不受法律保护的社会关系，当事人一经申请，法院应当依法作出判决，且不准原告撤诉。故当事人在女方怀孕期间、分娩后一年内或终止妊娠6个月内申请宣告婚姻无效的，法院亦应当受理，但在审理这类案件时应当保护妇女、儿童的合法权益。

2. 无效婚姻诉讼中，哪些情况可准许申请人撤诉？民事诉讼法关于启动撤诉处理的规定能否适用？

《婚姻法解释二》第二条规定在婚姻无效的情况下，当事人申请撤诉的，法院不予准许。但若在审理中发现原有导致婚姻无效的事由已消除、则婚姻转为有效，法院可向当人释明，当事人在申请撤诉的，可以准予。

在审理婚姻无效案件中，出现符合民事诉讼法规定的按自动撤诉处理情形时，法院应当主动审查婚姻是否无效，若婚姻无效则不能按自动撤诉处理，而应宣告婚姻无效，若婚姻有效则可以按自动撤诉处理。

3. 当事人诉请离婚，法院审理后发现婚姻无效，如何处理？

根据《婚姻法解释二》第三条的规定，法院应当告之人婚姻关系无效的事实，无论当

当事人是否变更离婚诉请为申请宣告婚姻无效，法院均应变更案由并分别制作婚姻无效判决书和财产分割、子女抚养的判决书或调解书。

当事人的诉讼地位在婚姻无效判决书中仍可表述为原、被告。

4. 法院就同一事实，既受理了婚姻无效案件，又受理了离婚案件，法院已判决

婚姻无效后，另一已受理的离婚案件如何处理？

对于同一事实已经法院生效判决认定为婚姻无效后，对于另一离婚案件，法院可依职权直接变更其案由为婚姻无效。

在婚姻无效的案件中，法院已对财产分割和子女抚养作出处理的，对另一“离婚”案件，法院可直接裁定驳回起诉；若婚姻无效案件未对财产分割和子女抚养作出处理的，法院对“离婚”案件除裁定驳回起诉外，还应就婚姻无效后的财产分割和子女抚养作出处理。

5. 如何把握离婚财产分割协议可撤销或变更的理由？

《婚姻法解释二》第九条规定男女双方协议离婚后一年内就财产分割协议如存在“欺诈、胁迫等情形的”，可以请求撤销或变更，可见撤销和变更的理由不仅限于“欺诈和胁迫”。如果当事人以“显失公平”“重大误解”“乘人之危”为理由，依据《合同法》的相关规定，请求法院撤销事变更财产分割协议，不宜简单依〈合同法〉的有关规定认定撤销和变更事由。因为婚姻家庭关系中的财产关系不同于民法中一般意义上的财产关系，离婚财产分割协议也不同于民事合同，还包括一定的人身关系和感情因素。因此，审理这类案件不能简单将协议中的一方放弃主要或大部分财产的约定认定为“显失公平”或“重大误解”；亦不宜将急欲离婚的一方在财产上作出的让步视为另一方“乘人之危”，只有在一方利用他方生病，行为能力受限等特殊情况下，迫使他方签订明显损害其合法权益协议的，方可认定为“乘人之危”。

6. 夫妻一方个人财产在婚姻关系存续期间取得的收益中，哪些属于一方个人财产，哪些属于《婚姻法解释二》第十一条第（一）项规定的“应当归夫妻双方共同所有的投资收益”？

夫妻一方的个人财产所产生的收益，如果夫妻双方约定则按约定决定其归属，没有约定则根据收益产生的原因来确定其归属。

夫妻一方个人财产的法定孳息，属于在婚姻关系存续期间的自然增值部分，如存款利息、有价证券收益、未经共同经营管理取得的房屋租金等，应认定为夫妻一方个人财产。

用个人财产在婚姻关系存续期间从事投资或进行生产经营活动所产生的收益应当属于夫妻共同财产。如个人财产投资公司或企业所取得的利润；个人所有的房屋经夫妻共同维护修缮、经营管理所取得的租金；个人财产的自然孳息，如经过共同养护的果实、牲畜幼崽等，应当认定为夫妻共同财产。

若收益基于个人财产与共同财产混同后进行投资所产生，无证据证明具体比例的，推定为共同财产投资收益，为夫妻共同财产。

“夫妻一方个人财产”是指夫妻一方的婚前财产和婚姻关系存续期间约定归个人所有的财产。

7. 如何判断《婚姻法解释二》第十二条所称的婚姻关系存续期间，实际取得或已经明确可以取得的知识产权的财产性收益的归属？

以知识产权财产性收益明确时间是否在婚姻存续期间作为判断该部分收益归属的标准。知识产权财产性收益明确时间在婚前，即使收益实际取得在婚后，该收益为个人婚前财产。知识产权惆产性收益明确时间在婚姻关系存续期间，无论收益的实际取得是在婚姻关系存续期间还是在离婚之后，该收益为夫妻共同所有。知识产权财产性收益明确的时间在离婚后的，该收益为个人财产。

8. 夫妻贷款购置的房屋、车辆等财产，在离婚诉讼中如何处理？

（1）夫妻一方婚前贷款购置的房屋、车辆等财产，如婚前已全部还清贷款的，该财产为婚前财产。

夫妻一方婚前贷款购置的房屋、车辆等财产，婚后用夫妻共同财产归还了部分贷款的，应按比例划分个人财产和共同财产。婚前归还部分贷款的相应财产及其增值部分或损耗部分为婚前个人财产，婚后共同归还部分贷款的相应财产及其增值或损耗部分为夫妻共同财产。由于婚前购买方系买卖合同和借款合同的相对人，在分割时可以根据实际情况适当照顾购买人的利益，将该财产分配给购买方，由购买方向对方支付相应的对价；如购买一方能证明婚后其仍以个人财产单独偿还贷款的，可认定为个人财产。

（2）对于一方名义贷款购置房屋等财产，离婚时尚未还清贷款的，法院不宜强制变更借款合同当事人，原则上可将该财产判归一方，由贷款方支付对价，如认为应判归非贷款方的，应当征得合同相对方贷款银行同意，并由非贷款方支付相应的对价。

（3）离婚时已还清贷款的，可根据双方的生活需求、经济能力、财产的有效合理使用等情况，将财产判归一方所有，分得该财产的一方支付相应的对价给另一方。

9. 离婚诉讼中，婚前由夫妻一方承租或由父母承租，婚后以夫妻共同财产购买为产权的公房，其公房使用权本身蕴含的价值如何处理？

《婚姻法解释二》第十九条规定，夫妻一方婚前承租的公房，婚后以共同财产购买为产权房的,该房屋为夫妻共同所有。现实生活中有的公房使用权是婚前通过出资购买取得的,在审理这类案件时,应当将婚前个人出资确定为出资方的个人财产,剩余部分价值按共同财产分割。

一方婚前承租的公房是基于福利政策分配取得,婚后以共同财产购买为产权的,可不考虑公房使用权的价值,按共同财产分割。

10. 如何理解《婚姻法解释二》第二十二条规定的父母为子女购置房屋出资构成一方或双方的赠与?

《婚姻法解释二》第二十二条中的“应当认定为……赠与”是指父母实际出资的具体意思表示不明的情形下,拟制为赠与。若当事人有证据证明其与出资人之间形成的是借贷关系的则不适用该规定。

实践中,夫妻一方的父母在婚姻关系存续期间为子女出资购买的房屋,产权登记在自己子女名下的,可推定为是明确向自己子女一方的赠与,该部分出资应认定为出资人子女的个人财产,若产权登记在出资人子女的配偶名下,除非出资人明确表示赠与子女配偶,否则应认定为向双方的赠与,该部分应认定为夫妻共同财产。

11. 以夫妻一方个人名义用共同财产投资于有限责任公司,如何处理此部分夫妻共同财产?

夫妻一方以个人名义用共同财产投资于有限责任公司,此部分共同财产已转化为公司财产,离婚时不宜直接分割。

夫妻协商同意由非公司股东一方取得相应出资额成为股东的,可依照《婚姻法解释二》第十六条的规定进行处理。

若非公司股东一方不愿意承受出资成为股东的,则可对公司现有净资产进行评估,公司净资产为正值的,按夫妻一方出资比例计算出相应的净资产价值,再按共同财产的分割原则,由取得出资额的一方给付另一方相应的价款或财产。

12. 买断工龄补偿款是否属于夫妻共同财产?

买断工龄补偿款属于职工与单位解除劳动合同的经济补偿金,是单位发给职工的一次性费用,与发放到军人名下的复员费、自主择业费等费用有相似之处,可参照对军人复员费、自主择业费的规定区别处理。

婚前的工龄所得的买断工龄款为夫妻一方个人财产,夫妻关系存续期间的工龄所得的买断工龄款为夫妻共同财产,计算方法可参照《婚姻法解释二》第十四条关于军人复员费、自主择业费的规定。

如买断工龄一方当事人因离婚将导致生活困难的,在分割买断工龄款时可适当照顾买断工龄一方的权益,多分或全部分配给买断工龄一方。

13. 父母离婚分割财产时,子女是否有财产份额?

在离婚案件分割夫妻共同财产时,只能就夫妻共同财产进行分割。成年子女因参与家庭经营共同积累的财产,属子女的财产份额依法应受到法律保护;未成年子女通过演出、转让智力成果等形式获得的劳动收入或报酬,以及受赠、继承所得的属于子女个人的财产亦应受到法律保护。父母离婚分割财产时,不得将属于子女的财产作为夫妻共同财产进行分割,可以为未成年子女指定财产代管人。

14. 哪些财产属于彩礼可以要求返还?

以结婚为目的,于婚前给付对方的财产,符合《婚姻法解释二》第十条规定的,可以要求对方返还。

15. 男女双方在筹备婚礼过程中为款待、宴请亲友所支出的费用,可否要求返还?

男女双方在筹备婚礼过程中为款待、宴请亲友所支出的费用,属于共同支出的消费性费用,接受的一方亦未实际取得,故不得要求返还。

16. 恋爱期间赠与对方的财物可否要求反还?

恋爱期间为表达感情而馈赠对方的小额财物,属赠与关系,不在彩礼之列,不得请求返还。

小额的认定可根据当地的经济状况、当事人的经济能力等条件综合判断。

17. 彩礼返还额度如何认定? 结合哪些因素考虑?

彩礼返还额度应根据当事人的请求,综合考虑双方共同生活时间的长短、给付方的经济状况以及过错责任等因素、根据公平原则,全部或部分返还。

18. 男女双方未办结婚登记,但按照传统习俗举办了结婚仪式而同居生活后产生的彩礼纠纷、要求返还的,如何处理?

彩礼返还的规定是基于我国农村习俗的特殊情况所作出的。考虑农村中未办理结婚登记而同居生活情形的广泛性,《婚姻法解释一》作出了追溯补办结婚登记手续效力的规定。根据该精神,未办理结婚登记而同居生活引起的彩礼纠纷,如符合《婚姻法解释二》第十条规定的情形,可以参照该规定精神,酌情返还。

19. 双方已一起共同生活或已生育子女,因感情破裂而提出分手的,可否要求返还彩礼?

双方共同生活时间超过两年或已生育子女,因感情破裂提出分手或离婚的,一方要求对方返还彩礼的，不予支持。

20. 婚姻被宣告无效或被撤销后，当事人请求返还彩礼的，应否支持？

婚姻被宣告无效或被撤销，同样使当事人不能实现结婚目的，因此而引起的彩礼纠纷，亦可参照《婚姻法解释二》第十条规定及本《解答》精神，酌情返还。

21. 赡养强风的给付标准如何确定？

赡养费的给付应当根据被赡养人的经济状况、生活自理程度、赡养人履行义务的能力和被赡养人所在地生活水平综合考虑。

22. 如何确定赡养方式？

子女对父母的赡养应当包括物质和精神两方面。子女履行赡养义务不仅仅局限于给付金钱的义务，只要有利于被赡养人的身心健康，且具有可操作性的方式均可，如对被赡养人生活上的照顾、为其提供居住条件等方式。

23. 赡养案件是否应将所有子女列为当事人参加诉讼？

为保护老人的合法权益，通常情况下应将赡养案件的义务主体，即所有子女列为案件当事人，全面分配赡养义务。

因部分子女已尽赡养义务，部分子女不尽赡养义务，或其他原因致使老人不愿将个别子女列为被告，而执意只列部分子女为被告的，法官应当对老人行使释明权，告之其涉及放弃部分主体的权利亦相应放弃，释明后如老人仍明确表示坚持的，则应根据当事人意思自治原则，尊重老人的权利主张。但赡养义务应当按全体子女的份额进行分配，涉及放弃部分主体的义务，被赡养人不得要求其他赡养义务人分担。

24. 离婚案件中当事人因子女的抚养权发生争议，或一方为达到离婚目的，以放弃对方支付抚养费作为取得子女抚养权或离婚条件的，法院应否支持？

保护儿童的合法权益是《婚姻法》的一项基本原则，子女随谁生活应当以实现子女的最佳利益作为衡量标准，而不是以父母一方为争取抚养权和离婚提出的交换条件作为标准。父母一方无权放弃子女享有的被抚养权利。根据《最高人民法院关于人民法院审理离婚案件处理子女抚养问题的若干解释》第 10 条规定精神，如一方的抚养能力会导致子女生活水平明显下降的，法院不应支持其放弃对方支付抚养费的请求。

25. 父母离婚后随一方生活的未成年子女，如果希望改随另一方生活，可否要求改变抚养关系？

离婚时子女的抚养权是根据当时的情况确定的，如以后父母任何一方或子女的情况发生改变，以前的抚养方式已影响到子女的利益或一方生活的。父、母及子女都可以要求变更抚养关系。

对于子女要求改变抚养关系的，子女为原告，父、母为被告。

26. 涉及精神病人的婚姻案件是否需要适用特别程序？

在审理离婚或宣告婚姻无效案件中，如当事人主张一方当事人为精神病人，利害关系人申请要求根据《民事诉讼法》特别程序的规定对一方当事人作出无民事行为能力、限制民事行为能力的认定的，人民法院可中止离婚诉讼，待无民事行为能力、限制民事行为能力认定案件结束后再恢复离婚诉讼。

如依据病史资料、鉴定结论及其他相关证据足以证明诉讼当事人为无民事行为能力或限制民事行为能力的精神病人，其近亲属对此也不持异议的，可不必经过特别程序。

27. 如何理解"给家庭成员的身体造成一定伤害后果"的家庭暴力？

《婚姻法解释一》第一条对"家庭暴力"的定义作了明确规定。但对伤害后果的程度没有明确。针对行为人以殴打、捆绑、残害的方式给家庭成员的身体造成伤害的"家庭暴力"，在司法实践中可以根据法医鉴定结论来确定伤害后果，即对家庭成员的伤害达到轻微伤丙级三次以上、轻微伤乙级两次以上、轻微伤甲级一次以上的，一般可理解为构成"家庭暴力"。

28. 如何审理一方当事人"下落不明"的婚姻案件？

在审理一方当事人"下落不明"的婚姻案件时，起诉一方应当举证证明对方"下落不明"，人民法院亦应对"下落不明"的事实进行审查，比如向下落不明人的近亲属或组织调查、在下落不明人住所地张贴公告等，经审查确属"下落不明"的，再行缺席审理。宣判后亦应将审理结果告之"下落不明"一方的近亲属或组织。

## 上海市高级人民法院婚姻家庭纠纷办案要件指南(三)

(2010 年 6 月 22 日　沪高发民一〔2010〕8 号)

市第一、第二中级法院民一庭、民二庭、民三庭，区县法院民一庭、民三庭，浦东新区法院民四庭、民五庭，青浦法院、杨浦法院、卢湾法院、黄浦法院民四庭，宝

山法院速裁庭,区县法院各派出法庭:

现将经我庭多次组织讨论并制定的《婚姻家庭纠纷办案要件指南(三)》下发给你们,供你们审理案件时参考。如发现问题,请及时向我们反映。

附:《婚姻家庭纠纷办案要件指南(三)》

二〇一〇年六月二十二日

# 婚姻家庭纠纷办案要件指南(三)

## 第三部分　夫妻共同财产处理

**第一条**　请求分割夫妻共同财产的,应当符合下列要件:

(一)请求权的主体必须是具有(或曾经具有)婚姻关系的当事人;

(二)请求权指向的客体必须是现实、客观存在的夫妻共同财产;

(三)请求分割夫妻共同财产,应在离婚时提出;离婚后请求分割或再次分割夫妻共同财产的,应当符合法律、司法解释对起诉期限作出的规定。

**【说明】**

我国现行婚姻法规定了法定财产制、约定财产制和个人特有财产相结合的夫妻财产制度。离婚意味着夫妻相互扶养义务的终结,夫妻共同财产关系也应当终止。

法院在审理分割夫妻共同财产案件时,必须逐一审查下列要件:

(1)主体:必须是具有(或曾经具有)婚姻关系的夫妻。无效婚姻、被撤销婚姻或非婚同居的男女既然不存在夫妻关系,自不得请求分割夫妻共同财产。

(2)客体:夫妻在婚姻关系存续期间取得的财产一般为夫妻共同财产,但是法律特别规定某些财产归夫妻个人所有或者夫妻约定婚姻关系存续期间所得的财产以及婚前财产归各自所有、共同所有或部分各自所有、部分共同所有的除外。

请求分割的夫妻共同财产必须是客观、现实存在的,已在婚后共同生活中自然毁损、消耗、灭失或正常消费的部分,不属于可分割的夫妻共同财产。

(3)请求分割夫妻共同财产的时间限制:请求分割夫妻共同财产,应当在离婚时提出。在婚姻关系存续期间,一般不允许对共同财产进行分割。

在离婚后请求分割夫妻共同财产的，应符合法律和司法解释的限制性规定：最高人民法院《关于适用〈中华人民共和国婚姻法〉若干问题的解释（一）》（以下简称《解释一》）第三十一条规定："当事人依据婚姻法第四十七条的规定向人民法院提起诉讼，请求再次分割夫妻共同财产的诉讼时效为两年，从当事人发现之次日起计算。"最高人民法院《关于适用〈中华人民共和国婚姻法〉若干问题的解释（二）》（以下简称《解释二》）第九条第一款规定："男女双方协议离婚后一年内就财产分割问题反悔，请求变更或者撤销财产分割协议的，人民法院应当受理。"夫妻离婚后，一方又起诉要求分割共同财产的，应当符合上述限制性规定。

**第二条** 分割夫妻共同财产，应首先明确财产权属，注意区分家庭共同财产、夫妻共同财产和夫妻个人财产。

对于有争议的财产的性质，应当以法律构成要件为基础，结合经验法则，通过对当事人举证和法院依法调查取证的结果综合分析、作出认定。对财产属于夫妻共同所有还是夫或妻

一方个人所有存在争议，经查证仍然真伪不明的，可推定为夫妻共同财产。

**【说明】**

夫妻共同财产，是指夫妻在婚姻关系存续期间一方或双方所得的收入和财产，均归夫妻双方共同共有，但个人特有的财产或双方约定分别所有的财产除外。根据婚姻法及其司法解释的规定，夫妻共同财产一般包括下列范围：(1)劳动所得的报酬：劳动报酬的形式多种多样，包括工资、奖金、津贴等，以劳动报酬购置的财产，亦属此例。(2)从事生产、经营活动所得的收益：指夫妻双方或一方在婚后从事生产、经营所得的劳动收入和资本性收入，如承包经营、购买股票和债券、投资公司和企业所得红利、兴办公司和企业所得收益等。(3)知识产权的收益：指婚姻关系存续期间，实际取得或者已经明确可以取得的知识产权的财产性收益。(4)继承或赠与所得的财产，但遗嘱或赠与合同中明确指定仅归夫或妻一方所有的财产除外。(5)其他应当归夫妻共同所有的财产包括：①一方以个人财产投资取得的收益；②男女双方实际取得或者应当取得的住房补贴、住房公积金；③男女双方实际取得或者应当取得的养老保险金、破产安置补偿费。(6)有争议财产的认定：对个人财产还是夫妻共同财产难以确定的，主张权利的一方有责任举证。当事人举不出有力证据，人民法院又无法查实的，按夫妻共同财产处理。

在确定夫妻共同财产时，对夫妻共同财产和家庭财产、个人财产应当区别对待：

1. 夫妻共同财产与家庭财产的区别

家庭财产,是指家庭成员的共同财产和各自所有的财产的总和。包括:(1)夫妻一方的个人财产;(2)夫妻共同财产;(3)子女财产;(4)其他家庭成员的财产;(5)全体家庭成员共有的财产。家庭财产涵盖了夫妻共同财产。分割时应当首先从家庭财产中分出属于夫妻共同所有的部分后再行分割。对其他家庭成员的财产,不能作为夫妻共同财产予以分割。未成年子女的财产属于本人所有,由离婚后与子女共同生活的父母一方代为管理。

2. 夫妻共同财产与个人财产的区别

第一,概念和范围不同。夫妻个人财产,是指夫妻婚后在实行共同财产制时,依法律规定或双方约定,夫妻各自保留的一定范围的个人所有的财产。其范围包括:(1)一方的婚前财产,该财产不因婚姻关系的延续而转化为夫妻共同财产;(2)一方因身体受到伤害获得的医疗费、残疾人生活补助费等;(3)遗嘱或赠与合同中确定只归夫或妻一方的财产;(4)夫妻一方专用的生活用品,但婚后购置的贵重饰品,摩托车、小汽车等生活资料,仍应视为夫妻共同财产;(5)其他应当归一方所有的财产,如一方获得的奖章、奖品,军人的伤亡保险金、伤残补助金、医药生活补助等。当然,夫妻双方也可以书面形式约定婚姻关系存续期间所得的财产以及婚前财产归各自所有、共同所有或部分各自所有、部分共同所有,此为约定先于法定原则。如果没有约定或约定不明的,仍适用法定财产制的规定。

第二,权利义务不同。夫妻对共同财产的权利义务是平等的,享有平等的所有权,即不分份额、平等地享有占有、使用、收益、处分的权利。因日常生活需要而处理夫妻共同财产的,任何一方均有权决定。非因日常生活需要对夫妻共同财产做重要处理决定,夫妻双方应当平等协商,取得一致意见。如一方擅自处分重要的共有财产,另一方有权否认该处分的法律效力,但如第三人有理由相信其为夫妻双方共同意思表示的,不得对抗善意第三人。由此给另一方配偶造成损失的,应由擅自处分的一方予以赔偿。此外,夫妻双方应平等地承担家庭财产上的义务。家庭共同生活费用,应以夫妻共同财产负担,不足部分则由夫妻双方以个人财产分担。对于夫妻共同债务,应以共同财产清偿,夫妻双方承担连带责任。至于夫妻一方的个人财产,夫或妻可依自己的意愿独立行使所有权,无须征得对方同意;对婚姻关系存续期间一方所负的个人债务及个人财产所生债务,均应由夫妻个人财产承担清偿责任。

**第三条** 离婚时,夫妻的共同财产由双方协议做出处理。

协议不成的,分割夫妻共同财产,应当遵循男女平等、照顾子女和女方权益、照顾无过错方、有利生产和方便生活的原则。

分割夫妻共同财产的方法主要包括实物分割、价金分割与价值补偿三种。在无例外情形下,可予以均等分割。

**【说明】**

离婚时,夫妻的共同财产可由双方协议处理。协商不成时,由人民法院依法判决,判决时应遵循下列原则:(1)男女平等原则。即夫妻双方对于其共同财产享有平等的共有权,不受双方收入状况、对家庭贡献的影响,双方均有平等分割共同财产的权利。(2)照顾子女和女方权益的原则。首先,应优先考虑未成年子女的利益,根据未成年子女的需要给予必要的照顾。其次,应照顾女方的权益。考虑到相当一部分女性的经济能力相对较弱,在日常家务中的付出很难物化为财产收益,故在分割财产时,有必要照顾她们的权益,使其离婚后的基本生活更有保障。(3)照顾无过错方原则。对于因一方过错导致离婚的,可在分割财产时适当照顾无过错方,以体现法律的公平与正义。但这种照顾不是民事责任,其性质不同于离婚损害赔偿责任,因此,这里的过错并不限于重婚、姘居、实施家庭暴力、虐待、遗弃等重大过错行为,还包括其他违反婚姻义务或故意以悖于善良风俗的方法损害婚姻关系的过错行为。(4)有利于生产、生活需要的原则。分割夫妻共同财产时,应从充分发挥共同财产的效用和不损害财产的经济价值出发。对生活必需品,应考虑双方和子女的生活需要,分给需要的一方;对生产资料,应分给有生产、经营的条件和能力或正在生产、经营的一方;对一方从事职业或正当爱好所必需的物品,应分给需要的一方。

对于夫妻共同财产的分割,具体方法主要有三种:(1)实物分割,即在不影响财产的作用、价值和特定用途的情况下,进行实际分配,双方根据其分割的份额取得应得的财产;(2)价金分割,即将共有物变卖,双方分割取得的价金,主要在共有物不能实物分割或分割后有损其价值与用途时采用;(3)价值补偿,即共有物归一方所有,对另一方应得的部分补偿相当的价金。针对不同的财产,具体分割方法为:①夫妻分居两地分别管理、使用的婚后所得财产,为夫妻共同财产,分割时应归各自所有。如双方所分得的财产相差悬殊的,差额部分由多得一方以相当的财产抵偿另一方或以相应的价金作为补偿。②已登记结婚,尚未共同生活,一方或双方受赠的礼金、礼物为夫妻共同财产,应考虑财产、数量等情况合理分割。各自出资购置、各自使用的财物,原则上归各自所有。③对双方都愿意取得共有物、支付对方补偿款的,必要时可采取竞价的方式解决。④与生产经营有关的共同财产。对投资性财产、有限责任公司出资额、合伙企业中夫妻共同财产份额及独资企业财产的分割可按《解释(二)》第十五条至第十八条的规定处理。无其他例外情形的,可将共同财产予以均等分割。

**第四条** 对不宜分割使用的夫妻共有的房屋,应当根据婚姻法、司法解释的规定,综合考虑房屋的性质、来源、婚姻关系存续时间长短、双方住房情况以及照顾子女和女方原则等因素,分给一方所有。分得房屋的一方应给予另一方相应价值的补偿。

**【说明】**

我国的房屋所有权制度情况较为复杂,一些城市住房紧张,故离婚时住房问题的处理常常引发矛盾,是司法实践中的难点。为便于实务操作,我们以房屋的所有权性质为划分标准,结合法律、司法解释的规定及司法实践经验,分别提出以下参考意见:

1. 住房为共同财产的,按照一般共同财产分割,如不宜分割使用,可根据双方住房情况,本着照顾子女、女方利益和照顾无过错方的原则分给一方所有,分得住房的一方可参考房屋评估价给予另一方相应的经济补偿。必要时也可采取竞价的方式解决。

2. 住房为一方所有,离婚时住房一般仍归该所有人。如另一方离婚后确实无房,法院可根据具体情况判决允许其暂住;也可判决无房一方另外租房居住,若经济确有困难,享有房屋产权的一方可给予一次性经济帮助。需要注意的是,婚后双方对婚前一方所有的房屋进行过修缮、装修、原拆原建,离婚时未变更产权的,房屋仍归产权人所有,增值部分中属于另一方应得的份额,由房屋所有人折价补偿另一方;进行过扩建的,扩建部分的房屋应按夫妻共同财产处理。

3. 根据最高人民法院司法解释及上海市有关公房租赁规定,住房为双方均可承租的公房的,应依照下列原则处理:照顾抚养子女的一方;男女在同等条件下照顾女方;照顾残废或生活困难的一方;照顾无过错一方。

4. 离婚时,一方对另一方婚前承租的公房无权承租而解决住房确有困难的,如果原公房面积较大可分室居住的,可调解或判决暂时居住,暂住方应交纳一定的房屋使用费或其他必要费用。如无法分室居住,无房一方又经济困难的,则应由承租方给予一次性经济帮助。

5. 单位自管的房屋。夫妻共同居住的公房系单位自管公房，婚前或婚后由一方向本单位取得承租权，离婚时不符合双方均可承租的情形，则仍由原承租方继续租赁，另一方解决住房确有困难的，可参照说明第 4 点意见处理。如离婚时双方均可承租该公房，法院在处理时认为需要变更租赁关系的，应征求自管房单位的意见，经同意后方可调解或判决变更房屋租赁关系。取得承租权一方应给予另一方相应的经济补偿。

6. 一方婚前承租，婚后共同出资购买的房屋，房屋权属证书登记在一方名下的，应当认定为夫妻共同财产，可参照本条说明第 1 点的意见处理。

## 深圳市中级人民法院关于审理婚姻家庭纠纷案件的裁判指引

（2006 年 7 月 1 日起试行　2010 年 3 月 9 日深圳市中级人民法院审判委员会第 6 次会议第一次修订　2014 年 5 月 21 日深圳市中级人民法院审判委员会民事行政执行专业委员会第 10 次会议第二次修订）

为了正确审理婚姻家庭纠纷案件，统一全市法院对此类案件的办案标准和裁判尺度，根据《中华人民共和国婚姻法》以及相关司法解释的规定，结合审判实践，制定本裁判指引：

一、女方婚前与他人发生性关系，婚后怀孕期间男方提出离婚的，不属于《婚姻法》第 34 条规定的“确有必要受理男方离婚请求”的范围。

二、原审法院在未发现女方怀孕时判决离婚，宣判后女方发现怀孕提起上诉，二审法院经审查不存在确有必要受理情形的，应撤销原判，裁定驳回男方的起诉。

三、请求宣告婚姻无效仅限于已办理结婚登记的婚姻，当事人就事实婚姻申请宣告无效的，人民法院不予受理，告知其按离婚程序处理。

四、人民法院受理申请宣告婚姻无效案件后，经审查确属无效婚姻的，不适用按自动撤诉处理的规定。

人民法院在审理无效婚姻案件时发现法定的婚姻无效情形已经消失，婚姻关系则转为有效，人民法院告知当事人后，当事人申请撤诉的，可以准许。

五、离婚案件的被告在答辩状中或在举证期限内提出子女抚养、财产分割方面请求的，不构成反诉，人民法院应当要求被告明确其诉讼请求，对该诉讼请求应当合并审理并按照国务院《诉讼费用交纳办法》的有关规定通知被告预交诉讼费用。

离婚案件的当事人在一审举证期限届满后发现新的夫妻共同财产的，可以在一审法庭辩论终结前增加分割该财产的诉讼请求，对该增加的诉讼请求人民法院应当合并审理并按照国务院《诉讼费用交纳办法》的有关规定通知当事人预交诉讼费用。

离婚案件的被告作为无过错方请求离婚损害赔偿的，不构成反诉，但对该诉讼请求可以合并审理并按照国务院《诉讼费用交纳办法》的有关规定通知当事人预交诉讼费用。

六、原在内地登记结婚的夫妻双方现均居住在港澳地区，如香港、澳门法院以离婚诉讼须由婚姻缔结地法院管辖为由不予受理，当事人向内地人民法院起诉请求离婚的，内地原登记地或一方在国内的最后居住地人民法院可以受理。

七、双方当事人均为香港永久居民，在香港结婚，又在香港法院诉讼离婚。一方当事人在深圳起诉要求分割位于深圳的财产时，有管辖权的人民法院，不宜以双方离婚判决未经承认程序为由驳回起诉。

八、人民法院受理离婚案件后，依据原告提供的被告住址无法送达，应要求原告补充被告的其他住址或其近亲属的住址和联系方式，仍不能确定被告住址的，人民法院应当依法向被告公告送达诉讼文书。公告期满被告未到庭应诉的，人民法院可以缺席判决。

人民法院受理夫妻一方下落不明但未宣告失踪，另一方提出离婚的案件，应责令原告提供被告下落不明的事实、时间等证据和证明材料，并附有公安机关或其他有关机关关于被告下落不明的书面证明。

九、夫妻一方在离婚诉讼中申请对股东仅有夫妻两人的有限责任公司的财产采取财产保全措施的，人民法院不予支持。

夫妻一方在离婚诉讼中申请对股东仅有夫妻两人的有限责任公司的财务账册等资料采取证据保全措施，经审查符合《民事诉讼法》第七十四条规定的，人民法院可以准许，但应尽量避免影响该公司的正常经营。

十、离婚案件重审时，原告可以减少诉讼请求，也可以增加诉讼请求，包括就原一审举证期限届满后发生的事实提起的诉讼请求，新增的诉讼请求应当适用举证时限的规定，对增加的诉讼请求应当与原诉讼请求合并审理。

十一、人民法院在审理离婚案件过程中，债权人或其他案外人以夫妻共同财产、共同债务等涉及其利益为由申请参加诉讼或一方当事人申请追加第三人参加诉讼的，人民法院不予准许。离婚后财产纠纷案件第三人申请参加诉讼的，根据《民事诉讼法》第五十六条的规定处理。

十二、离婚后财产纠纷案件应按照国务院《诉讼费用交纳办法》第十三条第（二）项的规定收取诉讼费用，不应按普通财产案件收费标准计收诉讼费。

十三、下列要件应认定为《婚姻法》所规定的结婚的实质要件：

1. 男女双方必须完全自愿结婚；

2. 男女双方必须达到法定婚龄；

3. 男女双方不属于直系血亲或三代以内的旁系血亲；

4. 男女双方均未患有医学上认为不应当结婚的疾病。

十四、婚姻关系存续期间是指合法缔结婚姻到婚姻关系依法解除或自然终止期间，不包括以下期间：

1. 双方虽然共同生活，但双方不具备结婚实质要件，尚未领取结婚证之时的期间；

2. 双方登记离婚或诉讼离婚生效后又同居生活的期间。

十五、离婚后的男女双方自愿恢复夫妻关系、以夫妻名义共同生活但未到婚姻登记机关进行复婚登记的，应当补办结婚登记，未补办结婚登记的，按同居关系处理。

十六、一方以同居为由请求对方支付"青春损失费"的，人民法院不予支持，但女方在同居期间怀孕需要做中止妊娠手术请求男方分担部分因此产生的医疗费、营养费等合理费用的，人民法院应予支持。

十七、双方同居或恋爱期间，一方以结婚为目的赠与另一方较大数额财物，分手后请求另一方返还赠与财物的，人民法院应予支持。

十八、双方恋爱期间一方个人出资买房，产权登记在出资一方名下，双方恋爱关系终止后另一方要求分割上述房产时，人民法院不予支持。

十九、双方恋爱期间共同出资买房，产权登记在一方或者双方名下的，双方恋爱关系终止后要求分割上述房产时，人民法院应当按照照顾妇女、儿童权益的原则、考虑有关房屋的产权登记情况以及双方实际出资情况，妥善分割。

二十、人民法院审理婚约财产纠纷时，应将存在婚约关系的男女双方列为原、被告,如果彩礼给付人或者接收人并非存在婚约关系的男女双方,人民法院可以将彩礼给付人或者接收人列为共同原告或者共同被告。

二十一、存在同居关系的一方当事人以另一方当事人违反忠诚协议为由提起违约之诉,人民法院不予受理。

二十二、经人民法院判决不准离婚后双方又分居满 1 年,互不履行夫妻义务而再次起诉的,经调解和好无效,可以判决准予离婚。

二十三、主张婚姻关系存续期间取得的财产为个人财产的一方应承担举证责任,当事人无法举证,人民法院又无法查清的,应认定为夫妻共同财产。

二十四、工商登记中载明的夫妻投资比例不应认定为夫妻对财产归属的约定。

婚姻关系存续期间,无论使用一方的个人财产还是使用夫妻共同财产投资设立的股东仅有夫妻两人的有限责任公司,公司经营所产生的股东收益均属于夫妻共同财产。

二十五、夫妻一方在婚前购买房产并登记在该方名下,另一方主张其在买房时亦有出资且婚前买房目的即为结婚共同居住,如果并无充分证据显示有关款项属于借款或者赠与等其他性质,人民法院应当认定双方按照各自的出资比例共有房产。

二十六、夫妻一方婚前出资购买房产,登记在夫妻双方名下,如双方未对该房产作出特别约定,应认定该房产为夫妻共同所有,但在离婚分割该房产时,出资一方可适当多分。

二十七、婚后由一方父母部分出资为子女购买房产,夫妻双方支付其余款项,如果该房产登记在出资方子女名下,父母出资部分应视为对其子女个人的赠与;如果该房登记夫妻双方名下或者出资方子女配偶名下,父母出资部分应视为对夫妻双方的赠与。

二十八、夫妻双方在婚姻关系存续期间购买房产登记在未成年子女名下,双方当事人在离婚时主张该房产为夫妻共同财产的,人民法院在离婚案件中不予处理,告知有关当事人在离婚后另行主张分割共有财产。

二十九、最高人民法院关于适用《中华人民共和国婚姻法》若干问题的解释(三)第 10 条第 2 款规定中的“双方婚后共同还贷支付的款项及其相对应财产增值部分”一般可以按照如下公式计算:夫妻婚后共同还贷部分(含婚后偿还的本金和利息)÷实际购房款(房屋购买价 + 离婚时已还全部利息)× 离婚时房屋市场价。

三十、夫妻一方请求分割另一方将其婚前个人房产在婚内出租所得租金收益的，人民法院应予准许。人民法院在酌定具体分割比例时可以适当考虑夫妻双方对该租金收益的贡献大小。

三十一、人民法院审理离婚后财产纠纷案件时，对于有关夫妻共同财产在离婚后产生的孳息和自然增值，应认定为夫妻共同财产。

三十二、双方对夫妻共同财产中已取得产权证的商品房和已取得“红本”的安居房的价值及归属无法达成协议，双方均主张房屋所有权且一方不同意竞价的，应当在评估确定市场价的基础上进行分割、补偿。

双方对夫妻共同财产中已取得“绿本”的安居房的价值及归属无法达成协议，双方均主张房屋所有权且一方不同意竞价的，应当在评估确定市场价的基础上，按照照顾子女和妇女权益的原则判决房产归属，以市场价减去取得房产一方“绿本”转“红本”所需补交的差价及税费为补偿另一方的基数确定补偿另一方的数额。

三十三、离婚时当事人请求对没有取得产权证的农村自建房进行分割的，人民法院可以根据实际情况对该房的使用权作出处理，判决享有使用权的一方应当补偿对方使用期间该房相近地段一半面积房屋的租金损失；当事人请求对违法建筑进行分割的，人民法院原则上不予处理，但当事人请求分割违法建筑拆除后的残值部分除外。

三十四、在离婚案件中处理有关买断工龄款问题时，可以参照最高人民法院《关于适用〈中华人民共和国婚姻法〉若干问题的解释（二）》中有关军人复员费、自主择业费的规定处理。

三十五、离婚案件涉及分割以夫妻共同财产投保的人身保险时，一方为投保人并以自己或其亲属（子女除外）为受益人，另一方可以请求对方给予相当于保险单现金价值一半的补偿。

三十六、有配偶者与他人同居，为解除同居关系约定了财产性补偿，接受方要求给付方支付该补偿或者给付方支付补偿后反悔主张返还的，人民法院不予支持。

合法婚姻当事人以其配偶擅自将夫妻共有财产给付给第三人导致其财产权受到损害为由起诉的，人民法院应当受理并结合《最高人民法院关于适用〈中华人民共和国婚姻法〉若干问题的解释（一）》第十七条的有关规定，根据有关各方的过错程度以及上述财产性补偿对合法婚姻当事人日常生活需要的影响判定有关当事人的财产处分行为是否有效。

三十七、一方当事人以另一方当事人违反忠诚协议导致离婚为由请求另一方当事人在离婚时履行其在忠诚协议中所作损害赔偿承诺的，人民法院应予支持，但该忠诚协议约定的损害赔偿数额过高时，人民法院可以适当调整。

三十八、婚姻关系存续期间，一方与他人发生性关系而生育子女并隐瞒真情，另一方受欺骗而抚养了非亲生子女，受骗方要求另一方赔偿精神损失的，人民法院应当按照《中华人民共和国侵权责任法》及有关司法解释处理。

三十九、夫妻一方因侵权行为产生的债务原则上应当认定为侵权一方的个人债务，但该侵权行为与其家庭利益有关的除外。

夫妻一方因犯罪行为产生的债务应当认定为实施犯罪行为一方的个人债务。

四十、夫妻离婚协议中约定夫妻共同财产全部或者绝大部分归一方所有，若不分或者明显少分夫妻共同财产的一方在婚姻存续期间存在个人债务，债权人有权向人民法院起诉请求撤销该离婚协议中的财产分割部分；若夫妻双方在婚姻存续期间存在共同债务，债权人有权向人民法院起诉请求夫妻双方连带偿还有关债务。

四十一、离婚后子女要求增加抚养费案件，以要求增加抚养费的子女为原告，以直接抚养的父或母为法定代理人，以另一方为被告。

四十二、婚姻关系存续期间，一方与他人发生性关系而生育子女并隐瞒真情，另一方受欺骗而抚养了非亲生子女，受欺骗方要求返还其在双方离婚后给付的抚养费，可酌情判决返还；受欺骗方在夫妻关系存续期间支出的抚养费用应否返还，可根据具体情况确定。

四十三、婚姻关系存续期间，夫妻双方一致同意进行人工授精，所生子女应视为夫妻双方的婚生子女，父母子女之间的权利义务关系适用《婚姻法》的有关规定。

四十四、离婚诉讼中，夫妻一方以另一方长期拒付抚养费为由请求另一方支付起诉前的抚养费的，人民法院不予支持，但有证据证明夫妻确实已分居的除外。

当事人在离婚诉讼中放弃提出抚养费请求，离婚判决书也未明确抚养费负担，离婚判决生效后，直接抚养方以子女名义起诉请求另一方负担离婚判决后至其起诉前的抚养费的，人民法院不予支持。

当事人在离婚协议中仅约定子女由一方抚养，放弃抚养费请求权，一方在协议离婚后以子女名义起诉请求另一方负担协议离婚后至其起诉前的抚养费的,人民法院不予支持。

当事人在离婚协议中已经约定抚养费数额,不直接抚养子女的一方未履行给付义务,另一方以子女名义起诉请求该方负担抚养费的,人民法院应予支持;但协议已经明确约定抚养费给付期限,对于当事人超过诉讼时效的主张,人民法院不予支持。

四十五、生父与继母或生母与继父离婚时,对于曾受双方抚养教育的继子女的抚养权有争议的,原则上仍由其生父母抚养,生父母主张继父母支付抚养费的,双方有协议的按协议处理,双方没有协议的,人民法院不予支持。

四十六、本指引与法律、法规或司法解释不一致的,以法律、法规或司法解释为准。

四十七、本指引由本院审判委员会负责解释。

四十八、本指引自印发之日起施行。施行后尚未审结的案件,适用本指引。凡本院过去的规定与本指引相抵触的,不再适用。

四十九、本指引施行后与新出台的法律、法规或司法解释有冲突的,由相关业务部门提出修改意见报本院审判委员会进行修订。

# 福建省高级人民法院审判委员会关于婚姻关系存续期间夫妻一方以个人名义对外借款责任承担问题的会议纪要

(2015 年 12 月 4 日 闽高法〔2015〕426 号)

2015 年 11 月 28 日,福建省高级人民法院审判委员会专题研究讨论了关于婚姻关系存续期间夫妻一方以个人名义对外借款责任承担问题,现纪要如下:

一、夫妻一方以个人名义对外借款,债权人仅起诉夫妻借款一方的,无论诉讼时婚姻关系是否存续,人民法院均不主动追加夫妻非借款一方为共同被告。但夫妻非借款一方主动申请参加诉讼的,人民法院可将其列为第三人。

二、在夫妻一方以个人名义对外借款,债权人请求夫妻共同偿还的案件中,对于债务性质的认定,应当依照最高人民法院《关于适用若干问题的解释(二)》第二十四条(第二十四条　债权人就婚姻关系存续期间夫妻一方以个人名义所负债务主张权利的,应当按夫妻共同债务处理。但夫妻一方能够证明债权人与债务人明确约定为个人债务,或者能够证明属于婚姻法第十九条第三款规定情形的除外)的规定处理。但夫妻一方有证据证明或者根据人民法院已查明的事实可以认定借款非用于日常生活开支、履行抚养和赡养义务等家庭共同生活或者家庭生产经营的,应认定为夫妻借款一方的个人债务。

三、人民法院就夫妻一方以个人名义对外借款,债权人请求夫妻共同偿还案件所作出的债务性质的认定效力,并不当然及于离婚诉讼夫妻债务性质的认定;人民法院有关离婚诉讼夫妻债务性质的认定效力,亦不必然及于夫妻一方以个人名义对外借款,债权人请求夫妻共同偿还的案件。

四、人民法院在审理夫妻一方以个人名义对外借款,债权人请求夫妻共同偿还的案件时,如夫妻非举债一方对借款的事实有异议的,应当严格审查借贷发生的原因、时间、地点、款项来源、交付方式、款项去向以及借贷双方的关系、经济状况等事实,认真甄别是否存在虚假诉讼。属于虚假诉讼的,应当判决驳回原告的诉讼请求,并依法予以处理。

五、本会议纪要由福建省高级人民法院审判委员会负责解释。今后法律、法规、司法解释如有新的规定,按新规定执行。

## 关于婚姻关系存续期间夫妻一方以个人名义对外借款责任承担问题的会议纪要的说明

为妥善处理婚姻关系存续期间夫妻一方以个人名义对外借款案件,统一执法尺度,切实维护各方当事人合法权益,福建省高级人民法院审判委员会2015年第71次会议就婚姻关系存续期间夫妻一方以个人名义对外借故责任承担问题进行专题研究,并根据有关法律和司法解释规定,结合司法实践,形成了会议纪要。

现对会议纪要内容,说明如下:

一、婚姻关系存续期间夫妻一方以个人名义向外借款的债务性质不外乎两种情况:一是属夫妻借款一方的个人债务,二系夫妻双方的共同债务。为避免案件审理的复杂化,如果债权人仅起诉借款的,我们视为债权人在行使自身诉讼权利过程中所作出的一种选择,人民法院应予尊重,不得依职权追加夫妻非借款一方为共同被告。同时,鉴于案件查明和认定的相关事实,有可能影响到将来夫妻内部债权债务承担问题，所以，在夫妻非举债一方主动申请参加诉讼的情况下，人民法院可以将其列为无独立请求权第三人。

二、按照最高人民法院嘿关于适用〈中华人民共和国婚姻法〉若干问题的解释（二）》第二十四条的规定，债权人就婚姻关系存续期间夫妻一方以个人名义所负债务主张权利的，原则上应按夫妻共同债务处理，但有二种情形例外，即夫妻一方能够证明债权人与债务人明确约定为个人债务，或者能够证明夫妻之间约定财产归各自所有且债权人知道该约定的，应认定为夫妻个人债务。实践中，由于夫妻非举债一方要证明存在以上两种例外情形的难度很大、从而造成夫妻一方以个人名义所负债务在绝大多数情况下，人民法院判令由夫妻双方共同承担。为了平衡保护债权人和夫妻非举债一方的利益，我们借鉴和参考兄弟省份法院已出台的相关规定，在会议纪要第二条增加规定一种例外情形，其具体理由如下：《最高人民法院关于适用〈中华人民共和国婚姻法〉若干问题的解释（二）》第二十四条将"夫妻关系存续期间所负债务作为夫妻共同债务处理"，这是一种从债务形成时间对共同债务进行的推定，并非否定《中华人民共和国婚姻法》第四十一条"为共同生活所负债务"的夫妻共同债务的本质特征，因此，如果有证据证明借款并非用于"家庭共同生活或者家庭生产经营的"应认定为夫妻借款一方的个人债务，这种观点也符合最高人民法院有关答复精神。2014 年 7 月 12 日最高人民法院民一庭就江苏高院《关于婚姻存续期间夫妻一方以个人名义所负债务的性质如何认定问题的请示》作出答复："在债权人以夫妻一方为被告起诉的债务纠纷中、对于案涉债务是否属于夫妻共同债务，应当按照《最高人民法院关于适用〈中华人民共和国婚姻法〉若干问题的解释（二）》第二十四条规定认定，如果举债人的配偶举证证明所借债务并非用于夫妻共同生活，则其不承担偿还责任。"本条之所以将"非用于家庭共同生活或者家庭生产经营"的举证责任分配给夫妻一方，是基于这样考虑比较夫妻一方与债权人，债权人作为外人更难证明所借款项的实际去向和用途，由债权人来证明债务用途的难度要大于夫妻一方，故确定夫妻一方承担举证责任更符合公平原则。

三、关于夫妻债务问题，实际上涉及两重法律关系：一是离婚时共同债务在夫妻之间如何承担的内部关系；二是债权人向夫妻双方求偿时形成的外部法律关系。不同的法律关系，其认定夫妻共同债务所适用的法律及标准也不一样。《中华人民共和国婚姻法》第四十一条和《最高人民法院关于适用〈中华人民共和国婚姻法〉若干问题的解释（二）》第二十四条都是处理夫妻债务的法律依据，但两者规制的法律关系不同。在涉及夫妻债务的内部法律关系时，应当按照《中华人民共和国婚姻法》第四十一条的规定进行认定，即在离婚案件中，由夫妻中举债一方举证证明所借债务是否用于夫妻共同生活，如所举证据不足以支持其主张，则该债务不能被认定为夫妻共同债务。在由债权人提起的以夫妻双方为被告的涉及外部法律关系的诉讼中，应当根据《最高人民法院关于适用〈中华人民共和国婚姻法〉若干问题的解释（二）》第二十四条规定以及本纪要第二条规定进行认定，即对婚姻关系存续期间夫妻一方以个人名义所负债务原则上推定为夫妻共同债务，但是，若存在上述司法解释第二十四条“但书”的两种情形，以及本纪要第二条规定的“如夫妻一方有证据证明或者根据人民法院已查明的事实可以认定所借债务并非用于家庭共同生活或者家庭生产经营”的情形的，夫妻非举债一方不承担偿还责任。由于内外两种法律关系所适用的法律依据不同，故对同一笔债务，在不同类型的案件审理中，有可能作出不同性质的认定。

四、人民法院在审理不涉及第三人利益的民间借贷案件过程中，如果债权人和债务人对借款事实无异议的，我们一般无须再审查借贷事实是否发生。但夫妻一方以个人名义对外借款，债权人起诉夫妻双方的民间借贷案件比较特殊，关系到有否侵犯夫妻非借款一方的利益，司法实践也表明，人民法院在审理债权人起诉夫妻双方的借贷案件过程中，多数情况下，夫妻非举债一方均称对借款事实不知情、款项去向也不清楚等，对借贷事实是否真正发生表示质疑。有鉴于此，为了防止夫妻举债一方与债权人恶意串通，损害夫妻非举债一方的利益，法官应当认真审查借贷事实的真实性，综合判断是否存在虚假民事诉讼.《最高人民法院关于审理民间借贷案件适用法律若干问题的规定》第十九条，也作出类似规定。人民法院在审理夫妻一方以个人名义对外借款，债权人请求夫妻共同偿还的案件时，如夫妻非举债一方对借款的事实有异议的，应当严格审查借贷发生的原因、时间、地点、款项来源、交付方式、款项去向以及借贷双方的关系、经济状况等事实，认真甄别是否存在虚假诉讼，属于虚假诉讼的，应当判决驳回原告的诉讼请求，并依法予以处理。

五、本会议纪要由福建省高级人民法院审判委员会负责解释。今后法律、法规、司法解释如有新的规定，按新规定执行。

# 北京市高级人民法院关于审理婚姻纠纷案件若干疑难问题的参考意见（2016年）

## 第一部分　婚姻效力与婚姻登记

**一、【婚姻无效的审理】**

人民法院受理离婚诉讼案件后，经审查确属无效婚姻的，应释明当事人变更诉讼请求。经释明当事人不申请宣告婚姻无效的，人民法院可驳回离婚的诉讼请求，依据《最高人民法院关于适用〈中华人民共和国婚姻法〉若干问题的解释（一）》（以下简称《婚姻法司法解释一》）第九条作出宣告婚姻无效的判决。

离婚案件中被告方主张婚姻无效的，人民法院应在离婚案件中对婚姻无效主张一并审理。

**二、【婚姻登记被撤销的财产、子女问题处理】**

因结婚登记瑕疵导致结婚登记被撤销后，可参照《中华人民共和国婚姻法》（以下简称《婚姻法》）第十二条及《婚姻法司法解释一》第十五条有关规定处理同居期间的财产和子女问题。

**三、【协议登记离婚瑕疵的主管】**

当事人以协议登记离婚有重大瑕疵为由提起离婚登记无效或撤销离婚登记的诉讼，不属于民事诉讼受案范围。

## 第二部分　父母子女

**四、【亲子关系确认之诉问题】**

婚姻关系存续期间受孕或者出生的子女，如无相反必要证据应当推定与夫妻关系存续期间丈夫一方存在亲子关系。

无合法婚姻关系为基础的亲子关系认定请求，应由主张存在亲子关系的一方承担举证责任，提供必要证据。

《最高人民法院关于适用〈中华人民共和国婚姻法〉若干问题的解释（三）》

（以下简称《婚姻法司法解释三》）第二条中的“必要证据”指足以使法官产生内心确信，使举证责任产生转移的证据，如血型、DNA 鉴定相符或不相符、载有父母子女关系的出生医学证明、对方与他人在特定时段同居、男女双方在特定时间有或没有同居生活等证据。对于是否构成必要证据人民法院应结合个案案情慎重把握。

亲子关系确认之诉中，应注意未成年子女权益的保护，不得以侵害未成年人人身权益的方式取得证据。

**五、【受欺诈抚养的赔偿】**

夫妻一方因另一方隐瞒真相而受欺诈抚养了另一方与他人所生育子女，受欺诈抚养方请求另一方返还实际支出的抚养费用的，人民法院应予以支持；受欺诈抚养方请求的精神损害赔偿等费用，可酌情予以支持。

**六、【抚养问题处理】**

当事人未就未成年子女抚养问题达成一致且在离婚案件中未提出请求的，人民法院应予以释明；经释明当事人不提出相应请求的，人民法院可以依职权对未成年子女抚养问题进行处理。

对于年满六周岁未满十周岁的未成年子女，人民法院处理抚养问题时，也可根据案情征求未成年子女的意见。人民法院征求未成年子女意见一般应单独进行，避免父母在场的情况下的不当影响。

**七、【离婚诉讼中的收养关系问题】**

离婚案件中人民法院可以对被收养的未成年子女抚养问题在判决中予以处理。

离婚案件涉及收养行为效力的，收养行为有效性可以确认的，对收养的未成年子女抚养问题应一并处理；确有证据证明收养行为效力难以直接确认的，应另行向人民法院请求确认收养的效力。

**八、【离婚后探望权的确定与中止】**

离婚时对行使探望权方式与内容未予以明确，离婚后发生争议的，可提起探望权纠纷诉讼，对行使探望权内容、方式、周期等予以确定。

离婚判决对探望权确定的，离婚后有探望权一方滥用探望权或以其它行为导致严重影响子女及有抚养权一方正常生活的，受害方有权向人民法院请求变更探望权的行使或向人民法院申请人身保护令。

**九、【探望权特殊范围】**

探望权原则上属于未直接抚养子女一方享有；享有探望权的一方因死亡或丧

失行为能力等情况无法行使探望权的,对孙子女、外孙子女有抚养事实的祖父母、外祖父母请求单独行使探望权的,人民法院可予以支持。

**十、【抚养费的范围与计算】**

抚养费包括必要生活费、教育费、医疗费等费用,应主要根据当地实际生活水平和子女实际需要确定,也应当考虑父母实际负担能力。一方未经协商擅自支付必要费用之外的生活费、教育费、医疗费等费用,要求另一方分担的,人民法院一般不予支持。

补课费、课外兴趣培养费等超出国家规定的全日制教育费用之外的教育支出,应根据客观教育环境、收入情况、支出数额等因素确定是否属于必要教育费。

抚养费计算时依据的月总收入,系指税后年总实际收入按月均计算的实际收入,包括住房公积金、年终奖、季度奖等实际收入在内。

**十一、【赡养案件当事人范围】**

赡养案件原则上可以只列对赡养权利义务存在争议方为赡养案件当事人。但确有必要追加其他赡养义务人以便全面分配赡养义务的,人民法院可根据案情予以追加。

## 第三部分　夫妻财产制度

**十二、【婚前财产形态变化不影响性质】**

双方对婚前个人财产归属没有约定的,该财产不因婚姻关系的持续或因财产存在形态的变化而转化为夫妻共同财产。

**十三、【"孳息""自然增值"范围的界定】**

《婚姻法司法解释三》第五条中的"孳息""自然增值"一般应理解为未经经营或投资行为所得之"孳息""自然增值"。

个人所有的古董、黄金、股票、债券、房屋等财产婚后自然增值部分应为个人财产,但上述财产婚后因经营或投资行为而产生的升值增值利益部分,应认为属于《婚姻法》第十七条和《最高人民法院关于适用〈中华人民共和国婚姻法〉若干问题的解释(二)》(以下简称《婚姻法司法解释二》)第十一条规定,一方经营或以个人财产投资取得的收益,应为共同财产。

**十四、【因伤获得的保险金、残疾赔偿金性质】**

夫妻关系存续期间一方因身体受到伤害而获得的保险金(本人为受益人)应为一方个人财产;夫妻关系存续期间获得的残疾赔偿金应为一方个人财产。

十五、【买断工龄款的性质与分割】

离婚案件涉及分割买断工龄款可参照《婚姻法司法解释二》第十四条关于军人所得复员费、自主择业费的规定予以处理。

十六、【财产约定的特殊形式】

夫妻间无书面财产约定,但双方均认可或有证据足以表明存在财产约定合意的,应认定财产约定成立。

十七、【婚姻关系存续期间能否提起财产约定之诉】

婚姻关系存续期间,当事人不起诉离婚而单独提起夫妻财产约定的履行、变更、撤销、确认无效等诉讼,人民法院应予受理。

十八、【夫妻财产约定对外效力】

《婚姻法》第十九条第三款中"第三人知道该约定"应理解为第三人在债权债务关系成立时对已存在的夫妻财产约定知晓。

债权债务关系成立之后夫妻间财产制度及债务承担安排的约定、变更,损害债权人利益的,对债权人不生效力。

## 第四部分　股 权 分 割

十九、【离婚案件中的股权分割处理】

离婚案件涉分割公司股权的,一般应当在离婚案件中予以处理;确因股权与案外人存在争议难以确定的,可另案予以处理。

离婚诉讼中一方主张另一方为隐名股东并要求分割相应财产权益的,参照上款处理。

二十、【股权价值的确定】

离婚诉讼中待分割股权之价值存在争议时,应采取协商一致、评估、竞价、参考市场价等方式予以确定。

因企业财务管理混乱、会计账册不全以及企业经营者拒不提供财务信息等原因导致无法通过评估方式确定股权价值的,人民法院可以依据该企业在行政主管机关备案的财务资料对财产价值进行认定;或可以参照当地同行业中经营规模和收入水平相近的企业的营业收入或者利润及其他方式来核定其价值。

二十一、【具特殊人身性股权的分割】

职工内部流通股等具有内部流通性的股权,离婚诉讼分割时应具体审查,并征询职工所在企业等相关组织意见,以确定具体分割方法。

具有特殊个人人身性的村民股权应属个人财产，但村民股权在夫妻关系存续期间的收益可作为夫妻共同财产分割。

**二十二、【股东为夫妻二人的有限责任公司、股东为夫妻二人及其他股东的有限责任公司的分割】**

离婚诉讼中有限责任公司股东为夫妻二人，双方就股权分割无法协商一致时。双方均主张股权的，可按比例分割股权；双方均要求补偿款的，释明当事人可另行对公司进行拍卖、变卖或解散清算并分割价款；夫妻一方主张股权，另一方主张补偿款的，可在确定股权价值基础上由获得股权一方给付另一方补偿款。

上述有限责任公司工商登记中注明的夫妻双方股权份额不构成夫妻间财产约定；但如设立公司时根据相关规定提交财产分割书面证明或协议的，构成财产约定。

离婚诉讼中有限责任公司股东为夫妻二人及其他股东时，参照上两款规定进行处理。

**二十三、【一人独资公司的分割】**

离婚诉讼中夫妻中一人为独资公司股东，双方就股权分割无法协商一致时。双方均主张股权且愿意和对方共同经营的，可按比例分割股权；双方均主张股权但不愿意和对方共同经营的，可在考虑有利公司经营基础上由一方取得公司股权、给予另一方相应经济补偿，或通过竞价方式处理；一方主张公司股权，另一方不主张公司股权的，在确定公司价值基础上，由取得公司股权一方给予另一方相应经济补偿；双方均不愿意取得公司股权的，释明当事人可另行对公司进行拍卖、变卖或解散清算并分割价款。

上述股权分割中，需要办理变更登记手续的应根据相关规定进行办理。

**二十四、【股东为夫妻中一人及其他人的有限责任公司的分割】**

离婚诉讼中有限责任公司为夫妻中一人及其他股东，夫妻双方就股权分割无法协商一致时。双方均主张股权，原则上可判决归股东一方所有，并给予非股东一方相应的经济补偿；非股东配偶放弃股权主张补偿款的，应在对公司股权价值确定基础上由股东配偶给予另一方相应的经济补偿；股东配偶放弃股权，应在对公司股权价值确定基础上由取得股权方给予另一方相应的经济补偿，但应经其他股东过半数同意且明确表示放弃优先购买权；双方均不愿意取得公司股权的，可以释明当事人另行按照《中华人民共和国公司法》（以下简称《公司法》）将股权变现，并对价款依法分割。

**二十五、【《婚姻法司法解释二》与《公司法》条文冲突问题】**

《婚姻法司法解释二》第十六条中“过半数股东同意”与2013年新修改发布《公司法》第七十一条第二款中“其他股东过半数同意”冲突问题。应适用2013年新修改发布《公司法》第七十一条第二款中“其他股东过半数同意”内容。

**二十六、【上市公司股票价值确定】**

离婚诉讼中分割上市公司股票,需要确定股票价值的,当事人对确定股票价值的时间点无法达成一致的,可以法庭辩论终结日的股票价值为准。

## 第五部分　房 产 分 割

**二十七、【婚后父母部分出资购房的认定】**

婚后由一方父母支付首付款为子女购买的不动产,产权登记在出资人子女名下,由夫妻共同偿还余款的,不属于《婚姻法解释三》第七条第一款的规定的情形,该不动产应作为夫妻共有财产,在离婚时综合考虑出资来源、装修情况等因素予以公平分割。

(注:本条来源于北京高院参阅案例第19号)

一方父母承租的公房,婚姻关系存续期间以夫妻共同财产依成本价购买,登记在夫妻一方或双方名下,应认定为夫妻共有财产,公房承租权所对应的利益系作为对夫妻双方的赠与,在离婚处理房产时综合考虑公房承租权利益来源等因素予以公平分割。

**二十八、【婚前借款买房婚后共同偿还的处理】**

夫妻一方婚前对外借款支付全款购买房屋,房屋登记于付款方名下,婚后夫妻双方共同偿还借款,离婚分割财产时,可参考《婚姻法解释三》第十条的规定予以处理。

**二十九、【有婚意的婚前购房】**

婚前由双方或一方出资,登记在一方名下的房产,有证据表明双方是以结婚、长期共同生活使用为目的购房,在离婚时应考虑实际出资情况、婚姻关系存续时间、有无子女等情况由产权登记一方对另一方予以合理补偿。

**三十、【一套住房处理】**

离婚诉讼的当事人只有一套共有住房,双方均主张房屋所有权但均无能力补偿对方时,如双方就房屋分割问题无法达成一致,判决双方对房屋按份共有,并在此基础上结合当事人生活需要、房屋结构等因素就房屋使用问题作出处理。

三十一、【成本价购买公房的分割】

婚姻关系存续期间用夫妻共同财产以成本价购买的登记在一方名下的公有住房应认定为夫妻共有财产，在离婚时应综合考虑房产来源、夫妻双方工龄折扣、是否影响另一方福利分房资格等因素予以公平分割。

三十二、【经济适用房、两限房的分割】

限售期内的经济适用房、两限房在离婚诉讼中可以酌情进行分割。

经济适用房、两限房由一方在婚前申请，以个人财产支付房屋价款，婚后取得房产证的，应认定为一方个人财产；婚后以夫妻双方名义申请，以夫妻共同财产支付房屋价款，离婚后取得房产证的，应认定为夫妻共同财产。

三十三、【标准价购买公房的分割】

婚姻关系存续期间以夫妻共同财产出资以标准价购买公有住房而获得的"部分产权"，该"部分产权"应认定为夫妻共同财产，可以在综合考虑房产来源、工龄折算等因素，并征求原产权单位意见确定产权单位权利比例后，予以公平分割。

三十四、【约定服务条件房产的分割】

夫妻一方在婚后通过与用人单位约定服务条件取得的房产为夫妻共同财产，但离婚时服务条件尚未实现的一般应判归约定服务条件的一方。

三十五、【小产权房分割】

对于已被有权机关认定为违法建筑的小产权房，不予处理；但违法建筑已经行政程序合法化的，可以对其所有权归属做出处理。

对于虽未经行政准建，但长期存在且未受到行政处罚的房屋，可以对其使用做出处理。在处理使用时，人民法院应向当事人释明变更相关诉讼请求。在处理相关房屋的使用归属时，能分割的进行分割，不能分割的可采用协商、竞价、询价等方式进行给予适当补偿。

在涉小产权房分割案件中，应在判决论理部分中明确使用处理的判决内容不代表对小产权房合法性的认定，不能以此对抗行政处罚、不能作为产权归属证明或拆迁依据等。

三十六、【公房承租权的分割】

离婚案件中涉及公房承租权处理，属于直管公房的，可在判决中明确承租权以及承租关系的变更。

属于自管公房的，夫妻只有一方在产权单位工作，一般应把承租权确定在产权单位工作的人名下，另一方获得补偿；但经产权单位同意的，可以确定由另一方承租或共同承租。

**三十七、【优惠购房权性质与折算】**

农村拆迁补偿中按所涉人口数取得的优惠购房权系基于特定身份获得的优惠安置利益，但并非优惠取得的物权本身。

离婚时优惠购房权价值折算可考虑优惠取得的房产性质、能否上市交易、能否取得产权证等因素，在不高于市场价格与优惠价格的差价范围之内予以确定。

## 第六部分　债权债务分割

**三十八、【共同债务与个人债务区分标准】**

符合《婚姻法司法解释二》第二十四条规定情形的，应推定为按夫妻共同债务处理。但同时存在以下情形的，可根据具体案情认定构成个人债务。

(1)夫妻双方主观上不具有举债的合意且客观不分享该债务所带来的利益；

(2)债务形成时，债权人无理由相信该债务是债务人夫妻共同意思表示或为债务人的家庭共同利益而成立。

**三十九、【因侵权产生债务的性质】**

夫妻一方因侵权行为致人损害产生的债务，一般认定为一方个人债务。但该侵权行为系因家庭劳动、经营等家事活动产生或其收益归家庭使用的，应认定为夫妻共同债务。

**四十、【大额债务凭据的认定】**

离婚诉讼中对于夫妻一方出具无证据表明另一方事先知晓的大额债务凭据，并据以要求认定夫妻共同债务的，人民法院应根据案情结合债权人债务人双方关系、转款记录、借款时家庭财务情况等对债务真实性及性质进行判断。

**四十一、【生效判决书所确定债务的认定】**

离婚诉讼中，夫妻一方出具的确定婚姻关系存续期间一方所欠债务的生效法律文书，并据以主张该债务为夫妻共同债务的。如法律文书主文中对债务属于共同债务还是个人债务性质有明确认定，依该认定确定；如法律文书主文未对债务性质进行认定，则可根据本文件第三十八条对债务性质进行认定。

**四十二、【债权确定时间与性质认定】**

婚前一方享有的确定可以实现的债权，婚后实际取得的，应认定为婚前财产；婚姻关系存续期间发生并确定可以实现的债权，离婚后实际取得的，应认定为婚内财产。

## 第七部分 其他涉财产问题

**四十三、【彩礼问题】**

彩礼一般是指依据当地习俗,一方及其家庭给付另一方及其家庭的与缔结婚姻密切相关的大额财物。不具备上述特点的婚前财产赠与不构成彩礼。

涉彩礼纠纷一般应列夫妻双方或未办理结婚登记手续的男女双方为诉讼当事人。

**四十四、【同居关系解除后财产分割原则】**

男女双方未办理结婚登记手续以夫妻名义同居生活的,同居关系解除后要求分割同居期间共同劳动、经营或管理所得财产的,有约定从约定;无约定且上述同居期间财产混同的,推定为共同共有,但根据同居时间、各自贡献、生活习惯等因素能认定为按份共有财产的除外。

男女双方未办理结婚登记手续亦不以夫妻名义同居生活的,同居关系解除后要求分割同居期间共同劳动、经营或管理所得财产的,有约定从约定;无约定且财产混同的,推定为按份共有,具体份额比列可依据同居时间、各自贡献、生活习惯确定。

**四十五、【离婚协议约定赠与之撤销权限制】**

夫妻双方离婚时协议约定将夫妻个人财产或共有财产赠与对方或第三人,离婚后交付或变更登记之前,一方依据《中华人民共和国合同法》第一百八十六条第一款的规定请求撤销赠与的,法院不予支持。

## 第八部分 救助措施与法律责任

**四十六、【婚内人身损害赔偿】**

婚姻存续期间,夫妻一方因家暴等行为造成另一方人身损害的,受害方可以依《中华人民共和国侵权责任法》向侵权方主张人身损害赔偿;受害方取得人身损害赔偿后,有权在离婚诉讼中依据《婚姻法》第四十六条主张离婚损害赔偿。

**四十七、【离婚转移夫妻共同财产的损害赔偿】**

离婚时,一方隐藏、转移、变卖、毁损夫妻共同财产的,可依《婚姻法》第四十七条少分或不分夫妻共同财产;造成损失的,另一方在离婚诉讼中可主张赔偿损失。

**四十八、【擅自将夫妻共同财产赠与第三人的处理】**

婚姻关系存续期间,夫妻一方未经另一方许可将大额共同财物赠与第三人的,另一方可主张请求确认该赠与行为无效,返还财物;或在离婚诉讼中就该赠与行为主张损害赔偿。

## 第九部分　程序及其他问题

**四十九、【在中国有经常居住地的外国人间离婚案件管辖】**

一方或双方在我国有经常居住地的外国人在中国法院起诉离婚的,应予管辖。

**五十、【涉外婚姻案件准据法问题】**

人民法院在审理涉外、涉港澳台婚姻案件中,应在判决论理中对准据法查明予以明确论述。

《中华人民共和国涉外民事法律关系法律适用法》第二十四条规定适用范围主要是指夫妻财产制、夫妻债务责任等财产法律关系的法律适用;第二十七条规定适用范围主要是指离婚时夫妻身份关系、子女抚养、财产分割、离婚损害赔偿等问题的法律适用。

第二十七条诉讼离婚,适用法院地法律。

**五十一、【离婚案件涉及第三人利益的处理】**

人民法院在审理离婚案件过程中,案外人以夫妻间的财产争议涉及其利益为由申请参加诉讼或一方当事人申请追加案外人作为第三人参加诉讼的,人民法院一般不予准许。夫妻间财产争议确涉及案外人利益的,应另行解决。

离婚后财产纠纷案件当事人申请追加第三人或第三人申请参加诉讼的,根据《中华人民共和国民事诉讼法》第五十六条第二款的规定处理。

**五十二、【无诉讼行为能力人离婚案件的代理问题】**

离婚诉讼案件中被告一方为限制行为能力人、无诉讼行为能力人,原告一方为其监护人的。人民法院可参照《最高人民法院关于适用〈中华人民共和国民事诉讼法〉的解释》第八十三条规定,由其他有监护资格的人协商确定诉讼中的法定代理人;协商不成的,由人民法院在有监护资格的人中指定。被告方除配偶外没有民法通则第十七条第一款规定的监护人的,人民法院可以指定《中华人民共和国民法通则》第十七条第三款规定的有关组织担任诉讼中的法定代理人。

**五十三、【缺席审理离婚案件的处理】**

离婚诉讼中,被告方下落不明但未宣告失踪的,人民法院应要求原告方提供有关机关出具的另一方下落不明的书面证明或其他能确定证明被告方下落不明的证据,必要时人民法院应依职权对被告方下路不明的情形进行走访调查。

**五十四、【非法音像证据的排除】**

离婚诉讼中一方提交照片、音像资料等证据证明诉讼主张的,一般应予以采纳;但有证据表明上述证据系以严重侵害他人合法权利、违反法律禁止性规定或严重违背公序良俗方法取得的除外。

**五十五、【审判与执行衔接问题】**

离婚诉讼涉及夫妻共同财产分割时,如可能存在判决后需要执行部门通过过户或交付等方式实现判决确定的权利的,为便于减少诉累、提高权利保护效率,人民法院应释明当事人在诉讼请求中一并提出过户或交付等实际履行内容。

在前款所述判决主文中,存在互负给付义务情况下,可根据案件情况判令同时履行或确定履行顺序,避免出现一方履行义务但对待权利无法实际实现情形的发生。

# 上海市高级人民法院关于恋爱期间购房处理等婚姻家庭案件若干争议问题指导意见(2016年)

(民一庭调研与参考[2016]3号)

**一、恋爱期间购房的处理**

恋爱期间以结婚为目的购房,一方支付全部首付款,房屋产权登记在另一方名下,并以另一方名义办理贷款。后双方未结婚即分手,如何分割该房屋?

倾向意见认为,根据案件查明事实,可以确认尽管产权登记在一方名下,但恋爱双方有以结婚为目的的共同购房的意思表示的,宜认定为共同财产,并根据双方的贡献大小对房产进行分割。

**二、夫妻共同财产分割**

夫妻共同财产涉及有限责任公司股权,一方要求分割股权或相应的股权折价款,另一方既不同意分割股权,也不同意就股权价值进行协商。若由于该公司经营不规范,法院委托的相关机构无法对公司价值进行评估,如何处理?

倾向意见认为,根据《公司法》及《关于适用〈中华人民共和国婚姻法〉若干问题的解释（二）》的相关规定，有限责任公司股东向股东以外的人转让股权，应当经其他股东过半数同意。股东应就其股权转让事项书面通知其他股东征求同意，其他股东自接到书面通知之日起满三十日未答复的，视为同意转让。其他股东半数以上不同意转让的，不同意的股东应当购买该转让的股权；不购买的，视为同意转让。

因此，对离婚纠纷中涉及分割以一方名义拥有的有限责任公司股权，另一方不是该公司股东的，若双方同意以股权折价款进行分割，并可以通过协商或评估确认股权价值的，法院可据此判决非股东一方取得相应股权折价款；若双方不能就股权价值达成一致，也不能通过评估审计确定的，人民法院应首先就非股东一方经股权分割后能取得的份额情况征求公司其他股东意见，对股东的不同意见按照《关于适用〈中华人民共和国婚姻法〉若干问题的解释（二）》第十六条规定处理；若经书面通知，其他股东自接到书面通知之日起满三十日未答复的，亦视为同意转让，法院可就股权份额进行分割处理。

**三、离婚后，一方变卖尚未分割的夫妻共同财产，并用所得款项购房，另一方能否要求分割该房屋？其权利如何保护？**

倾向意见认为，应当就原有夫妻共同财产价值进行主张，但不能要求分割该房屋。对于原有财产的价值，可根据不知情一方的主张，以财产出卖时、提起诉讼时等时间点予以确定。

**四、婚后购房涉父母出资钱款的性质认定及处理原则**

父母出资协助子女婚后购房，有较明确的资金来往记录，在子女离婚后，父母起诉主张子女及其离异配偶共同归还款项。父母持有的借条上只有自己子女一人签名。父母主张为子女购房提供的出资是借款，子女的离异配偶则主张该款项是父母的赠与，借条系事后单方补写。对此，应认定为借贷关系，还是赠与关系？由于借条上只有子女一方的签名，应认定为夫妻共同债务，还是个人债务？

倾向意见认为，是借贷关系还是赠与关系，应根据双方提供的证据及查明的案件事实来确定。在处理结果上，若确系父母赠与出资购房，离婚纠纷中分割房屋时可考虑一方父母出资事实，在份额上可适当多分；若认定为借贷关系，且是夫妻共同债务的，则在房屋份额分割时应考虑夫妻均等享有产权份额。

**五、婚姻效力认定问题**

《婚姻法》第十条第（一）项规定："重婚的"，婚姻关系无效。如果重婚的情形在当事人提起宣告婚姻无效时已经消失，是否还要宣告婚姻无效？

一种观点认为,重婚是一种严重的违法行为,该行为应当自始不具有法律效力,因此,在结婚时存在重婚情形的,该婚姻即为无效婚姻;另一种观点认为,当事人重婚的情形在当事人提起宣告婚姻无效时已经消失,其宣告无效的基础已经不复存在,故应不予宣告婚姻无效。

倾向意见认为,最高人民法院《关于适用〈中华人民共和国婚姻法〉若干问题的解释(一)》第八条规定,当事人依据婚姻法第十条规定向人民法院申请宣告婚姻无效的,申请时,法定的无效婚姻情形已经消失,人民法院不予支持,该条规定并未排除重婚情形,故如果重婚情形在当事人提起宣告婚姻无效时已经消失,法院对该申请不予支持。

# 浙江省高级人民法院民一庭关于审理婚姻家庭案件若干问题的解答

(2016 年 6 月 27 日　高法民一〔2016〕2 号)

为正确审理婚姻家庭案件,统一案件裁判尺度,省高院民一庭经广泛调研,制定本解答,供审判中参考。

一、原告起诉仅要求离婚,被告提出如果判决离婚应分割夫妻共同财产,对此是否需要提起反诉?

答:离婚之诉为复合之诉,解除婚姻关系是前提和基础,共同财产分割等问题从属于前者。在离婚诉讼中可一并对夫妻共同财产进行处理。法院应询问被告是否请求分割财产。被告请求分割财产的,无须提起反诉,法院应予审理。

二、原告起诉离婚并要求分割夫妻共同财产,被告不同意离婚且未对财产分割发表意见,如何处理?

答:法院应告知被告,其可对财产分割发表具体意见。经询问,被告仍不发表意见的,视为其放弃抗辩权利。需要注意的是,即使案件不符合法律规定的判决离婚条件,法院仍宜对夫妻财产及子女情况进行审查,以方便日后当事人再次提出离婚诉讼案件的处理。

三、原告起诉离婚,被告下落不明的,是否需要先行提起宣告失踪程序?

答:根据《婚姻法》第三十二条第四款规定,一方被宣告失踪,另一方提出离婚诉讼的,是准予离婚的法定情形。但对下落不明的夫或妻一方提起离婚诉讼,并不以宣告其失踪为条件。对此类案件,法院应加强调查走访,询问当事人近亲属及所在单位、社区等相关人员,最大限度保障被告方的诉讼权利。

四、双方虽未登记结婚,但已共同生活的,当事人请求返还彩礼,应如何处理?

答:《婚姻法司法解释(二)》第十条第一款第(一)项规定的"双方未办理结婚登记手续",并非针对双方已共同生活的情形。双方虽未办理结婚登记手续但确已共同生活,当事人请求返还彩礼的,法院可以根据共同生活时间、生育情况、未登记原因、彩礼数额、彩礼使用、回礼情况以及当地风俗习惯等因素,确定是否返还。需要返还的,可以根据前述因素酌情确定返还数额。

五、婚约财产纠纷案件中当事人范围应如何把握?

答:婚约财产纠纷案件一般以男女双方为诉讼当事人。鉴于实践中彩礼的接受人或给付人可能是婚姻关系当事人的父母或其他亲属,为便于案件事实查明和纠纷解决,可根据双方诉辩确定实际接受人或给付人的诉讼地位。

六、婚姻关系存续期间,夫妻双方订立如一方发生婚外情或实施家庭暴力等行为,离婚时放弃财产的协议,或者一方出具前述内容的承诺或保证书,另一方起诉以夫妻财产约定为由请求确认协议、承诺或保证书有效并要求据此分割财产的,能否予以支持?

答:婚姻关系存续期间,夫妻双方订立如一方发生婚外情或实施家庭暴力等行为,离婚时放弃财产的协议,或者一方出具的前述内容的承诺或保证书,是对特定条件成就后离婚时夫妻财产分割的约定,非属《婚姻法》第十九条规定的夫妻财产约定。参照《婚姻法司法解释(三)》第十四条"当事人达成的以登记离婚或者到人民法院协议离婚为条件的财产分割协议,如果双方协议离婚未成,一方在离婚诉讼中反悔的,人民法院应当认定该财产分割协议没有生效,并根据实际情况依法对夫妻共同财产进行分割"的规定,一方在离婚诉讼中反悔的,对此协议、承诺或保证书的效力应不予确认。法院应根据实际情况对财产进行分割。一方存在婚外情、家庭暴力等过错且导致离婚,另一方无过错的,在夫妻共同财产分割时,可综合考虑过错情况等,对无过错方酌情予以照顾,以平衡双方利益。

七、夫妻一方于婚前订立房屋买卖合同并支付全部价款,房屋产权于婚后登记在该方名下,房屋性质如何认定?

答:夫妻一方于婚前订立房屋买卖合同并支付全部价款,产权于婚后登记在该方名下的,该房屋属于夫妻一方的个人财产。

八、夫妻一方以其婚前财产出资在婚后购置房屋,房屋性质如何认定?

答:夫妻一方以其婚前财产全额出资在婚后购置房屋且产权登记在己方名下的,此为婚前个人财产在婚后发生形态上的转化,不影响财产性质,该房屋属于夫妻一方的个人财产。

夫妻一方以其婚前财产全额出资在婚后购置房屋且产权登记在双方名下或对方名下的,或者夫妻以一方婚前财产及夫妻共同财产混合出资在婚后购置房屋的,该房屋属于夫妻共同财产。

九、《婚姻法司法解释(三)》第十条规定的婚后共同还贷支付款项及其相对应财产增值部分,由产权登记一方对另一方进行补偿,该补偿数额如何计算?

答:补偿数额可以按以下公式计算:[婚后还贷本息总额 ÷(购买时房价 + 应还贷款利息总额)] × 离婚时房价 ÷2。如在个案中,计算所得补偿数额明显低于婚后还贷本息总额半数的,应在上述计算方式的基础上,根据照顾子女和女方利益的原则,结合案件实际合理确定补偿数额。

十、夫妻双方在离婚协议中约定将共同财产赠与子女,离婚后一方反悔,请求撤销赠与,能否予以支持?

答:根据《婚姻法司法解释(二)》第八条、第九条规定,离婚协议中关于财产分割的条款或者当事人因离婚就财产分割达成的协议,对当事人具有法律约束力;除存在欺诈、胁迫等情形之外,当事人请求撤销财产分割协议的不能予以支持。离婚协议涉及身份关系,各条款内容相互关联,如双方约定将夫妻共同财产赠与子女,该条款作为离婚协议的组成部分,夫妻双方应实际履行。离婚后夫或妻一方反悔,请求撤销赠与的,一般不予支持。

夫妻一方要求另一方履行离婚协议中对子女的财产赠与约定的,可以另一方为被告、子女为第三人提起诉讼。受赠子女也可起诉要求履行。

十一、婚后由一方父母部分出资为子女购买不动产,产权登记在出资人子女名下的,能否适用《婚姻法司法解释(三)》第七条的规定,认定为夫妻一方的个人财产?

答:《婚姻法司法解释(三)》第七条规定“婚后由一方父母出资为子女购买的不动产,产权登记在出资人子女名下的,可按照婚姻法第十八条第(三)项的规定,视为只对自己子女一方的赠与,该不动产应认定为夫妻一方的个人财产”,其适用的前提条件是一方父母支付全部款项为子女购买不动产。婚后由一方父母部分出资、其余款项由夫妻共同支付，不动产登记在出资人子女名下的，该不动产仍属于夫妻共同财产。但一方父母的出资额及相应的财产增值部分，视为对自己子女的赠与。

十二、夫妻双方约定一方个人所有的房屋归夫妻共同所有，但未办理房屋产权变更登记。离婚时，一方主张依据《婚姻法司法解释（三）》第六条及《合同法》第一百八十六条规定，其有权撤销赠与；另一方则主张依据《婚姻法》第十九条夫妻财产约定的规定，房屋应作为夫妻共同财产予以分割，对此应如何处理？

答：《婚姻法司法解释（三）》第六条规定表明夫妻间赠与关系应受《合同法》关于赠与合同规定的调整。夫妻双方约定一方个人所有的房屋归夫妻共同所有但未办理产权变更登记手续的，赠与方主张依据《婚姻法司法解释（三）》第六条规定处理的，可予支持。

十三、婚后夫妻双方设立公司，在工商行政部门登记有双方持股比例，该比例是否属于夫妻财产约定，离婚时可否据此分割公司股权？

答：如无其他证据证明夫妻双方对公司股权进行过夫妻财产约定的，该登记比例不能视为夫妻财产约定。一方当事人仅凭工商行政部门登记的股东持股比例要求据此分割的，不予支持。法院应根据实际情况依法对股权进行分割。

十四、夫妻一方个人所有的房屋在婚后出租，相关经营管理由该房产所有人一方进行，所得租金性质如何认定？如相关经营管理由该房产所有人委托他人进行，所得租金性质如何认定？

答：房屋租金的获取与房屋的管理维护状况密切相关，需要投入相应的劳动，属于经营性收益。根据《婚姻法》第十七条的规定，夫妻在婚姻关系存续期间所得的生产经营收益归夫妻双方共同所有，故夫妻一方个人所有房屋婚后所得租金归夫妻共同所有。在房屋出租过程中，由夫或妻一方经营管理或委托他人经营管理的，所得租金仍为夫妻共同所有。

十五、婚姻关系存续期间，夫妻一方为子女购买的保险，在离婚时可否作为夫妻共同财产予以分割？

答：婚姻关系存续期间，夫妻一方为子女购买的保险视为双方对子女的赠与，不作为夫妻共同财产分割。

十六、离婚时，双方约定或直接抚养子女一方承诺不要求另一方负担子女抚养费。此后，直接抚养子女一方以子女名义起诉，要求对方给付抚养费，如何处理？

答:离婚时双方约定或直接抚养子女一方承诺不要求另一方负担子女抚养费,此后又以子女名义起诉,要求对方给付抚养费的,一般不予支持。但具有直接抚养子女一方经济状况发生不利变化不足以维持子女当地一般生活水平,或者子女生活、教育、医疗等费用确有增加等正当情形的,根据《最高人民法院关于人民法院审理离婚案件处理子女抚养问题的若干具体意见》第18条规定精神,可判决另一方给付抚养费。

十七、婚姻关系存续期间生育的子女,经确认与男方不存在亲子关系,男方请求女方返还婚姻关系存续期间支出的抚养费,能否予以支持?抚养费返还数额如何确定?

答:原则上男方对非亲生子女无法定抚养义务,其请求返还婚姻关系存续期间支出的抚养费,一般可予支持。

在确定抚养费返还数额时,男方应对抚养费支出情况进行举证。确实无法举证证明的,可以参照《最高人民法院关于人民法院审理离婚案件处理子女抚养问题的若干具体意见》第7条规定,根据婚姻关系存续期间双方的经济收入、当地的实际生活水平和离婚时共同财产分割等情况酌情确定。

十八、婚姻关系存续期间发生继承事实,作为继承人的夫或妻一方放弃继承的,另一方可否主张放弃无效或请求赔偿?

答:根据《继承法》第二十五条规定,继承开始后,继承人可以在遗产处理前放弃继承。作为继承人的夫或妻一方对继承权利的处分,无须征得另一方的同意。另一方主张对方放弃继承无效或者以对方放弃继承为由请求赔偿的,不予支持。有证据证明作为继承人的夫或妻一方放弃继承系虚假意思表示,其实际取得继承财产的,另一方可以根据《婚姻法》第四十七条的规定,请求分割夫妻共同财产。

十九、农村宅基地审批时,建房用地审批表上包括有未成年人,其父母出资建造宅基地上房屋,未成年人对该房屋是否享有产权份额?

答:根据《土地管理法》第六十二条规定,农村宅基地使用权以户为单位申报。在确定一户的宅基地使用权面积和房屋的建筑面积时,一般以该户村民人数为主要参考依据。建房用地审批表上包括有未成年人的,未成年人对该房屋享有产权份额。房屋分割时,一般应按照审批情况确定,必要时可适当考虑出资、出力等因素。

# 广东法院审理离婚案件程序指引

## 目　录

为妥善化解离婚纠纷，提高案件审理水平，根据《中华人民共和国民事诉讼法》《中华人民共和国婚姻法》及其司法解释的规定，结合广东法院工作实际和家事审判改革要求，制定本指引。

## 一、一 般 规 定

**第一条 【适用范围】**

广东省辖区内人民法院审理离婚案件，适用本指引。但依照《最高人民法院关于适用〈中华人民共和国民事诉讼法〉的解释》第十一条、第十三条至第十六条规定审理的涉军、涉外离婚案件除外。

**第二条 【审判组织】**

基层人民法院应当成立家事审判庭或者审判团队专门审理离婚案件。

审理离婚案件的法官，应当优先遴选调解经验丰富，有婚姻经历和心理学知识的人员担任。

人民法院审理离婚案件，可以从人民陪审员名单中邀请具有教育工作、心理咨询、妇女儿童权益保护、社区工作经验的人员担任人民陪审员。

离婚案件的审判辅助人员除法官助理、书记员外，还包括家事调解员、家事调查员、从事心理评估疏导的专业人员等。

**第三条 【调解前置和调解优先】**

离婚纠纷在登记立案前或者案件审理中未经调解的，人民法院不得进行裁判，但当事人坚持不愿调解，或者一方下落不明的除外。

人民法院审理离婚案件，应当积极消除当事人之间的对抗，优先使用调解方式解决纠纷。

**第四条 【不公开审理】**

离婚案件的审理，不公开进行。人民法院认为确有必要的，可以允许对案件审理没有妨碍的人旁听。

双方当事人要求公开审理，且不损害公序良俗的，人民法院可以公开审理。对涉及个人隐私、商业秘密等应当保密的证据，不得在公开开庭时出示。

人民法院不得在公众媒体中刊载能识别出当事人身份的离婚案件信息。离婚案件的裁判文书不在互联网公布。

**第五条 【本人到庭】**

人民法院审理离婚案件，应当要求当事人或者无民事行为能力的当事人的法定代理人本人到庭。

当事人或者法定代理人有下列情形之一的，可以要求本人通过书面、视听传输技术、视听资料等方式陈述意见，人民法院在查清事实的基础上，依法作出判决：

（一）因健康原因不能到庭的；

（二）因路途遥远，交通不便不能到庭的；

（三）因自然灾害等不可抗力不能到庭的；

（四）因遭受严重家庭暴力，不适宜到庭表达意见的；

（五）因其他正当理由不能到庭的。

原告或者其法定代理人本人经传票传唤无正当理由拒不到庭的，可以依据《中华人民共和国民事诉讼法》第一百四十三条、《最高人民法院关于适用〈中华人民共和国民事诉讼法〉的解释》第二百三十五条的规定，按撤诉处理。

被告或者其法定代理人本人经传票传唤无正当理由拒不到庭的，可以依据《中华人民共和国民事诉讼法》第一百四十四条、《最高人民法院关于适用〈中华人民共和国民事诉讼法〉的解释》第二百三十五条、第二百四十一条的规定，进行缺席判决。

当事人或者法定代理人本人无正当理由拒不到庭，但出于维护未成年子女利益或者公序良俗等需要，确实不适宜按撤诉处理或者缺席判决的，可以依据《中华人民共和国民事诉讼法》第一百零九条、《最高人民法院关于适用〈中华人民共和国民事诉讼法〉的解释》第一百七十四条、第二百三十五条的规定，对当事人或者法定代理人进行拘传。

原告主张被告下落不明，或者根据原告提供的被告住址无法联系被告的，人民法院可以依据《最高人民法院关于适用〈中华人民共和国民事诉讼法〉的解释》第一百一十条的规定，要求原告签署如实告知被告下落及联系方式的保证书。经查实原告存在故意隐瞒情形的，应当依法承担不利后果。

**第六条　【全面解决纠纷】**

人民法院审理离婚案件，应当一并审理所涉及的未成年子女抚养、探望和财产事项。

原告起诉时仅请求判决离婚的，可以视为一并概括请求处理未成年子女抚养、探望和财产等事项。

原告起诉时未提出未成年子女抚养、探望的诉讼请求的，人民法院应当要求其明确未成年子女抚养、探望方案。

原告起诉时未提出分割共同财产的诉讼请求，人民法院认为没有合理理由的，应当要求其明确分割共同财产的诉讼请求。

原告主张其属于《中华人民共和国婚姻法》第四十六条规定的无过错方，经人民法院询问明确请求离婚损害赔偿的，应当要求其在本案中一并提出该项诉讼请求。

被告请求分割共同财产、离婚损害赔偿的，作为从诉合并审理。

**第七条 【诉讼能力】**

能够正确表达意思的未成年子女，可以就其抚养、探望事项发表意见。

八周岁以上的未成年子女，可以就与其年龄、智力相适应的事项作证。

在诉讼中，利害关系人提出当事人患有精神病，要求宣告该当事人无民事行为能力或者限制民事行为能力的，应当告知其向有管辖权的人民法院提出申请，受诉人民法院按照特别程序立案审理后，本诉讼中止。

当事人仅提出对方当事人患有精神病的证据，不申请宣告对方当事人无民事行为能力或者限制民事行为能力，该对方当事人的父母、成年子女或者其他近亲属也明确表示尊重本人意愿，不作申请的，诉讼继续进行。必要时，人民法院可以通知该对方当事人近亲属陪同出庭。

人民法院经调查认为当事人存在不能辨认自己行为的情形，其利害关系人均不申请宣告该当事人无民事行为能力的，应当协调居民委员会、村民委员会、学校、医疗机构、妇女联合会、残疾人联合会、依法设立的老年人组织、民政部门等组织提出该宣告申请。

**第八条 【职权探知】**

下列事项，属于《最高人民法院关于适用〈中华人民共和国民事诉讼法〉的解释》第九十六条第一款第二项规定的情形，人民法院可以依职权调查收集证据：

（一）当事人的工作、教育、经历、性格、身心状况；

（二）当事人家庭生活状况、离婚纠纷产生的原因；

（三）未成年子女的生活、学习、身心和抚养状况；

（四）老年人的生活和赡养状况；

（五）涉及无民事行为能力的当事人或者未成年子女的基本生活保障，需要查明的财产状况；

（六）可能导致婚姻无效的状况。

**第九条 【家事调查员】**

人民法院依当事人申请或者依职权调查收集证据，可以委托家事调查员进行。

家事调查员开展调查工作，应当依照《广东法院家事调查员工作规程（试行）》进行。

家事调查员受托后，应当在30日内完成调查工作并出具家事调查报告。调查任务较重的，可以适当延期。

需要作为认定事实依据的家事调查报告内容，应当在法庭上出示，并由当事人互相质证。不作为证据使用部分，归入卷宗副卷。

当事人对家事调查过程、方式有异议的，人民法院可以要求家事调查员以书面形式或者到庭说明情况。

**第十条 【心理评估疏导】**

人民法院在审理离婚案件中，可以委托专业人员对当事人和未成年子女等进行心理干预、疏导、评估、矫治。

专业人员应当具有心理学专业知识，并取得相关资质。

人民法院应当为专业人员开展心理干预、疏导、评估、矫治工作提供必要的工作条件。

**第十一条 【财产保全】**

人民法院对厂房、机器设备等生产经营性财产进行保全，如果被保全人继续使用对该财产的价值无重大影响的，应当依照《最高人民法院关于适用〈中华人民共和国民事诉讼法〉的解释》第一百五十四条第一款和《最高人民法院关于人民法院办理财产保全案件若干问题的规定》第十三条第二款的规定，指定由被保全人保管并允许其继续使用。

人民法院对当事人及其所扶养家属的生活必需品，不予保全。

双方当事人对同一标的均申请财产保全的，人民法院对时间在后的申请不予接受。当事人在诉讼中撤回保全申请的，人民法院在作出解除保全裁定前，应当通知对方当事人。

夫妻一方在提起诉讼前申请财产保全，人民法院责令其提供的担保数额一般不超过请求保全数额的百分之三十。

当事人在诉讼中申请财产保全，有下列情形之一的，人民法院可以不要求提供担保：

（一）遭遇家庭暴力且经济困难的；

（二）无民事行为能力且经济困难的；

（三）申请保全的财产系争议标的，发生保全错误的可能性较小的。

当事人在诉讼中申请财产保全，如果经济较为困难的，人民法院要求提供的担保数额一般不超过请求保全数额的百分之十；申请保全的财产系争议标的的，担保数额一般不超过争议标的价值的百分之十。

**第十二条 【行为保全】**

当事人因下列情形申请行为保全的，人民法院应当依法作出裁定，责令对方当事人作出或者禁止其作出一定行为：

（一）因遭受家庭暴力或者面临家庭暴力现实危险的；

（二）对方当事人抢夺、转移、藏匿未成年子女的。

当事人申请前款规定的行为保全，人民法院不要求提供担保。

当事人对自己的申请应当提供基本证据，情况紧急的，人民法院初步核实后可以径行作出行为保全裁定。

**第十三条 【对妨害民事诉讼强制措施的适用】**

原告在人民法院作出本指引第五条第六款的要求后，故意不如实告知被告下落及联系方式的，人民法院可以适用《中华人民共和国民事诉讼法》第一百一十一条第一款第一项规定予以罚款、拘留。

当事人在人民法院作出本指引第十二条第一项的裁定后，拒不停止家庭暴力行为的，人民法院可以适用《中华人民共和国民事诉讼法》第一百一十一条第一款第六项规定予以罚款、拘留。

当事人在人民法院作出本指引第十二条第二项的裁定后，拒不停止抢夺、转移、藏匿未成年子女行为的，人民法院可以适用《中华人民共和国民事诉讼法》第一百一十一条第一款第六项规定予以罚款、拘留。

当事人在人民法院作出本指引第四十条第二款的要求后，拒绝申报或者故意不如实申报财产的，人民法院可以适用《中华人民共和国婚姻法》第四十七条第二款和《中华人民共和国民事诉讼法》第一百一十一条第一款第一项规定予以罚款、拘留。

未成年人作证不实的，不得适用妨害民事诉讼的强制措施。

**第十四条 【延期开庭、延长审限和不计入审限】**

人民法院审理离婚案件，应当严格遵守法律及司法解释有关审限的规定。

独任审判员或者合议庭适用《中华人民共和国民事诉讼法》第一百四十六条第一项至第三项决定延期开庭的，可以自行决定；适用第四项规定决定延期开庭的,应当报本院院长批准。

独任审判员或者合议庭依据《中华人民共和国民事诉讼法》第一百四十九条决定延长审限的,应当报本院院长批准;还需要延长的,应当报上级法院批准。

下列期间不计入审限:

(一)公告期间;

(二)审理当事人提出的管辖权异议以及处理人民法院之间的管辖争议期间;

(三)双方当事人申请庭外和解的期间;

(四)经双方当事人同意,在诉讼中进行调解的期间;

(五)情感修复冷静期;

(六)对当事人的财产、精神、心理、亲子关系等进行鉴定、审计、评估、疏导的期间;

(七)需要通知新的证人到庭,调取新的证据,重新鉴定、勘验,或者需要补充调查,决定延期开庭一个月内的期间;

(八)依法中止诉讼的期间。

人民法院应当将延期开庭、延长审限和不计入审限的情况及事由,按照《最高人民法院关于人民法院通过互联网公开审判流程信息的规定》及时向当事人及其法定代理人、诉讼代理人公开。

**第十五条 【诉讼费用】**

当事人自行达成和解协议的,免交案件受理费;经调解达成调解协议的,减少收取一半以上或者免交案件受理费。当事人已经预交案件受理费的,人民法院在结案后应当按规定退回。

一方当事人无正当理由不参与调解或者故意拖延诉讼的,人民法院可以酌情增加其负担百分之三十以上的诉讼费用。

当事人在离婚诉讼中增加提起离婚损害赔偿的,应当补交案件受理费。

原告明确财产分割的诉讼请求后,应当补交案件受理费。

被告就其请求分割的财产总额超出原告该项请求总额的部分,应当补交案件受理费。

**第十六条 【离婚证明书】**

人民法院作出解除婚姻关系的判决书或者调解书生效后,当事人可以向作出该裁判文书的人民法院申请出具离婚证明书。

离婚证明书的编号应当采用生效裁判文书的案号，并写明当事人婚姻关系的缔结时间、登记机关、婚姻关系解除时间、生效法律文书名称。

**第十七条 【案后回访帮扶】**

有下列情形之一的，人民法院应当积极协调有关部门开展回访和帮扶工作：

（一）当事人及其近亲属的生活存在严重困难，需要救助的；

（二）当事人之间争议较大、矛盾尖锐、难以息诉服判，需要进一步巩固案件审理效果的。

人民法院开展离婚案件的案后帮扶工作，应当依照《广东省高级人民法院 广东省民政厅关于加强家事纠纷案后帮扶工作的意见》进行。

**第十八条 【文书规范化】**

人民法院在审理离婚案件中，应当参照使用本指引附件规定的相关文书格式。

## 二、调 解 程 序

**第十九条 【调解组织】**

人民法院对当事人同意调解的离婚案件，可以委派或者委托特邀家事调解员、专职家事调解员进行调解。

经人民法院选任为家事调解员的，应当纳入专门名册管理。上级法院建立的名册，下级法院可以使用。

家事调解员开展离婚案件调解工作，应当依照《广东法院家事调解员工作规程（试行）》进行。

**第二十条 【调解范围】**

当事人请求调解与离婚案件有关的其他纠纷的，家事调解员可以一并调解。

当事人同意解除婚姻关系的，家事调解员应当对未成年子女的抚养和探望事项一并调解。

对于下列事项，家事调解员不得进行调解：

（一）存在无效婚姻情形，当事人请求解除婚姻关系的；

（二）当事人请求确认亲子关系或者否认亲子关系的。

存在下列情形，家事调解员不再进行调解，及时交由人民法院依法处理：

（一）当事人之间恶意串通，借调解侵害他人合法权益的；

（二）当事人借调解拖延诉讼，并进行隐藏、转移、变卖、损毁共同财产行为的。

**第二十一条 【调解方式】**

离婚案件的调解，不公开进行。

家事调解员主持调解之前，应当告知当事人调解的时间、地点、程序、规则和当事人的权利义务等事项。

家事调解员应当加强对婚姻关系的修复和维护，通过劝导、说服等方法，促使当事人和好或者理性解决纠纷。

家事调解员调解的纠纷涉及第三人利益的，可以邀请该第三人参与调解。

家事调解员根据调解工作需要，可以邀请当事人的家庭成员、亲戚朋友和有关单位协助调解，也可以请求人民法院安排家事调查员、从事心理疏导的专业人员协助调解。

家事调解员在调解中知悉的个人隐私和其他秘密，不得向与审理案件无关的单位和人员透露。

**第二十二条 【诉讼前调解】**

对于当事人起诉到人民法院的离婚案件，人民法院可以在登记立案前委派家事调解员进行诉前调解。

人民法院对离婚案件开展诉前调解工作，应当依照《广东省高级人民法院关于进一步加强诉调对接工作的规定》进行。

诉前调解的期限为30日。经当事人同意，可以延长。

当事人在诉前调解阶段达成调解协议申请司法确认的，人民法院应当对调解协议进行审查，依法确认调解协议的效力。

当事人不同意诉前调解，或者在调解期限内无法达成调解协议的，应当及时登记立案。

**第二十三条 【诉讼中调解】**

登记立案后，人民法院对可能通过调解解决的离婚案件，可以委托家事调解员进行调解。对审查后认为法律关系明确、事实清楚的离婚案件，审判员或者合议庭可以径行调解。

诉讼中调解的期限为30日。经当事人同意，可以延长。

当事人在诉讼中达成调解协议的，人民法院依照当事人的申请，依法准予撤诉或者制作调解书。

当事人不同意调解,或者在调解期限内无法达成调解协议的,应当进行判决。

**第二十四条 【申请撤诉】**

当事人达成调解协议或者和解协议申请撤诉的,人民法院依照《最高人民法院关于适用〈中华人民共和国民事诉讼法〉的解释》第二百三十八条、第三百三十八条的规定进行审查后,可以裁定准许撤诉。

当事人申请撤诉的,人民法院对调解协议或者和解协议不作确认。

当事人撤诉后,没有新情况、新理由,六个月内又起诉的,人民法院应当依据《中华人民共和国民事诉讼法》第一百二十四条、《最高人民法院关于适用〈中华人民共和国民事诉讼法〉的解释》第二百一十四条的规定不予受理。

**第二十五条 【确认调解协议】**

当事人达成调解协议申请出具调解书的,人民法院应当对调解协议进行审查确认。

有下列情形之一的,不予确认:

(一)侵害国家利益或者公序良俗的;

(二)侵害未成年子女利益或者其他案外人利益的;

(三)违背当事人真实意思的;

(四)违反法律、行政法规禁止性规定的。

当事人在调解书发生法律效力后重复起诉的,人民法院应当依据《最高人民法院关于适用〈中华人民共和国民事诉讼法〉的解释》第二百四十七条的规定不予受理。当事人申请再审的,对解除婚姻关系部分,人民法院应当依据《中华人民共和国民事诉讼法》第二百零二条的规定不予受理。

**第二十六条 【制作调解书】**

当事人调解和好的,人民法院可以不制作调解书。

当事人达成解除婚姻关系调解协议的,人民法院审查确认后,应当制作调解书。

当事人就部分事项达成调解协议的,人民法院审查确认后,应当就该部分制作调解书。

当事人请求按照调解协议的内容制作判决书的,人民法院不予准许。

无民事行为能力的当事人的法定代理人请求按照调解协议的内容制作判决书的,人民法院可予准许。

当事人在诉讼过程中达成和解协议申请确认的，人民法院审查确认后，应当制作调解书。

## 三、对离婚事项的审理

**第二十七条 【冷静期一般规定】**

人民法院在审理离婚案件中，为促使当事人约束情绪、理性诉讼，或者帮助当事人修复情感、维护婚姻，可以设置一定期限的冷静期。

当事人在冷静期内达成和解协议的，可以申请撤诉或者申请人民法院确认。

当事人在冷静期内有家庭暴力、吸毒、转移财产、藏匿未成年子女、故意拖延诉讼等情况的，人民法院应当及时终止冷静期。

**第二十八条 【情绪约束冷静期】**

当事人在开庭审理过程中情绪过于激动，不能理性表达意见，人民法院认为继续开庭将显著激化矛盾的，可以决定设置情绪约束冷静期。

人民法院设置情绪约束冷静期的期限不得超过 20 日，期限结束后，应当继续开庭审理。

人民法院在情绪约束冷静期内可以对当事人进行劝导，或者邀请专业人员进行心理干预和疏导。

**第二十九条 【情感修复冷静期】**

要求离婚一方当事人暂时不愿意接受调解，另一方当事人明确作出主动修复情感承诺，人民法院认为双方确实还有和好可能的，可以决定设置情感修复冷静期。

人民法院设置情感修复冷静期的期限不得超过 60 日。期限结束后，经双方当事人同意，人民法院可以接续进行调解。

人民法院在情感修复冷静期内应当对当事人是否履行情感修复承诺进行回访督促。经当事人申请，人民法院可以邀请有关单位和个人从事协助工作。

**第三十条 【情感修复计划】**

当事人作出主动修复情感承诺的，人民法院可以要求其结合婚姻关系实际情况，提出明确的情感修复计划。

人民法院可以邀请有关单位和个人帮助当事人结合婚姻家庭关系、矛盾产生原因、心理测评结论等情况，制定有针对性的情感修复计划。

当事人在情感修复冷静期内未积极履行情感修复承诺及计划的，应当作为人民法院认定夫妻感情是否破裂的不利因素。

**第三十一条 【询问未成年子女】**

人民法院根据案件审理需要,可以就有关事项询问未成年子女。询问的事项,应当与未成年子女的年龄、智力相适应。

人民法院不得强迫或者诱导未成年子女作出陈述。

人民法院应当集中询问有关事项,禁止多次询问未成年子女。

人民法院询问未成年子女,应当选择法庭以外的合适场所单独进行。必要时,可以邀请从事心理疏导的专业人员、学校教师、社工等人员陪同。

人民法院根据客观情况,可以采用视听传输技术询问未成年子女。

人民法院询问未成年子女应当制作询问笔录。采用视听传输技术询问的,应当制作视听资料。

不作为证据使用的询问笔录或者视听资料内容,归入卷宗副卷。

**第三十二条 【未成年子女作证】**

未成年子女所作的下列陈述,不得作为证据使用:

(一)不满八周岁的未成年子女,或者八周岁以上的未成年子女就与其年龄、智力不相适应的事项所作的陈述;

(二)未成年子女请求不在法庭上出示的陈述;

(三)人民法院认为不适宜在法庭上出示的陈述。

未成年子女应当通过书面陈述、询问笔录或者视听资料等方式作出证言。除有不损害未成年子女利益的必要理由,人民法院不得通知未成年子女出庭作证。

未成年子女的证言应当在法庭上出示,并由当事人互相质证。人民法院根据质证情况,可以直接审查确定其效力,也可以通过询问未成年人进行核实。

**第三十三条 【未成年子女陪护】**

人民法院审理离婚案件,一般不得允许未成年子女进行旁听。未成年子女陪同当事人到庭的,人民法院应当安排专门人员陪护未成年子女在庭外等候。有条件的人民法院可以设置专门的未成年人托管场所。

**第三十四条 【涉家暴离婚】**

当事人主张遭受家庭暴力的,应当提供书面或者口头陈述、伤情照片、病历、带有威胁内容的录音或者手机短信、对方出具的悔过书、保证书、公安机关出警记录、告诫书、伤情鉴定意见等证据予以证明。

当事人仅能提供书面或者口头陈述、伤情照片、病历等证据，人民法院结合受伤地点、时间、常理等认为存在家庭暴力可能的，可以要求对方当事人举证证明未实施家庭暴力。

人民法院认定存在家庭暴力的，在法庭审理时应当安排当事人处于合适的安全距离或者隔离开庭。必要时，应当安排法警到庭。

当事人确因遭受严重家庭暴力而处于恐惧之中，申请以书面、视听传输技术或者视听资料陈述意见的，人民法院应当准许。

当事人以遭受家庭暴力的事实为由，请求人民法院在诉讼中对现在的住址、联系方式保密的，人民法院应当准许。

## 四、对未成年子女抚养事项的审理

**第三十五条 【未成年子女抚养方案】**

原告应当提出未成年子女的抚养和探望方案。内容包括：

（一）未成年子女的直接抚养方；

（二）不直接抚养未成年子女方的抚养费负担与支付方式；

（三）不直接抚养未成年子女方行使探望权的方式与时间；

（四）方案依据的事实与理由；

（五）其他与抚养、探望未成年子女相关的事项。

被告不同意原告提出的未成年子女抚养和探望方案的，应当提出自己的方案。

双方当事人达成解除婚姻关系和未成年子女抚养、探望事项的调解协议，在财产事项处理前申请制作调解书的，人民法院审查确认后应当先行制作调解书。

**第三十六条 【抚养规划】**

双方当事人均主张直接抚养未成年子女，且抚养能力、条件较为接近的，人民法院可以要求双方当事人提出明确的未成年子女抚养规划。内容包括：

（一）未成年子女生活地点；

（二）未成年子女受教育规划；

（三）其他未成年子女成长规划；

（四）实现规划的经济保障。

抚养规划应当在法庭上出示，并由双方当事人提出意见。

人民法院将抚养规划作为判决未成年子女抚养事项依据的，应当封存直接抚养未成年子女方的抚养规划,并归入卷宗正卷。

不直接抚养未成年子女方认为封存的抚养规划未予履行、侵害未成年子女利益的,可以据此提起变更抚养权诉讼。

**第三十七条 【亲子关系评估】**

有下列情形之一的,经当事人及未成年子女同意,人民法院可以委托专业人员进行亲子关系评估:

(一)双方当事人均主张直接抚养未成年子女,且抚养能力、条件较为接近的;

(二)一方当事人抚养未成年子女的能力、条件占优,但另一方抚养意愿特别强烈的;

(三)当事人可能存在不利于直接抚养未成年子女的人格或者心理因素的;

(四)有其他需要进行亲子关系评估情形的。

专业人员受托后,应当在30日内完成评估工作并出具亲子关系评估报告。工作确有需要的,可以适当延期。

需要作为认定事实依据的亲子关系评估报告内容,应当在法庭上出示,并由当事人互相质证。不作为证据使用部分,归入卷宗副卷。

当事人对亲子关系评估过程、方式有异议的,人民法院可以要求专业人员以书面形式或者到庭说明情况。

**第三十八条 【未成年子女意愿】**

对于能够正确表达意思的未成年子女,人民法院可以就抚养和探望事项询问其意愿。

未成年子女表达的意愿可以作为人民法院判决抚养和探望事项的参考。

人民法院应当依照本指引第三十二条的规定进行询问,制作的询问笔录不在法庭上出示,归入卷宗副卷。

## 五、对财产事项的审理

**第三十九条 【申请调查收集证据】**

当事人申请人民法院调查收集财产证据的,人民法院应当要求其提供必要的线索,线索可以是载有相关信息的原件、复印件或者照片:

(一)申请调查不动产情况的,提供不动产登记证书、不动产信息查询单、购买或抵押合同、购买发票、完税证明、支付凭证等一项或者多项;

(二)申请调查机动车情况的,提供行驶证、机动车登记证书、购车合同、购车发票、完税证明等一项或者多项；

（三）申请调查银行账户的，提供银行卡号、存折号、存单号、转账（汇款）凭证、交易流水等一项或者多项；

（四）申请调查股票账户的，提供证券公司开户信息、交易明细、证券账户与银行账户之间的转账凭证等一项或者多项；

（五）申请调查商业保险情况的，提供保险合同、购买发票、缴款凭证、理赔手续等一项或者多项；

（六）申请调查互联网金融资产的，提供平台名称和所属公司工商信息、注册帐号、交易明细、与银行账户间转账记录等一项或者多项。

（七）申请调查工商登记内档的，提供营业执照、组织机构代码证、税务登记证、工商信息查询单等一项或者多项；

人民法院对依法应予准许的申请，可以先行组织离婚财产申报，也可以径行调查收集证据。

**第四十条　【离婚财产申报一般规定】**

当事人请求处理的共同财产范围不一致，或者存在本指引第八条第五项情形的，人民法院可以要求当事人在指定期限内进行离婚财产申报。

离婚财产申报包括全面申报、专项申报和补充申报，人民法院根据查明事实需要，可以要求当事人进行一种或者多种申报。

人民法院要求申报的，应当依据《最高人民法院关于适用〈中华人民共和国民事诉讼法〉的解释》第一百一十条的规定，要求当事人签署如实申报财产保证书。

离婚财产申报表及相关证据应当在法庭上出示，并由当事人互相质证。

经查实当事人存在故意不如实申报情形的，应当依法承担不利后果。

**第四十一条　【全面财产申报】**

人民法院要求进行全面财产申报的，双方当事人应当申报婚姻关系存续期间以各自或者共同名义取得，现在仍然以各自或者共同名义所有的全部财产。

申报的财产范围包括：（1）工资、住房公积金、奖金、津贴、补贴等收入；（2）土地、房产等不动产；（3）车辆、贵重私人物品等价值较大动产；（4）银行存款；（5）租金、政府津贴、农村集体组织红利等生产、经营性收益；（6）股权及其收益；（7）股票、基金等有价证券；（8）投资型保险；（9）知识产权的收益；（10）继承或赠与所得的财产；（11）其他依法属于夫妻共同所有的财产或者权益。

当事人以各自或者共同名义享有和负担的债权债务应当一并申报。

人民法院指定全面申报财产的期限不超过 20 日。根据当事人的申请,可以适当延长。

**第四十二条　【专项财产申报】**

当事人申请调查收集对方当事人请求范围之外的共同财产证据,但对共同财产范围争议不大的,人民法院可以要求对方当事人就该项财产现在的情况进行专项申报。

当事人申请调查收集对方当事人隐藏、转移、变卖、损毁共同财产的证据,有较为明确和充分线索的,人民法院可以要求对方当事人就该项财产在指定时期内的变动情况进行专项申报。

前款规定的时期不限于当事人第一次起诉离婚后的时期,但一般不超过两年。

人民法院指定专项申报财产的期限不超过 10 日。根据当事人的申请,可以适当延长。

**第四十三条　【补充财产申报】**

当事人对对方当事人的财产申报有异议,申请对异议事项调查收集证据的,人民法院可以要求对方当事人就该异议事项进行补充申报。

人民法院指定补充申报财产的期限不超过 5 日。根据当事人的申请,可以适当延长。

当事人未对财产申报异议事项申请调查收集证据,或者拒绝进行补充申报的,离婚财产申报终结。

**第四十四条　【财产申报核实】**

离婚财产申报终结后,人民法院应当根据当事人的申请,或者依照本指引第八条第五项的规定,对该申报的异议事项调查收集证据。

人民法院调查收集的证据,应当在法庭上出示,并由当事人互相质证。

当事人拒绝补充申报,经核实为瞒报、漏报、少报的,应当认定为故意不如实申报。

**第四十五条　【财产分割特别规则】**

当事人拒绝进行财产申报的,人民法院应当依据《中华人民共和国婚姻法》第四十七条的规定,对超出其请求范围的共同财产予以不分或者少分。

当事人故意不如实申报财产的,人民法院应当依据《中华人民共和国婚姻法》第四十七条的规定,对其未如实申报的共同财产予以不分或者少分。

当事人在第一次起诉离婚后，隐藏、转移、变卖、损毁部分共同财产致使无法分割的，人民法院在分割共同财产时，应当依据《中华人民共和国婚姻法》第四十七条的规定对其不分或者少分。

### 六、附　　则

**第四十六条　【解释】**

本指引由广东省高级人民法院负责解释。

**第四十七条　【效力】**

本指引自印发之日起施行。

广东省高级人民法院之前就审理离婚案件所印发的相关纪要、规程、指引，与本指引规定不一致的，适用本指引。

## 江苏省高级人民法院《家事纠纷案件审理指南（婚姻家庭部分）》

（江苏高院民一庭　2019年7月印发）

为妥善审理好家事纠纷案件，统一全省执法尺度，依照《中华人民共和国婚姻法》（以下简称《婚姻法》）《中华人民共和国民事诉讼法》（以下简称《民事诉讼法》）《最高人民法院关于适用〈中华人民共和国婚姻法〉若干问题的解释（一）》（以下简称《婚姻法解释一》）《最高人民法院关于适用〈中华人民共和国婚姻法〉若干问题的解释（二）》（以下简称《婚姻法解释二》）《最高人民法院关于适用〈中华人民共和国婚姻法〉若干问题的解释（三）》（以下简称《婚姻法解释三》）《最高人民法院关于适用〈中华人民共和国民事诉讼法〉的解释》（以下简称《民诉法解释》）等法律、司法解释的规定及精神，并结合司法实践，制定本指南，供全省法院参考。

**一、程序问题**

1. 家事纠纷案件如何确定级别管辖？

第一审婚姻、继承等家事纠纷案件（包括涉外、涉港澳台），一般由基层人民法院管辖。对重大疑难、新类型和在适用法律上有普遍意义的案件,可以依照《民事诉讼法》第三十八条的规定,由上级人民法院自行决定由其审理或者根据下级人民法院报请决定由其审理。

2. 涉及不动产的婚姻家庭纠纷案件是否适用不动产专属管辖?

婚约财产纠纷、离婚后财产纠纷、夫妻财产约定纠纷、同居关系析产纠纷、分家析产纠纷等属于婚姻家庭纠纷,按照一般地域管辖原则确定管辖法院,不适用不动产专属管辖,但法律、行政法规、司法解释另有规定的除外。

3. 离婚案件原告或者上诉人本人未出庭参加诉讼,能否按撤诉或者按撤回上诉处理?

依照《民事诉讼法》第六十二条的规定,离婚案件当事人除不能表达意思的以外,应当亲自出庭参加诉讼。离婚案件原告或者上诉人本人如果因生理疾病、年迈体弱、交通不便、自然灾害等特殊情况无法出庭的,必须向人民法院提交书面意见,并委托诉讼代理人参加诉讼。在已向人民法院提交书面意见,并委托诉讼代理人参加诉讼的情形下,人民法院不能仅因为原告或者上诉人本人未出庭参加诉讼即按撤诉或者按撤回上诉处理。但原告或者上诉人本人未出庭参加诉讼导致案件事实无法查清的,应当承担由此产生的不利法律后果。

4. 对于起诉时被告下落不明的离婚案件应当如何处理?

对于起诉时被告下落不明的离婚案件,人民法院应当慎重处理,最大限度地保障被告的合法权益。在按照原告提供的被告地址无法送达时,应当要求其补充提供被告的其他地址或者被告近亲属的地址以及联系方式,向被告近亲属了解被告下落并制作笔录,加强调查走访,必要时可以要求原告提供公安机关或者其他有关单位出具的证明被告下落不明的书面证明材料。对于穷尽送达手段被告确实下落不明的,可以依照《民诉法解释》第二百一十七条的规定,公告送达诉讼文书并缺席判决。

对于起诉时被告下落不明的离婚案件,人民法院可以依照《民诉法解释》第一百一十条的规定,要求原告本人到庭签署保证书。保证书应当载明据实提供被告地址,如有虚假愿意接受处罚等内容。事后经查证确属提供虚假地址的,按妨害民事诉讼处理。

5. 对于已经发生法律效力的不准予离婚的判决能否申请再审?

对于已经发生法律效力的不准予离婚的判决,当事人申请再审的,应予受理。

6. 事实婚姻经调解不能和好的,能否判决不准予离婚?

事实婚姻经调解不能和好的,应当依照最高人民法院《关于人民法院审理未办结婚登记而以夫妻名义同居生活案件的若干意见》第 6 条的规定，调解或者判决准予离婚。

7. 无效婚姻能否按撤诉处理？婚姻被宣告无效或者被撤销之前又与他人结婚的，是否构成重婚？以重婚为由申请宣告婚姻无效，如果申请时重婚情形已经消失的，应当如何处理？

为体现国家强制力对无效婚姻的干预和制裁，无效婚姻经查证属实的，即使原告经传票传唤无正当理由拒不到庭或者中途退庭，也不能按撤诉处理，应当依法作出宣告婚姻无效的判决。

依照《婚姻法解释一》第十三条的规定，无效或者可撤销婚姻只有在依法被宣告无效或者被撤销时才自始不受法律保护。因此，婚姻被宣告无效或者被撤销之前又与他人结婚的，构成重婚。

以重婚为由申请宣告婚姻无效，申请时即使当事人已经办理了合法婚姻的离婚登记手续或者合法婚姻配偶一方已经死亡等导致重婚情形已经消失的，亦应予以支持。

**二、同居问题**

8. 双方未办理结婚登记手续，但已共同生活，彩礼应否返还？双方已办理结婚登记手续，但共同生活时间较短，离婚时彩礼应否返还？

《婚姻法解释二》第十条第一款第一项规定的“双方未办理结婚登记手续的”并非针对双方已共同生活的情形。如果双方未办理结婚登记手续，但已共同生活，当事人主张返还彩礼的，可以根据未办理结婚登记手续的原因、双方共同生活的时间、彩礼的数额、有无生育子女、财产使用情况、双方经济状况等酌定是否返还以及返还的数额。

双方已办理结婚登记手续，但共同生活时间较短，离婚时当事人主张返还彩礼的，可以根据离婚的过错、双方共同生活的时间、彩礼的数额、有无生育子女、财产使用情况、双方经济状况等酌定是否返还以及返还的数额。

9. 同居期间形成的财产应当如何分割？

同居关系不同于合法婚姻关系，对于同居期间一方的工资、奖金、生产经营收益以及因继承、赠与等途径所得的合法收入，原则上归本人所有。双方在同居期间有共同购置的财产或者共同经营所得的收入，如果查明属于按份共有，按照各自的出资额比例分享权利；如果查明属于共同共有，则对共有财产共同享有权利；如果无法查明是按份共有还是共同共有，视为按份共有，不能确定出资额比例的，视为等额享有。

对于被宣告无效或者被撤销的婚姻，当事人同居期间所得的财产，按共同共有处理，但有证据证明为当事人一方所有或者按份共有的除外。

10. 因恋爱、同居产生的情感债务应当如何处理？婚外情所涉赠与应当如何处理？赠与行为的效力应当如何认定？赠与财物应当如何返还？

一方以恋爱、同居为由主张另一方支付“青春损失费”“分手费”的，不予支持。但女方在恋爱、同居期间因怀孕中止妊娠主张男方分担医疗费、营养费等合理费用的，可以支持。

有配偶者赠与或者约定赠与第三者财物，赠与后反悔主张返还或者第三者主张履行赠与的，不予支持。但配偶一方以赠与夫妻共同财产的行为侵犯其夫妻共同财产权为由主张返还的，可以支持。

配偶一方主张赠与行为无效并主张返还赠与财物的，应当认定赠与行为全部无效而非部分无效，赠与财物应当全部返还。

赠与行为被认定无效后返还的赠与财物应为赠与当时的标的物，如果赠与的是房屋、车辆等实物，应当返还实物。如果实物因灭失、转让等原因导致无法返还的，可以参照实物灭失、转让时的市场价格或者转让对价折价补偿。

**三、抚养、赡养问题**

11. 亲子鉴定应当如何启动？兄弟姐妹之间能否适用《婚姻法解释三》第二条规定的亲子关系推定原则？提起亲子关系否认之诉的权利人范围应当如何界定？

亲子鉴定的启动应当慎重，无论是请求确认亲子关系或者否认亲子关系都要承担相应的举证责任。对当事人提供的证据，人民法院经审查并结合相关事实，认为进行亲子鉴定确有必要的，可以根据当事人申请启动亲子鉴定。当事人仅凭怀疑或者猜测申请亲子鉴定的，不予准许。但另一方当事人同意鉴定的，可以准许。

《婚姻法解释三》第二条规定的亲子关系推定原则仅适用于父母子女之间。当事人要求与同父（母）异母（父）的兄弟姐妹进行血缘关系鉴定确认亲子关系，并主张适用《婚姻法解释三》第二条的亲子关系推定原则的，不予支持。

认定亲子关系应当以真实血缘关系为基础并兼顾亲子关系的安定性。因此，应当限缩提起亲子关系否认之诉的权利人范围。依照《婚姻法解释三》第二条第一款的规定，提起亲子关系否认之诉的权利人是夫妻一方。其他亲属和成年子女提起亲子关系否认之诉的，一般不予支持。

12.《中华人民共和国收养法》施行后，离婚时对于未办理收养登记的未成年人应当如何处理抚养问题？

《中华人民共和国收养法》施行后，收养应当向县级以上人民政府民政部门登记，否则收养关系不成立。对于未办理登记导致收养关系不成立的，离婚时夫妻双方与未成年人之间不适用《婚姻法》关于父母子女关系的规定。

离婚时对于符合收养条件的，夫妻双方应当补办收养登记，人民法院再依照《婚姻法》关于父母子女关系的规定处理未成年人抚养问题。无法补办收养登记的，如果夫妻一方或者双方均愿意抚养未成年人，对于个人符合收养条件的，由该方补办收养登记，人民法院可以判决收养方抚养未成年人，对于未成年人的抚养费由收养方自行承担，但可以根据收养方的主张结合未成年人的实际需要、夫妻双方的负担能力、离婚时共同财产分割情况、当地的实际生活水平等酌情判令夫妻另一方给予经济帮助。如果夫妻双方均不符合收养条件或者愿意抚养的夫妻一方不符合收养条件或者夫妻双方均不愿意继续抚养未成年人的，人民法院可以依照《中华人民共和国民法总则》的相关规定待未成年人确定监护人后，再处理离婚案件。

13. 如何认定继父母子女之间形成抚养教育关系？继父母子女关系能否解除？

认定继父母子女之间是否形成抚养教育关系，可以通过审查再婚时继子女是否已经成年、双方共同生活的时间长短、是否实际接受生活上的照顾抚育、家庭身份融合程度等予以综合判断。

对于已经形成抚养教育关系的继父母子女，因生父（母）与继母（父）离婚导致再婚关系终止的，如果继父母不同意继续抚养未成年继子女的，继父母子女关系可以解除，该子女应当由生父母抚养。

对于已经形成抚养教育关系的继父母子女，因生父（母）死亡导致再婚关系终止的，在继子女未成年的情形下一般不允许解除继父母子女关系。如果生父母中的另一方愿意将未成年子女领回，继父母同意的，继父母子女关系可以解除。继子女八周岁以上的，应当征得本人同意。

对于已经形成抚养教育关系的继子女成年后，继父母子女关系一般不允许解除。如果双方经协商一致或者双方关系恶化导致继父母或者继子女主张解除继父母子女关系的，可以解除。但继父母子女关系解除后，对于缺乏劳动能力或者生活困难的继父母，成年的继子女应当给付一定的生活费用。

对于未形成抚养教育关系的继父母子女，一方起诉主张解除继父母子女关系的，裁定不予受理，已经受理的，裁定驳回起诉。

14. 在构成欺诈性抚养的情形下，男方能否主张返还给付的抚养费并赔偿精神损害抚慰金？抚养费和精神损害抚慰金的数额应当如何确定？赔偿义务主体应当如何确定？

女方隐瞒子女与男方无亲子关系的事实，使男方实际履行了抚养义务，构成欺诈性抚养侵权行为，离婚时或者离婚后男方主张返还给付的抚养费并赔偿精神损害抚慰金的，可以支持。

在确定抚养费返还数额时，男方应当对抚养费给付情况承担举证责任。确实无法举证证明的，可以参照《最高人民法院关于人民法院审理离婚案件处理子女抚养问题的若干具体意见》第 7 条的规定，根据子女的实际需要、男女双方的负担能力、婚姻关系存续期间双方的经济收入、离婚时共同财产分割情况、当地的实际生活水平等酌情判定。

精神损害抚慰金的赔偿数额可以依照《最高人民法院关于确定民事侵权精神损害赔偿责任若干问题的解释》第十条的规定确定。

欺诈性抚养的赔偿义务主体应当是欺诈行为的实施主体。男方起诉子女承担欺诈性抚养赔偿责任的，不予支持。子女的生父与女方通谋欺骗男方的，应当承担连带赔偿责任。男方仅起诉女方承担赔偿责任的，可以不追加子女的生父为共同被告。

15. 主张给付抚养费的权利主体应当如何确定？婚姻关系存续期间主张给付抚养费的范围应当如何确定？主张给付抚养费是否适用诉讼时效？

主张给付抚养费的权利属于未成年子女或者不能独立生活的成年子女。能够独立生活的成年子女主张父母给付其未成年期间应当负担的抚养费的，不予支持。

夫妻双方均负有抚养未成年子女或者不能独立生活的成年子女的法定义务，不存在谁代谁抚养的问题，夫妻一方起诉另一方返还代为给付的抚养费的，一般不予支持。

未成年子女或者不能独立生活的成年子女的祖父母、外祖父母、兄、姐或者其他人如果代替有抚养能力而未尽抚养义务的夫妻一方或者双方尽了抚养义务，主张夫妻一方或者双方返还代为给付的抚养费的，应予支持。

婚姻关系存续期间主张给付抚养费的范围一般为当期费用和已经发生的费用，对于尚未发生的费用，可以待实际发生后另行主张权利。

依照《中华人民共和国民法总则》第一百九十六条的规定，主张给付抚养费的请求权不适用诉讼时效。

16. 离婚时夫妻双方约定或者直接抚养子女一方承诺不要求另一方负担子女抚养费，事后直接抚养子女一方能否以子女名义起诉主张另一方给付抚养费？

离婚时夫妻双方约定或者直接抚养子女一方承诺不要求另一方负担子女抚养费，事后直接抚养子女一方又以子女名义起诉主张另一方给付抚养费的，一般不予支持。但具有直接抚养子女一方经济状况不足以维持子女当地实际生活水平或者子女生活、教育、医疗等必要合理费用确有显著增加等正当情形的，依照《婚姻法》第三十七条第二款、《最高人民法院关于人民法院审理离婚案件处理子女抚养问题的若干具体意见》第18条的规定，可以判决另一方给付抚养费。

17. 祖父母、外祖父母主张隔代探望权应当如何处理？

探望权的行使主体是不直接抚养子女的父母一方，义务主体是直接抚养子女的父母一方。祖父母、外祖父母主张探望孙子女、外孙子女的，一般不予支持。但祖父母、外祖父母对未成年孙子女、外孙子女尽了抚养义务，其主张探望孙子女、外孙子女的，可以支持。

18. 离婚后子女能否主张不直接抚养的父母一方进行探望？

离婚后父母对于子女仍有抚养和教育的权利和义务。离婚后子女主张不直接抚养的父母一方进行探望的，应予支持。

19. 离婚案件中应否对探望权问题一并处理？对探望权的裁判应当如何表述？

离婚案件中当事人未主张探望权的，为减少当事人讼累，可以向当事人释明，告知当事人就探望权问题提出诉讼请求。当事人不提出诉讼请求的，基于不告不理的原则，探望权问题在离婚案件中不予处理。对探望权的裁判应当明确探望权的行使时间、期限、方式、地点。

20. 人民法院已经就探望权行使时间、期限等依法作出生效裁判后，当事人就探望权问题能否再次起诉？

人民法院已经就探望权行使时间、期限等依法作出生效裁判后，如果当事人对探望权行使时间、期限等产生新的需求，属于新的事实和理由，不受既判力的约束，当事人就探望权问题再次起诉的，应予受理。但对当事人诉讼请求的合理性应当依法审查，据以决定是否支持当事人的诉讼请求。

21. 父母能否主张子女履行精神赡养义务？

赡养包括经济上供养、生活上照料和精神上慰藉。父母主张子女履行探望等精神赡养义务的，应予支持。

22. 父母与子女约定免除或者以子女放弃家庭共有财产、继承等为条件免除子女赡养义务的，事后能否主张子女履行赡养义务？

子女对父母有赡养扶助的法定义务。父母与子女约定免除子女赡养义务的，该约定无效，事后父母主张子女履行赡养义务的，应予支持。约定以子女放弃家庭共有财产、继承等为条件免除子女赡养义务的，如果协议已履行，可以酌情减轻子女给付赡养费的义务。

23. 父母未履行抚养义务，子女能否主张免除赡养义务？

父母因经济能力限制或者其他客观原因未履行抚养义务，子女主张免除赡养义务的，不予支持。但父母存在有抚养能力而拒不履行抚养义务或者对子女实施虐待、遗弃、故意杀害等行为，情节严重的，可以酌情减轻子女的赡养义务，构成犯罪的，可以免除子女的赡养义务。

**四、离婚财产问题**

24. 夫妻双方订立忠诚协议约定如果夫妻一方违反忠诚义务将赔偿夫妻另一方违约金或者精神损害抚慰金，夫妻一方起诉主张确认忠诚协议的效力或者以夫妻另一方违反忠诚协议为由主张其承担责任的，应当如何处理？

夫妻忠诚协议是夫妻双方在结婚前后，为保证双方在婚姻关系存续期间不违反夫妻忠诚义务而以书面形式约定违约金或者赔偿金责任的协议。

夫妻是否忠诚属于情感道德领域的范畴，夫妻双方订立的忠诚协议应当自觉履行。夫妻一方起诉主张确认忠诚协议的效力或者以夫妻另一方违反忠诚协议为由主张其承担责任的，裁定不予受理，已经受理的，裁定驳回起诉。

25. 夫妻双方订立如果夫妻一方发生婚外情、实施家庭暴力、赌博等行为，离婚时放弃财产的协议，离婚时能否作为裁判的依据？

夫妻双方订立如果夫妻一方发生婚外情、实施家庭暴力、赌博等行为，离婚时放弃财产的协议，不属于夫妻财产约定。离婚时无过错的夫妻一方以夫妻财产约定为由主张据此分割财产的，不予支持。但在分割财产时，应当综合考虑当事人过错情况等对无过错的夫妻一方酌情予以照顾，以平衡双方利益。

26. 夫妻双方在离婚协议中约定违约金，离婚后夫妻一方以夫妻另一方未履行离婚协议为由主张按照离婚协议约定支付违约金的，应当如何处理？

离婚协议属于有关身份关系的协议，不属于普通民商事合同。离婚后夫妻一方以夫妻另一方未履行离婚协议为由主张按照离婚协议约定支付违约金的，不予支持。

27. 夫妻双方依照《婚姻法》第十九条第一款订立的夫妻财产制契约的效力应当如何认定？能否对抗债权人申请执行？

夫妻双方依照《婚姻法》第十九条第一款订立的夫妻财产制契约对夫妻双方均具有法律约束力。当夫妻双方对不动产物权产生争议时，应当尊重夫妻之间的真实意思表示，按照双方订立的夫妻财产制契约履行，优先保护不动产物权的真实权利人，不宜以所有权登记作为确认不动产物权的唯一依据。但未办理转移登记不能对抗善意第三人。

在不动产物权未办理转移登记的情形下，被执行人配偶依据夫妻财产制契约提出执行异议，请求排除执行的，不予支持。

28. 离婚财产分割协议中对不动产物权的约定能否直接产生物权变动的效力？能否对抗债权人申请执行？

离婚财产分割协议中对不动产物权的约定不直接产生物权变动的效力，夫妻一方仅可基于债权请求权向夫妻另一方主张履行不动产物权转移登记的契约义务。在不动产物权未办理转移登记的情形下，离婚财产分割协议中对不动产物权的约定不能对抗善意第三人。

离婚财产分割协议中对不动产物权的约定能否对抗债权人申请执行，应当通过审查离婚财产分割协议的真实性、形成时间、不动产物权未办理转移登记的原因、当事人的过错等予以综合判断。具体可参考《江苏省高级人民法院执行异议及执行异议之诉案件审理指南（二）》的相关规定认定和处理。

29. 如何区分夫妻财产制契约与夫妻财产赠与约定，其效力应当如何认定？

夫妻财产制契约是夫妻双方在《婚姻法》第十九条规定的三种夫妻财产制形态，即分别财产制、一般共同制和限定共同制中进行选择的约定，对夫妻财产关系产生一般性、普遍性的约束力，其效力一般及于夫妻财产的全部。夫妻财产赠与约定是夫妻双方对于个别财产的单独处分，具有一次性、个别化的特点，其效力不及于其他未经特殊处分的财产。前者的目的在于排除法定财产制的适用，后者的目的在于改变一项特定财产的权利归属，并不涉及财产制的选择。

夫妻双方订立的夫妻财产制契约对夫妻双方具有法律约束力，任何一方不得擅自变更或者撤销。

夫妻一方在婚前或者婚姻关系存续期间约定将个人所有的不动产赠与夫妻另一方或者约定为按份共有、共同共有的,属于夫妻财产赠与约定,赠与人在赠与不动产物权办理转移登记之前撤销赠与,夫妻另一方主张履行的,应当依照《中华人民共和国合同法》第一百八十六条的规定处理。

30.《婚姻法解释三》第十条规定的不动产婚内共同还贷及增值的补偿数额应当如何计算?

补偿数额可以按以下公式计算:【夫妻共同还贷部分×不动产升值率÷2】。不动产升值率=离婚时不动产价格÷不动产成本(购置时不动产价格+共同已还贷款利息+其他费用)×100%。其他费用包括印花税、契税、营业税、评估费等,不包括公共维修基金、物业费。如果夫妻一方购置不动产后经过一段时间才结婚的,计算不动产成本时,应当以结婚时不动产价格作为计算依据。若在个案中计算所得补偿数额明显低于婚后还贷本息总额的一半时,应当依照《婚姻法》第三十九条第一款规定的原则,判令取得所有权的夫妻一方给予夫妻另一方合理的补偿。

31.婚姻关系存续期间夫妻一方以婚前财产出资购置的不动产以及增值收益的性质应当如何认定?

婚姻关系存续期间夫妻一方以婚前财产出全资购置的不动产,所有权登记在出资方名下,该不动产为夫妻一方婚前财产在婚后发生的形态上的转化,不影响财产的性质,除当事人另有约定外,应当认定为夫妻一方的个人财产。基于该不动产所产生的增值收益,应当根据具体情况作出认定。如果购置该不动产的目的是投资,则产生的增值收益应当认定为夫妻共同财产。

婚姻关系存续期间夫妻一方以婚前财产出全资或者夫妻一方以婚前财产以及夫妻共同财产混合出资购置的不动产,所有权登记在夫妻双方名下或者夫妻另一方名下,除当事人另有约定外,应当认定为夫妻共同财产。离婚时在具体分割不动产时,可以结合出资比例等因素对婚前财产出资方予以多分。

32.夫妻一方婚前购买的股票在婚后的增值收益的性质应当如何认定?

夫妻一方婚后对婚前购买的股票没有进行买卖,股票因市场行情变化产生的增值收益为自然增值,除当事人另有约定外,应当认定为夫妻一方的个人财产。夫妻一方婚后对婚前购买的股票进行买卖产生的增值收益为主动增值,除当事人另有约定外,应当认定为夫妻共同财产。

33.婚姻关系存续期间夫妻一方以个人财产出全资购置以个人名义参加房改

的不动产,所有权登记在出资方名下,其性质应当如何认定?

婚姻关系存续期间夫妻一方以个人财产出全资购置以个人名义参加房改的不动产,所有权登记在出资方名下,离婚时出资方主张为个人财产的,不予支持,除非当事人另有约定或者出资方能够举证证明该不动产的取得与夫妻另一方没有关系且夫妻另一方不会因此而利益受损。离婚时在具体分割不动产时,可以对出资方予以多分。

34. 享受本人工龄和已死亡配偶生前工龄优惠后所购房改房的性质应当如何认定?

房改房是国家根据职工工龄、职务、工资、家庭人口等各种因素综合考虑后在价值计算上给予职工政策性优惠福利的房屋。此种政策性优惠福利具有人身和财产双重属性,属于财产权益。生存配偶享受本人工龄和已死亡配偶生前工龄优惠后所购房改房,是对原有承租权的承袭和转化,一般应当认定为夫妻共同财产。

35. 婚姻关系存续期间夫妻购置所有权登记在夫妻双方以及子女名下或者仅登记在子女名下的不动产的性质应当如何认定?

对于婚姻关系存续期间夫妻购置所有权登记在夫妻双方以及子女名下或者仅登记在子女名下的不动产,应当审查夫妻双方进行所有权登记时的真实意思表示,尽可能甄别夫妻双方是否存在逃避债务、规避执行等行为。

在排除前述情形的情况下,可以按以下情形分别处理:

(1)对于婚姻关系存续期间夫妻购置所有权登记在夫妻双方以及子女名下的不动产,应当认定为夫妻双方与子女共有。所有权登记中未约定为按份共有的,应当认定为共同共有。

(2)对于婚姻关系存续期间夫妻购置所有权仅登记在子女名下的不动产,一般应当认定为子女的财产。如果有证据证明夫妻双方将所有权登记在子女名下的真实意思仅是代名登记,夫妻双方并无赠与意思的,该不动产应当认定为夫妻共同财产。但夫妻之间的财产约定不能对抗善意第三人。

36. 离婚协议中涉及对第三人赠与的条款,离婚后赠与人以赠与财产权利尚未转移为由能否申请撤销?受赠人有无独立的给付请求权?

离婚协议是夫妻双方权衡利益、考量利弊后,围绕婚姻关系解除而形成的一个有机整体,各项内容既相互独立,又相互依存。因此,离婚后赠与人以赠与财产权利尚未转移为由申请撤销离婚协议中涉及对第三人赠与条款的,不予支持,但符合《婚姻法解释二》第九条规定情形的除外。

离婚协议约定将特定财产赠与第三人，离婚后夫妻一方不履行给付义务，夫妻另一方可以起诉主张其履行。受赠人非离婚协议一方，仅为赠与条款的受益人，并无独立的给付请求权，其起诉主张夫妻一方或者双方履行给付义务的，裁定不予受理，已经受理的，裁定驳回起诉。

37. 父母为子女出全资购置不动产的性质应当如何认定？

父母为子女出全资购置不动产，除当事人另有约定外，可以按以下情形分别处理：

（1）一方父母出全资购置的不动产，无论该出资行为发生在婚前还是婚后，所有权登记在自己子女名下的，该出资可以认定为对自己子女的赠与，该不动产可以认定为出资方子女的个人财产。

（2）一方父母出全资购置的不动产，无论该出资行为发生在婚前还是婚后，所有权登记在子女双方名下或者另一方子女名下，该出资可以认定为对子女双方的赠与，该不动产可以认定为共同共有。

（3）婚前双方父母共同出全资购置的不动产，所有权无论登记在一方子女或者子女双方名下，该出资可以认定为父母对各自子女的赠与，该不动产可以认定为双方按照各自父母出资份额按份共有。

（4）婚后双方父母共同出全资购置的不动产，所有权登记在一方子女名下，该出资可以认定为父母对各自子女的赠与，该不动产可以认定为双方按照各自父母出资份额按份共有。

（5）婚后双方父母共同出全资购置的不动产，所有权登记在子女双方名下，该出资可以认定为对子女双方的赠与，该不动产可以认定为共同共有。

38. 婚后一方父母部分出资为子女购置不动产，所有权登记在出资方子女名下，其性质应当如何认定？

《婚姻法解释三》第七条规定的“婚后由一方父母出资为子女购买的不动产”，其适用前提是一方父母出全资为子女购置不动产情形。婚后一方父母部分出资为子女购置不动产，夫妻双方支付剩余款项，所有权登记在出资方子女名下，除当事人另有约定外，该不动产应当认定为夫妻共同财产。离婚时在具体分割不动产时，可以结合父母出资比例等因素对出资方子女予以多分。

39. 父母为子女购置不动产出资性质的举证责任应当如何分配？

父母为子女购置不动产出资，事后以借贷为由主张返还，子女主张出资为赠与的，应当遵循“谁主张，谁举证”的原则，由父母承担出资为借贷的举证责任。父母不能就出资为借贷提供充分证据证明导致出资性质处于真伪不明状态时，应当由父母承担举证不能的责任。

40. 夫妻一方擅自处分共有不动产应当如何处理？

《婚姻法解释三》第十一条规定仅适用于“登记在夫妻一方名下，该方处分”的情形，受让人在符合《中华人民共和国物权法》第一百零六条规定情形下，其主张取得物权的，应予支持。在不符合《中华人民共和国物权法》第一百零六条规定情形下，依照《婚姻法解释一》第十七条第二项的规定，如果受让人能够举证证明“有理由相信其为夫妻双方共同意思表示”的，受让人主张继续履行合同的，亦应予以支持。

对“登记在夫妻双方名下、夫妻一方处分”以及“登记在夫妻一方名下，夫妻另一方处分”的情形，可以依照《婚姻法解释一》第十七条第二项的规定，如果受让人能够举证证明“有理由相信其为夫妻双方共同意思表示”的，受让人主张继续履行合同的，应予支持。

对于“有理由相信其为夫妻双方共同意思表示”，可以通过审查当事人先前行为是否足以造成确信（在场未表示反对）、是否从公开场所取得（通过中介）、手续是否齐备（本人在场、证件原件、授权委托书）等予以综合判断。

41. 离婚时对于婚姻关系存续期间以夫妻共同财产出资获得的登记在夫妻一方名下的有限责任公司（不包括夫妻公司、一人有限责任公司）的股权应当如何处理？股权价值应当如何确定？

基于有限责任公司的资合性和人合性特点，离婚时对于婚姻关系存续期间以夫妻共同财产出资获得的登记在夫妻一方名下的有限责任公司（不包括夫妻公司、一人有限责任公司）的股权的处理，既要从有利于解决夫妻纠纷的原则出发，又要最大限度地做好与其他利害关系人的利益协调，不能侵害其他股东的同意权和优先购买权等权利。

如果夫妻双方就股权分割协商一致，可以依照《婚姻法解释二》第十六条的规定处理。因《婚姻法解释二》第十六条中“过半数股东同意”与新《中华人民共和国公司法》第七十一条第二款中“其他股东过半数同意”相冲突，因此，应适用《中华人民共和国公司法》第七十一条第二款中“其他股东过半数同意”的规定。

如果夫妻双方就股权分割无法协商一致，可以按以下情形分别处理：

（1）夫妻双方均主张股权且愿意和对方共同经营的，其他股东过半数同意且明确表示放弃优先购买权的，可以按比例分割股权。夫妻双方均主张股权但不愿与对方共同经营的,可以通过竞价方式确定由谁最终取得股权。如果股东的配偶取得股权,应当经其他股东过半数同意且明确表示放弃优先购买权。取得股权的一方,应当给予另一方相应的经济补偿。

(2)股东一方或者股东的配偶放弃股权主张补偿款的,应当在确定股权价值的基础上,由取得股权的一方给予另一方相应的经济补偿。如果股东的配偶取得股权,应当经其他股东过半数同意且明确表示放弃优先购买权。

(3)夫妻双方均不愿意取得股权的,可以依照《中华人民共和国公司法》的相关规定将股权转让给其他股东或者股东之外的第三人,并对转让价款依法分割。向股东以外的第三人转让股权的,应当经其他股东过半数同意且明确表示放弃优先购买权。如果无人受让股权的,夫妻双方可以按比例分割股权。

前述(1)~(3)情形中,如果其他股东过半数不同意转让,也不愿意以同等价格购买股权的,视为同意转让。

股权价值评估时,可以责令当事人以及股权所在的公司提供评估所需的财务会计报表等资料。因公司管理混乱、会计账册不全以及公司经营者拒不提供财务信息等原因导致股权价值无法评估的,可以向税务、工商部门调取备案的资产负债表、损益表、净资产表以及该公司公布的年度报表等财务资料交予评估机构评估股权价值。如果无法调取上述财务资料,可以参照当地同行业中经营规模和水平近似的公司的营业收入或者利润核定股权价值。当事人对依职权确定的股权价值提出异议的,应当提供能证实其主张的财务资料。

42. 夫妻双方设立夫妻公司时在工商部门登记的持股比例是否属于夫妻财产约定,离婚时能否据此分割股权?

基于夫妻关系的特殊性可能导致双方设立夫妻公司时在工商部门登记的持股比例具有很大的随意性,如果无其他证据佐证,该登记比例不属于夫妻财产约定,离婚时夫妻一方要求据此分割股权的,不予支持。

43. 离婚案件中对于人身保险合同应当如何处理?

人身保险分为人寿保险、意外伤害保险和健康保险。离婚案件中对于人身保险合同,除当事人另有约定外,可以按以下情形分别处理:

(1)已获得保险金的情形

婚姻关系存续期间,夫妻一方作为被保险人依据意外伤害保险合同、健康保险合同获得的保险金,主要用于受害人的治疗、生活等特定用途,具有人身性质,应当认定为个人财产。

夫妻一方作为受益人依据以死亡为给付条件的人寿保险合同获得的保险金,该保险合同中受益人的指定本身就表明了投保人与受益人之间的特定关系,体现了保险金的专属性,应当认定为个人财产。

婚姻关系存续期间,夫妻一方依据以生存到一定年龄为给付条件的具有现金价值的保险合同获得的保险金,该保险具有一定的投资属性,由此获得的投资收益,应当认定为夫妻共同财产。

(2)尚未获得保险金的情形

婚姻关系存续期间以夫妻共同财产投保,离婚时仍处于保险有效期内的人身保险合同,夫妻双方主张分割保险单现金价值的,应予支持。

如果投保人和被保险人均为夫妻一方,离婚时夫妻双方可以协议退保或者继续履行保险合同。投保人不愿意继续履行的,保险人退还的保险单现金价值应当作为夫妻共同财产分割;投保人愿意继续履行的,投保人应当支付保险单现金价值的一半给另一方。

如果夫妻一方为投保人,夫妻另一方为被保险人,离婚时夫妻双方可以协议退保或者继续履行保险合同。协商一致退保的,保险人退还的保险单现金价值应当作为夫妻共同财产分割;协商一致愿意继续履行的,获得保险合同利益一方应当支付保险单现金价值的一半给另一方。如果投保人要求退保,而被保险人要求继续履行的,保险合同应当继续履行,获得保险合同利益一方应当支付保险单现金价值的一半给另一方。

(3)为未成年子女购买人身保险的处理

婚姻关系存续期间,夫妻一方或者双方为未成年子女购买的人身保险获得的保险金,如果未成年子女未死亡,应当专属于未成年子女所有。

离婚时,如果为未成年子女购买的人身保险合同尚处于保险有效期的,因保险的最终利益归属于未成年子女,该保险应当视为对未成年子女的赠与,不再作为夫妻共同财产分割。

44. 离婚案件中对于违法建筑应当如何处理?

离婚案件中涉及违法建筑的,要防止通过民事裁判将违法建筑合法化,故不宜在民事裁判中认定建筑物是否违法。

在违法建筑合法化、当事人取得所有权之前,无论是分割违法建筑还是确认所有权或者使用权等,均没有法律依据,此类纠纷不予处理。当事人主张对违法建筑的建筑材料进行分割的,不予支持。若违法建筑被依法拆除的,当事人可以对建筑材料的分割另行主张权利。

违法建筑的既得利益，如租赁收入，属于婚姻关系存续期间的财产性收益，应当作为夫妻共同财产分割。尚未取得的收益因不具有确定性，不予处理。

离婚案件中，当事人主张分割小产权房或者确认小产权房所有权或者使用权等的，不予处理。

45. 作为继承人的夫妻一方放弃继承权，夫妻另一方能否主张放弃继承权无效或者赔偿损失？

继承人在继承开始后遗产处理前可以根据自己的意志决定接受继承还是放弃继承权，作为继承人的夫妻一方对继承权的处分无需征得夫妻另一方的同意。夫妻另一方主张放弃继承权无效或者赔偿损失的，不予支持。但如果夫妻另一方举证证明作为继承人的夫妻一方放弃继承权致使不能履行法定义务导致其获得经济帮助、扶养等权益受到损害的，其关于放弃继承权无效或者赔偿损失的主张，应予支持。

46. 夫妻共同债务的举证责任应当如何分配？

《最高人民法院关于审理涉及夫妻债务纠纷案件适用法律有关问题的解释》进一步明确了夫妻共同债务举证责任分配规则。司法实践中，在正确适用司法解释的同时，要强化法院职权探知，合理运用日常经验法则和逻辑推理，对于债务人配偶和债权人的利益要予以兼顾，避免因错误分配举证责任造成司法裁判不公。

对于夫妻双方共同签字或者签字时债务人配偶在场但未作出明确反对意思表示或者债务人配偶事后追认以及通过其他共同意思表示形式（如电话、短信、微信、邮件等）认可的债务，应当认定为夫妻共同债务，此种情形应当由债权人承担举证责任。

夫妻一方在婚姻关系存续期间以个人名义为家庭日常生活需要所负的债务，应当认定为夫妻共同债务。债权人应当提供该债务为家庭日常生活需要所负的初步证据，债务人配偶主张不属于夫妻共同债务的，应当承担举证责任。

债务人配偶提供初步证据证明夫妻一方在婚姻关系存续期间以个人名义所负的债务超出家庭日常生活需要，债权人主张属于夫妻共同债务的，应当举证证明该债务用于夫妻共同生活、共同生产经营或者基于夫妻双方共同意思表示。

47. 如何界定夫妻一方在婚姻关系存续期间以个人名义为“家庭日常生活需要”所负的债务？

“家庭日常生活需要”是指家庭日常生活中的必要支出，包括衣食住行、医疗保健、交通通信、文娱教育及服务等。认定是否为“家庭日常生活需要”所负的债务，应当结合债务金额、举债次数、债务用途、家庭收入状况、消费水平、当地经济水平和一般社会生活习惯等予以综合判断。

以下情形可以作为认定超出“家庭日常生活需要”所负债务的考量因素：

(1)债务金额明显超出债务人或者当地普通居民家庭日常消费水平的；

(2)债权人明知或者应知债务人从事赌博、吸毒等违法犯罪活动仍出借款项的；

(3)债权人明知或者应知债务人已大额负债无法偿还，仍继续出借款项的。

48. 如何界定夫妻一方在婚姻关系存续期间以个人名义为“夫妻共同生活、共同生产经营”所负的债务？

“夫妻共同生活”是指夫妻为履行经济扶养、生活照顾、精神抚慰义务而进行共同消费或者积累夫妻共同财产的情形。“夫妻共同生产经营”是指夫妻共同决定生产经营事项或者一方授权另一方决定生产经营事项或者夫妻另一方在生产经营中受益的情形。

以下情形可以作为认定债务用于“夫妻共同生活、共同生产经营”的考量因素：

(1)举债期间家庭购置大宗财产或者存在大额开支情形，夫妻双方无法说明资金来源的；

(2)举债用于夫妻双方共同从事的生产经营事项的；

(3)举债用于债务人单方从事的生产经营事项，但债务人配偶从生产经营中受益的。

以下情形可以作为认定债务未用于“夫妻共同生活、共同生产经营”的考量因素：

(1)举债期间家庭未购置大宗财产或者存在大额开支情形的；

(2)债务用于债务人从事赌博、吸毒等违法犯罪活动的；

(3)债务用于债务人单方负担与夫妻共同生活、共同生产经营无关的活动的，如无偿担保等；

(4)债务人配偶对债务人的生产经营行为不知情且未从生产经营中受益的。

49. 作为有限责任公司或者股份有限公司的法定代表人、控股股东的夫妻一方在婚姻关系存续期间以个人名义借款用于公司或者为公司借款提供担保，该债务性质应当如何认定？

作为有限责任公司或者股份有限公司的法定代表人、控股股东的夫妻一方在婚姻关系存续期间以个人名义借款用于公司或者为公司借款提供担保的，应当区分属于公司债务还是个人债务。在认定属于个人债务的情形下，如果债务人在借款或者担保时收取了经济利益用于夫妻共同生活或者借款、担保行为与夫妻共同生活、共同生产经营密切相关，该借款或者担保债务应当认定为夫妻共同债务。

作为夫妻公司的法定代表人、控股股东的夫妻一方在婚姻关系存续期间以个人名义借款用于公司或者为公司借款提供担保的，该借款或者担保债务应当认定为夫妻共同债务。

夫妻一方作为一人有限责任公司的股东在婚姻关系存续期间以个人名义借款用于公司或者为公司借款提供担保，如果债务人配偶参与生产经营或者从生产经营中受益的，该借款或者担保债务应当认定为夫妻共同债务。

50. 因夫妻一方侵权行为所产生的债务性质应当如何认定？

判断夫妻一方因侵权行为所产生的债务是否为夫妻共同债务，关键在于审查债务人配偶是否分享了利益。如果债务人配偶通过债务人的活动从中受益，例如在从事家庭经营等活动中发生侵权行为，按照利益共享、责任共担的原则，应当认定为夫妻共同债务；如果债务人的活动并非为了家庭利益且债务人配偶也未从中受益的，应当认定为债务人的个人债务。

# 上海市高级人民法院　上海市民政局<br>关于适用《离婚证明书》相关事项的工作备忘录

（2019 年 1 月 17 日）

为不断推进家事审判方式改革，回应社会关于保护离婚当事人隐私和个人有关信息的需求，上海市高级人民法院与上海市民政局经协商，就本市各级民政部门与各级法院适用《离婚证明书》相关事项达成如下共识：

一、本备忘录所称《离婚证明书》，是指双方当事人经法院判决或调解离婚的，裁判文书发生法律效力后，作出离婚生效裁判的人民法院向当事人出具的具有证明效力的离婚法律文件。基本内容包括相关离婚纠纷案号、裁判文书的作出时间、当事人姓名、性别、身份证号、裁判文书的生效时间、《离婚证明书》出具时间，并加盖院印。

二、《离婚证明书》是证明涉案当事人在具体离婚纠纷中因裁判文书生效而解除婚姻关系的文件，当事人在离婚后，到民政部门登记缔结新的婚姻关系时，可以出示该证明书，证明书与生效裁判文书具有同等证明效力。

三、《离婚证明书》应便于当事人保存、携带和使用。

四、双方进一步运用信息化手段，完善婚姻信息共享平台，加强婚姻信息共享。法院在向当事人出具《离婚证明书》时，应将相应信息录入婚姻信息共享平台。

五、市高级人民法院、市民政局共同做好向社会发布适用《离婚证明书》事项，并释明《离婚证明书》的法律效力。各自负责做好本系统的相关管理工作。

六、本工作备忘录一式二份，签署各方各执一份。

七、本备忘录自2019年1月17日起生效实施。

**图书在版编目(CIP)数据**

民法典婚姻家庭编条文精释与案例实务 / 肖峰编著
. -- 北京 : 法律出版社, 2020
ISBN 978 - 7 - 5197 - 4578 - 3

Ⅰ. ①民… Ⅱ. ①肖… Ⅲ. ①婚姻法－法律解释－中国②婚姻法－案例－中国 Ⅳ. ①D923.905

中国版本图书馆 CIP 数据核字(2020)第 090880 号

**民法典婚姻家庭编条文精释与案例实务**
**MINFADIAN HUNYIN JIATINGBIAN TIAOWEN JINGSHI YU ANLI SHIWU**

肖 峰 编著

责任编辑 慕雪丹 肖 越 田 浩 章 雯
装帧设计 汪奇峰

**出版** 法律出版社
**总发行** 中国法律图书有限公司
**经销** 新华书店
**印刷** 三河市龙大印装有限公司
**责任印制** 胡晓雅

**编辑统筹** 法商出版分社
**开本** 710 毫米×1000 毫米 1/16
**印张** 33
**字数** 570 千
**版本** 2020 年 6 月第 1 版
**印次** 2020 年 6 月第 1 次印刷

---

法律出版社/北京市丰台区莲花池西里 7 号(100073)
网址/www. lawpress. com. cn
投稿邮箱/info@ lawpress. com. cn
举报维权邮箱/jbwq@ lawpress. com. cn
销售热线/400 - 660 - 8393
咨询电话/010 - 63939796

中国法律图书有限公司/北京市丰台区莲花池西里 7 号(100073)
全国各地中法图分、子公司销售电话:
统一销售客服/400 - 660 - 8393/6393
第一法律书店/010 - 83938432/8433 西安分公司/029 - 85330678 重庆分公司/023 - 67453036
上海分公司/021 - 62071010/1636 深圳分公司/0755 - 83072995

---

**书号**:ISBN 978 - 7 - 5197 - 4578 - 3 **定价**:128.00 元
(如有缺页或倒装,中国法律图书有限公司负责退换)